HUMANITIES AND SOCIETY

自我的根源
现代认同的形成

Charles Taylor

[加拿大] 查尔斯 · 泰勒 著　韩震 等译

译林出版社

图书在版编目（CIP）数据

自我的根源：现代认同的形成/（加）泰勒（Taylor, C.）著；韩震等译．—南京：译林出版社，2012.6（2022.3 重印）
（人文与社会译丛）
书名原文：Sources of the Self: The Making of the Modern Identity
ISBN 978-7-5447-2705-1

Ⅰ.①自…　Ⅱ.①泰…②韩…　Ⅲ.①自我－研究　Ⅳ.①B017.9

中国版本图书馆 CIP 数据核字（2012）第 054782 号

著作权合同登记号　图字：10-2007-119 号

自我的根源：现代认同的形成
［加拿大］查尔斯·泰勒／著　韩震　王成兵　乔春霞　李伟　彭立群／译

责任编辑　宋　旸
装帧设计　胡　苨
责任印制　单　莉

原文出版　Harvard University Press
出版发行　译林出版社
地　　址　南京市湖南路 1 号 A 楼
邮　　箱　yilin@yilin.com
网　　址　www.yilin.com
市场热线　025-86633278
排　　版　南京展望文化发展有限公司
印　　刷　江苏凤凰通达印刷有限公司
开　　本　880 毫米 × 1230 毫米　1/32
印　　张　24.75
插　　页　2
版　　次　2012 年 6 月第 1 版
印　　次　2022 年 3 月第 7 次印刷
书　　号　ISBN 978-7-5447-2705-1
定　　价　128.00 元

主编的话

刘 东

总算不负几年来的苦心——该为这套书写篇短序了。

此项翻译工程的缘起,先要追溯到自己内心的某些变化。虽说越来越惯于乡间的生活,每天只打一两通电话,但这种离群索居并不意味着我已修炼到了出家遁世的地步。毋宁说,坚守沉默少语的状态,倒是为了咬定问题不放,而且在当下的世道中,若还有哪路学说能引我出神,就不能只是玄妙得叫人着魔,还要有助于思入所属的社群。如此嘈嘈切切鼓荡难平的心气,或不免受了世事的恶刺激,不过也恰是这道底线,帮我部分摆脱了中西“精神分裂症”——至少我可以倚仗着中国文化的本根,去参验外缘的社会学说了,既然儒学作为一种本真的心向,正是要从对现世生活的终极肯定出发,把人间问题当成全部灵感的源头。

不宁惟是,这种从人文思入社会的诉求,还同国际学界的发展不期相合。擅长把捉非确定性问题的哲学,看来有点走出自我囿闭的低潮,而这又跟它把焦点对准了社会不无关系。现行通则的加速崩解和相互证伪,使得就算今后仍有普适的基准可言,也要有待于更加透辟的思力,正是在文明的此一根基处,批判的事业又有了用武之地。由此就决定了,尽管同在关注世俗的事务与规则,但跟既定框架内的策论不同,真正体现出人文关怀的社会学说,决不会是医头医脚式的小修小补,而必须以激进亢奋的姿态,去怀疑、颠覆和重估全部的价值预设。有意思的是,也许再没有哪个时代,会有这么多书生想要焕发制度智慧，这既凸显了文明的深层危机，又表达了超越的不竭潜力。

于是自然就想到翻译——把这些制度智慧引进汉语世界来。需要说明的是，尽管此类翻译向称严肃的学业，无论编者、译者还是读者，都会因其理论色彩和语言风格而备尝艰涩，但该工程却绝非寻常意义上的"纯学术"。此中辩谈的话题和学理，将会贴近我们的伦常日用，渗入我们的表象世界，改铸我们的公民文化，根本不容任何学院人垄断。同样，尽管这些选题大多分量厚重，且多为国外学府指定的必读书，也不必将其标榜为"新经典"。此类方生方成的思想实验，仍要应付尖刻的批判围攻，保持着知识创化时的紧张度，尚没有资格被当成享受保护的"老残遗产"。所以说白了：除非来此对话者早已功力尽失，这里就只有激活思想的马刺。

主持此类工程之烦难，足以让任何聪明人望而却步，大约也惟有愚钝如我者，才会在十年苦熬之余再作冯妇。然则晨钟暮鼓黄卷青灯中，毕竟尚有历代的高僧暗中相伴，他们和我声应气求，不甘心被宿命贬低为人类的亚种，遂把迻译工作当成了日常功课，要以艰难的咀嚼咬穿文化的篱笆。师法着这些先烈，当初酝酿这套丛书时，我曾在哈佛费正清中心放胆讲道："在作者、编者和读者间初步形成的这种'良性循环'景象，作为整个社会多元分化进程的缩影，偏巧正跟我们的国运连在一起，如果我们至少眼下尚无理由否认，今后中国历史的主要变因之一，仍然在于大陆知识阶层的一念之中，那么我们就总还有权想象，在孔老夫子的故乡，中华民族其实就靠这么写着读着，而默默修持着自己的心念，而默默挑战着自身的极限！"惟愿认同此道者日众，则华夏一族虽历经劫难，终不致因我辈而沦为文化小国。

一九九九年六月于京郊溪翁庄

目 录

序　言

在写这本书的过程中，我曾一度陷入困境。这件事花了我数年时间,而且对于这本书应当写些什么,我也屡次改变主意。这种情形持续了很多年,对应该如何切入问题,我曾数次改变看法。这部分地是由于熟知的原因,好长时间内我吃不准我想说什么;部分地是由于好高骛远的进取心本性,即试图明确表达和写出现代认同的历史。用这个术语,我想标示出整个系列的(大部分未表述出来)关于什么是人类的主体性的理解:这就是内在感、自由、个性和被嵌入本性的存在,在现代西方,它们就是在家的感觉。

但是,我也想表明:很大程度上是在我们未意识到的情况下,这种认同的理想和禁令——使什么突出和使什么遮蔽——是怎样形成我们的哲学思想、我们的认识论和我们的语言哲学的。被假定为从对某种自我既没有也不应当闯入的领域的严肃考察所取得的学说，实际反映出来的那种帮助我们构成我们这种认同的理想，要比我们认识到的多得多。我认为,这显然适用于从笛卡尔到奎因的表象的认识论。

另外,我们的认同这幅肖像注定要用做现代性新理解的出发点。这就是说，这个问题由于已经包含近三个或四个世纪的我们的文化和社会的重大变化，并且因某种原因使这些变化进入焦点，继续使我们着迷。诸如福柯、哈贝马斯和麦金太尔这样主要的当代思想家们的著作，就是关注这个问题。其他人，尽管没有明确地谈及这个问题，也以他们所采取的态度假定了问题如何而来的某种图式，即使这是对待过去的思想和文化不予考虑的一种态度。这并非是无缘无故的着迷。如果不能掌握这一历史，我们就不能理解我们自己。

但是，我发现我本人对当今流行的关于这个主题的观点并不满意。有些是乐观的，以为我们正在攀登新的高原；另外的观点展示了一幅衰退、失落、遗忘的画面。在我看来，它们都是不正确的；两方面都忽视了我们境遇的极其重要的特点。我认为，我们还没有抓住那些给我们现时代以特征的伟大与危险、宏大与卑微(grandeur et misere)的独一无二的结合点。要理解现代认同的全部复杂性和丰富性，首先是要理解，就我们所有人都试图摆脱它来说，我们也就在多大程度上卷入其中；其次是看到，我们围绕着它所作的那些左右摇摆的片面性判断是如何肤浅和偏颇。

但是，我认为，除非我们弄清了关于自我的现代理解是如何从人类认同的较早情景中发展而来的，否则我们就不能把握这种丰富性和复杂性。这本书试图通过描述其起源，来界定现代认同。

我们把注意的焦点放在认同的这三个主要侧面上：首先，现代的内在性，即作为带有内部深度存在的我们自身的感觉，以及我们是“我们自己”的联结性概念；其次，由现代早期发展而来的对日常生活的肯定；第三，作为内在道德根源的表现主义本性概念。在第一侧面中，我要对从奥古斯丁到笛卡尔和蒙田，再到我们自己的时代，进行探索；在第二部分，我的论述从宗教改革起，经启蒙运动，直到它的当代形式；而在第三部分，我的描述从它在十八世纪末叶的起源开始，经过十九世纪的演变，直到它在二十世纪文献中的表现形式。

第二到第五编，是这本书的主体，它阐明了发展着的现代认同的这个图景。论述是分析和编年的结合。但是，因为我论述过程的整个路线是要标明自我感和道德视界之间、认同与善之间的联系，我感觉到，在没有关于这些联系的某些初步讨论的情况下，我就不能进行这项研究。由于在当代居支配地位的道德哲学试图掩饰这一联系，所以，这项研究看起来更有必要了。为了弄清它们，我们必须从多种意义上，正确评价善在我们的道德观点和生活中的地位。但是，准确说来，这却是当代道德哲学所极难于接受的。因而这本书的开篇部分就试图简明扼要地勾勒出自我与道德之间关系的状况，在这部著作的其余部分我随之加以利用。那些十分厌烦现代哲学的人，可以跳过第一编；那些厌烦历史的人，如果不经意地拿到了这部著作，也就不必读其余的部分了。

正如我已指出的，对于我们能够以比通常更富有成果和更少片面性的方式把握现代性的现象来说，整个研究只是一个序曲。在这本部头已经够大的书中，我没有篇幅再描绘这些现象的全面的替代性图景。我将把这个任务，连同对现代认同与认识论和语言哲学的联系的分析，留给以后的著作。但是，我试图在结论一章中阐明，什么样的结果从浮现中的现代认同的故事中产生出来。简明地说，就是这种认同在道德根源中比它的谴责者所承认的要丰富得多，但是由于其最热情的辩护人贫困的哲学语言，这种丰富性被弄得看不见了。现代性急需从它的最无条件的支持者那里解救出来——一个文化史上或许不是没有先例的尴尬处境。正确地理解现代性，就是实施拯救活动。在结论中，我试图解释为什么我认为实施拯救是重要的，甚至是迫切的。

这本书经过了长时期的准备，在此期间与全灵学院及整个牛津大学，还有麦吉尔大学、加州大学伯克利分校、法兰克福大学及耶路撒冷大学的同事们的讨论，使我受益匪浅，这些同事包括詹姆斯·塔利、休伯特·德雷福斯、亚历山大·内哈马斯、简·鲁宾、于尔根·哈贝马斯、阿克塞尔·亨尼思、米夏·布鲁姆利克、马丁·洛—贝尔、豪克·布伦克霍斯特、西蒙·钱伯斯、保尔·罗森堡、戴维·哈特曼和居伊·斯特劳姆萨。受劳伦斯·

弗里曼和蒙特利尔本笃会修道院的邀请而进行的“约翰总追思”讲座，为我提供了阐述我正在试图集成的现代性图景的宝贵场合。而且随后的讨论，也是非常有益的。

但是，如果没有我在普林斯顿大学高级研究所度过的一年，我就不可能完成这个项目。我非常感谢克利福德·格尔茨、阿尔伯特·希尔施曼和迈克尔·瓦尔策，这既是因为这一年的研究，也是因为我们那段时间在研究所的不可比拟的气氛中所进行的有价值的讨论。我同样想感谢国家人文基金会，是它提供的资助使这一年的研究成为可能。

我感激加拿大文化委员会资助我伊萨克·基拉姆研究奖金，它使得我可能享受另外一年的假期。事实证明这是极端重要的。我也感谢麦吉尔大学准予学术休假，感谢加拿大社会科学和人文研究理事会提供学术休假奖金，它们使我得以完成本书手稿。

麦吉尔大学向我提供了帮助修改手稿和准备索引的研究资助，我谨致谢意。

我非常感激梅特·约尔特对手稿的评论。我应当感谢阿尔巴和米丽亚姆的宝贵的建议，感谢克伦和比茜亚使我接触了有关存在的不熟悉的方面，还就更新了的实用主义感谢比塔。我还应当感谢葛蕾塔·泰勒和梅丽莎·斯蒂尔，是她们帮助我准备了手稿的最后定本以便出版，也要感谢旺达·泰勒所做的校对和索引。

我感激代表迈克尔·B. 叶芝和麦克米兰伦敦有限公司利益的麦克米兰出版公司和A.P.瓦特股份有限公司允许我从W.B.叶芝的《在学童之间》引用一些诗行，此书重印自理查德·芬纳兰编的《新版W.B.叶芝诗集》，一九二八年版的版权属于麦克米兰出版公司，一九五六年的修订版版权属于乔治·叶芝；感谢新方向出版社准许我从《人物：伊兹拉·庞德诗集》引用伊兹拉·庞德的《在地铁车站》，此诗集一九二六年的版权属于伊兹拉·庞德，由新方向出版社重印(1949)；感谢费伯—费伯有限公司及漫话印书馆准许引用《一九三九年九月一日》最早文本的一节诗，其一九四〇年版本的版权属于W.H.奥登，重印自爱德华·门德尔松编的W.H.奥登的《英语奥登：诗歌、随笔和戏剧作品，1927—1939》；还感谢漫话印书馆准许我引用斯蒂芬·米切尔翻译的R.M.里尔克的《豹》，其一九八二年版本的版权属于斯蒂芬·米切尔，重印自《兰纳·玛丽亚·里尔克诗选》。引用策兰《铭刻》（"Weggebeizt"）、《无半截树林》（"Kein Halbholz"）和《光线》（"Fadensonnen"）中的诗句，经苏尔坎普·魏拉格的准许重印自《选集》(Gesammelte Werke，II)(1983)；这些诗的英译本一九七二年、一九八〇年、一九八八年的版权属于迈克尔·汉堡，经佩尔塞出版社和铁砧诗歌出版公司的准许，重印自《保尔·策兰的诗》。引用夏尔·波德莱尔的内容出自《恶之花》，其一九五五、一九六二年的版权属于新方向出版社，经新方向出版社的允许而重印。所摘塔杜茨·鲁热维奇的《在生活中间》和奇比纽·赫伯特的《石头》的内容，经作为万丹—道布尔戴—德尔出版集团一个分支的道布尔戴出版社的允许，引自切斯瓦夫·米沃什选编和翻译的《战后波兰诗歌》，其一九六五年版本的版权属于切斯瓦夫·米沃什。

第一编

认同与善

第一章

无法逃避的框架 3

第一节

我想探究我将称之为“现代认同”的各个侧面。给出它所意味的东西一个适宜的最初的近似表达，就是说要去追溯我们有关什么是人类主体性、人格或自我的现代概念的各个组成部分。然而，进行这种探索很快就表明，不对我们的善的印象是如何而来的这个问题有某种更深入的理解，我们就不能对这种认同有真正清楚的把握。自我性和善，或换言之自我性和道德，原来是难解难分地纠缠在一起的主题。

在第二至第五编深入到现代认同的历史和分析之前，我想在第一编中就这种联系作某种论述。但是，即使这个准备性的任务，也有另一个障碍。眼下的道德哲学，尤其是(但不仅仅是)在英语世界，已经给道德性以某种过于狭窄的关注，以致我在此要标画的关键的联系无法以其术语来理解。这种道德哲学倾向于把注意力集中到怎么样做是正确的而不是怎么样生存是善的，集中到界定责任的内容而不是善良生活的本性上；它没有为作为我们所爱或忠诚的对象，或像默多克在其著作中所描绘的，作为注意力和意志特别关注[1]的善的术语留有概念上的空间。这种哲学在一种狭隘的意义上认可了一种干瘪瘪的和斩头去尾的道德观,对包含在过最好的可能生活的努力之中的全部议题来说,也认可一种干瘪瘪的和斩头去尾的道德观。不仅职业哲学家是这样,更广泛的公众亦是如此。

在第一编中我将尽力扩大合理的道德描述的范围，在某些情况下恢复那些因误导而显得似乎有问题的思考和描述方式。尤其是,我力图
4 阐明和审查更丰富的背景性语言；我们正是在这些语言中建立我们所承认的道德责任的基础和观点的。更广泛一点,我力图探讨存在于我们当代人的某些道德和精神直觉背后的精神本性和困境的背景状况。在这样做的过程中,我也想试探着弄清背景状况究竟是怎么样的,它在我们的生活中扮演什么样的角色。这是实现补救的重要因素之所在,因为时下的哲学完全忽视了我们道德意识和信念的这个向度，甚至想将其当作混乱和不相关的东西加以消除。与这种态度相反,我希望表明它是至关重要的。

在前一段,我谈到了我们“道德的和精神的”直觉。事实上,我想考虑的全部观念范围,比一般被描述为“道德”的东西要稍微宽泛些。除我们关于诸如正义及对其他人的生命、幸福和尊严的尊重等议题的概念和反应之外,我也要考察对支撑着我们自己尊严的东西的感受,或考察对使我们的生活富有意义和完满的东西的追问。这些内容或许能划归广义的道德问题,但有的内容却要么太自我取向,要么太关注我们的理想问题,在绝大多数人的词汇中,很难划归道德问题。它们更关心的是生命的价值。

它们与道德问题相通的地方,以及配得上“精神的”这个模糊的词

---

① 艾丽斯·默多克:《善的权威》(The Sovereignty of Good)(London:Routledge,1970)。

汇所指称的地方，在于它们都与我在别处所说的“强势评估”[②]有关，即它们与对和错、好和坏、高和低的区别有关，这些区别不仅不会因为我们自身的欲望、癖好和选择而失效，相反，它们独立于我们的欲望、癖好和选择并提供对它们进行评判的标准。因此，当我所过的生活并非是值得过的和完满的时候，或许却不能就被判定为道德上失检，以有意义和完满性这类术语来描述我，无非是根据独立于我自身的趣味和愿望而我应当承认的标准来指责我。

或许被我们承认为道德的最急迫和最有力的一组要求，涉及尊重他人的生命、完整和幸福，甚至还有事业有成。当我们杀害或摧残别人，盗窃他们的财产，恐吓他们并剥夺他们的安宁时，甚或当他们处于危难之中却拒绝帮助他们时，我们就违背了这些要求。实质上，每人都感觉到这些要求，而且它们已经得到所有人类社会的认可。当然，要求的范围显然发生了变化：早期社会，还有某些现在的社会，把受益人限制在部落或种族的成员中，把其他人排除在外并当作准予捕猎的鸟兽，甚至于把这种地位的最后丧失谴责为邪恶。但是，他们都感觉到这些要求是某类人已经为他们准备好的，而且对于大多数当代人来说，这个类以人类的种族为界(对动物权利的相信者来说，它的界限推得更广)。

我们在此处理的道德直觉，其深刻、影响力和普遍性是非同寻常 5
的。它们如此深刻，以致我们不由得认为它们植根于本能，而其他的道德反应看起来更像教养和教育的产物。杀害或伤害另一个人似乎受到了自然的、与生俱来的良心的责备，人们自然地、天生地倾向于帮助受到伤害或处于危险中的人。文化和教养或许有助于界定相关的“他人”的界线，但它们似乎并不形成基本反应本身。那就是为什么十八世纪的

② 见我的《什么是人类主体性?》(“What Is Human Agency ?”)，载于查尔斯·泰勒《人类主体性和语言》(Human Agency and Language)(Cambridge: Cambridge University Press, 1985)。根据我的理解，对评价是否是“强势的”的一个良好的检验，就是它能否作为赞赏和蔑视的基础。

思想家,特别是卢梭,相信有同情他人的天赋感受性。

尊重生命和完整性之根扎得如此之深，或许与其他动物间阻止同种相杀的最普遍的倾向相联系。然而,正如我们已经看到的,和人类生活中好多东西一样,这种“本能”容纳了在文化中变化的形式。而且,这种形式与对这一事实的叙述是分不开的,这个事实是:究竟什么东西命令我们(去彼此)尊重。这个叙述看起来表达着直觉。例如,它告诉我们,人是上帝的创造物,是上帝根据自己的形象创造的,或者说他们的灵魂是不朽的,或者说他们都是神圣之火的发散物,或者说他们都是理性的主体,因而拥有超越任何其他动物的尊严,或某些其他这类特征;因此,我们应当尊重他们。否认这种关键的描述适用于除此以外的其他人,各种各样的文化限制了这种尊重:他们被认为缺少灵魂,或不具有全面的理性,或许上帝注定让他们处于某种较低的位置上,如此等等。

可以说,在这种范围内我们的道德反应具有两个侧面。一方面,它们就像本能,如同我们喜爱甜食,厌恶令人恶心的东西,或害怕从高空坠落;另一方面,无论含蓄或明确,它们包含有关人的本性或地位的主张。从第二个方面看,道德反应就是同意或肯定一种既定的关于人的本体论。

现代自然主义意识的一个重要线索，就是试图把这第二个方面分离出来,声称对道德而言它是不必要的或不相关的。其动机是多重的:部分是不信任所有这类本体论论述，因为它们有一些被运用于为限制或排斥异教徒或所谓低等人辩护。在原始主义的意义上受到了强化,即未受污染的人性受本能支配而尊重生命。但是,部分地也在于大量认识论的阴影,在它们覆盖下,对那些遵循由现代自然科学的成功所激发的经验主义或理性主义知识论的人来说,所有这类叙述都失去了意义。

满足于我们所拥有的这类反应，考虑到一直以来本体论对这些反应的理性表达陷入如此之多的空谈和废话——这种诱惑是巨大的。这
6 种态度与社会生物学对我们拥有这类反应的解释是一致的，这类反应

被认为带有明显的进化效用,而且实质上正如已经提到的那样,与其他物种具有类似性。

但是,这种简捷的区分是行不通的。本体论叙述使自身成为我们关于尊重的“肠胃”反应的正确的表达。在这里,它们对这些反应的处理有别于对其他“肠胃”反应,诸如喜爱甜食或我们对特定气味或物体的厌恶的处理。我们并不承认,正像在我们在道德情形中所做的那样,这里存在某种要表达的东西。这种区分不合理吗?是形而上学的发明?这似乎取决于:在这两种情况中我们的回应对象是带有特定性质的。在一种情况下,其性质标志着对象是具有产生这种反应的优点的;在另一种情况下,二者之间的关联只是动物性的事实。因此,我们争辩和推论什么以及谁适合作为道德尊重的对象, 然而要把这种争辩与推论运用于像恶心这样的反应似乎是不可能的。当然,我们可以论证,改变我们对什么感到恶心的界线可能是有用的或合适的;而且,经过训练,我们可以成功地这样做。但是,假定我们可以清晰表达根据其内在性质对恶心所做的描述, 然后根据这一点论证我们事实上对之做出恶心反应的某些事情,就其方式并不真正适合它的对象,在这里饲乎是毫无意义的。除了我们对对应这个概念的事情事实上的恶心反应之外, 似乎不存在其他恶心概念的标准。与作为和适当对象相联系的第一种回应相对应,这一种可称作动物性反应。

把我们的道德反应等同于这些本能反应, 就意味着将我们有关道德反应的适宜对象的所有论述全都看作是荒谬的。用独立于我们事实上的反应标准去区分真正性质,这种信念将被宣布为缺乏事实根据的。这就是约翰·迈凯所主张的所谓道德价值“错误理论”的要点。[3]这容易与社会生物学的观点达成共识, 根据这种观点人们认可了某些道德反

③ J.L.迈凯:《伦理学:对错的虚构》(Ethics: Inventing Right and Wrong)(Harmondsworth:Penguin Books,1977)。

应曾具有(或具有)明显的生存价值,甚至建议调整和改变我们的反应,以提升那种价值，就如我们前边想象改变我们所恶心的对象那样。但是,这与下边的观点毫无关系,即某些事物而不是别的什么东西,只是由于其本性,才适合成为反应的对象。

于是,这种社会生物学的或外在的立场,与我们实际上在我们的道德生活中论述、推导和仔细考虑的方式,是完全不同的。就尊重生命和完整性来说,我们现在都是普遍主义者。但是,这并不只是意味着我们偶然具有这类反应，或者我们确认根据现时代人类的困境具有这类反应是有益处的(尽管某些人以这种方式论证,例如,倡导在一个日益变小
7 的世界中关注第三世界的贫穷,是我们自身的利益之所在)。反之,这意味着我们相信,不把全人类包括在内的任何较窄的划界,都是完全错误的和缺乏根据的。

如果每人都打算这样做,我们会立刻问:是什么把包括在内的人与被排除在外的人区别开来?我们会抓住这种区别的特征,以表明它与要求尊重无关。这正是我们用来对付种族主义者的。肤色或身体特征与人类据以要求我们尊重的东西无关。事实上,没有任何本体论叙述赞成这点。种族主义者不得不主张,人的某些关键性的道德特性是受遗传学决定的:某些种族缺少理智,缺乏高级的道德意识,如此等等。论证的逻辑迫使他们把他们的主张押在这样的基础上，在经验上这里是他们最虚弱的地方。肤色上的区别是不容否认的。但是,从人类历史的角度看,所有关于先天的文化差异的主张都是站不住脚的。全部争论的逻辑严肃对待内在描述；内在描述即是对其标准独立于我们事实反应的道德反应的对象的描述。

还能是别的什么吗?我们感受与我们的道德反应相一致的要求。甚至连那些无视本体论叙述的哲学家，也根据与道德反应是否一致而仔细检查和批评我们的道德直觉。但是一致性的问题假定了内在的描述。一个人怎样被指责为缺乏连贯性而令人厌恶？人们看到某些描述总是

涵盖他以这种方式加以反应的所有对象，只要提到相关的一种，它们就都引起他的憎恶。只有当反应与作为其合适对象的独立的性质相联系时，一致性的争论才会出现。

我们有关道德的思考、推论、论证和询问的整个方式假定，我们的道德反应具有两个方面的对象时，它们不仅是"肠胃"感觉，而且包含对所涉对象的要求的内在承认。各种本体论论述试图表达这些要求。否认这一点的企图来自现代认识论，它因对深刻错误的实践推理模式[4]的广泛接受而得到强化，这种模式是以对自然科学的不适当的外推为基础的。

许多本体论的叙述把谓词加到人类——像上帝的创造物，或神圣之火的发散物，或理性选择的主体——上，这些谓词看起来就像自然科学中的理论谓词的类似物，因为它们(a)与我们据以同我及我们周围的人们打交道的日常描述相去甚远，(b)涉及我们对宇宙及我们在其中所占的地位的理解。事实上，如果我们退回到现代时期之前，例如，就柏拉图的思想来说，构成公正相待的道德基础的本体论叙述无疑与他"科学 8
的"宇宙论是相对应的。理念论是两个方面的基础。

我们不得不以类似于我们支持物理解释的方式来建立这些本体论谓词，这种假定看起来是自然而然的：从认定为独立于我们对它们所做的反应的事实出发，我们便试图证明一种根本性的解释要好于其他的解释。但是，一旦我们这样做，我们就丧失了有关我们正在论证的东西的观念。本体论叙述具有表达我们的道德本能的作用。它们表达了这些蕴含在我们的反应中的要求。一旦我们假定中立的立场，而且试图把事实当作独立于这些反应的东西来描述——就如十七世纪以来我们在自然科学中所做的那样——我们就再也不能对本体论叙述加以论证了。

---

④ 见下边第三章第二节的讨论和我的《说明和实践理性》("Explanation and Practical Reason")(即将发表)。

当然,存在着称作道德客观性的东西。道德洞察力的增长常常要求我们把我们的某些反应中立化。但是,这是鉴于其他人可能为琐碎的忌妒、利己主义或其他消极情感而相互认同、隔离和封闭。这绝不是一个完全脱离我们的反应的问题。

只有在由我们最深层的回应所塑造的世界中，就像我在此所谈论的世界中,才能进行道德论证和探讨;正像自然科学所假设的,我们关注的世界是我们所有的回应被中立化的世界。如果你想更好地区分在人身上什么东西让他们值得尊重，你就不得不询问心灵对人类苦难的感受是什么,为什么非正义是令人反感的,你对人类生命事实的敬畏何在。没有任何论证能够使某个人以中立的态度对待世界、洞察道德本体,这种态度或者是取自“科学”的要求,或者沦为病理学的结果。但是,并不能由此得出结论认为,道德本体论是纯粹的虚构,就如自然主义者常常假定的那样。毋宁说,我们应把我们最深层的道德本能,我们有关人类生命应得到尊重的根深蒂固的知觉,当作我们走向世界的模式,由此本体论要求是可以辨识的,也是可以理性地加以论证和筛选的。

第二节

在开始我就讲要探讨处于我们的道德和精神直觉背后的“背景状况”。现在我要简捷地重申这一点,并且说我的目标是表达这些直觉的道德本体论。什么是使我们的回应具有意义的精神的本性和困境?“具有意义”在这里意味着清楚表达那些使这些回应成为适当的东西:既识别出什么东西使某物成为这些回应的确切对象，正确而较充分地阐明回应的本性；也讲清楚它所预先假定的有关我们自身及我们在世界中
9 的处境的所有内容。这里所表达的东西就是在任何对正确性的主张中我们所假定和利用的背景,当我们为我们的回应的正确性作辩护时,其中的部分是必须要讲清楚的。

这种表达是非常困难的，也是容易引起争议的。我的意思并不是说，在明显的意义上，我们当代人在道德本体论上总是不能达成一致的。足够清楚的是：如果要求给予前面所讨论的尊重生命的反应以根据，许多人可能求助于我所指的有神论的论点，并乞灵于我们作为上帝的创造物的共同身份；其他人可能因纯粹世俗的观点而拒绝前一种解释，并转而求助于理性生命的尊严。但是，超出这点，诉诸任何特殊的个人背景都可能引起争议。作为主体，他或她本身，并非必然是最好的权威，至少在开始时不是。

这种情况首先是因为支撑某人观点的道德本体在很大程度上仍然是蕴含的。实际上，除非有某种挑战迫使它明显地显示出来，它通常是蕴含的。例如，一般人很少需要考虑普遍尊重的基础，原因是现在所有人都把这点当作公理来接受。最大的违犯者藏在谎言和狡辩的烟幕后面。甚至种族主义政权，像南非的政权，也以分离但平等发展的语言提出他们的纲领；与此同时，苏联的持不同政见者以各种捏造的指控被关进监狱，或作为“精神病”关在医院，群众选举政权的虚构得以维持。无论一个人拥有有神论的还是世俗的基础，都很少被提起，只有非常特殊的争论，像有关流产的争论，才是例外。

所以，在广泛的领域内，背景往往仍未得到探讨。而且不仅如此，探讨甚至会受到抵抗。那是因为，一方面是人们公开和有意识相信的东西，甚至他们为自己的信念感到骄傲，而另一方面他们需要使他们的某些道德反应具有意义，在二者之间或许——我想论证，常常是——缺乏一致。像这样的裂缝在前面的讨论中就碰到，某些自然主义者自己继续像我们一样争论什么对象是适意的和什么反应是适当的，与此同时他们却建议把所有的道德本体论都看作为不相关的说法，是无效的。一般说来这里出现的情况是还原论的解释本身，而且时常是社会生物学的解释扮演了道德本体论的角色，它假设对本体论的排斥是正当的，那就是说，它着手提供辨别适当的对象或正当的回应的基础。在开头为错误的道德理论辩护的顽固的科学理论，在结论中却变成一种新的“科学的”或“进化论的”伦理学的基础。[5]在这里，人们不得不得出结论说，在道德本体论的本性上，盛行着受意识形态的诱惑而形成的幻觉；这种本体论是这里所涉及的思想者实际依赖的。要全力对抗这些思想者，在这
10 方面，存在一项非常容易引起争议而又很重要的澄清性工作，这项工作能够表明他们自己的道德判断的真正精神基础在多大程度上背离了他们公开声称的东西。

我的主张是，在我们当代人中间存在许多对道德本体论的有目的的压制。这部分是由于当代社会的多元论性质使之容易以那种方式生活，而且也是由于现代认识论(就如前边提到的自然主义所求助的)的巨大影响力，以及随之而来的与这种认识论相联系的精神视野。所以，我在这里着手做的工作，在很大程度上可以被称为修复性尝试。批评的对象将是非常广泛的，因此我不能确信能说服所有的人。

然而，除意见不一致和压制的企图之外，这种道德本体论的表达，还会由于第三种原因，即我们许多道德信念的试验性、探索性和不确定性质，而变得非常困难。当代许多人，尽管他们远没有为彻底否认本体论的自然主义尝试所吸引，相反，他们甚至认识到他们的道德反应表明它们承诺着某种充分的基础，但是，当要说明这个基础是什么时，他们仍感到困惑和不确定。在我们前边的例子中，当面对是把有神论的还是把世俗的本体论当成他们的尊重反应的基础时，许多人无法做出最终的选择。他们同意，透过他们的道德信念他们承认人类本性或困境中有某种使人成为尊重的合适对象的基础。但是，他们坦言，他们不能以完全的确信赞成任何特殊的定义，至少不能赞成现行看法中的任何一个。对他们大多数人来说，出现的问题是类似的，即是什么使人的生活值得

---

⑤ 关于这点的一个好例子，见E.O. 威尔逊《论人类本性》(On Human Nature)(Cambridge, Mass.: Harvard University Press, 1978)。

过，或者什么赋予他们的个体生活以意义。为了回答这里的问题，我们大多数人仍旧处在摸索过程中。这就是根本性的现代困境，我随后将试图加以论证。

正因如此，表达的问题才能取得另外一种形式。它不仅要阐明人们虽已暗示却并未毫无疑问地承认的东西；它也不想表明人们实际上信赖的东西与他们意识形态地反驳的东西是相冲突的。毋宁说，本体论的澄清工作要获得进展，惟一办法是表明：无论我们是否意识到这一点，这种或那种本体论事实上是我们道德回应的惟一充分的基础。这个论题由陀思妥耶夫斯基所引出，莱什克·科拉考斯基在最近的著作中[6]作了讨论："如果上帝不存在，那么就可以为所欲为"。由于涉及我们承诺的本体论究竟是什么，这个层次的论证与前面的相比，甚至是更困难的。前面的论证试图表明，面对自然主义的压制，它们已经是怎么样的。 11
随后我大概不可能在这个领域做太大的冒险。只要能证明我们现代人实际上的确依赖某种试验性的、犹豫的和模糊的承诺，这就足够了，而且也非常有价值。无论如何，我们充满了断裂、修改和涂抹的道德世界的地图是足够有趣的。

第三节

现代人的道德世界明显地不同于以往文明的道德世界。到其他地方，当我们考虑人类要求我们尊重的意义时，这就变得清楚起来。以这种或那种形式，这似乎就是人类普遍性；也就是说，在所有的社会，似乎都存在这种意义。在较早的文化中，值得尊重的那些人的大体界线可能是根据狭隘的地域划定的，但是这个类别总是存在的。而且在我们视为较高的文明中，它总是包括整个人类物种。

---

⑥ 参见莱什克·科拉考斯基：《宗教》(Religion)(London：Fontana，1982)。

在这些较高的文明中，现代西方文明独特的地方在于，它倾心于根据权利的概念系统阐明这种尊重原则。这已经成为我们法律体系的核心——而且以这种形式传遍了世界。但是，另外，某种类似的东西也成为我们道德思维的核心。

权利，也被称为“主体权利”的观念，就其在西方法律传统中的发展而言，就是法律特权的观念；法律特权被看成是它所属的主体的准所有物。首先，这类权利是不同的所有物：某些人有权参加特定的会议，或提意见，或在这条河中征收通行税，如此等等。十七世纪自然法理论的革命，部分地就在于运用这种权利语言表达普遍的道德规范。我们开始把假定每个人都拥有的诸如生命与自由之类的东西说成是“天赋”权利。

在一定程度上，讲生命的普遍的、天赋的权利，似乎并非是一种创新。变化的似乎是一种形式。较早的说法是认为存在着反对剥夺无辜者生命的自然法。这两种公式似乎都禁止同样的事情。但是，区别不在于禁止的是什么，而在于主体的地位。法律是我必须服从的东西。它可能给予我某种好处，在这里就是我的生命的安全也应得到尊重；但是，从根本上说，我处于法律之下。相反，主体的权利则是某种其拥有者可以而且应当主动使其起作用的东西。以前是自然法赋予你生命安全，以自然权利的形式来说，给予你生命安全就是赋予你建立和强化这种安全的角色。现在你的同意是必要的，而你的自由程度相应地也就更大。在自由度的极限上，你甚至可以放弃权利，因而危及了安全。这就是为什
12 么洛克为防止在他的三种基本权利中出现这种可能性，引入了“不可让渡性”的概念。在早期自然法理论体系中这种概念是没有必要的，因为那种语言的性质排除了放弃权利的可能性。

谈论普遍的、天赋的或人的权利，就是把对人类生命和完整性的尊重与自律概念结合起来，就是设想人们在建立和保障他们应得的尊重方面，是积极的合作者。而这个表述是现代西方道德观的关键特征。表述形式的变化自然伴随内容上的变化，即对何谓尊重人的理解上的变

化。对这点来说，自律现在是关键性的。因此，洛克三位一体的自然权利把它归于自由。对于我们而言，作为一项关键特征，尊重人格包含尊重人的道德自律。随着后浪漫主义个体差异概念的发展，它扩展到要求给予人们以他们自己的方式形成自己人格的自由，即使他们的方式可能与我们自己的，甚至与我们的道德感不一致——这个主题由J.S.穆勒作了非常有说服力的发挥。

当然，不是每个人都同意穆勒的原则，而且它对西方立法的充分冲击还是较近的事。但是，我们文明中的每个人都感觉到这种要求的力量，即要求让人们以自己的方式发展。争执在于关于诸如色情描写、各种容许的性行为、渲染暴力这类事情，同合法发展呈何种关系。禁止前者是否就危及后者？没有人怀疑，如果这样做，就为放松社会控制构成一个理由，即使可能不是最终决定性的理由。

所以，在我们对尊重的理解中，自律占有关键的地位。同意是如此普遍。除了自律外，关于人类本性和我们的困境，还有其他各种丰富多彩的图景，它们为这种要求提供了根据。例如，它们包括我们自己作为被分解了的主体的概念，这种主体摆脱了沉浸在自然中的舒适但却是虚幻的感觉，把我们周围的世界客体化了；或把我们自己看做纯粹理性主体的康德式图景；或刚刚提到的浪漫主义图景，在那里我们根据有机性隐喻和自我表现的概念来理解我们自己。就如众所周知的，这些不同观点的坚定支持者处于相互的尖锐冲突之中。在这里，普遍的道德一致再次在哲学阐释的层次上陷入争论之中。

对这种争论，我绝不是中立的，但是我感觉在这个阶段就归属一个见解，对这个问题没有助益。现在我更想试图通过提出另外两种相关的特征，扩展我们关于尊重的现代理解的这个图景。

第一种是我们强调避免痛苦的重要性。这似乎又是独特地存在于高级文明中的。当然，对这一点我们要比我们几个世纪之前的先辈们敏感得多——如果我们考虑他们所遭受的(相对我们说来)野蛮惩罚，那么 13

我们就能马上明白这一点。法规及其实践,再次提供了进入广泛的文化变化的窗口。想想对十八世纪中叶法国企图弑君的人所受拷打和处决所做的令人恐怖的描述,谁还敢翻开米歇尔·福柯的《监视与惩罚》?[⑦]并不是这种类似的恐怖在二十世纪的西方就不会发生。但是,它们现在被看成是令人震惊的和不得不加以遮掩的过失。甚至在死刑仍然有效的地方,连那些"干净利索的"依法处决,再也不在公众面前,而是在监狱大墙内的深处执行。在我们得知较早的时代处决被当成公共场面,父母常带小孩子去观看这类事件时,这是让人战栗的。我们对遭受痛苦要敏感得多,当然我们与其说把它转化为任何具体的修补性的行为,不如说可能把它转化为我们不愿听到的事情。然而,我们应当把遭受痛苦减少到最低程度,这个观念对于我们今天而言,是尊重含义的一个完整的组成部分——无论如何,对这点感到厌恶的只是极少数,其中最著名的是尼采。

这种变化的部分原因是否定性的。比较一下十八世纪达米安的刽子手的例子，我们根本看不出按照仪式以同等可怕的惩罚就能消除可怕的犯罪。给予这种复仇以意义的宇宙道德秩序的整体概念,对我们来说已经淡化了。随着这种信念的衰退,减轻痛苦的强调则增强了。当我们不再把人看成是在较大宇宙秩序或神圣历史中扮演角色时，减轻痛苦就是所留下的东西,就是承担道德重要性的东西。这是功利式启蒙运动的否定性延伸的组成部分，它反对以这类大秩序或大戏剧的名义让人承受没有必要的和无意义的痛苦。

但是,对人类这种最直接的幸福的强调,当然也有宗教的根源。它源于《新约》,是基督教精神的关键主题。现代功利主义是它的一种世俗化的变种。作为这种变种,它以比较根本的特征与基督教精神相联系,这个特征在现代时期的滥觞处取得了新的形式和前所未有的重要性,

---

⑦ 米歇尔·福柯:《监视与惩罚》(Surveiller et punir)(Paris:Gallimard,1975)。

而且也成为现代文化的核心。我想把这点描述为对日常生活的肯定。这最后的术语属于艺术的范畴，大体指称生产活动和家庭。

根据传统的亚里士多德伦理学，这只是基础性的重要性。“生活”的重要在于，它是维持沉思的“善良生活”和作为公民的行为的必要的背景基础。通过宗教改革，我们发现了日常生活的现代的、由基督教启发的意义，即与希腊伦理学相反，日常生活是善良生活的真正核心。关键的争论是它是如何引出的，无论是否是虔敬地还是出于对上帝的敬畏。但是，敬畏上帝的生活已经不在婚姻及其呼唤之中。可以说，以前“高级的”生活形式遭到了废黜。而且伴随这点，还有对使这些形式成为他们 14
的本分的精英们或隐蔽或公开的经常攻击。

我相信，这种对日常生活的肯定，尽管并不是没有争议的，并常以世俗化的形式出现，已经成为现代文明的最有影响力的观念之一。它奠定了我们当代的“资产阶级”政治学的基础，这种政治学极为关心福利问题；与此同时，它也强化了我们世纪最有影响的革命的意识形态，即把人作为生产者加以歌颂的马克思主义。这种人类生命的日常生活的重要性，连同其关于忍受痛苦的重要性的推论结果，改变着我们有关什么是对人类生命和完整性的尊重的全部理解的色彩。伴随着把核心地位赋予自律，它也就界定了这种要求的版本，而这是我们的现代西方文明所特有的。

第四节

到此为止，我只探讨了我们的道德直觉的一个方面，虽然它是极其重要的一方面。这些直觉是这样一些道德信念，它们围绕着要尊重人类生命的意义而产生；它们是这样一些禁令和责任，它们把我们生活中最重要和最严肃的东西加在我们身上。我一直论证，存在一种关于尊重包含着什么的独特的现代意义，它给予自由和自我控制以突出的地位，把避免遭受痛苦放在十分首要的位置上，并把生产活动和家庭生活看作为幸福的核心。但是，这一套道德直觉只构成我们的道德生活轴心中的一条。还有其他我要探讨的道德概念是与之相关的。

当然，“道德”能够并且经常纯粹定义为对他人的尊重。道德的范畴被认为只包含我们对其他人的责任。但是，如果我们采用这个定义，那么我们就不得不承认在这种道德之外还有其他问题存在，它们是我们关注的中心，并把强有力的评价带入活动的范围。存在的问题有：我如何生活，这与什么样的生活值得过有关；或者什么样的生活能实现蕴含在我特殊才能中的希望；或以我的天资要求成为某种人的责任；或形成丰富而又有意义的生活——作为人们对热心于第二位的事情或琐事的抵抗。这些是强势评价的问题，因为询问这些问题的人决不怀疑，一个人如果遵循自己直接的意愿和欲望，他就可能走错方向，从此之后不能走向完满的生活。要理解我们的道德世界，我们就不仅要弄清什么样的
15 思想和图景奠定了我们对他人的尊重感，而且要弄清那些构成我们完满生活的概念基础。还有，正如我们将要看到的，这些并不是两个相去甚远的思想系列。存在着根本的重叠，或毋宁说，复合的关系，在此某些同一的基本概念以新的方式重新出现。这就是我在前边称之为肯定日常生活的特殊情况。

一般说来，人们可以从最普遍意义上的所谓道德思维中挑选出三个轴心。正像前边所提到的两种——我们对他人的尊重和责任感，以及我们对怎样过完满生活的理解——一样，这里也存在关于尊严的一系列概念。我用这个概念系列意指，依据它我们认为自己应要求得到(或要求不到)我们周围那些人的尊重。这里的“尊重”一词有与前边稍微不同的意思。我现在不是在不被违犯的意义上谈论尊重权利，我们可称之为“主动的”尊重；我们谈论的毋宁是对某个人的好感，甚至尊敬他，这就是当我们在日常讲话中说的他得到我们的尊重所指的内容。(让我们称之为“基于个人态度和感情的”。)

我们的“尊严”——在这里我在特殊的意义上使用它——就是我们要求(基于个人的态度和感情)尊重自己的感觉。什么构成人们的尊严，这个问题不可避免地关系到为什么我们应当尊重他人的权利，或怎么样过完满的生活，尽管自然主义哲学极力错误地引导我们认为这只是“肠胃”反应的另一个领域,类似于那些狒狒建立的等级体系。而且在这种情况下,就我们的尊严与我们的每个行为密切交织而言,其不可避免性就应当更加明显。我们行走、运动、打手势和讲话的每种方式,都形成于我们意识到我们出现在他人面前的这种最初时刻。我们处在公共空间中,而这个空间潜在地是尊重或蔑视、骄傲或羞愧的对象。我们的活动风格表达着我们自己怎样享有或缺少尊重,是否赢得尊重。有些人匆匆掠过公共空间,就仿佛要躲避它似的;有的人穿越它就仿佛希望逃避他们如何出现在其中的问题，尽管他们是带着非常严肃的目的经过这个空间的;还有人自信地逍遥渡过,沉浸在欣赏所在的时光之中;另有人妄自尊大,对自己在这个空间中的当前足迹心满意足:想想警察因超速命令你停车,他走出警车,慢慢地、大摇大摆地走过来要你出示证件时从容不迫的样子。[8]

我们在我们的尊严构成中看到的究竟是什么?可能是我们的权力，是我们对公共空间的支配感;或是我们不会受到权力的伤害;或是我们的自信与自足,我们的生活有自己的中心;或是我们为他人所喜爱和关注,是注意的中心。但是,这种尊严感时常可以建立在前边我提到的某些同样的道德观念基础上。例如,我自己作为一家之主、父亲、拥有工作和养活家人的感觉;所有这些都可能是我的尊严感基础。正是因为缺乏尊严可能是灾难性的,通过彻底损害我的自尊感情就能摧毁它。在这里 16

⑧ 见马赛尔·普鲁斯特:《在带花的年轻姑娘旁边》(A l'ombre des jeunes filles en fleur)(Paris:Gallimard,1954),第438页。该处论述了对我们在公共空间中的表现的这种不可逃避的感受和关注。

尊严感与日常生活重要性的现代概念相交织，日常生活的重要性这个观念在尊严轴心上再次出现。

大体上，类似于这三种轴心的东西可能存在于每种文化之中。但是，在它们怎样被构想，它们如何联系，以及它们相对的重要性方面，又存在重大的差别。就似乎在古希腊统治阶层——其行为受到荷马的赞颂——中占主导地位的武士和荣誉的道德而言，这第三种轴心看来是首要的，甚至毫无遗漏地包容了第二种轴心。“出身高贵的人”(agathos)就是有尊严和有权力的人。[⑨]这种情况足以维持到古典时期，因为柏拉图曾把对权力和自我提高的道德的描绘作为他主要的目标之一，比如像卡利克勒斯和色拉叙马霍斯这样的人物。对我们来说，这近乎是不可思议的。显然，第一种轴心似乎具有首要性，随之是第二种。与这一点相联系，对古代的人来说，要是把第一种轴心设想为普遍的伦理原则，使之只以理性为基础，对抗那种以不必讨论的宗教禁令为基础的东西，这大概是难以理解的。

我们的时代区别于古代的一个重要的方式涉及第二种轴心。一系列围绕着生活意义的，而且对我们说来是合理的问题，在更早的时代难以得到充分的理解。现代人可能焦虑地怀疑生活是否有意义，或者对它的意义是什么感到困惑。无论哲学家为何倾向于攻击这些提问方式是含混和混乱的，但我们对由这些词表达的那种忧虑都有直接的感受，这仍旧是个事实。

也许我们能够以以下的方式对这些问题有所认识。与第二种轴心相伴的问题，对任何文化中的人都可能出现。武士社会的人可能问，他的勇敢行为的故事是否不辱其门第的承诺或对其地位的要求。宗教文化中的人们常问，习惯的虔诚对他们来说是否就足够了，或者他们是否

---

⑨ A.W.H. 阿德金斯：《从多到一》(From the Many to the One) (Ithaca: Cornell University Press, 1970)，第9—10页。

还未感到某种纯粹的、更加献身的神圣召唤。这类人存在于大多数的伟大宗教中，例如基督教世界。但是，在这些例子的每一个之中，框架都未受怀疑地维持着，这有助于界定人们赖以判断他们的生活，以及可以说测定生活的充实与空虚的那些要求：部落的记忆与诗歌中的传说空间，或以天启的方式获知的上帝的召唤，或举另外的例子，宇宙存在的等级秩序。

正是现代世界的平凡性使这些框架成为有疑问的。在清晰的哲学和神学学说的层次上，这具有戏剧般的明显性。某些传统的框架，像传说的空间，已是信誉扫地或降低到个人偏好的地步。其他的，就像它们 17
的原初形式，如柏拉图的存在等级的概念，在所有方面都不再有任何可信性。天启宗教的形式仍然很活跃，但也是非常有争议的。没有一个框架构成现代西方整个社会的视界。

“视界”这个术语经常被用来阐述这个问题。韦伯所谓的“去魅”——作为一个有意义的宇宙秩序感的消散——被认为已经摧毁了人们先前赖以过精神生活的视界。尼采在他著名的“上帝死了”的段落中使用了这个术语：“我们怎能喝干大海？谁给予我们海绵抹去了整个视界？”[⑩]也许这种表达方式首先吸引了知识分子，他们为人们所赞同的明确的学说做了大量工作，而且他们总倾向于成为非信仰者。但是，尼采的傻瓜所描述的视界的丧失，毫无疑义地符合在我们的文化中所广泛感受到的东西。

这就是我试图以前边的短语所描述的东西，即在今天是有疑问的框架。这个模糊的术语指向了相对开放的态度分裂。所有的态度共同具有的理解是，没有任何框架为所有的人共有，或能够被同意当作惟一最重要的框架，或能深入到作为没有疑问的事实的现象学的地位。这个基

---

⑩ 见《快乐的科学》(The Gay Science)，第125段。除了个别的之外，译文均出自格丽塔·泰勒或我本人。

本的理解在人们所持的态度中有不同的折射。对某些人来说,它可能意味着坚持一种定义，这是以与他们的大多数同胞对立的自我意识传统地所界定的观点。其他人可能在一种多元论意义上,即不同观点中的一种的意义上,持这样的观点:即这种观点仅仅是我们的,并不必然与别人联系在一起。还有人认同于某种尝试性的观点,即我在第一章第二节所描述的那种半临时性的方式。这似乎是他们接近形成他们所相信的东西,或者说,对他们而言某些东西似乎是他们可以把自己的生活与之相关联的精神根源;但是他们知道自己的不确定性,知道他们离能够以绝对的信心认清确定的形式还相去甚远。在他们的信念中总有某种试验性的东西，他们可能把自己看成某种意义上的探索者。用阿拉斯岱尔·麦金太尔恰当的话来说,他们是在“探求”。[11]

当然,面对这些探索者,我们超出了全部传统上可资利用的框架。不仅他们尝试性地接受这些传统，而且也常常发展他们自己关于这些传统的变体,或其中既是借用也半是创新的奇特的结合体。这提供了意义询问在其中具有地位的语境。

人们在多大程度上明白发现可信框架就是询问的对象，而探究可
18 能失败也就在多大程度上成为可理解的。这可能出自个人的缺陷,但是失败也许来自不存在绝对可信的框架。为什么用意义的丧失来谈这个问题? 部分是因为框架是我们赖以使自己的生活在精神上有意义的东西。没有框架就是陷入了精神上无意义的生活。询问因而永远是询问意义。

但是，意义的出现也来自我们在多大程度上意识到探究与表达有关。我们是靠表达而发现生活意义的。而现代人已敏锐地了解到我们的意义多么依赖于我们自己的表达力。在这里,发现既依赖于创新,也与

⑪ 见阿拉斯岱尔·麦金太尔:《追寻德性》(After Virtue)(Notre Dame:University of Notre Dame Press,1984),第203—204页。

之相交织。发现生活意义依赖于构造适当的富有意义的表达。因此,对于我们的遇境,存在某种特别适合一词多义的字“意义”:当生活具有或缺少目的时它们就可能具有或缺少意义;与此同时,它也运用到语言和其他表达形式上。我们现代人越来越多地在第一种含义上获取意义,当我们这样做时,我们是根据第二种含义创造它。

无论我们可能怎么样嘲笑这个词,生活意义的问题显然进入我们的议事日程,不管是以威胁到意义丧失的形式,还是因为过有意义的生活就是搜寻的对象。而且那些主要以这种方式规定其精神议程的人,他们的存在困境根本上不同于支配着大多数以往文化并继续规定着当代其他民族生活的那种困境。那种可能性是在其中未受挑战的框架据以提出专横的要求的困境,而这种要求我们可能是无法满足的。我们面对的前景是无法挽救的谴责或驱逐,永恒的耻辱标志,或遭受不能挽回的指责,或被打入低等序列渡过漫长的未来生活。压力是极其巨大而又不可逃避的,我们可能被其压碎。这里的危险形式明显不同于威胁着现代探索者的形式,后者的危险是近乎相反的:世界彻底丧失了其精神的外观,没有任何事情是值得做的,对可怕的空虚、某种眩晕甚或我们的世界与肉体发生断裂的恐惧。

为了理解这个对比,想想路德,他在觉悟到信仰使人得救的解放时刻之前的强烈的痛苦与紧张,他的不可逃避的被责感,通过圣礼这种得救手段无可挽回地自我折磨。无论人们想怎么描述这点,它都不是意义的危机。用我在这里一直描述的现代用法,这个术语对路德毫无意义。对这个奥古斯丁主义的僧侣来说,正如对他的整个时代来说,生命的“意义”是毫无疑问的。[12]

人们在其中害怕谴责的存在性困境,与人们首要是对无意义的恐

---

⑫ 见埃里克·埃里克森:《青年路德》(Young Man Luther)(New York:Norton,1958),他对我们现代人称为“认同”危机的路德的危机进行了颇有见地的讨论。

19 惧的困境是非常不同的。后者的支配性或许规定着我们的时代。[13]但是，即使如此，对许多人来说前者仍然存在，而且这种对比反差有助于我们理解我们社会中不同的道德态度：以当代美国西部和南部的再生福音派信徒的道德多数为一方，以他们东海岸的中产阶级城市同胞为另一方，二者之间存在着对比差别。

以一种我们还不能适当理解的方式，这两种存在性困境之间的转换看起来与精神病理学主导模式中近来的变化相称。精神分析学家时常谈到他们从弗洛伊德开始的古典阶段，在其中歇斯底里和恐惧症及固恋病人成为他们的主要顾客，这个阶段近来让位于这样一个时期，这时主要的抱怨中心是围绕着“自我的丧失”，或空虚、平面、无助感，缺乏目的，或失去自尊。[14]究竟病理学的这些类型和与它们平行的非病理学的困境之间的关系是怎样的，这非常不清楚。以致为了试图严肃地理解这一点，我们必须对自我的结构有更进一步的掌握，这正是我随后要力图尝试的。但是，存在着某种关系，这看起来似乎是绝对可能的先验原则；而病理学类型的比较新近的转换，反映着在我们的文化中“视界丧失”的普遍和盛行，对此有些敏锐的心灵在一个世纪或更早之前就预见到了。

第五节

当然，我在前边提到的同样的自然主义趋势——倾向于在根本不提任何本体论主张的情况下只阐述道德反应——对意义和框架的这种

---

⑬ 保罗·蒂里希在《存在的勇气》(The Courage to Be)(New Haven：Yale University Press，1952)中，根据某种与这些类似范畴，描述了宗教改革的时代与我们自己时代的差别。

⑭ 见克里斯托弗·拉什：《自恋的文化》(The Culture of Narcissism)(New York：Norton，1979)；珍妮特·马尔科姆：《精神分析：没有可能的职业》(Psycho-analysis：The Impossible Profession)(New York：Knopf，1981)。

讨论感到非常可疑。持这种观点的人倾向于宣布意义问题是伪问题,而且诬蔑各种框架中发现的回答无非是没有根据的幻想。有人因认识论的原因发现这个趋向:排斥这些框架的对本体论的剥除,对他们来说看起来更接近科学的观点。但是,也有深入到我们时代共同的道德观中的原因,推动人们走上这个方向。我希望随后把这点解释得更清楚些。

但是,正如前边支撑我们对生命的尊重的本体论主张一样,这种激进的还原也无法实现。弄清为什么,就是理解有关这些框架在我们生活中的地位的某种重要性。

我一直称为框架的东西体现着一套关键的性质特征。在这个框架内的思考、感觉和判断,就是这样一种意义在起作用,即某些行为、或生活方式、或感觉方式无比地高于那些我们更加乐于实行的方式。我在通常意义上使用"更高"这个词。对什么是首要的差异的理解可能采取不 20
同的形式。一种生活形式也许被看作是更完满的,另一种感觉和行为方式是更纯洁的,一种感受和生活方式是更深刻的,一种生活样式是更令人欣赏的,给定的要求形成绝对的主张对应于其他相对的主张,如此等等。

我试图以"无比的"这个词表达所有这些差别共同具有的东西。在这些情况的每一种之中,其意义在于,那种以某种方式有价值的或值得向往的目标和善,是不能以我们日常的目标、善和欲望(desirabilia)相同的尺度来衡量的。它们并不只是在同一种意义上更大程度地比某些日常的善更令人欣赏。由于它们的特殊地位,它们获得我们的敬畏、尊重或赞美。

而且正是这种不可比性与我所称的"强势评估"相关联:事实上这些目标或善独立于我们自己的欲望、爱好或选择,它们表示着这些欲望和选择据以被判断的标准。它们显然是高位价值的同一种意义的两个相关联的侧面。使我们敬畏的善也必须在某种意义上作为我们的标准起作用。

关注这类框架的某些一般的例子，有助于把焦点集中在这个讨论上。我们的文明中最早的一个例子,是与荣誉伦理相联系的,而且对某些人来说它今天仍在起作用。武士、公民或公民战士的生活被认为高于单纯献身于平静的艺术和经济福利的私生活。较高的生活以与之相联系的名望和荣耀,或至少是非凡的情况为标志,那些人都取得了辉煌的成功。在公共生活中或作为武士至少有获取名望的候选资格。为了荣耀时刻准备拿自己的平静、财富甚至生命冒险，是一位真正的男人的标志;而那些不能使自己这样做的人,被轻蔑地判定为“女人气”(这个观点看起来内在地带有性别歧视)。

与之相对立，我们接受了由柏拉图提出的受到赞美和颇有影响力的相反见解。德性不再是从公共生活或武士决斗的(agon)杰出性中发现的。高级的生活是由理性指导的,而理性本身是根据宇宙和灵魂中的秩序感加以界定的。高级的生活是这样的生活,在其中理性——纯正、秩序、界限、不变——控制着屈从于过度、贪得无厌、变化无常和自相冲突的欲望。

在价值观评估的这种转化中,除了善良生活的内涵之外,早已有别的东西发生了同样深远的变化。柏拉图的伦理学要求我们今天可能称之为理论的东西,即有关人类生活是怎样的,及为什么一种方式高于其他方式的理性论述。这是理性新的道德作用的不可避免的结果。但是,我们在其中行动和判断的框架并不需要理论上的表达。就那些靠武士伦理生活的人来说,通常不需要。他们共同具有特定的辨别力:什么是
21 荣耀的或不体面的,什么是值得赞赏的,什么可做或不可做。人们经常说,绅士在从未被告知规则的情况下知道怎样行动。(而这里的“绅士”就是原来武士贵族的后嗣。)

那就是为什么我在前边把框架内的行为说成是性质差别(qualitative distinction)“感”在起作用。也只能如此;或者能以一种高度清晰的方式,用哲学论证的本体论或人类学,把它表达出来。就某些框架

而言，无论人们是否对它们进行系统阐述，它都可能是非强制性的。但是，在其他情况下，如在柏拉图那儿，框架的本性是命令，或在武士—公民伦理中看起来是禁令。柏拉图曾攻击后者：这似乎是对理论阐述的执拗。那些看重后者的人倾向于贬低或诋毁理论在人类生活中的作用和力量。

但是，我在此提出这个差别，部分地是为了避免一个我们容易犯的错误。我们可能从某些人在没有哲学规定的框架情况下照常生活的事实中，得出他们根本就没有框架的结论。而这可能是完全不正确的(实际上，我想说，这总是不正确的)。就像我们未达理论表达的武士，他们的生活或许由极其重要的性质差别所规定，可以说他们的生与死都与此相关。这将是非常明显的，他们为自己及他人的行为制定了判断性召唤。但是，这完全能让我们，观察者、历史学家、哲学家和人类学家，尝试清晰地阐述这里所区分的善、性质或目的。正是在这种未表达出的层次上，我们常常是功能性的，这是我说性质差别"感"时所试图描述的。

柏拉图的差别位于一大类观念的顶端，这些观念认为善良生活是对自我的控制，也就在于理性支配欲望。古代社会中最受称赞的一个变种是斯多葛主义。而且伴随着现代科学世界观的发展，一个特殊的现贷变种已经形成。这就是解脱式的自我理想，不仅能够把周围世界客体化，而且能够把他自己的情绪和个性、恐惧和压抑客体化，从而获得了某种距离和自制，使他能够"合理地"行动。这后一个术语加引号，显然是因为它的意义相对于柏拉图的含义来说已发生了变化。理性不再以宇宙中的秩序感加以规定，而是根据工具效能、寻求价值的最大化、自我一致等等程序性地加以规定。

通过理性而自制的框架，在犹太教和基督教思想中，也发展了有神论的变种。实际上，正是它们中的一个首先引出了解脱式的理想。但是，与柏拉图主义，或一般说来与希腊哲学的联姻，总是不容易的；而另一种主题，尤其是基督教的，在我们的文明中也非常有影响。这就是把高

22 级生活理解为来自意志的转化。在最初的神学概念中,这种变化是神恩使然,但它也出现了一些世俗化的转变。而且神学和世俗这两种形式的变种,都构造着现时代人们的生活。或许现时代这种伦理的最重要的形式是利他主义的理想。伴随着关于转变意志的本性的特殊神学定义的衰退，根据利他和自私所做的关键的高低差别的论证走上了显著的位置。对他人或对普遍的善的奉献赢得了我们的赞扬,甚至在非凡的情况下赢得了我们的敬畏。在这里要求我们尊重的关键特性是意志的某种方向。这与柏拉图的自制精神非常不同,无论那种精神在实践上与利他主义有多少重叠(而重叠与全面相去甚远),在他那儿问题转向了理性的霸权。再者,就它在基督教精神中的全部明显的根源以及与之完全和谐共存来说，利他主义的世俗伦理学也抛弃了某种对基督教观点而言是本质性的东西,对上帝的爱不再起作用了。

在名望、理性支配和控制以及意志转化伦理学的一边,最近两个世纪内建立在洞察力和表达力基础上的差别成长起来。存在着一套仍未充分理解的观念和直觉，这使我们比以往任何其他文明都更赞赏艺术家和创造者；这使我们相信把生命用来进行艺术创作或表演是最为值得的。这种观念复杂性本身有柏拉图的根子。我们看看柏拉图思想中半隐蔽的一面,例如,在《斐德罗篇》中表现出的,在那儿他似乎认为诗人由狂热所激发,能够看到清醒的人所看不到的东西。在现时代广泛传播的关于艺术家比我们其余的人看得更远的信念，因我们乐于严肃地看待由画家和歌唱家所表达的有关政治的见解而得到证明，尽管他们可能并不比其他人有更多关于公共事务的特殊的专门知识，这似乎来自同样的根源。但是,在这个观点中也有某种典型的现代性的东西。它基于前一节所提出的现代意义，即对我们说来有意义的东西部分地依赖于我们的表达力,对框架的发现与发明相交织。

但是,如果我不论及在这一节我开始提出的事实:存在着一个广泛传播的趋向,我称之为“自然主义”,它倾向于从根本上否认这些框架,那么对构造着现时代人们的生活的某些最重要差别的这种快速概览，就甚或是根本不充分的。我们不仅在那些迷恋于还原解释的人那儿，而且在经典功利主义的另一种方式中，看到这一点。这种哲学的目标严格说来就是排斥所有性质差别，把人类所有目的看作是同等重要的，因而能够根据某种硬“通货”加以普遍的量化和计算的。我在这里的论点是， 23
这个观念是极其错误的。但是，正如我在前边说过的，它是由道德上的原因所激发的，而这些原因形成了在我们的时代人们据以生活的框架图景的本质部分。

这必定涉及我在本章第三节中称之为“日常生活的肯定”的内容。生产和再生产以及工作和家庭的生活概念，在我们流转于我们的文明独特的主导特征中时，是优良生活的主要关注内容。对于武士伦理和柏拉图主义来说，这种意义上的日常生活都属于低级系列的部分，属于与无与伦比的高级生活相对照的部分。因而肯定日常生活必定对这些传统的观点以及它们所暗含的精英统治论持一种争论的姿态。宗教改革的神学就是这样的，在现时代它们是走向这种肯定的主要推动力。

正是这种争论的姿态，传给并经过世俗外观的改装，强化了像功利主义这样的力图谴责所有性质差别的还原论观点。就像荣誉伦理学或修士式的禁欲伦理学是早期的，所有的性质差别都被控错误地和违背常情地贬低日常生活，看不到我们在此的命运系于生产和再生产，而不是什么所谓的较高领域，忽视了普通人欲望和满足的尊严和价值。

根据这一点，自然主义和功利主义触及了现代感受性的强劲神经，这也解释了它们的某种说服力。在这里，我的主张是，它们不过是极其混乱的。就肯定日常生活来说，在必须谴责某些差别的同时，它本身也是一种差别；否则它便根本没有任何意义。生活中存在某种尊严和价值，这种概念本身需要一种对照；实际上，对照不再是这种生活与某种像沉思、战争、积极的公民义务或崇高的禁欲主义的“较高”活动之间的对照，而是存在于生产和再生产生活的不同的生活方式之间的对照。这个概念不再是我们究竟做什么才是可接受的——作为尊严概念的基础,这将是难以理解的。毋宁说,关键点在于,较高的生活不是在日常生活的生活模式之外,而是作为这种模式被发现的。对宗教改革者来说,这种模式是神学地加以规定的;对经典功利主义者来说,是根据(工具性)理性加以规定的;对马克思主义者来说,是自由的自我创造的表现主义成分加到启蒙理性上。但是,在所有的情况下,在较高的、令人赞赏的生活和懒惰、不合理、受奴役或异化的等低级生活之间,仍存在某种差别。

不过,一旦人们排除了自然主义的幻觉,所剩下的仍然是现代道德意识的极其重要的事实：在强烈吸引着我们现代人的对日常生活的肯定和我们的某些最重要的道德差别之间的张力。实际上,讲张力还是太简单了。就肯定日常生活意味着什么,我们处在冲突甚至混乱之中。一
24 些人最最肯定的东西是另一些人全然否定的东西。想想对正统基督教的功利主义攻击；再想想陀思妥耶夫斯基对功利主义乌托邦设计的攻击。对那些在意识形态斗争中并未坚定地站在这一方或那一方的人来说,这是不确定性的深刻根源。我们对英雄主义和它牺牲平凡目标的价值怀有同样的矛盾心理。我们为把握无与伦比的高级感受而奋斗,与此同时有关日常生活的核心的现代洞见也是确实的。我们对英雄和反英雄都怀有同情;我们梦想一个世界,人们在其中可以同时从事两个方面的行为。这就是自然主义扎根于其中的混乱。

第二章

道德空间中的自我 25

第一节

在第一章第五节的开始，我说过，把框架彻底排除在考虑之外的自然主义还原论，并不能得到贯彻；要弄清为什么这样，就要理解框架在我们生活中的地位的某种重要性。对这些框架由什么构成，已经有了一些了解，现在我想继续讨论这个问题。

在第一章的第四和第五节中，我一直通过它们与生活意义问题的关系谈论性质差别。但是，这类差别在前边我所认定的所有三个向度的道德估价中都起作用，这是清楚的。人类能够过某种更高水平的生活，这种观念构成了我们如下信念的部分背景：他们宜为尊重的对象，他们的生命和完整性是神圣的或享有特权的，也是不可侵犯的。作为结果，我们对特权究竟为何物的理解，涉及新框架的进展。我们给予表现力以如此的重要性，因此，意味着我们关于怎么样才是尊重人们的完整性的当代概念，包含了保护他们表现和形成自己的见解、规定自己的生活概念以及规划他们自己的生活计划的表现自由。

与此同时，第三个方面也与这类差别有关。武士、公民、家长等等人的尊严支撑着这样一个背景，即理解某种特别的价值依附于这些生活形式，或依附于这些人在这些生活形式之中所达到的等级或地位。

实际上，前边的一个例子，即荣誉伦理，已清楚地成为对尊严的一种非常广泛的理解的背景，这种尊严与自由公民或武士公民，甚至与某些在公共生活中扮演主要角色的人的较高等级相联系。这继续是我们现代社会生活的一个重要维度，而与此类尊严猛烈竞争，正是赋予民主政治以生命力的东西的一个组成部分。

26 因此，我一直称为框架的这些差别，也就以不同的方式构成我们道德生活的三个方面。当然，这也就意味着它们的重要性是有差别的。在这里，我只想对它们怎么样通过我们的道德存在而交织在一起，作进一步的探讨。

第一种方式是我已经讨论过的。框架为我们在所有三个方面的道德判断、直觉或反应提供了明显或隐含的背景。清楚地表述一个框架，就是阐明什么形成了我们道德回应的意义。也就是说，当我们试图说明，在我们断定某种形式的生活确实有价值，或把我们的尊严置于某种成就或地位中，或以某种方式规定我们的道德责任时，我们发现自己就是在表达我称之为“框架”的东西。

从某种意义上说，这也许可能是对取消框架的自然主义企图提供一个充分的回答。我们可能只是从个人爱好出发来回应那些深化还原论论题者的：他们也都作什么是有价值的判断，都有尊严感觉，如此等等，因而他们不能简单地拒斥给这些信念和态度以意义的前提条件。

但是，从个人爱好出发的论证看起来并未达到足够的深度。我们可能认为，尽管几乎所有的自然主义还原的提倡者都会提出某种他们假定要拒斥的差别，但这并未从解决我们原则上是否可以根本不需要框架这个问题——简言之，人们之所以采取它们说到底完全是随意的，而不管事实上在人类绝大部分历史中回避它们有多困难。

框架就是这么随意的观点之所以被人相信，是因为现代文化的“去魅”的发展，这一点我在第一章第四节里讨论过，这种发展削弱了如此之多的传统框架，从而实际上形成了这样的处境：在其中我们古老的视界被摒弃，所有框架看起来都有疑问——在其中意义问题因为我们而出现的处境。在早先时代，推论可能这样进行：那时候，我们的存在困境首先是由对罪责的恐惧定义的，在那儿不受挑战的框架成为我们的绝对命令，人们把他们的框架看作是与真正的宇宙结构具有同样的本体论的坚固性，这是可以理解的。但是，曾经如此坚固的东西在许多情况下化为泡影的确定事实表明，我们面对的与其说是存在的本性的某种基础，不如说是易变的人类解释。因而，为什么不能设想，一个人甚或一 27
种文化可能在根本没有框架的情况下，也就是说，在没有这些无与伦比的高级生活的性质差别的情况下，来理解这种困境？我们总能够找到我们的当代人在实际生活和判断中仍旧墨守某种框架的事实，并不表明生活与判断是建立在某种最终毋须解释的东西之外的。

目前进行的有说服力的论证支持了还原论的论点。我要反对的正是还原的观点。我力图为强势论点辩护，即对我们来说在没有框架的情况下生活显然是不可能的；换言之，我们在其中过我们的生活和使它们有意义的视界，必定包括这些强势的性质区分在内。而且，这不只意味着一种偶然为真的有关人的心理事实，这个事实也许在某一天不为某种特别的或新型的个体——如摆脱了客体化的超人——所拥有。毋宁说，这个主张在于，在这种被强势赋予的视界中生活构成着人类的特质，而走出这些限制也就是走出我们所认为的完整性，即未受损害的人类人格性的状态之外。

或许理解这点的最好方式是，集中关注我们现在通常描述为认同问题的争论。我们以这些术语谈论它，是因为问题经常由人们以下列方式自发地提出：我是谁？但是这并不必然能通过给予名称和家世而得到回答。对我们来说，回答这个问题就是理解什么对我们具有关键的重要性。知道我是谁,就是知道我站在何处。我的认同是由提供框架或视界的承诺和身份规定的，在这种框架和视界内我能够尝试在不同的情况下决定什么是好的或有价值的,或者什么应当做,或者我应赞同或反对什么。换句话说,这是我能够在其中采取一种立场的视界。

人们可能把他们的认同看成部分地是由某种道德的或精神的承诺所规定的,就如天主教徒或无政府主义者所说的那样。或许他们部分地根据他们所属的民族或传统对其加以规定，就如阿美尼亚人或魁北克人所说的那样。他们通过这点所说的,并非只是他们强烈地与这种精神观或背景相联系;毋宁说是,这提供了他们在其中可以决定对什么是好的、有价值的或值得赞赏的,即价值观问题采取立场的框架。假如不是这样,他们就说,他们丧失了他们的承诺或认同,也就是说,他们不知所措;就重要层次的问题而言,即对他们说来什么是重大的事情,他们将毫无所知。

当然,某些人已出现了这种处境。这就是我们称之为“认同危机”的处境,一种严重的无方向感的形式,人们常用不知他们是谁来表达它,但也可被看作是对他们站在何处的极端的不确定性。他们缺乏这样的框架或视界,在其中事物可获得稳定意义,在其中某些生活的可能性可
28 被看作是好的或有意义的,而另一些则是坏的或浅薄的。所有这些可能性的意义都是固定的、易变的或非决定性的。这是痛苦的和可怕的经验。

这个经验所显示出来的是认同和方向感之间的本质联系。知道你是谁,就是在道德空间中有方向感;在道德空间中出现的问题是,什么是好的或坏的,什么值得做和什么不值得做,什么对你是有意义的和重要的,以及什么是浅薄的和次要的。我觉得自己在这里不自觉地使用空间隐喻;但是我相信这不只是个人的偏好。与空间方向感相联系的迹象存在于人类心灵极深处。在被描述为“自恋性的人格失常”的某些非常极端的病例中，它们对人的自我和什么对人有价值采取了极端的不确

定形式,病人在严重危急时刻也表现出无空间方向感的迹象。对人们作为人站在何处的无方向感和不确定性，外露出来就成为不能把握自己在物理空间中姿态。[1]

为什么在认同和方向感之间有这种联系？或许我们能够这样提问题:是什么引导我们按照我们是谁的发问方式谈论道德方向?这第二个问题把我们带向这样的事实,即我们并未总是这样做。谈论现代意义上的“认同”,对我们几个世纪以前的祖先来说,是无法理解的。埃里克森[2]对路德的信仰危机做了富有洞察力的研究，并根据当代的认同危机来解读它;但是,路德自己显然会发现,这种描述即使不是明显地不可理解,也是应受指责的。支撑我们认同的道德谈论的,是这样一种概念:道德方向感的问题并不能在单纯的普遍术语意义上得到全部解决。而这既与我们给予表现在每个人发现他或她的道德视界方面的重要性相关，也与我们对个体差异的后浪漫主义理解相关。对路德时代的人来说,调整人们行为的基本的道德框架问题,只能根据普遍的术语提出。除此之外,都是无意义的。当然,这种与危机的联系,对于路德而言,与其说是围绕着无意义、缺乏目的或空虚的现代含义的,不如说是围绕着严厉的罪感和无可挽回的被逐感的。

因而,对我们的问题的一部分回答是历史性的;我们自我理解的某些发展,是我们根据认同提出该问题的前提条件。看到这点也将防止我们夸大我们与以往时代的差别。对我们大多数人来说,某些基本的道德问题仍然根据普遍的术语来提:例如,我们在第一章第一节中说明的,那些与人们的生存权利和完整性有关的问题。使我们与我们的祖先区别开来的，只是我们不再把依普遍术语构造的所有这类问题看成是理

---

① 见海因茨·库特:《自我的回归》(The Restoration of the Self)(New York:International University Press,1977),第153—154页。

② 埃里克·埃里克森:《青年路德》(Young Man Luther)(New York:Norton,1958)。

所当然的。但是,这也意味着,我们的认同,是某种给予我们根本方向感
29 的东西所规定的,事实上是复杂的和多层次的。我们全部都是由我们看作普遍有效的承诺(根据我前边提到的例子,作为一个天主教徒或一个无政府主义者)构成的,也是由我们所理解为特殊身份(作为阿美尼亚人或魁北克人)的东西构成的。我们经常声称,我们的认同只是由它们中的一种所规定的,因为这在我们的生活中是突出的,或者是以问题的方式提出的。但是,事实上,我们的认同比我们对它的任何可能的表达都更深刻和更具多面性。

然而,上述问题的第二个侧面不是历史性的。这个侧面毋宁说是这样的:为什么我们根据"是谁"这个问题,来思考我们的基本方向感?"是谁"这个问题须置某人为由对话者组成的社会中的潜在的对话者地位。我们在电话上问,讲话的是谁?或者指着走过房间的某人问,那是谁?回答以名字的方式出现:"我是乔·史密斯",时常伴随关系的说明:"我是玛丽的姐夫",或伴有社会角色的说明:"是修理工",或"你指的那人是总统"。轻蔑地更带挑衅性的方式:"你以为你是谁(什么混蛋东西)?"用作后一类的回答。把某人确定为这种提问的潜在对象,就是在其他人中间把他当成这种对话者,当成某个持有他自己的观点或他自己的角色的人,即能对他/她说话的人。当然,我可以指着躺在那里处于严重昏迷状态的某个人提问,"是谁?"但是,这显然是一个衍生的例子:作为能提这种问题的人,一般说来,他们或实际上或潜在地能够回答他们自己。

但是,能够自己回答就是知道他站在何处、他想回答什么。那就是为什么我们自然而然地倾向于根据我们是谁来谈论我们基本的方向感。失去这种方向感,或者没有发现它,就是不知道他是谁。而且,这种方向感,一旦获得,因而就规定着你从何处回答你的认同问题。

但是,随之而来的是,我们把这种基本的道德方向感理解为能够自我回答的人类对话者的本质特征。然而,讲方向感就是假定了一个人可以在其中发现自己道路的类似空间。根据在道德空间中发现和失去方

向感来理解我们的困境，就是把我们的框架所寻求的空间规定为本体论上的基础。问题就是，通过框架定义，我可以据此发现我的方位吗？换言之，我们把存在于问题空间中的人类主体当作了基础。而且正是框架定义要回答的这些问题，提供着在其中我们知道我们站在何处的视界，也提供着事物对我们所具有的意义。

就是这样，被讨论的空间是必须由前边的讨论所形成的强势评价
或性质差别所规划的空间。这并不只是我们事实上赖以规定我们的认 30
同的承诺和身份与这种强势评价有关，也不只是认同问题对我们来说永恒地是强势评价之善本身——认同是人们应当对之忠实的东西，在人应当如此的时候，可能无法坚持，可能放弃。更根本的是，我们可这样理解，它起的作用只是，根据它所体现的性质差别，调整我们的方向，提供事情在其中对我们有意义的框架。甚至更进一步，任何不体现这类差别的事情如何能够起这种作用，是难以理解的。我们的认同是这样东西，它允许我们规定什么对我们重要以及什么不重要。是它让这些区分，包括那些依靠强势评价的区分，成为可能。由此，没有这种评价它不会是完整的。只是由某种事实，而不是由强势评价的偏爱所规定的认同概念，是不连贯的。而且，更进一步，为什么缺少这类偏爱会感觉到方位迷失？存在认同危机这样事情的条件，严格地说就是我们的认同规定着我们在其中生活和选择的性质差别的空间。

但是，如果是这样，那么自然主义关于在根本没有框架的情况下我们也能够生活的假定，就是大错特错的了。这种假定基于极为不同的图景，即这样的人类特质，人们在那儿可以不接受任何性质差别而回答“是谁？”的问题，只是建立在欲望和厌恶、喜欢和不喜欢的基础上。根据这个图景，框架是我们发明的事物，而不是无可逃脱地前在于我们的、独立于我们的回答与无力回答的那些问题的答案。无论如何，把框架看成是方向感，是依靠后一种意义构成它们的。一个人在空间中为自己定向，这空间的存在独立于这个人发现自己方位的成功或失败，而且是这

空间使发现这些方位的任务成为不能逃避的。在这个图景之内,凭空发明性质差别的说法是讲不通的。因为一个人只有采纳这类差别,他在其自己基本的方向感中才是讲得通的。

这两种观点之间的区别,或许可以这样表达:我们凭空发明差别的想法,就相当于我们像发明答案一样发明问题的说法。在这个意义上,我们都把某些争端看成是人为的。举一个琐碎的例子:如果看到某个社会对带扁平或有灵巧褶角的圆顶硬礼帽是否为流行时尚进行争论,那我们都将同意这整个论争很可能不存在。这将需要没有任何人发明圆顶硬礼帽。在更加严肃的层次上,某些无神论者用这个观点指向不同宗教之间关于人们可能称之为超自然形式的争论——我们是根据亚伯拉罕,还是婆罗门,或佛教涅槃,或者其他什么人的上帝来讲的。这些无神论者相信,这些回答在其中讲得通的整个问题领域,并不需要出现,而且有一天可能从人类的关注中全部消失。与之相反,我们的空间方向感
31 并非要回答人为的、非必需的问题。我们无法想象一种人类生活形式,人们有一天可以那样反思,由于他们是空间生物,他们终究应当形成上和下、右和左的感觉,并发现使他们可以掌握周围的标志——这是可能引起他人争议的反思。我们不能设想一种形式,据此问题并不总是已经在那儿,却要求回答。我们无法使自己疏远空间方向感的问题,或不能偶然碰上它——就如直角对圆顶硬礼帽一样——或否定它,就像无神论者想象我们可以对宗教这样做的那样。

自然主义观点把关于框架的问题归结为接受先前的范畴,把它贬低为最终是人为的问题。但是,我们关于认同的讨论表明,它更属于逃避不了的那类,即它属于存在于有关强势评价之善的问题空间中的人类特质,是先于所有的选择或偶然的文化变迁的。如此,这个讨论就向自然主义图景发起了强劲的挑战。根据我们对认同的理解,脱离了所有框架的主体肖像,对我们来说更表现得是一名处在令人震惊的特性危机状态中的人。这种人不知道他立足于何种根本的重要性问题之上,在

所有这些问题中没有任何方向感，自己不能对它们做出回答。如果人们力图在描述这个肖像时，说这人缺少框架并不是一个缺点，换言之他根本未处于危机之中，那么人们将得到一个更令人担忧的分裂形象。实际上，我们将认为这种人处在深刻的混乱之中。他已经超出了浅薄的层次：我们判定为浅薄的人还有一种什么是无比重要的看法，只是我们认为他们的承诺是微不足道的，或只是俗套，或未经深刻思考或选择的。但是，根本没有框架的人，却不在我们的对话空间内；他没处在我们大家所在的空间内。我们把这看成是病理学的。

当然，更易为人理解的人类形态是，个人决定他不应接受区分高级和低级目标的传统框架，他应当做理性上预计为幸福的事，这种生活形式更值得赞赏，或比遵从德性、虔敬等等传统定义反映着更高的道德善行。这甚至是个更熟悉的图景。正是功利主义的理论家，在我们的文化中扮演了这种角色。但是，这种人并不缺少框架。相反地，他对某种合理性和善行的理想有着强烈的承诺。他欣赏按这种理想生活的人，谴责那些不按这种理想过活，甚至对接受这个理想感到困惑的人，但当他陷入其中时他自己也觉得犯了错。道德视界中的功利主义生活，靠其自身的道德理论是得不到详尽阐明的。这是功利主义最大的弱点之一。但是，
因为一个人为了适应他所处于其中的事实和处境非常容易忘掉这种视 32
界，所以这种框架可能遭到忽视，而图景就被认为是无框架的主体。但是，一旦人们意识到人类主体是怎样不可逃避地处在这种道德问题的空间中，就能明显地看到，功利主义者只是我们中间的一种，而自然主义想象的主体不过是怪物而已。

然而，自然主义者可能会抗议：为什么我必须接受关于认同的现象学论述中所呈现出的东西？正因如此，他或许想描述它，而且他可能并非是全盘错了。回答是，这并非只是现象学的论述，而是对于人类生活中可相信的界限的探讨，是有关其“超验条件”的论述。当然，它在细节上可能是错的；而且提出更好的论述的挑战总是存在的。但是，如果它

是正确的,对自然主义的反对就是决定性的。因为这种论述的目的是检查我们实际上是怎样给我们的生活以意义的，也是为了从我们这样做时关于我们实际所做的事情的知识中抽出可相信的界限来。但是,从某些有疑问的认识论理论中抽出的,关于人类可能性的描述,应当胜过从我们的实践本身中我们可以辨别出的东西吗？我们把这种东西当作使我们的生活具有意义的可能方式的界限。终究,接受这些理论的最终基础,严格说来是它们比其对手更能使我们活得有意义。如果任何观点带我们径直穿越边界，并把我们发现是不可理解的和病理学的人类生活规定为正常的或可能的,那么它不可能是正确的。正是基于这些根据，我反对自然主义的论点，并说我们生活于其中的视界必须包括强势性质区别在内。

第二节

我认识到,这里有个关键的论证,我对它的说明太简单了。在后边一章中,我将回到这个问题上来。但是,目前我想研究别的问题,即通过前边的讨论所显露出来的认同与善之间的关联问题。

我们把人说成为"自我"。这是个有各种用法的词;我们将在第二编中看到,这整个的语言都受历史制约。但是,在我们说人是自我时,这个术语有一种含义,即:他们是拥有前边所说的身份(或正努力发现一种)、有必要深度和复杂性的存在。我们必须把这个含义同在心理学和社会学中出现的所有其他类型的用法区分开来。我记得一个试验被设计用来证明,黑猩猩也有"自我的感觉":在其面部涂上标记的动物,在镜子中看到自己时,用爪子够着清除其面部的标记。它因某种原因认识到,

这个镜像是它自己的身体。[③]显然,这里涉及的这个术语的含义,与我希望引出的是非常不同的。 33

就一个人按照某些因素,包括他自己的欲望等等在内,策略性地指导自己的行为而言,这种意义上的自我也是不充分的。这是按弗洛伊德的意思及相关用法,拥有(或作为)自我所意指的部分。这种策略的能力要求某种反省的意识。但仍有重要的区别。在关于善的问题空间中进行自我调整,它在这些问题上采取某种立场,这对自我并非是本质的。毋宁说相反。弗洛伊德的自我,在其最自由的情况下,当它面对本我的推动和有关超我的专横要求而拥有最大的机动幅度时,是极易实施控制的。理想上自由的自我应是报酬的神志清醒的计算者。

自我或我也以另一种方式进入了心理学和社会学,这与观察到人们有对他们很紧要的"自我形象"有关;他们努力争取在与之有联系的那些人以及他们自己的眼里留下好印象。在这里,实际上有一个超出了中性自我观察和利益算计的自我含义。但是,在通常所设想的方式上,形象的重要性没有与特性联系起来。它被看成是有关人的一个事实,他们关心他们的形象能达到通常是社会所引导的某些标准。但是,没有把这看成是对人的人格来说是本质的东西。相反地,超出贫瘠和"价值中立"社会科学的语言,在这个题目下通常所研究的东西,实际上是日常意义上"自我"和"形象"这些词的全部太人性的弱点(the all-too-human weakness)(当然,它们自己从社会科学并入方言之中)。理想上的强势人物将最大限度地摆脱它们,不为其他人的相反观点所阻挠,将能够坚定不移地面对关于他自己或她自己的真理。[④]

---

③ 小C.G.盖洛普:《黑猩猩:自我认知》("Chimpanzees: Self-Recognition"),《科学》,6(1983年6月),第86—87页。

④ 见《社会行为理论杂志》(Journal for the Theory of Social Behaviour)15(1985)就"自我的再发现"这一特殊问题,由苏珊·黑尔斯,以及由A.普拉特凯尼斯和A.格林沃尔德所写的文章。

相对照而言，与我们对认同的需要相关的自我概念，意指突出人类主体性的这个关键的方面，在没有趋向善的某种方向感的情况下我们无法获得这个概念，正是依靠它我们每个人才本质上(即至少特别是规定我们自己)拥有立场。对现代哲学的某些流派以及首先对那些深藏于主流心理学和社会科学中的思想来说，这种自我或人是什么的问题，是难以想象的。甚至在这种意义上，自我应当是任何其他学科的研究对象。但是，也有某些性质，通常被认为是科学研究的真正对象，但这种研究并不包括自我。为了理解这里的概念障碍，列举它们中的四个将是有益的。

1. “绝对地”看待研究客体，那就是，其意义并不是对我们或其他主
34 体而言的，而在于它是基于其自身的(“客观地”)。

2. 客体是独立于任何主体所提供的任何描述或解释的。

3. 客体原则上可以靠清晰的描述加以把握。

4. 客体原则上可以在不涉及其环境的情况下得到描述。

前两个特征与伟大的十七世纪自然科学革命的一个中心特征相一致，即我们应停止试图用主观的、以人类为中心的、或以“第二性”的性质来解释我们周围的世界。我在别处讨论过这一点。[5]但是，当然，这些特征都不包含自我。我们是自我，只在于某些问题对我们来说是紧要的。我作为自我或我的认同，是以这样的方式规定的，即这些事情对我而言是意义重大的。而且，正如被广泛讨论的那样，这些事情对我意义重大，而且，只能通过已经接受的关于这些问题的有效表达的解释语

---

⑤ 见我的《理解和人类科学》(“Understanding and Human Science”)，载《形而上学评论》(Review of Metaphysics) 34(1980)，第25—38页。伯纳德·威廉斯就这个要求也提供了论述，特别是在他的《笛卡尔》(Descartes)(Hardmondsworth：Penguin Books，1978)中。这里的“绝对”概念，就是从他的讨论中借用的。另一种作为对“客观性”的要求的描述，出现在托马斯·纳格尔的《无来源的观念》(The View from Nowhere)(New York ：Oxford University Press，1986)。

言，才能制定我的认同问题。[⑥]与他或她的自我解释分离去问一个人是什么，就是从根本上误导了的问题，这种问题原则上说是不能回答的。

所以，从全部这点引出的关于自我或人的一个关键的事实就是，它不大像通常意义上所理解客体。我们不是在我们是有机体的意义上是自我的，或者，在我们有心和肝的意义上我们并不拥有自我。我们是具有这些器官的生物，但这些器官是完全独立于我们的自我理解或自我解释或对我们具有意义的事物的。但是，我们只是在进入某种问题空间的范围内，如我们寻找和发现向善的方向感的范围内，我们才是自我。[⑦]

因而自我将不能展示古典研究客体的第三个特征，这一点早已暗含在它的第二个特征中了。自我部分地是由其自我解释构成的；这就是不能满足第二个特征的地方。但是，自我解释绝不可能是完全清晰的。完全的表达是不可能的。我们已接受的语言表达着对我们来说是善的问题。但是，用这种语言，我们不可能全面表达我们认为应给予的内容，我们纯粹预计的内容。当然，我们可以试图增进对蕴藏在我们的道德和

---

⑥ 在《人类主体性和语言》(Human Agency and Language)(Cambridge：Cambridge University Press，1985)的第1、2、4章；《哲学和人类科学》(Philosophy and the Human Sciences)(Cambridge：Cambridge University Press，1985)的第1章，我讨论过这点。当代讨论的焦点一般说来欠海德格尔很多，其论点是理解是存在的方式；见《存在与时间》(Sein und Zeit)(Tubingen：Niemeyer，1927)，第1部分，第5章，节A。参见伯特·德里伐斯《世界中的存在》(Being in the World)(Cambridge，Mass.：MIT Press，1988)中的评论，以及是Dasein“自始至终的解释”的论点。也参见H.G.伽德默尔的著作，特别是《真理与方法》(Wahrheit und Methode)(Tubingen：Mohr，1975)。

⑦ 欧内斯特·图根哈特在他的《自我意识与自主》(Selbsbewusstsein und Selbstbestimmung)(Frankfurt：Suhrkamp，1979)中，提出与此相类似的观点，但在他这里，陪衬物是迪特尔·亨利希从费希特推导出的哲学，以及它对我们与作为两方面是同一的有限主客体关系的自我本身的关系的讨论。图根哈特的论点是，我们以自我认识所了解的自我，不能被解释为客体。自我的存在是事物相关于我们的事情。在他非常有趣和非常有穿透力的讨论中，图根哈特也利用了海德格尔。

评价语言中的内容的理解。这甚至可能是个理想，比如有个例子，苏格拉底利用过雅典不情愿的和感到灰心的对话者，直到他们使他沉默为止，总算有这种事。但是，表达就其性质而言绝不是完整的。我们用另一种语言阐明这一种，这样往返可能进一步揭示意义，如此而已。维特根斯坦使这点变得为人所熟悉。

但是，为什么这一点就自我而言是特别的？它能使用任何一种语言，甚至是关于客体的科学描述语言吗？当然是。但是，在自我的例子中，再也不能获得完全清晰性的语言，它是被研究“客体”的组成部分，
35 是其固有的，或构成要素。研究一个人就是研究这样一个存在，他只存在于某种语言中，或部分地由这种语言所构成。[⑧]

这把我们带到了第四个特征。语言只能在语言共同体中存在和得到保持。这就预示了自我的另一个关键特征。一个人只有在其他自我之中才是自我。在不参照他周围的那些人的情况下，自我是无法得到描述的。

这成为一个要研究的重要观点，原因不只是哲学—科学传统，也是对自由和个性的强有力的现代渴望所协力形成的认同，看起来是对这点的否定。这点如何恰好偶然是中心论点，我将在第二编中加以追溯。但是，我想在此表明，自我的这种现代独立性并不否定自我只能在其他自我中存在这个事实。

正如我们在前边看到的，这点已经蕴含在真正的“认同”概念中。我的自我定义被理解为对我是谁这个问题的回答。而这个问题在说话者的交替中发现其原初含义。我通过我从何处说话，根据家谱、社会空间、社会地位和功能的地势、我所爱的与我关系密切的人，关键地还有在其

---

⑧ 当然，对关于主体性的终结和清醒的自我意识的不可能性的“后结构主义”的讨论，这是出发点。但是，这些论证从根本上错误地理解了语言的性质。参见下边有关洪堡的注⑫。

中我最重要的规定关系得以出现的道德和精神方向感,来定义我是谁。

这显然不能只是偶然的事情。除非引进语言,我们就没有办法引入人格。靠把我们养大的人带我们进入持续进行的谈话,我们首先学习有关道德和精神境遇的语言。对我说来是最初的那些关键词的意义,它们有意义是对我们来说的,也就是说,对我和我的谈话伙伴一起来说的。在这里,谈话的关键特征是相关性,在谈论某个事情时,你和我使之成为我们共同的客体,也就是说,并不只是我的客体偶然也成了你的,即使我们强调我知道这是你的客体,而且你也知道,等等。客体在强势意义上是我们的,对此我曾在别处[9]试图用"公共的"或"共同的空间"加以描述。语言的各种运用建立、制定、关注或激活这种共同空间,看起来正像语言的最初获得,依赖于它的原始的变体,如杰罗姆·布鲁纳的开拓性著作似乎预示的那样。[10]

因而我只能在某种公共空间中, 通过我和他人对这些为我们而存在的客体的经验,才知道愤怒、爱、焦虑、对完满的渴望等等是什么。这个真理支持了维特根斯坦的名言,即意义的一致与判断的一致有关。[11]随后,我或许有创新。我可能发展出一种理解我自己和人类生活的新颖方式,至少是一种与我的家庭和背景尖锐地不协调的方式。但是,创新只有在共同语言的基础上才能发生。甚至作为极其独立的成年人,也有 36

---

⑨ 见我的《意义理论》("Theories of Meaning"), 载于泰勒《人类主体性和语言》(Human Agency and Language)。

⑩ 见杰罗姆·布鲁纳:《儿童的谈话》(Child's Talk)(New York:Norton,1983)。布鲁纳证明了,在提供儿童据以学习说话的语境和支持系统时,类似游戏的"安排形式"的巨大重要性,家长与儿童之间交往互动的模式。而这些随之是以建设性的构建和持续的面对面的快乐与庆祝为先导的。这种最初的、前语言的交流,为围绕关联对象的共同空间的形成,经常是通过标准化姿态和声调:例如,"看看漂亮的娃娃",提供着不可缺少的语境;同上书,第70—71页。

⑪ 维特根斯坦:《哲学研究》(Philosophical Investigation),第1卷,第242节。

这样的时候，除非是与了解我、或有智慧、或与我有亲密关系的某个或某些特别的伙伴谈论它，我也无法阐明我的感受。这种无能为力只是儿童所经验的一种阴影。对他来说，没有为他确定这种语言的交谈的话，一切都会是混乱的，根本就不可能有辨别的语言。

根据这种含义，一个人不能基于他自身而是自我。只有在与某些对话者的关系中，我才是自我：一种方式是在与那些对我获得自我定义有本质作用的谈话伙伴的关系中；另一种是在与那些对我持续领会自我理解的语言目前具有关键作用的人的关系中——当然，这些类别也有重叠。自我只存在于我所称的"对话网络"中。[12]

正是这种原初的境遇赋予我们的"认同"概念以意义，通过对我从

---

⑫ 乔治·赫伯特·米德通常被认为提出了这类的有关自我的社会起源的观点。见他的《心灵、自我和社会》(Mind, Self, and Society)(Chicago: University of Chicago Press, 1962)。但是，米德仍然太接近于行为主义的观点，似乎没根据自我和关系的定义，论述语言的构成性作用。威廉·冯·洪堡是传统上表达最清晰的理论家。他理解语言在谈话中据以被构成和重构的方式，但他也看到，谈话的真实性质如何要求对个体的讲话者和他们的不同见解的认识。讲话的情景不能被认为是来自因果上相关的独白；但是，它也不能被视为超级主体的部署或结构的展开。共同空间由分享他们的见解的讲话者们所构成，为此讲话者必须永远保持至少是心照不宣地意识到他们。像"我"、"你"、"这里"、"那里"这样的"移换"词，在开辟和维持共同空间上，扮演着关键的角色。有趣的是，儿童很容易而且很早就学会这些(见杰罗姆·布鲁纳《执行的自我》["The Transactional Self"]，见他的《实际的心灵，可能的世界》，Cambridge, Mass.: Harvard University Press, 1986，第60页)。有关这些表现的有趣的讨论，出现在格里思·埃文斯的《各种指称》(The Varieties of Reference)(Oxford: Oxford University Press, 1982)中。洪堡对语言和言语情景的理解证明，"后结构主义"有关主体性的丧失或非实在性的戏剧性的表达，是多么混乱。

何处和向谁说话的规定，提供着对我是谁这个问题的回答。[13]因此，某个人的认同的全面的定义，通常不仅与他的道德和精神事务的立场有关，而且也与确定的社团有某种关系。这两个方面，在前边我所讨论的极为自然地想到的例子中得到反映，在那儿我说人把自己认同为天主教徒或无政府主义者，或认同为亚美尼亚人或魁北克人。不过，正常情况下，一个方面并不排除另一方面。这样，基本情况可能是：A定义，他是一个天主教徒和一个魁北克人；B定义，他是一个亚美尼亚人和一个无政府主义者。(而且这些描述可能并不穷尽任何一个认同。)

在这个讨论中我要试图提出的是，认同定义的这两个方面反映着全部认同问题由此产生的原初境遇。

但是，这第二个定义倾向于成为封闭性的。现代文化发展出的个人主义概念，至少潜在地把人描绘为在对话网络中寻找他或她自己的方位，这种原来塑造他/她的对话网络，据称是独立于他/她的，或至少中立于他们的。仿佛对话的方面只对个体的起源有重大意义，就像幼儿园的学步车一样，在完备的人格中要被遗忘，并且不再发挥任何作用。是什

---

⑬ 认同和对话之间的紧密关联，也出现在名称在人类生活的地位中。我的名字就是我被“叫做”什么。人必须有个名字，因为他或她必须被称呼，即被称谓。称呼进入谈话是发展人的认同的前提条件，所以我的名称(通常)是我最早的对话者给予我的。科幻小说里的梦魇场面，例如，在那里，营地的居民不再有名字，而只有号码，这场面是从这种事实中获得力量的。号码称呼人易于指称，但你习惯称呼人的是他的名字。只被指称而不被称呼的人，根据这个事实，就归类为没有身份的非人类。毫不奇怪，在许多文化中，认为名字以某种方式捕获，甚至构成人的本质或力量。因此，在某些社会里，人的真实名字是不让外人知道的。而在特定的宗教传统中，我们自己的传统就是惊人的例子，上帝的名字带有核心的重要性。上帝把自己的名字向摩西启示，这既是至关重要的也是不可思议的事件；而这个名字随后并不能直接指称上帝，而被拼写为Tetragrammaton(上帝的正式名称，但犹太人出于崇敬或害怕亵渎神，不予发声——译注)，并叫做“Adonai”，或“Lord”。赞美上帝，也是赞美他的名字。

么使这些观点流行起来的?

在某种意义上,这将是以后几编的重要主题之一,我将追溯现代认同的某种历史。但是,为了克服常见的混乱,在这里我需要对此做些简明的解释。

首先,很清楚,我们文明的极其重要的精神传统鼓励,甚至要求,把
37 这点作为正常生活同认同的第二个向度分开,即同特殊的、历史的社团分开,同出身和历史的给定网络分开。如果我们把这个讨论从认同的现代语言——用这种语言谈论古代人将是时代错误——中跳出,转而谈论古人如何发现他们的精神方位,那么很清楚,超然的理想将来自我们的遗产的两个方面。在先知们的作品和《诗篇》中,向我们讲话的是这些人,他们为了传达上帝的意旨,挺身对抗他们的社会中几乎一致的强烈指责。与此平行的,柏拉图描述苏格拉底极为坚定地立足于哲学理性,故而能骄傲地独立于雅典人的意见。

但是,重要的是看到,这个已经变成了我们强有力的理想的立场——无论我们在实践中可能是如何少地践行它——虽然改变我们在其中的位置,但决不能使我们脱离我所说的认同塑造的原初境遇。这类英雄继续真实地存在,他们不只是通过遗传,而是现在依据与他人的谈话来定义自己。他们仍在网络之中,但在其中他们对自己的定义不再靠给定的历史性社团。它是挽救遗址(the saving remnant),或志趣相投的人的团体,或是哲学家群体,或愚蠢大众之中智者的小集团,就如斯多葛学派所理解的,或在伊壁鸠鲁思想中扮演这种角色的紧密的朋友圈子。[14] 采取英雄姿态并不允许某人跳出人类条件的限制;人只能通过广义上的谈话,也就是说,通过他与对什么在事业中是至关重要的同他有某种共同理解的其他人的某种交流,才能详尽阐述自己的新语言。人总是能

⑭ 人们或许能理解,友谊对伊壁鸠鲁主义的重要性,部分地相关于,这个紧密的圈子对那些努力把自己从他们认为是许多错误的东西中解放出来的人有本质的重要性。

创新的，能超越同时代人的思想和视野的限制的，甚至可能被他们所完全误解的。但是，对新视野的追求，除非以某种方式与其他人的语言和视野相联系，否则将遇到障碍，并最终丧失在内在的混乱之中。

甚至在我认为自己看到别人从未看到的关于人类条件的真理的地方——尼采似乎有时接近过这个条件——这仍必然是以我对他人的思想和语言的阅读为基础的。我看到构成他们的道德基础的“系谱”，所以也使他们成为我的洞察力的(无意识的和不情愿的)证明。由于某种原因，我必然面临这样的挑战：我知道我在说什么吗？我真正领会我所谈论的事情吗？而这个挑战，只有当我的思想和语言面临其他人的思想和反应时，我才能遇到。

当然，一方面是处境，在这里我形成与只和我有直接关系的历史性共同体交谈时我的立场，而且在这里，除非我们是面对面地相视，我不会确认我所相信的东西；另一方面是这样的情况，在这里我主要依赖志趣相投的共同体，而且在这里确认采取了我满足于他们对我的观点提供无意识的证明的形式，他们的思想和语言表示着与同样现实的联系，对此我比他们看得更清楚。这两个方面之间存在很大的差别。当我们考 38
虑到在后一种情况下，“谈话”将不仅包括活着的当代人，而且包括，例如，预言家、思想家、作家等等这些已经死去的人在内时，裂隙甚至变得更大。尽管有这个裂隙，我却坚持关于对话存在的主题，其用意何在呢？

用意就在于，坚持我或许称之为“超验的”条件，即我们领会自己的语言的条件；我们以某种方式遭遇我们的语言，或使之与其他人的语言相关联。这并非只是某种要推荐的策略，此策略建议如果你检查你的与他人的相对的信念，那么你就会避免谬误。这里说的“超验的”条件，我是指这样一种方式，据此我们知道我们所意指的是什么那种真正的信心，因而还有我们拥有我们自己的原初语言，就依赖于这种联系。这种联系的原初的和(本体论上)不可逃避的语境，是我们在其中实际上达成一致的那种面对面的语境。通过教育我们像我们的教师那样看待事物，我们被引入了语言。随后,只是由于我们语言的缘故,我们可以改变对事物的看法,而这要感谢我们与这些不在场的伙伴的联系,也要感谢通过不一致的阅读,我们以这种新的、间接的方式与所有伙伴在思想上的相遇。而且,甚至在这里,并非所有的相遇都能经由异议而来。

我强调后来的、较高的和较独立的观点与较早的、更"初级的"沉浸在社团中的形式之间的连续性，这并不只是因为第二种在本体论上必然是在先的，甚至不只是因为第一种观点绝不能通用于思想和语言的整个范围,结果我们的独立见解仍然是嵌入的,也就是说,与沉浸有关系的。我也想指出,我们如何通过语言保持与谈话伙伴的联系,无论是实际上的、现场的交流,还是间接的相遇。我们语言的性质和我们的思想对语言的根本依赖，使对话以这种或另一种形式对我们来说成为不可逃避的。⑮

这是一个需要阐明的重要观点,理由是,某些现代品格形式,即高度独立的个人主义的发展引出了它,但理解似乎是错误的,某些关于自我和语言的观点否认这点或绝对地忽视了它。例如,早期的现代语言理论，从霍布斯经洛克到孔狄亚克，都把它表示成个人有能力发明的工

---

⑮ 当然,我们与不在场和死去的人的"谈话",以口头的和书写的文化作品,一般以谚语、宗教作品、思想著作、诗歌和艺术作品为中介。这些最初被设想为出现在谈话中。它们注定要被使用,以及不断地听到或重复地阅读。关于很现代的艺术的解释学,使我们思考相反的事情。但是,对艺术形式的反思或许能克服这种印象。所有我们核心的艺术形式,起源于社会庆典或仪式的早期模式,它们是部落舞蹈、礼拜仪式、希腊的原初戏剧或宗教绘画。我相信,进一步的反思和研究会证明,甚至我们今天归类为艺术形式的东西——那就是,使我们把词的某种集合认作诗,或把颜色的某种形态认作绘画,以及诸如此类的东西——也与(原则上)为某人节略或展露某种东西的性质密切相关。在这种意义上,它们保持着与最"原始的"艺术的原初语境,社会规定的语境的关联。我要说,一件称作艺术品的事物,其本质是"凝固了的"潜在交流。我希望现在我能说得更多,以使这个观点具有说服力。

具。根据这种观点,私人语言有现实的可能性。[16]在现时代,这种观念继续令我们着迷。我们只考虑我们获得的新洞察的意思,或者,当我们最初阅读维特根斯坦受到称赞的反对私人语言的可能性的论证时,我们想到的只是我们所感到的抵触和不信任。两者都证明,在现代文化中有某种牢固树立的思维方式。再者,对自我的共同描绘,例如(至少潜在地 39
和理想地)在其自身内引出其目的、目标和生活规划,仅在它们"正在实现"的范围内寻求"关系",这很大程度上是因为忽视了这一事实,即我们是被嵌入在对话网络中的。

更容易发生的事情是把走向独立观点读作完全走出对话的超验条件——要么读作表明我们绝不在其中,我们只需要勇气弄清我们基本的、本体论上的独立性。阐明超验的条件,是防止这种混乱的一个方法。而且这允许变化以其真实的样式显现。我们或许以急剧的变化平衡我们的认同定义,把给定的、历史性的共同体当作极化了的认同加以废黜,只与由固守善所规定的共同体(得救者、真正的信仰者或智者的)相联系。但是,这并没有割断我们对对话网络的依赖。变化的只是网络和我们依赖的性质。

实际上,我们甚至能够走得更远,明显地根本不以与任何网络的联系规定我们自己。从内在自然和外在世界的大自然中吸取其营养,关于自我的某些浪漫主义观点就倾向于走这个方向,它们在现代文化中的派生物也是如此。而浪漫主义的一个近亲是美国先验论的自我,它在某种意义上包含着宇宙,但忽略与其他人的任何必要的联系。但是,这些沾沾自喜的抱负对提升超验的条件毫无用处。

这种个人主义连同伴随它的种种幻觉,在美国文化中尤其强劲。正

---

⑯ 见我的《语言和人类本性》("Language and Human Nature"),载于查尔斯·泰勒:《人类主体性和语言》(Human Agency and Language)。

如罗伯特·贝拉和他的合作者指出的，[17]美国人是成长在早期清教徒“离家”传统之上的。例如，在早期的康涅狄格，所有的年轻人必须通过他们自己的、个人的皈依，必须建立他们自己与上帝的联系，才被允许成为教会的正式成员。而这一点已经成为美国的离家传统：年轻人必须离家，脱离父母的荫庇，在世间开辟他或她自己的路。在现时代的条件下，这甚至可以转换成抛弃父母的政治和宗教信条。而且我们还可以在没有美国离家“传统”的矛盾情况下加以谈论。年轻人学习独立的态度，但这种态度也是他或她所期望的东西。更进一步地说，独立态度所涉及的东西是由文化规定的，在持续的谈话中年轻人被引入其中(而且在其中独立的意义可以随着时间而变化)。没有什么能更好地说明独立性是超验地嵌入到对话中的。每个年轻人都可以持一种真正是他或他自己的态度；但是，这点的真实的可能性只存在于伟大时间深度的社会理解的框架之中，事实上，也就是“传统”之中。

40 有可能忘记超验条件和我们实际态度之间的差别，以为嵌入传统纯粹是对强调独立和依赖自己的个人的嘲笑。当然，独立性可能成为非常肤浅的事情，在其中人群中的每个人都试图以陈规俗套表达他们的个性。经常对现代消费社会进行这样的批评，说它倾向于培育一群极端一致的个体。这确实是对文化的矫揉造作的嘲弄。但是，仅仅由于那种原因，我们不能得出结论说：传统的独立性文化本身的存在抽空了个体性的意义。

为了理解自我依赖理想的文化变迁所产生的差别，甚至就其被贬损的形式而言，我们也必须把它与极为不同的文化加以比较。这关系到人们期望美国的年轻人独立于他们的长辈，甚至这本身就是长辈们所要求的。因为每个年轻人外出工作就是一种认同，这个认同在特别的意

[17] 罗伯特·贝拉等：《情感的习惯》(Habits of the Heart)(Berkeley：University of California Press，1985)，第56—62页。

义上意味着是他/她自己，它甚至能够经得住父母和社会的反对。这种认同是在与父母和社会组织的谈话中形成的，但是谈话的性质又是由认同是怎样的这个概念所规定的。把这点与苏迪尔·卡喀尔关于培养年轻印度人的论述相比较："对所爱的人一直在场的渴望……是印度社会关系的主导模式，尤其是在大家庭中。这种模式表现各异，但坚固持续。如家庭成员不在时，他孤立无援，或陷入独自做决定的困境中。简言之，在特征上印度人在生活和处理外部世界加之于自己的紧急事务上都依靠他人的支持。"⑱

这种模式与我们西方社会所鼓励的那种是完全不同的。双方都是在文化传统中得到阐明的这个事实，丝毫不能减少这种不同。印度模式，根据这种观点，无论如何是倾向于鼓励这样一种认同，据此，如果我外在于或不与同我关系密切的人相交流，那么对我来说，就难以知道我想要什么和我就一系列重要的课题所持的立场。西方模式试图鼓励的则正好相反。

从任何一种模式看，另一种看上去都是奇怪的和低级的。正如卡喀尔指出的，西方学者倾向于把印度模式读作"有缺陷"的。印度人或许把西方模式读作无感情的。但是，这些判断是种族中心论的，不能正确评价文化分歧的性质。⑲当然，种族中心主义也是超验条件和文化的实际内容之间的差别瓦解的结果，因为它使得我们好像"现实地"就是分离

---

⑱ 苏迪尔·卡喀尔：《内在世界》(The Inner World)(Delhi：Oxford UniversityPress，1978)，第86页。

⑲ 同上书，第86—87页。

的个体,因而这也就是适当的方式。[20]

---

⑳ 如果我们把自我是我们应当力图拥有或力图是的东西当作公理,那我们也是种族中心主义的,或至少我们的理解和同情太狭窄。存在一些有影响的超越世俗的观点,它们想让我们逃避或超越自我。佛教是最著名的。但是,现代西方文化中也存在某些分支,对它们来说,对作为超然而独立主体的西方认同的任何要求似乎都是不真实的,或是令人无法容忍的限制或压制。有一种逃避自我的文学,对此做出贡献的有尼采,而且以另一种方式,还有穆西尔、巴塔耶和福柯,以另一种方式的还有像德里达这样的人物。这些可能暂时地联系起来,但必然是有区别的,试图把自我与某种更大的实在再次联系起来,以克服滑向现代文化的主观主义,正如我们在海德格尔那里,还有以极为不同的方式,比方说,在阿拉斯岱尔·麦金太尔,或罗伯特·贝拉那里所看到的。根据我在这里论述的模式,超越自我,就是在谈话中避免带有特殊声音的认同特性,在道德空间中不再代表特定视界。毫无疑问,我们有超越我们自己空间和把自己理解为在整体中起作用的想象力。假如我们不这样做,我们就不能与其他人一起建立我所称的"共同空间",因为那样要求我们把自己看作在其他视界中的一种视界。所以,我们也可以"从整体的视界"来看我们自己;我们可以用想象把自我看作只是更大系统的一个方面,并受它的激励。不清楚的是,在什么程度上,人实际上可以设想那种观点并实践之。为权衡这点,我们需要对我们的道德可能性进行更好的讨论。关于语言和完全在场的不可能性的肤浅反思,是不够的。

我很怀疑,当代新尼采主义战胜自我或"主体"的学说,是否能够经得起这种检验。极为不同的是克服现代主观主义的尝试,这意味着把我们与某种更大的实在,社会的或自然的,联系起来。例如,它们的基础是建立在这样的认识上,即某种最关键的人的实现,对单一的人来说,甚至原则上也是不可能的,它们所涉及的善是以相互补充的样式分有的,这样式的象征会更少只肯定自由而更多地肯定,例如,舞蹈;这些被不充分地描绘为自我的否定,而不是理解自我嵌入在对话交往中的方式。不像新尼采主义的见解,这类的观点不企图在根本没有善的概念的情况下展开。实际上,它们要求某种关于人类善的概念是某种在人们之间实现了的东西,而不单纯是在他们之中。各种各样的社会主义理论,关于政治的市民人道主义概念,以及性别互补的种种理论都归入这个范畴。就最后一点,见普鲁登斯·阿伦:《妇女概念》(The Concept of Woman)(Montreal:Eden Press,1985)。

第三节 41

在前一节，我一直试图缕述我们关于善的含义和我们的自我感之间的关联。我们看到，它们是密切地交织在一起的，而且它们也以这样的方式相关联，即我们是与其他主体共有语言的主体。现在我想扩展这个图景，以表明它与我们整体的生命感和我们引导的方向有联系。为了为此设定语境，我退回到我关于善的论证上，总结一下我认为在这点上它应立足于何处。

在介绍性的评论中，我开始就表明，我的目的是探讨奠定我们道德直觉的基础的背景图景。后来(第一章第二节)，我把这个目标重新规定为在这些直觉与反应之下并使之有意义的道德本体论。当讨论展开后，我必须再次以不同的术语描述我的任务：我们现在可以把它看作为对框架的探讨，而框架表达着有关善的问题空间中的我们的方向感。这些规定着框架的性质差别，我首先视之为我们的道德回应和判断的背景设定，然后视之为给予这些回应以意义的语境。所以我要继续考察它们。但是，关于它们的作用的这些描述，并没有把握它们对我们来说是怎样不可缺少的。甚至第二步也不能做到这点：因为尽管给予特殊系列的判断以意义的语境，对那些判断来说，实际上是必不可少的，但选择或许仍旧还未从根本上进行这种评估。只要自然主义图景——据此拥有道德观点是一种选择上的额外收获——依然似乎有道理，这些框架在我们生活中的地位就将是模糊不清的。把这些性质差别看作为规定方向感，已全面地改变了这种状况。我们现在可以看到，它们是对不能回避的问题的有争议的回答。

但是，我一直用作类比的空间方向感的想象，引出了我们主体生活的另一个侧面。方向感有两个方面：存在两种我们不能得到它的方式。我可能不知道我所在地点的位置——不了解构成它的重要场地或它们是怎么样相互联系的。这种无知可以用一张好地图来补救。但是,如果我不知道如何确定我在地图上的位置，那么我就可能在另一种方式上丧失方向。如果我是一名从国外来的旅行者,我问特伦布朗山在什么地方,当我们飞越森林覆盖的山冈时,你带我到飞机被遮住的窗口前,打开遮帘喊道,“就在那儿!”,这对我没有什么帮助。我现在知道(假如我相信你)我来到特伦布朗山。但是,就有意义的含义而言,我仍然不知道我在何处，因为我无法确定特伦布朗山与我所知世界中的其他地点的相关位置。

相比之下,当地居民或许在特伦布朗山公园中跋涉时迷路。她大概
42 很清楚这座山与迪亚布尔河、圣约维特、拉科卡雷之间的关系。但是,当她蹒跚于不熟悉的森林中时，她已不能确定自己在这个熟知的地域中的位置。飞机中的旅行者对他所处的位置给予了正确的描述,但缺少给予他方向感的地形图;跋涉者拥有地形图,但缺少她在其中什么地点上的知识。

通过类比,我们与善相关的方向感不仅要求某种(些)规定着性质上较高的形态的框架,而且要求一种我们在其中处在何处的感觉。这个问题不是一个潜在的中性问题,对于它我们可以漠不关心,采取任何回答都能使我们满意,而不管它使我们离善有多远。相反地,我们面对的是人最基本的渴望之一,这个需要与他们看作善的、或极其重要的、或基本价值的东西相关联,或相联系。只要我们把这个与善相联系的方向感看成对起作用的人类主体来说是本质性的,那么它能不是这样吗?我们把自己定位在由性质差别规定的空间中的事实，必然意味着在与它们相联系的情况下我们站在何处,对我们来说这必定是至关重要的。在至关重要的空间中没有方向便无法行动，意味着无法停止对我们身处何处的关切。

在此我们回到了在第一章第四节中我所称的强势评价的第二个轴心,它关注诸如此类的问题,即什么样的生活值得过,与空虚的生活相

反,什么是充实和富有意义的生活,或者什么构成高尚的生活。我在这里要论证的是,我们对这个系列中这种或那种问题的关注,对我们来说并不是一个选择问题,正如规定我们认同的方向感最终说来基于同一个原因不是一个选择问题一样。当然,伴随这个轴心而来的这类问题是因人而异的,而且更明显地,是因文化而异的。我在第一章第四节中触及这点,尤其联系到在我们时代非常突出的有关生活的"意义"问题。但是,当然,这样人们借以规定他们特性的善是变化的——实际上,中肯地说"认同"这个术语用于前现代文化多少是个时代性错误——当然,这并不意味着,对道德或精神方向感的需要缺乏绝对性,而只是这个问题不能通过为我们而设的那种反思的和与个人相关的术语而出现。我的观点是,规定我们精神方向的善是这样的,我们用它们来衡量我们生活的价值;两个问题不能分解地联系在一起,因为它们与同一个核心有关联。这就是为什么我想把关于我的生活的价值、重要性或实质的第二个问题,说成为我如何在与善的关系中"确立"或"定位",或我是否与它"有联系"的问题。

对于当代人,典型地说,可能以这样的问题出现:人的生活"有价 43
值"或"有意义",它是(或已经是)充实而有重大价值的,还是空虚而琐碎的。这些是经常使用的表达式,时常运用的形象。或者:我的生活等于什么呢?它有重要性和实质性吗,或它只是走向虚无,走向非实质性的事情?可能向我们提问的另一种方式(下边我们将看到为什么更好些)是,我们的生活是否具有统一性,或是否只是毫无目的和意义地虚度时光,过去陷入某种虚无,它并非任何事情的序曲、预兆、开端或早期阶段,而只是由普鲁斯特的名著的题目所意指的双重意义上的"逝去的年华"("temps perdu")[21],也就是说,时间既浪费掉了,也无可弥补地、无可挽回

[21] 马赛尔·普鲁斯特:《追忆逝水年华》(A la recherche du temps perdu)(Paris: Gallimard,1919)。

地逝去了,我们就好像未曾存在过一样越过时间。

这些是特别现代的形式和形象,但是我们认识到与其他形式的类似性,那些形式中的一些在今天也存在着,它们在人类历史中追溯得更久远。人们生活中对意义和实质性的现代渴望,与长期存在的对达到高级存在,达到永恒的渴望有明显的密切关系。而且,正如约翰·邓内非常生动地指出的[22],对这种永恒的完满存在的探索,其本身采取了几种形式:渴望成名是达到永恒的一种形式,即某人的名字被记住,永远挂在人们的嘴边。就像伯里克利讲阵亡的英雄们那样,"整个世界都是他们的纪念碑"[23]。宗教生活是另外一种。当圣方济各离开他的同伴和家庭,抛弃在阿西西那富裕和令人羡慕的年轻人的生活,他一定以他自己的语言感到了那种生活的非实质性,并寻找某种更丰富、更完满的方式,使他自己毫无保留地更完整地面对上帝。

渴望完美可以表现为把某种东西,如某种类型的优秀行为,或某种意义,构入人的生活;也可以表现为把人的生活与某种更高的实在或传奇联系起来。或者,当然,也可以表现为这两者:它们是可以选择的、偏爱的描述,而非必然相互排斥的特征。我们或许认为,第二种描述是更加"前现代的",即它倾向于发生在人类历史的早期。在某种意义上这是真实的。的确,第二轴心的问题的早期形态乞灵于我们应当与之相关联更高实在:在某些早期宗教中,是宇宙实在;在犹太—基督教一神论中,是一种超越的宇宙。在特定的早期宗教中,像阿兹特克人的宗教,甚至有这样一种概念,即整个世界在消耗殆尽,失去实体或存在,不得不通过与神灵的献祭接触周期性地加以更新。

但是,认为这种形态在我们的世界甚至对不信者来说已经消失了,那将是个错误。在或许较为平凡的层次上,某些人在他们的生活中是从

㉒ 约翰·邓内:《神灵之城》(The City of the Gods)(New York:Macmillan,1965)。

㉓ 修昔底德:《伯罗奔尼撒战争史》(The Pelonnesian War),第2卷第43章。

某一特定时刻获取意义的内涵的,即在政治世界、表演事务或其他什么 44
事情中目睹了重大事件。在较深的层次上,某些被认作极左分子的人,把他们自己看成是社会主义革命或人类历史进步的组成部分,而这正是给他们的生活以意义或更完满的存在的东西。

但是,无论偏爱哪种描述,它都把某种东西结合进人的生活或与某种外在的大事情相关联,我把与善相“接触”,或“我们如何置于”与善的联系中的形象,用作一般术语,它跨越这个区分并维持我的空间隐喻的首要性。

这样,在特定的宗教传统内,“接触”被理解成与上帝的联系,而且可能是根据神圣的术语或根据祈祷者或虔诚者的话来理解的。对那些信奉荣誉伦理学的人来说,问题涉及他们在名誉和坏名声的空间中的位置。人的志向是获得,或至少是避免羞愧和耻辱,这些羞耻使生活变得难以忍受,并使非存在看起来更可取。对那些把善规定为靠理性而自制的人来说,人的渴望是能够使他们的生活井然有序,难以忍受的威胁则是被无法抵抗的对低等事物的渴求所吞没,所贬低。对那些由肯定日常生活的某种现代形式所推动的人来说,最为重要的是——比如在人的工作中,在人的家庭里——把自己看作是由这种生活所推动并进一步推进这种生活的。对那些生命的意义是由表达赋予的人来说,他们必须把自己看作使他们的潜能得到表达的人——如果不是在一种被认可的艺术或知识手段中表达,那也在他们生活本身的形式中表达。如此等等。

我要建议,我们把所有这些多样的渴望看成不能从人类生活中根除的渴求形式。我们不得不恰当地处于与善的关联之中。如果事情进行得顺利,而且如果我们基本上满足于我们所处的位置,这点就可能不太突出。相信理性的人的生活就在于秩序,家长(当然我谈论的是带有特定道德理想的某人,而不是统计数字的范畴)把他的家庭生活的完满和富裕理解为孩子们长大成人,而他的生活是由孩子们的教养和成功所充满的。这些人可能根本没有意识到这类渴望,可能对由此引起骚动和变化的那些人的生活感到不耐烦或轻蔑。但是,这只是因为价值和意义的含义已很好地整合进了他们的生活。我们称为日常生活的,即家长的价值含义,是经由他的日常生存的情绪和关心而构成的。正是日常生存给予他们富足和深度。

在另外一个极端,有些人的生活却被这种渴求所撕裂。与自己是自己的主人相反,他们把自己视为被低级的驱动力所掌握,他们的生活遭到他们的底层联系的玷污,被搞得一团糟。或者他们有无能为力的感觉:“我不能同时得到真正的生活,不能动摇习惯(干一种固定的工作,等等)”。甚或有一种罪恶感:“我莫名其妙地就要严重伤害别人,即使他们
45 爱着我。我不想这样做,但我却很苦恼,不知不觉地就发泄出来”。与为事业而献身的斗士相反,他们感到自己是局外人:“我不能真正地投身于这伟大的事业(或运动,或宗教生活)。我觉得是未受触动的局外人。在某种程度上,我知道这是伟大的,但是我却感觉不到它的推动。不知怎么地,我觉得它没有价值”。

或换一种方式,同样的日常生活使家长很充实,有人或许认为这只是可怜的安逸、狭隘而又沾沾自喜的满足,而无视重大的生活问题、或民众的苦难、或历史的大潮。在最近几十年里,我们看到了戏剧性的重复,时常以这种方式做出反应的人,原来正好是其成长受到家长悉心呵护的孩子。这只是这种关联的渴望如何能以推动人类生活中某种最剧烈的冲突的一个例子,它在我们的时代表现尤其强烈。事实上这是一个基本的动力,在我们的生活中具有巨大的潜在冲击力。

这种与善相连接或正确地与善确定联系的渴求,当我们获取更大的名誉,或在生活中引入更多的秩序,或我们的家庭变得更加稳固时,在我们的生活中就可以得到或多或少的满足。但是,我们的问题也会出现,不仅有或多或少的问题,而且有是或否的问题。而且正是这种形式最深刻地触动着我们,并向我们提出挑战。这种是或否的问题,并不关

注我们离我们所理解为善的东西有多近或多远，而是关注我们生活的方向，是趋向还是背离它，或我们有关它的动机的根源。

我们发现，这种问题曾在宗教传统中被明显地提出过。清教徒不清楚他是否得救。问题是他是否受到了召唤。如果受到召唤，他就是“被赦免的”。但是，他离“洗清罪孽”或许仍有很长的路：后者是一个持续的过程，是一条他或多或少能够推进的道路。我的主张是，这并不是新教基督徒所特有的。实际上，所有的框架都允许把我们置于这类绝对的问题之前，形成我们询问有关我们离善多近或多远这种相对问题的语境。

这明显是基督教的那些世俗派生物的例子，它根据善与恶、进步与反动、社会主义与剥削之间斗争的概念来看待历史。这里持续的、绝对的问题是：你站在哪一方？无论我们离公正的胜利是近还是远，这里只允许有两个答案。但是，对其他并不如此极化的概念来说，这也是真切的。

分离式的客观化的相信者——他把理性的统治看成是通过长期的科学研究获得的理性对情绪的控制，弗洛伊德是这种人的现代型的典型例子，对这类人来说，弗洛伊德永远是个时尚——显然把这种控制力看成是循序渐进地慢慢地获得的。实际上，它永远不会完成且永远有未 46
做之险。而且，在达到理性控制之多寡问题之下，还有一个关于基本方向的绝对问题：分离的主体对客观化持一种一劳永逸的偏爱立场；他破除了宗教、迷信，抵抗那些阿谀奉承的世界观的谄媚，这些世界观掩盖着在去魅后的宇宙中人类状况的严峻现实。他采取了科学的态度。他的生活方向已经确立，无论如何他或许已取得了一点控制力。而且这是他深感满足和骄傲的根源。

在家庭之爱的丰厚喜悦中，在对供养和关心妻子儿女的关注中，家长看到生活的意义，他可能觉得他远不是从它们的完满性上欣赏这些喜悦，或远不是无限制使自己投身于这些关注。但是，他意识到，他的基本的忠诚在那里，这与那些诋毁或谴责家庭生活的人，或那些把这种生活看成是卑怯的第二需要的人,是正好对立的。他深深地沉迷于伴随时间构造关系网,以给人类生活以完满和意义。他的方向是确定的。

或者,在表达活动的某种形式中看到生活实现的人,远未达到这种实现,但是她可能仍然认为自己努力趋向于或接近实现,即使她从未彻底完成她为自己所规划的东西。当然,在这个例子中,这个问题可能不仅关系到她的基本态度——当与分解式客观过程相关时,这个问题可能不仅关系到她最深刻的动机——当与家长有关时,而且关系到构建她的生活的可能性的客观界限。沉醉于艺术生涯的人们,可能感觉到在他们做某种有意义的事情中就拥有这种可能性;或者相反,有一天他们感到他们确实未能获得要得到的东西。或者他们的失望可能源出于外在的限制妨碍了道路的感觉:由于他们的阶级、种族、性别或财产,他们将不会被允许以恰当的方式发展自己。我们时代的许多妇女感到,由于与她们自己真正的意愿和态度毫无关系的外部障碍,她们被严重地排除在她们深信为成功的职业(因为一整批的理由,进行认知就如同表达一样,连同争取人类幸福的意义重大的成功,都有赖于这些工作岗位)之外。这些障碍促成了确立她们的生活方向,以及她们与她们认为是关键的善的东西的关系。

这一系列的例子,使我们走上了一条路径,以理解为什么对我们来说绝对问题不仅可能产生,而且不可避免地要产生。在前边的例子中,这个以不同的形式重复出现的问题,是我根据我们生活的方向提出的。它关系到我们最根本的动机,或我们基本的忠诚,或对我们来说相应可能性的外部界限,以及由此我们的生活运动或能够运动的方向。因为我
47 们的生活运动着。在这里,我们与人类生存的另一个基本的特征联系起来。我们的条件问题,决不会因我们是什么而穷尽,因为我们也总是变化的和生成的。只是我们从婴孩和儿童成长为自主的主体很缓慢,这些主体所具有的就像我们自己的一样,要从根本上确定与善的关系。随后,当我们经历多了和成熟时,甚至这种确定不断地受到我们生活的新

事件的挑战,也不断遭遇潜在的修正。所以,对我们来说,问题不只是我们在何处,而且是我们正走向何处;尽管前者可能是或多或少的事,后者是趋向或背离是还是不的争端的问题。这就是为什么绝对的问题总是构造着我们的相对问题。由于没有方向我们就无从趋向善,也由于我们不能对我们与这种善相联系的位置漠不关心,而且由于位置是总在必然变化和生成的某种东西,所以我们生活的方向问题必然出现在我们面前。

在这里,我们与人类生活的另一个不可逃避的特点联系起来。我一直争辩说,为了使我们的生活有最低限度的意义,为了拥有认同,我们需要向善的方向,它指的是性质差别和无与伦比的优异性的某种含义。于是,我们看到,善的这种含义必定编织进我对我那作为展开的故事的生活的理解中了。但是,这说明了使我们有意义的另一个基本的条件,即我们用叙述把握我们的生活。这点近来已得到非常有见解的讨论。[24]人们时常评论说[25],那种使作为故事的某人的生活具有意义的,像趋向善的方向,并非是可任意选择的例外的东西;我们也生存于问题空间中,这种问题只有连贯的叙述才能回答。为了具有我们是谁的含义,我们必须有我们怎么样生成,以及我们走向何方的概念。

在《存在与时间》中[26],海德格尔描述了世界中不可逃避的暂时的存在结构:根据我们已生成的意义,在一系列现存的可能性中,我们规划着我们未来的存在。当然,无论多么卑微,这就是已经确定的行为结构。

㉔ 见海德格尔:《存在与时间》(Sein und Zeit);P. 利科:《时间与叙述》(Temps et recit),3卷本(Paris: Seuil,1983—1985);A.麦金太尔:《追寻德性》(After Virtue)(Notre Dame: University of Notre Dame Press,1984);布鲁纳:《实际的心灵,可能的世界》(Actual Minds, Possible Worlds)。

㉕ 例如,在注㉔中提到的麦金太尔、利科和布鲁纳的著作里。

㉖ 《存在与时间》(Sein und Zeit),第2部分,第3章第4节。

根据我在杂货店的存在情况，在可能的其他目的地之中，我计划走回家。但是,这也适用于我确定与善的关系这个关键问题。根据我处在它的何处的情况,以及在不同的可能性之间,我规划我的生活与它的关系的方向。我的生活总有这种程度的叙述性理解,即我以“因而随后”这个形式理解我的现存行为:有A(我是什么),因而随后我做B(我计划要成为什么)。

但是,叙述必然要比单纯构造我的现状起更大的作用。我是什么必须被理解为我要成为什么。这点是如此普遍,甚至连日常事务也被当作我在何处。通常我部分地通过我如何到那儿的情况知道这一点。但是,对于我处在道德空间的何处的问题，它的确是不能回避的。在一刹那
48 间,我无法知道我达到了完善,还是处在半路中。当然,确有我们陷入沉迷状态的经历,我们相信天使对我们讲话;或不太准确地说,在这种情况下,我们瞬间意识到了难以置信的完满而强烈的生活意义;或在这种情况下，我们感觉到了克服通常会压垮我们的那些困难的汹涌激荡的巨大力量。但是,总有一个如何形成这些时刻,有多少幻觉或纯粹的“错觉”卷入它们之中,它们在多大程度上真正反映着真实的成长或德性的问题。只有靠理解它们如何结合进我们的周围生活,也就是说,它们在对这种生活的叙述中起着什么作用,我们才能回答这类问题。为了作出真实的估价,我们必须前进和回溯。

就我们回溯而言,我们依靠我们生成为什么,依靠我们如何达到那儿的叙说,来决定我们是什么。道德空间中的方向结果又一次类似于物理空间中的方向。正如我在前边指出的,通过把对我们面前的标志的认知和我们如何旅行到那儿的意识混合起来,我们知道我们在何处。如果我离开当地的杂货铺,转过街角就发现广告中的泰姬·马哈尔迎面注视着我,我更有可能得出结论说,电影业又一次赚回了它在蒙特利尔的税务支付,而不是因朱玛娜我突然相信了我自己。这类似于我对突然的沉迷的不信任。我对它部分的真实感,将取决于我如何达到那儿。而我们

对更伟大的完美状态的全部预先理解,无论如何规定,都明显地是由我们达到那儿的努力所形成的。我们的寻求靠的是真实的努力尝试,先是失败,而后获得它们,这样我们就部分地理解了真正塑造着道德状态的特点的东西。

当然,直接的经验会是强烈的,基于它自身就有足够的说服力。如果泰姬、朱玛娜、阿格拉城、小公牛、天空和所有的事物确实都存在,我将不得不接受我的新地点,不管我的变化多么神秘。某些类似可能在精神上存在。但是,甚至在此,你过去的努力和道德经验也会独自使你理解和认同这种沉迷的状态。只有通过特定方向下的努力,你才会认识到这点。这再次意味着,你是通过你成为什么而知道你是什么的。

这样,当我们不涉及今后五分钟我要到何处去这类琐碎的问题,而涉及确立我与善的关系时,使我现在的行为有意义,就要求叙述性地理解我的生活,我成为什么的含义只能在故事中才能提供。而且,当我规划我今后的生活,同意现存的方向或换一种新方向时,我就在规划未来的故事,这不只是临时性的未来状态,而是取决于我整个生命的方向。我的生活有趋向我所还不是的方向这个意思,是在前边引用过的阿拉斯岱尔·麦金太尔所谓生活就是"探索"的概念中被把握的。[27]

这当然与关于生活整体的重要哲学问题有关,这个问题通过德里 49
克·帕菲特的《理性和人格》[28]这本有趣的书,再次变得引人注目。帕菲特为之辩护的,是这样一种观点的某种变体,即人类生活并非是一个先验整体,或人格认同并非必定以整体的生活概念加以定义。就我来说,考虑到(按习惯的说法)我的早年,说青春期之前的自我是另外一个人,还有,类似地,把在未来几十年中将会是怎样的"我"(作为我们通常所表达

[27] 麦金太尔:《追寻德性》,第203—204页。

[28] 德里克·帕菲特:《理性和人格》(Reasons and Persons)(Oxford:Oxford University Press,1984),第14、15章。

的)仍当作另外一个人来考虑,这是极其有说服力的。

这整个的见解利用了洛克(在休谟学说中得到进一步发展)对人格认同的理解。帕菲特的论证利用了洛克首先提出的那类例子,在那里由于精神与肉体独特而又错综复杂的关系,我们有关人格整体的通常的直觉是纷乱的。[29]根据我的观点,这整个概念的困境来自一个致命的缺陷。人格认同是自我的特性,而自我被理解为认识的对象。确实,它与其他对象并非是完全一样的。对洛克来说,这个特点就在于它本质上是向其自身显现的。它的存在与自知不可分割。[30]人格认同因而是一个自我意识的问题。[31]但是,这根本不是我所称的自我,自我只能是存在于道德问题空间中的某种东西。对洛克来说,自我知觉是人格的关键的规定性特征。[32]它与我在第二章第二节中简要提出的把自我与普通对象区别开来的四个特点一样,具有发育不全的成分。所有的关于自我关键地说来是对其自身意义重大的对象的见解,都保留着自我意识的要求。但是,被遗漏的东西恰恰是至关重要的。用中性的概念定义自我,脱离了所有本质的问题框架。当然,事实上,洛克认识到我们对自己并不是漠不关心的;但是,没有迹象表明,他把自我当成本质上是由特定的自我关心

㉙ 德里克·帕菲特:《理性和人格》(Reasons and Persons),第10—13章。洛克依据心灵"变换身体"的例子;帕菲特特别重视一个人格分为两个部分。

㉚ 见约翰·洛克:《人类理解论》(An Essay concerning Human Understanding),P.H.尼迪茨编(Oxford:Oxford University Press,1975),第2卷第27章第9节。

㉛ "因为它作为一个人使自己成为他自己的同一意识而存在,人格认同只依赖那种存在,无论它只附加在个体的实体上,还是能在几个实体承接中有连续性";同上书。帕菲特想转变关于人格认同的古老争论,但出现的是一种心理学的关联性或连续性,这是洛克标准的派生物;见帕菲特:《理性和人格》(Reasons and Persons),第204—209页。

㉜ "我们必须考虑人格代表什么;我认为,它是思维着的理智存在,具有理性和反思,能把其自我考虑为自我,在不同的时间和地点是同一个思维着的东西";洛克:《人类理解论》,第2卷第27章第9节。

的方式构成的——与关心相对照，我们必然有关于快乐或痛苦的经历的性质。我们将在第二编中看到，这种中性的和"脱色了的"人格含义，与洛克对分解式的理性控制主体的要求相一致。我们在此得到了在前一节曾讨论过的一个范例：对现代个体的断言怎样酿成对自我的错误理解。

这就是我想称之为"点状的"或"中性的"自我的东西——"点状的"是因为自我是根据任何构成性的关注，因而也是根据一定意义上的认同来定义的，这种概念是我在前一节一直运用的。只是其构成性的性质才是自知。这是休谟打算发现，却必定不能发现的那种自我。而且它基本上是帕菲特要研究的同一种自我概念，其"时间内的认同只使……心理的联想以及或者心理的连续性，与那种正确的原因有关"。[33] 50

如果我们认为自我是中性的，那么如何看待自我最终是任意性的问题或许就讲得通了。我们在世界的多种对象的挑选，可被认为最终依赖于我们赋予它们的兴趣和关注。我的小汽车对我来说是单一的事物。对熟练的汽车修理师来说，它或许是分离的功能部件的装配物。它"真地"是什么，也可以说是自在之物(an sich)的问题，是毫无意义的。

但是，如果我在这里的见解是正确的，那么我们就根本不能在我们是自我的意义上，以这种看法，来思考人类人格，思考自我。他们不是中性的、点状的对象；通过特定的构成性关注，他们只存在于特定的问题空间之中。问题或关注触及善的本性，我在善以及确立与它的关系的过程中调整我自己。但是，随之看作一个部件的内容将由关注的范围，即只由问题是什么所规定。而且，问题是什么，一般地或按特性说来，就是作为一个整体的我的生活的形式。它并不是某种因任意的决定而出现的东西。

我们可以从两个维度上，即海德格尔所说的过去和未来的"显出"

[33] 帕菲特:《理性和人格》(Reasons and Persons)，第216页。

(ekstaseis)上，来看这点。[34]正如我在前边所论证的，没有对我怎样达到或成为什么的某种理解，我就不知道我在何处或我是谁。我对我的自我的意识就是关于我成长和生成的意识。这种事情的真正本性不可能是瞬间的。不仅我需要时间和许多事变，以把我性格、气质和欲望中相对固定不变的东西，与那些尽管是真的但却变化不定的东西区别开来。而且，只有作为成长和生成的人，通过我的成熟和退化、成功或失败的历史，我才能认识我自己。我的自我理解必然有时间的深度和体现出叙述性。

但是，这意味着我必须把我全部的以往生活看成是单一个人的生活吗？在这里有没有做决定的余地？毕竟，甚至在我出生之前发生的事，也被人看作是我生成过程的一部分。出生本身不是一个任意的点吗？回答这最后一个问题也许是容易的。很清楚，一种连续性贯穿我的一生，它并不扩展到生命之前。但是，反对者似乎会在这里提出某种看法：我们不是经常想用类似这样的话——“当时我是一个不同的人”——来谈论我们的儿童或青少年时代吗？

然而，清楚的是，这个形象并不具有作为我所为之辩护的论点的反例的含义。而且，当我们着眼于我们在这里的本质关注的另外一个方面时，这点就变得明显起来。我们想使我们的生活有意义、有分量或有内容，或者向某种完美发展，或者无论如何这种关注是由在本节我们所讨论的东西所构成的。
51 但是，这意味着是我们的全部生活。如果必要，我们想让未来恢复过去，使之成为具有内含或目的的生活叙说的组成部分，

---

[34] 海德格尔：《存在与时间》(Sein und Zeit)，第2部分，第3章第4节。

使之成为一个有意义的整体。[35]著名的,或许对我们现代人来说是范例性的,就是这点所能意味的东西,在其《追忆逝水年华》(A la recherche du temps perdu)中,由普鲁斯特给予了详尽的描述。在盖芒特图书馆的场景中,叙述者找到了他过去的全部意义,从而恢复了在前边我提到的两种意义上"失去"了的时间。前一种无法挽回的过去,是在仍然延伸的生命的整体中恢复的,作为作者要想象这个整体的工作的准备时间,所有"浪费的"时间现在都有了意义。[36]

如果在这个场景中把我的童年当作无法恢复的加以抛弃,就得认可人是支离破碎的;这就不能面对有关使我的生活有意义的全部挑战。正是在这个意义上,我的人生的时间限制是什么的问题并不是任意决定的。[37]

如果我们展望未来,情况甚至更清楚。在我所是的基础上,我规划我的未来。在什么样的基础上,我能够认为,只说今后十年是"我的"未来,而我过去的时间却是另外一个人?在这里,我们也注意到,对未来的规划时常会超越我的死亡。我计划着我的家庭、我的国家、我的事业的未来。但是,在一个不同的意义上,我对我自己负责(至少在我们的文化

㉟ 当然,有一个主要的现代哲学家,即尼采,似乎反对任何由将来回溯地授予过去意义。这是他关于永恒轮回的另外一种晦涩学说的意义之一。见亚历山大·内翰马斯:《尼采:作为文学的生活》(Nietzsche:Life as Literature)(Cambridge,Mass.:Harvard University Press,1985),第5章。但是,正是尼采本人以这样一些术语谈论"恢复":"为了恢复过去和把每种'它曾是'转变为'我想让它如此'——惟独这样做我称之为恢复",《查拉图斯特拉如是说》(Thus Spake Zarathustra)(Harmondsworth:Penguin Books,1961),第161页。

㊱ 马赛尔·普鲁斯特:《时间的恢复》(Le Temps retrouve)(Paris:Gallimard,1954),第237页。

㊲ 如果我们严肃对待帕菲特,如此认定"我的"童年属于分离的人格就意味着人际间的道德规则现在起作用,那么我们就可以说,为了有意义的生活,通过这种遗弃我永远谴责他的或然性,这实际上可能是滔天罪行。

中)。我如何能有正当理由考虑把六十几岁的我自己说成是为了这个目的的另外一个人?而且,他的生活将怎样得到其意义呢?

从所有这种考虑来看,似乎很清楚,有某种像人类生活的先天整体的东西贯穿其全部生命。这不十分妥当,因为人们可以想象在其中这个整体可能分裂的文化。或许在某一年龄,比方说四十岁,人们经历可怕的仪式途径,由此他们进入迷狂状态,然后说是作为再生的祖先出现。那就是他们描绘事物并给予它们生命的方式。在那种文化中,有把这整体的生命循环包含两个人的理解。但是,由于缺乏这种文化理解,例如,在我们的世界,我可以是两个时间上连续的自我的推测,既是过分戏剧性的想象,也是极其虚假的。它与作为生存于关注空间中的存在的自我结构特征是相悖的。㊳

在前一节,我们看到,我们的自我存在本质上与我们对善的理解相联系,而且我们在其他自我中获得自我性质。在这里,我要论证,我们如何确定与这种善的关系的问题,对我们来说是关键的和不能逃避的关注,即我们必须努力给我们的生活以意义或实质,而这意味着不可逃避地我们要叙述性地理解我们自己。

我的基本的论点是,在认同的不同条件或赋予其生活以意义的不同条件之间,存在着密切的关联,这是我一直在讨论的问题。人们可能以这样的方式表达:因为我们必须调整我们自己趋向善,所以决定我们确定与善的关系的也就决定我们生活的方向,作为“探索”,我们不可逃

㊳ 这并不是说,由洛克和帕菲特想象的恐怖场景不会摧毁生活的统一性,或对其产生疑问。他们确实提醒我们注意这种统一性的必要条件。但是,他们完全不能处理我在此谈论的叙述的统一性。假定你批评某人的交响曲的韵律缺乏主旋律的统一,而随后哲学的讨论结果导致的正是构成旋律统一的东西。某人指出,如果半个管弦乐队在蒙特利尔演奏,而另外一半在多伦多,你就不会有统一的曲子。足够真实的是,我们想象在同一个音乐厅里演奏;但假如某人认为我们谈论的统一性纯粹转向了这种空间上邻近的问题,那么他或她就令人悲痛地迷失了主题。

避地以叙述的形式来理解我们的生活。但是,人们或许能从另外一点出 52
发:因为我们不得不决定我们与善的关系中的位置,因此如果没有趋向它的方向,我们就不能做到,因而必须叙说地来看待我们的生活。无论从哪个方向看,我都把这些条件看作是同一现实的相关方面,人类主体活动的不可逃避的结构性要求。

第三章

53 非表达的伦理学

第一节

在前一章，我试图证明性质差别在以叙述的形式规定我们的认同和使我们的生活有意义方面的关键作用。但是,在道德思想和判断中它们的作用是怎样的呢？就我们用来回答有关我们将如何生活的问题的那些考虑的未分割的范畴来说,它们如何与全部系列的伦理学相联系,或按威廉斯的话[1],采纳这个术语呢?毕竟,这是有重大争论的地方。

简单的回答是:性质差别为我们的道德和伦理信念提供了理由。这并不错，但是这是危险的误导——除非我们首先阐明什么是为道德观念提供理由。

但是,问题的这种全部复杂性,几乎已被得到广泛承认的反对所谓的“自然主义谬误”的论证,或休谟的“是与应”区别的观点,不可挽回地弄糟和搞混乱了。这些观念当然因现代自然主义和主观主义(可笑的是

---

① 见伯纳德·威廉斯:《伦理学与哲学的界限》(Ethics and the Limits of Philosophy)(London:Fontana,1985)。

或许看起来是对立的"谬误"却被错称为"自然主义的")的偏见而得到巩固。善和"价值"被理解成我们投射[②]到世界上的，世界本身是中性的——这就是为什么在第二章第三节我反驳的观点中，以"价值"的概念看世界最终被认为是任意的选择。

这种投射可以从两方面来看。这可能是我们所做的事情，或理想地说，是我们在意志控制下做的事情。这种观点奠定了黑尔规范论[③]的基础：我们的价值词项的逻辑，就在于我们可以把描述层次的它们的意义同评价力区分开来。我们可以在纯描述的语言中理想地挑出同样的实体——行为、处境、性质，而没有规范力量；而且这意味着，我们能够发明新的价值词汇，在其中与描述词相关联的规范力迄今仍未引起注意。对这两类意义的区分，允许我们最大限度对我们的价值承诺进行反思和推理。

但是，根据另一种看法，投射可被看作为某种并非有意的，一种我们情不自禁地体验世界的方式，尽管我们的科学意识表明价值并非是 54
事物的装饰部分。社会学家倾向于以这些术语来讨论。[④]价值将拥有类

② "投射"是约翰·迈凯使用的术语；见他的《伦理学》(Ethics) (Harmondsworth: Penguin Books, 1977)，第42页。西蒙·布莱克本说到"投射主义"；见他的《错误和价值现象学》("Errors and the Phenomenology of Value")，载于《道德和客观性》(Morality and Objectivity)，特德·洪德里希编(London: Routledge, 1985)。

③ 见R.M. 黑尔：《自由和理性》(Freedom and Reason)(Oxford: Oxford University Press, 1963)。

④ 见E.O. 威尔逊：《论人类本性》 (On Human Nature)(Cambridge, Mass.: Harvard University Press, 1978)。

似于后十七世纪科学给予第二性质——像颜色——的地位。[⑤]我们知道，假如没有像我们这样有视力的主体，宇宙中根本就没有像我们现在认为是颜色的东西，尽管客体的表面性质决定着它们所反映的光的波长，而且这些性质现在看来以类似规律的方式与我们的颜色知觉相关联。根据这种非有意的投射观念，价值将是中性的宇宙因我们而无法逃避地具有的“颜色”。

无论哪种观点，提供外延上相等于我们的每个价值词项的非评价的描述，都将是可能的。根据第一种观点，它们会吞噬这些术语的“描述意义”；就第二种观点而言，它们会给予我们激发起我们“有色彩的”价值体验的基础性现实。在第一种情况下，它们规定着我们用价值术语所意指的部分，整个“描述的”部分；在第二种里，它们为我们运用这些价值术语的意愿提供标准因果关系上必然而充分的条件。[⑥]

但是，正如经常争论的那样，近来最卓越和最简捷的论证是由伯纳德·威廉斯提供的，对我们全部的一大批关键的价值术语而言，这些描述性的对应词证明是无用的。使用像“勇气”、“残忍”或“感激”这样的术语，如果我们不顾及它们的评价观点，我们就不能领会是什么使这些词

---

⑤ 在《伦理学》第15页，在他关于价值“不是世界结构的组成部分”的主张中，迈凯运用了这种类似性；也见他在19—20页的讨论。其他人则指出非类似性；例如，见布莱克本《错误和价值现象学》(“Errors and the Phenomenology of Value”)；约翰·麦克道尔《价值和第二性质》(“Values and Secondary Qualities”)，载于《道德和客观性》(Morality and Objectivity)，特德·洪德里希编；还有威廉斯《伦理学与哲学的界限》(Ethics and the Limits of Philosophy)，第8章。并非所有的非类似性都必然注定是投射的观点。实际上，在关于哪“边”应当获取类似性的争论中，有时也有某种不确定性。

⑥ 威廉斯：《伦理学与哲学的界限》(Ethics and the Limits of Philosophy)，第8章。论点也得到约翰·麦克道尔有影响力的论证。见他的《道德要求是假言命令吗?》(“Are Moral Requirements Hypothetical Imperatives?”)《亚里士多德学会资料汇编》 (Proceedings of the Aristotelian Society)，增刊(1978)，以及同一作者的《德性和理性》(“Virtue and Reason”)，《一元论》(Monist) 62(1979)，第331—350页。

所包含的事例归并成一类。对这点根本不理解的人，就不会知道怎样从一个系列的事例“进行”到新的事例系列。[7]这就意味着，就第一种观点来说，“描述性”意义不能同“评价性”意义相分离；而对第二种观点来说，它揭露了与第二性质的全部类比的愚蠢。[8]

但是，理解一个给定的术语的评价点，与什么有关呢？如果把握它，你需要什么样的理解呢？似乎存在着两个系列的考虑，在大多数情况下它们连接在一起构成一个术语的背景。首先，人们需要某种社会交换、共同目的或相互需要的理解，知道在这个术语通用的社会中人们间的事情如何能变好或变糟。其次，人们需要把握我称之为性质辨别的东西，它们是人的关注所形成的；换言之，人们需要对他们善的感知有所理解。

对某些术语来说，仅仅一个系列的考虑或许就足够了——至少提供了其含义的功能上的近似物。这样，人们就会争辩说，我们许许多多的社会规定的责任，包括某些非常严肃的，像不准杀人、伤害、说谎和诸如此类的行为，部分地是由任何人类社会的功能要求所形成的。社会生 55
活，连同它所要求的最低程度的信任和一致，不能由无限制的暴力和欺诈构成。每个人把这点理解为这些规则要点的组成部分，因而也是我们赖以理解这些术语——例如，“谋杀”、“诚实”、“殴打”——以及用这些术语表达的背景的组成部分。这种背景有助于说明和证明诸如对罪犯判死刑，或对敌人说谎这类例外是正当的，在不同的社会中都有这些例外。

我们社会中的大多数人，也认为善的知觉证明这些限制是正当的。他们具有关于人类生命的尊严和神圣不可侵犯性，身体的完整性，以及对真理的渴望等等这些观念——我在第一章第一节中讨论了这些观

⑦ 威廉斯：《伦理学与哲学的界限》(Ethics and the Limits of Philosophy)，第141—142页。

⑧ 见威廉斯在上一书中的讨论，第149—150页。

念。但是,纵然对善没有任何诸如此类的直觉,理解我们社会的许多规则,甚至感受遵循它们的责任,这也是可能的。的确,存在着若干并不十分严厉的规则,它们具有一种相类似的背景,人们虽接受它们却并未意识到对它们的违背形成一种严重的侵犯。这些是关于有教养的次要规则的子集合。(我说“子集合”,是因为任何社会的某些礼仪规则,都与它的尊严概念联系在一起,严格说来这就是为什么它们对局外人来说时常是难理解的。)我非常理解以正确的方式说“请”和“对不起”如何有助于事情的进行——以及知道在不能说这些词的地方如何运用有用的类似言行——即使我并不认为这对整个实践有巨大的价值,甚至欣赏那些敢于轻视它的勇敢的人。在我们的某些道德规则具有这类背景的程度上,我们发现它们最容易贯通文化上的鸿沟,甚至当另一个民族善的概念对我们来说非常奇特的时候也是这样。

相比之下,有一些运用到我们作为个体的生活方面的德性的术语——在那里,社会互动的理解几乎毫不相干,但是所有的事情都依赖于对善的特定观点的把握。比方说,那些由伟大的表演家所体现的卓越的美感,就属于这种类型。对尼采的超人的那些规定或许也属于此类。

但是,我们的一大批术语似乎要求我们提供这两类背景。有些像“善良”或“慷慨”这样的术语,规定着这样的品质,这些品质部分反映着给定社会的社会交换特点的背景,部分地依据对个人献身的特定理解。有些社会规则,像那些社会主义公社中支配着人们行为的规则,在那儿社会交换的规范深深地打上了渴望特定的善的印记:例如,不分阶层或性别的绝对平等、个体的自主、团结一致。只有相对于这种背景,我们才能理解,为什么是A倒垃圾和B洗盘子,或者反过来,会是一个**道德**问题。任何社会都有某些方面的规则是属于这类的。它们是局外人最难理解
56 的侧面。

但是,一旦我们弄清了我们的价值术语的可理解性的条件,似乎仍有“是与应当”或“事实与价值”区分的更精致的看法存在的余地。直到

现在,对价值并不是现实的组成部分,而是我们的投射形式这种见解,我们已经遇到了三种阐释它的企图。第一种曾在第一章第一节中讨论过;它试图把我们的道德反应比作本能的反应。第二种把我们的善的概念表达为对最终是任意选择的问题的看法,在第二章第一节讨论认同的条件时,我试图驳斥这个观点。第三种是价值术语具有描述性的对应物的论点,在本节中我们刚刚看到它是如何错误的。

但是,正如我们刚刚看到的,如果只有相对于给定社会中社会交换形式的背景理解和它对善的知觉,我们关于善和权利的语言才能讲得通,那么难道人们不能说善和权利终究只是相对的,而不是固定于现实中的?假若这样说,就会陷入重大的混乱之中。的确,从这点冒出的问题是,善和权利并非是不考虑人及其生活的宇宙性质。而且,十七世纪以来我们的自然科学发展到这种程度,它一直是以最大程度地脱离了人类中心论的概念(威廉斯称之为"绝对"概念[9])的世界概念为基础的,因此我们可以说,善和权利并非是自然科学所研究的世界的组成部分。

但是,根据上边的论述,就说它们因而不像自然世界的其他任何部分一样是现实的、客观的和非相对的,这也是一个不适当的跳跃。做出这个跳跃的企图,部分地来自于自然科学中模式对人类生活科学中整个自我理解事业的巨大影响。但是,这些模式的支配地位,正如一再被证明的那样,[10]是人文科学中幻相和谬误的巨大根源之一。不过,在某种意义上,前现代的科学概念也对这个过于草率的推断负有责任。对柏拉图来说,以他的方式,伦理学的终极概念和所有科学解释中的基础概念是同一的,即理念。这就容易把它们在科学中的基础作用,看成是它们

⑨ 见威廉斯的《笛卡尔》(Descartes)(Harmondsworth:Penguin Books,1978),以及他的《伦理学与哲学的界限》(Ethics and the Limits of Philosophy)。

⑩ 除了别的以外,参见我的《哲学和人类科学》(Philosophy and the Human Sciences)(Cambridge: Cambridge University Press,1985)第1—3章。

作为善的现实和客观标准的本体论地位的保证。所以，当它们失去这种作用时，就像它们在现时代不可改变地所失去的那样，得出结论说它们也失去了所有客观本体论地位的主张的企图，就变得强劲起来。

因此，柏拉图主义和自然科学模式，在创造道德之善的虚假图景方面客观地结为同盟。我们必须从这两个方面解放我们自己，并重新审查这个问题。需要说的或许最好以修辞学的问题来表达：在人类事务中，除了那些建立在批判性反思基础上，并经过对我们可以觉察的错误进行修正后的术语之外，能有什么更好的现实尺度使我们的生活具有最
57 好的意义呢？在这里，“使最有意义”不仅包括提供有关善的最好的、最现实的方向，而且包括允许我们最好地理解我们与他人的行为和情感，并使之有意义。由于我们慎思的语言与我们评价的语言是连续的，而我们评价的语言与我们借以说明人们所做和所感的语言也是连续的。[11]

对我的目的来说，这是一个重要的观点，而且因此我想停下来对它进行更为深入的考察。使我们的生活“有意义”的必要条件是什么？假如我们有声称要根据观察者的观点说明行为的某种理论语言，但它对主体使他自己的思考、情感和行动有意义却毫无用处，那么这些必要条件就没有满足。还原理论的倡导者，因在不需要这些或那些日常生活所流行的术语，例如，“自由”和“尊严”[12]，或在不需要前边提到的抵御分裂成“事实的”和“评价的”意义成分的各种德性术语的情况下进行说明，而自我庆幸。但是，即使他们的第三人称的说明以前比现在似乎更有道理，如果术语的第一人称的、非说明性的使用被证明是无法根除的，那么这一点的意义又何在呢？假定我能说服自己，作为观察者在不使用像

---

[11] 在《政治科学中的中立性》(“Neutrality in Political Science”)中，我已试图证明这些语言的本质连续性，见泰勒《哲学和人类科学》(Philosophy and the Human Sciences)。

[12] 见B.F. 斯金纳：《超越自由与尊严》(Beyond Freedom and Dignity)(New York: Knopf, 1971)。

“尊严”这样的术语的情况下，我就能说明人的行为。如果在我对有关做什么、如何行动、如何待人的深思中，在我的赞赏谁、与谁关系亲密和诸如此类的问题中，没有这样的术语我就不行的话，那么这又证明什么呢？

但是，没有某种术语“就不能”，比方说我深思做什么的问题，这意味着什么呢？我的意思是，对我面前的问题的最清晰、最具洞察力的陈述来说，这种术语是必不可少的(现在看起来对我是这样)。如果我否认这种术语，我将不能有效地思考，不能适当地抓住问题——实际上，在我得到这种术语之前，我感受到(我们经常这样)我过去的无能为力。于是，对我来说，“尊严”、“勇气”或“残忍”或许是必不可少的术语，因为没有它们我就不能评估可能的行为过程，不能判断我周围的人和处境，或不能决定我是如何实际感受某人的行为或生存方式的。

我的观点是，在生活的非说明性语境中这种术语的不可缺少性，不能只是被宣布为与在说明性还原中没有那种术语的投射是不相干的。这个广为人知的假设可能来自深藏于自然主义的思维方式中的前提，即那些我们赖以安排自己生活的日常生活的术语，都被归类为只是外表的领域。除了太阳降落到地平线之后的视觉经验之外，在宇宙学中，它们没有更加严肃的说明性目的。[13]但是，这种比喻是站不住脚的。在有 58
卫星观测的证据时我们关于日落的地平线的知觉应该修改，对于这点我们现在已有足够好的理由。但是，有什么应当优于我们赖以安排我们生活的语言呢？这并非(完全)是一个修辞学问题，因为有时我们提供着关于人们的喜爱、厌恶、深思什么的论述等等，它们表示更有知觉力，排

⑬ 见对心灵电脑模式的主张者作为“只是现象学”的某些考虑的驳斥。见内德·布洛克在《直觉和侏儒未证明什么》(“What Intuition and Homunculi Don't Show”)中对直觉要求的讨论，是对约翰·塞尔的《心灵、大脑和程序》(“Minds, Brains and Programs”)的回答，载于《行为和大脑科学》(Behavioral and Brain Sciences) 3(1980)，第425—426页。

除了特定的欺骗或影响人们自己的视野限制。但是,这些也是个人赖以安排他们生活的术语。实际上,我们经常把它们当作人们对改进他们自己的自我理解的关心。为了我们说明性理论的目的,我们应当完全忽视在非说明性生活语境中想象的术语,这是乖戾的。据此两种语境的语言的重叠和相互贯穿,这更站不住脚。正如我前边说过的,我们用以决定什么是最好的术语,与我们用以判断他人的行为的那些术语,是非常相同的,而这些形象也是我们论述他们为什么做他们所做的主要组成部分。

类似行为主义的理论或受计算机影响的当代认知心理学的某些进展,是建立在严重的错误基础上的,它们根据原则宣称"现象学"是不相干的。根据唐纳德·戴维森贴切的表达,它们"改变着"主体。[14]我们需要说明的东西是人们过他们的生活;[15]表达人们不能逃避生活的术语,不能从被解释项中排除掉,除非我们能提供人们能够据此更具洞察力地生活的其他术语来。基于这些术语的逻辑不符合"科学"的某些模式,以及我们知道在这种"科学"中人必定是可解释的,我们并不能完全地跳出这些术语。这是用未经证明的假定来辩论。除非我们实际上说明了人们如何根据某种科学理论的术语来生活,我们怎么能知道这种理论能说明人呢?

在我前边陈述的意义上,这确立了使我们的生活"有意义"所意指的内容。我们选择的术语,必须能在说明性与生活性运用两个方面获得意义。除非和直到我们能用更具洞察力的替代物取代它们,否则对后者不可缺少的术语,也构成了使我们有最佳意义的叙说的部分。这种寻找

---

⑭ 见《心灵事件》("Mental Events"),载唐纳德·戴维森:《论行为和事件》(Essays on Action and Events)(Oxford:Oxford Universiity Press,1980),第216页。

⑮ 见理查德·沃兰:《命定的生活历程》(The Thread of Life)(Cambridge,Mass.:Harvard University Press,1984),第1章,对关于什么涉及"过生活"或"引导"某人的生活的讨论。

洞察力的结果，产生出在任何给定的时代我们可以提供的最好论述，而且没有关于科学或自然的更一般类型的认识论或形而上学的考虑，能够恰当地取消这一点。上述意义上的最好论述是一套王牌。且让我称之为最佳论述(BA，英语best account的缩略语——译注)原则。

对我来说，各种把道德判断当作投射的理论，还有把“价值”与“事实”区别开来的企图，似乎都与这种最佳论述原则相冲突。事实上，我们发现自己不可避免地要使用其逻辑不能根据这种极端区分来理解的术语。如果我们像这样来过我们的生活，什么样的其他考虑能否定这个判断呢?

当然，我们的最好论述的术语将不再以物理学宇宙理论的形式出 59
现。但是，那只意味着我们的人类现实不能以适合物理学的术语加以理解。这是对十七世纪自然科学反亚里士多德清洗的补充。正像物理科学不再是人类中心论的，人文科学则再也不能以物理学的术语加以表述。我们的价值术语意味着能让我们洞察作为人生活在宇宙中意味着什么，这与物理科学声称要揭示和说明的问题是完全不同的。当然，这种现实，在其存在的条件就是我们的存在这个意义上，要依赖于我们。但是，一旦保证我们存在，它就不再是物理学处理的主观性投射。

如果针对我正在辩驳的见解构造一个简练的批评观点，或许它能阐明这个对这节主题论证的运用。它是针对所有那些受自然主义激励的形而上学图景影响的人而提出的，这种图景大致把人当成科学的对象，或当成去魅化宇宙的一部分，对我一直讨论的强势评价的善采取基本上是非现实主义的见解——从迈凯比较拙劣的“错误理论”(在这里，价值被认为在形而上学上是“古怪的”)[16]，到威廉斯(他并不是平常意义上的非现实主义者，而且难以归类)更加精致的观点，直到西蒙·布莱克

⑯ 迈凯:《伦理学》(Ethics)，第38页。

本的“准现实主义”。[17]

抨击分成两个方面,为了更好地说明,我增加了第三方面,或许除伤害之外再倾泻侮辱。

1. 为了生活目的,你不得不求助于这些强势评价的善:深思、判断情境,决定你对人们的感受怎么样,以及诸如此类的事。在这里,“不得不”并非像某人对着你的脸挥动拳头时你没有能力不眨眼睛,或者你无力控制你对乔治叔叔啜牙的恼怒,即使你知道这是非理性的。它毋宁指,为了使你正在做的事具有最好的意义,你需要这些术语。由于同样的原因,对那类关于自我和他人的说明与理解来说,这些术语是不可缺少的,它们与下列生活的运用交织在一起:估价他的行为,领会她的动机,明白这些年来你究竟怎么样,等等。

2. 真实的也就是你必须要处理的事情,是纵然不符合你的成见但却不会消失的事情。由此看来,在生活中你不得不求助的东西是真实的,或如同你能在目前把握的一样接近于现实。你的关于“价值”及它们在“现实”中的地位的形而上学图景,应当建立在你以这种方式所发现的真实的东西的基础上。难以想象,这种基础与它的现实相反。

这个论证的力量甚至被非现实主义者朦胧地感觉到了。这带来一个模糊的意识,即主张投射观点必定对首要序列的道德造成破坏性影
60 响。在哲学的理性化占据人们的头脑之前,这个意识为每个人所拥有,他们认为那种东西——善和它们所产生的要求——与投射观点是断然不相容的。碰到这个意识,投射主义者将不得不完全排斥道德,这种道德就如通常所理解的,是强势评估的领域。但是,大多数非现实主义者是不情愿走这条路的。他们自身承诺某种道德,而且他们对我的观点1

[17] 见西蒙·布莱克本:《规则服从和道德现实主义》(“Rule Following and Moral Realism”),载《维特根斯坦:服从规则》(Wittgenstein:To Follow a Rule)(London:Routledge,1981),以及布莱克本:《错误和价值现象学》(“Errors and the Phenomenology of Value”)。

也有某种意识,即人们不能操作这种方式。甚至迈凯并不彻底坚持他的谬论理论,而提议我们停止道德化或非常不同地来这样做。

所以,他们试图转而证明非现实主义理论如何与我们日常的道德经验相一致。这是布莱克本的“准现实主义”的观点,他把这个观点规定为“某种证明工作,即具有极其明显‘现实主义’外观的日常道德思想,在反现实主义的图景上是可理解的和有道理的”。⑱但是,在这里,他们使自己处于另一种进退维谷的境地。通过让道德经验莫名其妙地与非现实主义不相干,通过让善的地位这个问题的决定因素基于别的什么地方,他们使非现实主义与道德经验和谐共存。但是,这与我的观点2是不相容的。

如果非现实主义不能得到道德经验的支持,那么从根本上说就没有任何相信它的好根据。如果非现实主义者想说服我们,那么他必须开始认真对待道德生活的细节,并在特殊情况下证明投射观点怎样使它们更有意义。但是,我们已经看到,我们道德语言的逻辑是怎样抵制这种分离的。⑲

3. 事实上,大多数的非现实主义者采取了这两种路线的支离破碎的

---

⑱ 布莱克本:《错误和价值现象学》(“Errors and the Phenomenology of Value”),第4页。

⑲ 因为这点,对非现实主义者来说,存在着一个倾向,即脱离指示特殊的善的浓厚道德描述的术语,并在对像“善”和“权利”这样非常普遍的术语的分析基础上建立他们的理论。伊丽莎白·安斯康博在几十年前就注意到这点[见她的《现代道德哲学》(“Modern Moral Philosophy”),《哲学》,33(1958)]近来,这个论点由苏珊·赫尔利以颇具启发性的方式加以讨论,她把这种观点集中命名为一般“中心主义”,这个观点即“一般概念,权利和应当,是……在逻辑上先于并独立于特殊概念的,诸如公正和不仁慈”[《客观性和不一致》(“Objectivity and Disagreement”),载《道德和客观性》(Morality and Objectivity),洪德利希编,第56页]。在其论著中,她提出了反对中心主义的有说服力的论证;见同一作者的《自然理性》(Natural Reasons)(即将出版),第2章,第3节。

混合物,使他们自己较缓和地在两方面都处在进退维谷的尴尬境地。在坚持他们协调主义的论点的同时，他们也倾向于为第一序列的道德理论的更社会学化的(如在迈凯的某些方面)或推论主义的(布莱克本)[20]例子进行辩解。并非这样严格地遵循,只是真地应当根本没有我们所理解的道德责任存在的余地。但是,人们仍然可以正当地认为某种规则更有益于生存和普遍幸福,我们可以假定生存与幸福是广泛追求的目标。因此,在一定意义上,这些规则显然是“好东西”。诀窍因而是忽视或捏造非现实主义削弱道德基础的事实，把这些规则当成人们道德理论的内容。正如我们将在后边看到的(第三章第三节),可能有接受这种伦理学的强势(如果未被承认)道德理由,而这点转而能促进投射主义的信念。对某些人来说,即使在由一套无效的推论引起的这两个例子中,动机也向两个方向探望。

但是,一旦这样说,大门不是仍然向另一种主观主义——这次是一种相对主义的大门——敞开着吗？人类社会在其文化和价值观方面有很大区别。我们可以说,它们表达着人的不同生存方式。但是,或许当它们发生冲突时,最后也没有任何办法在它们中间进行仲裁。或许它们是根本无法公度的，正像我们普遍承认特定的善的存在依赖人的存在一样，我们也要承认特定的善只是在特定的文化形式中人的存在所认可
61 的善。

不像我在前边讨论的把善相对化的其他企图，我认为这是真正的可能性。或许有不同类型的人类现实,它们的确是不可公度的。这将意味着,在没有或得到或失去什么的自我欺骗的情况下,就没有办法从其中的一种转变到另一种,也没有办法显示转换。这可能恰好是彻底的转换，导致人们无法理解过去——某种原则上只能通过恫吓和洗脑才会出现的情况。我认为这确实是可能的,但是,我怀疑它是否真实。

---

⑳ 布莱克本:《错误和价值现象学》,第19—20页。

当然，还有另一个非常尖锐的意思，据此我们无法在文化间做出选择。根据得和失的概念，我们实际上或许能够理解这种转变，但这或许是某种既有得又有失的情况，而且全面的判断或许是难以作出的。某些现代人多少以这种方式看待古代社会的境遇。他们极少怀疑，我们有更好的科学，我们更全面地探讨了人类自我决定的自由的潜能。但是，他们认为，在我们与自然环境的协调和我们的社群感方面，这也伴随着无可挽回的损失。虽然因明显的原因他们没办法为自己再做选择，但这些现代人或许真地相信，他们的命运并不比他们的祖先好——比如表现在他们不情愿把仍是前现代的社会引进我们的文明中。

但是，不同于前边不可公度的情境，这后一种境遇并非真正的相对化。因为它假设了我们原则上能够像理解和承认所有人的善(因此也是我们自己的善)那样理解和承认另一个社会的善。这些不是与我们自己土生土长的适合每种社会的善相结合的，或许实际上是悲惨的，但原则上与我们可能面对的，甚至存在于我们自己的生活方式中的任何其他困境没有任何区别。无法保证普遍有效的善将是能完满结合的，在所有的处境下也的确不能。

甚至我们根据得和失的概念对从先前社会转变的理解，也类似于我们在自己文化中的反思。这样，我们倾向于相信，我们的文化相对于其十七世纪前的先驱而言是获益的，获益在于具有优越的科学模式。这种模式的优越性部分地在于它所承担的批判性的自我意识。根据这种批判性，先前的理论是站不住脚的。但是，我们对我们自己文化中特定的观念和实践持同样的批判态度。当我们克服某种是我们自己文化产物的混乱时，我们就有了通过批判性考察而获得的意识。在这类例子中，我们跨文化的评估模式与我们在自己文化中的仲裁方式并没有什么两样。公度性似乎已得到。问题是它能涵盖多广。或许我们与特定文 62
化的接触，将迫使我们认识到不可公度性，它与对所有文化均为善和恶的单纯平衡相对立，而这种平衡是我们不能确定地加以估量的。但是，我们确实不应假定,这太过于先验了。

除了这个限制以外,我们没有理由不认为我们试图规定和批判的善是具有普遍性的——假定我们正试图理解的那些社会中的善被赋予了同样的地位。当然,这并不意味着,所有我们或者他们,所设定的善在最后的日子证明像这样可以辩护;只是我们不从不再缩变的道德世界出发,在这个世界中我们认定他们的善对我们,或许我们的对他们,都是无法传达的。

第二节

前一节的讨论有点太简单化了,现在我想加强些。在上一章,例如,我说到不同的类型:人们相信理性控制,或家庭生活的丰富内涵,或表现的实现,或名声。但是,事实上,我们现代人的大多数为所有这些善及越来越多的东西所推动。如果前边的类型描述得到赞许的话,那是因为它们使人们把问题中的特定的善不仅仅是当成他们生活的方向性框架,而是当成最重要和最严肃的一种框架。我们大多数人不仅同许多善一起生存,而且发现我们必须为它们排序,在某些情况下,这种排序使其中的一个相对于其他的而成为至关重要的。我在此谈论的每种善都以性质的对照加以规定,但是某些人也根据这些善之间较高等级的对照而生活。他们认识到自我表现、正义、对上帝崇拜、日常的体面、感受性和其他许多东西的价值;但是,他们认为它们中的一种——或许与上帝的关系,或许正义——具有压倒一切的重要性。这并不是说,他们在自己的慎思和决定中给予它不可动摇的至上性。什么样的考虑都有可能存在,从他们自身的局限感直到承认其他善也是有价值;这些考虑抑制着他们将一种善视为至高无上的善。他们或许发现自己被其他心境比较单一并信奉同一种善的人指责为半心半意:为什么他们不花更多的时间去祈祷？或者为什么他们不把自己全部的生命献身于争取社会的正义?但是,尽管如此,就他们自己而言,这种善在他们的生活中具有无与伦比的地位。

对那些对此种善有强承诺的人来说，它意味着这种超越其他一切的善提供着他们判定自己的生活方向的路标。只要他们认识了整个系 63
列的性质差别,只要所有这些特征与强势评价有关,他们就以取得所关注的善的等级来判断他们自己和他人，并根据这种等级的功能去赞赏或蔑视人们,尽管最高的善拥有特殊的地位。正是朝向最高的善最接近于对我的身份的规定,因而我向着这种善的努力,对我来说,是惟一重要的。虽然我自然力图很好地确立与我所承认的所有善中的任何一种关系,并且趋向于它们而不是背离它们,但我与这种善的关系仍具关键的重要性。正是因为我朝向它的方向对我的身份来说是本质性的,所以认识到我的生活背离了它，或不能接近它，将是破坏性的和无法忍受的。其威胁在于把我投入对自己毫无价值的绝望之中,这点动摇着我作为一个人而生存的真正根基。对称地,我趋向这种善的信念给予我作为个人或自我而存在的完整的、充实的感觉,这是其他东西不能代替的。只要我认识到所有的善,无论它们能容纳多小或多大的成就,就允诺了是或不的问题,这有关于与它们相联系的我的生活的方向;如果我对这个意义上最高的善做了强势承诺,我发现相应的是或不的问题,对于作为人我是什么的问题显然是决定性的。对于以这种方式理解他们的生活的人来说,在这个善和其他的善之间存在着性质上的间断;它无与伦比地超越于它们,以甚至更加惊人的样式,与缺少它们的生活相比,它们被认为有无与伦比的价值。这样,我可以认为表现的实现比生活中我们渴望的普通事物,有无与伦比的价值;但是,我把上帝之爱或寻求正义本身看得比这种实现更加无比地高。高等级的性质差别本身,分割着自身是由较低等级的特征规定的善。

甚至我们中并未以这种一心一意的方式承诺的人，也承认高级的善。那就是说,我们认可了规定着高等的善的次要的性质差别,在这种基础上我们在其他善中做出区分,把不同的价值或重要性归于它们,或决定什么时候和是否遵循它们。让我称这种高级的善为“超善”,即这种善不仅是比其他的善有更加无与伦比的重要性,而且提供了据此必须对它们进行估量、判断和决定的立场。

但是,这样看起来我们都认识到某种东西;这种作用正是我们文化中所定义的“道德”:一套目标或要求,它们不仅具有独一无二的重要性,而且高于其他的并让我们可以对它们做出判断。在现代哲学中,有一种用分层的方式规定道德的共同倾向,尽管边界的规定改变了。康德根据绝对命令规定道德,他依次还用普遍性或用我们是目的王国的成
64 员来规定。[21]我们时代的哈贝马斯,识别出一套必须处理普遍正义,因而也必须处理规范的普遍可接受性的论域,它们属于商谈伦理学的领域;他赋予这些具有比有关最好或最满意的生活问题更优越的地位。[22]在康德和哈贝马斯以及其他许多人那里,“道德”包括的领域明显比古代哲学家规定的“伦理”要窄些。伯纳德·威廉斯,在尝试挑战这种特殊地位时,提供了他自己对他视为是在很大程度上贯穿现代道德哲学的一般线索的描述:根据责任概念的“道德”定义。[23]黑格尔也想对“道德”进行挑战,他对差异有自己的论述。[24]

这种分层何以正当,或者,这种分层能否正当,乃是当今伦理学理

---

[21] I.康德:《实践理性批判》(The Critique of Practical Reason),第1卷第1部分第7节;《道德形而上学基础》(Foundations of the Metaphysics of Morals),第433页(页码为柏林科学院的版本)。

[22] J. 哈贝马斯:《交往行动理论》(Theorie des kommunikativen Handelns),两卷(Frankurt:Suhrkamp,1981),第1卷第3章;以及同一作者的《道德意识和交往行动》(Moralbewusstsein und kommunikatives Handeln)(Frankfurt:Suhrkamp,1983)第3章第4节。

[23] 见威廉斯:《伦理学与哲学的界限》(Ethics and the Limits of Philosophy),第10章。

[24] G.W.F.黑格尔:《法哲学》(The Philosophy of Right),第141段。

论的大问题。当然，总是有善的排序。包容性最大的伦理理论，大都避免把关键性的、单一的东西分割成特殊类型的目标或问题，这些理论必须把某些相对重要的善的概念结合在一起。亚里士多德的理论就是一个恰当的例子，它在传统的理论中最具包容性。但是，在变化着的生活处境中，我们怎样在实际上面对不同的竞争性目标，这仍是开放的。在某些境遇中，一般说来较低等的目标或许有特别的紧迫性。对比之下，分层理论把它们高级的善从同一思虑过程的形象中孤立出来。根据康德的理论，当我们发现自己受到绝对命令的召唤时，就应当停止对幸福的考虑。相对于单纯的“慎重行事”，“道德”经常被规定为具有压倒性的力量。㉕

我将在下一节继续探讨道德的地位问题。在这里，我想对“超善”的本性和它们对我所提出的论点造成的困难，作进一步的研究。

超善一般说来是冲突的一个根源。最重要的一些超善——它们极其广泛地存在于我们的文明中，是通过对早先的、不充分的观念的历史替代而产生的——类似于我在上节末尾提到的现代科学对前科学的批判性替代。超善被信奉它们的那些人理解为走向较高道德意识的台阶。

拿或许是现代文化中最突出的例子来说，许多人把普遍正义和/或者仁慈的概念作为最高的善加以接受——根据这种概念，所有的人，不管其种族、阶级、性别、文化、宗教，都应得到平等的尊重。但是，处于这种框架中的我们，知道这点并不总是为人所承认：这种普遍的伦理学取代了较早时代受到多方面限制的伦理学，是通过一系列艰巨斗争和痛苦的取胜阶段而实现的。在这点上，普遍而平等尊重的原则就像我们的现代科学概念，它们有着密切的理智关联和姻缘关系。说到我们的科

㉕ 见R.M.黑尔关于道德部分地基于其“压倒性的”其他考虑的定义；《自由和理性》(Freedom and Reason)，第9章第3节；以及《道德思维》(Moral Thinking)(Oxford：Oxford University Press，1981)，第24、55页。

65 学,它产生于对不充分的观点的替代中,这种意识与作为当代信念和实践的批判标准始终伴随。

所以,平等尊重的原则,不仅通过在现代早期阶段作为等级制的社会观念的否定的历史起源中得以界定;它也继续发现新的应用范围,今天,在两性关系上,它就对某些原来未受到其早期现代的提倡者挑战的“家长式的”生活形式提出挑战。

这个例子给我们提供了一个超善的图景，在其中我们对它无与伦比地高于其他善的意识,是建立在对它替代早先、不充分观念的理解的基础上的，因而仍然作为可以批判当代观念而有时不够水准的一个标准来起作用。这似乎是在我们的文明中被识别为超善的东西的真实情况。拿这种善的另外两个极重要的起点来说,一种是柏拉图主义,另一种是犹太—基督教的宗教启示，二者都被规定为历史性替代物——分别地替代荷马激发的荣誉伦理和各种各样的偶像崇拜，二者都仍然是对现存实践和信念进行激进批判的源泉。

以这种方式围绕着一个超善构成的伦理观，因而有着内在的冲突与张力。最高的善不仅在序列上高于社会所识别的其他的善;在某些情况下,它可以对它们形成挑战或排斥它们,比如平等尊重原则对与传统家庭生活相关的善和德性所做的,犹太教和基督教对异教迷信所做的,还有《理想国》的作者对怀疑(agonistic)公民生活的善和德性者所做的。这就是为什么承认超善是道德生活中张力和时常是令人悲痛的悖论的根源。

得到由替代早先的观念而产生的超善,也就是带来(或经受)尼采所说的“价值的重估”。[26]新的最高的善,不仅被当作其他普通的善得以判别的标准而建立,而且时常激烈地改变着我们对它们的价值的看法,在某些情况下触及原来是理想的东西,并给它打上诱惑的印记。这就是武

㉖ F.尼采:《瞧这个人》,自序,第1节。

士的荣誉伦理在柏拉图手中的命运,及后者在奥古斯丁那儿的命运,而奥古斯丁按现代日常生活伦理学的眼光仍然如此。正如尼采非常恰当地看到的,重估并不必然是一劳永逸的事情。古老的受到谴责的善仍然存在;它们抵抗着;某些似乎是无法从人类心灵中根除的。所以,斗争和张力继续进行。

在这里,存有着两种极端的策略,凭借它们,所有困境的蛛丝马迹都有可能得到避免。第一种是以彻底的一致性,贯穿自始至终,完全否定对妨碍超善的任何善的信任。这是在《理想国》中似乎柏拉图让苏格拉底采取的立场,在这本书中,家庭生活和财产的正常实现被护卫者以社会和谐的名义予以否定。让我们称这一种为毫不妥协的“修正主义” 66
立场。

与之相反,另外一种可能的策略由亚里士多德所提出。它肯定所有善。实际上,关于善,我们已经承认,以上一节我所描述的方式,它们与在我们之间所形成的社会交换的方式密切相关,它们也反映着生活在这种方式下那些人最敏感的洞察力:谁说它们没有价值?最终,在哪里,除非在特定的(或一种)人类生活形式中记录着人们在这种形式中所倾向于寻求的善,人们确定对人来说是善的什么东西?良好的生活从而就必须理解为这样一种生活,它用某种方式以最大程度的可能结合我们所寻求的所有的善。无疑,没有平等的价值;亚里士多德认识到,其中的某些在等级上高于另外一些——例如,沉思(thewria),及某种最大程度上形成审慎(phronesis)的共同的深思熟虑。这些更集中地触及我们作为理性生命所是的内容,这样如果缺少它们,生命的价值也将大为逊色。但是,它们的首要性是按较高的优先性理解的,并不提供据此其他较低的价值可以被完全否定的批判性看法。

我们可以说,在亚里士多德的理论中,“超善”所起的作用就是“最高的善”(teleion agathon)本身;但是,这是**整体**的善良生活,即所有的善以其适当的比例结合在一起。

这种“综合的”策略就其本身而言有颇强的说服力。但是,总体上看,它却是难以遵循的。它要求尊重所有内在于实践的善,而这些实践是人类在不同的社会中形成的。我用“内在的”善指那些其要旨必须相对于以某种方式进行社会交换的特定形式的背景,才能加以理解的善,而这种方式的交换我在前一节曾讨论过。[27]但是,如果我们能够做到这点,那么很清楚,在我们对走向整体综合之路的超善的认识上,就走得太远了。我们很清楚, 可能有而且就有社会和社会的交换模式是邪恶的,或是与正义或人类的尊严不相容的。由于这位哲学家本人证明奴隶制合理的思想,还别说关于妇女的屈从地位,我们就没有走亚里士多德之路的动力。这并不是说,在这点上对亚里士多德本人的道德愤慨是适当的,但是,只是我们能够全部很好地理解,这些制度如何在那种社会中看起来是相当完善的,而同时我们现在把它们看成是不合理的,并且应当是改革或废除的对象。

但是,从所有这点我们已经能够看清,这些超善在我们生活中的地
67 位必然引起一种认识论的不适, 这种不适反过来又滋长了我坚决反对的自然主义倾向和各种还原论。甚至当人们超越了粗俗的还原主义理论时(这些理论把价值看成是置于中性世界之上的纯粹投射),甚至在我们已经承认我们的价值观在我们的经验中占有适当的地位之后, 仍为更加精巧的自然主义留有空间。这将把我们的评价放在关于世界和我们的社会存在的知觉中加以理解, 而这种知觉与我们的生活过程是不可分的,并参与构成我们的生活形式。假定了社会交换的模式,假定这种模式是围绕着我们所珍视的特定的善构成的, 而且它反过来促成其

[27] 这种“内在”善的概念接近于阿拉斯岱尔·麦金太尔“内在”于实践的善的概念,比如他在《追寻德性》(After Virtue)(Notre Dame: University of Notre Dame Press, 1984)第14章中对这点的阐述。在《德性之后的正义》(“Justice after Virtue”)(即将发表)中,我阐述了这种观念的另一种形式。

他性质和我们的价值条件，我们就不能不根据特定性质差别的概念来领悟我们的生活。或者毋宁说，不考虑这些生活的惟一方式可能是完全超出这种生活模式之外的；根据这些价值把握世界与参与构成这种生活方式是分不开的。

这种精巧的自然主义可能同意，用我们的价值词语标示的差别像其他东西一样真实，当然不只是投射。能够领会它们将被看作获得了一种“知识”。[28]但是，无论什么真理在这里被发现，在关键的意义上都不过是相对于给定的生活形式的。就这些善从另一种生活方式看起来并非如此，甚至有时是错误的或邪恶的而言，根本没有裁定争论的办法。从其自身的观点看，每一方都应判定为是正确的，但是，从问题能够得到公断的方面看，根本没有超越于双方的立场。

当然，我把这点当作可能性加以接受：我用“不可公度性”这个术语来描述它。但是，我在此谈论的自然主义模式会使这类文化相对性成为一种命运，一种原则上的界限。准确地说，正是因为它完全根据我们的评估对不同的生活方式的嵌入来理解这些评估的“客观性”，所以它原则上不承认那些为特定的生活方式所神化了的善能被证明是错误的或不充分的。

但是，与此类似的事情是，以超善名义而进行的批判性的替代要求包含些什么。当我们站在普遍和平等尊重的道德观上时，我们不把它对奴隶制、寡妇焚身、人祭或女性割礼的谴责只视为我们存在方式的表达，因为从这些奇异实践流行的社会中也能引出对我们的自由劳动、寡妇再婚、不流血的献祭和性别平等的相互而平等有效的谴责。在反思的时候，在不仅是自然主义认识论而且有我们反殖民主义的同情心(令人

---

[28] 见威廉斯：《伦理学与哲学的界限》(Ethics and the Limits of Philosophy)，第8章。我认为，威廉斯在这部分采取了我所说的“精致的自然主义”的形式；如果是这样的话，他的理论的确是高度精致的变种。

啼笑皆非的是,普遍尊重原则的另一个分支)的压力下,我们有时发现自己根据这些概念思考。但是,道德观作了更广泛的要求,而且这是根据其真正的性质。由于它引起对我们社会中所有那些信念和实践的无情
68 批评,我们的信念和实践不能成为普遍尊重的标准。它把与这些病态实践有关的善无情地搁置一旁。当我们到达我们社会的边界——这种边界在任何情况下都是难以划定的,以及宽恕某些失检时,例如我们发现它们在前现代文明中时常被当成非常严重的, 为什么这种批判的激进主义突然破产,是难以理解的。如果我们无法接受那些不保障妇女同等的工作机会的雇佣制度,我们又怎能接受多配偶制、深闺制度、女性割礼,更不用说让妇女的男性亲属为了拯救家族的荣誉而杀害"堕落的"女人呢?

我们能解救这些与我所称的超善有关的跨文化批评主张的客观性吗?当然,我并不是说,我们能证明所有这类主张都是正确的吗?它们中的许多无疑是错误的,是种族中心论的和缺乏同情心的。我的意思是,我们能够证明这类主张的任何一个如何可能是正当的吗?或者说,所有这类主张之所以原则上不能接受, 是因为它们与我们评价的真实基础相对立吗?就如我们精致的自然主义所认为的?

为理解这些主张可能正当,我们必须给予另一种相同的论证,把我们撬出粗俗的自然主义。面对所有评价无非是投射到中性世界上的我们的主观反应的看法,我们要求助于所谓道德现象学,但是这也可以看作对我们的道德语言不可逃避的特征的一种考察。在第二节中,我试图证明,向善的方向并非某种可任意选择的附加物,某种我们可以根据意志介入或放弃的东西,而是我们有特性存在本身的条件。而且在上一节我使用了由维特根斯坦的追随者[29]使人熟知的论证,以便我们评价语言

㉙ 见约翰·麦克道尔:《道德要求是假言命令吗?》("Are Moral Requirements Hypothetical Imperatives?")以及同一作者的《德性和理性》("Virtue and Reason")。

的大部分不会被解释为，表达着我们对那些以或者能够以中性术语来规定的世界的特征、我们的生活或社会的反应。例如，像勇气或慷慨这样的德性术语的逻辑是这样的，它们必定被设想为选出的投射性质，正如“红”或“方”所带来的，它们的本质特征准确地说是它们的价值。

当然，很清楚，这类性质存在的本质条件是，世界上存在着具有特定生活形式、具有某种意识和特定关切模式的人。但是，这些性质并非世界的真实特征，除了所有“中性的”性质外，世界也包容着人类。

使这个论证吸引人的基本考虑可以这样表达：除了我们用来理解事物的性质、存在或特征的最佳论证之外，如何有别的办法确定什么是真实的或客观的，或事物内容的部分?我们喜欢的物理世界微观构造的本体论，现在包括夸克和各种各样的力，以及其他我只能模模糊糊地理解的事物。比起我们的祖先想象这些事物，是非常不同的。但是，我们拥有目前一系列认识了的存在，因为它们是我们现在视为物理现实的最 69
可信的论述中所运用的。

没有理由在人类事务的领域进行不同的论证，在这个领域，我们思考我们的未来行动，评估我们自己和他人的性格、情感、反应、举动，试图理解和说明它们。作为我们讨论、反思、论证、疑问和考察的结果，我们将会看到，对这个领域的事物来说，某些词汇是最现实的和最具洞察力的。选用这些术语，对我们来说在这里将是真实的，而且不能也不应是别的什么。在没有诸如“勇气”或“慷慨”这样的术语的情况下，如果我们不能有效地思考，或明白地理解和说明人们的行动，那么它们就是我们世界的真实特征。

由于这类特征不能按宇宙的绝对性质来想象，我们的方向已经发生偏离。自然主义和柏拉图主义二者的在先结合，给予这个考虑很大的重要性。但是，它对我们也应是重要的吗?除非我们有理由相信一种绝对的性质，即预先排除了人类中心论，尤其是排除了事物对我们而有的意义；这种绝对性质不仅为人外宇宙(那些现在看起来相当清楚)，而且也为人类生活提供着最好的说明。这似乎不仅是缺乏支持的断言，而且根据我们所知的有关人和绝对的——也就是说，物理学和化学的——术语的说明资源，也是极其难以置信的。[30]除非我们作这种大胆的推测，否则我们将倾向于接受人类事务的世界必须以事物为我们而有意义的术语加以描述和说明。然后我们将自然而正确地，让我们的本体论受我们以这些术语所能达到的最佳论述的决定。我们将遵循我在前边所说的最佳情形原则(第三章第一节)。

如果自然主义和柏拉图式的优先性不应阻止我们遵循达到承认勇气和慷慨的含义的这个原则，那么也不应把我们从我所称的超善那里吓跑，看起来它们结果的确是不能从我们的最佳论述中排除掉的。超善在认识论上是不太确定的，并容易引起自然主义和柏拉图式的优先性在我们身上所培育出的反应。这里有两个理由。

首先，它们向我们显示的善，对其他的善提出挑战并要取而代之。超善在其中出现的道德生活的图景，是这样一种图景，在那儿我们能够从“正常的”、“原初的”、“原始的”或“平均的”状况成长，据此我们通过特定系列的善来认识和调整我们自己，达到对与被代替物相比具有无
70 与伦比的伟大尊严的善的认知。我们对这种善的接受和爱，使我们重估原初系列的善。我们对它们作出不同的判断，或许还对它们作出极其不同的体验，甚至可能达到冷漠，以及在某些情况下拒斥的程度。

对柏拉图来说，一旦我们理解了这种善，我们就不再受原先对荣誉和快乐的追寻的蛊惑和吸引，我们甚至会力图放弃它们中的某些方面。根据基督教的观点，神圣化与我们分有上帝对世界的爱(agapē)的某种程度有关，而这改变着我们如何看待事物，我们渴望别的什么，以及认为什么是重要的。或者还有，脱离前理性和受狭隘地域限制的观点，达到

---

[30] 在一些地方，我试图处理这种情形。尤其见《人类主体性和语言》(Human Agency and Language)(Cambridge: Cambridge University Press, 1985)，第2、5、7章。

一种我们据此认识到所有人平等尊重的权利的观点，这改变着我们理解历史文化和它们的实践的整个方式。原来被赋予最高威望的事情，或许现在看起来是狭隘的、俗气的、剥削性的。面对它们，我们再也不能感到敬畏。相反地，现在激发这种情感的是道德律本身及其普遍的要求。我们感到自己超出了一堆未经思考的习俗，而且成为更广泛的共和国，也就是目的王国的公民。

视点(perspective)由超善所规定的事实，与我们的变化有关，这变化被形容为“成长”、“神圣化”或“高级意识”。这种变化甚至与我们对早期的善的排除有关，它使之成为如此可疑的。由于对“日常的”、“顽固不化的”或“原始的”道德理解何在的争论和批评，它立即成为可疑的。而且对这些超善的这种实际的争论和不一致，看起来根本就无法达成共识，这已经成为道德怀疑论的强有力的根据。这个持续的忧虑在这种情况下强化着自然主义的反应，是可以理解的。是谁说批评家、“更高”道德的倡导者，正好与“日常”意识或“耽于声色的普通人”(“l'homme moyen sensuel”)相对立？由于我在第一章第三节所描述的对日常生活的肯定，这种疑问在现代世界中变得更加强烈。对所谓“高级的”活动、沉思或公民参与，或对僧侣式禁欲主义形式中“较高”层次的献身的拒斥，有利于给有关婚姻、子女、工作等日常生活以更高的尊严，它们原来都被贬损到较低的地位。这解放了我们文明中的一个强劲的趋势，一种不断采取新形式的趋势。其中某些形式与转而反对曾开创这个趋势的真实的宗教传统有关，并为“自然的”欲望及其实现而辩护，以对抗现在被看成是华而不实的和有破坏性的神圣化的要求。

随后，尼采使这种攻击的程度更进一步，试图摆脱他定义为“道德”的整个思维形式，所有的形式都与排斥我们的所谓低级的东西，排斥我们的权力意志有关，结果是达到更全面的自我肯定，对人之所是报积极肯定的态度。启蒙运动的自然主义，也时常把那不仅作为自我压抑的根源，而且为社会压迫辩护的宗教道德，描绘为所谓“高等人”的承担者， 71

即那些牧师或贵族练习统治“较低”等级的人的自然权利,这正是为了后者自身的利益。新尼采主义的思想家扩展了这种批评,并试图证明各式各样的社会排斥和支配，作为排斥和支配妇女的宗教秩序的特定模式,[31]作为排斥和支配下层阶级(也包括妇女)的理性控制的理想和戒律,[32]作为排斥和使持异议者边缘化的健康和成功的定义,[33]作为排斥从属种族的其他文明概念,[34]如此等等,已并入超善赖以构建的那种定义中。

当然,论证因这样一种事实而复杂化了,即所有的这些攻击,福柯的除外,都公开(而且,事实上,我相信福柯的也一样,尽管不承认)委身于他们自己的竞争性的超善,在上述第三个例子系列中,一般都同普遍而平等的尊重原则相联系。但是,这并未减轻我们在这里感受到的困惑和不确定。看起来，至少其中某些被如此热情拥护的超善必然是虚幻的,是并不令人欣赏的兴趣或欲望的投射。那么为什么它们中所有的不会都是如此呢?

所以,实际上,它们可能是。但是,认为我们显示它们如此时所依据的是先验的论证,却是错误的。揭露有些超善被编织进支配的关系中,并站在它们自己的立场上反对表达的权利，并不证明这类的所有主张都是不可接受的(而且批评的立场大都时常——或总是——来自对立的超善的看法),就像物理学绝对观点的成功不能证明它不可接受一样。正如在别处一样,这里仍不存在最佳原则的替代物。我们只能看到:或许我们会发现，没有类似超善观点的东西，某种我们能够发展的善的概念——这种概念随之使我们能不同地看待其他的善——我们就不能赋

[31] 见普鲁登斯·奥兰:《妇女概念》(The Concept of Woman)(Montreal:Eden Press,1985),第5章。

[32] 见米歇尔·福柯:《监视与惩罚》(Surveiller et punir)(Paris:Eden Gallimard, 1975),以及同一作者的《性史》(Histoire de la sexualité),第1卷(Paris: Gallimard,1976)。

[33] 见福柯:《监视与惩罚》(Surveiller et punir)。

[34] 弗朗茨·范农:《全世界受苦的人》(Les Damnes de la terre)(Paris:Maspero,1968)。

予我们的道德生活以意义。

但是，这会遭到反对，它不仅仅是一个看的问题，而且是争辩、证明一种观点比另一种更好的问题。而且这提出了实践理性的困难问题。对A来说，有没有任何理性方式让B信服他的超善观点是优越的？如果没有，那么A如何理性地说服他自己呢？或者这只是一个近似理性的预感和感觉问题(就如自然主义者一直主张的那样)？

在这里，我们的理解又一次因自然主义认识论及其对自然科学模式的关注而蒙上阴影。因为追随自然科学所赞成的证明，要求我们把我们自己的以人类为中心的反应中性化，我们就非常容易得出这样的结论，实践理性领域的论证不应依靠我们自发的道德反应。我们应当能够说服那些人，他们就我们事业的正义性绝没有与我们相同的基本道德直觉，否则实践理性就毫无用处。某些现代学说试图回答这个挑战，[35]但 72
为了理解这个无法应付的挑战，或许我们不必审查它们在细节上的不充分。错误在于认为它应当是。一旦我们出了这个错，就必然对实践理性失望，然后我们更容易向自然主义的还原投降。

但是，如果我们的道德本体论源自我们所能达到的人类领域的最佳论述，如果这种论述必须以人类中心论的术语来表达，这术语与事物对我们所具有的意义相联系，那么要求出发点外在于所有这类意义，不依赖我们的道德直觉和我们道德上发现的趋势，事实上就是建议改变主题。那么实践理性如何进行呢？我们如何理性地相互说服他人或我们自己呢？

正如我在别处所论证的，[36]实践理性是变化中的理性。它的目标不是建立某种绝对正确的见解，而是某个优越于某些其他见解的见解。它

---

[35] 比如见黑尔：《自由和理性》(Freedom and Reason)；以及同一作者的《道德思维》(Moral Thinking)。

[36] 见我的《说明与实践理性》(“Explanation and Practical Reason”)(即将发表)。

隐秘或开放地,隐含或明显地与比较命题有关。当我们能证明从A到B的变化在认识论上获得进展时，我们就证明了这些比较主张中的一个更加成立。这是某种当我们,例如,通过识别和解决A中的矛盾或A所依赖的混乱,或通过认识A所甄别的某些因素的重要性,或诸如此类的事情,证明我们从A到B时所做的事情。论证对准从A到B变化的性质上。理性证明的中枢在于证明这种变化是一种错误减少的变化。论证的矛头则指向对从A到B或从B到A可能的变化的对立解释。[37]

这种论证形式在传记叙述(biographical narrative)中有其根源。我们确信某种观点是优越的，因为我们经历了被理解为减少错误因而也是认识上的进步的变化。我理解了原来使我困惑的愤恨与爱的关系,或我理解了时间所增进的爱的深度,过去我对此非常不敏感。但是,这并不意味着,我们不论证,也不能论证。我们在道德上有成长的确信,可能受到另外一种挑战。终究,它可能是幻觉。那么我们要论证;论证这里是关于我们所经历过的生活的解释之间的争议。

如果超善通过取代物而兴起，那么它们所携带的确信来自我们对它们的变迁所进行的解读,来自对道德成长的某种理解。这总是面对挑战:抨击超善是抑制和压迫的,仅构成这些挑战中最致命的一种。当尼采力图发起对道德的明目张胆的攻击时，他提供了向道德转变的一种解释,即通过对奴隶道德的兴起的解释来抨击道德。“谱系学”是对这种探究的命名。任何人都能认识到,假若果然如此,尼采的谱系学便是毁
73 灭性的。那是因为谱系学进入了实践理性的心脏。只有通过对其起源的特定解读,才能给超善以辩护。

实践理性的坏的模式,扎根于认识论的传统中,不断地把我们引向

---

[37] 恩斯特·图根哈特在他的《自我意识与自主》(Selbsbewusstsein und Selbstbestimmung)(Frankfurt:Suhrkamp,1979),第275页,表达了这种观点。他谈到可能适用于A到B,但反过来不行的“经验方法”(Erfahrungsweg)。我借用了他的有趣分析。

对转变性论证的不相信之中。它力图让我们寻找确定争议问题的“标准”,即某种甚至能在争论的观点之外建立,但却具有决定性的考虑。然而,不可能有这样的考虑。我的视角由我所具有的道德直觉,由道德上推动着我的东西来规定。假如我脱离了这点,我就根本不能理解任何道德论证。你只有改变我对我道德经验的解读,尤其是我对我的生活故事、我经历过的转变——或拒绝转变的解读,才会说服我。

但是,这种坏的、外在模式的力量,依靠另一种情况而得到加强,这就是促成对超善的怀疑的两种主要原因的第二种。这些超善常把本质的关联放在超越人类生活的存在或实在上,如柏拉图放在善的理念上,有神论的观念放在上帝上,而某些浪漫主义派生的观念放在作为伟大源泉的自然上。这些就它们本身而言是有问题的,而按柏拉图式的优先性的概念看,它们似乎具有双重的问题:因为在我们当代的自然科学解释中,这些存在并不起任何作用。如果我们始终如一地相信最佳情形原则,这个事实就不会扰乱我们;但是,困惑从另一个方面而来。它看起来仿佛求助这些实在暗含着某种论证秩序。假如你是柏拉图主义者,你必定说:首先认清世界为善的秩序,然后由这个事实推演出你应当信奉特定的道德反应,把特定的道德直觉内在化。而有神论者必定说:首先认识到存在着上帝;他是善的、造物主,等等;然后你就将理解你应当崇拜他,服从他,等等。在柏拉图式的优先性仍未遭遇挑战的时代,这的确是在这个领域构思论证的常见方式。某些哲学家认为,你可从不管何种道德见解,世界都是易于理解的这些事实中,就能够证实上帝的存在。

但是,承认上帝或至善,并不必然与这种论证序列相关联。而且从我们现代的观点看,科学解释和道德见解的柏拉图式的综合所立足的地方,已无可挽回地被自然科学的兴起所摧毁,它似乎越来越难以置信。但是,什么也不能先验地阻止我们把上帝或至善看作是人类道德世界的最佳论证的本质性的东西。毫无疑义,抛开我们的道德直觉,在这里我们也能够认识到这点。毋宁说,我们对任何超善的认可,以一种复杂的方式与我们受它的推动有关。有必要加上“以复杂的方式”,因为我们绝不会完全依靠我们自己和独自地想到这些事情，尽管某些道德观
74 念或许激励我们这样做。我们可能承认某种事物是善的,尽管我们相对说来并未受其推动,因为至少我们很少想到它,并为与我们的环境相一致而滑动；或因为我们尊敬和敬仰已经建立起来的权威；或许是最好的,因为我们选择特定的形象作为我们的权威,认定它们受某种可靠而伟大的东西所推动，即使我们并没有完全理解这种东西或自己感受到它。但是,通过所有这些复杂的调节之链,理解善和受其推动之间的关联不会被打破。我们的权威,或我们的传统的创立者,他们给予这些善以力量和在我们生活中以地位,他们深深地感受到它们。

在这个领域中,理解和感受之间的内在的关联,当然也已为还原主义者所利用。它容易进入标准的主观主义模式:善的重要性只在于它对我们的推动。但是,对我们的道德现象的最突出的特征来说,这种模式是虚假的。我们在被某种较高的善所推动的经验中感到,我们因为其善而受推动,而不是因为由于我们的反应,它才有价值。看到它的关键点在于具有无限的价值,我们就受其推动。我们把对它的爱体验为有充分根据的爱。不能以这种方式推动我的,都不能被当成超善。当然,我可能是错误的。整个事情可能只是某种非常普通的欲望的投射,它把这种表面上崇高的地位给予某种客体,以优异的光环缠绕着它。的确,我可能是错的。但是,我也可能是对的。确定对错的惟一方法是,提出并面对这种或那种特定的批评。有没有出于我的现存信念的、指向错误减少的转变?例如,我认识到原来未公开说出的关于有损信誉的那类恐惧和欲望赋予这种善以光泽,当它们被分解出以后就丧失很多荣光了吗?成功地抵御着所有这类批评的是我的(暂时地)最佳论述。我不能继续设想更好的了。或者我的批判者也就此而言。最佳情形原则也可以这么说。

运用这种原则,我可能要信仰上帝,即一个绝对超越于我的道德经验和理解力的存在，但这个事实并不意味着我的这个信仰的理性信心

是建立在无视这种道德经验的那些考虑之上的。它并非如此，而且随着柏拉图式的综合的消亡，它也不可能再是如此。

实践理性的境遇类似于最初步的语境，我在其中获取事实的知识，即知觉的知识。我对我懂得自己知觉环境的信心，很大部分是建立在完全不能言喻的意思上，即我喜欢对事物确定的知觉领悟，这个意思构造着我全部特殊的知觉。当我们遇到某种令人惊诧、不安，或外观上看错误的事情时，典型的回应是停下来，摇头，集中精力，使我们自己能清楚地看，以及再看一遍。所有这些策略，我们常在没有聚焦地注意到它们 75
的情况下实施，都利用有关获得正确的知觉领悟的隐含技能。当我们随后再看时，我们对第二次知觉给予更大的信任，不是因为我们发现了这些策略作为习惯起作用，准确地说是因为我们知道对这个境遇我们现在有了更好的认识。我们对变化是改进性的领悟，是奠定我们现存信心基础的东西。

我们应当完全与这种背景性的收益预期相脱离，这种观念就如在道德领域内相应地要求我们走出道德直觉一样，是不合理的。这将意味着对照其他什么东西来检查这种信心的可信赖性。但是，这种别的事情将完全是在可知觉范围之外的，这就给我们一个不可能完成的任务。古典认识论总是有进入这个死胡同，因而陷入怀疑论的绝望之中的危险。当然，在这种或另一种情况下一样，我们对特定情形的信心可能是错误设置的。但是，我们只能通过从一种**估量**转移到另一种更充分的**估量**，才会发现这点。在我被绊倒之后，我对自己认识路的轻率的、未加思考的自信，就让位于小心翼翼地掌握周围环境。我关于在此只存在一种存亡攸关的道德问题的自负信心，当我成熟时就让位于对其他要求合理性的正确评价。我把这些转变视为收益，因此我对后来的观点的接受要胜过前边的。但是，在任何情况下，我都不能提议：这可能全是错觉，我应当通过完全摆脱对直觉或估量的任何依赖，来使我自己对抗这种可能性。这种要求，就其本性而言，是不可能的。最可信的道德观点，并非那种基础完全不在我们的直觉之上的观点，而是那种建立在我们最强劲的直觉之上的观点，在那儿这些直觉成功地回答了建议脱离它们的挑战。

第三节

我们现在可以更好地看清，我花一定时间为问题提出的答案的要点，我们的性质区分在我们的道德思考中起什么作用？我说过(第三章第一节)，它们所起的一种作用是提供理由，但这点必须以与通常不同的方式来理解。只要实践理性错误的、外在的模式占支配地位，给予一个理由，提供某种稍微外在化的考虑，就不会固定在我们的道德直觉中；这些直觉能够以某种方式证明特定的道德实践和忠诚是正确的。这种意义上的外在考虑，是一种能够说服那种根本不为善的特定视野所动的
76 人，本来他应当接受它，或至少根据它的规定而行动。自然主义的人类生活图景可能提供的出功利主义或某种"物质"福利的伦理学；或者支持像从有关道德语言的逻辑的考虑引申出的黑尔的规范论，都属于此类理由。[38]但是，一旦人以这样的，即以与有神论的观点相关联的方式来思考，那么他就走向了一个完全错误的境遇图景。这种图景，正如我在前边所论证的，与较早的时代相关，但与我们的时代毫无关系。比方说，信仰上帝不是在这种意义上提供理由，而是作为这样一种表达，即就人的最佳情况下的道德世界的形式而言，什么是最关键的。它提供的理由，更像我为了使我的生活对你有意义而安排我的最基本的关注时所提供的理由。而且从这点我们立刻就能明白，为什么对超善的知觉，在给予理由的同时，也有助于界定我的认同。

我们的性质差别，并不在道德哲学文献中经常使用的另一种意义

---

[38] 见黑尔：《自由和理性》(Freedom and Reason)。

上提供理由。在这个意义上，当我们证明受责成的行动有给它授予这种力量的关键性质时，我们就给了特定的道德原则和禁令以理由。我说道："你应当做A"，而当你问为什么时，我进一步说："因为A=B"，在这里"B"被认为提供着我们在道德上所承诺的行为形式的描述。所以，"B"的典型填充词将会是"服从法律"，或"使最大多数的人得到最大幸福"，或"保全你的完整性"。我们说B给予理由，因为我们认为，由A描述所选择的行为，其受责成只是因为它也承担着B描述。如果这种认同不成立，A将不会再是道德责任。这样，一个功利者将论证道：一般说来我应当付税，因为这会导致普遍的幸福。但是，在特殊环境下，在公共税收被严重滥用的地方，这个认同就不成立，而且我不必付税。A=B是责任授予的认同。就其本性来说，它的作用是不对称的。B使A成为责任人，而不是相反。在这种情况下，我们可以称B为"基本"理由。

这种论证形式，在伦理学中是很常见的。我们经常问什么使一个既定的行为正确，人们用基本的理由回答我们。但是，我们的道德目标或责任怎样系统地与少数的基本理由相联系，这是道德哲学的大问题。在现代道德哲学中，有一种激动人心的系统化的倾向。功利主义和康德主义，都围绕一种基本的理由组织所有的事物。正如在这些情况下经常发生的，这些理论的倡导者们认可这样的概念，道德推理的本性就在于我们应当能够围绕单一的基础把我们的道德观念统一起来。追随J.S.穆勒，约翰·罗尔斯抵制他所描述的"直觉主义"观点，这种观点严格说来是承认这类基本的标准为多元的。[39]但是，为了理解这点离道德推理的本质方面有多远，只要我们考察一下亚里士多德的伦理理论就行了。亚里士多德认为我们在追求一系列的善，而我们的行为展示一系列不同的德

---

[39] 约翰·罗尔斯：《正义论》(A Theory of Justice)(Oxford: Oxford University Press, 1972)，第1章，第7节；在《功利主义》第1章中，穆勒为了某种类似性用了同样的表述。当然，罗尔斯在这里不是讨论全部道德，而只是讨论正义。

77 性。我们可以讲单一的"完整的善"(teleion agathon),因为我们的前提是这样的,我们所追求的那些无联系的善只能在单一的生命中,以其适当的比例,连贯地结合起来。但是,作为整体的善良生活并不固守作为基本理由的部分的善。不存在任何它们作为善的重要地位的不对称的授予。善良生活应当特别包括某种沉思,政治上的某种参与,丰衣足食和家庭。这些应当以它们适当的比例来表现。但是,我们不能报告说,沉思是善的,因为它表现在善良生活中。毋宁说,这种生活是善的,因为就组成而言,它包括沉思。这种趋向统一的动力,远不是道德的本质方面,而是现代道德哲学的特殊内容。下边,我将试图对这点,连同其他的方面,提出某种说明。[40]

与我这里的论证相关的是,对善的视野的表达并不提供基本的理由。说我应当不去操纵你的情绪或威胁你是一回事,因为那是尊重你的作为人的权利所要求的。仅仅声称什么使人值得我们必须尊重,以及描述与认识到这点有关的高级的生活和情感方式,则是非常不同的另外一回事。确实,澄清第二个问题,与我们在第一个命题中所使用的基本理由的定义密切相关。我们关于什么使人值得尊重的概念,构成了我们所承认的实际的权利项目单,而后者的演变伴随了前者几个世纪的变化。但是,它们不过是本能的活动。它们在极其不同的意义上提供理由。

作为善的定义,我们的性质差别不如说在这样的意义上提供理由,即表达它们就是表达奠定我们的伦理选择、倾向、直觉基础的东西。它只是表明,当我明白A是正确的,或X是错误的,或Y是有价值的和值得维护的等诸如此类的时候,我模模糊糊所领悟的东西。它是表达我们行为的道德含义。那就是为什么它与提供外在的理由是如此不同。如果让我讲给你听,我只能用我对善的描述说服你,既靠对奠定你现行道德直

---

[40] 在《善的多样性》("The Diversity of Goods")中,我曾驳斥这种倾向,载于泰勒的《哲学和人类科学》(Philosophy and the Human Sciences)。

觉基础的东西的表达,或许也用我的描述促使你自己达到这点。那也就是为什么它不能被看作给予一个基本的理由。相对最基本行为描述,我们仍旧能够努力澄清什么才是重要的,有价值的,或什么应得到我们的忠诚,就如同前边尊重人的权利的例子。这不是要进入更基本的层次,因为不存在对称性。但是,我们能够看到,对善的表达如何可能有助于关于什么是基本的进一步的定义。

所以,我们能够看清性质区分在我们伦理生活中的地位。先于表达 78
地,它们对什么是重要的、有价值的或值得做;什么出现在不同的场合我们应当如何行动、感受、回应的特殊的直觉中;我们根据什么慎思伦理问题这些事情有定向作用。表达这些差别,就是表明那些行为和感觉的道德含义,这些行为与感觉是我们的直觉责成于我们的,引导我们的,或表现为值得赞赏的。就如在较特殊的高级的善的领域,这些善宣称了无与伦比的重大的重要性或迫切性,在贯穿我们毕生追求的较广的善的领域,性质差别也具有这种地位。

在某种程度上,说刚才我所说的内容,或许似乎是完全不必要的,那不是老生常谈吗?但是,事实上,自开始以来整个这项研究一直在奋力指出这点。最初我把我描述的"框架",看成是为我们的道德反应提供背景假设,后来当成提供在其中这些反应获得意义的语境。随之,我继续论证,生活于这些框架中并非是可以任意选择的附加物,某种即使没有我们也许生活得同样好的东西,相反它们提供了对我们的认同来说是本质的方向。似乎使谈论所有这些成为必需的,起因于严重地渗透于我们的哲学思想中的自然主义倾向所引起的抵抗,这种渗透不仅存在于学院中,而且在很大程度上影响到我们的社会。呈现于当代社会学中的思维模式,力图让我们在所有产生意义的语境之外思考我们的道德反应,就像类似恶心的内脏反应一样。[41]在更加精致的层次上,我们得到

---

[41] 见E.O.威尔逊:《论人类本性》(On Human Nature),第6、38页。

投射到中性世界上的价值图景，这是某种尽管无意识但我们却正常地生活于其中的，而且或许可以放弃的东西。为了从这种迷惑中挽救我们对这些差别的关键的重要性的意识，必须详尽地描述这个问题。

到目前为止，我一直谈论这种迷惑的自然主义根源。但是，事实上，它更强劲和更坚固地扎根于现代文化中。而为了明白这点，我们不只是必须考察对现代社会科学和道德理论具有影响的关于价值的各种还原论，而且要考察这种现代道德理论本身的特定核心内容。

这种哲学中的大部分内容极力要完全脱离这些差别，在道德生活中不给无与伦比的高级的善或超善留有地位。功利主义是最引人注目的例子。一种善，即幸福，得到了认可。但是，这是以对任何性质区分的雄辩拒绝为特点的。没有什么较高或较低；所有那些都属于陈旧的、形而上学的观点。这里只有欲望，剩下的惟一标准是欲望的最大程度的满足。批评家不得不注意，很少有功利主义者曾逃脱性质差别，他们事实
79 上给予合理性及其必然结果的善行以较高动机的地位，即博取赞赏。但是，无疑这是在根本没有这种特征的情况下表达理论目标。

是什么激发着这种奇怪的盲目性？部分地，是自然主义的倾向，正如我在前边所描述的。当然，认识论的假定也与这种倾向相得益彰。正如在前一节我所讨论的，它们都倾向于认可自然科学作为包括人类事务在内的所有知识形式的典范的地位。因此，作为“高级的”善的这类事物，必定显示为非常奇特的实际存在。无论在何处它们都能适合宇宙的结构，就如，比方说，物理学所揭示的？[42]

但是，自然主义对道德思想也产生着更加微妙和普遍的影响，它影响到我们对伦理学理论的完整形式的思考。在第一章的开头，我提到当代哲学的趋势是给道德以非常狭窄的关注。道德只被单纯设想为行为的向导。人们认为，它与其说关心怎么样是善的，不如说只关心怎样做

㊷ 见迈凯：《伦理学》(Ethics)。

是正确的。相对说来,道德理论的任务与其说被当作规定着善良生活的本性,不如说规定着责任的内容。换言之,道德关心我们**应当做**什么;这既把怎样做是善的,即使我们不受**约束**(这就是为什么职责以外的工作,对某些当代道德哲学来说,是属于这类的问题),[43]也把那可能**存在或喜爱**的善(甚或责任性的),当作与伦理学无关的东西加以排除了。根据这个概念,在两种日常传统的意义上:或者善良生活,或者作为我们爱或忠诚的对象的善,都没有给善的概念留有空间。(我想在下一章中谈论这后一种意义。)

如此理解的道德哲学是责任行为的哲学。道德哲学的核心任务,是论述什么产生着支配我们的责任。一个满意的道德理论,一般说来,被认为是规定着某些将允许我们获得我们有责任做的所有事情的标准或程序。所以,这些领域中的主要竞争者是功利主义,以及康德理论的不同变种,它们是关注行为的,并提供这方面精确的回答。我应该做什么?好了,计算出什么会使最大多数的人获得最大的幸福。或者,计算出当我把他人的时效权利当成我自己的来对待时,我会怎样选择。[44]或想一想,假如所有的人能够在理想的不受约束的交往条件下一起深思熟虑,他们将同意什么样的规范呢?[45]

我们可以理解,这样设想的道德理论如何没有为性质差别留有更多空间。这是要提供我在前边所称的基本理由的事情。对此而言,我们的性质差别是毫无用处的;它们在极为不同的意义上给予我们理由。如果我们的目标是弄清善良生活的轮廓,表达它们将是必不可少的,但是在这种理论中此目标被认为是无关的。我们所需要的全是行为描述,再 80
加上挑选责任行为的标准。

---

[43] 威廉斯:《伦理学与哲学的界限》(Ethics and the Limits of Philosophy),第10章。

[44] 黑尔:《道德思维》(Moral Thinking),第1部分第9章,第16—17页。

[45] 哈贝马斯:《道德意识》(Moralbewusstsein) 第76、103页。

但是,并不只是,对这种道德理论为它自己设立的特殊目的来说,差别是毫无用处的。在持这种思想的哲学家中间,有完全否认它们有相关性的倾向,甚至于在某些情况下,否认它们的理智连贯性或现实性,正如我们看到的,把它们还原为投射的情形。这种排除从何而来呢?

就像现在我想探讨的,动机是复杂的。自然主义只是它们中的一种,但它确实起了它的作用。表达我们的性质差别就是陈述我们道德行为的意旨。它以较全面和较丰富的方式说明这种行为对我们的意义,只是作为责任或禁令,其善或恶在于何处。例如,就像孩子有时所做的,有可能知道某些行为是不准许的,但并不理解它错在何处。后来,人们可能知道,它是某种不光彩的事,或许是卑鄙的,这与其他被禁止的事情是有区别的;排除后者的原因在于它们是危险的,或我们现在还不能实现它们。我们的许多德性术语,属于这些我称之为性质区别的更丰富的语言。在儿童或局外人能够理解究竟什么是错误之前,人们可能告诉他们什么不能做,可能给予一种他们能够理解的应当避免什么的描述。在我们能够领会有关人类生命的神圣不可侵犯性的表达,或尊敬老人意味着什么之前,我们可能足以领会圣训,"你不要杀人",或能够服从命令,"不要那样谈论祖辈!"这两个阶段不能完全严格地分开,因为在背景之外第二阶段的表达,我们一般不能恰当地投射到新情况上:例如,理解禁止杀人的戒令有什么例外 (如果我们接受在某些情况下允许的观点),或领悟什么样的他人值得尊重。这是我在第三章第一节中阐述的论点。但是,对就以外在行为的术语来看如何做而言,这有时至少能够给人们一个初步的近似的善的指导。例如,你告诉新来者:"必须记住,当你遇到带红头巾的人时,要鞠三次躬"。

从外在的行为描述转向性质差别的语言,就是转向"深层描述"的语言,在克利福德·格尔茨使之广为人知的这个术语的意义上[46],也就是说,是非常丰富的和在文化上密切联系的语言,因为它表达着在特定文化之中行为或情感所具有的重大意义和要点。

但是,那却正是自然主义极力要避免的。就如我正运用的术语,[47]自然主义的一种规定性特点就是这样一种信念,即我们应当根据与超出人类本性的科学相衔接的术语来理解人。正像这些科学最终因背离人类中心论的语言而取得进展,依靠排除承担事物对我们的意义的描述,支持"绝对的"描述,这样人类事务应当最大可能地按外在的、不受文化 81
约束的术语来描述。有自然主义倾向的思想家,在考虑伦理学时,天然地倾向于根据行为来思考。这种倾向有助于确立责任性行为的道德理论在我们的理智文化中的支配地位。

但是,这当然不是问题的全部。正如我在前边所提出的,支配地位是过分决定了的,而且也存在这种排除的道德动机。在前一节讨论超善时,我提到一种。对日常生活的现代肯定的各种分支,造成了对代表"高级"生活方式的主张的怀疑,这些主张有悖于人类参与的"日常"目标和活动。对高级方式的拒绝,作为对人类生活真实价值的发现,可以表现为解放。当然与这种解放运动本身相联系的道德价值,设定了另外一种强势之善的语境。但是,由于对支撑他们自身道德态度的假设的难以理解的无知,功利主义者和现代自然主义者一般说来只能关注对较陈旧的特征的否定,并把自己看作是从这种特征中完全解放了出来。

---

[46] 克利福德·格尔茨:《文化的解释》(The Interpretations of Cultures)(New York: Basic Books, 1973),第1章。格尔茨认识到吉尔伯特·赖尔在其《心的概念》(Concept of Mind)(London: Hutchinson, 1949)中较早地创造了这个术语,但正是格尔茨对它的启发性使用,使这个术语得到共鸣。

[47] 当然,这个术语能有一些其他同样合理的使用,其中有些所指示的学说,我是由衷赞同的;正如有些反自然主义的观点也值得反对一样。但是,就这种有关科学和人类本性的特定观点,我需要某种简便的术语。

也有一个密切相关的方式，据此可以把对性质差别的拒绝看成是解放。假如我们稍许更进一步地探讨道德现象,我们就能理解这一点。在第二章第二节我提到，我们不能不渴望正确地确立与我们所认识的善的关系。但是,严格说来,这种渴望可能是更多痛苦,或换言之更多自欺,以及沾沾自喜的自满的根源。那就是说,我能够感到把善融入我生活之中的要求是决定性的;它是这样一种要求,我感到完全不能生存,对此我时常是难以合乎标准的,并势不可挡地导致我自身的贬值。除了不舒适之外,这也可能是无限的约束,甚至是摧毁性的。解除我对这种善的忠诚,因而可能体验为解放,而这就是在我们时代的许多有关人类潜能运动的文献中经常出现的东西。[48]尤其是,因为反复灌输罪感而给人加上不堪承受的负担;或者,按当代语言来说,因为“把犯罪的过失”加在其信徒身上,自启蒙运动以来,基督教就遭到这类抨击。摆脱人们不能真正赞成的善,当然在任何人的语言中都是解放。问题是,逃避是否是对不健康的犯罪的惟一回答。但是,我们随时可以看到,以一种混乱的方式，这类解放的可能性如何似乎能以认可对这样的性质差别的排斥。(尽管必须说,在当今有关人类潜能的通俗作品中,一般说来并不这样;围绕作为实现和自我表现的这类的善,人们通常倡导他们自己的决定性的差别。)

82 当然,也有另一个可能,我对更好地确立善的渴望,可能使我成为幻觉的牺牲品,也可能使我信奉一种据此我颇为成功的标准,但对这个标准我最终却不能真正为之辩护，还可能使我看不到我实际上如何拙劣。在把自己与他人相对照时,幻觉时常加强特定的沾沾自喜。我自己独处的能力有多少来自对诸如此类的安慰的重复：至少我不像那些人(流浪汉、弱者、恶棍、市侩、右派分子、左派分子,等等)?对这点的全面反

---

[48] 见盖尔·希:《过渡:成年人生活的可预见的危机》(Passages: Predictable Crises of Adult Life)(New York:Bantam Books,1976)。

思可以强化这种感受,即脱离所有这些善的概念,因某种原因是解放。

所以,形而上学的、认识论的和道德的考虑,在这里走到了一起。但是,我们还没有详尽无遗地论述道德考虑。正如对日常生活的肯定,也有关于自由的现代概念。关于善的古代概念,无论是以作为宇宙秩序关键的柏拉图的模式,还是以亚里士多德善良生活的形式,都为我们在本性上确立了一个独立于我们的意志的标准。十七世纪形成的现代自由概念,把这点描绘为主体的独立性,在没有外在权威干涉的情况下,决定他自己的目的。结果,第二种被认为是与第一种不相容的。冲突最初是以神学的术语来构想的。中世纪晚期的唯名论,为上帝的统治权辩护,认为它与那种自身规定善和恶的自然秩序是不相容的。如果把这种秩序与上帝联系起来,那就违犯了他决定什么为善的统治权利。[49]这种思想路线,甚至直到机械论兴起为止都在起作用。根据机械论的观点,理想的宇宙是没有内在目的的、机械的宇宙。[50]但是,在现时代中,某些类似的性质开始转移到人身上。规范的秩序必定源于意志。这在十七世纪通过契约建立合法性的政治理论中是最为明显的。与早期契约论相对立,我们在格劳秀斯和洛克那里发现的契约论是从个人出发的。在我们应忠诚于它的政治秩序中存在,根据这种观点,就假定了人们对它的同意。正如经典理论所假设的,合法的服从不可能仅仅源自本性。道德哲学中这个思想路线的最激进的发展,等到康德那儿才出现。

但是,在此期间,新的自由概念已经在功利主义思想及其原始学说的形成中发挥某种作用了,这种概念部分地起源于上帝特权向人类中心论的转移。霍布斯的政治原子主义,明显与他的唯名论以及他关于善

㊾ 见弗兰西斯·奥克利:《基督教神学和牛顿科学》("Christian Theology and the Newtonian Science"),《教会史》(Church History), 30(1961),第433—457页。

㊿ 见罗伯特·勒诺波尔:《梅森和机械论的起源》 (Mersenne et la naissance du mecanisme)(Paris:J.Vrin,1943)。

由每个人的欲望所决定的观点相联系，[51]很明显，这两个学说都从中世纪晚期神学决定论的辩护中获得很多东西。政治权利由法令确立。[52]而在成熟的功利主义中，对现代自由的强调形成于对家长式统治的排斥。每个人是他自己幸福的最佳判断者。对我们的善建立在某种自然秩序
83 上的观念的排斥，被功利主义者看作为对家长式统治的否定。它不仅在认识论—形而上学的基础上得到证明，它不仅作为对日常生活的价值的肯定是适当的，而且它也被看成是确立决定他或她自己的生活目标和自己的幸福定义的个体自由。

这一大批强有力的动机会集在一起，无论多么错误，造成了对性质差别的怀疑，使它们显得在理智上是可疑的，在道德上是不幸的，并建立了试图在根本没有性质差别的情况下进行道德思考的模式。从此开始，某些功利主义的困惑和空话就出现了，比如理解什么是道德动机的困难，就在于它求助于，作为动机论的享乐主义和功利主义的实践看起来设定的善行之间的关系，如此等等。但是，这些动机力量之大，足以超过这些未解决的困境的理智不安；在某些地方，功利主义感到，一定有答案，而且与此同时他们投入到他们理性算计的同质世界中。(当然，从后者而来的权力和控制感，是接受这种理论的另一种强有力的动机。)

但是，功利主义并非是对现代思想的这种风气负责的惟一哲学。事实上，康德复活了一个至关重要的差别特征，即在根据责任所做的行为和根据爱好所做的行为之间的区分。这点是建立在动机差别上：追求幸福的欲望对立于对追求道德律的尊重。康德小心翼翼地把这种态度与功利主义思想对立起来，他以尖刻的语言谈到所谓"Gluckseligkeitslehre"

---

[51] "人所欲求的对象，也就是他因此而称之为善的东西"；《利维坦》(Leviathan)，M.奥克肖特编(Oxford：Blackwell，n.d.)，第6章，第32页。

[52] "用于把这个政治组织的各部分最初设立、联合和统一起来的公约和契约，也就是上帝在创世时所宣布的命令，或者说让我们造人"；《利维坦》，导言，第5页。

(幸福观)。追随卢梭,他放弃了功利主义关于我们同质动机的概念。他回到了奥古斯丁有关意志有极为不同的性质的洞察上;最终具有道德重要性的东西,只是人的意志的性质问题。[53]

然而,康德还是分享着对作为自我决定的自由的现代强调。他坚持把道德律看作源于我们意志的东西。我们对它的敬畏,反映着理性主体、它的作者以及它所表达的他们的存在的地位。在宇宙中,理性主体具有其他任何东西未享有的地位。他们高耸于其他创造物之上。其他所有的东西,或许都是有价的,但只有他们具有"尊严"(Würde)。[54]所以,康德强烈地坚持,我们的道德责任与自然秩序毫无关系。他强烈地把所有那些在宇宙秩序或人类本性中挑选高低之别的性质差别,当作不相干的加以排斥。把这些当作人们道德观点的核心,就是陷入他律之中。 84

因此,对康德的追随者来说,很容易把这种对存在秩序中的性质差别的排斥当成对所有差别的排斥,而忘记了康德的关于理性主体尊严的学说,或使之相形见绌。这就容易把对现代自由的肯定与自然主义的启蒙运动使之流行起来的对这类特征的排斥联系起来;而这点得到了所有认识论的和形而上学的怀疑的帮助和支持,这些怀疑早已牢固地确立在我们的现代视野中。

康德的和自然主义的概念的这种混合,产生出在当代道德哲学中大都非常熟悉的关于人类主体的图景。艾丽斯·默多克以值得纪念的描述把握了它:"我们可认识的,如此熟悉的,是在根基上(Grundlegung)非常漂亮地描绘的人,他甚至面对基督也转而考虑他自身良心的判断,倾听他自身理性的声音。剥去康德准备为他保留的细微的形而上学背景,

---

[53] "除了善良意志之外,世间——实际上甚至世界之外——没有任何东西,能够在没有限定条件的情况下被设想为善"。这是康德的《道德形而上学基础》(Foundations of the Metaphysics of Morals)开宗明义的句子。

[54] 同上书,第435页。

这种人仍然与我们在一起，是如此之多的小说和道德哲学著作中自由、独立、孤独、强有力、理性、负责任、勇敢的主人公”。[55]

在我们当代人中间，没有人能否认这种理想的力量，也没有人满意于前边所提到的混乱，这种混乱已在很大程度上强化了责任行为的现代道德哲学；这些哲学我在前边曾描述过，它们倾向于在不完全否定这些性质差别的地位的同时，使它们退到次要位置。在善的视野被完全忽略的同时，关注点放到了指导行为的原则、戒令或标准上。道德只狭义地关心我们应当做什么，却不关心什么东西本身就是有价值的，或我们应该欣赏或热爱什么。当代哲学家，甚至当他们承袭康德而不是边沁时(比如，罗尔斯)，都共有着这种关注。道德哲学应该关心对我们行为原则的确立本身。或者，在它以严格的“元伦理学的”角色看待本身的地方，它应当通过语言关心自身，我们正是用语言过于哲学地确定我们的行为原则。它的出发点应当是我们关于什么行为是正确的直觉(罗尔斯)，或以规范的，即行为指南的术语，来构思的某种有关道德是什么的一般理论(黑尔)。道德思想应当关注我们性质上更高者的不同视野，关注强势之善本身，这样的观念甚至不再讨论。关于它们在我们道德生活中的地位的意识，遭受如此之深的压制，以至于这种思想对我们许多当代人来说似乎再也不存在了。

在这种压制中，形形色色的功利主义者和自然主义者，再加上康德主义者，他们的自由概念和他们对强势之善的认识论的怀疑，结合在一起了。在其中，另一种动机也在起作用。启蒙道德的一个扎根于基督教
85 之中的核心特点，就是强调实际的善行。这是培根的关键主题，在他那儿仍是以基督教的术语表达的，他把它传给了他的更世俗的精神后裔。我们的科学努力不应单纯用来形成我们沉思的对象，而应用来“改善人

---

[55] 艾丽斯·默多克：《善的权威》(The Sovereignty of Good)(London：Routledge，1970)，第80页。

类的条件”。[56]实际的博爱呼唤着我们。启蒙运动以强化的形式运用这点,而它已成为现代西方文化的核心信念之一:我们都应为改进人类的条件、减少苦难、克服贫困、增进繁荣、扩大人类的福利而工作。我们应当努力使世界变成为空前繁荣的地方。

对于大多排他性地关注行为的当代道德理论来说，这似乎能提供独立的证明。这种关注能够表现为道德诚挚、善行决心的象征。关注什么是有价值的、人们应当热爱或欣赏什么的那些人,对他们自身灵魂的状态感到忧虑。他们专注于自己的事情,倾向于自我陶醉,不承诺利他主义的行为、人类命运的改进或保护正义。功利主义者经常不知不觉地陷入为他们的道德理论进行辩护的道德论证之中。[57]

我们可以开始意识到,责任性行为理论的这种模糊性,是如何严重地受许多因素决定的。不仅自然主义的认识论和形而上学的偏好在这里起作用,而且还有强劲的道德动机在起作用。我已经谈了三种:为日常生活和欲望辩护,抵抗(恐怕是似是而非的)“高级的”善的要求,现代的自由概念,以及关于善行和利他主义要求的一种解读。但是,对全面普遍伦理学的追求,可能也起着作用。我们用性质差别表达的善,经常是特定文化群体的善,并嵌在他们的生活方式之中。假如目的是避免所有狭隘的地域原则，那么人们就有另一个理由把这些性质差别降到次要位置上。毫无疑义,在哈贝马斯的见解中,这是一个重要的因素。[58]随

---

[56] F.培根:《新工具》(Novum Organum),I.73;译自《培根著作选》(Francis Bacon: A Selection of His Works),西德尼·沃拉福特编(Toronto:Macmillan,1965)。

[57] 这样,边沁在《论道德和立法的原则》(On the Principles of Morals and Legislation)的第2章第5—6段中,给予他的对手以高贵的基础,认为采取“禁欲主义原则”来自傲慢和“恐惧”的动机,是“迷信与幻想的产物”。

[58] 哈贝马斯:《道德意识》(Moralbewusstsein) 第113—114、117—119页。

之是威廉斯，在他的书的结尾处的深入讨论中，[59]他论证说，在大多现代道德哲学中对责任的排他性关注，在与(正如我要称的)纯洁性的超善的联系中，具有它自身的特殊动机。

这些动机的各种各样的结合，往往把康德主义者和功利主义者一起带到了责任性行为的理论，而且相对说来，使他们都分享程序性的伦理学概念。我用“程序性”这个词在这里与“实质性”相对照。把它们从理性概念描述的运用中引申出来，这些术语可以应用到伦理学理论的形
86 式上。我称理性概念为实质性的，我们以实质性的术语来判断主体或他们思想和情感的合理性。这意味着合理性的标准是使其正确的那种。柏拉图就拥有这类概念。在他的书中，你不可能是完全理性的，比如相信德谟克利特关于自然世界的论述是正确的，或最好的生活是你实现了大部分肉体欲望的生活。相反，程序性的理性概念打破了这种关联。主体或他的思想的合理性，是由他怎样思考，而不是由第一种情况下结果是否在实质上正确来判断。适当的思考是程序上规定了的。以其清楚明白的思维模式，笛卡尔提供了这种例子的典范。我们自信这会给予我们实质性的真理，但只有通过论证证明了真实的上帝的存在之后，我们最终才能达到这点。正确的思维并非是由实质性的真理所规定的，因为规定它是提出它的结果是否有真值问题的准备。

实践理性被古代人实质性地加以理解。有理性就是有正确的眼光，或在亚里士多德的phronesis(审慎)例子中，有准确的道德鉴别能力。但是，一旦我们把善的感觉或眼光降到次要的位置，认为它与道德思考无关，那么我们的实践理性概念就必定是程序性的。实践理性的优点，根据思维的特定风格、方法或程序来规定。对功利主义者来说，合理性是最大化的计算。Zweckrationalität(目的理性)是关键的形式。对康德主义者

[59] 威廉斯：《伦理学与哲学的界限》(Ethics and the Limits of Philosophy)，第10章。这一章题为“道德，特殊的惯例”，它足以指明威廉斯渴望纯正的态度。

来说，实践理性的规定程序是普遍化的程序。

除了现代认识论加在它们之上的共同重量外，清楚的是，双方对程序性的强调与他们对现代自由的忠诚是联系在一起的。使实践理性成为实质性的，就暗含实践智慧是对一种秩序的考查问题，而这种秩序从某种意义上说是自然之内的。这种秩序决定着我们应当做什么。如果把这点反过来，给主体本身的欲望或他的意志以首要的地位，而同时仍要承认实践理性的价值，那你就必须以程序性的术语重新规定它。假如所做的正确的事情，仍旧被理解为在理性上可证明为正当的事情，那么证明正当就必定是程序性的。它不能用特殊的结果，而只能用结果据以产生的方法加以规定。

在现代世界中，现代自由观念是从实质性向程序性证明的巨大转变的最强劲的动力。我们会看到，社会契约论因同样的原因而兴起。代替用政体的种类或某种良好社会的概念来规定实质上的合法性的，我们用其创立的程序来规定它。格劳秀斯认为，不管其形式是什么样的，只要它是通过同意而产生的，就完全是正当的。如果我们从这种理论的最早的形式跳到其最近的形式，即哈贝马斯的商谈伦理学概念，就是部分地建立在同样的考虑之上的。只有所有人都能自愿接受的规范才是正当的，这种观念是程序观念的一种新颖而有趣的变种。它从康德那儿继承了某些东西，但它提供了一种“对话的”程序来代替康德的程序，后 87
者认为每个主体只能贯彻他或她自己的程序。但是，这种变化看起来前进了一步，恰恰是因为它与对多种多样的人的自由的自我决定的承认有关。在某种方式上说，它把康德的普遍性和边沁拒绝为他人决定何为对错结合起来了。[60]

我们就这样概略地描绘了当代道德哲学的广泛趋势。因认识论和道德原因而排除性质差别是如此有影响力，实际上，它几乎压制了对这些差别在我们生活中的地位的所有意识，它提出的道德思维观只把焦

---

[60] 见哈贝马斯：《道德意识》(Moralbewusstsein) 第3章，以及同一作者，《交往行动理论》(Theorie des kommunikativen Handelns)(Frankurt：Suhrkamp，1981)，第1卷，第3章。当代思想的一种有影响的倾向，已把这种程序主义的提议运用到政治理论，作为与伦理学的区别，试图形成社会正义或公正的规范，而规范支配着政治权威的强制行为。这样，明显认识到某种善良生活(或至少是值得过的一种生活)的概念是道德选择的关键的罗纳德·德沃金，为了他理解为把公民平等对待的(规定的自由)原则的真实性，力图把任何有关善良生活的考虑从政治评议中排除出去（《自由主义》(“Liberalism”)，载《公德和私德》(Public and Private Morality)，斯图亚特·汉普舍尔编(Cambridge：Cambridge University Press，1978)；还有德沃金：《自由主义不是什么》(“What Liberalism Isn't”)，载《纽约书评》(New York Review of Books)，1983年1月20日，第47—50页。罗尔斯颇受赞扬的理论也关心社会正义。而在这个领域有关我们的某些目标为了政治慎思的目的而中性化的观点，已为T.M.斯坎龙[《契约论和功利主义》(“Contractualism and Utilitarianism”)，载《功利主义和超越》(“Utilitarianism and Beyond”)，A.森和B.威廉斯编(Cambridge：Cambridge University Press，1982)]和托马斯·纳格尔[《道德冲突和政治合法性》(“Moral Conflict and Political Legitimacy”)，《哲学和公共事务》(Philosophy and Public Affairs 16，1987)]所提出。

这个问题显然与我在这一节正讨论的问题是有区别的，尽管这些政治学说显然受到道德程序观的影响；而且自霍布斯和格劳秀斯以来，二者一起得到发展。但是，当面对政治原则时，这很可能强烈地有利于基于善的概念之上的道德，而不是倾向于某种程序化的公式。就这点，严格说来就特定的实质性善，例如，自由和尊重所有成员的尊严来说，有许多话要说。程序化的规范的确是自由民主的重要武器之一。在卢梭本人的常被认为是“极权主义民主”的先驱（J.L. 塔尔蒙：《极权主义民主的起源》(The Origins of Totalitarian Democracy，London：Gollancz，1952)著作中程序化要求——普遍的评议，所有人的参与——为抵御信赖他的思想的危险的人类集团一致论或“雅各宾主义”，提供了最坚强的堡垒。假若最终我无法完全同意某种这类程序观点作为自由民主原则的充分定义，这不是因为我没看到它的力量。实际上，政治问题十分不同于道德理论的性质问题。

点放在确定行为原则上。就它赞成实践理性在确定这些原则方面有重要作用而言，它认为正确的行为应当永远在某种强意义上被理性地证明为正当,它采纳理性的程序概念。它的核心问题之一是,我们必须如何理解实践理性,我们应怎样理性地决定我们应当做什么。

但是,这种压制给理论留下令人困惑的裂隙。对于所有围绕我们应当以这种还是那种方式来行动的信念的背景性理解——涉及强势之善的理解,它没有任何办法加以把握。尤其是,它也不能把握特定的背景意义,这对我们的道德生活是非常关键的,即关系到某种无与伦比的重要性。所以,以奇特的形式,例如根据道德推理的定义,这点作为特殊形式的推理而再现,其结果比其他事物具有特别的优先性。这种优先性由何而来,却是未加说明的。对黑尔来说,它在逻辑上属于道德。这就是我们用"道德"所意指的东西。[61]就哈贝马斯而言,对商谈伦理学来说,优先性是在个体成长和文化史两个方面成熟的产物。[62]但是,这里显然存在一个裂口。我们或许倾向于以这样的方式表达:对询问他为什么应该是道德的,或为什么力求达到"后惯例伦理"的"成熟"的人,他们什么也没对我们说。但是,假如我们要问,我们怎样能说服那个根本不理解我们道德信念的意旨的人,这就可能是误导的。我们没有任何办法向这个人"证明"我们是正确的。但是,设想他要问另外一个问题:他可能要求我们澄清我们道德准则的含义,说出坚持这些禁令的独特价值。那么,我们根本就不能说,这些理论的内涵能够给予洞察力。我们能够做修辞学的修饰和进行宣传,但是我们不能说它们有何好处和价值,或为什么它们需求我们的赞同。

或者,我们还能够以黑尔在他的《道德思维》一书中所使用的方式

---

[61] 见黑尔:《自由和理性》(Freedom and Reason),9.3；以及同一作者的《道德思维》(Moral Thinking),第24、55页。

[62] 见哈贝马斯:《道德意识》(Moralbewusstsein) 第4章；以及他的《交往行动理论》(Theorie des kommunikativen Handelns)。

提问题,“为什么我应当是道德的?”[63]在这里黑尔能够设想提供的惟一回答,就是以慎重的术语表达的答案。他试图证明,正是根据某人的利
88 益来培育正确的道德原则。在他的哲学中,根本就不提出我所表达的问题。

这种道德概念被奇怪地歪曲了。通过分割“道德”领域,而根据其他的考虑这个领域是密封的,它试图论及特定考虑的无与伦比的重要性,对此我们本应按照特定的善的无与伦比的地位来理解(第三章第二节)。“道德”规定着特定类型的推理,根据某种未说明的方式,这种推理原则上具有优先性。道德考虑如何能通常赋予优先性,以及它们为什么在特定的环境下可能被否定,这些是不清楚的。由于这种审慎可能假定,我们把它们都看作具有不同层次重要性的善。

但是,与此同时,这种分割的界线不可能恰恰被放弃。它是程序伦理学把某些考虑标明具有无比优越性的惟一方式。我们越是确实更多地(虽然未表达出)受超善推动,我们也就不得不更猛烈地保护这个界线,尽管我们对它的解释或许是不充分的。例如,在哈贝马斯的例子中,必定涉及人际间正义的伦理学问题和那些善良生活问题之间的界线,具有首要的重要性,因为它是真正普遍有效性的要求和视文化而定的善之间的界线。在哈贝马斯看来,这种区分是反对以人的生活方式、传统或文化的名义而存在的沙文主义和种族中心主义侵略的惟一堡垒。所以,维持这点是至关重要的。

人们越是考察这些责任性行为理论的动机——尼采会称之为“谱系学”,它们也就越显得奇特。它们似乎受诸如自由、利他主义和普遍主义这样的最强劲的道德理想所推动。这些存在于现代文化的核心的道德渴望中,存在于与文化相区别的超善中。可是这些理想却推动这些理论家趋向于否定所有这些善。他们陷入一种奇特的实用主义的矛盾之

---

[63] 黑尔:《道德思维》,第11章。

中,用以激励他们的善却推动他们否认或使所有这些善丧失属性。他们在构成上不能弄清他们自身思维的深层根源。他们的思维被无可逃避地束缚住了。

从康德道德理论推出的一个常见的口号，在我们的时代也用来证明排除性质差别的正当性。这就是权利优先于善的原则。在其原初形式中,作为对功利主义的康德主义的反击,作为对道德不能根据效果,而应根据道德责任以及义务论的思想来设想的坚持，它可被看作多种道德理论中的一种,而且以其反功利主义的信念,得到充分论证。但是,它不只可能被用来贬低对功利主义来说是关键的同质的欲望实现的善,而且也用来贬低包括奠定着我们道德观基础的性质差别在内的任何一种善的概念。例如,在《正义论》中,罗尔斯似乎建议,我们形成只以“善 89
的弱理论” 为开始的正义概念，他用这种理论指我所称的价值弱化的善。[64]但是,这个建议在最深层次上是不连贯的。当然,罗尔斯设法推导(似乎他的理性选择理论的论证支撑着)他的两个正义原则。但是,正如他自己同意的,我们认识到,它们实际上是由于符合我们的直觉而成为可接受的正义原则的。如果我们要说出这些直觉的基础,我们可能从非常“弱”的善理论的论述开始。如果说为了形成正义理论我们并不“需要”这点,那将是高度误导的。实际上,我们并未把它讲清楚,但是我们必须利用我们在此拥有的善的含义，为的是确定适当的正义原则是什么。从善的弱理论出发的正义论,结果是使其最基本的洞察力成为不能表达的,譬如,正像在迈克尔·桑德尔的批判中所暴露的。[65]

如果“善”指后果主义理论中的首要目标,而权利单纯由其为这个目的的工具意义所决定,那么我们应当坚持权利优先于善。但是,如果

---

[64] 见罗尔斯:《正义论》(A Theory of Justice),第7章,第60节。

[65] 见迈克尔·桑德尔:《自由主义和正义的局限》(Liberalism and the Limits of Justice)(Cambridge:Cambridge University Press,1982)。

在我们这里讨论的意义上使用“善”,而它意指的是所有被性质差别标明为高级东西,那么我们可以反过来说,在这个意义上,善总是优先于权利。其所以如此,并不在于它在我们早先讨论的意义上提供着更基本的理由,而在于,就其表达而言,善给予规定权利的规则以理由。[66]

这是受到奇特束缚的现代道德哲学压抑的内容,现代道德哲学具有使我们无法表达某些最重要的道德问题的自相矛盾的效果。受现时代最强劲的形而上学的、认识论的和道德的观念的推动,这些理论把我们的焦点局限于行为的决定因素上,然后靠进一步把实践理性规定为

---

[66] 事实上,在权利优先于善的口号下,有三个独立的主题在不同的时期得到发展。前两种是我在文中正讨论的:(a) 康德的主题,道德责任不能像功利主义者所设想的那样,从“善”即人们欲望的全部和任何对象中引出;(b) 道德只与什么行为是责任性的有关,而与性质差别无关的主题。我论证过,这第二个主题是基于对道德本性的误解。但是,还有第三种可能的意义:(c) 第三主题,即伦理生活中重要的是我们对他人的责任,例如,公正待人和仁慈,而且它们与善良、完满、有价值或值得过的生活的要求相比,具有无比的重要性。这第三种主题,的确不是基于有关道德本性的根本错误之上。它依据真正的特征,据此我们能辨别我们伦理生活中的这些不同种类的要求。它大致相当于我在第一章第四节讨论的前两个轴心之间的东西。我们或许能说,区别这两种要求的东西就是把德性和责任的关系颠倒过来。

在一种情况下,我认识到,比方说,别的人(尊重他们的权利),或许上帝(参查《旧约》)加在我身上的要求。根据这点,我推出不同生活方式之间的性质差别,据此德性概念在这里分别是正义和虔诚。但是,这些等于什么是由要求的性质规定的。它们在于忠诚于命令责成的东西的履行:正当地待人和法律。在另一种情况下,基本的概念是善良或完满生活的概念。在这里,性质特征是首要的。对我的行为的要求,或者假如你愿意,我的“责任”,是由此而出的;它们根据美德加以规定,这美德展示着,比方说,完整或完满。

这里的差别是真实的,因而坚持第一种而不是第二种,坚持与完满相对照的责任,是可设想的理想。根据这点,权利优于善的形式(c)不同于形式(b),后者是建立在混乱基础上的。然而,不过我认为,企图前后一贯地实施这种排他性的选择,一种渴望超越人类力量的自我忘却,也将是某种傲慢和自我毁灭。在其《伦理学与哲学的界限》中,威廉斯提供了对这种渴望的猛烈的驳斥。

排除性的程序,限制了我们对这些决定因素的理解。因把道德不是认同为实质,而是认同为推理的形式,围绕这种形式它们划定了严格的界线,所以它们明显把道德的优先性给神秘化了。它们随后变得越发为这种界线辩护,据此这是它们对超善所行正义的惟一方式,尽管超善激励着它们,但它们却并不能意识到这点。

跟随这个问题经常有另外的奇特约束进入道德思考,围绕一个单一的考虑或基本理由,例如,幸福或绝对命令,把道德领域统一起来的趋势,就把非常多样的道德考虑塞进了普洛克路斯忒斯床。[67]也存在着其他的约束。道德惟独关心责任的概念,也对我们的道德思维和感受有限制和曲解的效果。威廉斯证明,[68]歪曲这点是多么糟糕,而且它不能应 90
付涉及渴望完善、英雄主义、职责之外的工作等这类道德思维的所有方面。再说一遍,根据普洛克路斯忒斯的样式,或者同化异类,或者加以拒绝。

所有这些都回答了这个问题,为什么对在我们的道德生活和思维中具有不可动摇地位的性质差别这样明显的事实,必须做那么多的说明。我们必须迎难而上,去发现明显的事实,抵抗现代道德意识的层层压制。这是一个难做的事情。但是,这么做的理由是什么呢?

---

[67] 在《善的多样性》("The Diversity of Goods")中,我讨论过这点,载于泰勒的《人类主体性和语言》(Human Agency and Language)(文章出处与㊵注有出入,从原文。——编注)。

[68] 威廉斯:《伦理学与哲学的界限》,第10章。

第四章

91 # 道德根源

第一节

在某种方式上,这就是问:有关善的表达的要旨是什么?在我们的文化中,(至少在学院中)我们一般有喜好表达的偏爱,所以这个问题或许看起来是不用回答的。但是,事实上,为了解救这个领域的不可表达性,仍可提出或至少提示有说服力的理由。某些事物或许应当在沉默中度过。路德维希·维特根斯坦,还有其他人,显然是这样认为的。

所以,问题需要回答。明显的起点在于,我所谈论的善只通过某种表达为我们而存在。我们在不同的文化中所看到的有关善的极其不同的理解,是与这些文化所使用的不同语言相关的。善的视野,通过以某种样式加以表达,对给定文化中的人们来说,才成为有用的。因为亚伯拉罕的上帝被述说,首先是《圣经》的叙述,还有从神学到虔诚文献的无数其他方式,他对我们来说才存在(也就是说,信仰他才是可能的)。而且还因为他在所有不同样式的礼拜仪式和祈祷中被述说。对我们来说,普遍人权的存在,是因为它们得到颁布,是因为哲学家把它们理论化了,是因为革命以它们的名义而战斗，如此等等。当然，在所有的情况下，这些表达都不是信仰的充足条件。在我们的文明中，有《圣经》所滋养的无神论者，而在现代自由的西方则有种族主义者。但是，表达是信奉的必要条件；没有表达，这些善甚至就不是可供选择的。①

但是，清楚的是，“语言”和“表达”(articulation)的概念，在这里是在非同寻常地广泛而包容的意义上被使用的。善的含义，不仅在语言学的描述中，而且在其他言语行为——比如前边祈祷的例子中，寻求其表现形式。而且，如果我们跟随这个例子，深入到礼拜仪式，我们将看到表现超越通常和狭义上所设想的语言界限。仪式的姿态，它的音乐，它的可视符号的展示，都以它们自身的样式，演示着我们与上帝的关系。实际
上，我们可以认为，乏味的语言描述是最贫乏的手段，它难以接近把握 92
我们以其他方式可以感受和建立联系的东西，如否定性神学的倡导者所相信的。很清楚，西方教会几个世纪中，信徒大众赖以理解自己信仰的主要手段，与叙述同在的，就是教堂的壁画和装饰彩窗中的那些仪式和视觉展示。

但是，这使我们以新的形式再次提出我们的问题：为什么表达是狭义上的？为什么试图说明奠定善的含义的基础何在？为什么要以描述的语言表达？为什么试图发现在道德思维中可以想象的它的阐释？

当然，对这个问题有一种苏格拉底式的回答。它形成于一个特定的伦理观，或一系列的观点，这些观点按逻各斯的、语言学表达的意义，把理性看作人的最终目的的组成部分。从这种观点看，在我们能够说明什么推动着我们，我们围绕什么而生活之前，我们不是完整的存在。

我承认，我分有着这个概念的某种变体。但是，在对这类未经考察的生活价值的更一般的问题没有偏见的情况下，我现在想考察的是，对

① 这并不意味着这些表达是最终的。我们的道德传统总是为新的表达所改变。但是，这些发现它们的基础在于那些已经形成的，没有这点将是不可能的。

我们关于善的含义来说，表达所具有的更为特殊的重要性。就此来说，我或许也可遵循苏格拉底的观念。这里的核心概念是，表达能使我们更接近于作为道德根源的善，能给予其力量。

对善作为道德根源的理解，也深深地隐藏在现代道德意识的主流之中，尽管它对古代人是最为熟悉的。在这些篇幅中我一直谈论善，有时谈到强势之善，指的是在性质差别中被识别出的、具有无与伦比的优异性的东西。它可能是某种行为、动机或生活风格，它们在性质上被看作为高级的。“善”在这里是在非常一般的意义上使用的，标示所有被考虑为有价值的、高尚的、值得赞赏的种种类型或范畴。

但是，在某些这类的差别中，有一些似乎值得在更充分的意义上进行追因。拿柏拉图的理论当例子：高级的和低级的行为、动机、生活方式之间的区别，取决于理性还是欲望起支配地位。但是，理性的支配地位应被实质性地加以理解。理性的，就是有理性秩序的眼光，而且热爱这种秩序。所以，行为或动机的差别按与宇宙现实，与事物的秩序的关联来说明。这是更完整意义上的善：这种秩序的关键是善的理念本身。它们与这点的联系在于，是什么使我们的行为或渴望成为善的；就是说，什么构成了这些行为或动机的善的性质。

让我们称这类实在为“构成性的善”。因而我们可以说，对柏拉图来说，构成性的善是存在的秩序，或秩序的原则，是善的理念。但是，我们
93 马上可以明白，除构成或规定什么是善的行为之外，它还起另一种作用。善的理念也是对推动我们趋向善的行为的那种东西的爱。就我在这里想使用的术语的意义上，构成性的善是道德的根源：那就是说，它是某种对授权我们行动和行善的东西的爱。

但是，讲清楚这点，就把前边几节的讨论放到一个新的角度上。在上一章的论证中，我把焦点对准行为、情感或生活方式之间的性质差别上。性质差别所规定的善是善良生活的侧面或组成部分。让我们称它们为“生活之善”。但是，在柏拉图的例子中，我们现在看到，生活之善把我

们指向事物存在方式的某些特征上，凭借这些特征这些生活之善才是善。这些特征把它们构成为善，那就是为什么我称它们为构成性的。

构成性的善不只是规定道德理论的内容。对它的爱是准许我们为善的东西。因此，对它的爱也构成作为好人所是的内容。现在这也是道德理论的内容的组成部分，它不仅包括以特定方式行为的禁令，也包括展示某些道德特质并爱善的事物的禁令。②

这明显使我们远远超出了责任性行为道德的视野。那些理论甚至回避认识生活之善；它们显然根本没有为或许支撑着它们的构成性的善留有余地。我在前一章的结尾处论证，这些理论拒绝接受性质差别，尽管可以理解，但基础却是混乱的；它们自身也受这种善的激励。换言之，我论证说，它们是建立在对特定生活之善——诸如自由、利他主义、普遍正义——的未承认的信奉之上的。而且实际上，如果前一章的论证从根本上接近正确的话，这就难于理解人如何能够拥有道德理论，或者实际上，没有某种这类的信奉，人如何能够是自我。

有关构成性的善是否能有类似点？它们也构成未认识到的现代的，或实际上所有的，道德理论箱(baggage)的一部分？或者，柏拉图式的作为准许爱的对象的善的观念是否属于遥远过去的东西？

显然，并非惟独柏拉图主义以这种方式设想作为根源的构成性的善。基督教和犹太教的有神论同样如此。奥古斯丁这样的基督教柏拉图主义者，把上帝看作占据了柏拉图善理念的位置，这是自然而然的。太

② 爱善不能只被认为偶然地有助于行善，因此仅仅是有条件地责成行善——例如，就像人们或许要论证的，假使救生员需要尽力救人，那么他就应当保持良好的身体条件。爱善不能只被认作行善的工具。这是因为行道德上的善总是对动机有某种限制。它不能仅仅在于行为模式，而不管为什么它得到展示。以韦伯的话说，甚至连高度因果论的“责任伦理学”，也必须就主体的动机说些什么：例如，他应当关心结果，而不是只关心他的方法的“纯正”。爱基本的善(无论怎样设想)，就是恰好受那种方式的强烈推动，这种方式被规定为行善的组成部分(根据概念)。那就是为什么行善涉及爱某种东西，而不只是做某件事。

阳的影像可用于二者，当然有重要的区别，这里准许的爱，不仅是我们对上帝的，而且也是他对我们的爱(agapē)。但是，比如根据现代人道主义
94 的观点，当我们不再拥有任何像外在于人的构成性的善这样的东西时，会发生什么？当高位者的观念是人类生活的形式，这种形式严格说来在于以勇气和清醒的神志面对去魅后的宇宙，那么我们能够说什么呢？

对我来说，似乎人们仍可在这里讲道德根源。存在一个构成性的现实，即能进行这种无畏分解的存在。而我们对这些能力的欣赏和敬畏感，就是授权我们实践它们的东西。这是某种在康德的人道主义理论中被清楚认识到的东西。一旦我们把它理解为起源于理性意志，使我们依据法则而生活的动机，就是我们在道德法则本身面前所体验到的尊严(Achtung)感。我们认识到，理性主体无限地高于宇宙的其余部分，因为惟独它具有尊严，与它相连的敬畏道德地要求我们。根据康德的理论，理性主体是构成性的善。

我不想在短时间内轻描淡写地谈论现代人道主义的这种内在化动力，它认为根本没有外在于我们的构成性的善。它关系到道德意识中名符其实的革命。可以把其描述为对构成性的善的绝对排斥。确实，它在传统认可的意义上抛弃了它们，对此柏拉图主义和基督教神学提供了典型的传统意义模式。

我并不假定我们这里使用什么术语才是非常重要的。我将不在意采用上述段落的惯例；除非我们冒失去对道德根源的持续作用的了解的危险。正如康德的情况所表明的，关于善的完全内在的观点，与这样一种认识可以和谐共存，即存在着某种东西，对它的沉思命令我们尊重，尊重又转而强化它。无论什么充当这种角色，都要起道德根源的作用；在康德主义者的伦理生活到柏拉图主义者的至善理念中，它具有类似的地位。趋向内在伦理的动力，并不意味着这种角色停止发挥作用。

但是，这点或许得到反对，这对康德来说都是真的——但之所以如此，只是因为他仍然不是充分现代的，还没有完全走上去魅之路，或没

有抛弃掉基督教神学和古代哲学的所有残余。[3]我前边提到的另外的观点,即如何面对无意义的宇宙以无畏而清醒的态度看待我们的尊严呢?我的观点是,某种类似的东西仍然在这里起关键的作用。那就是,那些持这种观点的人有人的尊严感,这种感觉严格说来在于他们不受安慰和恐吓地面对漠然的无限世界,通过远离他们自身无意义的地点和存在,以这种理解它和超越它的方式,发现他们自身生活目的的能力。帕斯卡尔用他的思想芦苇的想象,早就说到这点。人可以被宇宙湮灭,但
他的伟大就在于他自知地接受之。在这里某种东西激起我们的尊重,而 95
这种尊重就是命令。或者,如果它不能彻底推动我们,那么它就不可能是我所接受的善的概念。人道主义离康德主义,要比想象的近。

当然,另一种重要的变化出现在内在化上:命令的动力从爱转向尊重。或许我们可以说,在亚伯拉罕的上帝所要求的爱和敬畏的混合物中,面对我们的分解力量,只剩下后者了。这是用我们词汇中的中断来标明这点的另一个理由。我还是不在乎这种中断,再次提出我们并未丧失看法的连续性。我不在乎,即使人们说现代的内在人道主义没有构成性的善的地位,像前现代理论的道德根源根本就不起作用。但是,某种东西起着类似的作用,这仍旧是真的。那就是说,有某种规定着高级行为和动机的东西相关联,即我们作为"思想芦苇"的能力;我们对它的沉思,能激发准予我们实践高级东西的动力。

但是,严格说来,在现代道德哲学的气氛中,这是我们想忘掉的东西。我们对性质差别的完整意识的遮蔽,使其忽略了我们道德思维和经验的这种整体维度。

由于这个原因,我将选择继续讲道德根源,即使在与当代内在论理论的联系中,即使关系到最严厉的那种去魅类型。我将试图公正地对待差别,不陷入根本没有缝隙的连续性图景中。但是,考虑到所有的事情,

③ 尼采声称,康德仍旧太基督教和太柏拉图主义了。见《快乐的科学》,第355段。

我认为这种危险在我们的时代是较轻的一种。

如果我们回到表达性问题,我们就能看到,一种重要的非连续性是我们时常感到自己不如我们的先辈更有表达力。我在第一章提到,人们如何不知所措地说,什么支持着对人们权利的尊重感(第一章第一节),后来提到(第一章第四节)传统的框架如何对我们来说成为有疑问的,我们的表达在多大程度上是探索性的。艾丽斯·默多克为显然很多出自柏拉图的观点辩护,强调善是某种"非描述的和难下定义的"东西。[4]

而且它也以这种方式出现,即准予的想象和故事在我们的时代起作用。其中某些最强有力的,在许多现代人所抛弃的宗教和哲学学说中有自己的根基。人们或许不能替代原初支持它们的神学的或形而上学的信念;但是,想象仍旧激励着我们。或许更好,它们继续指向某种对我
96 们来说仍为道德根源的东西,某种对它的沉思、尊重或爱能使我的接近称之为善的东西。刚才提到的,默多克关于"'善'的支配力"的理论,是一个恰当的例子。今天无人能接受柏拉图作为关于宇宙样式的关键说明的理念形而上学。至善作为太阳的想象,我们据此能清楚地看事物并具有不带偏见的爱,对她却还起着关键的作用。它有助于规定注意和欲望的方向,她相信只通过这点,我们就能成为善的。[5]

另一个例子,这次来自犹太教和基督教的宗教传统,已由迈克尔·瓦尔策加以探讨。[6]《出埃及记》的故事,几个世纪以来一直激励着改革和解放运动,甚至激励着那些主张反对原来故事所宣告的神学观的运

---

④ 艾丽斯·默多克:《善的权威》(The Sovereignty of Good)(London:Routledge,1970),第74页。或者就如她后来写的,"假如有天使,他们或许能规定善,但我们不能理解这个定义,"第99页。任何读过默多克的书的人,都会看到我在这里所写的东西,从她那里受益颇多。

⑤ 默多克:《善的权威》,第91—92页。

⑥ 见迈克尔·瓦尔策:《出埃及记和革命》(Exodus and Revolution)(New York: Basic Books,1985)。

动。有时,某些明显世俗的替代性理论已取而代之,例如,马克思主义关于人类朝社会主义前进的图景。但是,这个故事对那些没有关于上帝或他们由奴役走向自由的大写历史的明确概念的人,也有巨大的影响力,这同样是很清楚的。以这种眼光看一个人的故事,可能是鼓舞人心的和给人以力量的,尽管当要求说明什么奠定了他赖以给予其意义的有关人性、上帝或历史的学说的基础时,他可能感到困惑。事实是,以这种模式看待人的生活,带有巨大的道德力量。甚至在神学失落的地方,这个故事仍在起作用。诺思罗普·弗莱证明,在西方历史中,作为整体的《圣经》如何是这类催人上进的故事的巨大根源。⑦

所以,对我们来说,善的表达是非常困难的和成问题的。那就是避免它的理由吗?在某种意义上,或许这可能是,就如我马上要提到的一样。但是,首先,似乎有非常强劲的理由支持表达性,无论在哪里构成性的善都作为道德根源起作用。道德根源给人以力量。更接近它们,得到关于它们的更清楚的观念,把握它们与什么相关,对于那些认识到它们的人来说,就是变得热爱或尊重它们,而且通过这种热爱和尊重能够更好地实践它们。而表达能使它们变得更近。那就是为什么词语能给人力量;为什么词语有时能有巨大的道德力量。

当然,并非所有表达都会有这样的力量。某些表达可能是死去的,或在这个地方或时间,对特定的人,没有力量。而且在最明显的例子中,力量并非仅是阐述的功能,而是整个言语行为的功能。实际上,最强有力的情况是,说话者、系统阐述和传递信息的行为全部结合在一起揭示善,就如关于福音传布的巨大而持续的力量。就其全部的内在力量,其激发我们的爱、尊重或忠诚的能力来说,当系统阐述接近根源时,当它使之清楚明显时,系统阐述就有力量。有效的表达释放着这种力量,这就是词语具有的力量。

⑦ 诺斯罗普·弗莱:《大法典》(The Great Code)(Toronto:Academic Press,1982)。

97 词语或许有力量，因为它们发掘迄今为止未知的或未感受到的根源，就如我们在《出埃及记》、《以赛亚书》、《福音书》那里看到的；它们或者能恢复我们已经失去联系的古老源泉的力量，就如在圣弗兰西斯或爱拉斯谟那里看到的。或者它们以另外一种方式有力量，即表达我们的情感或我们的故事，以使我们同我们一直渴望的根源相连接。这或许通过用新的叙述来重新铸造我们的生活来实现，就如奥古斯丁的《忏悔录》所做的，或者通过凭借《出埃及记》的棱镜来看我们的斗争，就如二十世纪六十年代美国的民权运动所做的，[⑧]或在无数不那么著名和意义重大的地方，人们通过一种新故事来理解自己的生活。

某些故事的惊人力量，必须根据前边第二章第三节的讨论来理解，在那儿我谈到我们努力用以某种方式与善相联系的叙述给予我们的生活以意义。人们据此这样做的一种方式就是，把他们的故事同更伟大的历史模式联系起来，以作为善的实现，无论它是传统的基督教的Heilsgeschichte(救世史)，全人类的进步史，即将到来的革命，建设和平世界，还是我们民族文化的复兴与延续。几乎这些图解式的历史叙述好像都有它们自己的吸引力。它们力量的秘密，在于它们给人们的生活赋予意义和实质的能力。正是给予他们什么，是一个要进一步探讨的问题。但是，某些图式，包括前边提到的在内，具有这种力量，似乎是毫无问题的。

但是，随后我们可以很容易看到，为什么人们不信任表达，把它当作错觉的根源，把它当作亵渎而感到恐惧，就如我在前边提到的那样。这主要不是因为有那么多死去的系统阐述，那么多陈腐的模仿，尽管这是人们宁愿沉默的一个理由——卡尔·克劳斯或许是一个恰当的例子。[⑨]

---

⑧ 瓦尔策：《出埃及记和革命》，第3页。

⑨ 见S.图尔敏和A.詹尼克：《维特根斯坦的维也纳》(Wittgenstein's Vienna)(London：Weidenfeld，1973)中对克劳斯的讨论。

最糟糕的是,整个事情可能是伪造的。这并不是说,力量本身的词语可能是伪造的。但是,它们的发声赖以释放力量的行为,可能在修辞学上是模仿的,既是为了满足我们的自负,甚至是为了更加邪恶的目的,诸如维护已经信誉扫地的现状。陈腐的公式或许与历史赝品相结合,围绕我们编织道德保障的茧衣, 从而实际上把我们同真正的道德根源的能量相隔离。还有更糟的:力量的释放可能骇人听闻地被夸张为提升了恶的能量,比如在纽伦堡。为了我们生活的叙述性构建,没有必要详细谈论在这里伴随我们的错觉的可能性。

有一些应保持沉默的好的理由。但是,全面地看它们不可能是有效
的。无论怎样想象,在没有任何表达的情况下,我们将失去与善的所有 98
联系。我们将不再是人类。最严厉的沉默禁令,只能引向特定类型的表达,而必须不伤害其他的表达。问题是规定哪种。我们的问题随之回到对我们的性质差别感的平淡的描述性表达上。这些是现代道德哲学倾向于压制的表达。我们应当为了道德思想而试图恢复它们,还是最好让它们保持在内隐的忘却之中?

第二节

人们可能立即认为,我们有明显的理由,在非常现代的、善的敌对概念间冲突与困惑的困境中来表达它们。假如人们想给予它们以理由,他们是否必须说清它们?或否定性地说,在这个领域,非表达性不是个无力承担此任的跛脚的障碍吗?

我认为它是,而且我非常同情这个论证。但是,沉默的倡导者可能并未被说服。如果表达在最好的情况下只能是平庸化,而最糟的情况下是为了满足我们对自我炫耀和自我幻想的热衷, 那么它就不能改进我们的认识境况。与实际相比, 在不足以使我们的道德困境看上去更清楚、更一致、更和谐的情况下,难道没有过快消除我们最深层的道德感

中的矛盾,过快调解冲突,综合那不易结合的内容的危险?

我当然意识到这些危险;至少,我渴望认识。在另一种处境中,它们可能提供沉默的好理由。但是,我认为,现代哲学的沉默是不健康的。我在前边曾论证,它的力量部分地来自形而上学的和认识论的理由,而我相信它们是无效的,而在很大程度上来自道德或精神理由:对日常生活的肯定,以及现代自由概念,对这些理由实际上我想在某种形式下加以同意,但不是在这种形式下。理由是,这种形式在深层上是混乱的。它把对生活和自由的肯定看作与抛弃性质差别、拒绝构成性的善等等有关,然而它们自身也反映着性质差别,假定了某种构成性的善的概念。最后,当这个范围的理论由超善所激励(非表达地)时,它不得不歪曲我们所考虑的处境,并在"道德"和"不道德"之间,或(在哈贝马斯的例子中)在"伦理的"考虑和那些关系到"善良生活"的事情之间划定严格的界线,这严重地堵塞了它们的联系,而且首先是,妨碍着我们寻问现代道德思想的一个关键的问题:在何种程度上,"修正主义"为了超善所作的主张应当从根本上加以接受(见第三章第二节)。

这种形态的思想的存在及其在我们文化中的重要性,形成了对善的表达的压倒之势。它抑制着如此之多的问题,隐藏着如此之多的混乱,一旦人们从其符咒中逃出,即使是部分地,人们也不得不把它体验为理智上的窒息。

99 当然,这种复杂的状态,其部分联结得如此完善,以致形成一种堡垒,在其中不同的认识论的、形而上学的和道德的动机相互支撑,然而却隐藏着它们的联结功能,这种状态将激起许多方面的攻击。并非所有的都将与表达基础性的概念有关。现今存在着一条有影响的攻击路线,它可以宽泛地称为新尼采主义,后来米歇尔·福柯提出了它的一种有影响力的变种,这一变种有其自身否定表达的强劲理由。新尼采主义的见解,主要就程序伦理学隐含的道德激励力量[10]——就其为之辩护的自由概念,以及就其与超善和作为结果的激进修正主义——而攻击它。从这点看,它类似于我的批判,因为我们都力图证明,这种现代哲学有道德上的动力,而不是惟独由认识论的动力所决定的。但是,那是会聚的目标。新尼采主义形态的理论,在这种表达中,除了现代道德哲学,而且实际上是一般的道德哲学的赤裸裸的极端化的主张以外,没有看到任何有价值的东西。它认为表达本身没有任何价值。相反地,它信奉其自己形式的投射理论。遵循大部分从《快乐的科学》[11]引出的思维方法,如果理智见解与道德见解密切相连,那么这是因为双方都被视为我们强加在现实之上的秩序。没有任何见解比别的所有见解更正当或更不正当。所有见解最终都是建立在法令基础上的。这就是福柯所说的“真理的制度”。不用说,我发现这种观点与其经验主义远亲一样,是极其难以置信的。根据这种观点,我们或许肯定地断言,所有秩序都是同等任意的,尤其是所有的道德观念都是同等任意的,这种观点不只是适用于我们人类。它是一种自我欺骗的形式,认为我们并不根据我们认定正确的道德方向来说话。这是自我发挥能量的条件,而不是我们可以穿上或脱掉的形而上学观点。所以,新尼采主义哲学家的元说明——“就坚持我的道德见解来说,我把真理的制度强加(或在这种强加中协作)在混沌之上,而且每个人都这样做”——恰恰与经验主义的元说明一样是不可能的,后者认为,“就坚持我的道德见解来说,我把价值投射到中性的事实世

---

⑩ 见米歇尔·福柯:《什么是启蒙?》(“What is Enlightenment?”),载《福柯读本》(The Foucault Reader),保尔·拉比诺编(New York:Pantheon Books,1984);休伯特·德雷福斯和保尔·拉比诺:《什么是成熟?哈贝马斯和福柯论“什么是启蒙?”》(“What is Maturity? Habermas and Foucault on ‘What is Enlightenment?’”),载《福柯:批评读本》(Foucault:A Critical Reader),戴维·霍伊编(Oxford: Blackwell,1986)。

⑪ 见F.尼采:《快乐的科学》(Die frohliche Wissenschaft),第110,179,246,265,301,307,333,344,354,355,373,374节。

界上,而且每个人都是这样做”。二者与我们不得不在构成坚持那种见解——我们的慎重考虑、我们对自我的严肃评估以及其他什么——的现实实践中理解我们自己的方式,都是不相容的。它们不是说明,你在过生活同时,可以实际创造你的生活。换言之,它们与我们道德生活的最适用的情况相抵触。什么样的元考虑能够否认我们实际道德经验的最佳情形呢?正如粗糙形式的自然主义一样,新尼采主义的见解也与最佳情形原则相冲突。[12]

100 说来也奇怪——或令人啼笑皆非地是——新尼采主义的理论向同一类的批评开放,就如那样我们双方,它和我,都把矛头对准主流道德哲学:即对其自身的道德动机相当不清楚。只有在这里,问题不在于它否认什么,就如现代元伦理学理论声称只有认识论的基础,而在于它给予它们虚假的地位。它声称与其自身的价值承诺保持某种距离,这在于这样的事实,即对价值承诺作为构建秩序的成果的地位惟独它是清醒的,这种清醒性使它与其他观点区别开来,并赋予其自身以其他观点没有的方式摆脱了幻想的优点。当然,这与自然主义理论所提出的主张有惊人的类似,自然主义理论把价值看作“仅仅”是投射。无论以这种还是另一种形式出现,这个主张都是缺乏事实根据的,只是通过自我清醒的某种缺乏保持向上的态势,这种缺乏阻止相关的元说明与我们在实际的道德经验中不得不依据的概念相关联。

当然,新尼采主义的理论,正如那些责任性行为的理论,有其自身复杂的基础性的认识论和道德动机。其中一个尤其值得注意,因为它导向了某些重要的洞察。这个思潮的作者使我们特别意识到,善的视野如何可能与特定形式的支配相关。这在某些情形下是明显的,例如,武士的名望和荣誉伦理学明显抬高男人,而把次要的和大多数情况下附属

[12] 见我的《福柯论自由和真理》(“Foucault on Freedom and Truth”),载《哲学和人类科学》(Philosophy and the Human Sciences)(Cambridge:Cambridge University Press,1985)。

的角色给予妇女。但是，各种形式的更崇高，表面上更具普遍精神的观点，可能也鼓励不平等和对设想为低级的人的压制。新尼采主义者在这里是以浪漫主义时期所发展的见解为基础的。对特定类型的超善的忠诚引向“本性”的压制，而这就把支配关系引入我们之中。[13]因而这些关系就注定要在人们之间的关系中得到反映。法兰克福学派的思想家就如利用尼采那样，也利用这个根源。

就这种指责来说，非常明显地有一种极其关键性的真理。至少，理性分解式的自由和普遍正义的理想的某些变种，把男性的生存方式看得高于女性。[14]我在第三章第二节中提到过另外的例子。

但是，就如在责任行为理论那儿一样，无论从其中哪种推出善的观点都纯粹是支配的事情或我们可以认定它们都是任意的选择，那都是混淆是非。这将不能认清，个人自己的见解，实际上，任何人的见解，因善的视野而得到强化的方式。

面对这两种压制性的元观点，极其需要有关善的视野的未被曲解的表达，实际上善的视野奠定着我们道德反应、共鸣和渴望的基础。首先，它将有助于我们认清我们在不同道德视野之间不断发展着的争论方式，这争论围绕我们并经常在我们之中低声抱怨或大发雷霆。事实 101
上，弄清主流理论和新尼采主义的性质，本身就是这个争论的进展。正如我在前边论证的，如果我们据以在实践理性中提出的方式，就是证明一个观点通过错误减少的运动从另一个中形成并取代它，那么由善的视野所激励的道德理论将再次成为绝对的，这些理论完全否认善的视

⑬ “内在的主宰”(“A Master Within”)，席勒《美育书简》(Letters on the Aesthetics Education of Man)，第6封信。

⑭ 见卡洛勒·吉里甘：《在不同的声音中》(In a Different Voice)(Cambridge, Mass.: Harvard University Press, 1982)，他论证说，由皮亚杰激发以及劳伦斯·柯尔伯格提出的伦理分阶段发展的概念，事实上贬低着某种伦理思维的模式，这种模式在妇女看来是比较惬意的。

野应该被取代,并趋向超越它们。将会由这点而形成的,不同形式的自然主义或尼采主义伦理学,或普遍权利的种种理论,为了它们避免这一否定所涉及的深刻的不连贯和自我幻觉,它们都将是更强劲的和更有说服力的。

但是,争论也会得以推进,因为我们能够以较少被歪曲的形态讲述其关键的和最有疑问的问题。

一方面,是我们对特定的超善,尤其是对普遍和平等以及现代自我决定的自由的要求的承诺,另一方面,是我们必须明显以它们的名义而牺牲的价值感,在二者之间紧张甚或冲突的情形下,这一连串的问题转入了现代文化。存在一系列不同的这类冲突。在某些情况下,似乎受到威胁的是社团的善;在其他情况下,友谊或我们别的什么传统认同,似乎处于危险之中。还有其他冲突的情景,好色和性满足的善与我们的高级目标处于紧张的关系中。

当然,我们或许把这些体验为我们面临的所有冲突起源于不相容的善,强加给我们一个决定当作适当的"权衡"点。但是,谈论紧张时,我毋宁指现代世界中的道德观的冲突;这两种观点间的冲突:一方面,是给予超善不受挑战的首要性的观点,另一方面,是认为某种其他的、"较低的"善必需牺牲的看法是完全不能接受的观点。后一种观点起源于对日常生活的现代肯定,并发展出许许多多的形式,从浪漫主义激发的为与"自然"相和谐辩护,无论是从内部还是在外部,到尼采对"道德"的自我摧残性质的抨击(见第三章第二节)。

这种形式的一系列争论贯穿现代文化,一方面,表现为理性和分解式的自由,以及平等和普遍性的要求,另一方面,是本性、实现、表现完整、隐私或特殊性的要求。各种各样的争论者以极其不同的方式划分界线,而且在什么绝对不能牺牲的不同定义之间——比方说,在承认人类局限性的宗教信仰者和耽于声色的嬉皮士之间——存在着决定性的分歧;然而争论具有类似的形式,都以这种或另外的方式与近两个世纪大范围内的争论相联系,以启蒙哲学与各种形式的浪漫主义相对立。

现在我相信,回避对善的任何表达的道德哲学的主流形式,还有各 102
式各样的新尼采主义思想,都妨碍对这些争论的清晰思考。主流形式无法处理超善和"普通的"善之间的抵触。倾力关注行为的原则,嗜好一元的"道德"概念,是建立在单一的标准之上的,它甚至不能想象造成冲突的某种善的多元。在那儿如果有某种关于超善的特殊地位的意识,也隐藏在道德语言的特殊逻辑性质或话语的先决条件的某种学说中。

对新尼采主义的观点来说,它们通过质疑超善而消解冲突。但是,它们是靠把道德观念纯粹看作强加的秩序的元学说,来做这点的。这种学说不仅是不能成立的,而且观念中隐藏着某些方式,根据这些方式对依照一种超善的要求而牺牲和致残的抗议, 可能是由另一种极为不同的超善所激励的。就这个方面而言,尼采本身有一种更丰富和更可信的哲学,提供了他的超人和关于无条件持积极态度的超善的反理想。

关于善的表达,是清楚理解这整个系列的争论的本质条件,而这两种流行的哲学都由于它们根本上混乱的关于我们道德思维的元说明而妨碍了这点。

不只在这点上。这些哲学不仅窒息了激发它们的善,而且沿着我们可称之为主观主义的方向,造成对全部现代争论的极度歪曲。它们(未承认地)表现和推崇的善,都是以人类为中心的:自由、积极的善行、普遍的权利。但是,另外一种主要的争论盛行于我们的文化中,它有关于我们是否需要承认来自非人类的自然的要求。就如艾丽斯·默多克所主张的,我们可以置身于"野兽、飞鸟、顽石和树木的绝对异在的无意义的独立存在之中",这种"忘我的快乐"能使我们更接近于道德的善?[15]生态运动的某些派别,已经提出这个核心的问题。根据另一种形式:荒野为自身的保存对我们有企望,有要求吗,这不是基于长远的深谋远虑,最终

⑮ 默多克:《善的权威》,第85页。

为人类可能遭受的报复而约束我们所热衷的赌博，而是为其自身的缘故?[16]或者跳到另一个极为不同的领域，有没有使真理明了的非工具性的善?甚至当一种事情没有可能对其他任何的善有用处时(减轻痛苦，结束非正义)，而且或许从讲述者的立场看很可能恰恰是可怕的代价，它还是要做的善的事情吗(在这里确实不适于谈论责任)?例如，为什么我们要赞赏曼杰利什塔姆，他于一九三二年写的有关斯大林的诗，使其丧失了自己的自由，最终还有他的生命?[17]

当然，我不是中立的；我接受所有这三种“超人类”的主张(以及更多的)。但是，我相信，甚至那些对这些问题持不可知论的人也会同意，我在
103 这里所批评的哲学无可挽回地过早地对它们做了判断。它们这样做，不是因为它们由一方所激发，而是因为这种激励是隐藏的，在这里它不能因争论而出现。因而，人类中心性是不容否认的。它表现在道德理论(假定的)规定特点中，诸如最大程度的普遍幸福，或基于可以普遍化的准则之上的行为，或基于在不受约束的争论中所有参与者都能接受的规范

---

⑯ 见阿伯特·博格曼：《技术和当代生活的特点》(Technology and the Character of Contemporary Life)(Chicago：University of Chicago Press，1984)，第22章。

⑰ 曼杰利什塔姆的诗，是其未录写下的作品，一九三三年在朋友间的一次很小的集会上读过，其中一个人出卖了他。诗的一部分如下：

> We live, deaf to thc land bcncath us,
> Ten steps away no one hears our speeches,
> All we hear is the Kremlin mountaineer,
> The murderer and peasant-slayer.
> 我们活着，却不倾听脚下的大地，
> 十步之外就无人听到我们的话语，
> 我们全都聆听克里姆林宫那位山民，
> 那位凶手和农民的屠宰者。

(这是第一种版本，它落入秘密警察的手中。)纳德茨达·曼杰利什塔姆：《无望的希望》(Hope against Hope)(London：Collins，1971)，第13页。

之上的行为。非人类的要求(或至多,为非生命的)[18],在这类框架中是无法听到的。

这是责任行为哲学以及我所说的新尼采理论加之于我们道德思维的另一个束缚,这点我曾在上一章的末尾(第三章第三节)谈到。一般说来,它们是妨碍我们承认善的力量的眼罩,使我们不受它们的推动,或者,即使我们被推动,也引导我们错把这点认作非道德的情绪。对善的否定性关注——视之为沉重的罪感之源,或反过来,视之为沾沾自喜的优越感之源——最终使我们不愿承认,构成性的善是如何能质问我们,推动我们,授权我们。

所有这些论述,都强烈地赞同以某种哲学的语言表达善的企图。

第三节

那就是我在随后想试图做的。但是,这样做并不容易。它毕竟不仅仅是对业已明述的立场的审查记录。有时候,这些或许是明摆着的,但时常它将是严格地表达仍然内隐的东西,表达奠定了这些特定的道德哲学基础的道德观,而这些哲学为了维持面子却不承认任何这样的观点。在这里,人们不只是记录,而是要创造语言,不如说冒昧地声称要说出比其他人真正意味的东西更好。

但是,这里有一个巨大的力量源泉,那就是历史。对善的现代理解的表达必定是历史的事业;这不是因为通常的理由而使任何诸如此类的事业有效,即我们现有状态的规定总是相关于过去的状态,把它们或当作典范,或当作陪衬。二者在现代世界有足够的证据——从相关于古

⑱ 因为功利主义的一派理论(以边沁的较好理由),当实施最大的幸福和最小的痛苦的命令时,把动物纳入计算中,所以我加上了这个让步。例如,见彼得·辛格:《动物的解放》(Animal Liberation)(New York:Random House,1975)。

代共和国和城邦而界定自身的公民人道主义传统，到与由宗教和传统支配的过去相对立而界定自身的启蒙哲学。这种相关于过去而自我界定的事实,引导我们重新审查这种过去以及它被吸收或被抛弃的方式。极其常见地是,理解这一点事实上如何发生,能使我们对除此以外不可
104 能流行的当代观念产生洞察力。通过理解我们与古人的区别,我们对我们吸取他们自治的范例实际上是为了我们,就有了更好的观念;通过更密切地考查启蒙思想恐怕要抛弃的"传统",考查抛弃采取的形式,我们或许能够以新的眼光理解两种对立概念之间的差别，结果就对当代哲学持一种新的看法。[19]

但是，在这些压制它们自己基础性的善的视野的现代自然主义观点的例子中,过去的力量源泉甚至是更加必要的。追溯它们从早期宗教的或形而上学的观点到对这些观点的不公平的抛弃的发展历程，其重要性不仅是为了更清楚地规定它们有什么样的变化。我们还为了得到曾公开平静地承认，但现在却受到有意识压制的某种对善的意义理解的模式,而不得不借助于这些早期的观点。例如,我相信,现代自然主义的功利主义者对"高等级"的善的敌视,为日常的、感官上的幸福辩护,来源于我所称的对日常生活的肯定，这在早期现代阶段造成了对推断为"高级的"活动方式的类似抛弃,以支持婚姻的日常存在和职业。这种肯定的原初形式是神学的，它关系到被上帝神圣化的关于日常生活的积极眼光。这种生活本身被看作具有上帝所授予的高级含义,而且这是此肯定的牢固基础。但是，现代自然主义不仅不能接受这种神学的语境;它还抛弃了所有较高价值的语言。然而,我想主张,某些这类日常的价值感仍旧激励着它,而且为其被广泛接受提供着强有力的道德动力。

---

⑲ 在《哲学及其历史》("Philosophy and Its History")中我讨论过这点,载《历史上的哲学》(Philosophy in History) (Cambridge:Cambridge University Press,1984),理查德·罗蒂、J.B.施尼温德和昆廷·斯金纳编。

为了表达这种被压制的因素,我们被迫转向其前辈;而且也提出了这样的问题,在什么程度上这种被声称已经完全被抛弃的前辈的精神洞察力仍旧活着。它吸收了一些类似的精神力量,对此它本身却没有解释。它能提供与其自身形而上学的前提相一致的论述吗?或者它真地隐蔽地利用了某种它公开拒斥的东西吗?属于圣经的精神意象的力量,甚至存在于我们世俗文明的最现世主义的方面,这或许将引起我们的怀疑,就如尼采所做的——即使我们或许不能引出与他同样的结论来。

在任何情况下,这点证明的是,通向表达的道路必定是历史的道路。我们不得不尝试追溯我们现代观点的发展历程。由于我们不只是处理哲学家的学说,而且要处理大量未说出的东西,是这种东西奠定着我们文明中广泛流传的态度的基础,历史就不可能只是表示信仰的、哲学理论的历史,而且必须也包括所谓被称为“mentalités”(精神状态)的东 105
西。我们必须通过这个研究,尝试开辟关于我们自己和我们最深层的道德忠诚的新理解。

第四节

我预感到,当我们进行研究时,我们将看到我们的道德处境比我们现在所面对的,不仅更复杂,而且更具潜在的冲突性。尤其是,我相信我们将发现,我们处在而且不得不处在我在前边提到的重大的内部道德争论的两个方面中,一面是赞同超善,另一面是为以超善的名义而牺牲的那些善作辩护。

这看起来或许是极其轻率的主张。更超乎寻常的表达确实能证明,我们是不知不觉地站在了两方面,然而如何能证明我们必须是这样的呢?我们难道不能以更清醒的神志选择放弃其中一种?

在这里,“必须”并非来自任何外在的论证,我已尝试证明这种论证在这里不可能有任何重要性。毋宁说它与我们的认同有关。事实上,我们善的视野与我们的自我理解是联系在一起的。在第二章第一节关于认同和道德方向之间密切联系的讨论中，我们已经看到这种关联的一个侧面。通过我们对我们处于善的何处的理解,我们理解了我们是谁。但是,这也将意味着,就如我们在以后会详细看到的,对什么是善的极其不同的理解伴随着关于什么是人类主体的极为不同的范畴，不同的自我概念。追溯我们现代善的视野的发展过程,也是追循关于主体性和自我性质的前所未有的新理解的演变过程,就某些方面而言,善的现代视野在人类文化中是前所未有的。

事实上,第二章的讨论提示了四种范畴的关联:不仅(a)我们关于善的概念和(b)我们对自我的理解,而且(c)某种我们据此使我们的生活有意义的叙述,和(d)社会的范畴,即对人类众主体中的人类主体是什么的理解。正如我将在第二编中试图说明的,可以说,这些都在松散的“捆包”中,搅在了一起。我们的现代自我感不仅与对善的新理解相联系,并可能由后者所形成,而且与(i)新的叙述形式和(ii)关于社会纽带和关系的新理解相伴随。

典型的现代叙述形式包括线性发展的故事、历史进步的故事、通过个体生命和跨代而持续进步故事、白手起家的故事,如此等等。它们包括对作为成长的生命的说明,不只是从儿童到青春期,而且也贯穿以后的阶段。与根据预先决定的阶段理解生命,制造一个其形式由不变的传统理解的整体不同，我们把它说成是时常趋向非前定的目标的成长的
106 故事。这提到的只是广为人知的形式,而不是我们时代最具想象力的创新,比如普鲁斯特为自己的生活创作的通过讲述的那种整体,这种讲述深深打动了现代人想象力的心弦。当然,也有螺旋式上升的历史图景,从天真无邪到冲突,再到更高级的和谐,这是从基督教神圣历史和至福千年的曲折借来的,但经过了马克思主义和其他一大批理论的世俗化,这个图景在其对现代思想和感情的控制上有巨大的力量。

伴随这些新的叙述形式,关于社会的新理解和生活形式走到一起。

与自由和分解式主体相对应的，是由并通过自由个体的同意而构成的社会观念，以及必然推出这点的，由个体权利的承担者所构成的社会概念。这或许是现代文明已使之显示出来的，最深层地牢固树立了的社会形象之一。它肇始于著名的十七世纪的社会契约论，但它发展和变异着，特别在今天以一种或许降低了的形式，根据两个独立的人之间当代爱的“关系”的概念，浮现于人际层次上。与表现主义的自我理解相关联，是通过类似的表现根基团结起来的，作为民族的社会图景，因为这些根基规定着我们共同的人类潜在性质，也就要求我们的忠诚和热心。正如本尼迪克特·安德森已表明的，现代民族主义依次形成其自身的历史叙述形式。[20]这些多种多样的关联是受到那些现代思维模式引出的观点压制的部分，这种模式没有为善留有空间。对我们的自我感据以与人们称为“道德地形学”的东西有密切联系并依赖后者的方式，它们毫无了解。[21]它们倾向于认为，我们是以拥有心脏和肝脏的方式拥有自我的，就像随便的解释所提供的。当然，它们对所有相反的关系根本不理解。

这些关联一旦被引出，或许就不那么容易抛弃特定的道德视野。那就是说，当某人继续以某类主体规定自我时，当他说这些视野已被抛弃，这可能就是欺骗；这人仍继续依据它们而生活。当然，人们是很难坦率而真诚地以其他概念来看待自己的。这种自我感可能仍然是现有的最佳解释的组成部分，据此解释我们可以给予我们行动、感受和思考以意义。最佳情形原则也能在测试我们道德立场的真诚性上发挥

⑳ 本尼迪克特·安德森：《想象的社团》(Imagined Communities)(London：Verso，1983)。

㉑ 在《自我的道德地形学》(“The Moral Topography of the Self”)中我讨论过这点，载《解释学和心理理论》(Hermeneutics and Psychological Theory)，斯坦利·麦舍尔、路易·萨斯和罗伯特·伍尔夫尔克编(New Brunswick：Rutgers University Press，1988)。

作用。[22]

如果结果是这样的话，那么现代文化的道德冲突就盛行于我们每个人之中。除非我们更加清醒的神志能帮助我们理解达到和解的方法，那事情就是如此。如果我能表示更进一步的预感，我将说我把和谐一致看作表达的潜在目标和成果。我们必须探索这样一种方式，据此我们趋
107 向超善的最强烈的渴望并不需要自我破碎的代价。我相信，这种和解是可能的；但其根本的条件是，我们能使自己认识到善，我们不得不对它们的全部系列保持忠诚。如果表达解放我们，使我们摆脱束缚人的压制情形，这部分是因为它允许我们认识到我们生活所依赖的全系列的善。这也是因为它能打开我们的心扉，使之面对我们的道德根源，让这些根源在我们的生活中释放能量。主流哲学那束缚人的公式，对为了另一种善而牺牲某一种善，已经表示了否定，但却凝固在逻辑模式中，这甚至妨碍了对它们的讨论。表达是和解的关键条件。

当然，假如和解是不可能的，那么表达就将把我们带入更大的内在冲突中。这或许被认为是一个危险。但是，甚至在这种情况下，我们将至少会结束精神上的窒息，结束如此之多的精神根源的萎缩，而这是现代自然主义文化的祸根。

在任何情况下，无论结果怎么样，现在我都力图在今后的篇幅中，追溯我的四种范畴之间的某些关联的历史发展，正是这四种范畴构成了现代认同。

㉒ 联系《人道主义和现代认同》（"Humanismus und moderne Identitat"）中特定系列的例子，我极其详尽地论证了这点，载《现代科学中的人》(Der Mensch in den modernen Wissenschaften)，克里齐茨托夫·米凯尔斯基编(Stuttgart：Klett-Cotta，1985)。

第二编
内在深度

第五章

道德地形学 111

我们关于自我的现代观念与一种(或一类)特定的内在感相联系，也可以说是由其构成。在随后各章中，我将追溯这种感觉的起源和发展。

在我们自我理解的语言中，“内在—外在”的对立起着重要的作用。我们把我们的思想、观念或感情考虑为“内在于”我们之中，而把这些精神状态所关联的世界上的客体当成“外在的”。或许我们还将我们的能力或潜能视为“内在的”，等待将在公众世界中显现它们或实现它们的发展过程。对我们来说，无意识是内在的，我们把妨碍我们对生活进行控制的未说出的深度、不可言说的、强烈的原始情感和共鸣以及恐惧，视为内在的。我们是有内在深度的生物；具有部分尚未探明的和隐秘的内在性质。我们都感受到《隐秘的心》中康拉德的形象。

但是，对我们而言，这种世界的分割看起来如此强烈，其坚固或许就如这种定位一样，固定于人类主体的真实本性之中；在很大程度上这是我们的世界，现代西方人的世界的特征。这种定位并非是人人都视为理所当然的，例如，就像他们的头定位在躯干之上那样。毋宁说，它是由历史限定的自我解释模式的作用结果，这一模式在现代西方成为主导性的，它或许实际上随后能传播到全球的其他地方，但既然它在时空中有起点,也就可能有终点。

当然,这种观点并不是原创的。许许多多的历史学家、人类学家以及其他人,都认为这几乎是老生常谈。但是,对于像我们这样生活的所有普通门外汉来说,这仍然是难以理解的。这样说的理由是,那种定位与我们的自我感联系在一起,因此也与我们的道德根源感联系在一起。[①]这并不是说,它们在历史中也是不变的。相反地,我想讲的故事恰恰是变化的。但是,当给定的关于自我、道德根源和定位的观念丛是我们的
112 时,那就意味着这种观念丛是我们在其中体验和考虑我们的道德状况的。不管我们的历史和文化变化的知识可能引导我们相信什么,结果必然觉得是固定的和无异议的。

因此,鉴于这个困难的、随便解释的事实,我们自然地认为,我们以拥有头或胳膊的方式拥有自我,以拥有心脏或肝脏的方式拥有内在深度。就像内在和外在一样,场所的差别似乎被发现就好像关于我们自己的事实那样,它并不与我们特殊的解释自己的方式相关联;而这种解释方式只是可能的方式中的一种。对一给定的时代和文明来说,特殊的看法似乎是自我强加的;对常识而言,它似乎是惟一可设想的。除了内在于什么地方,"在心灵中",我们中谁能理解我们的思想?我们自己经验本性中的某种东西,似乎使当前的定位成为不可抵抗的和不受挑战的。

这里经常脱离我们视野的,是作为自我存在与存在于道德问题空间中是不可分离,认同和人们应当如何也是不可分离的。这就是某人能够在这种空间中发现立场,能够在其中占据一个观点,或成为它其中的

① 在《关于自我的道德地形学》("The Moral Topography of the Self")中,我已经讨论了定位与较大深度上的道德根源之间的关系,见《解释学和心理学理论》(Hermeneutics and Psychological Theory),斯坦利、路易·萨斯和罗伯特·伍尔夫尔科编(New Brunswick:Rutgers University Press,1988)。

一个视角。[②]

但是,在人们永远是自我,即所有文化中他们都区分内在和外在的观念中,就没有某种真理吗?在某种意义上,无疑是有的。真正困难的事情是把人类普遍性与历史丛结区分开来,而不把后者简略为前者,以致我们的特殊方式似乎逃避不了人的普遍性,正如我们总是被吸引这样做的那样。

我不能假装有形成这种差别的一般公式。假如我有的话,我就能解决人类文化的最大的理智问题。我甚至觉得,无法发现令人满意的一般公式,以便把自我解释的动物那普遍存在的基本性质加以特征化。但是,差别特征却可通过一些富有启发性的例子得到暗示。

当现代人,比方说,读到萨满教文化时,他们发现难以知道这种信息要表达什么。萨满教文化被认为相信人有三个灵魂,其中一个能到身外旅行,甚至在外边待上一段时间。[③]难道这意味着这些人不分有我们的人格统一感或人格与他或她的身体的同一(相关联)感,这意味着他们不以与我们同样的方式看待人吗?但是,我们并非必然假定任何如此怪诞的事情。我们大致可以确信,坦率地说,所有时代和所有地方的人都分享关于"我"和"我的"的非常类似的含义。在过去的时代,当旧石器时代的打猎部落围攻猛犸时,当计划出差错而野兽冲向猎人A时,某种类似于"现在我要被它伤害"的想法就会在A的头脑中闪现。而当最后一刻,这可怕的动物突然转向左边扑向B时,A就会体验到混杂着为B而悲

② 这是海德格尔在其对Dasein的著名阐述中所意指的东西,即它的存在是"有问题的"。Dasein是一种存在(ein Seiendes),它"存在的与众不同的状态在于,这个存在者为它的存在本身而存在"("dadurch ontisch ausgezeichnet, dass es diesem Seienden in seinem Sein um dieses Sein selbst geht");《存在与时间》(Sein und Zeit)(Tubingen: Niemeyer, 1927),第12页。

③ 见米尔塞亚·埃利亚德:《萨满教》(Le Chamanisme)(Paris: Gallimard, 1968),第179页。

113 伤的放松感。换言之，部落成员必定有与我们处在他们的地位上要有的非常相同的感觉：这里是一个人，而那边则是另一个，而一个活下来/手舞足蹈靠的是另一个人/躯体被猛犸踏过。

一串串的连续性甚至可能会让我们理解相隔久远的祖先，但是，在这些连续性旁边，当我们企图以其道德和精神的维度理解人类主体性时，却存在着令人困惑的差别。这点为在我们对北西伯利亚的布里亚特人的三个灵魂说感到困惑中得到充分表现。但是，这一点正如我们的现代自我概念由历史定位的自我解释对局外人来说也是晦涩难解的一样。很可能，每种语言都有关于反思性思想、行为、态度的自我指称和描述的资源(这些资源将超越指称性的表达，并包括像古印欧语的中间语态的形式)。但是，这并非都同样使“我”成为名词，把定冠词和不定冠词放在前边，说“这个”我，或“一个”我。这反映着某种重要的事情，它为我们的现代主体性含义所特有。众所周知，希腊人能构造命令“gnothi seauton”——“认识你自己”——但他们通常并不把人类主体说成“ho autos”(希腊文，意思为“我自己”——译注)，或在我们会用不定冠词加以翻译的语境中使用这个术语。④

---

④ 在《伦理学》(Ethics)的著名段落中(1169b7)，亚里士多德讲到朋友是“另一个自我”，但是，与我们当前对作为“自我”的人类主体的描述相比，这并不具有同等的力量，这在下边将变得清楚起来。

有时，我们用像“自我”这样的表达式，翻译来自极为不同的文化的文本。例如，《奥义书》的文献，就是这种情况，在那里，人们能以发现像“自我和婆罗门是同一存在”的英译句子。这在什么程度上包含着种族的相似成分，或在什么程度上把握了这种宗教观点的真实特征，是无法先验确定的。但是，我们应该注意到，翻译“atman”的词，像我们的“soul”，“spirit”，“psyche”，是一种在词源学上本质地与呼吸的表达式相联系的词。

我们关于自我的现代西方概念，同极其不同的学说和文化观——像“无我”(“anatta”)——的关系，至少对我来说，仍旧是令人困惑的和困难的课题。但是，或许关于现代西方概念起源的这种研究，可能有助于为阐明性的比较，以及对上座部观点的解释做好准备，比如斯蒂芬·柯林斯的《无我的人格》(Selfless Persons)(Cambridge：Cambridge University Press，1982)。

一个类似的差别可能会出现在长期的和特别现代的关于内部/外部的差别上。有一种"内部"的含义指谓我们自己秘而不宣的思想、欲望或意图，这与那些我们的言行所表达的东西相对照。当我忍住不说我对你的看法时，思想就仍然是内在的，当我脱口而出时，它就处于公共领域之中。这种区分看起来对许多不同的文化来说是共同的主题，每一种文化被编织进"内在"和"外在"意味着什么的比较丰富多彩的概念中，在每种情况下这种概念表达着文明特殊的道德/精神眼光。这样，在克利福德·格尔茨从爪哇报告的the "batin"/"lair"的区分中，有对我们来说马上就能理解的和熟悉的某种东西。[5]就如格尔茨对它的描述，"batin""在于表现为全部的现象直接性的主观感情的模糊的、变化的流之中"；而"lair""指人类生活的部分，在我们的文化中，严格的行为主义者把他们自己限制到学习上——外部的行为、运动、姿势、言语"。[6]格尔茨同时强调，这个概念如何不同于它的西方类似物，尤其是这样的事实，即它并不以极其相同的方式与个体相关[7]，或以我们熟悉的方式与灵魂/身体的区分相联系。看起来普遍熟悉的内在和外在的人为区分，在这里被编织进一种极其奇特的和不熟悉的精神学说之中。

然而，正如涉及的我们的自我概念，这类学说总有让我们熟悉的一 114
面这种事实，使我们门外汉难以认清整个地域化对我们来说的确是非常不同的，因而反过来，我们有关内在和外在的现代概念实际上是奇怪的，也是在其他文化和时代中没有先例的。

---

⑤ 格尔茨：《从土著人的观点看》("From the Native Point of View")，载《阐释的社会科学》(Interpretive Social Science)，P. 拉比诺和W.M. 沙利文编 (Berkeley: University of California Press, 1979)，第230页。

⑥ 格尔茨：《从土著的观点看》。

⑦ 因此，格尔茨说，batin或者"内在"领域，"被认为，至少在其根基上，是贯穿所有个体的，因而它超越了他们的个性"；《从土著的观点看》。

为了弄清它是如何奇特和异常，从先前主导的地域化中对它的发生进行追溯，将是有益的。我在柏拉图那里发现了对这个问题所作的范式性陈述。

第六章

柏拉图的自制 115

第一节

柏拉图的道德学说，例如就像他在《理想国》中所陈述的，似乎对我们说来非常熟悉。当理性占支配地位时，我们就是善的，当我们被自己的欲望所控制时，则是恶的。当然，现在许多人不同意这个观点，但似乎它完全为我们所理解。实际上，很清楚，尽管在其著作的证明上进行了艰苦的论证，在柏拉图的时代许多人也不同意这种观点。这一熟知而能理解的学说在外表上是有根据的，但这掩盖了我力图引出的深层变化。

根据上边陈述的词汇，柏拉图给我们提供了道德根源的观点。他告诉我们，在何处我们能够进入更高级道德状态。我们或许说，他指给我们的地方是思想的领域。我刚才用“理性”翻译“思想”并不是完全没问题的。下边我要论证，我想描述的古代到现代的转变，能够在词汇的变迁中得到反映。但目前，我将把这当作好像是没有问题的，以使我们明白柏拉图是把道德根源定位于思想领域中的。这就是我们通向高级道德条件的必经之地。

我们通过思想或理性所获得的东西是自制。善良的人是“他自己的主人”(或“比他自己更强大”,krettō autou,430E)。除非加上灵魂高级和低级部分的差别,否则柏拉图认为这个表达是荒谬的。是自己的主人就是灵魂的高级部分支配低级部分,这就意味着理性支配欲望(“to logistikon”支配“to epithumetikon”)。

这样,当理性占支配地位时,我们就成为善的,而且我们不再为自己的欲望所控制。但是,控制的变迁并不只是一套目标从另一套接过优先权的问题。当理性占统治地位时,一种极其不同的秩序在灵魂中起支配作用。实际上,我们可以说,秩序在那儿第一次起到支配作用。相反地,欲望的王国是混沌的王国。善良的灵魂喜爱秩序(kosmos)、一致(xumphonia)与和谐(harmonia),而恶的灵魂则受他各方面的欲望的折磨,
116 并处在永恒的冲突之中。柏拉图甚至把它们描写为遭受某种“内战”(stasis)的痛苦。[①]后来,在他关于民主和专制的人的生动描写中,给读者头脑中留下的持久印象是,他们所遭受的懊悔的苦难和内在自我毁灭的冲突。

除了与自己保持一致之外,受理性支配的人也喜爱镇定,反之充满欲望的人则时常焦虑不安,总是因为他的渴望而东撞西撞。这转而又与第三种差异相关。善良的人是泰然自若的,而恶人则是心烦意乱的。前者喜爱某种冷静,不旁心他骛,其他人则完全缺少这点,受其无穷无尽的欲望的驱动。柏拉图经常强调欲望的无穷尽的本性。一种受其胃口支配的祸根,他是绝对无法满足的;他永远被拖着走。柏拉图说,欲望因素“在本性上是贪得无厌的”(442A,physei aplēstotaton)。

通过理性的自我控制,带来三个这样的成果:与自我相统一、镇定和泰然自若的冷静。

柏拉图推动设立了我们的文明中占统治地位的那组道德理论的形

---

① 在《理想国》的444B,非正义被描绘为某种内战,或者灵魂的一部分反抗整体。

式。多少世纪以来，对许多人来说，自明的事情是，思想/理性使我们的生活成为向善的，或者如果激情不阻碍的话，它就是这样的。而奠定这种观点的背景联系仍然是非常相同的：理性地考虑某事就是以不带情感的态度对待它。这意味着既清楚地看到什么应当做，也清楚地看到什么是镇定和沉着，因而能够去做。理性是在同一个时间正确地理解事物的能力和保持冷静的状况。成为理性的确实就是成为自己的主人。

这种看法一直占主导地位，并且从未受到挑战。尽管基督教神学吸收了许多柏拉图哲学，而且圣洁和拯救也用源于柏拉图的词语纯洁和“极乐的境界”来表达，然而基督教所强调的极端的意志皈依最终决不会与这种综合相协调。经常有基督教思想家抗议与希腊哲学的这个或那个方面的婚姻，而且这个主题不时因理性本身可能正好是魔鬼的仆人而被压制，实际上，把理性当作善的保障者是陷入了盲目崇拜。路德生动地把理性说成“那个娼妓”。

部分源自基督教对希腊哲学的抵抗传统，我们现时代也看到对理性道德哲学进行的一些反抗。理性的霸权、理性的控制可能压制我们，令我们窒息，使我们智力枯竭，这个观点被发展起来了。这个观点一方面来源于某些浪漫主义者，另一方面来源于尼采，后来又来源于法兰克福学派——它同时吸取了这两个方面。理性自制或许是自我压制或奴役。存在着“启蒙的辩证法”，据此自称是解放力量的理性，转向其反面。我们需要从理性那里获得解放。

以自由为名义的挑战是特别现代的；但是，理性的霸权在古代人中 117
也并非是未受抵抗的。在某种意义上，柏拉图可被视为建立这种主导道德哲学的关键人物。在这个过程中，其他道德，我们道德根源的其他图示，不是受到怀疑，就是被吞并，并被置于从属的地位。例如，有武士(后来为武士—公民)道德，在那里有价值的是构想和实施伟大行动的力量、勇气和能力，在那里生活是以声望和荣誉为目标的，人们喜爱的不朽是其名字因永远挂在众人嘴边而永存。高级的道德条件，在这里是人们为澎湃的激情，为激昂的力量和勇气——例如，在战场上——所充实，并能取得彻底的胜利。与理性沉思的反思和镇定的态度相比，这不仅是不同的，而且是根本不相容的。实际上，在某些更原始的文化中，这种激昂被视为某种着魔或疯狂。伟大的武士为战场上的某种癫狂所支配；他变得“发疯”。这个词来自原始斯堪的纳维亚文化，但在古凯尔特人那儿也看得到某种相同的条件。

与柏拉图有关道德根源的场所，有关人们必须在何处同意高级条件的看法相比，这是一种完全不同的观点。它与另一种竞争观点有某些相同的地方，这种观点赞颂诗人于其中进行创作的疯狂的灵感状态。(就如苏格拉底在《申辩篇》中所说的，诗人的工作不是靠智慧，而是“靠直觉和由神灵控制的‘神秘的灵感’enthusiazontes”，22C.)

为了确立他自己的观点，《理想国》的作者②必须正视这两种观点。他的路线是几乎完全怀疑第二种，或至少使我们对它非常警惕，使它屈从于第一种。这后一种工作是在《理想国》中通过识别灵魂中欲望和理性之间的第三种成分，即“精神”(thumos)，加以完成的。这种精神的适当角色是理性的辅助者，类似于社会中武士的作用，武士应当适当地服从政治领袖。

对理性和反思伦理学赖以取得高于行为和荣耀伦理学的地位这个

② 在这里，我用迂回曲折的词句，因为有某种迹象表明，就躁狂的灵感，历史上的柏拉图并不是不自相矛盾的。不仅有我从《申辩篇》中引用的资料，似乎在《斐德罗篇》中也有表面上赞成的对话。就我的目的而言，我并不需要解决这些歧义性。在这里，我追溯着一个非常有影响的道德观点，它主要的根源之一就是《理想国》，这本著作特别重视武士伦理和灵感[例如，见403A，在那里mania(疯狂)与无控制的性激情相联系]。无论这是否反映着“真正的”柏拉图，都不妨碍我的工作。不管作者持多么伟大的讽刺态度，我的目的是要把握传统确立的在《理想国》中制定的学说。在我的文本中，柏拉图的名字是这种学说的倡导者的简明标记。那些并不把它看作属于柏拉图的人，应在这个名字每次出现时，为其打上看不到的引号。

长期发展过程来说,大概应看到柏拉图的工作做了重要的贡献。后一种伦理学绝没有被取消。尽管柏拉图企图怀疑作为生活目标的荣耀,因为对它的关注只是指向了现象而不是实在,但他在三重序列的灵魂中所划定的从属关系,对西方社会已出现的东西,即对行为和荣耀伦理的某种包容来说,是更好的模式,而根据理性或纯正的高级伦理学的霸权,这一点是难以保留的。基督教骑士的后期十字军模式提供了一个著名的例子。

但是,从我们的观点看,联系不同种类的定位,在这里,有趣的东西是,理性伦理学据以上升到主导地位的方式似乎引起对主体的不同的 118
理解。这或许为我们提供了对荷马心理学特点的解释方法,布鲁诺·斯奈尔及其他人对此做过评论。

斯奈尔[3]评论说,荷马史诗中没出现的词,能够根据其标准的后柏拉图主义的意义,翻译成我们的"心灵"甚或"灵魂",也就是说翻译成一个指称我们所有不同的思想和感情惟一发生的地方一个词。荷马的"psychē"(心)看起来标示的与其说是思想和情感的地点,不如说是某种像我们身上的生命力的东西,它从身体消散直到死亡。假若人们问这类事物在荷马论述的主人翁那儿是在"何处"发生,却不能给予一个单一的回答。毋宁说,我们面对的似乎是一个碎片:有些事发生在"精神"(thumos)中,另外的在"声音"(phrenes)中,其他的在"振动"(kradie)、"心"(ētor)或"心房"(ker)中,还有的在"思想"(nous)中。这些地方的某一些大致可在身体的部位上得到识别;例如,"振动"、"心"和"心房"似乎等同于心脏,而"声音"等同于肺部。理查德·奥尼安斯[4]也充分论证了,"精神"最先存在于肺部。与"心灵"位置的多样性相平行,身体的关联也被我们

③ 布鲁诺·斯奈尔:《心灵的发现》(The Discovery of the Mind)(Cambridge, Mass.: Harvard University Press, 1953),第1章。

④ 理查德·奥尼安斯:《欧洲思想的起源》(The Origin of European Thought)(Cambridge: Cambridge University Press, 1951)。

认为是作为部分存在的。斯奈尔论证说，术语“soma”指死尸。与活的肉体相关的，例如，“四肢”、“皮肤”，等等，随着语境作适当的变化。

斯奈尔也注意到，荷马史诗的英雄经常因神向他注入了力量之流而被推向行为的最高峰。实际上，他的某些大错也被认为由同样的原因引起的。阿伽门农把他对待阿基里斯的不公正和愚蠢归因于神使“疯狂”降临于他。但是，与我们现代的直觉相反，这并不意味着减轻与当事人相关的功绩或过失。虽然他那感人行为的力量来自神的能量注入，但伟大的英雄仍然是伟大的。实际上，这里并没有让步；并不是说，尽管有神助，英雄仍旧伟大。他处于神圣行为的这个地点，就是他伟大性质的不可分割的组成部分。

就如阿德金斯指出的，荷马史诗中的人物展露“其部分比整体更明显，一种突然意识到的预料外的能量激发”。[5]对于现代人，这种碎裂，再加上有关功绩和责任的表面混乱，是令人非常困惑的。有人[6]往往轻视斯奈尔的论点，否认荷马史诗中的人就其理解决定和责任的方式上与我们有什么不同。

除非在解释中引入某些关键的差别特征——而这正是我在前边试图做的——否则争论就容易成为相互误解的牺牲品。如果我们回到前边旧石器时代的猎人那个例子，他们似乎很可能，正像荷马时代的武士——以及我们自己——一样，具有类似的，作为他人中单一活动者的自我感：我是一个个体，我的命运在猛犸的冲撞或我的敌人的矛头中被
119 决定。类似地，他们必定对要他们采取的决定有着与我们类似的理解。某些事情轮到我头上：我躲避这只野兽？我战斗还是逃走？

我想论证，这种词汇所表示的，是关于道德根源，关于人们必须到

⑤ A.W.H. 阿德金斯：《从多到一》(From the Many to the One)(Ithaca：Cornell University Press，1970)，第27页。

⑥ 见，例如，休·劳埃德—琼斯：《宙斯的正义》(The Justice of Zeus)(Berkeley：University of California Press，1971)，第9页。

何处获得道德力量的极其不同的观点。至于所有与我们自己的文化截然不同的文化,给它一个肯定的描述是极端困难的,即使人们作为人类学家能生活在荷马时代的武士之中。由于仅有少数文本可为人们所利用,这个任务实质上成为不可能的。

但是,否定地谈论这种看法,通过它的否定物,即最终战胜它的心灵和责任概念,来定义它,这或许是可能的。如果我们再次把柏拉图的理论作为最终获胜观点的最高陈述,反差就显示出来了。正因为柏拉图的观点赞许镇定意识的状况,而且把这种状况当成与自我保持最大程度统一的状态,所以它要求某种作为单一空间的心灵概念。正是这些思想和情感的特殊本性,产生了把特定思想和情感置于特殊区位的诱惑。它们与我们日常所感受到的东西是不同的,甚或是不相容的。我们在高度激动的时刻所体验到的,可能具有这种特点。而在当今,我们仍想谈论特定的区位,但却是另外的特点:我们讲一个人"灵魂出窍",或"神不守舍",犹如魂不附体,在身外的什么地方。在这个意义上,我们盛怒时的感受似乎就不能与我们平静时的感受相比;人和事件在面貌上都有相当的变化。类似的变化可能发生在我们坠入情网或者失恋时。体验的情形变化如此之大,以致我们很容易倾向于用地点变化的想象来描绘这种转变。

对在这些特殊状态下寻找最高级的根源的道德生活观来说,比如在高度激昂的条件下,使用特殊地点的体验描述似乎将是最深刻和最有启发性的。借标示这些状态与日常思想和情感缺乏连续性,我们强调它们的特殊性。但是,相反地,如果对我们说来最高的状况是我们在其中反思和镇定的一种,那么与其他状况断裂的特殊状态,就是某种注意力的丧失、衰退,某种应当克服的东西。我们赞许的理性反思的状况,被规定为我们借以理解和审视其他状况的状况。对理性道德主义者来说,得到赞许的状况不是外在于与所有其他人交往意义上的特殊状态,反而是据此所有思想和感情处于视界之内的状态,就如理性霸权使我们 120

能够把自己置于中心一样。特殊的、非交往的状态因而属于堕落;它们是理性的障碍,它们体现了不可能达到理性高度。

换言之,原则上,灵魂在权利上是一;它是单一的区位。关于它包含多种位置的体验是一种错误的和不完善的体验。区位的单一性,因此所有思想和情感有这种单一位置的新的灵魂概念——与作为生命本原的"心灵"(psyche)相对立——是理性霸权道德的本质伴随状态。如果我们要以理性的冷静理解达到最高点,灵魂必须是一,理性的冷静理解带来和谐和一致的完整人格。

另一方面,区位的多样性很好地适应着据此高级力量的注入是优异的根源的道德观。像每个人一样,我发现很难给荷马时代的人的观点提供一幅令人信服的图景,但我不认为碎片化和使它们聚合的神圣力量的注入是偶然的,或二者在柏拉图对逐渐占统治地位的观点的系统阐述中都被搁置一旁是偶然的。

第二节

但是,这完全是我想讲的故事的前史。道德自我的集中和统一,是我将描述为内在化的嬗变的前提,但集中并不是这种内在化本身。没有在柏拉图理论中表达的我们所看到的统一自我,现代内在性概念绝不可能形成。但是,它对于这个概念的形成已进了一步。

当然,人们可能用"内在/外在"语言系统阐述柏拉图主义与武士伦理学的对立。因为前者认为关键的是灵魂的气质,而不是外在的成功。实际上,在某些对话(例如,《高尔吉亚》)中,柏拉图有力地论证道,即使一个人因其德性而遭受很大痛苦,也要比行不正义之事的人更加幸福,无论后者多么成功。而这就是《理想国》想确定的学说,即正义的生活是最有利的——甚至在行为和权力世界中缺少成功的时候也是如此。事实上,真正有智慧的、正义的——因而也幸福的——人,对权力世界是不感兴趣的。他必须竭力在规范正义的状态方面发挥其作用。

这样，如果我们把外在的设想为城邦中的行为领域，而把内在的看作灵魂倾向的领域，那么我们就能把与荣耀行为相对照的理性霸权的学说表达为内在的高于外在的。(当然，我们还未到康德将把我们领到的 121
地方，在那里正当是内在动机的问题，它与外在行为无关，这样，任何行为模式都可能与真正的善良的缺席——即善良意志的缺席相一致。根据柏拉图的观点，有德性的人以不同于恶人的特点而行动。但是，外在的成功或许离他而去。)

然而，事实上，柏拉图未使用内在/外在的二分法阐述他的观点。[7]直到奥古斯丁，我们才遇见用内部和外部的概念系统阐明的这种理论，在那儿灵魂的善重于那些现世行为的善。下边我将再回到这个问题上。

对柏拉图来说，关键的对立是灵魂与肉体、无形与有形和永恒与变化的对立。正是这些在柏拉图的理论阐述中占据主导地位。在给定他的理论的性质的情况下，它们说出的他要传达的东西显然比内在/外在能够传达的更多且更好。

但是，后者所包含的知识并非肯定比标准的柏拉图的对立物更少；还有另外一种柏拉图或许认为它是误入歧途的意义。那是因为他的整个理性概念和理性规则。理性概念与秩序概念密切相关。理性支配的灵

⑦ 事实上，柏拉图很少使用“内部”或“内在”的语言说明道德观点——鉴于我们现代人阐述柏拉图时自然地倾向于运用这些术语，在柏拉图那里则令人吃惊地少。在《理想国》的几个地方，它们出现过：(1)在401D，苏格拉底说，“音乐教育最紧要，因为没有任何东西比节奏与和谐更能深入灵魂，并最牢固地扎根在那里”；(2)在443D，苏格拉底说，真正的正义并不只是“关于人外在地(peri tēn exō)做他自己的事，而是关于内在的(peri tēn entos)，即真正意义上的关心自己”。第二种用法预示了奥古斯丁，并接近了现在所熟悉的用法。第一种似乎是用这个术语说某种有些不同的东西：节奏与和谐彻底地穿透灵魂，与表面上的触动相对照。还有(3)在589A—B，他讲到“ho entos anthrōpos”，但这与他非常神秘的复合存在的比喻相关，类似于人中之狮，以及有个小人在其体内的长着许多头颅的野兽。

魂是有秩序的灵魂，就如我们看到的，它喜爱一致与和谐。就其本性而言，灵魂需要或倾向于一个特定类型的秩序，在这一秩序中理性是至高无上的，这就像身体需要和倾向于我们所认为是健康的那种秩序一样。对他来说，健康的类比起着一个重要的作用。例如，在第四卷中，他论证说，身体的健康也是适当的因素支配和被支配的问题，而疾病在于这种秩序被颠倒了。所以，“德性……应是灵魂的一种健康、美和善的状况，而罪恶则是病态、丑陋和虚弱”(444D—E)。

理性是观察和理解的能力。理性的把握就是能够“提供理由”，或“说明原因” (logon didonai，534B)。因此，由理性支配就是受正确的眼光或理解力支配。我们自己正确的眼光或理解力把握着自然的秩序，即类似健康的状况。这种自然秩序的一个方面就是理性应起支配作用的要求本身；所以，就有理性霸权的自我肯定的方面。但是，正确的秩序也建立着我们不同爱好和活动中的优先性，区分必要和不必要的欲望(558—559)，以及类似的东西。所以，理性可以被理解为对自然或正当秩序的知觉，而由理性支配就是由这种秩序的眼光所支配。

柏拉图提供了我们可称为理性的实质性概念。理性被与对秩序的知觉捆绑在一起；因而实现我们的理性能力，事实上就是理解秩序。正确的眼光是准则性的。人根本不可能受理性支配而又误解或弄错实在的
122 的秩序。对柏拉图来说，无法想象一个完全理性的人，却对事物的秩序或道德上的善有极其错误的观点——例如，他相信德谟克利特的偶然相连的原子宇宙，或主张生活的目的是聚集权力或财富。但是，理性如此在准则上与之相联系的秩序，在灵魂不同的目标、爱好和成分之间，并非只是一种我们或许要称为“内在性的”东西。更根本的是与宇宙间事物的秩序的关联。这种与灵魂正当秩序的联系，就如整体与部分、正在包容与已被包容的联系。但是，它并不是仅仅由于这种理由就更重要。真正关键的是，只有在整体秩序的层次上，人们才能理解每种事物都是因善的原故而有秩序的。

善的眼光处在柏拉图道德资源学说的真正中心位置。整体的善，其秩序显示着善的理念，是最终的善，这种善包容着所有不完全的善。它不仅包括它们，而且赋予它们较高的尊严；因为至善要求我们绝对的爱和忠诚。它是强势评估的最终根源，是某种因其自身而值得渴望和追求的东西，而不只是把可欲性给予现存的目标和爱好。它提供超越事实上的欲望变动的欲求标准。根据至善，我们可以明白，我们的善，我们灵魂中的恰当秩序，具有这种绝对的价值，它把这部分推崇为整体秩序的高尚部分。

这样，对我们来说，善良生活由理性支配，并非只是作为我们灵魂的正确秩序的眼光，而且更根本的也是作为整体善的秩序的眼光。在没有其余秩序的情况下，我们就无法理解这些秩序中的一种。由于我们中的正当秩序由理性支配，除非理性达到其完满的认识，即对至善的知觉，否则理性的支配就不会实现；而且与此同时，对至善的知觉才使我们具有真正德性。对永恒的、善的秩序的爱，是我们对善良行为和善良生活热爱的最终根源和真实形式。德性的可靠基础是对这种秩序的知觉，没有爱，人就不能理解这点。那就是为什么哲学是德性的最好守护者的原因。

与景物和艺术的爱好者或只是行为人的普通人相反，哲学家热爱永恒的真理(476B—C)。哲学家不是寻求声色之美，他寻求美本身——即某种在美的对象改变和变化，并“摇摆于生灭之间”(planōmenēs hupo geneseōs kai phthoras，485B)时，永远保持同一的东西。但是，柏拉图论证 123
说，这样热爱永恒的人因此必然在道德上是善的；他们必定具有所有的德性(486—487)，因为热爱秩序本身将带来秩序(参见442E)。后来，他又论证道：

> 确实，阿德曼托斯，一个真正专心致志于永恒实在的人，无暇屈尊注意众人琐碎的事务，或因此充满嫉妒和仇恨地同他们争斗，而是

> 把注意力固定在永恒的事物和不变的秩序上，他看到这些事物既不中伤也不被另外的东西中伤，只是均按理性的要求遵循和谐，他将竭力模仿它们，并且尽可能按它们的形象塑造自己，使自己向它们看齐。或者，你认为任何人不可能模仿他自己所赞美的事物吗？(500B—C)

理性按照更大秩序的眼光达到其完满性，这种眼光也是至善的眼光。这就是为什么内在/外在的语言在某种意义上能误认为是柏拉图见
124 解的系统阐述的原因。在一个重要的意义上，我们因理性而认可的道德根源，并非在我们内部。它们可被看作外在于我们，而在至善之中；或许我们对高级状况的认可，应当被看作某种发生在我们和这种善的秩序之间“位置”上的事情。只要理性是实质地被规定，只要秩序的正确眼光是理性的规则，那么我们成为理性的，就不应极其明确地被描述为发生在我们之内的某种事情，毋宁更应描述为我们与我们处于其中的更大的秩序的联系。

在伟大的洞穴寓言中柏拉图把这种想象推向高潮。他说，某些人认为教育是把真知识放入没有知识的灵魂中。这里的模式应是身体的德性和能力，柏拉图同意它们应被看作我们由习惯和练习获得的事情。可以说，我们把它们融入我们之中，并把它们放在它们以前未在的地方。但是，特殊的思想德性(hē de tou phronēsai，518E)并非以这种方式而来。毋宁说，我们应该认为自己拥有某种类似永不消退的想象能力的东西，而从幻觉到智慧的变化被比喻为我们把灵魂之眼转向正确的方向。某些人，即耽于声色的人，把注意力完全放在肉体和变化的东西之上。使那些人变得聪明是一个将灵魂的注意力从黑暗转向真实存在的光明的问题(518C)。但是，正如肉眼只有在整个身体转动时才能转向，所以必须是整个灵魂的转向才能获得智慧。这不是一个把能力内在化的问题，而毋宁是转向(periagōge，518E)的问题。对柏拉图来说，关键的问题是灵魂

朝向什么方向。那就是为什么他想依照肉体/非物质、变化/永恒的对立来阐述他的见解的原因，因为这些对立规定着我们意识和欲望的可能的方向。不仅内在/外在的二分法对这个目的没有用处，而且实际上它倾向于模糊关键的事实，即灵魂关注什么对象并从中得到滋养的问题。非物质的和永恒的灵魂应当朝向非物质的和永恒的东西。不是其中发生了什么，而是在形而上学的景色中它面向哪里，这才是问题之所在。

与此同时，灵魂之眼的形象有助于阐明柏拉图的理性概念。理性是我们观察存在，阐明现实的能力。正如眼睛，除非有可能被阐明的现实，它就不能发挥其看的功能，同样地，除非我们朝向真实的存在，受至善启发，否则理性就不能实现其功能。那就是为什么必须实质性地理解理性，为什么真实秩序的眼光对理性来说是规范性的原因。

第三节

退回到这一章开始时我的出发点上，柏拉图的道德理论在某些方面对我们来说似乎是非常熟悉和易于理解的。当我们把其描述为呼唤一种自制时，就是这样；自制在于理性控制欲望，自我控制是与被人的嗜好和情感所控制相对立的。我们本能地感到我们理解这种道德理论，无论我们对它同意与否。我们把它看作一种我们当代的选择。

但是，当我们理性的控制是被理解为受秩序的理性眼光控制时——或者更确切地说，由于对柏拉图来说，逻各斯就像存在于我们之中一样也存在于实在之中，我们应当说受理性秩序的眼光的支配——便似乎有些奇怪。我们内部哪个因素支配的问题，立即转变为整体的灵魂关注和爱什么的问题：永恒的存在秩序，还是易消失的变化无常的声色犬马之乐。受理性支配，意味着人的生活由其知道和热爱的在先存在的理性秩序所塑造。

我想称为“内在化”的转变，在于这样一种对理性控制的理解，被另外一种理解所替代，在这种更易于为我们接受的后一种理解中，关系到理性最高权威的秩序是制造的，而不是发现的。这种与柏拉图相对立的现代观点的代表人物是笛卡尔；或者，至少，他是我想就这种关系谈论的人。但是，在我们转向他之前，关于对柏拉图模式的历史影响，我还要说几句。

这种模式在古代世界保持统治地位。纵观起源于苏格拉底的其他学派对柏拉图进行的修正，对理性支配的同样的基本理解仍在继续着。
125 例如，亚里士多德反抗柏拉图构成的对我们生活中正当秩序的意识和对宇宙秩序的意识之间的紧密关联。看起来，好像后者是前者的本质条件，至少就如他在《理想国》中所阐述的那样。亚里士多德发现，这是不能接受的。我们对宇宙秩序的把握，在不变和永恒知识的强意义上，是一种科学。我们对生活中正当秩序和目的优先性的把握并不属于这种类型。它是对永久变化的理解，据此用一般规则绝不能详尽无遗地把握特殊情形和境况的特征。在实践上有智慧的人(phronimos)具有在每种特殊环境中如何行动的知识，这是绝对无法等同于或还原为一般真理的知识的。实践的智慧(phronesis)与其说是某种科学，不如说是一种不能完全表达的见识。

然而，对亚里士多德来说，这种实践智慧是对某种秩序，生活目的的正确秩序的意识，它把我所有目标和欲望构成一个统一的整体，在其中每个部分都有其适当的地位。亚里士多德从柏拉图那儿接过治疗的类比，视善良生活犹如健康，在此为了整体的平衡和状态良好，每种因素必须处于过多与过少的限制之间。而我生活的良好秩序与我理性的存在有本质的联系，这既是因为作为理性的生活——理性是我的目标的最重要的决定因素，也是因为正是通过理性的一种完美性——健全的理智(phronēsis)，我可以靠这种秩序确定我的生活。

此外，尽管亚里士多德把永恒秩序的知识同我们对正当生活秩序的意识区分开来，但二者仍然是善良生活的本质。思考(theōria)，或对不变秩序的沉思，是人的最高级的活动之一，这种活动使人走向神性。作为理性的人类生活的完整的善，并不单纯在于伦理的完满；它也包括科学的完满。这些完满的实现要求对宇宙秩序的把握。对这两种秩序的关注，因而就构成了人类的善。

但是，两种秩序之间的联系也是本体论的。人的善良生活事实上是因为理性生活是人类的本性。人性是存在秩序的组成部分，每种存在都有其自身的本性。在上帝之爱的推动下，每种事物都竭力达到其完善并因此实现其本性。作为主体，要为伦理的完满而奋斗，因而人们加入同一种理性秩序中，他们可以在科学中对这同一种秩序进行沉思和欣赏。

因为完全排斥沉思的价值，斯多葛派既脱离了柏拉图，也脱离了亚里士多德。人被理解为理性动物，但要求人实现的理性纯粹是实践性的。理性告诉我们什么是善良生活。邪恶的人受情欲推动，而情欲可被理解为有关善的虚假见解。有智慧的人完全摆脱了这些情欲。 126

但是，对斯多葛派来说，合理性也是秩序的眼光。智慧不只是在于看穿与普通人的情欲相关的虚假的善。这种否定性的理解是积极洞见的另一面。斯多葛派哲人看到并热爱事物整体的善良性质。他有强有力的上帝天道之眼光——上帝为了最佳状态而安置每种事物。正是这种积极的爱，把他从支配大多数人的希望与恐惧、痛苦与快乐的特殊的喜爱或厌恶的结果中解放出来。人们可以说，因为斯多葛派哲人是爱整体的善良性质，也因为这种眼光是作为理性存在的他的本性的实现，他以平等的欢喜对待作为整体之部分的每一新事件，而不是对他特殊生活规划的成功或挫折感到满足或灰心。

所以，在某种意义上，斯多葛派站在柏拉图一边，反对亚里士多德，据此宇宙秩序的眼光成为真正的德性和实践智慧的本质条件。那就是为什么斯多葛派导师坚持物理学是他们伦理学的基础的原因。不同于柏拉图的仅仅在于，这种宇宙秩序就其自身而言没有价值，在单纯的沉思中,它没有价值;科学的整体意图是使人更好。

我将乐于论证,甚至极端的例子,伊壁鸠鲁,在一个重要的意义上仍在柏拉图模式的约束之中。伊壁鸠鲁是极端的例子,因为他否认对柏拉图来说是最本质的东西,即人可以赖以规范自己的真正的宇宙理性秩序观念。相反地,智慧之路是看穿所有这类对秩序或神圣目的的虚假幻想,而把注意力放在人的生活所提供的快乐上。但是,正确地理解这些快乐需要理解它们中正确的评估等级。无论在这里还是在宇宙中,理性都被理解为看清那儿存在着的秩序的能力;只有在这种极端的情况下,对伊壁鸠鲁来说,理性在宇宙所发现的是缺少秩序,或者说事物纯粹是偶然性,即原子在虚空中任意飘动的结果。在当前的论证阶段,这种论证看起来可能只是诡辩。我并不打算忽视伊壁鸠鲁去魅化的宇宙观与柏拉图的秩序观念之间的巨大差异。不过,在我考察了笛卡尔之后,我现在所指出的类似之点将会变得更加清楚。

第七章

"内在的人类" 127

第一节

在从柏拉图到笛卡尔的途中,要经过奥古斯丁。奥古斯丁的全部观点受到由普洛提诺传给他的柏拉图学说的影响。在他的精神发展中,他与这些学说的邂逅起了关键的作用。当他最终把上帝及灵魂看作不朽时,他能够把自己从虚假的摩尼教观点的最后枷锁中解放出来。从此以后,对奥古斯丁来说,在柏拉图肉体与非肉体的区分的帮助下,基督教关于精神与肉体的对立得到了理解。

伴随这种二元论,当然,奥古斯丁披上了相关对立的全副盔甲。高级的领域也就是与仅仅暂时的东西相对立的永恒的领域,是与不断变化的东西对立的永不变化的领域。

他也接过了理念。它们现在是上帝的思想,因而它们甚至能在这种新的有神论的环境中保持永恒。由于其与正统基督教信仰所有重要的区别,《蒂迈欧篇》中的世界形成的描述给奥古斯丁留下深刻的印象。他强调类似点,并且是把柏拉图看作"雅典的摩西"、基督教思想路线的奠基者之一。基督教的上帝仍可依据理念的模式而构造事物,因为它们是他自己的思想,像他一样是永恒的。奥古斯丁甚至能接过柏拉图—毕达哥拉斯关于数的创世的本体论基础的见识。①

无中生有的学说就这样与柏拉图的分有概念结合起来。创造物从上帝那儿,通过分有其理念,获得它们的形式。每种事物的存在只在于它们分有着上帝。在用柏拉图的术语解释基督教关于事物的本体论从属观念方面,奥古斯丁在这里以及其他地方,以惊人的新的可能性进行了综合。根据上帝的思想所形成的创世秩序的概念,与伟大使徒约翰的经由圣灵的创世想象相结合,并因而把柏拉图主义同三位一体的核心基督教学说联系了起来。如果每种事物都分有着上帝,每种事物都以其
128 自身的方式模仿上帝,那么支撑每种事物的关键原则就是分有或模仿本身。但是,模仿上帝的原型只能是上帝的圣灵本身,圣灵来自上帝并与他有同一种实质,即三位一体的第二位,所有的事物靠它而创造。

在任何场合中,无论这种综合是否起作用,奥古斯丁给了我们一种对宇宙的柏拉图式的理解——宇宙是理性秩序的永恒实现。事物最终应被理解为像符号一样,因为它们是上帝思想的外部表达。这样每一种事物都是善的(摩尼教的错误被完全放弃了);整体是为善而构造的。这里是犹太神学和希腊哲学可以结合在一起的另一种关键的连结点。《创世记》第一章的断言,"上帝看到那是善的",它与柏拉图至善理念的学说相联系,不同的地方只在于全面构造的理念现在被上帝本身取代(无论是三位一体的第一位还是第二位)。奥古斯丁接过对柏拉图在《理想国》至善理念的讨论中起关键作用的太阳比喻,它既养育事物的存在,也给予它们观看自己的光;但是,现在存在和知识的最终原则都是上帝。上帝是光之源,而且它在这里还有另一个结合点,它与约翰福音第一章的光联系在一起。

---

① 见《论自由意志》(On Free Will),第2卷第8章第24节,第2卷第11章第30节以下。

所以，这个被创造出的世界展示着有意义的秩序；它分有着上帝的理念。上帝永恒的法则颁布秩序。它号召人理解并尊重这种秩序。[②]对奥古斯丁来说——就像对柏拉图一样，宇宙秩序的眼光就是理性的眼光，对二者来说，人之为善都与他们理解和爱这种秩序有关。类似地，对双方来说，障碍在于沉溺于感性之中，人沉溺于高级实在的单纯外部现象中。灵魂必须旋转；它不得不改变其关注/欲望的方向。因而灵魂的全部道德条件最终依赖于它关注和热爱的东西。“每个人变得像他爱的对象。你热爱尘世?那你就将在尘世。你热爱上帝?那么我要说，你将走向上帝。”[③]

当然，为了适应柏拉图关于我们的关注和爱的方向的关键的重要性，奥古斯丁改变了那些证明是决定性的方式的东西之间的平衡。正是爱而不是关注，最终是决定性的因素。那就是为什么奥古斯丁关于两个方向的学说，通常用两种爱来表达的原因，这两种爱最终可被看作仁爱和声色之爱。下边我还要回到这个问题上。

我暂时只想辨别出这两种学说间惊人的一致性成分。而且，从我这儿的观点看，只是为了指出这第一种重要的差别：奥古斯丁描述的关于精神/物质、高级/低级、永恒/暂时、永恒不变/变动不居的同样的对立，根 129
据内在/外在概念来说，这种对立不是偶然的和无关紧要的，而是核心的和本质的。[④]例如，在《论三位一体》第十二卷第一章中，他区分了内在的

② 要求是“依照布置行事”“ut omnia sint ordinatissima”《论自由意志》，第1卷第6章第15节，引自E. 吉尔松：《圣奥古斯丁的基督教哲学》(The Christian Philosophy of Saint Augustine)(London：Gollancz，1961)，第130页。“Lex vero aeterna est ratio divina vel voluntas Dei，ordinem naturalem conservari jubens，perturbari vetans”；引自上书，第307页，注7。

③ “Talis est quisque，qualis ejus dilectio est. Terram diligis? Terram eris.Deum diligis? quid dicam，Deus eris”；吉尔松所引，《圣奥古斯丁》，第250页，注24。

④ 当然，存在着过渡性的思想家。为了将对比戏剧化，我从柏拉图跳到奥古斯丁。但是，人们总是，比如在普罗提诺那里，看到这种有关内在深度的语言。无论如何，(转下页)

人和外在的人。外在的是肉体,这是我们与野兽相同的地方,它甚至要包括我们的感觉,以及我们关于外部事物的形象的记忆储蓄。内在的是灵魂。这并不是奥古斯丁描述区别的仅有的一种方式。对我们的精神目的来说,它是最重要的一种意义,因为从低到高的路,方向上的关键变换,要通过对作为内在的自我的关照。

让我们举一典型的句子:"Noli foras ire,in teipsum redi;in interiore homine habitat veritas"("不要走向外部;回到你自身。内在的人存在于真理中")。[5]奥古斯丁总是让我们内在于自己。他一遍遍地告诉我们,我们需要的东西位于"intus"(内部)。为什么这明显地不同于柏拉图?

简明的回答是,内在深度是通向上帝之路。但是,在更大的程度上揭示这个回答的意义,对我的目标来说是极为有价值的。

前边我指出了上帝和至善理念之间的平行, 据此二者都提供着存在和知识的最终原则;二者都是用同一种核心的太阳比喻来描绘的。在双方哲学中的形象的力量部分在于, 对最高的实在的直接沉思是非常困难的,实际上在某种意义上是不可能的。但是,对柏拉图来说,我们通过考察最高原则组织的客体领域,即理念的领域,来发现这种最高的原则。我们在前边灵魂之眼的比喻中看到的是这样的学说,即并非必须把观看的能力纳入其中;毋宁说正好相反。面向正确的领域是决定性的东西。我们或许必须奋斗以适应这点,但奋斗超越了我们的注视方向。

对奥古斯丁来说,可能比较易于通过上帝创造的秩序认识他,而在

(接上页)奥古斯丁赋予它更核心的地位;他并不只关心摆脱外部存在,而且关注内在的探索。对他之后的西方基督教思想来说,奥古斯丁学说是颇有影响的系统阐述。与尼斯的格列高利的学说存在着类似之处,尤其是圣经的内在精神方面,这些内容有助于形成东正教的精神气质,以及基督教神秘主义的所有后继形式。见让·丹尼埃娄:《柏拉图主义和神秘主义神学: 尼斯的圣格列高利的精神学说》(Platonisme et théologie mystique:Doctrine spirituelle de Saint Grégoire de Nysse),(Paris:Aubier,1953),第3编,第2章。

⑤ 《论真宗教》(De vera Religione),第39卷,第72节。

某种意义上却绝不能直接认识他，或许只有在极少的神秘把握的条件下是例外(诸如,保罗在去大马士革的路上的例子)。但是,我们走向上帝的主要道路不是经由客体领域,而在我们自己“之内”。这是因为上帝并非只是超验的客体,或只是更接近我们努力要认识的客体秩序的原则。首先对我们来说，上帝也是我们认识活动的基本支持性的和基础性的原则。上帝并不只是我们渴望看到的对象,而是给予眼睛以看的能力的事物。所以,上帝之光并非像对柏拉图那样,只是“在那里发光”,照亮存在的秩序;它也是“内在的”光。它是“照亮每位诞生在世界中的人”(《约翰福音》I:9)的光。它是灵魂之中的光。“Alia est enim lux quae sentitur oculis; alia qua per oculos agitur et sentiatur;haec lux qua ista manifesta sunt,utique intus in anima est”(“有一种光是我们通过眼睛看到的，另一 130
种光眼睛本身不能看到;[外部事物] 靠它得以显现的这种光当然是内在于灵魂的”)。[6]在柏拉图光的隐喻和圣约翰之间的联系产生了重要的转向。

奥古斯丁把焦点从客体认识的领域转移到认识活动本身；在这里找到了上帝。这开始对内在性语言的使用进行解释。与公众的和共同的客体领域相对照,认识活动是特殊化的;我们每个人都是自己参与。面向这种活动就是面朝自己,采取反省的态度。

但是,这并未充分表达这一情形。有一种向自我所作的并不激进的转向,在古代道德家那里自我相对说来是一个共同的课题。福柯提到过“自我关心”主题的重要性。[7]要求更高的道德生活,可以用这样的话来表述,即要求少关注人们通常关心的那些外部事物:财富、权力、成功、快乐;而多关注人们自身的道德状况。但是,“自我关心”在这里意味着类似于某种对人的灵魂的关心。要求的主旨是表明，极力关注自己

⑥ 引自吉尔松:《奥古斯丁》,第65页。

⑦ “Epimeleia heautou”;见福柯的《性史》(Histoire de la sexualité)第3卷:《自我焦虑》(Le Souci de soi)(Paris:Gallimard,1984)。

的——比如财产状况，而根本不关心自己灵魂的健康，是多么的愚蠢。这类似于今天某些人可能对总是超负荷工作的忙忙碌碌的总经理的评论："为什么要费尽心机去挣额外的一百万，却可能在此过程中使自己得心脏病?"这个劝告也隐含在这样的话中："多保重自己"。

这种训令要求我们采取反省态度，但并不是一种激进的反省。问题只有到我们采取第一人称的立场时，态度才成为激进的(这是一个我在这里想引入的艺术术语)。鉴于它在我的论证中要占据的地位，或许应当解释一下。

如我所知的世界是为我而存在的，我体验、思考它，它对我来说有意义。知识、意识总是主体的知识和意识。被那个最"客观的"语言，也即我们高度发展的自然科学语言——它试图提供"不偏不倚的观点——所遗漏的世界，正是作为被体验的存在、为主体而存在这样的世界，或换言之，存在着被诸如此类的主体体验为诸如此类事物的世界。"[⑧]在我们通常处理事物时，我们无视这种体验和关注被体验事物的维度。但是，我们可以转向并使它成为我们关注的对象，变得意识到我们的意识，尝试体验我们的体验，把焦点放在世界为我们的方式上。这就是我所说的，采取激进的反省态度，接受第一人称的立场。

显然，在这种意义上，并非所有的反省都是激进的。如果我注意我受伤的手，或开始(迟缓地)考虑我的灵魂状态而不是世俗的成功，那么我就是实际地关心我自己，但这不是激进地关心。我不是把焦点放在作
131 为体验主体的我自己上，也不是使这点成为我的对象。类似地，我可以不持第一人称的立场，而用普遍概念沉思体验的存在维度，就如我在前一段所说的，持第一人称我才使我的体验成为我的对象。激进的反省把与人作为体验主体的存在不可分的自我在场，某种就其本性来说是不

⑧ 见托马斯·纳格尔：《无来源的观念》(The View of Nowhere)(New York：Oxford University Press，1986)；以及同一作者的《怎样像个蝙蝠?》("What Is It Like to Be a Bat?")，载《死亡问题》(Mortal Questions)(Cambridge：Cambridge University Press，1979)。

对称的通路,置于显著的位置上。不对称在于,在我体验我的活动、思想和情感的方式与你或别的什么人的方式之间,有重大的差别。这就是使我成为能以第一人称谈论它本身存在的东西。

作为源自古代哲人,或作为向现代总经理强调的关心自己的呼吁,并非呼吁激进的反省。这是要求我们关心我们的健康,作为对完全沉溺于不太重要的事情(我们的财产或权力)的抵抗,这是一个非常重要的事情(对古代人来说是我们的灵魂,对现代人来说是身体)。但是,在两种情况下,这种引导我们关注,即引起和构成(精神上或肉体上)健康和疾病的东西,与第一人称的立场没有特殊的关系。这样,我们今天有什么是健康的科学,它有非特殊人格的效用,却绝不要求它理解我们所设定的第一人称态度。类似点也会出现在古代人关于灵魂的学识上。当然,认识者和被认识的同一与谈论中的我对关于灵魂/肉体的关心密切相关:呼吁的整个要旨在于,它指出了我不关怀我自己的灵魂(或身体)的荒谬。但是,这个认同在认识或界定什么是关怀这种灵魂(身体)方面,没有重要性。

奥古斯丁的转向自我是激进的反省,这使得内在性语言的形成成了不可避免的事情。内在的光是照耀我们存在的光;它是与我们持有第一人称立场的造物的存在密不可分的。把它与外在的光区别开来的,正是使内在性的形象成为如此有吸引力的东西,是它照亮了我在场的空间。

说奥古斯丁引入了激进反省的内在性,并把它留给西方思想传统,这几乎不是夸张。这一步是命运攸关的,因为我们的确有了非常必要的第一人称立场。从笛卡尔以来的以及现代文化中所有源于此的现代认识论传统,已使这种立场成为根本性的——人们或许认为,达到了畸形的地步。它已到了产生这样的观念的地步,即存在着一个特殊的“内在”对象的领域,这个观念只有从这种立场看才有用;或出现了这样的概念,即“我思”的优点在于以某种方式脱离了我们体验的物的世界。

对那些批评现代认识论传统的人来说，一方面似乎奥古斯丁对许
132 多事要作交代。而另一方面对那些仍然受这种传统控制的人来说(这两类人很大程度上是重叠的)或许也难以欣赏他的成就,因为我们往往把所有的反省都看作激进的。在这两种反应之间的某个地方,恰好是对他带来的变化的赞扬。这就是把自我转向第一人称的向度,这个向度对我们通向更高的条件来说是至关重要的——因为事实上它是我们回到上帝之路的一个步骤——因而开创了我们理解道德根源的新的发展路线,这一路线有助于形成我们全部的西方文化。

作为对我们已经因此形成的东西，尤其是通过现代主观主义具体化了的和自我关注的形式而形成的东西的反动,我们可能贬低这点;或者说由于我们被禁锢在现代主观主义之内，我们或许注意不到它。但是，需要把奥古斯丁从他与其继承者和与其前辈的等量齐观中挽救出来。那就是为什么我试图把他放在柏拉图和笛卡尔之间的原因。正如我说的,奥古斯丁迈开了通向内在性的步伐,因为这是走向上帝的一步。就如我们在前边看到的,真理就在内部,而上帝就是真理。这种说明所依据的一种方式本身就是我们证明上帝存在的企图。在《论自由意志》第二卷的对话中,奥古斯丁向我们提供了这种证明。他试图表明,他的对话者有比我们的理性更高的某种东西，这种东西因此值得被称为上帝。证明反对这样的见识:理性认识到存在着对它是规范性的真理,即它赖以规范自己的标准,标准不是它自身构成的,而是超越于它的,而且对所有理性都是共同的。

人们可以想象，在不求助于第一人称立场的情况下，进行这种证明。例如,现时代的某些人或许赞成,在我们论证中实际接受的东西的基础上,存在有黏合主体间的标准。证明会指向我们的话语习惯和要求的标准，并在那儿接受下来。这类证明在维特根斯坦的信徒中是共同的。不过,奥古斯丁以反省的方式表达他的论证。他求助于我们思考中的第一人称体验。

这样，由向他的对话者表明他什么也不知道开始，他领悟了某种真理。奥古斯丁感到必须回答怀疑论，因为假若怀疑论能证明我们实际上什么也不知道，那么我们真理的判断依赖约束所有推理者的标准这个中枢论证就会动摇。但是，为了证明我们知道某些东西，奥古斯丁作出了原始笛卡尔式的决定性的步骤：他向其对话者表明，他不能怀疑他自身的存在，因为“假如你不存在，你就没有可能受蒙骗”。⑨正如吉尔松指出的，奥古斯丁经常使用这原始我思。⑩

奥古斯丁对它的运用，与其卓越的后继者很不同；它不具备那种中枢性的重要性，他并不如此关注运用它来建立精神—肉体的二元 133
论——某种被奥古斯丁认为不值得作如此多的论证的东西。⑪但是，这个论证，除了给我们至少一种要向我们表明的真理之外，还建立了我们的第一人称立场。这是这种确定性的方面，即对我来说它是确定的；我确信我的存在：这确定性偶然遇到这样的事实，认识者和被认识者是同一的。这是自我在场的确定性。奥古斯丁是我们所知为“我思”(cogito)的论证的发明者，因为奥古斯丁首先提出第一人称立场，这对我们探索真理来说是根本性的。

向其对话者表明他知道他存在着，实际上是，他活着而且有理智以后，奥古斯丁让自己同意在这三者之间有等级差别。某些存在并活着的东西比只是活着的东西高级，而还有同样具有理智的东西则更高级。这样说的理由是，每一种更高的情形本身包括低等存在以及自身在内。但是，后来，优越性的另一个基础出现，这次允许我们表明理性优越性有道理：这就是说，高的是低的法官。我们用理性决定什么样的感性经验

⑨ 《论自由意志》，第2卷第3章第7节。

⑩ 吉尔松：《圣奥古斯丁》，第41—42页，指奥古斯丁著作中的六个乞灵于思索论证的地方。

⑪ 尽管我们在《论三位一体》(de Trinitate，第10卷第10章第13节以下)中看到另一个原始笛卡尔式的论证。

真正有价值。做判定的必须是高级的，所以理性是王。在人的本性中，没有任何东西高于理性。[12]

正是这同一个原则，允许我们表明某种东西高于理性本身。为使我们得出这个结论，奥古斯丁表明，我们特殊的思维和感觉活动和一个共同的客体世界有关。我们以感觉所感知的世界中的事物，是这种共同实在的样式。但是，存在有甚至更高级的共同的客体，它们对所有推理者都有用。数和智慧的真理就是这种客体(对奥古斯丁，一个好的柏拉图主义者来说，它们是密切联系在一起的)。存在着关于智慧的真理，比如人应当正直地生活，或坏的应当隶属于好的，或廉洁比腐败好，永恒比短暂好，以及不可侵犯的比可侵犯的好。[13]这些并非每个人自己制定的真理；它们体现着共同的标准。我们并不判别它们，例如，问永恒是否应当优于短暂，或七加三是否应当等于十；没有一是大数，十是和这种问题。"单纯认识这些真理是如此，人们并不用他们要修正的观点来检查它们，而是以喜悦的心情发现它们……在我们不能从任何意义上对真理做判断时，我们却根据作为标准的真理判断我们的精神"。[14]因此，我们看到，有某种东西高于人类精神。证讫：上帝=真理存在。

而且，在一种甚至比我们所见到和触及的客体更强的意义上，这
134 种真理是一种共同的实在。因为在后者那里，我们或许要为能以更好地观看而互相拥挤，或为触摸到而推搡别人，与之不同，真理可以为所有人同时享有。从这个仓库中，那些取东西的人总是为他人留下同样多的东西。[15]

奥古斯丁对上帝的证明，是出自第一人称的认识和推理经验的证

---

⑫ 《论自由意志》，第2卷第15章第13节。

⑬ 同上，第2卷第10章第28节。

⑭ 同上，第2卷第12章第34节。

⑮ 同上，第2卷第14章第37节。

明。我意识到我自己的感觉和思考;而在反省这点时,我意识到它对某种超越于它的东西,即某种共同的东西的依赖。但是,这引出进一步的考察,它不只是包括被认识的对象,也包括理性所遵循的真正标准。所以,我认识到,这个活动是我的,却基于并假定了某种高于我的东西,某种我应当尊敬和敬畏的东西。只要进入其中,我就被引导向上。

但是,看起来或许奇怪的是,奥古斯丁费尽心机要确立,存在着高级的标准,它对所有思想者来说是共同的,可这种东西柏拉图早就以理念的形式设计好了。仅仅是他感觉到他必须回击更强劲的怀疑论的挑战吗?这就是我们倾向于以我们的后笛卡尔的眼光看事物之处。但是,把这看作为奥古斯丁的主要成见,就是假定他那个时代的怀疑论的挑战是用我们所熟悉的形式表达的:人如何能超越第一人称的体验并推断外部世界的存在?但是,这既不是在奥古斯丁之前挑战如何表达的问题,也不是在这之前人们想如何回答的问题。历史的因果关系似乎被颠倒了:把怀疑主义看作我是否能超越“我的”内部世界的问题这种想法,不如说是奥古斯丁所发起的革命的产物,但这只是许多世纪之后产生的成果。

奥古斯丁走这条路的理由,在我看来不如说是,他关心的是要表明不只在世界中,更重要的是在人的根基上(用现代语言说)发现上帝;上帝是在自我在场的密切性中被发现的。作为真理的上帝给予我们正确判断的标准、原则。但是,他并不是只通过理念构造的世界奇观,更根本地是通过“精神的光”把这些标准、原则给予我们,“通过这种光我们的心灵以某种方式被照亮,因此我们可以正确地判断所有这些事物”。[16]

在内部发现上帝的想法,以较强的力量来自奥古斯丁关于我们自我知识的探索的论述。灵魂向自身呈现,它却仍完全不知道它本身;它

---

⑯ “Lucem illam incorpoream...qua mens nostra quodammodo irradiatur,ut de his omnibus recte judicare possumus”;《论上帝之城》(de Civitate Dei),第11卷第27章第2节。

可能完全误解其自身的本性,如奥古斯丁认为,当他还是摩尼教徒时,他本人就是这样的。所以,我们可以探索以认识自己;可是,除非我们对我们自己已经有某种理解,否则我们就不知道在何处开始研究,或者意识到我们发现了自己。奥古斯丁面对着能知却又不知的问题,就如柏拉图在《美诺篇》中所面对的一样,而且他通过类似的向“回忆”的(显然派生出来的)求援,来解决这个问题。

135 但是,奥古斯丁的“回忆”与柏拉图的有很大不同。在他成熟的哲学中,它已完全摆脱理念的原初眼光的概念,而此概念对柏拉图的理论来说是至关重要的。事实上,奥古斯丁的概念扩大了,逐渐包括与过去的经验无关的情况在内,它只包括那些我们已经讨论过的理智秩序的原则,在我们能够论述和阐明它们的意义上,它们以某种方式内在于我们之中,尽管过去从未清晰地向我们呈现。通过使用柏拉图的回忆概念,但割断了它的有关生前经验理论 (一种难以符合基督教正统观念的学说)的根,奥古斯丁为后来形成的天赋观念学说建立了基础。深深地内在于我们之中的是一种隐含的理解,我们不得不认为对这种理解很难进行清晰而自觉的阐释。这是我们的“回忆”(memoria)。我们对我们所是的隐含领悟就存在于此,是这种领悟指引我们从我们最初的自我忽视和极其严重的自我错误描述走向真正的自我认识。

但是,这种回忆本身的基础是什么呢?在其构成这一隐含理解的根基上,是内在的主,照耀每个人进入世界的光源,即上帝。在灵魂探索自身的终点,假若达到真正的终点的话,它就发现了上帝。从另一光源得到光,从超越于我们的东西那里获得理性标准的存在体验,被看作极为内在性的体验,上帝的存在证明已经阐明了这点。那就是说,正是在这个典型的第一人称活动中,我努力使自己对自己变得更加完全地在场,努力认识到全部的潜能,这潜能在于认识者和认识对象是同一存在的事实,这样我就有效而令人信服地达到了关于上帝在我之上的意识。

正是在回忆的根基上,灵魂发现了上帝。所以,可以说灵魂“记着上帝”——奥古斯丁赋予古老的圣经表达以新的意义。当我转向上帝时，我是在聆听我的深层“记忆”；所以，灵魂“记得转向上帝，就如借助光它才以某种方式被触及，甚至背离他时也是如此”。⑰

但是，内在之道引导我们。当我们达到上帝时，地点的形象成为复合的和多边的。在一个重要的意义上，真理并不在我之中。⑱我知道真理在上帝“之中”。在碰面发生的地方，就有皈依。回到记忆使我超出自己。

这里是令人惊奇的地方，在此奥古斯丁在柏拉图学说的基础上确立了新目的。对《美诺篇》中的柏拉图来说，回忆说就在于回答你是如何曾经知道你要寻求的东西这个难题，强调的主题是理念的知识不是靠训练加给我们的。能力就存在在那儿。奥古斯丁接过这个观点。恰如其分地说，重要的理性原则不是我们学来的；教师只是把存在于我们之中 136
的这些原则唤醒。但是，对柏拉图来说，“内在”只是回忆“以前”的方式，然而对奥古斯丁来说，这是通向“彼岸”的道路，作为通往那儿的路线是必不可少的。正如吉尔松指出的，奥古斯丁的道路是一种“从外在走向内在，再从内在走向超越的”路。⑲

所以，我们内在地走向上帝。对所有形而上学理论的连续性来说，奥古斯丁与柏拉图的形象之间的明显区别，是基于一个学说的重要区别。奥古斯丁把我们的注意焦点从理性认识的对象，从理念的领域移开，而指向我们每个人都进行的努力去认识的活动；他使我们以第一人称的角度意识到这点。在这条道路的终端，我们看到上帝是支撑和引导这种活动的力量。我们领悟了可理解的东西，并不只是因为我们的灵魂之眼朝向它，而首要地是因为我们受到内在的主的引导。

---

⑰ “Commemoratur, ut convertatur ad Dominum tamquam ad eam lucem qua etiam cum ab illo averteretur quodam modo tangebatur”；《论三位一体》，第14卷第15章第21节，引自吉尔松：《圣奥古斯丁》，第104页。

⑱ 人并不了解永恒的规则“in sua natura”；吉尔松：《圣奥古斯丁》，第94页。

⑲ 吉尔松：《圣奥古斯丁》，第20页。

上帝在眼睛的后边，正如大全的理念在竭力要辨别清楚它面前的东西的眼睛后面一样。他是在我的自我在场的密切性中被发现的。实际上，在无限地高于我的同时，他与我的紧密却胜于我自己；他是“interior intimo meo et superior summo meo”(从内心的深处并向高处向往)。[20]上帝可被认为是我们身上最根本的秩序原则。就像灵魂给肉体以生命，上帝则给灵魂以生命。他使灵魂有生气。“正像灵魂是肉体的生命，上帝是人的神圣生命”。[21]

这个学说是奥古斯丁以灵魂和它的活动辨别三位一体的形象的尝试的基础。[22]第一种是心灵、知识和爱(mens，notitia，et amor)的三位一体。因为，心灵结果是认识它本身，爱他自己。同样的基本观念奠定了第二种，即记忆、理智和意志(memoria，intelligentia，et voluntas)。在这里，三位一体在灵魂中的运动变得更加清楚。“记忆”是灵魂隐含的自我知识。当我认识某种东西时，它是我记忆中的东西，即使我没有想到或关注它。但是，要使其成为清晰而完全的知识，我必须系统阐述它。在灵魂的特殊情形中，我关于我自己的真正的潜伏知识会被各式各样的虚假景象所掩盖。要消除这些被歪曲的形象，我必须从内部引出隐含的知识(这也是来自高处)。这出现在我内在阐述的词(verbum)中，而且这构成理智(intelligentia)。但是，要理解我的真正自我，就要爱它，所以理智来自意志，而自我知识来自自爱。

---

⑳ 《忏悔录》(Confessions)，第3卷第6章第11节。

㉑ “Ut vita carnis anima est，its beata vita hominis Deus est”；《论上帝之城》，第19卷第26章。同时参见《忏悔录》，第7卷第1章第2节，在那里上帝被描述为“vita vitae mei”。又见吉尔松：《圣奥古斯丁》，第132页，以及第308—309页，注16：“Quia vero vita ejus est Deus，quo modo cum ipsa est in corpore，praestat illi vigorem，decorem，mobilitatem，officia membrorum，sic cum vita ejus Deus in ipsa est，praestat illi sapientiam，pietatem，justitiam，caritatem”。

㉒ 《论三位一体》，第9卷以下。

不需要强调与基督教的三位一体学说，尤其是与圣父命令的产生的平行关系。但是，对我们的目的来说，这里令人惊奇的是，人非常清楚地向自己表明了，在他内部的自我在场和自爱方面的上帝形象。这是一 137
种认识者和被认识者合一的、伴随着爱的知识，它最完满地反映着我们生活中的上帝。实际上，我们内部三位一体的形象，是我们赖以努力实现和完善这种自我在场和自我肯定的过程。在奥古斯丁的内在深度如何与激进的反思有密切关系方面，没有比三位一体的这些形象更清楚地表明这点的了，它们也开始澄清这种内在深度学说是如何与奥古斯丁的人与上帝的关系的整个概念有本质的联系。

如果我们把这种学说与同柏拉图的另一种主要区别联系起来，我们就能最充分地理解这点。我在前边提到，奥古斯丁也把灵魂看作潜在地面临两条路，朝向高级的和精神的，或朝向低级的和感性的。而这两种关注方向也是两种欲求方向。奥古斯丁讲到两种爱。但是，在与柏拉图的这种类似范围内，就认识和爱所关联的方式而言，则存在着巨大的差异。在奥古斯丁那里，或许不可避免地在基督教思想家那里，存在着得到发展的意志概念。在此对柏拉图来说，我们对善的欲求取决于我们理解它到什么程度，对奥古斯丁来说，意志并非单纯依赖于知识。

两个重要的变化奠定了发展中的意志学说，这两个变化在奥古斯丁的后继者那儿得到进一步的展开。斯多葛派思想家早就提出了第一种变化。他们把同意或拒绝同意，或把选择放在人类能力的中心位置。克律西波争辩说，人会具有与动物同样的感性冲动(hormetikai phantasiai)，但他们并不必定依据它们而行动。他们有能力接受或拒绝接受来自冲动对他们的激励。有智慧的人会知道忍受痛苦，而不是急于不惜任何代价地寻求缓解之方。我们不是我们的感性意向(phantasiai)的主人，但我们控制着我们考虑到的所有事情的理性意图(synkatthesis)。很晚之后，爱比克泰德用亚里士多德的术语“prohairesis”——人们可把它翻译为“道德选择”——提出了一个类似的学说。冲动或许撞击得要超越我们的能力，但我的prohairesis却完全在我的控制之中。查尔斯·康从《谈话录》[23]中引用了这样一段话："暴君说：'我要把你关起来。''你说什么？把我关起来？你能锁住我的脚，但甚至宙斯也不能征服我的prohairesis(选择力)'"。

挑出这种选择或同意的能力，是形成意志概念的一个根源，而且在使这一点成为人类的核心能力的道德观方面，也已经有了重要的变化。对我们来说在道德上至关重要的东西，并不只是我们与他人，比如说与柏拉图和亚里士多德所共有的普遍性质或理性原则，现在还有这种同意能力，这种能力在每种是我的情形["向来我之属性"(jemeinig)，用海德格尔的术语说]中是本质的。西方基督教的道德识别力运用和强调了斯多葛思想的这个方面。从这点看，这个观念可生成为：道德完满要求人追随善，和对意志的完整的承诺。以后我们将看到，在早期现代阶段这种要求变得如何重要。

138 第二种变化形成于基督教观点，奥古斯丁提供了范式性的阐述。它断定人有两种极其不同的道德倾向。奠定着希腊道德哲学基础的本性目的论假定，每个人都受对善的爱的激发，这种爱可能因被忽视(柏拉图归于苏格拉底的观点)，或者因歪曲的训练和坏的习惯(亚里士多德)而转向恶。奥古斯丁关于两种爱的学说，考虑了我们的倾向或许严重堕落，促使我们甚至背离我们所理解的善的可能性。实际上，严格说来，我们所有人的境况，都归于亚当犯下的罪。在我们能完全按苏格拉底的模式活动之前，意志首先要经由神恩来治疗。

在西方基督教世界及其后继文化中，意志学说的进一步发展与这两个主要观点交织在一起，但并非没有某种紧张和困难：作为我们对考

㉓ 见查尔斯·康：《意志的发现：从亚里士多德到奥古斯丁》("Discovery of the Will: from Aristotle to Augustine")，载《折衷主义问题》(The Question of Eclecticism)，J.M.狄龙和A.A.朗编(Berkeley: University of California Press, 1988)。我从这个有趣的讨论中吸取了很多东西。

虑的事情做出同意或拒绝，或做出选择的能力的意志；以及作为我们存在的基本倾向的意志。根据第一个侧面，我们说人们意志坚强或意志薄弱；根据第二个，我们说他们有善良意志或邪恶意志。

这两种变化，都使我们据以为我们所看到的善而行动的较为单纯的“苏格拉底”模式复杂化了；首先，第二种变化引起眼光和欲望之间的潜在冲突。这并不是说，声称意志完全独立于知识，或奥古斯丁相信我们或许能完全清澈地理解上帝的荣耀而不报以爱的可能性。当然，这种有限的情形出现在犹太—基督教关于魔鬼的传说中，但基督教神学从未把它归属为人的能力。无论如何，这意味着在我们生活于其中的，只能模糊地理解且欲望是相互矛盾的区域，意志既是非独立的因素，由我们所理解的东西所形成，更是独立的变量，决定着我们能够认识的东西。这种因果关系是循环的，而不是线性的。

对于传自苏格拉底的线性理论，就像对于现代理性主义者一样，意志薄弱——“akrasia”——的现象是一个主要的理智问题；对奥古斯丁来说，这并非理智问题，毋宁说是关键的道德经验的危机。那就是为什么他如此热切地领会圣保罗的从《使徒行传》到《罗马书》的段落(7:19—25)：就如他在《忏悔录》中所叙述的，“对应做的善事我却不做；而作那不应作的恶”。[24]正如我们看到的，根据奥古斯丁的基督教观，用我们缺乏对善的认知还不能充分解释意志的任性；相反，它使我们的行为低于甚或反对我们的认知，并阻止这种行为成为完满和纯洁的。

这种任意性可被描述为置我们自己于世界中心，把每种事物与我们自己联系起来，控制和占有我们周围的事物的驱动力。这既是某种奴 139
役的原因，也是其结果，这是我们轮番受我们自己的妄想和感性魅力所控制、所俘虏的条件。因此，我们能够理解，恶决不能简单地解释为缺乏认识，而是关系到某种灵魂意图本身的维度。对我们的道德理解来说，

---

[24] 奥古斯丁：《忏悔录》，第7卷第21章第27节。

反省是至关重要的。

但是,这并不是问题的全部。如果反省只是恶的根源,那么补救或许很容易从摆脱自我,沉浸在非人格的理念中来实现。就像佛教学说告诉我们的,自我与恶的关联和忍受痛苦也会把我们引向这个方向。但是,对奥古斯丁来说,并非反省是恶;相反地,我们极其清楚地以我们最完满的自我在场表明了上帝的形象。当这种反省幽闭于其自身时才是恶。当它开放时,不是为了放弃,而是为了意识到它对上帝的依赖,治疗就开始了。

所以,那驱散意志的任意性,以及使矫正这种任意性成为可能的发现,就是在我们的在场与我们自身的真实的密切性方面,在这些大都是我们自身的力量的根基上,对上帝的依赖。我们在这里看到,对反省、对内在深度之路的强调,不只是为了理智的方便,以尝试证明上帝的存在;基督教虔诚的真实本质就是领悟我内心存在对上帝的这种依赖。正像在我们犯罪的堕落条件方面,我们对善的渴求大大低于我们的认知;在面向上帝时,我们对他的爱超越任何秩序的尺度,无论这种尺度多么好。当面对上帝时,正确的尺度就是无尺度的爱。[25]所以,无论好还是坏,意志超出了适合宇宙秩序的对至善的渴求。有某种无理由的爱或拒绝爱,当然这点处于犹太—基督教观点的核心。它与上帝无理由地创造世界相称,这与普洛提诺那里的类似创造有颇为决定性的区别,后者认为世界根据其自身的本质,从高处往低处流溢。

我们或许能说,对柏拉图而言,眼睛已经有领悟(see)的能力,对奥古斯丁来说,它失去了这种能力。这必须由神恩来恢复。而神恩就是要开启有内在深度的人,使其面对上帝,这就使我们能够明白,所吹嘘的

㉕ "Ipse ibi modus est sine modo amare";引自吉尔松的《圣奥古斯丁》,第139页。实际上,这个阐述来自奥古斯丁的一个朋友和门徒,却总结了他的观点。奥古斯丁本人说,当上帝是物体时,"modus diligendi est sine modo diligere";见吉尔松:《圣奥古斯丁》,第311页,注9。

眼睛的能耐实际上是上帝的。

第二节

这样,我们就能明白,内在深度性语言对奥古斯丁的至关重要性。它表示着一种极其新颖的道德根源学说,在这儿通往高处的路是内在的。根据这种学说,激进的反省取得了新的地位,因为它就是我们在其 140 中遇到上帝,我们在其中由低向高行进的“空间”。按照奥古斯丁的学说,自我在场的密切性得到推崇,事实上为整个西方文化带来了巨大的意义深远的影响。《忏悔录》中的呼吁动人地、集中表达了奥古斯丁的虔敬:“上帝啊,我心中的光,养育我灵魂的食粮,使我的心灵与我最深处的思想结合的力量”。[26]

某些结果与我们对笛卡尔的理解以及他带给奥古斯丁传统的转变非常相关。奥古斯丁是内在地寻找上帝的确定性这条西方精神路线的创始人。有特定的一组关于上帝存在的“证明”,其基本形式为典型的奥古斯丁式的。对它们来说共同的步骤是这样的:我对自己思想的体验,使我与一完美状态相联系,这个状态始终如一地表明它自身是那种思想的本质条件,而且也远远超越了我自身所达到的有限范围和力量。必定有一种全都这样依赖他的高级存在,即上帝。根据我们考察的奥古斯丁的看法,所谈论的完美是永恒、不变的真理问题,它作为我们思想的共同标准而起作用。奥古斯丁论证说,这既我们的思考中本质上是预先假定的东西,却又明显地并不是我们自身的产物。

但是,安瑟伦著名的(或不著名的)本体论论证,被笛卡尔接了过来,它也可被看作基本上是“奥古斯丁式的”证明。在这里,我们从心灵中的

---

[26] “Deus lumen cordis mei, et panis oris intus animae meae, et virtus maritans mentem meam et sinum cogitationis meae”;《忏悔录》,第1卷第13章第21节。

观念,那最完美的存在出发。我认为,在直觉之下的东西并不是我们偶然遇到的观念,而是对我们必然想到的观念。观念必然出现的概念,严格说来是“奥古斯丁式的”直觉:如果我们把自己看作与超越于我们的完美性相联系,那么我们只能理解我们自己。但是,如果观念是必然的,那这种实在就必然存在,因为关于最完美存在的概念不存在是一个矛盾。这个论证的后半部分几乎没有说服力,将不会影响我们对确立它的这种精神态度的理解。

在第三《沉思》里,这同样的精神也存在于笛卡尔自己的证明中。我在自我中发现了“souverainement parfait et infini”(完美的和无限的至上者)这一存在者的观念。但是,这并不是我或许无法获得的观念,就像我理解自己那样。那就是说,它不可能是那样,先是把自我理解为有限的,然后我按照我自己的概念构成能力构建这样一个存在者的观念,他将表示对我自己的否定,因而他是无限的。相反地,它是以另一种不同的方式运作。除非我已经有了置于我内部的这种无限而完美的观念,否则我就不会有作为有限者的自我概念。但是,把我自己理解为怀疑和不满
141 足的,就是把我看作是缺少某种东西的,因而也就是看作有限的和不完美的。所以,我最基本的和无法回避的自我理解模式以无限的观念为前提条件。“因为,假如在我内心没有一个比我的存在更完美的存在的观念,不是由于同那个存在做了比较我才能看出我的本性的缺陷的话,我怎么才能认识到我的怀疑和我的希望,也就是说,认识到我缺乏某种东西,我是非常不完美的呢”。[27]

---

[27] “Car comment serait-il possible que je pusse connaître que je doute et que je désire, c'est-à-dire qu'il me manque quelque chose et que je ne suis pas tout parfait, si je n'avais en moi aucune idée d'un être plus parfait que le mien, par la comparaison duquel je connaitrais les défauts de ma nature”;《沉思》(Meditations),载《笛卡尔著作和通信集》(Descartes: Oeuvres et lettres),安德烈·布里杜编(Paris: Gallimard, Bibliotheque dela Pleiade, 1953),第294页。

这里就是我所描绘的基本的奥古斯丁式的步骤：只有靠一个远远超出于我的能力的完美存在的光亮,我才能理解我自己。这光亮是如何投射到我的思想上的呢?这超出了我自己产生的能力。笛卡尔论证道,这一定来自某个真正享有这些完美性的存在。

在某种意义上，我们可把这些奥古斯丁式的证明的特征同托马斯阐述的那些特征加以对照。后者是根据创造出的实在(或证明表明是被创造的实在)来论证上帝的。可以说,它们是通过客体的领域。奥古斯丁的证明穿越主体和对其自身的在场不容否认的根基。在现代的开始阶段,笛卡尔并不是惟一接受奥古斯丁道路的人。在某种意义上,十六世纪和十七世纪，这两个世纪可被看作奥古斯丁精神传遍所有不同教派而得到空前繁荣的时期,这种精神还以其自身的方式延续到启蒙运动,就如莱布尼茨的例子所充分说明的。实际上,我要论证,它的影响力在今天仍然是强有力的，在某种意义上它与现代视野和认同相匹配。但是,后边会有更多的论证。

目前,我想提出奥古斯丁预示笛卡尔的其他几点。我已经谈到了对一类“我思—原型”所进行的众多系统的阐述。但是,也令人有兴趣注意的是,这个词本身不仅被奥古斯丁使用,也被他挑出来用作评论。把关注点放在我自己的思考活动上，就是将注意力不仅用于我寻求发现的宇宙中的事物秩序上，而且用于在我竭力探究记忆的深度和了解我的真实存在时我活动的秩序上。在《忏悔录》中,奥古斯丁反思到我们的思想怎么样“必须重新集结在一起,才能被认识;也就是说,在某种程度上它们必须由其分散状态变为集中和结合在一块:由此,就推出了‘我思’一词”。[28]而且奥古斯丁继续指出了,在“cogitare”(思考)和等于“cogere”的“……集结在一起”或“结合”之间的词源学的联系。这种把思考理解为我

---

[28] “Et cogenda rursus, ut sciri possint,id est velut ex quadam dispersione colligenda, under dictum est cogitare ”;《忏悔录》第10卷第11章第18节。

们所构建秩序的某种内在集合,将因笛卡尔的新用法而开启一场革命。

还有其他的预示点。正如我在前边提到的,内在观念的概念早已萌发于奥古斯丁的"回忆"中——他甚至用了戒指在蜡块上印下痕迹的比喻。[29]所以,这个观念是说,与认识肉体相比,灵魂更容易认识它自身。甚
142 至连这样一个(坏的)论证,即灵魂应从其关于自身的观念中清除所有来自感觉的东西的,因为它认识这些事物是不同于对其自身的认识的,也预示着著名的笛卡尔式的推理。

但是,尽管如此,却是笛卡尔带来了一个革命性的变化。道德根源学说从奥古斯丁向笛卡尔的转变,不亚于奥古斯丁相对于柏拉图带来的重大变化。

㉙ "Sicut imago ex anulo et in ceram transit, et anulum non relinquit";《论三位一体》,第14卷第15章第21节。

第八章

笛卡尔的分解式理性 143

笛卡尔在许多方面是地道的奥古斯丁式的：强调激进的反省，我思的重要性，从“内在的”，从我们自己观念的特点出发，而不是从外在的事物出发证明上帝存在的核心作用，就像我们在托马斯主义的证明中看到的，所有这些都把他置于复活了的奥古斯丁的虔敬这一潮流之中，这个潮流支配了晚期文艺复兴时代教派大分裂的双方。

但是，笛卡尔使奥古斯丁的内在性出现急剧转折，并让它导入一个全新的方向，这也是划时代的。我们可以说，笛卡尔把道德根源置于我们内心，以此来对这个变化加以描述。

我们看到，内在/外在的语言没有出现在柏拉图那儿，实际上也没出现在其他的古代道德家那儿。这种情形的一个原因是，达到自我控制，使霸权从感觉转移到理性，就是改变我们灵魂的眼光、它的关注和欲求的方向问题。受理性支配就是转向理念，因而为对它们的爱所推动。我们道德力量的根源的中心，处于我们的外部。要走向高级就是转向宇宙秩序并与之保持一致，而这种秩序是至善构造的。

奥古斯丁给内在性语言赋予了一个真正的意义。但是，这并不是因为与柏拉图相比,他把道德根源更看作位于我们的内心。奥古斯丁保留着柏拉图所谓善是宇宙间万物的秩序的观念。确实,这没有满足我们的要求,因为我们必须赎罪,必须爱这种秩序。这种救赎就在我们内心。但是,它并不是来自我们自己的力量。相反地,我们转向惟一接近彼岸、接近上帝的内在之路。

现代时期所带来的内在化——笛卡尔阐述的是其中最重要和最有影响的一种——非常不同于奥古斯丁的内在化。它在一种真正的意义上,把道德根源置于我们内心了。与柏拉图相比,也与奥古斯丁相比,它在每种情况下都带来了转变,借此我们再也不,或至少绝不会以同样的方式把自己与外在于我们的道德根源联系起来了。一种重要的力量已经被内在化了。

144 我将依次追溯这类转变中的每一种。首先,与柏拉图相关,笛卡尔提供了对理性,因而对其高于激情的霸权的一种新理解,二者均被看作道德的本质。

一旦宇宙秩序不再被看作是理念的具体化,某种变化就成为不可避免的。笛卡尔完全拒绝这种目的论的思维模式,并抛弃了所有关于实体逻各斯的理论。借助伽利略倡导的分解/综合方法,宇宙被机械地加以理解。科学理论的这个转变,就如我们今天所称的,也包含人类学的急剧变化。柏拉图的理念论含有科学解释与道德眼光之间非常密切的联系。人们可以说,要么人对二者同时有正确的理解,要么对二者都没有。如果我们摧毁了这种实体逻各斯的看法,而代之以非常不同的科学解释理论,那么关于道德德性和自制的全部体系也都要发生转变。

在伽利略观点中最终形成的有关科学知识的体系,是一种再现性体系。就如人们所理解的那样,认识实在就是对事物有正确的描述——在我们内部形成外部实在的正确图景。笛卡尔表明自己的态度,“assure que je ne puis avoir aucune connaissance de ce qui est hors de moi, que par l'entremise des idées que j'ai eu en moi"("的确,除非依靠我的内在观念,否则我不会有任何有关我之外的存在的知识")。[①]只要抛弃了以像理念这样的自我展现的实在为根据的知识体系，这种知识概念就是无法动摇的。

实在的再现现在必须被构造出来。随着"观念"概念从其实体性意义转到应用于内部心理内容,应用于"心灵中"的事情,观念的秩序就不再是某种我们发现的东西,而成为我们建构的东西。而且,对其构建的约束包含但却超越它所正确匹配的外部实在。正如笛卡尔强有力地论证的,再现获得知识的地位,不仅仅靠其正确性,而且也靠带来确定性。在我头脑中有许多偶然与外在事物相符的观念，假若我对它们没有基础牢固的信念,那它们就不是真正的知识。但是,对笛卡尔来说,基础牢固的确定性来自物在某种光亮中向我们展示它们本身，在那里真理是如此清楚,以致是不容否认的,他称之为"自明性"(evidence)。"所有科学都是确定性和自明性的认识"("Toute science est une connaissance certaine et evidente"),是他的《指导理智的规则》(Regulae ad directionem ingenii)开宗明义的一句话。

再现的序列必须经由清楚明白的认知环节，以可以导致确定性的方式加以展开。这是在《规则》及后来在《方法谈》那些系统论述中展示的规则的关键。例如,在后一本著作中,我们被告知要把我们的问题分割成"en autant de parcelles qu 'il se pourroit,& qu'il seroit requis pour les mieux resoudre"("尽可能多的部分，而且看起来为了以可能最佳的方法

① 致吉比约夫,一六四二年一月十九日;《笛卡尔哲学通信》(Descartes: Philosophical Letters),安东尼·肯尼译(Oxford: Oxford University Press,1970),第123页(此后称《通信》)。

必须这样")。[2]随后的规则告诉我们,要有序地从事思考,由简到繁地进
145 行,"et supposant mesme de l'ordre entre ceux qui ne se precedent point naturellement les uns les autre"("假定一种序列,即使虚构一种,其中并不遵循相互对应的自然顺序")。[3]

再现的序列由此必须符合从认识者思维活动中得来的标准。这是一种集结在一起,尤其是,适应特定主体要求的秩序。这种建构或集结的思维被正当地称为"cogitare"(沉思),而其在语源学上有联系的是像"集结"或"序列化"这样的术语。[4]

这种关于知识和宇宙的非常不同的观点意味着,笛卡尔灵魂与肉体的二元论将同柏拉图的二元论有极明显的差别。对柏拉图来说,当我

---

② 第二规则,《方法谈》(Discours de la methode),方法二,载《笛卡尔全集》(Oeuvres de Descartes),查尔斯·亚当和保尔·坦纳利(Charles Adam and Paul Tannery)编(Paris:Vrin,1973),第6卷第18页(此后称 A&T);以及《笛卡尔哲学著作集》(The Philosophical Works of Descartes),霍尔丹和罗斯(E.S.Haldane and G.R.T.Ross)译(Cambridge:Dover,1955),第1卷第92页(此后称 H&R)。也参见《原则十二》(Regulae):"Ne traitant ici des choses qu'autant qu'elles sont percues par l'entendement,nous n'appelons simples que celles dont la connaissance est si claire et si distincte que l'esprit ne les puisse diviser en un plus grand nombre dont la connaissance soit plus distincte"(无须把这里的事物当做由理解力所领悟到的,我们无须认识这些简单物,它们自己就表现得既清楚又明白,我们只要尽力把它们区分开来,以心灵的目光加以注视,以达到更加清楚的认识);《笛卡尔著作和通信集》(Descartes: Oeuvres et lettres),安德烈·布里杜编(Paris: Gallimard, Bibliotheque de la Pleiade,1953),第81页(此后称 Pleiade)。

③ 《方法谈》,A&T第6卷第18—19页;H&R第1卷第92页。参见《原则十》,它责成我们,"l'observation constante de l'ordre qui existe dans la chose elle-meme, ou de celui qu'on a ingenieusement imagine"("观察存在于事物本身中的秩序,还是凭借想象之巧妙的秩序");Pleiade,第70页。

④ 奥古斯丁自己提出这点,强调"cogitare"和"cogere"之间词源上的联系,《忏悔录》,第10卷第11章第18节。

转向超感觉的、永恒的、不可改变的事物时，我就实现了作为超感觉的灵魂的我的真实本性。这个转向无疑包括我看和理解我周围的事物，它们分有着使它们得以存在的理念。

对比之下，对笛卡尔来说，没有这类要转向的理念秩序，而且按照这种秩序理解物理实在，严格说来是混淆灵魂和物质——我们必须从中解放自身——的典型例子。完全实现作为非物质的人的存在，牵涉到清楚地知悉二者之间的本体论的裂隙，而这意味着把物质世界仅仅把握为广延性。物质世界包括肉体在内，而要看清真实区别就需要我们摆脱我们通常肉体化的视角，在这种视角内普通人倾向于把他周围的客体看作真正带有颜色、气味或热的性质，倾向于把疼痛和发痒看成存在于他的牙齿和脚上。我们必须把包括我们的身体在内的世界客观化，那就意味着能够机械地、功能化地看待它们，这种看待事物的方式是那个非介入的、外在的观察者具有的。

假如我们清晰地关注理解我们周围的实在是什么，就如在第二沉思中对那块蜡的考察，我们会从这点中得到帮助，借此我们可以明白纯理解的作用：事实上，“nous ne concevons les corps que par la faculté d'entendre qui est en nous, & non point par l'imagination ny par les sens, & que nous ne les connoissons par de ce que nous les voyons, ou que nous les touchons, mais seulement de ce que nous les concevons par la pensée”(“身体不适合用感觉或用想象力，而只适合用理解加以逼真的认识，而且……它们不是因它们被看到或触到而被认识，而只是因为它们被理解了”)。[5]但是，我们也不得不清除我们对物的理解，并停止把它作为事件和性质的所在地来思考，事件和性质的真实性质是心灵的。而这是我们把它客体化，这就是说，把它理解为“去魅的”、只是机械的、缺乏所有 146
精神本质或描述维度的。我们必须停止把物质世界看作某种环境，像热

⑤ 《沉思集》(Meditations)，A&T第9卷第1部分第26页；H&R第1卷第157页。

和疼痛这样的心理因素,或经院传统所假定的形式或式样,都在其中寄存、体现或表现自身。

但是,这不只牵涉到对传统本体论的拒斥;也侵犯着我们日常的、肉体化的经验方式。对笛卡尔来说,我们必须摆脱这种无法挽救的混乱与模糊的把握事物的方式。澄清整个感觉和可感性质的领域,就意味着把它领会成外部的观察者,循着世界或我的身体状态之间的因果关联,以第一性的质来描述的领域,而"观念"则是我们心灵中的偶性。清晰性与区别性要求我们跨出我们之外,采取分解的看法。⑥

乍一看,这里有某种矛盾。在一种意义上,笛卡尔的二元论似乎比柏拉图的要严厉、更苛刻,因为它绝不承认身体能是一种精神可以在其中出现的媒介。《会饮篇》的柏拉图被完全切去下部,永恒存在的世间呈现的观点被抛弃了。可是,在另一种意义上,笛卡尔的二元论需要肉体,而柏拉图的则不需要。不是笛卡尔未设想我们死后进入脱离肉体的状

⑥ 来自一般体现分解式观点的那个步骤,在这种感觉和第二性的质的领域内导致清楚明白,笛卡尔在好几个场合作了证明。考虑下列的例子:引自《沉思三》,A&T第9卷第1部分第34页:"les idees que i'ay du froid & de la chaleur sont si peu claires & si peu distinctes"("我对冷和热的观念,既不太清楚,也不太明白");出自《原理》,I.68,A&T第9卷第2部分第56页:"nous connoissons clairement et distinctement la douleur, la couleur & les autres sentimens, lors que nous les considerons simplement comme...des pensees"("当我们把疼痛、颜色和其他感觉只当作……思想时,我们对它们的认识就是清楚明白的");出自《沉思六》,A&T第9卷第1部分第66页,在此他讲到,"ces sentiments ou perceptions des sens n'ayant este mises en moy que pour signifier a mon esprit quelles choses sont convenables ou nuisibles au compose dont il est partie, & iusques la estant assez claires & assez distinctes"("把感官的这些感觉或知觉置于我里边,只不过是为了告诉我的精神,什么东西对精神是其部分的组合体有好处还是有坏处")。见阿伦·盖沃思《笛卡尔的清楚明白》("Clearness and Distinctness in Descartes")中的讨论,载《笛卡尔:批判文集》(Descartes: A Collection of Critical Essays),威廉·唐尼编(Garden City, N.Y.: Doubleday, 1967),第260页,注33。换言之,对外部的领悟,就如身心间的生存功能的因果联系,这些模糊的经验变得清楚了。

态，而毋宁是在我们现存的状态中，要靠对肉体持特定的态度来实现我们非物质的本质。在柏拉图的灵魂以融入超感性之中而认识到其永恒本性的地方，笛卡尔的灵魂则以把肉体客观化来发现和肯定其非物质的本性。

那就是为什么笛卡尔正确地考虑，他的灵魂和肉体实质的联合比柏拉图关于二者间关系的概念更密切——尽管他对柏拉图理论的认识是极其错误的。笛卡尔的灵魂不是靠脱离躯体化的经验，而是靠对之中立化来解放自己。在某种程度上，对灵魂来说，肉体是不可逃避的关注对象。它不得不使自己立于其上朝自由攀登。通过与韦伯的关于作为一种"内心世界的禁欲主义"的新教精神的著名描述相比较，我们可以把笛卡尔的二元论描述为指明通往灵魂"内心世界解放"的道路。

但是，这种不同的本体论，因而不同的知识论，修正了的二元论概念，必然导致非常不同的、由理性带来的自制概念。这并不意味着回到柏拉图的含义，即人的灵魂由主持宇宙秩序的至善所统治，人们关注并爱着宇宙秩序。因为没有这种秩序。理性存在现在并不意味着与这种秩序相一致。笛卡尔的选择是把理性，或思想能力看作我们必须构建秩序的能力，而这些秩序要满足知识、理解力或确定性所要求的标准。当然，在笛卡尔的例子中，所谈的标准就是那些"清楚明白"的标准。如果我们遵循这条路线，那么现在理性的自制必须在于这种能力控制着我们生 147
活中的因素，而不是感觉；自制就在于我们的生活由理性能力根据适当的标准构建的秩序所塑造。

笛卡尔知识论中的这种新的理性概念的地位是广为人知的。人们很少意识到的是它也支撑着他的伦理学。在他与伊莉莎白公主的著名通信中，笛卡尔制定的道德观点很容易使人联想到古代斯多葛主义。尤其是，它似乎给理想以核心的重要性，这类似于斯多葛派的autarkeia(自主)。⑦他甚至提出了一种与爱比克泰德的学说极为类似的学说,也就是,我们惟一关心的应当是指导我们行为的“prohairesis”(道德选择)的状况。对笛卡尔来说,目的应根据意志来确立。例如,在他写给瑞典的克里斯蒂娜的信的著名段落中,我们看到这点:

> outre que le libre arbitre est de soy la chose la plus noble qui puisse estre en nous, d'autant qu'il nous rend en quelque façon pareils à Dieu & semble nous exempter de luy estre suiets,& que,par consequent,son bon usage est le plus grand de tous nos biens,il est aussi celuy qui est le plus proprement nostre & qui nous importe le plus,d'où il suit quice n'est que de luy que nos plus grands contentemens peuvent proceder.

> 现在自由意志本身就是我们所能拥有的最崇高的事物,因为它以特定的样式使我们与上帝平等,而不是把我们当作他的臣民;所

⑦ 例如,参见一六四五年五月五日和八月四日致伊莉莎白的信。在后一封信中,笛卡尔对依赖于我们的事物和不依赖于我们的事物,做了爱比克泰德式的区分。在能够使我们快乐的事物中,存在着“celles qui dependent de nous, comme la vertu & la sagesse,&... celles qui n'en dependent point, comme les hon-neurs, les richesses & la sante”(“依赖我们的事物,如道德和智慧;也存在……不依赖我们的事物,如荣誉、财富和健康”);A&T第4卷第264页。人们可能完全满足于第一种善:“comme un petit vaisseau peut estre aussy plein qu'un plus grand, encore qu'il contiene moins de liqueur,ainsy,prenant le contentement d'un chascun pour la plenitude & l'accomplissement de ses desirs reglez selon la raison, ie ne doute point que les plus pauvres et les plus disgraciez de la fortune ou de la nature ne puissent estre entierement content et satisfaits, aussy bien que les autres, encore qu'ils ne iouissent pas de tant de bien”(“正如小船也能像大的一样装满,只是它装得东西少而已,因而满意是由于大量的欲望遵循理性的指导,我一点不在意命运的极其贫困和不幸,也不追求完全的满足与得意,或比其他人好,他们也未享受那么多的好处”);A&T第4卷第264页。

以，对它的正确运用是我们所拥有的善中最伟大的，而且除此之外没有任何东西更属于我们自身，或对我们有更大的意义。根据所有这些必然得出结论，除了自由意志之外，没有别的什么能够给予我们最伟大的满足。⑧

我们最大的满足正是来自理性霸权本身。但是，相对于斯多葛主义者，它在解释上还是有较大变动。对斯多葛主义者来说，理性的霸权是世界的特定眼光的霸权，据此发生的所有事情都来自上帝的天意。明白这点的聪明人能够接受和喜爱根据这种天意秩序发生的所有事件，并摆脱认为这些事件根据个体人的需要或欲望而有所推动或妨碍的虚假见解。对笛卡尔来说，霸权的意思自然倾向于我们今天的理解，理性在工具化的意义上控制欲望。

笛卡尔拥有一个天意的概念，而且是非常接近于斯多葛派的那种。⑨ 148
但是，这并不妨碍他拥有关于理性控制怎样构成的非常不同的概念。我曾说过，对斯多葛派来说，理性的霸权是属于世界的特定眼光的，因为对他们而言从激情的奴役下解放出来达到理性的自若，就是行事要完

---

⑧ 一六四七年十一月二十日；A&T第5卷第85页；《通信集》，第228页。也见《论心灵的激情》(Traite des passions de l'ame)(此后称 TPA)，第156篇。

⑨ 见一六四五年九月十五日他致伊莉莎白的信，在那里他说，我们应当“recevoir en bonne part toutes les choses qui nous arrivent, comme nous estant expressement envoyees de Dieu; & pour ce que le vray obiet de l'amour est la perfection, lorsque nous elevons nostre esprit a le considerer tel qu'il est, nous nous trouvons natu-rellement si enclins a l'aymer, que nous tirons mesme de la ioie de nos afflictions, en pensant que sa volonte s'execute en ce que nous les recevons”（“接受遇到的所有好的东西，就如我们遵循上帝的安排；因为真正所爱的对象是完善的，这就让我们的精神面向它的存在，我们发现自己的本性倾向于这种爱，这吸引着我们的快乐和痛苦，把他的意志当作自己的来接受”）；A&T第4卷第291—292页。参见一六四七年二月一日致沙努的信。

全依据所获得的对事物秩序的洞察力。激情被理解为错误的意见。为恐惧和贪欲所动，就是被有关什么真地值得躲避或拥有的虚假观点所迷惑。在《言谈录》中，爱比克泰德集中地说，对我们来说关键的事情是我们意见的性质(dogmata)；他后来又说，使灵魂污浊的东西是其坏的判断(krimata)。[⑩]

在一般意义上，这种理智主义与所有来自希腊的伦理学理论相同。理性的霸权是秩序观的霸权。对柏拉图来说，理性的人为宇宙秩序所推动；相反，对亚里士多德来说，在伦理上重要的是我们所追求目标中适当秩序的意义(不是在理论上说明的，而是由实践智慧[phronesis]所领悟的)。斯多葛派极其简单地把激情等同于意见，但所有伟大的古代人都把它们视为包含洞见或缺乏洞见。从激情中解放出来就是改变洞见的问题。亚里士多德远不同意斯多葛派这样的观点，即激情纯粹应当是明确限定的；相反地，它们在适当的位置上是善的和有用的。不过，亚里士多德就激情怎么样才处于适当的位置的论断，是它只有在恰当的场合被唤起。这可以通过训练而获得，但这等于说激情是因理性的洞见被注入、因此驯服于合适的秩序。

奥古斯丁的两种爱的学说，为这个图景增添了新的向度。由于意志的任性，洞见可能是无力的；而意志的转变现在对进一步的洞见来说或许是必须的。但是，绝对的完满仍然按照对善的洞察来加以描述。

笛卡尔引入了一种极为不同的解释。当然，理性控制需要洞察；以一种奇特的方式，笛卡尔遵循斯多葛派，把他的伦理学建立在“物理学”的基础上。正如他对尚纳说的，“ La notion telle quelle de la Physique... m'a grandement servy pour êtablir des fondemens certains en la Morale”(“我已经尝试获得的一点物理学知识……对我建立道德哲学的确定基

⑩ 爱比克泰德:《言谈录》,第1卷第11章,第40卷第11章。

础有很大的帮助")。[11]但是,洞察并不是进入善的秩序之中;毋宁说它陷进了这种秩序的所有古代概念的空虚性之中:把心灵与机械的物质世界完全分离,后者被最为强调的不是思想或意义的媒介,反而表达的是死东西。

遵照韦伯,洞察是我们可称为"去魅化的"世界的移动的本质。我们 149
也可以称之为中性化的宇宙,因为宇宙不再被看作有意义的秩序的体现,而这种秩序可为我们规定善。这移动的本质的出现,靠的是把世界领会为机器。我们在前边看到,我们如何通过认识肉体状态和观念之间的因果效应的关联逃避了日常感觉的混乱经验。靠机械地和功效地把宇宙领会为可能的工具领域,我们把它非神秘化为目标装置。获得对作为机器的世界的洞察,与把它看作潜在的工具控制的领域是不可分的。

对笛卡尔来说,知识和控制之间的这种关联早已是清楚明白的,他在《方法谈》的著名段落中表达了这点:

> Elles (quelques notions generales touchant la physique)m'ont fait voir qu'il est possible de parvenir à des connoissances qui soient fort utiles a la vie,& qu'au lieu de cete philosophie speculative,qu'on enseigne dans les escholes,on en peut trouver une pratique,par laquelle,connoissant la force & les actions du feu,de l'eau,de l'air, des astres,des cieux & de tous les autres cors qui nous environnent, aussy distinctement que nous connoissons les divers metiers de nos artisans, nous les pourrions employer en mesme façon a tous les usages ausquels il sontpropres,& ainsi nous rendre comme maistres & possesseurs de la Nature.

---

⑪ 一六四六年六月十五日致沙努的信;A&T第4卷第441页;《通信集》,第196页。

> 因为它们(某些涉及物理学的一般概念)使我明白了,没有可能获得在生活中非常有用的知识,明白了放弃在学院中所教的思辨哲学,我们或许能发现一种实践哲学,借此认识火、水、空气、星辰、天空以及我们周围的所有其他物体的力和活动,就像我们清楚认识艺术家的不同技艺一样,在所有它们被采用这些运用中,我们可以用同样的方式使用它们,这就使我们自己成为自然的主人和拥有者。[12]

笛卡尔提出的理性控制的新模式,把它表示为工具控制的事情。从把心灵与物质混杂的幻觉中解放出来,就是对给予它的控制力的后者所作的一个理解。类似地,把自己从激情中解放出来并服从理性,就是把激情置于工具的指导下。理性的霸权不再被规定为支配性眼光的霸权,而毋宁是按指导主体服从功效领域的概念来规定的。

那就是笛卡尔提出了一种非常新的激情理论的原因。斯多葛派的学说是最有影响的传统理论。他们根据包含着有关善和恶的隐含的(和错误的)见解对激情进行分类。笛卡尔的分类受这种普遍被引用的模式
150 影响。但是,很快变得明显的是,他的解释原则从根本上说是不同的。激情并不被看作意见,而是造物主为我们设计的功能设置,以有助于维持肉体—灵魂的实质性一致。激情是灵魂中的情绪,由生命精气的运动而引起,这种精气的功能是强化机体在给定处境中寻求生存或幸福的反应。[13]

例如,看见危险的动物会产生三种典型的后果。它或许激发出反射性逃离。这只是发生在动物体内的结果,动物应理解为复杂的机器。在人那里或许带来他应当悄悄溜走的理性认识。人受理性的推动去做他

---

⑫ 《方法谈六》,A&T第6卷第61—62页;H&R第1卷第119页。

⑬ TPA,第36—40篇。

的动物性反应早已开始做的事情。但是,激情随之可以强化这种反应,因为动物精气与动物的知觉相关联，而逃避的反射也在灵魂中激起恐惧。这用于充实早已存在的趋向逃避的理性推断。这种额外的冲动常常是有用的。实际上,在受危险动物威胁的处境中,恐惧给予的特殊动力提供了我越过通常无法逾越的六英尺篱笆的生命极限。

笛卡尔总结说:“L’usage de toutes les passions consiste en cela seul, qu’elles disposent l’ame à vouloir les choses que la nature dicte nous estre utiles, & à persister en cette volonté: comme aussi la mesme agitation des esprits, qui a coustume de les causer dispose le corps aux mouvemens qui servent à l’exec ution de ces choses”(“所有激情惯常的行为模式简单地说就是,它们使灵魂倾向于欲求那些本性告诉我们有用的事物,坚持这种欲求,也带来同样的精神激动,这种激动习惯地使它们把身体置于用来实现这些事物的运动”)。(TPA,第52篇,A&T第9卷第372页;H&R第1卷第358页。)

当理性能把激情控制于正常的工具性能中时,理性就支配着激情。对笛卡尔来说,理性的霸权是一个工具性控制的问题。

那就是为什么笛卡尔并不呼吁我们摆脱激情的原因。相反地,他赞赏“les plus grandes âmes” qui “ont des raisonnements si forts & si puissans que, bien qu’elles ayent aussi des passions, & mesme souvent de plus violentes que celles du commun, leur raison demeure meantmoins tousiours la maistresse”(“伟大的灵魂……其理性能力是如此强大有力，以至于尽管他们也有激情,甚至常常比普通人更狂暴,但他们的理性仍保持权威地位”)。[14]我们的激情不仅强劲而且“狂暴”的观念,不只从斯多葛派的观点看无法想象的,而且对其他传统伦理思想的那些派别来说,甚至也是

⑭　一六四五年五月十八日致伊莉莎白的信,A&T第4卷第202页 (除别人的译文之外,此处及别的地方,均由G.泰勒翻译)。

令人吃惊的，这些派别并没有接受极端的斯多葛主义关于彻底摆脱激情的目标。但是，从笛卡尔的新观点看，这是有道理的，在此是工具控制的问题。如果这就是控制所意味的，那么次要因素的强度就根本没有问题；实际上，只要理性适当地为它掌舵，那它越强劲越好。
151

因而他对伊莉莎白说："Le vray usage de nostre raison pour la conduite de la vie ne consiste qu'a examiner & considerer sans passions la valeur de toutes les perfections, tant du corps que de l'esprit, ...afin qu'estant ordinairement obligez de nous priver de quelques unes, pour avoir les autres, nous choisissions tousiours les meilleures."但是，只要理性的先验秩序得到加强，我们也就没有任何理由非要尝试摆脱激情。相反地，"il suffit qu'on les rende suiettes a la raison, & lorsqu'on les a ainsy apprivoisées, elles sont quelquefois d'autant plus utiles qu'elles penchent plus vers l'exces"("那么生活行为中理性的真正功能，就是在没有激情的情况下检查或考虑我们的行为可以做到的身体和灵魂的所有优点的价值，以至于因为我们为了得到其他的好处一般不得不剥夺我们自己的一些好处，我们总是要选择更好的……这足以使人们的激情隶属于理性；只要它们如此驯服，它们在倾向于过度的程度上严格说来有时也是有用的")。[15]

赞成工具性控制意味着，在独立于结果的情况下，对我们需要的东西，笛卡尔一直赞同采取有效的行动。正确的态度是超然的介入，就如前边的引语所规定的：我们试图获得最好的，但我们满足于已经得到的。这样，继续引用前边有关"伟大的灵魂"("les grandes âmes")的段落：

---

⑮ 一六四五年九月一日致伊莉莎白的信，A&T第4卷第286—287页；《通信集》，第170页。这种对"过度"的赞同，或许是修辞上的华丽辞藻允许他以美好的赞扬写完他的信："Je n'en auray iamais de plus excessive, que celle qui me porte au respect & a la veneration que je vous doy"("我从未感到过度，这使我对您无比崇敬和敬仰")。但是，根本性的主题，激情可以而且应当强大到在控制之下为其开辟方向，其意思是严肃表达的。

"Elles font bien tout ce qui est en leur pouvoir pour se rendre la Fortune favorable en cette vie, mais neantmoins elles l'estiment si peu, au regard de l'Eternité, qu'elles n'en considerent quasi les evenements que comme nous faisons ceux des Comedies"("为了使自己生活幸运，他们尽力做任何事情，但他们很少对照永恒想到这点，他们把这个世界的事情看成为我们所演的那些戏")。[16]

理性支配的新定义造成了道德根源的内在化。当理性的霸权被逐渐理解为理性的控制时，把肉体、世界和激情客观化的力量，也就是说，约定以彻底的工具性态度对待它们的力量，还有道德力量的根源，就不能以传统的模式把它们看成是外在于我们的——当然既不是以它们对柏拉图所是的方式，而且我相信也不是以对斯多葛派所是的方式，在他们那里它们属于体现着至善的世界秩序，对这种秩序我们必定热爱和赞美。当然，奥古斯丁的神学依然这样，它在上帝那儿发现了我们最重要的根源。而这对笛卡尔具有性命攸关的重要性——后来自然神论和不信神者用他的理性概念重新解读他的心灵时，是十足的时代错误。[17] 但是，在人性、自然的层次上，发生了巨大的变动。如果理性控制是心灵支配去魅化的物质世界的问题，那么善良生活的优越感，还有过这种生活的志向，必定来自主体的自己的作为理性存在的尊严感。我相信，人 152
格尊严的这个现代主题来自我所描述的内在化过程，而这个主题在现代伦理和政治思想中具有相当的地位。[18]

---

⑯ 一六四五年五月十八日致伊莉莎白的信，A&T第4卷第202页。

⑰ 例如，见前边注⑨的引语。

⑱ 在其《论荣誉概念的逐渐过时》("On the Obsolescence of the Honor")中，载《修订》(Revisions)(斯坦利·豪尔沃斯/阿拉斯岱尔·麦金太尔编 (Notre Dame: University of Notre Dame Press, 1983)，彼得·伯杰提出了我当作现代会聚点的尊严概念，与荣誉相对照，它"剥去了社会强加的尺度和规范而永远与内在人性相联系"(第176页)；换句话说，它是分解式人性的一个特质。

一个世纪之后，它在康德那儿将变成一个明显的核心主题。但是，笛卡尔的伦理学理论已经在其轨道上运行了。就他在描述善良生活的回报中对自尊的满意的极度强调上，我们就可以明白这点。[19]就他给予“génerosité”(宽宏大量)的中心地位，这甚至会变得更加清楚，这个十七世纪荣誉伦理学的至高无上的德性，现在转化为理性控制伦理学的关键的动机基础。

初看上去，这个术语的使用在“新斯多葛派”的道德中令人困惑。珍视荣誉、荣耀、名望，关注高职位声望的伦理，总是斯多葛派批评的主要目标。而且，实际上，在这个方面，斯多葛派跟随柏拉图，甚至，奥古斯丁也加入进去——他在这些世俗的关怀中看到的无非是libido dominandi(强烈的欲望)。不过，这种伦理在文艺复兴时代有其辩护人。马基雅维利是个引人注目的例子，但存在着赞成这种伦理的全面流行的“主流”。我们在笛卡尔时代的法国就看到一种，例如，它在高乃依的早期著作中发现了表达。在某种意义上它是贵族的自然伦理，而对它的现代挑战渐渐交织着“资产阶级”伦理的兴起——下边我要回到的一个主题。

但是，所有这些对解释笛卡尔对这个术语的使用没有多少帮助。在名望的问题上，他是个正统的斯多葛派，他把“les honneurs, les richesses

⑲ 参见一六四五年九月一日致伊莉莎白的信，A&T第4卷第283—284页：“Tout nostre contentement ne consiste qu'au tesmoignage interieur que nous avons d'avoir quelque perfection”(“我们所有的满足，不在于有迹象表明我们是什么完美无缺的东西”)。又见一六四五年五月十八日的信中，同上书，第203页，与“les grandes âmes”(“伟大的人”)有关的内容。他们随时准备为帮助他们的朋友而献出自己的生命，因为“le témoignage que leur donne leur conscience, de ce qu'elles s'acquittent en cela de leur devoir, & font une action löuable & vertueuse, les rend plus heureuses, que to-ute la tristesse, que leur donne la compassion, ne leur afflige”(他们奉献意识的证据，在于他们把献身当作自己的义务，把做值得赞扬和合乎道德的行为，当作最大的幸福，而对此毫无悲伤，他们并非只给予同情，而是把别人的痛苦当作自己痛苦)。

& la sante"(荣誉、财富和健康)统统归类为不依赖我们的善,即使没有它们,我们也能生活。[20]这个解释很有趣。在尊严和自尊感上发现其根源的理性控制伦理,转向了某种内在的荣誉伦理精神。我们再也不在公共空间赢取名望;我们的行为是为了维持我们自己眼中的价值含义。在德性概念上存在着变动。在摆脱激情的同时,早期斯多葛派思想强调善良灵魂的和谐与宁静。爱比克泰德说,使灵魂(hegēmonikon)顺应自然就是使它"升华、自由、无限制、无障碍、忠诚、谦逊"。[21]对塞涅卡来说,绝不受偶然运气所损的灵魂,就像宇宙的上层部分,它安详地驾驭在充满风暴的低层空气之上。它是"崇高的灵魂,永远恬静,处于平静之中"("sublimis animus, quietus semper et in statione tranquilla collocatus")。最高的德性是"崇高、健康、自由、和谐和典雅的灵魂"("sublimitas et sanitas et libertas et concordia et decor animi")。[22] 153

笛卡尔继续这种内在平和的主题。他写给克里斯蒂娜的信说,"le repos d'esprit & la satisfaction interieure que sentent en eux-mesmes ceux qui savent qu'ils ne manquent, iamais à faire leur mieux"("那些能够尽力去这样做的人,会感受到心灵的平静和内心的满足")。[23]但是,也能听到另一个主题。他现在讲到能力和力量。"伟大的灵魂"("grandes ames")有"如此强劲的推理能力"(" des raisonnements si forts & sipuissans"),以致它们甚至能监管"暴烈的"激情。以颇具启发性的句子"les... ames... basses & vulgaires"qui "se laissent aller à leurs passions"("低下和粗俗的灵魂……跟着他们的激情走"),让它们得到对照。[24]

---

[20] 一六四五年八月四日致伊莉莎白的信,A&T第4卷第264页。

[21] 爱比克泰德:《言谈录》,第1卷第4章。

[22] 塞涅卡:《论忿怒》(de Ira),第3卷第6章;《论幸福生活》(de beata Vita)第9卷第4节。

[23] 一六四七年十一月二十日致克里斯蒂娜的信,A&T第5卷第85页;《通信集》,第228页。

[24] 一六四五年五月十八日致伊莉莎白的信,A&T第4卷第202页。

力量和自我控制的主题也出现在斯多葛主义的传统中。早期作者讲到善良灵魂的“张力”(tonos),几乎就像我们可能讲肌肉的痉挛一样。折衷主义作者像西塞罗(有意义地,是一个仍旧处在共和政体下的罗马人)也很强调作为有“男子气概的”力量的德性的自控。㉕但是,笛卡尔使意志力量成为核心的德性。他对伊莉莎白说,遵循德性就是“有坚定不移的意志做我们判断为最好的事情”;他也向瑞典的克里斯蒂娜宣扬同样的学说。㉖在《灵魂的激情》这篇论文中,他把强劲的灵魂描述为那样一些灵魂,“在其中意志本性上就最易于征服激情。”强劲的灵魂“以其自己的武器” 战胜激情;“ Ce que je nomme ses propres armessont des, jugemens fermes & deter minez touchant la connoissance du bien & du mal, suivant lesquels elle a resolu de conduire les actions de sa vie”(“我所称其构成适当武器的东西, 取决于有关对善恶知识的坚定而又决定性

㉕ 西塞罗:在《图斯库兰谈话录》(Tusculan Disputations)第2卷中,号召自控地面对痛苦。人人都有某种弱点。我们必须约束它,就像主人约束奴隶,指挥官约束士兵,或父母约束孩子一样 (“vel ut dominus servo vel ut imperator militi vel ut parens fillio”, 第2卷第47—48页)。他反复强调男人的意识,使我们坚强起来,泰然自若地承受痛苦:“Virorum esse fortium et magnani morum et patientium et humana vincentium,toleranter dolorem pati”(第2卷第43页)。他提醒我们,Virtue(德性)来自“vir”=男人(与女人相对比),而特别杰出的男人是坚韧不拔,蔑视痛苦与死亡的。所以,男人们应当勇敢地面对痛苦,做事不能泄气,不能怯懦,不能懒惰,不能奴性十足,不能带有女人气(“ne quid abjecte, ne quid timide, ne quid ignave,ne quid serviliter mulieriterque faciamus”,第2卷第55页)。这种男人对女人的支配关系和优越性的核心,使人想起武士和荣誉伦理学。

㉖ 一六四五年八月十八日致伊莉莎白的信;对克里斯蒂娜的说明,在一六四七年十一月二十日给她的信中: 这是意志最好的气质,“si l’on a tousiours une ferme & constante resolution de faire exactement toutes les choses que l’on iugera estre les meilleures,& d’employer toutes les forces de son esprit à les bien connoistre”(“所以人永远以坚定和不懈精神处理所有的事情,可判断为是杰出的人,他把精神力量运用于适当的认识”);Pleiade。

的判断,它的实行结果是要指导其生活的行动")。㉗

力度、坚强、果断、控制,这些是关键的性质,是武士—贵族德性的子集合,但现在已内在化了。它们与其说是展现在公共空间中伟大的军事英武行动中,不如说展现在思想对激情的内在支配上。㉘

这说明了笛卡尔给"宽宏大量"的动机赋予了关键的地位。对荣誉伦理学的核心动机来说,这是经常使用的术语。尽管这个词已开始带有其现代的慷慨意义,但它主要指人们自身价值和荣誉的强势含义,这种含义推动人们去征服他们的恐惧和低劣欲望,去干伟大的事业。除非这个术语为这种——"宽宏大量"——已经历过类似滑动,从那之后十七世纪趋向其现代意义:某种像准备原谅、为他人留有余地的意思,我们或许能说,慷慨的人是"伟大的灵魂"(参看致伊莉莎白的信中的"les grandes ames")。㉙

㉗　TPA,第48篇,A&T第9卷第367页;H&R第1卷第354页。

㉘　纪尧姆·杜瓦,在几种方式上总是传统的人物,他同时以斯多葛主义的传统(实际上,被认为是"新斯多葛主义"复兴的主要作者之一)预示了某些笛卡尔主义的阐释,也讲过好的男人作为"l'usage de la droite raison, qui est à dire...la vertu, laquelle n'est autre chose que la ferme disposition de nostre volonté, à suivre ce qui est honneste et convenable"("运用知道……德性的正确理性,除了我们意志的坚定性质之外,没有别的什么东西,遵循它就是正直和适当的");《斯多葛主义的道德哲学》(La Philosophie morale des Stoiques),载《著作集》,1641年版本的再版(Geneva:Slatkine,1970),第256页。有意思的是,杜瓦是一个积极的政治人物,是根据亨利四世的同意结束宗教战争的和解的缔造者。

㉙　这两个术语的演化,都是在此时之后不久荣誉伦理学在欧洲文化中开始衰退的一般阴影的症状,也是现代性最重要的发展之一。参见阿伯特·希尔施曼:《激情和兴趣》(The Passions and the Interests)(Princeton: Princeton Univesity Press,1977)。在十七世纪,这两个术语更近似同义词。例如,参见高乃依的《波利厄克特》,第3幕第5场第1034行:" quoiqu'il soit genereux, quoiqu'il soit magnanime"("尽管他宽宏大量,尽管他宽厚高尚")。笛卡尔解释(TPA,第161篇)为什么他用"generosity"(宽宏大量),而不用"magnanimity"(宽厚高尚)。见下注㉜。

宽宏大量突出地表现于高乃依的悲剧中，特别是他早期的作品中，它们的主人翁首先为寻求荣誉和荣耀所推动。在《熙德》中，罗德里克向
154 施曼娜解释，为什么他应该使他们的爱情服从荣誉的要求并杀死她的父亲；要不然，"Qui m'aima généréux me haïra infame"（"当我宽宏大量时她爱我，当我丢名誉时她会恨我"；第3幕第4场第890行）。或许对这种性质的最好描述是克娄巴特拉在《庞贝》之中的演讲：

Les Princes ont cela de leur haute naissance
Leur âme dans leur sang prend des impressions
Qui dessous leur vertu rangent les passions.
Leur générosité soumet tout à leur gloire.

王子们有其高贵的出身。
他们的灵魂由他们的血所构成
命令激情服从他们的德性。
他们的宽宏大量使所有事物顺从他们的荣耀。

(第2幕第1场第370—373行)

这种对荣誉伦理学关键德性的共同关注，受到高乃依和笛卡尔的准同时代人的注意。[30]毫无疑问，关联是存在着的，但就像古斯塔夫·朗森所暗示的，这并不来自他们所描述的同样的社会现实。高乃依的角色，并不像卡西尔似乎论证的那样，接近笛卡尔的理想。我们所有的东

---

[30] 见古斯塔夫·朗森：《高乃依的主人翁和笛卡尔的"宽宏大量"》("Le Héros cornélien et le 'généréux' selon Descartes")，载RHLF(1895)，以及恩斯特·卡西尔：《笛卡尔、高乃依和瑞典的克里斯蒂娜》(Descartes, Corneille et Christine de Suede)(Paris, 1942)。

西,实质上是宽宏大量概念从武士社会的保卫荣誉(由高乃依描绘的)到笛卡尔的理性控制理想的整个转换。[31]

由于这个理想不再因秩序的眼光，而是因思想者的尊严感而得到力量,所以宽宏大量是适当的情绪。它不仅适当,而且是本质的;它是德性的原动力。所以,真正的宽宏大量

> qui fait qu'un homme s'estime au plus haut point qu'il se peut legitimement estimer, consiste seulement, partie en ce qu'il connoist qu'il n'y a rien qui veritablement luy appartiene que cette libre disposition de ses volontez, ny pourquoi il doive estre loüé ou blasmé sinon pour ce qu'il en use bien ou mal; & partie en ce qu'il sent en soy mesme une ferme & constante resolution d'en bien user, c'est à dire de ne manquer jamais de volonté, pour entreprendre & executer toutes les choses qu'il jugera estre les meilleures. Ce qui est suivre parfaitement la vertu.

> 引起人尽可能合理地高度估价自己，这种宽宏大量仅仅部分地在于这样的事实,即除了他的意志的这种自由配置之外,没有什么东西真地属于他,还有除非因他正当或邪恶地运用它,他就没有任何理由受到赞美或指责；也部分地在于这样的事实，他觉察到自己

[31] 我说"实际上",是因为笛卡尔保留有与良好出身的某种联系。因此,他使用"宽宏大量",而不是"宽厚高尚"。在TPA,第161篇,他说道,不存在这样的德性,对此"la bonne naissance contribue tant, qu'à celle qui fait qu'on ne s'estime que selon sa juste valeur"("良好的出身贡献如此之多,以致人们无法公正地评价它的价值"),A&T第9卷第453页。然而,不过良好的教育可发挥奇妙的作用。好的出身有一个起点,但并不全部。也参见他一六四五年五月十八日致伊莉莎白的信,在那里他把"伟大的心灵"("les grandes âmes")同"卑劣和粗俗的心灵"("les ames basses et vulgaires")区分开来。

很好地运用它的坚定不移的决心，也就是说，不会不去用自己的意志承担或实施他判定为最好的所有事情——这一判断完美地遵循着德性。[32]

155 换言之，宽宏大量是伴随着我作为人的尊严感的情绪。根据其真正的形式，它体现着对构成尊严的东西的正确的理解，还有我们实践它的意义。这种尊重感之所以支持着我对德性的持续的承诺，部分在于它使我蔑视所有并不真正要紧的事情，并失去对它们的兴趣，部分在于它推动我更全面地认识到我生活中最高的善。宽宏大量是"comme la clef de toutes les autres vertus，& un remede general contre tous les dereglements des Passions"("所有其他德性的关键，是对所有无序激情的一般补救")。[33]这种核心的地位符合荣誉伦理学(公认的道德净化)的关键德性，占据着早期道德传统理论经常给予节制的位置，揭示着笛卡尔为什么把尊严和尊重概念置于他道德观的核心。

笛卡尔的伦理学，就像他的认识论一样，呼吁从世界和肉体解脱出来，并对它们采取工具性的态度。在思想和实践两方面，它都推动我们分解(disengage)，这属于理性的本质。显然，这关系到与柏拉图完全不同的理性概念。正像正确的知识并非来自我们向(实体性)理念的秩序开放，而是来自我们根据清楚明白(evidence)的准则构建的(内心)观念的秩序；所以，当理性的霸权变成合理的控制时，它就不再被理解为我们与我们在宇宙中发现的事物的秩序的一致性，而毋宁是我们根据理性统治的要求，即我们决心赖以生活的"由关于善恶知识的坚定而明确的判断"(jugemens fermes et déterminés touchant la connoissance du bien et du mal)所构建的秩序，塑造了我们的生活。

㉜ TPA，第153篇，A&T第9卷第445—446页；H&R第1卷第401—402页。

㉝ TPA，第161篇，A&T第9卷第454页；H&R第1卷第406页。也见第156和203篇。

当然,在各个方面这些标准将要求我们重视和适应我们在世界中,或在我们自己的本性中,发现的事物的禀性——就如笛卡尔主义者尝试根据他们所设计的目的重构他的激情。但是,这将不是因为这种禀性本质地和自行要求所有理性认识者的喜爱,而是因为重视这点是理性性质所需要的,在这里这个术语现在由我们为了生活所需而构建的强加于秩序上的标准所规定。所以,正像对知识的理性探索要求我们构建再现的秩序,加于其上的一个限制是它们要适应或与外在事物——其他存在——的禀性相称,是它们为这些存在提供确定性;所以实践理性要求我们运用世界中的事物,包括我们自己的二元本性,以维持和增强理性控制,这就会经常需要我们顺应或适应事物的禀性或我们身体的设计。

但是,现在毫无疑问的是这样的观点,事物的禀性不会再是合理性 156
尺度,合理性的最终标准与这种秩序本身一致。问题在于,一致性现在被要求作为其最终标准或目的在别处的策略的一部分。

我们可以说,理性不再被实体性地,按照存在的秩序来规定,而毋宁是程序性地,按照我们在科学和生活中赖以构建秩序的标准来规定。对柏拉图来说,理性的就是正确地对待事物的秩序。对笛卡尔来说,合理性意味着按照特定的准则思考。判断现在对准了思考活动的性质,而不是由此出现的实体性信念。

当然,笛卡尔主张,他的程序将导致关于世界的实体性的真正信念。但是,这是某种必须建立的东西。实际上,建立它就是笛卡尔哲学最重要的目标之一。用我们是诚实的上帝的创造物这种证据,我们在程序和真理之间建立了联系。程序不是单纯被规定为引向实质性真理的那种。如果我们是恶魔的牺牲品,它可能把我们完全引向歧途。合理性现在是主体思考的内在特质,而不是它对实在的见解。在阐述这个转变时,笛卡尔表达着已经成为标准现代观点的东西。尽管对程序的性质有广泛的不一致,尽管有全部来自现代科学文化中占主导地位的经验主义趋势对他成堆的奚落，但理性范畴仍然是程序性的。

从实体到程序，从发现到建构秩序的变化，表达着对伦理学的柏拉图—斯多葛传统的宏大的内在化关系。很明显，笛卡尔的全部工程很多可以归功于它的奥古斯丁主义的根基，提高了这种提出内在性的传统的地位。

但是，也很明显的是，这个传统也有嬗变。笛卡尔的内在化变成某种与其奥古斯丁主义根源非常不同的东西。对奥古斯丁来说，内在深化之路只是通往高处的台阶。这在笛卡尔那儿仍有类似的存在，笛卡尔也从思维主体的自我理解出发证明了上帝的存在。但是，精神以微妙而重要的方式发生了变化。遵循奥古斯丁的道路，思想者愈来愈意识到他缺乏自足性，愈来愈明白上帝在他之中活动。

相比之下，对笛卡尔来说，反省转变的全部目的是要获得非常自足的确定性。我在沉思中，以及在清楚明白的认知链的每一连续步骤中获得的东西，恰恰是这种确定性，这是我靠遵循正确的方法自己就能达到的。在德国冬天十二月的寒夜住所中，我们所寻求的这种给我们自己确
157 定性的能力，看起来在笛卡尔决定性的灵机一动的时刻得到了关键的顿悟。

当然，推理之链表明，我依赖诚实的上帝获得关于外部世界的知识。但是，请注意这如何不同于传统的奥古斯丁的依赖秩序。论题不在于我获得知识时要确实面对上帝。毋宁说，清楚明白的认知确定性是无条件的和自我产生的。发生的不如说是，上帝的存在变成了我通过明确见识的方法序列走向科学进步的层级。在我的完善的科学系统中，上帝的存在是一个定理。重心发生了决定性的转移。

从不完美的自我到完美上帝的步骤，在其根源奥古斯丁那儿是如此本质，在变化过程中却成为别的什么东西。它并不导致使上帝出现在自我的真实根基上，比我自己的眼睛还近。相反地，它是推论，从我能够变得非常确定具有的能力，推导到它们不可逃避的根源。笛卡尔的证明

不再是寻求内在地与上帝相遇。这不再是达到对上帝之中万事万物的体验之路。毋宁说,我现在遇到的是我自己:我获得了明晰而完满的自我在场,这在以前是缺少的。但是,根据我在这里发现的,理性使我推出原因和超验的保证,没有它我现在充分理解的各种人的能力就不会是它们所是的样子。通向自然神论的道路已经打开了。

但是,还没有上路。我们必须避免在时代上误读笛卡尔。他不仅不是私下的无神论者,而且不是十八世纪的自然神论者。我们可以进一步说,就其对自足知识的所有关注来说,笛卡尔主义甚至没有明确站在天主教或耶稣会一边,在关于本性和神恩的作用的争论中,反对新教或詹森主义者。笛卡尔的陷入晦涩而混乱的持续趋势的含义 (“lorsque ie relâche quelque chose de mon attention, mon esprit se trouvant obscurcy & comme aveuglé par les images des chose sensibles”;“当我稍微放松我的注意力时,就发现我的心灵的眼光有些模糊,可以这么说,被感性对象遮蔽了”)[34]可被看作我们堕落本性的征兆。笛卡尔或许能为波尔罗亚尔修道院的思想家——例如,阿诺德——所接受。[35]

简言之,笛卡尔没有用他的知识理论取代奥古斯丁的上升性的打算。但是,在笛卡尔主义之后,这一上升不能再以极为相同的方式来设想了。结果,奥古斯丁的传统在现代世界中沿着新的道路发展——我将在随后对其中的一些进行探讨。

不过,在时代性错误的判断——连同帕斯卡尔的同时代的批评性

㉞ 《沉思三》,A&T第9卷第1部分第38页;H&R第1卷第167页。

㉟ 安托万·阿诺德和皮埃尔·尼科尔的《逻辑学或思维的艺术》(La Logique ou l'art de penser),最近的版本(Paris: Flammarion, 1970),根子上是笛卡尔主义的著作,由波尔罗亚尔修道院的两位主要人物所撰写。原罪的力量是明显可见的,尤其表现在所有人都强烈地爱好模糊混乱的观念和毫无价值的东西,也表现在荒谬和错误的其他根源上。例如,见第1编第9—11章。

158 反应[36]——后边的真理是，这种关于理性支配的自主力量的新的内在深度概念，自足的内在深度性，也为现代的无信仰准备了基础。这甚或为现代西方文明与所有其他文明相对立的惊人事实：在其中非信仰有广泛的影响，提供了部分解释。但是，这使我们的论证走得太快了，首先我们必须深入考察笛卡尔在他那个世纪的影响。

[36] 在《与M.德·萨希的谈话》(Entretien avec M.de Sacy)中，载《布莱斯·帕斯卡尔全集》(Oeuvres de Blaise Pascal)，L.布伦斯维克、P.布特鲁和F.加兹尔编(Paris：Hachette，1904—1925)，第4卷，第43页，人们可以看到帕斯卡尔对笛卡尔的整个工程的反驳。

第九章

洛克的点状自我 159

第一节

就像他的程序性的合理性概念一样，笛卡尔的分解主体并非只是一个私人性的范畴。就现代思想中对他的二元论的所有挑战和非议来说，他以核心的分解观念表达着现时代最重要的发展之一。近来的研究表明了十六世纪末和十七世纪初大致称为“新斯多葛派”的思维模式有巨大的重要性，这与尤斯图斯·利普修斯联系在一起，在法国则与纪尧姆·杜瓦尔联系在一起。正如这个名称所蕴涵的，这些思想家受古典斯多葛主义的激发，但他们有一些重要的差别。这些差别不仅包括灵魂—肉体的二元论，而且包括日益增强的对自控模式的重视，这为笛卡尔向工具性控制模式的转变做了准备。

意义更为重大的是，新斯多葛主义与政治和军事精英们的一个广泛的运动有密切的联系，它趋向于在许多领域里更广泛和更严厉的应用新形式的纪律：当然，首先是在军事上，就如人们在奥伦治的威廉的改革中看到的，这在荷兰反抗西班牙的起义中产生了世界历史性的影响;但是,后来也出现在市政管理的各个方面,这种管理成长于“专制主义”国家的新野心与能力,对贸易、劳动健康状况,甚至宗教仪规都进行管理。[1]这些新的纪律模式通过一大批机构——军队、医院、学校、济贫院——而得到鲜明的传播,尽管有些片面,但米歇尔·福柯在他的《监视与惩罚》中对此作了追溯。[2]

人们发现,贯穿于这一组问题所有方面——新的哲学、管理方法和
160 军事机构、政府的精神和约束方法——的东西,是人类主体生长着的理想,他能够靠方法和有纪律的行动改造自己。这点所需要的是,对人的给定特性、欲望、气质、倾向、思维和情感的习惯采取工具性的态度,这样人们就可以操纵它们,去除某些而强化另一些,直到人满足所欲求的规格。我的建议是,笛卡尔分解式主体的图景,表达着对最适应这整个变化过程的主体性的理解,而且是这个图景在他那个时代及超出于那个时代所具有的巨大影响力的基础的组成部分。

分解和理性控制的主体已变成人们熟悉的现代形象。几乎可以说,它已经成为解释我们自己的一种方式,我们发现它是难以摆脱的。它是我们不可逃避的内在深度的当代含义的一个方面。通过洛克及其所影响的启蒙思想家,它发展到其完备的形式,成为我想称之为“点状”自我的东西。

这个形象的关键是,它通过分解获得控制。如果我能用另一个艺术术语来介绍这点的话,那么分解永远是“客观化”的相关物。给定范围的客观化涉及剥夺其对我们的规范力量。如果我们把一存在范围内迄今事物所是的方式确定为我们的规范或标准,现在以新的态度把它看作

① 这个发展的全过程,在格哈德·俄斯特莱赫的《新斯多葛主义和早期现代国家》(Neo-Stoicism and the Early Modern State)(Cambridge: Cambridge University Press, 1983)和马尔克·雷夫的《秩序良好的警察国家》(The Well-Ordered Police State)(New Haven: Yale University Press, 1983)中得到非常好的描述。

② 米歇尔·福柯:《监视与惩罚》(Surveiller et punir)(Paris: Gallimard, 1975)。

中性的,我将说我们把它客观化了。

笛卡尔帮助推动实现的十七世纪科学世界图景的伟大机械化,在这种意义上是一种客观化。根据以前的主导性观点,宇宙秩序被看作理念的具体化。我们周围的物理世界取得形式是为了体现理念秩序。这种解释被当作是由至善安排的最终解释,就如柏拉图所做的那样;或者可整合进基督教神学,而把理念理解为上帝的思想。但是,在每一种情况下,秩序看起来都是自身存在的,因为它显示理性、至善性;在神学变种中,是显示上帝的智慧。在某种意义上,存在着双重目的论。首先,我们周围的事物取得形式为了把观念或原形范例化。文艺复兴的“相符”说属于这种层次的。世间的国王等于野兽中的狮子,或鸟中的鹰,等等,这种看法是从同一理念必须在所有领域中表现自己的看法获得意义的。在第二种层次上,整体理念本身采取它所采取的形式,是为了展示某种完美性。根据经由新柏拉图主义和伪狄奥尼修斯传下来的受柏拉图影响的概念,这在中世纪和早期欧洲曾占主导地位,这些完美性也包括理性的在内。换言之,我们今天应考虑为描述或再现的、表达清楚的展示的完美的东西,曾被看成存在的完美。柏拉图主义的理念是自我显现的实在。万物存在,它们是为了符合理性自我展示的模式,在这种展现中一变成多,在这种展现中所有可能的位置都被占据(洛夫乔伊的“充足原 161
则”),等等。遵循这种样式构想的秩序,我想称为“富有意义的”秩序,或包含“实体性逻各斯”的秩序。

显然,这种秩序在内部设立了存在的范例性目的(paradigm purposes)。作为人类我们要符合我们的理念,反过来应在整体中发挥其作用,而发挥作用,不为如何,意味着我们是理性的,也就是说能够觉察自我展示的秩序。在冷漠地对待它或不能认清它的规范性力量时,人们便无法理解这种秩序。冷漠象征人还没有理解,还处于错误中,就像伊壁鸠鲁主义者和其他原子论者为此遭到前现代主流思想的广泛谴责的那样。

走向机械论这步棋，把这整个领域中性化了。它不再为我们设立规范——至少不再以传统的方式设立规范。这不单纯是纯粹认识论考虑所引出的一着的边际效应。相反地，新科学的部分推动力来自反目的论的道德。这点的根源是神学论的：以奥卡姆的威廉为代表，唯名论对亚里士多德的实在论的反抗，是由这样一个看法激励的，即提出建立在假定本性倾向基础上的伦理学是在试图限制上帝的权威。上帝必须保留以法令建立善和恶的完全的自由。这种奥卡姆主义的思想路线的进一步发展，正如人们时常注意到的，在这个世纪的科学革命中扮演了重要的角色。[③]最后，机械论的宇宙是惟一可与上帝和谐共存的宇宙，上帝的权威是根据无限的法令自由规定的。

因此，为机械论的兴起奠定了基础的最强劲的动机之一，原先是其与"控制"的联系，它最初是与上帝相联系的。但是，人类随后也被视为受益者，而且，伴随十七世纪的实际的革命，动机就不可避免地缠绕在一起了。对笛卡尔来说，机械论明显仍与特定的神学相联系。他把上帝的统治权推到这样的顶点，甚至认为我们理解为"永恒真理"的东西，比如数学公理，都来自神圣的法令。[④]但是，与此同时，他认为新科学能使我们成为地球的"主人和拥有者"。[⑤]这种工具性控制并非只对它本身有价值，也被认为(或许遵循培根)是科学真理的标准，如果世界真的像机器，它就必然如此。

我称为点状自我的现代形象已经进一步大大推进了这种分解，而且这样做是因同样的动机混合物——与某种知识范畴缠结在一起的对控制的探索——引导的。当分解转向了主体本身时，它就被进一步实施了。笛卡尔已经开启了这场运动。它涉及以这种态度对待自己，这使我

③ 弗朗西斯·奥克莱：《基督教神学和牛顿科学》("Christian Theology and the Newtonian Science")，《教会史》(Church History)30(1960)，第433—457页。

④ 见一六三〇年四月十五日他致梅森的信，A&T第1卷第145页。

⑤ 《方法谈六》，A&T 第6卷第62页。

们摆脱我们体验世界和我们自己的常规方式。如果我们回到在笛卡尔思想中起核心作用的例子：第二性的质，及肉体感受性，那么我们就能明白这点意味着什么。 162

模糊的和混乱的思想的错误是把这些看作为“在”肉体关注中的。普通的、未反思的人认为颜色或甜味就在衣裳或糖果之中；疼痛就在牙齿中，刺痛就在脚上。笛卡尔断定，所有这些的真正的本体论所在处是在心灵中。它们都是观念，均由衣裳、糖果、牙齿、脚板的特定性质所引起，但它们的地点则在心灵中。就这点来看，它们类似第一性的质——形象、数字、大小——的观念。但是，与这些观念不同，它们不能表达任何客体中的东西。物体并不以它成为方的方式成为红的。

以这种方式看事物，就是对它们有一个清楚明白的理解。[6]但是，这涉及要从我们关于世界中存在的常规方式抽身。正如我们通过它们而正常生活，我们关于红衣服或牙疼的经验是一定的方式，据此这些对象是为我们而存在的。经由我看见它，红衣裳向我呈现；牙齿以其疼痛吵闹地要人注意。正如梅洛—庞蒂和迈克尔·波兰尼多种多样的描述，我经由经验注意客体。[7]笛卡尔号召我们做的，就是停止“在”经验中或经由经验而生活，要把经验本身视为客体，视为保持自身特点的东西，视为与其他人相同的经验。通过这样做，我暂停了经验的“意向性”维度，也就是说，什么东西使经验成为关于某物的经验。当然，我注意到，这种经验对某事物做了说明，或者说它不可逃避地向我们提示着它的(假定的)意向的客体。但是，我把它与像内部感觉这样的无意向的经验同样对待；而且在这些情况下，我不再把它与假定的对象，而是与外部的原因

---

⑥ 见第八章，注⑥。

⑦ 莫里斯·梅洛—庞蒂：《知觉现象学》(La Phenomenologie de la perception)(Paris：Gallimard，1945)，导言；迈克尔·波兰尼：《缄默的尺度》(The Tacit Dimension)(New York：Doubleday，1966)，第1章。

联系起来。通过把经验客观化,我们不再把它当作为怎样才有这些性质的知识而设立我的规范所接受的东西。

当然,这种退出的态度,尽管它确实能改变我们体验事物的方式,但并非仅仅是体验它们的另一种方式。在全部笛卡尔哲学—经验主义的传统中,对这点存在着混乱。笛卡尔和他的经验主义后继者有时好像谈论,对"直接"经验的关注是经由更准确的关于我们实际的第一人称经验的意识而产生的。但是,根本不可能把我的牙疼体验为只是我心灵中的观念,这是由龋齿引起的,由神经发送信号到大脑(或通过生命精气
163 到松果腺)。而且由于分解的真正性质是摆脱日常的第一人称经验,这样做的话将是令人惊诧的。分解包含我们要走出第一人称的态度,而且要就事物功能如何的问题,采纳某种理论,或至少某种假设。这就是笛卡尔在这种情况下所做的,这时他假定疼痛和观察到的第二性的质是由器官或客体的各种(第一性的)质引起的心灵中的观念。只要我们脱离和不再生活在我们的经验中,那么就必须寻求某种假定以处理解释的懈怠,提供代替我们要摒弃的东西的论证。对笛卡尔和他的经验主义后继者来说,这个假定(本性上)是机械论的。

鉴于其从第一人称经验到客观化的、非个人模式的转变,把分解控制的态度归类为修改了的奥古斯丁内在性的形象,或许看起来令人诧异。但是,自相矛盾只是表面的。激进反省对这种态度来说是中枢性的,因为为了这样转变它,我们必须关注第一人称经验。整个运作的关键是取得一种控制。我们不是扫除我们经验的日常癖好带来的错误,而是远离它,摆脱它,客观地重新解释它,然后再学习从中得出辩护性结论。要从"我们的欲望和我们的教师"那儿夺取控制权,[8]我们就必须实行某种激进的反省。我们凝视经验,是为了剥夺其力量,这个被迷惑和犯错的根源。

---

⑧ 《方法谈二》,A&T第6卷第13页。

我们可以看到前边所预示的关联:在这样两方面之间,一方面,是分解和客观化,另一方面是某种力量和控制;在这点和正确秩序的理想之间,后者是汇集或构建我们思想的适当方法,这规定着理性;最后是在理性和获取知识之间。在现代文化的某些部门中,这些关联变得如此强劲,以至于它们或许看起来是惟一可能的解释。但是,一些考察会表明,依靠分解和程序理性获取更确定的知识的道路,并非总是可靠的。

拿日常事例来看,当我们惊奇地看某种事物时,或某种事物让我们困惑,或我们不能清楚地看它时,我们正常的反应是更近一些去看;我们改变姿势,或许揉揉眼睛,集中精力,等等。事实上,与其说离开,不如说我们把自己更完整地投入经验中。存在某种包含"完全在场的"、更注意我们经验"中"的探索。一种更重要的语境,是我们在其中试图澄清我们对某人或某事有什么感受的语境。这包含着反省和自我意识,但严格说来不是分解的那种。毋宁说,我们承认我们情感的完全统治,严格说来以我们体验被关注的人的方式来考虑人或事。

从我们的感情中分离的企图,涉及某种完全不同的事情。在此正像前边一样,我们试图从意向性的向度中抽身。或许你发现了梅布尔大妈 164
幽默的令人不愉快的含义。它似乎是牵强附会的和颇刺激人的,刻意吸引和占据注意力。但是,你告诉你自己,你反应太过分了。这只是你自己的事情,它使你像这样对完全正常的存在方式做出反应。你试图以把它仅仅当作一种反应来对待,而不是对令人讨厌的内容的有效认知,来抑制这种反应。当我们决定我们不应对我们做的或感受的某种事情有罪恶感,并把像某种来自我们童年训练的非理性延续当成痉挛发作时,我们是在做类似的事情。超然和我们或许称为介入性的探究是两种非常不同的事情。它们把我们带向相反的方向,而且极其难以结合。

这种对照的关键,是表明给分解和控制的认识论以优先性的选择并非是自明地正确的。它需要某些设定。如果伟大的理性主义和经验主义时代把其自身置于"观念的方式"之上,这是因为它把某些事情看成是当然的。在认识论上，正如刚刚提到的，它是部分地建立机械论信念基础上的，这种信念反对富有意义的秩序的、实体性逻各斯的宇宙。把世界看作理念的体现，就是把知识看作通过调整灵魂的凝视方向获得的。在柏拉图的比喻中，我们是通过用这种秩序进行更充分的分解，把灵魂之眼对准它，而得到知识的；按亚里士多德的阐述，当我们理性(nous)的本质(eidos)和对象的本质统一时，我们就获得了知识。我们获取知识的图景是这样的，我们通过细致的注意实现对样式的辨别，就像我们在著名的关于被压制的乌合之众的比喻中看到的那样。[9]

但是，这并非故事的全部。走向自我客观化不只是需要机械物理学的信念。十七世纪末的某些思想家，像卡德沃斯和莱布尼茨，在尝试保留或重建目的论的主体观时，每人都以其自身的方式指责了机械论。对自我的进一步分解涉及对所有这类企图的抵制。它因对目的论、对按某种内在的对真或善的爱好的人类主体定义的激进的抵制而得到加强，这种定义或许能为对我们本性中的真实趋向的介入式探究作辩护。

洛克持有真正不妥协的立场，这种立场设定限制，据此精确的自我通过启蒙和超越得到规定。他超出了笛卡尔，拒绝任何形式的内在观念(innate ideas)学说。这通常被看作有认识论基础的变动。洛克在这里更多地遵循培根的或伽桑狄的科学模式，而不是夸张的笛卡尔理性主义。在这个问题上他自己心仪这样一种模式，它将成功地形成于长期的理智

165 革命，并由牛顿的范例所标示。

这无疑是真理的组成部分。但是，在这里我想阐明另一方面。在拒绝内在性(innateness)时，洛克也在知识和道德两方面表露了他关于人性的深刻的反目的论的观点。这样做的动机是复杂的，要得到某种控制有很多事情须做。

在知识方面，洛克让自己反对任何把我们看作本性上趋向真理或

---

⑨ 亚里士多德：《后分析篇》(Posterior Analytics)，第2卷第19章，101a 10—14。

与真理一致的观点。无论是那种古代观点,即作为理性存在我们在体质上天赋地能够认识事物的理性秩序;或现代类型的观点,即我们具有逐渐表露趋向真理的思想的内在观念,或内在趋势。在洛克形成他将在《人类理解论》中发表的观点的同时,拉尔夫·卡德沃斯正试图界定后笛卡尔的基督教柏拉图主义。他声称,"知识是心灵本身的内在的和积极的力量,而且从内部展示其自身的内在活力,靠这种活力它征服、主导和命令其客体,并在其自身内部导致清晰、安详、胜利和满足感"。[10]卡德沃斯断定,"灵魂并非只是白板,只是赤裸的和消极的东西,没有其自身的内在活动内容,没有任何东西在里边,有的只是从外部加于其上的印象"。[11]

但是,卡德沃斯主张的我们可从内部活动中产生的"普遍理性、或理智本性和所有事物的本质"[12],被洛克看作是如此之多的无根据的综合,是由习惯和权威认可的,但却没有任何理性基础。他在其《人类理解论》(4.6.2)中宣布,它们是那些"逍遥学派的辩论者"发明的东西。[13]

洛克提出,在接受它们之前,要怀疑地辨别这些传统观念,考察它们的基础。基础性的概念是,我们关于世界的概念,是我们原本从感觉和反省那里得来的观念的综合。但是,在激情、习惯和教育的影响下,在

---

⑩ 拉尔夫·卡德沃斯:《论永恒不变的道德》(Concerning Eternal and Immutable Morality)(London,1731),第4卷,第1章,第126页。

⑪ 同上书,第287页。卡德沃斯的书,尽管在一七三一年才出版,是他一六八八年逝世后很久的事,但这本书实际上写于洛克的《人类理解论》问世之前。洛克的书以把心灵描绘为原本是"白板,没有任何特性"(2.1.2)而著名。卡德沃斯在此并不是对洛克的直接反应。但是,假如他们曾当面相互争论过,对立不可能太清楚了。

⑫ 同上书,第242页。

⑬ 括号内的出处是洛克的《人类理解论》(An Essay concerning Human Understanding),P.H.尼迪茨编(Oxford: Clarendon Press,1975)。除前言献词信之外,在那里出处标数码,数字分别指卷、章、节。

进行这些综合时缺乏自觉和好的基础。结果我们相信事物和接受概念，就似乎它们是坚固的和不可回避的，可它们并不具有确实性。但是，由于这些概念是我们所有人思想的媒介，所以我们发现对它们提出疑问是难以接受的。

> 模糊和无意义的讲话形式，以及对语言的误用，久已被当作是科学的神秘性；而且很少有或根本无意义的生僻讹用之词，因沿用的传统而获得一种权力，被误认为是博学深思。因此，要说服说者和听者都相信，它们不过是无知的掩饰、真知的障碍，那将是很不容易
> 166 的。(《人类理解论》，致读者的信，第14页)

因而，首要的关键任务是破坏性的，洛克讲他的抱负是“当清扫地基，扫除堆集在通往知识之路上的垃圾的小工”(同上)。

洛克建议摧毁和重建。这本身并不是新的；它正是笛卡尔提出过的。更普遍地说，对由习惯和普通教育引起的错误的攻击，至少如柏拉图一样古老。甚至连在感觉经验基础上重建的建议，也不是全新的：亚里士多德—托马斯传统也提出感觉在关于世界的知识中的首要性。激进的东西是他所提出的分解程度。

我们并不像柏拉图那样为了遵循我们内心对理性的固有爱好而拒斥习惯。也不是为了通过这种经验辨别我们所遇到的事物形式而给感觉经验以首要性。我们也不接受任何内在的原则。并不因我们信任了任何心灵的前反省的能动性，就停止摧毁。其最终停止的地方是有关的经验、感觉和反省的特殊观念。它们被认为是本质，因为它们根本不是能动性的产物。“在这方面，理解仅仅是被动的；无论它是否会有这些起源，而事实上这是知识的材料，却不是决定于其自身的力量”(2.1.25；也见2.30.3，在那儿洛克说，心灵“就其简单观念而言是完全被动的”)。我们既没能力创造，也没能力摧毁简单观念(2.2.2)。

这是比洛克从笛卡尔那儿继承来的第二性质的经验和物体感觉的分解更彻底的分解。它触及我们全部的心灵活动。像以前的分解一样，它不是第一人称经验的新模式的成果，而是依赖于心灵的客观化理论。在这种情况下，就如在前一种中一样，理论深深地归功于占优势的机械观。

洛克把心灵具体化到了特别的程度。首先，他接受心灵的原子论；我们对事物的理解由简单观念的建筑材料构成。构造和装配的原材料的隐喻在洛克那儿是非常突出的，而不只属于人们所讲的“构造”理论或观点的通常模式。观念是“材料”，而人的“能力，无论施展什么技艺，只能达到组合和分割他手中现成的材料”(2.2.2)。在第2卷第12章第1节讲了复杂观念由简单观念构成之后，洛克说，“这表明人的能力，及其作用方式，在物质和理智世界两方面都是一样的。因为在这两个世界中的材料，他都无力支配、制造或毁灭，人所能做的只是把它们结合在一起，或使之并列，或把它们完全分割”。

在另一种具体化比喻中，大脑被比作“心灵的在场空间”(2.3.1)；在 167
另外一种中，被比作暗室(2.11.17)。所有这种比喻都造成了一个主要的混乱，这不仅影响到洛克，而且影响到整个“观念论”的传统：观念有时被当作心中惰性的对象，有时则被当作命题本质。观念有时被看作能运动的准客体，有时被看作只能用“that...”从句恰当描述的本质。正如经常注意到的，这基于所有经验主义者都有的“一般观念”的问题：我们的一般三角形的观念本身被认为是等腰的或不等边的，还是等边的?洛克试图主张，甚至具有一般含义的我们心中的观念本身都是特殊的(4.17.8)。这种深刻的困惑在思维的整个“建筑材料”理论中有其根源。

其次，通过准机械的过程，通过某种对感官的影响印在心中，原子观念本身获得存在。观念“是由不可见的粒子作用于我们的感官……在我们的心中产生的”(2.8.1 3；在第4卷第2章第11节，洛克讲到“小球”)。第三,这些原子组合的有效因素被说成是准机械的联想过程(2.23)。

这种拆解的目的是重组我们的世界图景,这次是建立在坚实的基础上,并遵循可靠的相互联系的准则。正如洛克推动的,特别是在第四卷中对知识规定的那样,除了数学的发现或演绎确立的真理外,我们的知识在很大程度上是经验的,有关的准则是那些可能的证据。在引起悬置和详尽考察的这个运动中,我们从激情、习惯或权威那儿夺取了思考和视野的控制权,并设定我们自己为此负责。洛克的理论产生而且也反映着独立性和自我负责,一种理性从建立起来的习惯和当地占统治地位的权威那儿获得自由的概念。

我从胡塞尔那里借用了自我负责这个术语,[14]以描述洛克与笛卡尔分有的某种东西,这讨论到现代分解理性权威的本质对立面。这两个作者,以及他们建立起来的传统,要求我们所做的就是我们自己彻底想想它。就如在笛卡尔那儿,对洛克来说,除了你自己形成的知识之外,就没有真正的知识:

> 由于,我认为,我们或许希望用他人的眼睛去看,以他人的理智去认识。所以,我们对真理和理性能理解到什么程度,我们所拥有的真正知识也到什么程度。即使他人的意见碰巧是真的,如果它们只飘浮在我们的脑海中,就不能使我们变得更睿智些。在我们只是同意鼎鼎大名的人物,而不是照他们的样子运用自己的理性,理解那
> 168 些给他们带来声誉的真理的时候,在他们那儿是科学的东西,在我们这里就只是模糊印象之谈(Opinatrety)……在科学中,每人所拥有的,仅以他真正知道和了解的为限:他出于轻信而相信的东西,

⑭ 埃德蒙·胡塞尔:《笛卡尔的沉思》(Cartesianische Meditationen)(The Hugue: Mouton,1950),第47页。

无非是些碎片。(1.4.23)

当然,柏拉图说过类似的话。真知与仅仅相信不同。对前者来说,你必须能"给予说明"[15],能说为什么是这样。而这涉及破除许多已被接受的、你那个社会的惯常信念。但是,在现代人那里不同的是,自己研究出的要求更加激进,更具排他性,而这依赖于他们的真正的理性概念。

柏拉图责成我们为了达到真理站出来反对习惯和"意见"。但是,我们达到的真理是万物的秩序的眼光。原则上这并不绝对排除我们达到那里的最好方式或许是得到某个权威的引导——实际上,不是由拥有通常意见的陈旧和错误的权威,而是具有智慧的人的指导。当然,一旦我们有了科学,我们就能免去指导,但这有助于我们达到这种独立的状况。

与之相反,与现代理性概念是程序性的。要求我们所做的与其说是成为秩序的沉思者,不如说是遵循理性思维准则,构建万物的图景。笛卡尔和洛克对这些有不同的构想,但在以这种基本的理性概念为基础方面,他们是一致的。目标是达到事物实际所是的方式,但这些准则为此提供了最佳希望。合理性首先是思维过程的性质,而不是思维的实质性内容。

这是洛克在前边所引的段落中反复强调的差别。但是,正如我们看到的,程序是激进反省的一种。它本质上包含着第一人称的立场。为了使我自发的信念和综合得到详尽的考察,就要从它们中分立出来。这是某种在事物的性质上每人必须为他自己来做的事情。只要我们获得了科学,我们就不只是独立的;然而,如果结果是科学的,全部道路必须是极其独立的。

那就是为什么这种理性模式极端而不妥协地排斥权威的原因。在

---

⑮ "*Logon didonai*",《理想国》,534B。

洛克的例子中，这种被分解理性的要求因个人坚信的新教原则而得到加强。在我刚刚引用的段落的前边，洛克要我们相信，“我在下边的谈论中，并不让自己刻意违背或遵循任何权威：真理是我的惟一目的”(1.4.23)而且也是为什么洛克会经常用奴役和自由的戏剧性对立术语来讲理性问题的原因。自由是困难的；依靠个人，遵循人们自己的思维过程，这是很难的事。但是，那些不能这样做的人，那些普通的、漠不关心地随大流的人，并未达到主体性。对那些属于精英而乐于逃避思考责任
169 的人，洛克发出严厉的警告。“那些盲人总要有明眼人引导，否则就会落入深沟：如果人在理解方面是盲目的话，他必定受极大的限制、极大的束缚”(4.20.6)。

全部《人类理解论》用来反对那些以假定为无疑问的特殊原则，像那些所谓“天赋的”原则，来控制别人的人。讲到“那些喜欢做大师和导师的人”，洛克说：

> 由于有已建立起来的这种教条——存在有天赋的原则，它们使其信奉者接受这类的某些学说；这使他们不再运用自己的理性和判断力，使他们不经进一步的考察就盲从轻信；在其中或许比较容易受支配的那种盲目轻信的态度，对某些有用来约束和指导别人的技能和官职的人来说，是有好处的。(1.3.25)

这种关于心灵的反目的论的客观化观点，并不只排除假定天生地与真理一致的知识理论；它也被用来反对把我们看作由本性驱向善的道德理论——当然，首先是由古代继承下来的主要传统——柏拉图的、亚里士多德的和斯多葛派的传统。分解也必须转变我们的动机理论。像他之前的其他反目的论的理论家，以及后来的伽桑狄一样，洛克采纳了享乐主义。对我们来说，快乐和痛苦就是善和恶。“事物所以有善恶之分，只与快乐或痛苦有关”(2.20.2)。是它们激励着我们。“快乐和痛苦以

及产生它们的善和恶，是使我们的激情转动的铰链”(2.20.3)。但是，遵循他关于心灵的客观化观点，洛克使这个古老的理论经历了具体化的转变。直接推动我们的并非对善即快乐的预期，而是“不适”(2.21.31)。洛克认为欲望就是一种不适。“身体上的所有痛苦，心灵中的所有不安，无论属于何种类型，都是不适”(同上)。对某种东西的欲望因而被看作这个类的一个种。它是因缺乏某种善而唤起的不适。但是，并非所有善的事物的缺乏都引起我们的不适，甚至并非所有我们所知的事物都对我们有好处。视野中更大的善并不总是让我们激动。洛克论证说，如果它总能激励我们的话，我们就能明明白白地尽更大的努力来确保我们永恒的拯救了(2.21.38)。

如果一种善必然激励我们，那是因为它必定引起我们的不适。它只通过它与这种不安的关联来推动我们。“善和恶，无论在场与否，都真的能影响心灵。但是，能时时直接决定意志，使它自愿进行各种行动的，却 170
是**欲望的不舒适感**”(2.21.33着重号为原文所有)。凭借运用准机械论的论证：“为什么惟独不舒适决定意志的另一种理由是这样的：因为只有不舒适在场，而且它反对这样的事理，即不在场的东西能在其不在的地方起作用”(2.21.37)，洛克很有特点地表明只有不舒适决定意志。他的理论建立在著名的距离排除行动的机械原理上。

这样，洛克把分解带到了史无前例的程度：甚至给我们带来快乐的被激励的行为，在组合秩序中也不是根本。它必定来自与内在状态的建立起来的关联，这内在状态在没有任何固有的对象的情况下就是其本身。我们看到现代还原心理学和强化理论的久远起源。在二十世纪的心理学家讲“习性”的地方，洛克则讲我们每个人在内在的不舒适和作为我们的“有趣事物”的特定的善之间形成的联想(2.21.56)。

这能够成为并已经是关于动机的纯粹的决定论的基础，这种理论把人们看作必然受他们的最强烈的欲望推动。在第2卷第21章第46节中,洛克似乎就在向这个方向发展,在那里他说,"最紧迫的"不舒适自然决定着意志。但是,正如在知识论那里一样,具体化就意味着使控制成为可能。洛克引导出意志。心灵有"中止它的任何欲望实现的能力;如此这般,一个接一个;就是不受约束地考虑他们的对象,从各个方面考察它们,并把它们与别的东西加以比较"(2.21.53,还有48)。遵循理性的证明准则,我们可以确定什么是最大的善,而我们自己的意志要寻求它。而且,这会改变我们的欲求,以致会获得动机的重大力量。这样

> 在人考察是否是真实本性,其本身及其后果是否会使他幸福之前,他可以中止决定或反对已经提出的事情的选择。因为,当他一旦选择了它,它就因此而成为他幸福的组成部分,它引起欲望,并相应地给予他不舒适。(2.21.57)

正像在我们的看法和信念的情况下,摆脱我们自己和现存的"有趣事物",使我们有以更理性的和更优越的样式关注我们自己的可能性。我们是最终偶然相关的生物:我们已形成某些习性。但是,我们可以放弃它们,可以重构它们。

> 风尚和俗见确立了错误的看法,教育和习惯造成了病态的习性,事物的正当价值被误置,人们的趣味被败坏。我们必须忍痛修改它们;使相反的习性改变我们的快乐,让我们对必然有益于我们的幸
> 171 福的东西感兴趣。(2.21.71)

激进的分解开启了自我塑造的前景。

至于这种重构的理性目标,洛克清楚这应遵循上帝确定的法则,有时他也称之为自然法。这不仅是我们应该道德地去做的事情,而且也是

带给我们最大幸福的事情,这在我们想到"不可言说的"欢乐和同等程度的可怕痛苦时得到证明,它们是上帝作为奖赏和惩罚而提供的。实际上,根据洛克的定义,这法则是最高的道德根源,只是因为它是由能把痛苦与他的命令相联的立法者确立的。

> 道德的善和恶……只是我们自愿的行为是否合乎某种法则,这法则来自立法者的意志和力量,并靠此给我们招来善或恶;这种善或恶,快乐或痛苦,是看我们遵守或违反法则的程度,由立法者的命令加给我们的,所以我们称之为奖赏和惩罚。(2.28.5)

洛克借此把自己置于神学唯意志论的传统中,正如我们看到的,这种传统与机械论的兴起紧密地交织在一起,而且他的自然法命令理论与普芬多夫,还有他那个时代有影响的思潮相一致。但是,正如塔利评论的,洛克把唯意志论同享乐主义结合在一起。[16]我在下边将要论述,这种见解成了一种道德观。

在这里,我想考察的方面是自我客观化的新的、空前激进的形式。从思维活动和从我们未反省的欲望和趣味的分解,允许我们把自己看作广泛重构的客体。理性控制能够扩大我们的习性,因而还有我们自己的再创造。"习性"概念经历了变迁:它不再带有其亚里士多德主义的力量,在那儿我们形成"习性"(hexeis)来反抗带有特定偏向的本性背景。现在,习性连接着不再有内在联系的自然装置的成分。适当的关联,纯粹

---

⑯ 见詹姆斯·塔利:《统治行为》("Governing Conduct"),载《早期现代欧洲的良心和决疑法》(Conscience and Casuistry in Early Modern Europe),E.利特斯编(Cambridge:Cambridge University Press,1986)。不仅在我对洛克的理解上,而且在我对由新斯多葛主义开始的,并且为洛克奠定了基础的现代政治和思想的整个运动的理解上,我都从詹姆斯·塔利的著作中吸取很多东西。

是由将带来最佳结果、快乐或幸福的东西机械地决定的。

能够持这种激进分解态度，以一种重构的观点对待他自己或她自己的主体，就是我所称的“点状”自我。持这种态度就是把自己认同为客观化和重构的力量，依靠这种行动使自己远离作为潜在变化的对象的特殊面貌。我们本质上不属于后者，而是发现自己能集中在它们之上并连续作用它们的存在。这就是这种点的比喻所指，凭借几何学术语要转
172 达的东西：真正的自我是“无广延的”；它不在任何地方，而只是把事物当作对象装配的力量。

这种力量依赖于意识。因此，洛克在《人类理解论》第2卷第27章有关人格同一性的讨论中，拒绝把自我或个人等同于任何实体，无论是物质的还是精神的，而是让其依靠意识。

> 因为只要任何理智存在能以开始就有的同一意识，并以它对现在行为的同一意识，重复任何过去行为的观念，那它就是同一人格自我。由于它对其现在的思想和行为有意识，即它当下对其自身是自我，所以只要这个意识能扩展到过去的和未来的行为，那就仍将是同一自我；尽管有时间的隔离，或实体的变化，就像一个人今天穿的衣服与昨天不同，或两天之间睡眠时间长短不同，但并没有两个人格；不管什么样的实体产生出这些结果，同一意识则把这些相隔的行为连接为同一个人。(2.27.10)

或者还有：

> 很清楚，只要意识能被扩展——它应是过去的日子——它就能把在时间上相隔很远的存在和行为结合为同一人格，就像能把刚才时刻的存在和行为结合起来一样：所以，无论什么，只要拥有对现在和过去行为的意识，它就是两种行为均属于他的同一人格。

(2.27.16)

用一系列奇异的思想试验,例如,同一意识寓于不同的身体中,或两个意识分享同一个身体,或身体交换意识,洛克为这种极端主观主义的人格观点[17]辩护。这些思想试验是我在第一编第二章中援引的帕菲特思考的基础。[18]但是,求助的问题在这里颇具启发性。它假定某种我们称为意识或自我意识的东西是能够清楚地与其肉体区分开来的,在各种思想试验中二者可以分离,也能再合在一块,因此我们的自我意识是以某种方式可与其肉体分离的。王子在皮革匠的身体中醒来的描述,要求我们想象假定的某种奇异却清晰的事情。但是,假若皮革匠醒来忘掉了他过去生活的记忆,奇异地是他却记着另一个人的体验,就如所谓人们有死去很久的人的体验一样,把王子的例子与这件事区分开来的是

---

⑰ 在洛克的自我概论中似乎也有某种不连贯的地方,这个概念的认同依赖于它具有这种认同的意识。就任何争议而言,无论p是否拥有,作为真正的争议,都指向某种事实问题,因而必须在p的真实存在和它向我表现的p是真的之间做出区分。但是,洛克的意识标准似乎只说明这样的事实,我的认同体现着存在于我的意识中的经验E,这些经验都是属于我的。巴特勒是第一个提出这种异议的人;见约翰·迈凯的讨论:《洛克引起的问题》(Problems from Locke)(Oxford: Oxford University Press, 1976),第186—187页。即使洛克能澄清这种指责,我们关于事实的问题的前理论的感觉也不能由他的标准来把握,这似乎是明显的。在其他事物中,这会形成不及物的"作为同一个人"的关系。我与毕业于高中的十几岁的少年是同一个人,因为我仍旧记得我毕业时的情形;而他与五岁生日聚会时的孩子是同一个人,因为他记得生日聚会;但是,我与五岁时不是同一个人,因为随着岁月的流逝我忘记了那次聚会。

⑱ 《人类理解论》,2.27.12以下;德里克·帕菲特,《理性和人格》(Reasons and Persons)(Oxford: Oxford University Press, 1984),第10—13章。

什么呢?[19]

我会认为,完全可分离的意识是个幻想,但这是由点状自我投射的幻影。分离的态度产生了我们自己作为纯粹独立的意识的图景,而支撑
173 着并为这种态度辩护的图景,也是它坚持的自我控制和自我重构的极端承诺的基础。洛克的主观主义人格学说和自我构造的预期之间的密切关联,出现在这一章的讨论中,在那里洛克告诉我们:作为自我的名称,"人格""是一个法律术语,涵盖行为及其功过;所以,它只属于理智的、能受法律支配的、能感受幸福和苦难的主体"(2.27.26)。作为X的同一个人格,就是能够因X的成就和失败而正当地得到奖惩的存在:"奖惩之所以正当,全基于这种人格同一性;每人因他自己所关心的幸福与苦难,与那种与意识不相联结、不相影响的任何实体,无论其怎么样变化,都是毫无关系的"(2.27.18)。洛克在这里以其自己的方式承认了我在第

---

⑲ 洛克以传统的童话语言描绘了这个特殊情况(2.27.15),王子的"灵魂"进入并充实了皮革匠的身体。在这里运用实质性语言,假定它表面的清晰和明确。当然,问题是,无论灵魂的整个概念是否站得住脚,都给定体现了人类主体的本性。梅洛-庞蒂和我们时代的其他人,就否定性提出了有说服力的情况。

全部的记忆错误的现象,在那里一个人记得,或似乎记得,某个别人的经验,向洛克提出了难以克服的问题。这种把拿破仑在耶拿战役的思考当作我自己的经验来记忆的含义,使我成为与他相同的一个人吗?洛克在一个要点上(2.27.13)面对这种可能性:"为什么一个理智存在不可以表现它没有做过的,但或许其他主体做过的事,就如自己做过的那样……这将难于从事物的本性中得出结论"。但是,看到落入深渊,他马上改变了方向:困难可以"在上帝的善良性质中得到最好的解决;既然他的任何明智的造物的幸福或苦难涉及自己的意识,他不会因他们命中注定的错误,把据以奖惩的意识从一个人转移到另一个人身上"。正如迈凯非常正确地指出的(《洛克引起的问题》,第184—185页),甚至这种推诿也乞求于关键的问题。如果我的X认同只在于我对这种认同的意识,那么我就会是拿破仑,而上帝因他的罪恶惩罚我就没有什么不公正的地方。就如迈凯所说的,"可求助于上帝的善良性质来防止这点……这不会有错"。洛克又一次偶尔发现了我们关于认同的前反思的含义,对此他的意识标准却根本无法把握。

一编(第二章第二节)所论证的东西:我们的自我概念与我们的道德自我理解之间的密切关联。洛克的人格是根据未来的报应为其行为负责任的道德主体。自我的抽象图景忠实地反映着他的责任主体的理想。

第二节

不仅洛克的认识论,而且他的激进分解的和具体化的人类心理学,都在启蒙运动中产生了巨大影响。这种影响无疑应部分地归功于他的知识观和获得巨大成功的牛顿模式之间相应的密切相契性,至少相对笛卡尔主义是这样。但是,这并不是故事的全部。贯穿启蒙运动及以后时代的洛克点状自我的巨大力量,也来自我们文化中对自我的分解、惩戒性态度的重要地位。前边我曾提到,这个时期在军队、医院和学校中,兴起了范围广泛的惩戒性实践,以及官方条理化控制和机构的相应实践。

当然,洛克的理论并不是这类实践的惟一可能的正当理由。在这个理论设计出来之前,它们就开始广泛推广了。这是一种要做的重要区分,因为这种实践在有关现代性的当代争论中有时被混同为这种哲学。但是,这种等同是荒谬的;它混淆了非常不同的事情:一方面,新的自我控制和自我重构能力的发展,要求对自我的新的分解态度;另一方面,是一个特殊的理论,它把自我构想为原则上是能够完全分解的。后者作为一种理论被用来肯定或反驳(我满足于后者很值得受称赞);但是,前者面对的是我们完成还是未完成(我们当然有,无论好还是糟——以及更丰富)。

但是,与此同时,这两方面之间的关系是密切的。这个理论当然是与那些实践性质相同的一种理论,它将把它本身托付给那些深深承诺于它们的实践,它将把它们理性化,为它们辩护,而且也为它们在人类事务中的功效提供意义更深远的希望。这种理论无疑对贯穿当代文化 174

的那些实践的所向披靡的进军发挥了作用。

或许使洛克成为启蒙运动的伟大导师的东西是，他把这两种因素结合了起来：他提供了与自我的理性控制理论交织在一起的，对作为有效知识的新科学的似乎有理的论述；还有他在理性自我负责的理想下把二者带到一起。在科学和实践两方面，都有许多事物被权威地宣布为真的，然而却是名不符实的。理性的、自我负责任的主体能够破除它们，能够中止信奉它们，并通过让它们服从其效用的试验，来重构或取代它们。

把问题总揽在一起，就是一个由分解和程序理性概念支撑的自由或独立的理想。这已经给洛克的观点赋予了巨大的影响力——其影响不仅限于十八世纪，而且一直波及到今天。甚至那些拒绝洛克的许多学说的人，也感受到他的模式的影响力。正如我已提到的，在某些当代的讨论中，我们仍能以某种方式看到这种影响。[20]它渗透于现代心理学之中。除了现代学习理论的显著发展之外，[21]我相信，它也是属于“结构”模式的成熟的弗洛伊德自我概念的基础。这种自我本质上是缺乏本能力量的(尽管它必须从本我的功能吸取能量)、纯粹的操纵机制。它的任务是通过本我、超我和客观实在所设立的全面的难以走通的障碍前行。其影响力远远小于洛克的点状自我，但就像它的先辈，从根本上说它是工具理性的分解式的主体。

这样，如果我们纵观西方传统的变迁，从作为宇宙秩序的眼光的理性霸权开始直到实行工具控制的点状的分解主体，追溯自我控制的主题，我们就能发现一个意义非常深远的变化。而且我要论证，这有助于解释为什么目前我们认为自己是“自我”。

---

⑳ 见帕菲特：《理性和人格》。

㉑ 我主要想到从华生到赫尔和斯金纳的行为主义学派，他们把学习解释为在“刺激”和“反应”间获得的联想关系。

对那些伟大的古代道德家来说，关键的能力是看到宇宙中(对柏拉图来说)或至上的人类目标中(对斯多葛派来说)的秩序的能力。内省对前者没有任何重大意义，在后者那儿也不被认为是至关重要的。斯多葛派向我们论证了理性、本性和自我满足，以说服我们不应太珍视日常的满足；他们并不要求我们检查我们自己。

相比之下，现代的分解理想需要反省的态度。我们必须转向内部并意识到我们自己的活动和过程——它们构成着我们。我们必须负责构建我们自己的关于世界的再现，否则它仍将是没有秩序，因而也是不科学的；我们必须以形成和塑造着我们的品格和观点的联想来处理这个 175
过程。分解要求我们，不要单纯生活在肉体中、传统内或习性上，而应凭借使它们对我们而言的客观化，让它们经受严厉的审视和重构。

当然，伟大的古典道德家也号召我们，不要生活在未经反思的习性和惯例之中。但是，他们的反省把我们转向了客观的秩序。相比之下，现代分解呼吁我们通过自我客观化从我们自己中分离出来。这是只能在第一人称视野中实施的过程。它并不像斯多葛主义那样，告诉我们要了解什么对人本身是有价值的，或者像柏拉图那样，告诉我们要关注理性和欲望的性质以及它们与我们新认识的幸福生活的关系。它号召我了解我的思维活动或我的习惯过程，以便把它们加以分解和客观化。实际上，我们已经熟悉了的这个现代化转向，即我自己作为客观化本性的整个(奇特而最终也是有疑问的)图景，只有通过我所称为分解的那种特殊类型的反省态度才会行之有效。我们必须是被训练(和被强迫)才采取这种态度，当然不仅通过吸取学说的思想，更多的是通过所有与我们的现代生活方式不可分的纪律，即在经济、道德和性领域内的自我控制的纪律。这种含义是特有的反省态度的产儿，那就是为什么我们是通过按照这种态度的术语理解并判断我们自己而被塑造的，即自然地用属于这种态度的反省表达式——“我本身”“我”“自我”——来描述我们自己的术语。

那至少是故事的组成部分。另一个部分是形成于客观化和从我们的本性中分离出来的这种自我,不能被等同于任何这种给定的东西。它并不能容易被构想为自然世界的另一片断。对我们来说,是难于在存在着的别的什么东西旁边,简单地列举灵魂或心灵的。这就是在现时代持续存在的哲学困惑的根源,在古人那儿当然并无类似的问题。尝试过各种解决方法——还原论、"先验"论、再到二元论,但问题仍以未解决的状态困扰着我们。在这里我将不揪住这个问题不放。我的观点毋宁是,客观化主体的这种没有基础的"超世界"的状况,强调了把它描述为自我的现存动机。所有的其他名称似乎都把自我当作其他事物中的一种,并行地放在事物的名册之中。点状的主体似乎只是"我本身""我"。

在这里,我们看到现代哲学的巨大矛盾之一的起源。分解和客观化
176 哲学有助于创造一种人的图景,在其最极端的方式上是某种形式的唯物主义,据此主体性的最后遗迹似乎已经被清除。这是一种完全来自第三人称视角的图景。矛盾在于,这种严峻的看法与给予第一人称态度以至关重要的地位有关,并以此为基础。激进的客观性只有通过激进的主观性才是可认识的和可理解的。当然,海德格尔,例如在他关于主观主义的批判中,还有梅洛—庞蒂,已经对这种矛盾作了大量评论。正如这两位哲学家所论证的,只要人们看到这种关联,现代自然主义就决不会是同一的。但是,对那些还没有看到这点的人来说,"我"返回的问题,就像被压抑的思想,表面上是无法解决的困扰。[22]

对我们来说,主体是一个自我,但他或她不能以古代人的方式成为自我。正如福柯近来提醒我们的,古代的道德家经常系统论述"关注你自己"的律令。[23]爱比克泰德要我们相信,我们的全部真正问题是我们自

㉒ 例如,见D. 邓尼特和D. 霍夫斯塔特:《心灵的"我"》(The Mind's "I")(New York: Basic Books,1981)。

㉓ "Epimeleia heautou",福柯的《性史》(Histoire de la sexualité)第3卷:《自我焦虑》(Le Souci de soi)(Paris:Gallimard,1984)。

身的hēgemonikon(支配力),或支配部分,有时被翻译为“心灵”,或“意志”的状态。他们有时可能听起来像我们的当代人。但实际上,在我们和他们之间有一道鸿沟。就我在第七章介绍的理性术语的含义上,理性是那种对我们说来是激进的反省。分解需要第一人称态度。

这就是把古典作家与笛卡尔的追随者、洛克、康德或现代世界中的任何一个人区分开来的东西。转向个人自己现在也是不可回避地以第一人称的视角转向个人自己——转向作为自我的自我。那就是我用激进反省所意指的内容。因为我们如此深刻地嵌入在反省之中,我们不得不寻求反省的语言。

第十章

177 # 探索“人类条件”

我一直在追溯导致现代认同形成的内在化的一条线索。这使我从柏拉图开始，经由奥古斯丁向内的转向，直到笛卡尔开创和洛克强化了的新的分解态度。遵循这个发展过程，就是追溯现代自我的一个侧面的构成过程。个人对自我采取分解的态度——即使某人并未把它推到洛克主体性的点状极端——规定着关于人类主体性及其有特点的力量的新理解。伴随着这一点，出现了善的新概念和道德根源的新区域：自我负责的理想，这是用伴随着它的关于自由和理性的新定义，以及关于尊严的相关含义表达的。按照这种定义生活——我们不会失败，因为它渗透并理性化着如此之多的现代生活方式和实践——就转换为：扼要地说，我们在此把这种存在方式看作为正常的，就如以我们的肉体器官所是的方式停泊在持续不变的人类本性之中。所以，我们现在认为，我们就像拥有脑袋一样“拥有”自我。我们拥有或是“自我”，人的主体性是由“自我”规定的，这个观念，是它所涉及的我们的现代理解和激进反省的语言学反应。由于深深地嵌入在这种理解之中，我们不得不借助于这种语言；但是，并非总是如此。

然而，这只是一条线索。我视为我的指导性线索，它贯穿于后继的自我控制的道德理想的理解之中。这是柏拉图和笛卡尔之间对照的基础。但是,经过奥古斯丁,这条发展线索也产生了关键地构成现代文化的自我探讨模式。

奥古斯丁内在性转向在西方有巨大影响；最初影响了一组基督教精神的形式——它持续了整个中世纪,并在文艺复兴中再次得以繁荣。但是,后来这个转向又采取了世俗化的形式。我们向内在纵深走去,但并非必定发现上帝;我们去寻找或给予我们的生活以某种秩序、某种意义或某种辩护。在回顾中,我们能把奥古斯丁的《忏悔录》看作第一本伟大的著作,这一类型还包括卢梭的同名著作,歌德的《诗与真》,华兹华 178
斯的《序曲》——只是希波大主教先于他的追随者们一千多年。

就这种自我探索的形式变成我们文化的中心而言，与分解的态度一起，另一种激进反省的态度变得对我们有至关重要的意义。它不同于，而且在某些方面与分解是对立的。与其说把我们自身的本性客观化,因而认定它与我们的认同是不相干的,不如说它在于为了建立这种认同而探索我们的所是，因为在现代自我探索背后的假定是我们并不知道我们是谁。

在这里有一个转折点,其代表人物或许是蒙田。有某种迹象表明,当他开始其反思时,他分有着传统的观点,即这些反思应当用来恢复与我们每人存在的永恒的、稳固的、不变的核心的联系。这实质上是古代思想的一致方向:在无智慧的灵魂中变化不居的欲望之下,与外部世界的起伏不定的命运相反,我们的真实本性、理性,提供着基础,这是坚固而持久的。

对某些主张这种观点的人来说,现代认同问题仍旧是不可理解的。我们的研究在我们内部惟一能发现的是一种普遍的人类本性。但是,对蒙田来说,事情并不以这种方式出现。有某种迹象表明,当他坐下来写作而转向他本身时，他体验到了可怕的内部不稳定性。“Mon esprit... faisant le cheval echappé...m’enfantetant de chimères et monstres fantasques les uns sur les autres,sans ordre et sans propos"("我的精神……就像反复无常和放纵的驽马，导致我内心有如此之多的不羁狂想和荒诞妖魔,是那样无序,毫无理由地胡乱堆砌在一块")。[1]他的反应是观察到他的思想、情感、反应，并把它们加以分类（"J'ai commence de les mettre en rolle";"我开始把它们登记入册")。[2]从此产生出趋向人类生活的暂时性和不确定性的极其不同的立场,承认了有限性,这既利用了伊壁鸠鲁的资源,也利用了基督教的资源。

并不是对稳定性的渴望被完全放弃了。蒙田的确敏锐地意识到所有事物,首先是人类生活的无常:

> il n'y a aucune constante existence,ny de nostre estre,ny decelui des objects. Et nous,et nostre jugement,et toutes choses mortelles,vont coulant et roulant sans cesse... Nous n'avons aucune communication à
> 179 l'estre,par ce que toute humaine nature est tousjours entre le naistre et le mourir,ne baillant de soy qu'une obscure apparence et ombre,et une incertaine et debile opinion. Et si,de fortune,vous fichez vostre pensée avouloir prendre son estre,ce sera ne plus ne moins que quivoudrait empoigner l'eau.
>
> 无论我们本身还是客体,都不是永恒不变的存在。我们,以及我们的判断,还有其他所有会死的东西,都不停地流动、变异和消失……

---

① 《随笔》(Essais),第1卷第8篇,载《米歇尔·德·蒙田随笔集》(Les Essais de Michel de Montaigne),皮埃尔·维利编,V.L.索尔涅重编,2卷本(Paris: PUF, 1978),第1卷第23页(此后称 V/S);《蒙田随笔集》(The Essayes of Montaigne),弗洛里奥译 (New York:Modern Library, 1933),第24页(此后称 F)。我利用了M.斯克里奇《蒙田和忧郁症》(Montaigne and Melancholy)(London: Duckworth,1984)中的有趣讨论。

② 《随笔》,第1卷第8篇,V/S第1卷第33页;F 第24页。

> 我们与存在没有任何交流;因为每人的本性都只在生与死之间;除了模糊的外表和影子,以及不确定的和虚弱的意见之外,不能为其本身提供任何东西。即使你把你的思想大概集中在其存在上,也宛如某人要去水中捞月。[③]

永恒的变化不仅在我们内部，而且存在于任何地方:“Le monde n'est qu'une branloire perenne. Toutes choses y branlent sans cesse:la terre, les rochers du Caucase, les pyramides d'Aegypte, et du branlepublic et du leur. La constance mesme n'est autre chose qu'unbranle plus languissant.”(“世界随着历史车轮转动。所有的事物都无间断地在其中移动;地球、高加索的岩石和埃及的金字塔,都有共同的和它们自身的运动。永存本身不过是较为缓慢的摇曳之舞”)。[④]

然而,或许正是因为这点,蒙田打算描述他本身。实际上,刚才所引的句子的目的是证实他的那种自我描述,这种描述不寻求模范、普遍或教诲,而只是简单地追循一个存在的,即他本人变化着的实在的轮廓。不过,这种“暗淡无光的”(“basse et sans lustre”)的生活,所能揭示的东西将同任何别人一样多，因为“chaquehomme porte la forme entiere de l'humaine condition”(“每人都承担人类状况的全部特征”)。[⑤]

靠认同和实现表达他自己流动的特殊生活方式的样式术语，即便在永恒变化的范围内,蒙田也竭力达到某种平衡。所以,尽管“我们与存在没有任何交流,”蒙田在他的“maistresse forme”(“我的控制形式”)中[⑥],仍寻找并发现了某种内在的平静。自知是自我认可的不可缺少的钥匙。

---

③ 《随笔》,第2卷第12篇,V/S 第1卷 第601页;F 第545页。

④ 同上,第3卷第2篇,V/S 第2卷 第804页;F 第725页。

⑤ 同上,第3卷第2篇,V/S 第2卷 第805页;F 第726页。

⑥ 同上,第1卷第1篇,V/S 第1卷 第302页;F 第261页。

在我们的条件限制的范围内能像在家一样，这假定了我们把握了这些限制，可以说是，我们知道从限制之中抽引出它们的轮廓。

在剥去了表达普遍性的这种新的含义上，本性可以再次成为我们的规则。

> J'ai pris... bien simplement et cruement pour mon regard ce precepte ancient：que nous ne sçaurions faillir à suivre nature，que le souverain precepte c'est de se conformer à elle. Je n'ay pas corrigé，comme Socrates，par force de la raison mes complexions naturelles，et n'ay aucunement troublé par art mon inclination.

> 180 我非常直截了当地看待这个古老格言：也就是"循法自然，不会出错"，这里对一个人最高的证明是，使他自己适应自然。我未用(如苏格拉底)理性的力量和效能修正我的自然气质，也未人为地妨碍我的爱好。[7]

正是根据这种精神，我们必须理解这个格言："Mener l'humaine vie conformément à sa naturelle condition"("使我的生活适应其自然的条件")。[8]正确地生活就是生活在界限之内，避免超人的精神渴望的傲慢。但是，与我相关的界限是属于我的；以某种普遍模式来生活，就是那些异想天开的目标中的一种，伊壁鸠鲁的智慧和基督教的谦卑都警告我们要避开它们。

为了取得他的公正尺度，正如与过度的激情保持距离一样，蒙田也与过分的道德苛刻拉开距离。

---

⑦ 《随笔》，第3卷第7篇，V/S 第2卷 第1059页；F 第958页。

⑧ 同上，第3卷第2篇，V/S 第2卷 第809页；F 第730页。

Je me deffens de la temperance comme j'ai faict autrefois de la volupté. Elle me tire trop arriere, et jusques à la stupidité. Or je veus estre maistre de moy, à tous sens. La sagesse a ses excès, et n'a pas moins besoin de moderation que la folie.

就如迄今为止我用快乐为我的自我辩护一样，现在我也根据节制来保护我自己：它把我扯得太远了，甚至到了愚蠢的地步。于是我将在各个方面做自己的主人。智慧或许有过分的地方，这里需要的适度一点也不亚于疯狂所需要的。⑨

蒙田抛弃了道德传统所持的超人标准。

A quoy faire ces pointes eslevées de la philosophie sur les- quelles aucun estre humain ne se peut rassoir, et ces regles qui excedent nostre usage et nostre force?

这些无人能根据它们安身立命和确立自我的天堂般美妙的哲学观点，又有什么目的呢?这些超出我们的使用和能力的规则，又有什么结果呢?⑩

这种标准的根源是傲慢和虚假的自我满足："toute cette nostre suffisance, qui est au-delà de là naturelle, est à peu près vaine et superflue"（“我们所有超越本性的自负，都是近乎徒劳和多余

⑨ 《随笔》，第3卷第5篇，V/S 第2卷 第841页；F 第756页。

⑩ 同上，第3卷第9篇，V/S 第2卷 第989页；F 第896页。

的”)。[11]我们必须发现人类的平衡:“J'estime pareille injustice prendre à contre coeur les voluptez naturelles que de les prendre trop à coeur”(“我认为,无论是以自然感受反对心灵,还是使它们太接近心灵,都是不公正的”)。[12]在警告这种专横的严峻作风方面,蒙田预示了帕斯卡尔:

181 Entre nous, ce sont choses que j'ay tousjours veuës de singulier accord: les opinions supercelestes et les meurs sousterraines... Ils veulent se mettre hors d'eux et eschapper à l'homme. C'est folie; au lieu de se transformer en anges, ils se transforment en bestes... Ces humeurs transcendantes m'effrayent, commes les lieuxhautains et inaccessibles.

我们中间的天上的见解,还有地下样式,是这样的事物,我看到它们只有一种记载……它们与人没有关系。这的确是愚蠢,不是把他们转变为天使,而是把自己变成野兽……这种超级幽默使我担忧的程度,不亚于我对难以达到的、高不可攀的地方的恐惧。[13]

像卢克莱修一样,蒙田有一种关于本性的观念,它不再是道德完善要求的媒介物,而是能用来把我们从这些过分的和专横的要求下解放出来的东西。要与之斗争的不是伊壁鸠鲁的那种对神及其惩罚的恐惧,而是这些专横的标准造成和表达的对我们自然存在的轻视和贬值。这种轻蔑经常指向我们的肉体存在。但是,“c'est tousjours à l'homme que nous avons affaire, duquel la condition est merveil leusement corporelle”

---

[11] 《随笔》,第3卷第12篇,V/S 第2卷 第1039页;F 第939页。

[12] 同上,第3卷第13篇,V/S 第2卷 第1106页;F 第1003页。

[13] 同上,第3卷第13篇,V/S 第2卷 第1115页;F 第1012页。

(“正是我们始终必须面对的常人,其状况是不同寻常地肉体性的”)。⑭

> A quoy faire desmembrons nous en divorce un bastiment tissu d’ une si joincte et fraternelle correspondance? Au rebours, renouons le par mutuels offices.

> 是什么目的让我们把如此紧密连贯地相互一致的组织分割得支离破碎?反过来,又让我们以交互的功能修正和恢复这同一种东西。⑮

在某种意义上,斗争在于承认我们的所是。关于此事,正如我们将要看到的,蒙田开创了现代文化的一个一再出现的主题。

我们寻求自知,但这不再意味着只与人类本性的非个人的知识相关,就如在柏拉图倡导的那样。我们每人必须发现他或她自己的形式。

---

⑭ 《随笔》,第3卷第8篇,V/S 第2卷 第930页;F 第840页。

⑮ 《随笔》,第3卷第13篇,V/S 第2卷 第1114页;F 第1011页。也见第2卷第17篇,V/S 第1卷第639页:“Ceux qui veulent desprendre nos deux pieces principales et les sequestrer l’une de l’autre, ils ont tort. Au rebours,il les faut r’accoupler et rejoindre. Il faut ordonner à l’ame non de se tirer à quartier, de s’entretenir à part, de mespriser et abandonner le corps (aussi ne le sçauroit elle faire que par quelque singerie contrefaicte),mais de se r’allier à luy, de l’embrasser, le cherir, luy assister, le contreroller, le conseiller, le redresser et ramener quand il four-voye, l’espouser en somme et luy servir de mary...Les Chrestiens ont une particuliere instruction de cette liaison: car ils sçavent que la justice divine embrasse cette societe et jointure du corps et de l’ame”.(“那些想让我们的两个主要部分相互分离的人,是错误的。相反地,它们应是紧密相连的整体。不能让灵魂单独地待在一边,蔑视和抛弃我们的肉体(也只有矫揉造作的人,才会这样做),而应同肉体紧密地联系在一起,拥抱它,喜欢它,帮助它,注视它,指引它,当其误入歧途时促使它回到正路上来,总之应与之结婚,成为夫妻……基督徒们尤其理解这种联盟:因为他们知道神圣的正义包含着肉体和灵魂的这种结合和与联系”。)

我们并不寻找普遍的本性;我们每人寻找各自的存在。因而蒙田开创了一种新的、具有强烈个性的反省,一种自我解释,其目的在于通过看穿自欺的屏障达到自知的，而激情或心灵的骄傲就是建立在自欺基础上的。它是完全的第一人称研究,很少借助来自第三人称的观察,也不借助于“科学”。

与笛卡尔相对照是惊人的，只是因为蒙田处于另一种现代个人主
182 义的起点上,这是自我发现的个人主义,在目标和方法上都不同于笛卡尔的个人主义。它的目标是以他或她的不可重复的差别认同个体,而笛卡尔主义给我们的是在其普遍的本质上的主体的科学；它开始于对第一人称的自我阐释的批评,而不是非个人推理的证明。其终点是对我自己的需要、渴求、欲望的理解,无论在它们的起源上它们多么依赖涵盖从社会的预期到我直接的倾向的跨度。

> Il n'est personne, s'il s'escoute, qui ne descouvre en soy uneforme sienne, une forme maistresse, qui luicte contre l'institu-tion, et contre la tempeste des passions qui lui est contraire.

> 每人(如果他聆听他自己的话)都会在自己身上发现一种特别的、占支配地位的形式，这种形式在和惯例及与他相抵触的激情风暴作斗争。[16]

笛卡尔是现代个人主义的奠基者，因为其理论使个体思想者以第一人称的独特性确立他自己的责任,要求他为他本人建立思想秩序。但是,他这样做必须遵循普遍的标准;他要像任何人和每个人那样推理。蒙田是寻求每个人的独特性的创始人；这并非只是一个与笛卡尔不同的探

---

[16] 《随笔》,第3卷第2篇, V/S 第2卷 第811页;F 第731页。

索,而是在某种意义上与笛卡尔形成反题的。二者都把我们转向内在的意义,并试图给灵魂带来某种秩序;但这种类同造成他们之间特别尖锐的冲突。

笛卡尔探索的是以普遍概念表达的科学的和清楚明白的知识的秩序,在工具性控制的基础上这才有可能。蒙田的渴望是永远放弃关于这种“普遍”作用的一般范畴,逐渐捕捉我们的没有普遍解释的不朽重要性的自我理解,这样我们的独创性方式就是可以期待的了。其目标不是发现借此可以考察一般事物的理智秩序,而是要发现不让特殊性被忽略的表达模式。

正如雨果·弗里德里希指出的,在蒙田试图表达人类情感的特殊性的地方,笛卡尔则“确立整个灵魂……分类的简明的秩序化的网络”。[17]蒙田事业的真正性质却是引向放弃这个网络。实质上,在这两个人的事业中对自我的态度是截然对立的。笛卡尔号召从日常经验中激进地分离出来;蒙田则要求对我们的特殊性以一种深刻的介入。现代个体性的这两个侧面现在已发生了冲突。

但是,蒙田以其自身的方式进行的研究,必定与笛卡尔的研究一样 183
属于激进的反省。我们必须转向内在的深度。

> Le monde regarde tousjours vis à vis;moy,je replie ma veue au dedans,je la plante,je l'amuse là. Chacun regarde devant soy;moy,je regarde dedans moy.

> 世人总是相互注视;我却把我的视线转向内部,我使之凝视那儿并在其中消磨时光 。人人观看自己面前的东西,我却注视内部的

---

[17] “Descartes legt ein sauberes Netz der Klassifizierrung...uber die Seele”;雨果·弗里德里希《蒙田》(Frankurt: Francke,1967)第166页。

自我。[18]

对特殊性的研究的形成并非开始于一般学说：蒙田知道它如何易于失败。他也知道现实研究如何易于受所使用的术语的左右：

> Je n'ay pas plus faict mon livre que mon livre m'a faict, livre consubstantiel à son autheur, d'une occupation propre, membre de ma vie; non d'une occupation et fin tierce et estrangere comme tous autres livres.

> 与其说我写了书，不如说书塑造了我。这本书与作者浑然一体：是作者所做的独特的事，是我生活的一部分。不像别的书，与作者所作所为毫无独特关系。[19]

通过艰苦的自我考察，蒙田寻求对特殊性的具有穿透力的领悟，这种特殊性能够在深层的友谊中自发地产生。蒙田曾这样生活过，他了解这种联系；实际上，他把他从事研究归因于失去他差不多是第二要好的朋友——拉波埃西："Luy seul jouyssoit de ma vraye image, et l'emporta. C'est pourquoy je me deschiffre moy-mesme si curieusement"("惟独他分享我真

---

[18] 《随笔》，第2卷第17篇，V/S 第1卷 第657页；F 第596页。

[19] 同上，第2卷第18篇，V/S 第1卷 第665页；F 第602页。又见第3卷第9篇，V/S 第2卷第 980 页："Je sens ce proffit insperé de la publication de mes meurs qu'elle me sert aucunement de regle. Il me vient par fois quelque consideration de ne trahir l'histoire de ma vie. Cette publique declaration m'oblige de me tenir en ma route, et à ne desmentir l'image de mes conditions". ("我发觉，把我的生活习惯公开，竟有意料之外的好处，因而这可能成为我的准则。有时，我想不应泄露我生活的历史。这种公开的发布，使我有义务坚持走我的路，让我难以否定我对我的状况的想象"。)

实的想象,它却随他而去。那就是为什么我要奇异地解释自己”)。[20]自我既由词语构造,也由词语来探讨;对这两种情况最好是用朋友对话的词语。因为失去了对话,自我的孤独争论在后边要缓慢费力地进行。伊壁鸠鲁或许也对这种理解范围有某种洞察,他把这类核心作用给予朋友间的谈话。

但是,人们必须抵御对蒙田的时代误读的诱惑;这种诱惑之强劲,严格说来是因为他开辟了许多对今天的我们非常重要的东西。蒙田开创的所谓对自我的研究是为了得到自我的概念,这已经成为我们现代文化的一个根本的主题;或者说,我是这样认为的。他的目标仍旧引起我们的共鸣:“C'est une absolue perfection, et comme divine, de sçavoir jouyr loiallement de son estre”(“对一个人来说,知道如何忠诚地享受他的存在,这是绝对完美的,也可以说是神圣的”)。[21]而这给予我们以反省 184
的概念来思考自己的另外一种理由。有一个有关我们自己的问题——对此我们大致以“认同”概念表达,对这个问题用任何人类本性的一般学说都无法充分地回答。研究认同可以被看作研究我本质上所是的东西。但是,这再也无法根据关于人类主体性的某些普遍描述,诸如灵魂、理性或意志,加以充分界定。还仍旧存在一个有关我的问题,那就是为什么我把自己看作自我。这个词现在限制着问题的范围。它指示着这个认同问题可以回答的某种存在。

为了驱除时代误读的妖魔,我们必须提醒自己,完全现代的认同问题属于后浪漫主义时期,这个时期以赫德尔的表现主义至关重要的观念为标志,即每个人都有其自己独特的存在方式。以后我要更深入地讨论这一点。可把蒙田当作说明另一种方式的典型人物,根据这个方式奥古斯丁的内在深度感进入了现代生活,他推动构成了我们对自我的

---

⑳ 《随笔》,第3卷第9篇,V/S 第2卷 第983页;注4。

㉑ 同上,第3卷第13篇,V/S 第2卷 第1115页;F 第1013页。

理解。

当然，奥古斯丁的自我考察以各种形式，回响在整个文艺复兴时代，这表现在两种主要忏悔的后继者之中。自我探讨是耶稣会和新教徒两方面各种清规戒律的组成部分。当然，它对后者的重要性更容易被认识，因为尽管可争辩，它却是现代英国文学，特别是小说的根源。但是，就其本身而言，它就是令人惊奇的现象。加尔文以专心致志和冷峻的样式采纳奥古斯丁的原罪学说，使上帝的意志从神恩的线索转向拯救。清教徒被鼓励持续地详尽检查他的内心生活，既要发现神恩选择的迹象，也要使他的思想和情感进入赞美和感谢上帝的天赐禀性中。这种戒律引人注目之处在于，它并不只是为了一小部分精神精英选民，而是为了所有的基督教徒。当然，这仍然保留有精英的性质，但却比以往任何时期所见的精英性质有更广的基础。在新英格兰，"几乎每个有知识的清教徒都持有某种日记"。[22]有关英格兰，劳伦斯·斯通写道："从十七世纪以后，有关内心深处思想感情的文字犹如喷涌的泉水，它们是大批十分普通的英国男女所记下的，他们当中的大多数现在在方向上日益世俗化"。[23]从班扬到佩皮斯再到鲍斯韦尔，甚至有争议地到卢梭，新教的内省文化世俗化为忏悔自传的形式，而与此同时它有助于构成十八世纪笛福、理查森和其他人手中的英国小说所采取的新形式。[24]

㉒ P.米勒和T.H.约翰逊：《清教徒》(The Puritans)(Cambridge，Mass.：Harvard University Press，1924)，第461页。

㉓ 劳伦斯·斯通：《英格兰的家庭、性和婚姻，1500—1800》(The Family，Sex and Marriage in England)(London：Weidenfeld，1977)，第228页。

㉔ 伊恩·瓦特：《小说的兴起》(The Rise of the Novel)(London：Chatto & Windus，1957)第3章。

第十一章

内在本性

185

这样，在十八世纪的转折点上，在构成过程中，至少在西北欧及其美国支系的社会和精神精英中，具有某种可以认作像现代自我那样的东西。它把两类不同的但都来自奥古斯丁遗产的激进的反省因而还有内在深度，即自我探索的形式和自我控制的形式结合在一起，尽管有时这样做并不容易。它们分别是早期现代个人主义的两个重要侧面的基础：一方面，是自我负责的独立性的侧面，另一方面，是被意识到的特殊性的侧面。

还必须提出第三个侧面。我们或许能把这个侧面描述为个人承诺的个人主义。在第七章我提到斯多葛派意志概念的遗产，即意志同意或否定能力的表征——克律西波的"synkatathesis"(理性意图)，或爱比克泰德的"prohairesis"(道德选择)。使这种意志力成为核心的人类道德力量，就开辟了使承诺成为至关重要的那样一种观点的道路：除非生活方式得到整个意志的同意，否则就没有任何生活方式是真正好的，无论它或许多么与本性相符合。奥古斯丁的传统容易接受这种观点——奥古斯丁把堕落的力量认同为意志的完全无能。[1]文艺复兴时期人道主义各种道德净化的伦理观的呼吁,例如,爱拉斯谟或后期新斯多葛派的呼吁,部分在于它们提出了与社会笼统要求的较为松懈和弱化的规则相对的整体意志的伦理学。

新教改革的推动力之一,与靠信仰而获救的学说几乎同样重要,就是这样的思想,即这种彻底的承诺决不应再被认为只是包括"达不到的理想"在内的精英的责任,而是对所有基督徒的无差别的要求。[2]这是改革者们强有力地拒绝所有的所谓修道生活的特殊禀性的基础。

这个三面的个人主义对现代认同来说是至关重要的。它有助于确定自我的含义,这种含义发出存在的错觉,这种错觉停泊在我们的存在中,停泊在持续不断的和独立的解释中。我们可以看到它的主要特征出
186 现在近两个世纪中。在这里,我想考察这些特征中的两种。

第一种涉及现代区位化。这些区位化的一个侧面已经成为前边几章的中心主题:内在深度形式的成长,精神生活中反省日益增长的中心地位的相关性,以及随之而来的道德根源的置换。但是,看起来可能是

---

① "Ex toto velle",《忏悔录》,第8卷第9章。

② 路德不会听到这样的观念,特别要求的山上训诫的规范是向少数人宣讲的"完美的忠告",而十诫是面向所有人的。"Darum müssen wir anders dazu reden, dass Christi Worte jedermann gemein bleiben, er sei 'vol-lkomen' oder 'unvollkommen'. Denn Vollkommenheit und Unvollkommenheit steht nicht in Werken, macht auch keinen besondern äusserlichen Stand unter den Christen, sondern steht im Herzen, im Glauben und Liebe, dass, wer mehr glaubt und liebt, der ist vollkommen, er sei äusserlich Mann oder Weib, Fürst oder Bauer, Mönch oder Laie.Denn Liebe und Glaube machen keine Sekten noch Unterschiede äusserlich" ("我们必须面对不同的话语,基督教圣经为所有俗人持有,但结果却有"完美的"或"不完美的"。因为完美和不完美不在于工作,也不在于以特殊的外表站在基督之下,而是在于心灵,在于信念和爱。谁更有信仰和爱,谁就是完美的;否则就只是外表的男人或女人、王侯或乡巴佬、牧师或俗人。因为爱和信仰决不区别于外表");《论世俗权力》,载《路德》,K.G.斯特克和H.戈尔维策编(Frankfurt: Fischer, 1955),第145—146页。

常识的，实际甚至是更根本和无异议的东西，一般说来有某种在事物“之中”的性质和本性的区位，尤其是思想定位在心“中”。把事物加以区分和序列化的新方法于是就由“之中”(in)这种太熟悉的前置词传达了，这种方法结果看起来是现实中固有的和根深蒂固的，就如我们辞典中的前置词一样。

思想和情感——心理学的——现在被限制在心灵中。这遵循了我们与世界的分离，以及按韦伯的话说，世界的“去魅化”。只要事物的秩序表现为实体的逻各斯，那么观念和估价也就被看作位于世界之中，而不只是位于主体之中。实际上，它们特权性的定位是在宇宙中的，或许超越宇宙，是在世界和灵魂都分有的理念领域之中的。这是事物的配置，它构成柏拉图和亚里士多德的知识论的理论基础。当亚里士多德说“实际的知识与其对象一致”，[③]或“可感对象的活动与有知觉的感官的活动是同一种活动，但它们的存在却有区别”，[④]他是在使用一种认识概念，这种概念与在笛卡尔和洛克那里成为占主导地位的描写说明[⑤]相去甚远。当形式构成实在的活动与构成我们理智(nous)的活动同时发生时，知识就出现了。真实的知识、真实的估价并不排他性地位于主体之中。在某种意义上，人们可以说，它们的典型的区位是在实在中；正确的人类知识和估价，来自把我们自己与早具实体性的有意义的事物正确地联系起来。在另外一种意义上，人们可能说，当这种联系出现时真正的知识和估价才会到来。无论在哪种情况下，这两种——“心理的”——活动，都实体性地被定位了。

在其论拉米斯的书中，沃尔特·翁提到一个例子。在传统的修辞学

③ 《论灵魂》(De Anima)，430a20，431a1。

④ 同上书，425b26—27。

⑤ 在《超越认识论》(“Overcoming Epistemology”)，载《后哲学：终结还是变化?》(After Philosophy: End or Transformation ?) 肯内斯·贝恩斯、詹姆斯·波曼、托马斯·迈卡锡编(Cambridge，Mass.: MIT Press，1987)中，我讨论了认识论的这种变化。

讨论中，它们都讲"赞美"的词语(有时是"laus"——"颂扬"，有时为"honos/honor"——荣誉，有时也有'lumen'——光辉之词)。[6]在这里，"赞美"被归于值得赞美的对象。我们所考虑的主体活动，都与特定的对象有关或对它们施加影响——在这里是估价活动——传统似乎把估价置于对象自身之中。或许好一点，同时以某种方式置于有价值的对象和赞
187 美它们的活动之中。

翁引用这样的诗句："我们诗人主要值得赞美的地方和灵巧，就在于小心翼翼地使用他的象征"；或者，出自《威尼斯商人》的这句台词：

> 多少事物只因恰逢有利时机，
> 才博得恰如其分的赞美，达到完美的境界！[7]
>
> (5.1.108—109)

如前边开始我讲的估价存在于有价值的对象"之中"，这可能是误导的说法。因为对我们来说，在这个"之中"，与在赞美者的内心"之中"或在他称赞对象的活动之中，并非是同样一种意义。对区位化的全部理解在实体化逻各斯理论范围内是完全不同的。最好或许应说，它们横跨于我们认为的主体与客体之间的裂隙之上。我们的赞美活动(当正确的时候)是与事物的估价相连接的，正如知识在其现实性上与对象的现实性相连接。可以说，赞美存在客体的意谓存在于值得赞美的事物。几乎可以认为，就如某种东西从它们之中发散出来。(因而在前边，"*lumen*"[光辉]一词的使用可以与"*laus*"[颂扬]互换。)

当然，这种关系的范例是上帝的荣耀。我们赞美上帝；所以，荣耀是

---

⑥ 沃尔特·翁：《拉米斯、方法和对话的衰败》(Ramus, Method and the Decay of Dialogue)(Cambridge, Mass.: Harvard University Press, 1958)，第278页。

⑦ 同上书，第279页。

某种看起来要赠予的东西。但是，在这样做时我们只是回应上帝的荣耀。[8]同一个术语(“doxa”,“意见”、“信仰”)指称上帝的性质,还有我们所赋予的东西。当我们的赞美是“可靠的”或“正确的”时候(即,当我们拥有“orthē doxa”“正确的信仰”时),二者就连为一体了。

当我们从世界分离而出时，因而当实体性逻各斯理论不再对我们有意义时,这全都发生了变化。整个传统类型的区位化不再行得通。世界由对象的领域构成,对此我们可以用各种方式作出反应。我们形成某些有关它们的观念,我们对它们采取各种评估性反应。与完全任意的选择相反,我们可以认为这些估价成立或不成立。也就是说,我们仍可是关于价值的客观主义者——尽管许多人从新的本体论得出主观主义的结论。但是,在估价成立的地方,它们是以新的方式得以成立的。例如,一个现代人或许认为一种对象的价值在于它实现着上帝设计的功能。估价因而是客观的。但是,它并非以带有实体性逻各斯理论的特征的方式,意谓表达于或体现在客体之中。估价现在明确地不在客体中,而在我们或上帝的心灵中。

所以,我们不只是有思想、估价——正如我们将要看到的,甚至还有情感——的新区位化,而是有一种新类型的区位化。这两种世界观是不可公度的。它们并不决定着在其中我们可以挑出不同地点的类似的地图;它们决定着完全不同的地点概念。对于现代分解式主体来说,思想和估价是以一种新的和较强的意义存在于内心中的，因为心灵现在是这类实在的排他性地点,因此我们可以在一种新的意义上称之为“心 188
理的”。我们已经毫不犹豫地把这个术语运用于它们,我们发现旧有的区位是非常不可思议的和难以理解的，而新的区位概念显得没有模糊性,所有这些事实都表明,我们在很大程度上处在新的自我理解之内,

⑧ 因此,拉丁弥撒的Gloria包含这样的词句“glorificamus te”(“荣耀”),以及稍后不久,还有“gratias agimus tibi propter magnam gloriam tuam”(“人因巨大的荣耀而欢欣”)。

由这种新的、排他性的区位化规定着。

这规定着对主体和客体的新的理解，可以说，在这里主体与客体是相对立的。实际上，我们可以说，真正的主体和客体概念在其现代意义上出现于这种新的区位化之内。现代意义是这样一种意义，据此主体和客体是分离的实体。也就是说，原则上——即使有可能事实上并非如此——一种实体脱离开另一种仍能存在。对笛卡尔来说，可能有无肉体的心灵。在这种框架之内，就原则上自我维持的两种实体的关系，产生了一系列的问题。

但是，这种看事物的方式，根据旧观点来说，是讲不通的。没有形式的世界，亚里士多德的nous就不能存在。也就是说，在亚里士多德对事物的理解范围内，没有我们可以阐明的关于理性独立存在的连贯的假定。如果没有形式，特殊事物的领域也无法存在，因而也就根本不可能有独立的思想。

主体是一个独立存在的现代观念，正是新的、强势区位化的另一个侧面。我们现在可以认为观念存在于这种独立的存在"之中"，因为把它们看作在这里而不是在别的什么地方，是讲得通的。相应地，分离的概念要求某种新的场所的含义。从柏拉图的理念到笛卡尔的"观念"的嬗变，或许最雄辩地说明着我所描述的变化。对前者来说，理念是实体性的，是实在的基础；对后者来说，观念是心灵的内容。

这个变迁可被认为是新的主观主义。那是海德格尔的描述，而且我们可以明白为什么如此。可以如此称呼这种变迁，是因为它导致了在其现代意义上的主体概念；或换言之，是因为它涉及新的区位化，靠此我们置身于主体"之内"，而在过去可以说这被看作存在于认识者/当事人和世界之间，联系着二者，并使它们成为不可分割的。

主体与客体的对立，是新的强区位化据以兴起的一种方式。另一个方式是确定心理和身体之间的清晰的界线。我们关于身心相关或关于身—心关联的现代观念，依赖于这种界线。拿另一个传统的例子，看它对我们来说如何难以讲得通,我们就能够说明这点。

忧郁症是阴郁的胆汁。那正是它所意味的内容。今天,我们或许认为用这个术语表达的关系是身—心的因果关系。我们机体中过量的物质,即阴郁的胆汁,倾向于引起忧郁。即使我们的有机化学概念与我们 189
的祖先的概念非常不同,然而我们承认很多这样的关系,所以这个关系对我们来说是容易理解的。

但是,事实上,在这种论述和传统的体液理论之间有着重要的差别。根据古代的观点,阴郁的胆汁并非只引起忧郁;忧郁由于某种原因存在于这种胆汁中。物质体现着这种意谓。例如,把它与农神萨图恩相联系的东西,也体现着这种意义。[⑨]

阴郁胆汁产生着忧郁的情感,因为这些情感表现着它是什么,表现着它的实体的逻辑地位。心理是阴郁胆汁借以表现它本身的媒介之一,如果人们喜欢,阴郁胆汁就是忧郁,而不只是依靠身—心的因果联系。

体液理论依赖于实体性逻各斯的概念。当这种概念销声匿迹后,我们不得不面对新的、更尖锐的区位化。忧郁情感现在是在心灵"之中"。剩下来说明某种类似于传统理论的惟一方式,就是依据身—心关联的概念。太多的阴郁胆汁造成了我们的忧郁。

这种把事物分类的方式,使我们能自然地(自然地,但非必然地)谈论"内心的"和"身体的",好像它们是排他性的范畴。[⑩]。大部分现代哲学竭力反对这种二元论。但是,这是我们容易陷入其中的思维方式。论证的责任、努力,落到了那些想克服二元论的人身上。这是测定我们现代自我和地点概念的强度的另一种方式:顺便说,我们时代的常识分配着

---

⑨ 雷蒙德·卡利班斯基、欧文·帕诺夫斯基、弗里茨·萨克斯尔:《农神和忧郁症》(Saturn and Melancholy)(London: Nelson,1964)。

⑩ 例如,见赫伯特·费格尔:《"心灵"和"肉体"》("The'Mental'and the'Physical'",)载《明尼苏达科学哲学研究》(Minnesota Studies in the Philosophy of Science)(Minneapolis: University of Minnesota Press,1956),第2卷。

说服的责任。

当然,这种现代二元论能导致其自身类型的自然主义、机械论的一元论,尽管在这里二元论与其说得到恰当的克服,不如说是受到抑制,因为,正如我以前论证的,这种观点仍旧依赖我们作为分解式主体的含义。但是,如果我们采纳这种自然主义的观点,我们或许愿意说,在另一种易于理解的意义上,我的忧郁在我的阴郁胆汁"之中"(假定我们坚持传统体液理论的某种现代内分泌学的变革)。在这点上,我们能够得到另一种集中发展的现代概念,另一种到强区位化的嬗变的帮助。

根据后笛卡尔的物理宇宙概念,事物的本性能够定位于事物"之中",而且是在以往的观点中没有适当的类比的强意义上。与柏拉图相对比,亚里士多德的形式常被认为存在于它们使之成为现实的事物"之中",因为他不允许它们独立地存在于某种非物质的领域,就像柏拉图似乎所允许的那样。但是,形式并非在强势的现代意义上存在于它们"之中"的。

190 例如,人的形式就不是某种只在你或我之中的东西。它是奠定着我们所有人的人性基础的东西,是由父母传递给我,然后再传给我的孩子们的东西。在一种重要的意义上,形式先于个别的事物;它造成它们;它们与它相符合。当我们考察形式和它使之成为现实的个别事物之间的关系时,与我们当代观点的关键差别就出现了。它并不是在它的存在依赖于个别事物的意义上体现在它们之中的。即使没有个别事物,或个别事物群,形式仍是真实的。任何人都可能消失;形式却继续存在。但是,这或许只意味着,我们是考虑太小的单位?整个人类种族,也就是说,自起源以来所有个体的总和又怎么样呢?但是,甚至这种总和也不构成形式的存在所依赖的个体。形式不是独立的实体;它们存在于形式的秩序之内。因此,它们不能被认为在实体上完全依赖于它们使之现实化的个别事物。那就是为什么形式的整体不只是聚集个别事物的问题,为什么形式也能够把理智(nous)现实化,以及为什么知识在于联结理智和对象的那同一种能动性(energeia)。顺便提一句,正是这样一种观点的遗迹,使得进化的观念——以前不可思议的物种产生和消亡的观念——乍看起来是非常混乱和难以让人相信的。

相比之下,现代概念把性质定位于事物之中。那就是说,我们可以认为是最类似于亚里士多德的性质的东西,也就是使实体按其性质发挥功能的力量和原因,可以被认为是在有关实体“之中”的——当然,不是在这样的意义上,即事物发生作用的情况或许并不依赖在地形上超出其边界的力场;而是在这种意义上,即这种“性质”在实体上完全依赖于展现着它的个别事物的存在。如果个别事物消失了,它也就消失了。它们的性质是在它们之中发挥功能的某种东西。这就是影响深远的唯名论的概念:除了在一些实体中发挥功能的类似性之外,没有什么“性质”的同一性标准,而且这种同一“类”的事物在本体上都是相互独立的。这个事物或许在因果上依赖于其他事物,但其性质并不由它在整体之中的地位所规定,就如在实体性逻各斯那儿一样。

这里是伴随着现代观而兴起的另一种强区位化。它与我在前边描述的那些区位化相吻合。假如我不愿认为自己是“心灵”,我可以认为我的心理性能是我“内部”的固有机能。在这种现代唯名论的意义上说,引起忧郁情感的因果性能可能在阴郁胆汁“之中”。

但是,这完全不同于老的体液理论。因为现代区位化的阴郁胆汁可能只是物理实体。它不再是有意谓的“忧郁症”的具体体现。情感可能不再在那种意义上在实体中有其位置,而是就它在这种实体中发现了其原因的意义上有其位置。

现代区位化不只兴起于古代理论的灰烬上。不只是哲学家们有差异地看世界。我们发现在体液理论中阐述的东西,并不只是一个学派的 191
学说,而是广泛流传的自我理解。不只是有教养的人以这种方式看待心理生活。直到十八世纪,甚至到十九世纪,普通人仍部分地用体液的概念理解他们的情绪生活。甚至在今天,我们还把人说成“黏液质的”或

“多血质的”。也通过其他一大批方式,我们能够明白心理和物理之间的界线还没有得到截然分明的划分。

对巫术的流行的信仰就反映着这点。它需要这种开放的边界。有关诸如一服春药,治疗或导致牲畜疾病的咒语这样的巫术,并不只是现代医学的一种替代性技术。在这种关系的前现代意义上,它有赖于特定的力量在特定的实体或特定的言语行为中有它们的位置的概念。在“去魅化的”世界里,就如韦伯的概念(entzaubert,去掉魔力)所指的,却没有为这点留有空间。

力量栖身于事物中的问题并不只是事物的原因特质的问题，而且在某种程度上也是意义栖身于其表达式中，或灵魂栖身于它赋予生命的身体之中的方式问题(根据对这种关系的前笛卡尔的理解)。产生了心理及其强区位化的现代观念的革命，不仅扫除了传统的实体性逻各斯理论，而且也破除或取代了有深厚根基的对人类生活及其在自然中的地位的流行理解方式，是这种理解方式确立着巫术并使对它的严肃相信成为可能。

一旦我们把“精神”中的这种变化贯穿其整个视野,我们就能明白这并非只是巫术在科学面前逐渐衰退的问题。新的分解由精神观中的意义深远的变化所推进。反对巫术的最强劲的力量之一,对去魅化世界观来说,是新教改革。这一改革深深地怀疑神秘力量的干预。不允许巫术的实践是神明权力的适当运用,因为这设定了人控制这种运用,这与宗教改革的真实原则是背道而驰的。实际上,改革者经常把天主教的圣礼比作巫术实践,并以类似的术语加以谴责。如果这种力量真的存在,那它必定属于恶魔;新教强调传统基督教对巫术的怀疑。

基思·托马斯证明了这种态度回到十四世纪罗拉德派的原始改革运动。下边是这个学派从一三九五年以来的声明之一：

基督教用葡萄酒、面包和蜡烛,用水、盐、油和焚香,用神坛的石头

> 直到法衣、祭冠、十字架和朝圣者的手杖,来驱邪避魔和表示崇敬,这是地地道道的巫术实践,而不是属于崇高的神学。此结论这样证 192
> 明。因为这样驱邪的生灵承担了高于他们自己的德性,我们毫无变化地看到,如此陶醉于魔力的人们,是虚假的信念所致,而这信念是主要的魔鬼技巧。[11]

正如托马斯解释的,在新教团体中巫术实践曾经历了衰退,而且有某种迹象表明,这种衰退因詹森主义的作用在天主教团体中发展得更快。正像我们将在下边讨论培根科学的新教背景时看到的,分解由对世界的新的道德—精神态度所推动,并与这种新态度相联系。它与一种新的虔敬相关联,我们看到正形成的是自由和内在深度的概念,新的虔敬孕育了这种新概念。

支撑巫术的世界观的衰落,是自由和自制的新含义兴起的对应面。从这种关于自我的新含义的观点看,巫术的世界似乎表现为奴役,把自我囚禁于可怕的外部力量之中,甚至夺去或丧失自我。它威胁着与自制恰恰对立的着魔。因为非常固定于现代认同之中,甚或感到被囚禁于这种认同之中的我们的同时代人,为了满意而涉猎可提供令人颤抖的神鬼之事,或许甚至看起来为那些感到受分解压抑的人提供一种逃避方式。但是,事情必定非常不同于这种认同的形成。

或许这能够有助于论证那种令人困惑的现象,即欧洲的巫术疯狂,这种风气从十五世纪延伸到十七世纪中叶,它与中世纪早期的分割式的怀疑主义形成奇特的对照。例如,在这个问题上,比方说,阿奎那看起来比博丹更加"现代"。或许对女巫的令人迷惑的关注,以及对她们的信任和由她们引来的含义的令人注目的兴起,可以部分地理解为来自认

---

[11] 基思·托马斯:《宗教和巫术的衰退》(Religion and the Decline of Magic)(London:Weidenfeld,1971),第51页。

同间转变的危机。着魔、摄夺的方面，只是在认同的形成要打破我们对实体性逻各斯秩序的依赖，建立自我规定的主体的程度的时候，或许才成为甚至更重要的或令人困惑的。置于人们毫无抵抗地接受他们嵌入意义秩序的宇宙时期和宇宙被明确地粉碎的时期之间，巫术疯狂可能是对事实上建立它本身的正形成的认同的脆弱性，对其不成熟和缺乏稳固性的反应。

分解和对事物内部本性的这种理解，都有助于产生新的个体独立
193 的概念。在他或她的典范目的是在内部发现，而不是由他或她作为组成部分的更大秩序支配的意义上，分解式的主体是独立的存在。这种主体的一个成果，是兴起于十七世纪的新的政治原子论，最著名的有格劳秀斯、普芬多夫、洛克和其他一些人的社会契约理论。当然，这种契约论在这个世纪并不是新东西。在传统中它有丰富的背景。它植根于斯多葛哲学和中世纪的权利理论中。而且，在中世纪晚期，同意理论曾有过重要的发展，最著名的是围绕教会的理事会展开的。十六世纪见到像苏亚雷斯这样的伟大的耶稣会教士作者的契约论。

然而，十七世纪的理论有某些重要的新东西。以往，同意问题是根据人民以契约建立政府而提出。在所有较早的版本中，社会的存在都被看作某种当然的事情。热尔松退回到人首先是孤独的彷徨者(*solivagi*)这种原始斯多葛派观念，甚至像他这样的作者，也把建立政治权威的同意理解为社会的同意。[12]对后十七世纪读者来说，就出现了一个明显的疑问：社会是怎样产生的？它从何处得到权威来决定政治权威支配其要素个体的性质？在十七世纪之前，这种问题还没有提出。格劳秀斯之后契约论理论家的一大创新，就是他们讲到这个问题；于是它开始显得是不言而喻的，人们必定讲它。

---

⑫　见昆廷·斯金纳：《现代政治思想的基础》(The Foundations of Modern Political Thought)，两卷(Cambridge：Cambridge University Press，1978)，第2卷，第2编，第4章。

新理论加在传统的建立政府的契约之上的第二点,先于上述问题:联合的契约。这是建立政治社会,授予它确定政府形式的权力的普遍同意权。这两种契约论之间的变迁,反映着对人类道德状况理解的变迁。以往,人们毫无疑义是社会的成员。这并不需要对照更基本的处境进行论证。但是,现在理论从个体的自愿出发。有共同决定权的成员资格,现在是某种需要靠个体在先的同意来说明的东西。当然,在另一种意义上,每人都能被看作社会的存在。洛克的自然状态图景似乎包含许多人与人之间的交换。但是,具有超越其成员的决定权的社会,现在不能被认为是当然的事情。人民开始于政治原子。

在这种原子主义契约论基础上,我们可看到新个人主义的两个侧面。从宇宙秩序分解出来,就意味着人类主体不再被理解为宏大的、富有意义的秩序的构成因素。他的典型目的是在内部发现的。他依靠的是自身。适用于宏大宇宙秩序的东西,最终也将运用于政治社会。而这种 194
运用服从至上个体的图景,个体"本性上"不受任何权威的约束。生活于权威之下的条件是某种必须加以创立的东西。

问题是,怎样才能够创立这种条件?对我们来说,明显的回答似乎是同意。但是,这并不是十七世纪提出的惟一回答。为其拥护者提供它似乎有理的东西,是个人主义的另一侧面的力量,即对个人承诺的强调。这在加尔文主义,尤其是清教徒社区中特别重要。在这里,相信者应当亲自承诺的概念,伴随只有少数人真正得救或获得新生的观点,导向对被救者联合起来的日益增长的强调。至少在早期,有较多革命的年代,倾向于把这点看成这样一种联合,它与人民在其中立身的集团和社区并不一致,因为所有这些团体都要分裂为获得新生的和受谴责的。

所以,为了依附得救者的团体,敬神者必须准备脱离家庭,脱离当地社区,脱离政治社会。"邻里关系将衰退,联姻和亲属将解体,但对神的皈依和宗教决不会衰退。如果我们因敬神者的德性和善良而让自己接近他们,他们决不会因不幸和困境而摆脱我们”。[13]清教主义首先带来自然的、给定的、继承下来社区的衰落,从而有利于经由个人承诺而来的团体。敬神者的社会应当是意志一致的社会。有些人走得很远,包括远渡重洋到新英格兰的荒芜之地,脱离不敬神的人,建立基督教社会。

当然,具有讽刺意味的是,建立起这种分离的社会之后,清教徒开始把他们自己看作野蛮人中得救者的部落。这是他们强烈地认同于古以色列人的一个理由。他们倾向于相信,得救者的孩子本身也会得救,以至于家庭和社区再次成为实质上无疑问的联盟的极点。但是,不过某些重要的东西改变了。个人承诺的核心意义,意味着所有这些社团现在都以更加自愿的眼光加以理解。婚姻结果被看作伙伴间自由的契约关系。[14]

清教徒加在上帝和他的臣民之间立约、同意的观念的重要性,开始发展为把社会理解成建立在社会成员之间的约定基础上。在建立在个人承诺的敬神社区中,这两个方面可被看作同一种约定的侧面。

契约和同意作用的新含义,在清教徒中如此突出,在其他环境中也
195 在增长,尽管别处没有达到同样的清晰和重视。而这种含义,与自由的、分解的个体的观念相结合,有助于产生这个世纪的同意学说。对那些受个人承诺概念影响的人来说,似乎很明显,能够构成权威的惟一事物是个人的同意。他的意志和他的目的都属于他自己。只有他能使它们构成某种更大的东西,并形成要服从的责任。

在个人承诺学说不那么发达的地方,必须有应付原子论挑战的其他方法。对权威作为事物或团体秩序中某种自然的、给定的东西的含义的侵蚀,需要对这样的问题作出某种回答:什么造成合法的服从?或许

---

⑬ 引用清教徒传道士约翰·多德和罗伯特·克利弗的话,出自迈克尔·瓦尔策的《圣徒的革命》(The Revolution of the Saints)(Cambridge, Mass.: Harvard University Press, 1965),第187页。

⑭ 见瓦尔策:《圣徒的革命》,第183—198页。

没有合法的权威的观念,显然是太危险的,令人无法容忍。在十七世纪,君权神授的学说提供了替代契约论的一种选择。与以往中世纪的神授的权威法规学说不同,神授权纯粹是现代的学说。神授权假定了原子论;也就是说,它认为人们之间没有自然的权威关系,随后它论证只有对君主的神授权力的承认,才能避免无政府状态的混乱。古代的学说则假定人类团体有权威,它们乞灵于上帝认可构成这种权威的政治安排,无论它们可能是怎样的——共和制或君主制。十七世纪的学说从原子论的前提出发,它要求上帝的特别干预,以把国王设立为他在世上的助手。

当波絮哀为这种学说论证时,他论证需要一个高于社会的权威。他的社会图景表明,社会不能靠自己结合起来。它的等级安排,古代是结合根源的真正因素,现在则被看作冲突的原因。严格说来,因为有较高和较低的社会等级,连同这个区分具有的全部对抗,政治权力不能属于社会内部,而只能高于社会。因为假若权力依赖任何等级,对其他等级来说,这将是不利的,也会贬低他们的身份。对博絮埃来说,皇家的权力就像是社会和平的条件一样,也是每个人尊严的条件。[15]

我们继承了十七世纪的原子论。不是因为我们仍信奉契约论(尽管各种翻版仍旧流行),[16]而是因为我们仍然发现易于把政治社会考虑成经由意志建立的,或工具般地思考它。在后一种情况下,即使我们不再把社会的起源理解为依赖于同意,可我们仍既这样理解也这样评估社会的作用,即它是我们达到归因于个体或选民集团的目标的工具。

---

⑮ 见约翰·普拉门纳茨:《人和社会》(Man and Society),两卷(New York:McGraw-Hill,1963),第1卷,第5章。

⑯ 例如,约翰·罗尔斯:《正义论》(A Theory of Justice)(Cambridge,Mass.:Harvard University Press,1971);罗伯特·诺齐克:《无政府、国家和乌托邦》(Anarchy, State and Utopia)(Oxford: Blackwell,1974); 布鲁斯·阿克曼:《自由国家的社会正义》(Social Justice in the Liberal State)(New Haven: Yale University Press,1980)。

我们从这个世纪中继承了我们的权利理论，即根据主体的权利通过法律构架与人民相适应的豁免权的现代倾向。正如我在前边所说的
196 (第一章第三节),这是把自主的个体置于我们法律制度的核心的概念。根据洛克对这点——布劳称之为“占有的个人主义”[17]——作出的有影响的评注，我们享有建立在财产所有制之上的最基本的豁免权概念——生命、自由。这种构建反映着洛克的点状自我对待他自己存在的极端分解态度。这种个人主义的持续力量是这种自我理解持久吸引力的征兆。

原子论/工具主义的复合,属于前边我谈论的那些观念,它们由于某种原因更适应我们,因为它们减轻了论证,或至少是解释的负担。这并不是说,我们被幽禁于它之内。恰恰相反:在现代世界有一些有影响的学说,试图找回更加完整主义的社会观,把社会理解为个体的母体,而不是工具。其中某些学说对我们的政治实践来说是颇为重要的。但是,它们仍然负荷有解释的负担。原子论观点似乎总是更接近于常识,更具直接的适用性。即使它们论证得不太严密(至少,我这样认为),即使很少的解释就足以证明它们的不充分,然而这种说明仍然具有必然性。仿佛未经对这个问题特别费力的反思，我们就倾向于落入原子论/工具主义的观察方式。这似乎控制着我们无反思的社会经验,或至少当我们试图阐述我们从这种经验中认识到什么时,更容易显现出来。它是天然喜爱的观念,得益于内在永恒更新的原初似乎有理的性质。

尽管现代政治生活产生出了强有力的相反的观念，但这种观念仍存在着。尤其是,有一种对社会的理解被描述为“市民人道主义”。这种理解把古代的共和制和城邦引为自己的范型。它在十五世纪的意大利很快地走上前台,[18]在导致英国内战的危机中发挥了某种作用,随后在

---

⑰ C.B. 麦克弗森:《占有制个人主义的政治理论》(The Political Theory of Possessive Individualism)(Toronto:University of Toronto Press,1962)。

⑱ 斯金纳:《现代政治思想的基础》,第1卷,第2编。

推动形成了现代政治学的美国和法国十八世纪大革命中发挥了核心作用。

公民德性的概念——正如我们在孟德斯鸠和卢梭的规定中看到的——不能与对社会的一种原子论的理解相结合。它假设,孟德斯鸠的“德性”所专指的政治生活方式,在一个重要的意义上,是优先于个体的。这种方式建立了个体的认同,提供了他们在其中能是他们所是的那种人的母体,在其中生活的高尚目标指向公共的善,首先是可以想象的。这些政治结构不能被单纯看作目的工具、手段,似乎没有它们也能构成目的。

我们或许论证,从盎格鲁—撒克逊或十八世纪的法国模式传下来的现代西方民主制中的制度张力,在于一方面为原子论—工具主义类型的政治学的产物,而另一方面是公民参与型政治学的要求。根据这种 197
张力,最初观念具备的天然喜爱发挥了某种作用。但是,公民的理解,无论它可能多么退化和受背景的歪曲而降质,仍需要占据我们公民共和制实践的本质部分。[19]

除了现代认同的区位化和原子论特点之外,它还有第三种特征,在此我想简明扼要地提一下。这点意义特别重大,我想称之为我们的“*poietic*”(创造性)能力。在这里,我本可以使用“生产性的”这个词,但我

---

⑲ 见《作为实践的社会理论》(“Social Theory as Practice”),载于我的《哲学和人类科学》(Philosophy and the Human Sciences)(Cambridge:Cam bridge University Press,1985)。现代认同也以复杂的方式与公民意识相联系。对这种认同支持我们关于自己作为权利的平等承担者,也是公民和生产者的当代政治理解的方式,我曾试图描述过,载《合法性的危机》(“Legitimation Crisis”),同上书。公民意识的衰退只是一种情况,但却是关键的,在这种情形下,广泛流行的背景理解使我们难以把握我们实践的至关重要的向度,因而也束缚和歪曲着这种实践本身。弥尔·比克对这些问题作了进一步的探讨,见弥米·比克的《自由主义与社团主义的论战:为整体论的个人主义辩护》(“The Liberal-Communitarian Debate: A Defence of Holistic Indivi dualism”)中,哲学博士论文,牛津大学,1987年。

不是要谈论经济活动,所以为了避免混乱,我宁愿创造这个新术语。我意指的是精神和道德生活中所构建的秩序和人工制品的新的中心地位。

在某种程度上,我们以新的既是推理的也是实践的程序理性概念,看到这点。知识并不是来自心灵与我们发现的事物秩序的关联,而是根据正确的准则构造对现实的表现。笛卡尔关于事物的知识是我们自己的构造的洞见,是他深厚信念的基础,它似乎先于表达其证明过程的论证,先于我们确实能达到的东西。这必定是可达到的,因为我们能够反思我们自己的思维活动:因为思维是某种我们所做的事情,我们确实能得到它。

笛卡尔的知识表现模式为经验主义者所采纳。他们也以霍布斯为构建基础,进一步强调我们关于世界的知识的建构维度。霍布斯,及后来的洛克,把我们的世界图景几乎毫不夸张地设想为由建筑材料组建成的,这些材料最终无非是经验产生的感觉或观念。洛克为十八世纪的门徒们所追随。

在道德领域中,洛克也建立在笛卡尔的理性控制的模式上,并规定着手于点状自我的自我重构的任务。与其说遵循自然的目的,不如说我们成了我们自身性质的构造者。

对构建活动的这种强调引向对语言的新的理解,人们会再次看到这起源于霍布斯和洛克。它是唯名论的分支:词语经由把它们与特定事物或观念联系起来的定义,最终被任意地赋予意义。但是,语言的功能是帮助思想的构建。我们需要语言来建构适当的事物图景。我们不能把世界与个体的琐碎知觉、个体的观念的煞费苦心的结合相提并论。通过语言,我们能够把它们结合进全部的束、全部的类之中,惟独这样才有可能得到真正的知识。[20]

---

[20] 见霍布斯:《利维坦》,第4章;以及洛克:《人类理智论》,III.3.1—4 。

当然，随之而来的是，词语也可能是可怕的危险。假若词语不是通过定义适当地固定于经验中，经由这样的词语，我们可能完全丧失与现实的联系。这就是为什么霍布斯和洛克都小心翼翼，几乎时刻萦怀着对 198
词语不要脱离我们的担忧。这种失控的忧虑，在这里是给予语言的作用——帮助我们掌握和安排思想——的自然而然的结果。正如孔狄亚克后来说的，语言让我们“支配我们的想象力”(“empire sur notre imagination”)，[21]这发展了洛克的学说。

对语言的构建力的这种关注，在十八世纪后期经历了进一步的、关键性的发展。语言及一般说来我们的表现力，结果不仅或主要被看作对独立实在的正确描绘，而且被看作我们赖以表达我们的所是、我们在事物内的地位的表现方式。根据我们作为表达的存在的新理解，这种表现方式也被看作自我完成。这种表达的革命认同并赞扬新的创造力，即创造性想象的能力。下边我还要回到这个问题上来；在这里，我只想说，这种新的变迁进一步增强了我们的创造力的重要性。这种能力甚至被认为对人类生活是至关重要的。对日益增长的对各种各样的创造力——在语言和艺术创作上——的兴趣和迷恋来说，这是基础。其兴起几乎一直让我们的世纪着迷。

---

[21] 《论人类认识的起源》(Essai sur l'origine des connoissances humaines)(Paris：A. Colin，1925)，第1编，第2部分，第4章。在《语言和人类本性》(“Language and Human Nature”中，载《人类主体性和语言》(Human Agency and Language)(Cambridge：Cambridge University Press，1985)，我已经比较深入地讨论了这个问题。

第十二章

199 # 背离历史解释

然而，现代认同的这个表达性侧面有一个深刻的背景，对此我还很少触及。现在我急切想研究这个问题，但是这样做之前，关于我一直在做什么，是一个我需要澄清的问题。

我谈论了现代认同(一个方面)的兴起。我的研究与这种认同的历史解释有什么样的关系呢?

有人或许认为，这本著作是作为历史解释提供的；假若那样的话，它一定显得是一个异常糟糕的著作。大体上，我以奇特的眼光扫向流行精神的诸方面，流连于哲学和宗教观的某些发展上。我几乎未提及标志着这个时期的政治结构、经济实践和军事与官僚机构的巨大变革。没有这些变革，现代认同无疑是不可思议的。

或许我提供着“唯心主义的”论述，这种论述把所有制度和结构的变革贬低到次要的角色上，它们只是遵循和附和思想与道德观的时代性变化?这一定是疯了。

首先，即使待在“观念”或文化的层次上，我也并未开始触及汇在一起形成现代认同的所有潮流。我讲到哲学和宗教中的某些重要变化。但是，令人震惊的是，自我理解的这种巨大变化从许多根源中获得营养的方式。在谈文艺复兴时一定要提到其他发展。

举例说，有一个每人都引用的著名的里程碑：皮科关于人的尊严的《演讲》，它肯定了人类在宇宙中的特殊地位。他们是自由的，不是由于他们像其他事物一样，与确定的本性联系在一起，而是由于拥有设定任何本性的能力。皮科让上帝这样对亚当说：

> 你既没有固定的住处，也没有你独有的形式，我们也未给你任何特别的功能。亚当，最终你根据你的渴望，根据你的判断，就能拥有你欲求的住处、形式和功能。所有其他存在物的本性都限制和幽闭于 200
> 我们神所规定的法则界限内。而你，不受任何界限的强制，只服从你自己的自由意志，我们把你放在你的自由意志手中，你注定受你自己本性的限制。我们把你放在世界的中心，由此更容易观察世界上的别的东西。我们既没把你置于天堂，也没把你置于尘世，既没让你死，也没让你不朽，以便有选择的自由和荣誉。作为你自己的构造者和铸造者，你能把你自己塑造成你所希望的任何形式。①

第十二章 背离历史解释甚至停留在文艺复兴时期柏拉图主义的实体性逻各斯秩序之内的同时，这似乎已经为后来与这种秩序的决裂开辟了道路。它似乎为这样一个阶段开辟了道路，在那儿人类生活的目标将根本不再相对于宇宙秩序来规定，而必须在其内部寻找(或选择)。尽管皮科本人仍然离这一步很遥远。存在的秩序仍旧是以地球为中心的和等级制的秩序("我们把你放在世界的中心")，而人设定任何本性的能力既能使自己堕落，也能提升自己。这段话继续说："你有力量堕落进更

---

① 引自《论人的尊严》("On the Dignity of Man")，载E.卡西尔、P.O.克里斯特勒和小J. H. 兰德尔：《文艺复兴时期的人的哲学》(The Renaissance Philosophy of Man)(Chicago: University of Chicago Press，1948)，第224—225页。

低级的生命形式,那是野兽的形式。你有力量根据你灵魂的判断,以更高的形式获得再生,那是神的形式。”[②]人的目标仍是按宇宙观认识的善的秩序而设立的。

还有,文艺复兴对人的行为、对人在完成上帝的创造及使宇宙达到其完满本性上的作用,再次进行了强调。例如,经由库萨的尼古拉,以及后来的波维拉斯,我们看到这点。人们可以争辩,对像迪和帕拉切尔苏斯这样的文艺复兴时期的占星家的作品的强调,有助于为培根式的革命确立基本原理。[③]在这里,我们再次遇到好像新事物在旧事物的界限内做好了准备那样的情形。对宇宙秩序内人类生产力的地位的新理解,为颠覆和完全抛弃这种宇宙秩序的整个概念做了准备。

超越哲学和科学边界的趋势,当然有助于为现代认同做准备。人类

② 引自《论人的尊严》,载E.卡西尔、P.O.克里斯特勒和小J.H.兰德尔:《文艺复兴时期的人的哲学》,第225页。

③ E. 卡西尔:《文艺复兴哲学中的个人主义和宇宙》(Individuum und Kosmos in der Philosophie der Renaissance)(Leipzig and Berlin:Bibliothek Warburg,1927),第1章;尤金·F.赖斯:《文艺复兴时期的智慧观念》(The Renaissance Idea of Wisdom)(Cambridge:Cambridge University Press,1958),第5章。这种对人类在宇宙中的角色的新理解的根源,是基督教的。它们处于传统的神学观念中,即人类命定是上帝完成创世的助手,人们在某些教父,例如,奥利金、巴西尔、尼斯的格列高利那里,所发现的概念。圣安布罗斯以农夫的比喻表达人参与上帝对地球的改进。人是把本性带回上帝的存在。在文艺复兴中,这个概念因复活了的对人作为微观宇宙的强调,而被赋予了附加的力量。我们在库萨的尼古拉那里,在菲奇诺那里,在波维拉斯那里,看到了这种微观宇宙观。上述概念把基础放在帕拉切尔苏斯的理论之上,即本性存在于我们之前,是某种未完成的性质,却意味着由人来实现。上帝赋予人的所有东西“是为了他能使它们得到最高的发展,正像地球使万物繁衍一样……上帝的意志并不在于,其秘密应当是可见的:他的意志在于,这些秘密应当通过人的劳作而显现,成为能认识的,人生来是为了让它们得以显现”[引自克拉伦斯·S.格拉肯:《罗得海岸觅踪》(Traces from the Rhodian Shore) (Berkeley:University of California Press,1977),第466—467页]。伏尔甘,火和锻冶之神,原型的工匠,被要求完成创造。

创造力的新的重要性，在意大利文艺复兴的形象和造型艺术的伟大声望中得到反映和预示,这是某种史无前例的事情。这是我们今天看待它的方式,但也是那个时代人们看待它的方式。例如,瓦萨里和阿尔贝蒂的作品表达了他们的看法，即他们的时代以在形象艺术上所做的伟大发现(部分地是再发现)而著称。实际上,在本性的回复——在其中,意大 201
利的文艺复相信,在野蛮的破坏所开始的“中世纪”之后,自己已经在精神上与古人团聚了——在文学中的实现与在形象艺术里的实现一样——实际上,或许是极为出色地实现了。当佛罗伦萨的新柏拉图主义开始成为占主导地位的观点时，某些艺术家开始在这种观点的框架内看他们的工作：形象艺术有一个使理念显现的使命，这是很容易理解的。柏拉图会发现这个概念是难以理解的和令人讨厌的:使理念显现只是为了雄辩。

米开朗琪罗深深地沉浸在新柏拉图主义的观念中，即世上的美是人间的面纱,我们透过它来看神恩。艺术家,无论作家还是画家、雕刻家,都使这种隐蔽的实在透过面纱而闪光。列奥纳多寻找自然中的“理性”:“自然充满大量理性,它们却并不在经验中”。[4]这个世纪末,有人提出了这样的主张:艺术中构成事物的活动使我们达到“理解客体的完美知识”。[5]根据帕诺夫斯基的看法,十七世纪意大利的古典复兴,为了同时反对矫揉造作和自然主义的背离而规定艺术的真正性质，再次提出新柏拉图主义视角的要求。[6]

但是,可以认为文艺复兴的形象艺术,不仅仅是提高创造力的重要性,而且以一种更直接的方式,为现代认同的出现作了准备。文艺复兴

---

④ “La natura é piena d’infinite vagioni que non furono mai in isperienza”；引自卡西尔:《文艺复兴时期的个人主义和宇宙》,第62页。

⑤ “Perfetta cognizione dell’obiette intelligibile”；引自E. 帕诺夫斯基:《思想》(Idea)(Berlin：Hessling,1960),第38页。

⑥ E.帕诺夫斯基:《思想》,第62—63页。

模仿自然的渴望引向更现实主义的和更完美的肖像画，引向不再与其建筑环境“同体”的独立的雕塑。[7]当然，我们可以持贡布里希的观点[8]：我们的现实主义判断与传统和语境相关。然而，重要的一点是，存在有“让事物存在”、赋予自然实在优于肖像传统形式的意图。

这种把自然从肖像传统中解放出来做法，也给主体的地位带来了影响。使自己模仿自然的艺术家，把自己看作站在客体的对面。在主客体之间有一新的距离，它们的定位显然是相互对应的。相比之下，表现在早期偶像传统中的实在没有这种确定的定位；无论在内部还是在外部，它都不能明确地确立位置。在新的艺术中，空间变得重要了，空间中的位置变得重要了。艺术家根据确定的观点来看他所描绘的东西。伴随着透视画法的成功，被描绘的现实看起来是根据特殊的定位来安排的。

正如帕诺夫斯基指出的，绘画的表面失去了它在中世纪顶峰时期所拥有的物质性。代替不透明的和无法渗透的表面，它变得更像窗口，通过它我们就像经透视那样看现实。他引用了阿尔贝蒂的话：“画家应当知道，他们以他们的线在平面上移动，由颜色来规定这样填充这区域，他们力求完成的惟一事情在于，事物的形式在这个平面上看起来似
202 乎是由透明的玻璃制成的”。甚至阿尔贝蒂更加直截了当地说：“我描绘我所喜爱的无论多大尺寸的矩形，我把它想象为开着的窗子，通过它我观看那儿所描绘的所有东西”。[9]

---

⑦ 帕诺夫斯基看到哥特式晚期已经来临的独立雕塑的发展；见他的《文艺复兴和西方艺术的复兴》(Renaissance and Renascence in Western Art) (Stockholm: Almquist & Wiksells, 1965)，第60页以下。

⑧ E.贡布里希：《艺术与幻觉》(Art and Illusion)(London: Phaidon, 1959)。

⑨ 帕诺夫斯基：《文艺复兴和西方艺术的复兴》，第120页：“Quando empiono de colori e luoghi descritti niun altra cosa cercarsi se non che in questa superficie se presentono le forme delle cose vedute, non altrimenti, que se essa fusse de vetro tralucente”; “scrivo uno quadrangolo di retti angoli quanto grando io voglio, el quale reputo essere una finestra aperta per donde io miri quello que quivi sarú dipinto”.

所以，就更强的自我意识的形式，与客体的新距离和间隔，站在对面而不再被所描绘的东西所吞噬的意义上，客体的“解放”也带来主体的“解放”。正如帕诺夫斯基所描述的，[10]新的距离“在同一个时间，既客观化了对象，也人格化了主体”。难道这没有以其自己的方式为更激进的决裂准备了基础?新决裂在于，主体通过把世界客观化而决定性地解放他自己。我站在世界对面的间隔或许有助于为更深刻的断裂做准备，由于这个断裂我不再把世界看成我生活目标得以确立的子宫。这种分离态度有助于克服宇宙所包含的深奥意义，此意义缺乏自我与世界之间的清晰界线，它是由认可前现代的宇宙秩序概念所产生的。[11]

与此同时，关于现实描绘的新的自我意识，以及根据这点突破新基础的含义，强化着人类创造性角色的意识，提高着它的重要性。[12]

但是，难道因为这种研究不够广泛，就意味着它反而不是历史解释吗?只有我提到为现代认同做了准备的所有文化生活的趋势，那才是充分的论述?这实际上采取的是“唯心主义的”观点，把所有制度和结构的变革贬低到只是结果的从属地位。

必须把我所做的看作是与历史解释有区别的、但却与它相关的。有区别，是因为我问不同的问题。例如，这个解释回答的问题应是什么导

---

⑩ “Zugleich das Objekt veregegenständlicht und das Subjekt verpersänlicht”；帕诺夫斯基：《思想》，第26页。

⑪ 这种阿伯特式的看法支配着欧洲的绘画，直到上个世纪末，比方说，直到塞尚。外部的运动可被看作试图消除画家和他的主题之间的距离，以探讨和表达视觉经验，而不是远侧的对象。在下边第二十四章，我将回到这个问题上来。

⑫ 这反映在因艺术制作而对“创作”这个术语的运用中。它始于文艺复兴时期，而在近两个世纪，伴随着后浪漫主义时期新的、提高了的艺术地位，取得了新的重要性和核心地位。列奥纳多把科学和艺术都看作为“创造”：“La scienza è une seconda creazione fatta col discorso, la pittura è une seconda creazione fatta colla fantasia”；引自卡西尔：《个人主义》(Individuum)，第170页。

致了现代认同。这是有关历时性原因的问题。我们想知道促成条件是什么,而这把我们引向特指早期现代西方文明的某些特征的陈述,这些特征造成了这个特殊文化在此发生变迁情形。可以就资本主义的兴起、工业革命、代议制民主的兴起,或任何特别形成于现代西方文明——无论自那时起它们可能得到多么广泛的传播——的其他特征,提类似的问题。(回答这些不同的问题显然是相关的。)

这的确是雄心勃勃的问题。我认为,在这个阶段提供满意的、完全讲清楚的回答,是困难的(这是软弱无力的陈述!)。马克思主义的过于简单的和还原的变种,似乎有清楚的回答:促成的条件在于原来的("封建的")生产方式的崩溃,新的("资本主义的")生产方式的兴起。但是,对于
203 我来说,这似乎是未经证明的或极其令人难以置信的,这全凭人们怎么看。下边我要提出某种一般的考虑,了解为什么有这样的联系。暂时,我承认缺乏(并非只有我)非常清晰而可信的历时原因的叙述。

但是,有另外一个不那么雄心勃勃的问题。这是个阐释性的问题。回答这个问题牵涉到给新的认同提供一个解释,它能使这个认同的吸引力明确化。是什么把人们引向新特性?实际上,今天是什么吸引着他们?什么赋予了它精神力量?我们表达善的眼光包含在这个问题之中。这个问题询问的是对认同(或我们感兴趣的任何文化现象)的阐释,它将证明为什么人们曾经发现(或发现)此认同令人信服、鼓舞人心、使人感动,它将等同于认同所包含的可称之为"idées-forces"(强制性思想)的东西。直到这点,这个问题的探讨才能独立于历时性原因的问题。我们可以说:无论它在历史中是如何产生的,观念、认同和道德的力量在于它之中并由它所构成。

但是,这两个系列的问题当然无法被彻底分开。对不那么雄心勃勃的问题的回答会对更加雄心勃勃的问题的回答产生重要的影响。理解某些观念的力量在什么地方,就是认识某种与它们怎么样在历史上进入社会核心相关的事情。为了回答历时性原因问题,这无疑是我们必须

理解的事情之一。庸俗马克思主义为什么不令人信服的一个理由就是，比方说，它的宗教、道德或法律—政治观念的还原论证——它似乎根本就不重视它们内在的力量。但是，所有的历史编纂学(还有社会科学)都依赖于(很大程度上是隐含地)对人的动机的理解：人们如何反应，他们一般追求什么，给定目标和类似东西的相对重要性。这是韦伯关于社会学的任何说明必须“对意义来说是充分的”著名断言背后的真理。[13]庸俗马克思主义的困境在于，当它们并不完全忽视这点，而且依赖于完全回避人的动机的某种难以理解的“结构性”决定因素时，[14]它们隐含的人的动机的图景是难以置信地单向度的。

交互关系也主张：我们对观念发生的历时性原因的任何洞见，都将有助于我们认同其精神重心。正是因为这两个问题不能被完全分开，我不得不认识到，在不了解更具雄心的问题的同时，要进入不那么雄心勃勃的问题，我的讨论会不时地停顿下来，而在其他场合，这或许被认为是当然的。在没有着手提供完整的历时性原因解释——这是我无力都做的——的情况下，我未看到完全避免这种危险的任何方法。很抱歉，我只能先提供这种研究的不完整的性质。

但是，除开这种无法避免的不完整性，我不认为这种阐释性研究有什么可道歉的地方。在某些马克思主义集团中，对这个问题的关注原则 204
上被当作“唯心主义的”。正如我在前边所说的，假如基础性论点是这样的，即对观念力量的阐释性研究对回答历时性问题来说是充分的，那么“唯心主义”这个术语或许能正当地用于责备。但是，谁持有这种论点，这并不清楚。(如果有这样的庸俗黑格尔主义者，他或许持这种论点。)混

⑬ 马克斯·韦伯：《经济和社会》(Economy and Society)(Berkeley: University of California Press, 1978)，第1卷第11页。

⑭ 见路易·阿尔图塞和艾蒂安·巴里巴尔：《读〈资本论〉》(Lire le Capital)(Paris: Maspero, 1968)。

乱的出现，是因为还原论的马克思主义似乎要让观念的力量没有任何起因性作用,这与“唯心主义”相反却同样地荒谬;更糟地是,这种马克思主义不能认识到,在这两个极端之间有第三种可能性。但是,在这种中间地带,存在有完全适当的历史解释。如果有人要说明它们是如何出现的,那么他必须理解人们的自我解释以及他们关于善的眼光;然而,说明它们出现的任务不会融入后一种，正如后一种不能因第一种而被省略。

为了避免太大的误解，我想就我大体上如何看待历时性原因说句话。我在这里感兴趣的各种观念——道德观念、对人的境遇的理解、自我概念——多半经嵌入实践而存在于我们的生活中。用“实践”,我意指某种极其模糊和一般的东西:或多或少有些稳定结构的共有活动,其形式由应做之事和禁做之事的特定模式所规定，就我的目的来说可能是实践。我们约束孩子的方式,在街上相互致意,通过选举确定集团的决定,以及在市场上交换物品,都是实践。在人类社会生活的所有层次上:家庭、村庄、国家政治、宗教团体的仪式,等等,都存在着实践。

基本的关系是,观念把实践表达为应做之事和禁做之事的模式。也就是说，观念经常来源于阐述和形成对这类模式基本原理的有意识表达的尝试。我说这是基本的关系,不是因为它是惟一的关系,而是因为其他关系经由它而产生,并经由它才能得到理解。作为表达,在一个重要的意义上,观念对模式而言是第二位的,或以模式为基础。模式可能仅仅存在于人们接受并相互强化的允许与禁止之中,而(还)没有清晰的基本原理。作为儿童,我们学习这些最根本模式在先,就是例子。表达是后来出现的。

当然也存在着缺乏相应模式的观念。我或许要设计和提出自我管理的完美无政府主义社会的乌托邦境界,但没有任何地方实践过,而且我们都知道它决不会存在。我们的现代文化充斥着超越现存实在的这类观念。但是,这是衍生现象。革命性的规划只能以现存东西的对立面的形式加以阐述。它们作为应当取代现状的东西而被提出。它们暗示着对现存事物的某种阐释——在这种情况下,一般说来是贬损,否则就毫 205
无意义。我说这类观念的基本作用是阐明现存实践，就是意指这种意思。如果我们完全表达任何一种基本原理,它必定包含对当前实践的阐释;它也会投射某些未尝试过的新东西。

观念据以与它们的实践相交织的方式是各种各样的。可能有非常稳定的相互强化的关系，在那儿观念似乎以一种适当的和未被歪曲的样式表达着应做之事和禁做之事的基础性的原理；在这种模式的经验能够时常产生观念的同时,观念随之也能强化模式,并使之保持活力。

但是另一方面，可能对某些人来说结果好像占主导地位的观念歪曲实践,或许作为结果实践本身败坏了。他们可能要求矫正。从保守主义者的观点看,好像持异议者(充其量)是发明新的实践。但是,无论人们如何描绘，斗争的结果将是变革，或许以不同的实践分裂为两个社会——十六世纪西方基督教世界的情形。

或者,可能整个实践与其基本原理结果似乎是不相容的,可能有某种被自觉地看作把忠诚转向新实践的要求——比如，当整个印度不可接触者的共同体皈依佛教或伊斯兰教时。

这些是变革发生能够与新观念认同的例子。但是,变革也可能以其他方式出现。观念和实践或许结果都相互缺乏真实性,因为一方或另一方不能恰当地再生产它本身。仅仅通过偏移或通过某种新见解的挑战,某些原初的基本原理可能丧失了;或者,当实践不适当地传递时发生变异了。

首先,由于一整批与它们的基本原理无关的理由,实践既可能受限制,也可能得到促进,既可能只有很小的空间,也可能有较大的空间。比如,礼仪实践可能变得惊人的昂贵,要求过去未曾有的珍贵牺牲品。它或许在新处境中遭遇敌视,或许因改变环境而得到迅猛发展。因为社会环境的变化——比方说，主要实践一种礼仪的群体，其社会名望的隆起,它既可能得到也可能丧失威望。如此等等。所有这些都将深刻地影响到相应观念的命运和性质。

可以说,很清楚的是,变化可能是双向的:通过观念上的转变和发展,包括新的眼光和洞见在内,带来了实践上的改变、断裂、改革、革命;通过实践的偏移、变化、收缩或扩张,也会带来观念的改变、繁荣或衰
206 落。但是,甚至这样说也太抽象了。最好说,历史上的任何具体的发展,变化都是双向进行的。真正的事件之链与双向进行的线索交织在一起。新的革命性阐释的出现,可能部分是由于实践处于危险之下,或许是与观念根本无关的理由。或者,因为实践的繁荣,对事物的给定阐释将会再次获得力量,也是由于与观念无关的理由。但是,观点上的后果性变化对它们自己有重要的影响。原因之链是逃脱不掉的。

现代认同的出现,是因为与广泛系列的实践——宗教、政治、经济、家庭、理智、艺术——相关的自我理解的变化聚集在一点上,并且相互强化而产生它:这些实践有,例如,宗教祈祷和仪式,作为基督教集会成员的精神修行,获得新生的人而进行的自我检查,同意的政治学,同居者家庭生活,自十八世纪发展起来的新的育儿方法,独创性要求下的艺术创作,隐私的划界与保护,契约市场,志愿者组织,思想感情的修养和发扬,对科学知识的追求。这些中的每一种,还有别的,都为我在本书中考察的发展着的有关主体的观念体系和他或她的道德境遇贡献过某种东西。在这些实践和它们所传达的观念之间存在着紧张和对立,但它们有助于构成我们关于自我和善的现行观念据以发展起来的共同的理解空间。

假若我们脱离实践孤立地思考这些观念,我们就常常无法完全理解它们。例如,联结我前边叙述的洛克关于“占有的个人主义”和资本主义、市场社会的经济实践的重要关系。但是,这种关系一定不能与单向性原因的关系相混淆。正像注意这种自我理解据以为市场关系的扩张开辟道路的方式一样,指出增强了的市场渗透使人们以这种方式更自

然地看待自己也同样重要。原因之矢是双向的。

在这两个方向间的平衡中，哪个更重要，这或许随着时间的变化而变化。在某种在此讨论的至关重要的强制性思想的情形下，早期扩张可能主要是从观念到经济实践，而观念在宗教和道德生活中寻找它们的最初根源。这似乎是占有的个人主义的情形，它出现于工业革命的市场爆炸性发展之前。但是，在后来的阶段中，当源于社会精英中的某些新观念成为整个社会的共同财富时，占优势的方向时常发生逆转。例如，很清楚，强加在前农民大众——他们被驱逐出土地而进入工业化的新中心——身上的无产者地位，成为他们今天如此之多的后裔接受原子 207
论自我意识(经常受到工人阶级团结一致的新阐述的挑战)[15]的先导原因。

事实上，这只是特定的现代性实践，经常是蛮横地，被置于心脏地带之外的一般过程的一个例子。对某些实践来说，这似乎是不可抗拒的原动力的组成部分。很清楚，技术性定位的科学实践，赋予它们在那儿形成的国家比别处占优势的累积性技术。这种技术优势与前边我描述过的对惩戒运动的新的强调的影响相结合，从十七世纪直到二十世纪中叶，给予欧洲军队超过非欧洲地区的显著的和日益增强的军事优势。而这种优势与我们称为资本主义的经济实践相结合，让欧洲得以建立一个时代的世界霸权。

对于这些实践的推广来说，这有着明显的重要性。这种成功实质上强化了它们的普遍化，因为没有任何社会能抵挡那些拥有这种优势的人。我们无力把所有的实践都给予历史的叙述，让我们只加以理解。这些被迫无奈而突然获得军事纪律和技术—经济能力的实践，对于所有要生存的社会来说是必需的。但是，这些实践的“报酬”显然既对欧洲社

⑮ 见E.P.汤普森：《英国工人阶级的形成》(The Making of the English Working Classes)(London：Gollancz，1964)。

会,也对非欧洲社会,有至关重要的影响,与这些实践相联系的自我理解的声望——正如已经阐释的那些——对文化的发展有命运攸关的重要性。

这点应该是任何回答历史原因问题的核心部分，但整个问题除了擦边之外,却并未出现在我的分析中。我将把注意力集中在阐释性问题上,并试图以其各个阶段的形式表达现代认同。这种讨论应提醒读者,不要把这个研究错当成历史解释。但是,也必须提醒我,不要丧失这种特性在其中发展的实践语境的视野,以及形成实践的强大动力。对文明史如此巨大的压力,就如我所描述的那些,即使当它们不是——的确不是——注意力的焦点时,也必须牢记在心中。我希望在以后能成功地做到这一点。

第三编
日常生活的肯定

第十三章

“上帝喜爱副词” 211

第一节

现在，我要转向现代认同的另一个主要方面。在第二编中，我探索了自我这一多面性概念的发展轨迹。它是一个被自我探究和个人承诺的分解式理性——连同其自我负责的自由和尊严的共同理想——的能力所界定的自我。这些要求彻底反思的能力——至少前两个——是内在性的某种概念的基础。但是它们仍然没有解释现代的内在观的全部外延：它们尤其不能说明我们的“内在深度”感——康拉德小说的主人公形象仍旧在我们的视野之外。①

① 我在后面(第二十一章)想论证精神深度的概念，是与作为我们永远不能完全穷尽的表达领域的自我探究观念有联系的。这一术语在浪漫主义以前还鲜为人知。但是，这一概念在蒙田那儿产生，却并不令人惊奇，他对特殊性的敏锐感觉有时使他看起来像赫德尔和洪堡的同时代人。在《随笔集》(Essais)第2卷第6篇第48页，他说：“把握自由漂泊的精神，深入不透明的内心世界，确实是一种比表面复杂得多的尝试。”(C'est une espineuse entreprinse, et plus qu'il ne semble, de suyvre une alleure si vagabonde que celle de nostre esprit; de penetrer les profondeurs opaques des replis internes.)

要理解这一点,我们不得不审视一下另一个发展,即我们现代本性观的兴起,以及这些观念在我称之为对日常生活的肯定的东西中的根基。

“日常生活”是一个我引用[②]它来称谓人类生活涉及生产和再生产方面的技艺术语,生产与再生产指劳动、生活必需品的制造以及我们作为有性存在物的生活(包括婚姻和家庭)。当亚里士多德提到政治社团的目的是“生活和善的生活”(zēn kai euzēn)时,这是他用这些词语首先要涵盖的事物的范围;它们基本上包含我们为继续和更新生活所必须去做的事情。

对亚里士多德而言,维持这些活动要与对善的生活的追求区别开来。当然,它们对于善的生活是必要的,但是它们在与善的生活的关联中只扮演着基础性的角色。倘使没有对生活的追求,你也不可能追求善的生活。不过,一个只致力于前一个目标的人生并不是一个完整的人生。奴隶和动物只关心生存。亚里士多德在《政治学》[③]中论证道,一个仅仅因为经济和防卫目标的家庭联合体还不是真正的城邦,因为它只是为了这一区区目的才构建的。对人类而言,正确的生活是建立在这一基础之上的、与善的生活相关联的一系列的活动:人们精心考虑道义上的
212 完善,沉思事物的秩序;关于那些对政治至关重要的东西,他们共同精心思索普遍的善并决定如何构建和运用法律。

亚里士多德设法要把被后世的伦理传统老生常谈式地引用为超出日常生活的两类活动结合在其“善的生活”中:理论沉思和在政治组织中的公民参与。这两种活动并没有被普遍地赞成。柏拉图用带偏见的眼光来看待第二类活动(至少对公民参与形式中的官职竞争)。而且,斯多葛派对这两类活动都提出了挑战,然而这些作者们仍旧在目的秩序中

② 见前面,第一章第三节。

③ 《政治学》(politics),第3卷,1280b;“城邦是一些生活良好[eu zēn]的家庭和部族结合而成的,它的目标是充实而独立的生活[zōēs teleias kai autarkous]”,1280b35。

给日常生活一个较低的位置。对斯多葛派来说,圣贤应当从基本生活需求与性需求的满足中解脱出来。如果别的东西是同等的,它们将被选择,在这个意义上这些需求可能确然是“更为人喜欢的”(proégmena),但是从根本上来说它们的地位是那种“无所谓道德不道德的”(adiphora),最终是无关紧要的东西。人应当以不离智者所热爱的智慧和事物的整体秩序的方式漠视它们。人高兴地放弃这些需求,因为他正遵循着这一秩序。

然而,这种影响深远的伦理等级思想抬高了沉思和参与的生活。我们的哲学家不应沉湎于对事物的单纯控制,因此不应沉湎于技艺这一思想中能看出第一种观念的表现。这是培根所倡导的新的实验科学遭到反对的一个根源。经院人文主义弥漫着这种等级思想,与这种思想相关联的,是真正科学与低级知识的区别,真正的科学允许证明,低级的知识形式——例如由炼金术士、占星家、矿工和某些医生所实践的知识形式——只能希望达到“可能性”。④

我们看到第二种观念首先在意大利,然后在北欧出现的近代早期各种各样的市民人文主义学说中得到回归。仅仅作为一个居民的生活要低于作为一个公民参政的生活。存在一种公民享有而非公民被剥夺的自由。在大多数变种中,过分追求或拥有财富被视为对共同体自由生活的一种威胁。⑤如果单纯生活的手段占的比重太大,就危及善的生活。

公民伦理在某种方式上类似于,有时甚至能部分地融合于贵族式的荣誉伦理,其源头存在于武士阶层的生活之中(古代的公民理想也确实如此)。这可以找到各种各样的表达形式。例如,中世纪法国浪漫故事

---

④ 见阿兰·哈肯:《可能性的出现》(The Emergence of Probability)(Cambridge:Cambridge University Press,1975),第39页。

⑤ 昆廷·斯金纳:《现代政治思想的基础》(The Foundations of Modern Political Thought),2卷集(Cambridge:Cambridge University Press,1978),第1卷。又见约翰·波科克《马基雅维里时代》(The Machiavellian Moment)(Princeton:Princeton University Press,1975)。

中的[6]“*corteisie*”(随从)的理想,又如我此前讨论过的十七世纪意义上的“慷慨”伦理。它包含着一种强烈的等级制的意味,其中武士或统治者带有荣誉和光耀的生活与较低阶层的人士的只关心生计的生活是不可同
213 日而语的。[7]愿意过冒险生活是有名望的人的构成性品格。过分求利也经常被认为是与这一更为高级的生活不相容的。在某些社会,从事贸易被视为对贵位地位的损毁。

我正在谈论的转变颠覆了这些等级制，这个转变把善的生活的位置从某种特定的高级活动的范围中移出,并把它置于“生活”本身之内。现在对完满的人类生活进行定义,一方面根据劳动和生产,另一方面根据婚姻和家庭。同时,以前的“较高级的”活动受到了强有力的批评。

在科学革命的影响下,*theōria*(理性)的理想——通过沉思掌握宇宙秩序——逐渐被看作是徒劳无功和误入歧途的，是一种逃避具体研究之艰辛工作的自以为是的企图。弗兰西斯·培根反复不断强调,传统科学一直以发现事物内部令人满意的全部秩序为己任，而对看清事物是如何运作的却毫不关心:“我发现,即使那些为知识本身,而不是为了利益和卖弄或者生活中任何实际的权限而探寻知识的人，也为他们自己设定了一个错误的标志——即满足(人们称之为真理)而不是操作。”[8]

结果便是他们一直毫无成果，这不仅仅意味着他们没有创造有用

⑥ 见埃里希·奥尔巴赫:《模拟》(Mimesis)(Princeton:Princeton University Press,1953),第134页。

⑦ 我们能在二十世纪找到对汉娜·阿伦特在《人的状况》(The Human Condition)(Chicago:University of Chicago Press,1958) 描绘的古代城邦中荣誉光荣的生活优于单纯生计的生活这一观念的重新阐述。行动生活,涉及主体如何出现在公共场合中,是与单纯的工作、甚至低等的劳动生活相对照的。这儿有一种等级制,我非常想追随阿伦特的主张,现代文化以推翻等级制为基础,尽管我对这个问题的阐述会有某种不同。

⑧ 出自《伟大的复兴》(Valerius Terminus),引自B.法林顿《弗兰西斯·培根》(Francis Bacon)(New York:Lawrence and Wishart,1962),第142页。

的,可实施的技术,而且表示他们提供的知识是华而不实的;因为技术上的收获是真知识的标准。

> 所有符号中,没有比从成果中获得的东西更确定或更高贵的了。因为成果和作品是哲学真理的发起者和担保者。如今,从古希腊人的所有这些体系和它们通过具体科学的分支中,经过这么多年日月穿梭,几乎不能举证出哪怕一个倾向于改善和有益于人类状况的实验,并且实际上找不出任何一个肇始于思辨和哲学理论的实验。⑨

改善人的状况:这是目的。科学不是一种日常生活应该屈从的更高级的活动;相反,科学应使日常生活得到裨益。不以此为目的不仅是一个道德的失败,博爱的欠缺,也是认识论上的一个无可救药的失败。培根确信这一重大错误的根子在自满。旧科学等于“为自然开出法则”:“我们想让所有的事情适合我们的愚昧,而不是符合上帝的智慧,不是它们在自然中被发现的那样。我们把带有我们形象的印章强盖在生命和上帝的作品上,我们没有努力地去寻找、去发现上帝盖在万物上的印迹。”⑩

培根式的革命包括对价值的重估,这一点也是对先前等级制的颠覆,从前被诬蔑为低等的东西,现在被颂扬为标准,并且往昔高级的东 214
西而今被宣判为专横和虚荣。这也涉及职业的重估。在科学的进步方

⑨ 弗兰西斯·培根:《新工具》(Novum Organum),1.73;译自《弗兰西斯·培根:著作选集》(Francis Bacon: A Selection of His Works),西德尼·沃福特编(Toronto:Macmillan,1965),第350—351页。

⑩ 引自法林顿:《弗兰西斯·培根》,第148—149页。

面,低等的手工业者和匠人证明比悠闲的哲学家更有贡献。⑪

实际上，一个走向社会均等的内在趋势暗含在对日常生活的肯定中。现在,善的生活的中心存在于每个人都能参与其中的事项中,而不是存在于少数有闲者才能公平处理的一系列活动中。如果我们看一看那用来反对传统等级观的另一个主要变种——荣誉伦理，它在公民生活中有其根基——的批评,我们就能更好地度量这种社会逆转的范围。荣誉伦理与时代的社会层次，尤其与贵族和平民的区分紧密相关,因此,对之挑战便具有一个重要的社会向度。不过,这并不是即刻自明的。

在接受了科内勒作品中最鼓舞人心的表述之一后，荣誉和光耀的伦理观在十七世纪受到了毁灭性的批评。它的目标被斥责为极度的虚荣和自负,几乎是童稚般傲慢的后果。我们在霍布斯那里发现了这种批评,在帕斯卡尔、拉罗什富柯和莫里哀那里也能看到这一点。但这些作家的否定性论证并不是什么新东西。柏拉图本人就对荣誉伦理观持怀疑态度,认为它只与现象相关联。斯多葛派拒斥它;它被奥古斯丁斥责为美化权力欲，包含着性欲和物欲在内的三位一体的混乱情感之一的libido dominandi(支配欲)。像帕斯卡尔这样一位作家确实重新阐释了奥古斯丁式的毫不妥协的批评。⑫

但是,最终赋予这种批评以社会变化之引擎这样一种历史意义的,是日常生活的新进展。在这个世纪的后期,这一批评被人们所接受并成

---

⑪ 这样,波义耳认为,“与新假设的思辨发明者相比”,“设计者”已给予世界许多更有用的发明,像指南针,思辨家的“沉思目标大部分只是解释自然现象,而不是重构和运用自然现象,无疑,这种创造性运用不仅有效,而且巧妙,因此,不仅益于人类,而且受人喜爱”;《主要哲学论文》(Certain Philosophical Essays)(London,1661),第18页。由于对谦卑的热衷,波义耳把自己描绘成“低等建筑工”(第17页),开创一种新风尚:洛克称自己为“低等劳动者”(《人类理解论》致读者的信,第14页)。

⑫ 阿尔伯特·希尔施曼:《激情和利益》(The Passions and the Interests)(Princeton:Princeton University Press,1976),第9—12页。

为一种新的生活理想的常识,在这种生活理想中,适度和有纪律的生产被赋予核心地位而追求荣誉被斥责为狂躁不羁的自我放纵、蛮横地危及生活中真正有价值的东西。一种新的文明模式出现于十八世纪,在这种模式中商业和营利的生活获得了一个史无前例的积极地位。

正如阿尔伯特·希尔施曼指出的,“温和的贸易”[13](le doux commerce)这一概念是作为文明民族的特征而兴起的。贵族对军事光荣的追求被视为野蛮的破坏,而且它经常被看作海盗式抢劫欲求。与之相比,商业贸易则是一种建设性的和文明的力量,它把人们用和平的方式联系起来并形成“优雅”的德性基础。光荣的伦理观在此遇到了一个关于社会秩序、政治稳定和良好的生活达到充分表述的替代性观念的反对。[14]

这种“资产阶级的”伦理观有明显的均等后果,通过十八世纪及以后的奠基性革命——他们的平等观,普遍权利观,工作伦理观,还有对性爱和家庭的颂扬——没有人能无视这种伦理观在现代自由社会的构 215
建中所扮演的重要角色。我一直称为对日常生活的肯定的东西,是现代认同的另一个重大特征,不只在于它的“资产阶级的”形式:革命思想的主要组成部分也把人提升为生产者,他(她)发现其最高尊严存在于劳动和改造自然的生活服务中。马克思主义是此种理论中最著名的,但并不是惟一的一种。

从其所(部分地)取代的伦理观的角度,我一直在论及的转变往往得到否定性的认同。但此处对我的目的而言,重要的是理解它对日常生活肯定的全新评价。被取代的传统观点与德性之源的观念相关联。这种我

---

⑬ 阿尔伯特·希尔施曼:《激情和利益》(The Passions and the Interests)(Princeton: Princeton University Press,1976),第56—63页。

⑭ 这当然不是事情的结局。荣誉伦理学又一次以不同方式在与公民新兴理想的联系中获得基础,这使其首先在盎格鲁—撒克逊国家,然后是其他地方出现。在某种意义上说,公正地对待这两种善的概念成为那些反思政治和社会发展的人的主要问题,就如人们以不同方式在弗格森、亚当·斯密和美国宪法的制定者那里看到的一样。

们的最高活动是沉思的观念是应世界秩序由至善构造这一思想而生的;荣誉伦理观把热爱名誉和永恒看作伟大行为和典范英勇的根源。两者都能为何者使得他们所至爱的那种好的生活样式确实属于人的较高级的存在形态提供积极的论述。那么日常生活各种各样伦理观相应的论述又是什么呢?

为了明了这一点,我们不得不转向神学的起点。对日常生活的肯定在犹太—基督教精神中可发现其源头。在现代,它所领受的特殊动力来自宗教改革。所有的宗教改革者的共同中心点之一是他们对中世纪的拒斥。按照他们的理解,中世纪教会,作为一个某些较为虔诚的成员能为其他那些不那么虔诚的人们赢得善行和拯救的公共团体,对他们来说不啻是一种诅咒。绝没有较虔诚的或不太虔诚的基督徒这回事:个人的虔敬必须是完全的,反之它一文不值。

对中介的拒斥与他们对中世纪神圣的理解是密不可分的。这源自改革者最基本的原则,也许甚至比只靠信仰而获救更为根本,这个原则就是拯救是上帝的工作。堕落的人完全是孤立无助的,他自己也无能为力。反复强调人类的无助和堕落是为了把上帝的力量和仁慈投入至朴的解救中,上帝能带来完全超出人类能力的拯救,而且要超越所有的正义考虑去营救他的微不足道的创造物。激励人们在三个多世纪里献身于绵延不绝的新教运动(并且甚至到今天仍活跃于某些复兴运动)里的强有力的观念,是全能和仁慈的上帝施为的那种不可言说的拯救,这一拯救与所有有理性的人的希望相悖,并完全无视我们明白无误的背弃。那些深深拥抱这一崭新信念的人被一种压倒一切的敬畏和感激所推
216 动,在特定环境下这成了革命性变化背后的巨大的潜在动力。

这一拯救行动所需要的似乎首当其冲是我们的认可,我们的感激:拯救的事实和它是上帝具有排他性的赠予。人类无论做任何事情都不能获得或产生这一赠予,因此从根本上说来,人们所能做的只是感激。此即何为有信仰。根据改革的神学逻辑,甚至这一区区参与,甚至信仰,

都是上帝的赐予;但与天主教虔诚的善的礼事不同,这种参与建立在我们自身的虚无和我们对上帝的拯救行动毫无贡献这一认识基础之上。

这一信仰似乎要求完全抛弃天主教对神圣的理解，甚而包括对教会和它的中介角色的理解。有着各种圣事尤其是圣坛圣礼的天主教神学——教会被赋予在上帝与人之间行使沟通的权力，哪怕权力控制在邪恶的教士手中——是极可恶的东西。这一问题甚至也不是教士的罪恶,这恰好渲染了问题的症结所在,即这样一个观念,上帝的回应被拘禁、束缚于靠人的能力来践行的行为——弥撒——之中。这整个的神学只能是傲慢与轻蔑地拒绝承认上帝对我们的拯救的惟一和全部之贡献。限制上帝至高无上的无限权威是种自高自大的企图。这样,它与新教所定义为信仰的东西便水火不容。

除了弥撒还有整个神圣观点——有一些专门的地点、时间或行为,在其中上帝的力量得到更强烈的体现并能为人们所接近——在中世纪的天主教中大行其道。因此新教(尤其是加尔文教派)教会清除了朝圣、圣物礼拜、参观圣地及传统天主教的繁文缛节和虔敬的宏大场景。在圣礼遭到冷落的同时，中世纪天主教把教会作为圣事的特定地点和手段的理解也日显奄奄之态。反过来,教会的中介角色便失去了任何意义。

如果教会是各种圣礼的特定地点和媒介，那么我们正好可通过归属和参与其圣事生活的事实得以接近上帝。神恩能通过教会这一媒介传递给我们,我们也可把神恩传递给彼此,就像圣徒的生活丰富了我们所有人依赖的共同生活一样。一旦各种祭拜被抛弃,这种中介形式也被抛弃了。每个人独自与上帝联系：他或她的命运——得救或罚入地狱——是被分别决定的。

祭祀和中介一起被遗弃导致了俗世生活(以往的称谓)地位的提高。这使得一直是中世纪天主教不可或缺之构成部分的修道士这种特殊职 217
业被废弃。发誓过独身生活一向被新教徒和其天主教对手视为天主教会神圣系统经济实惠的一部分。(这一神学上的误解并不减损其社会学真理。)这部分因为教士身份和独身之间的联系,部分又因为在相互传递的经济中的宗教角色:教士和修女为每个人祈祷,正如教徒为所有人劳作、战斗和管理一样。传统的天主教徒和宗教改革者都有这一(错误)观念,这些职业假定了接近神圣的等级,其中宗教生活高于世俗生活或比世俗生活更接近神。通过教会的居间传达,存在着世人依赖于祈祷者生活和修道士放弃世俗生活的强烈意识,但互惠的依赖却未被注意到。结果是给世俗生活尤其是生产劳动和家庭一个较少精神性的地位。

在抛弃祭祀和媒介观念的同时,新教徒也抛弃了这个等级制,这不但因为其基础与信仰是不相容的,而且因为它反对他们所理解的宗教信仰的性质。在中介的拯救不再可能的地方,信徒个人的信奉便成为最重要的东西。因此通过信仰而得救不仅反映了人类行为无足轻重这一
218 神学命题,也反映了个人信奉的极端重要的新意义。人们不再通过自己与维系着圣事生活的更广泛的秩序的联系而属于被拯救者,而是通过人们全心全意的个人信奉而实现得救。修道士特殊职业的授职似乎嘲笑基督教信奉的非媒介性质和全身心投入。基于堕落者,修道士生活的等级制理解盛极一时,我作为俗人似乎只是部分地与我自己的拯救相关:一方面是因为我需要吸取那些更为充分地献身天主教生活的人的美德(通过教会这个中介),另一方面因为在接受较低水平的奉献时,我勉强领受对于信仰的远不充分的信奉。我是通向上帝之旅的教会大船上的一名乘客。但对新教徒来说,不可能有乘客。这是因为没有天主教意义上的船,也没有把人类带向得救的共同运动。每一个信仰者划着他或她自己的小舟。

因此,借助于同一个运动——新教教会通过这个运动抛弃了有利于所有信徒的教士学说的特殊的教士秩序——他们也抛弃了修道士生活这一特殊职业并肯定了世俗生活的精神价值。通过拒绝给任何特殊形式的生活以神圣的特权地位,他们否定了神圣和世俗之间的区别本身,并因此肯定了它们的相互渗透。拒绝给修道士一个特殊的地位也是

对日常生活的一种肯定——把它作为不只是凡俗的，而且是自身神圣的,以及在任何意义上都不是二流的加以肯定。修道士生活的授职被视为是对生产性劳动和家庭生活的精神地位的诽谤，他们的污蔑是其精神发育不良的标志。拒斥禁欲主义是对世俗生活作为完成上帝目的的一个中心位置的再肯定。通过结束僧侣生活并娶昔日的修女为妻,路德为他们的突破在自己的生活上打下了一个印记。

对我的目的而言,重要的是这个积极的方面,对基督教生存完满的肯定要在人的职业、婚姻和家庭这些生活活动中来找寻。对日常生活的肯定的整个现代发展进程,我相信,在所有方面都预示和激荡于新教改革者的献身活动中。对生产和再生产的积极评价与拒斥神圣权威、更高级职业的反等级制的结果发挥着同样大的作用。

第二节

当然,对日常生活这一崭新、激进的价值重估的基础是犹太—基督教—伊斯兰教宗教传统的最基本观点之一——作为创造者的上帝自己肯定了生活与存在,《创世记》的第一章以重复的短语表达到:“神看着是好的”。从事某一行业的生活可能是完满的基督教生活,因为它可以被视为参与了上帝的这种肯定。当然,在这种意义上宗教改革者们只不过从天主教的古老命题中得出了激进的结论。毕竟是修道士本人首倡劳作中的祈祷生活这样一种观点。

但是,犹太—基督教肯定生活的这一规定,时常从人们的视野中消失。特别是,它与古代异教徒哲学的对照往往被人们遗忘。基督教,尤其是在其更带禁欲色彩的变种中，从某种意义上表现为斯多葛主义的衍续,或者(像尼采有时说的)是柏拉图主义的延展。但是纵然与斯多葛主义有太多的酷似之处——例如,在其整体主义中,在其天命观中,在其标榜的自我克制中——但它们之间仍存在一个巨大的鸿沟。事实上,自我克制的意义是根本不同的。斯多葛派哲人愿意放弃某些“喜好的”东西,例如,健康、自由或生命,因为他毫无伪饰地视之为没有价值的,因为只有事件的整个秩序——就如发生的那样,包括其否定或丧失——才是有价值的。基督教殉道者在放弃健康、自由或生命时并没有宣称它们是没有价值的。相反,如果它们没有巨大的价值,这种行为会失去其意义。比如说,没有比一个人为他的朋友牺牲生命更为伟大的爱了,这句话暗含着生命是一种伟大的善的意思。如果某人从超然的意义上放
219 弃生命,这个句子就会失去其意义;它预设了他要放弃某种东西。

犹太—基督教殉道观的核心是某人为了追随上帝而放弃一个好东西。上帝所要做的是使生活神圣化。上帝首先称以色列人为“圣洁的国民”(《出埃及记》19:6)。生活的神圣与其完满不是对立的,相反,它们是统一的。因此,殉道的实质是强烈的损失感。只是因为世上的罪恶和混乱,它才成为必需的:例如,因为尼布甲尼撒或安条克四世要求以色列人崇拜偶像或用其他方式违犯《圣经》。或者,来看一个典型的基督徒事例,基督的传教导致他被钉死在十字架上,这是世间罪恶的结果,是彻底的黑暗的后果。在恢复上帝授予的秩序中,善不需要被永远地牺牲掉。犹太教和基督教的末世学都承诺,上帝将恢复善的完整性。

当然,这是使得耶稣之死的故事如此不同于苏格拉底之死的地方,无论把他们置于多么平列的地位。苏格拉底努力向他的朋友们证明他没有失去任何有价值的东西,他正获得伟大的善。在他让克里图偿付他欠阿斯克里波[15]一只公鸡的债的最后请求中,他似乎暗示了生命是疾病,死亡是良药(阿斯克里波是人们为得到痊愈而酬劳他的医神)。苏格拉底是贻然不躁的。在花园中,耶稣遭受灵魂的煎熬,并在十字架上陷入绝望,当他大喊:“为什么遗弃我?”时,看不出其情感是沉静和无忧的。

---

⑮ 《斐多篇》(Phaedo),118A。

斯多葛派与基督教的舍弃之间的巨大区别是这样的：对斯多葛派来说，如果被放弃的东西是被正当地放弃的，那么根据这一事实，被放弃的东西则不是善的组成部分。对基督教来说，被放弃的东西则被肯定为善——既是在如果事物是无关紧要的，放弃会失去其意义的意思上，又是在放弃是上帝的恰好肯定了所放弃的事物（健康、自由和生命）的善性之意志的发展这一意思上。矛盾的是，基督教的放弃是对所放弃的东西的善性的肯定。对斯多葛派来说，健康、自由和生命的损失并不影响善的完整。相反，损失是整体的部分，这个整体整个都是善的，并且在整体没有缺损的情况下，它不会被改变。吸引斯多葛派的影子，它之所以需要是可以用来衬托光的辉煌。然而，根据基督教的观点，损失是整体善的缺口。这就是为什么基督教要求一个完整性的恢复的末世论观点的原因，尽管对此有各种各样的理解。

这种对比往往被人们忽视。这是因为基督教的图景并不只是取代了古代的图景，而是进入一种合作关系，这种合作导致一种融合，或者毋宁说许多可选择观点的融合，其中奥古斯丁教义和托马斯主义是西方基督教中两个最著名、最有影响力的。存在着支持融合的强劲的理 220
由，最强有力的是柏拉图的善的理念——奥古斯丁把它确立为西方中世纪文化的关联点。柏拉图还为把所有存在都看作善提供了一个辩护，而且这有助于奥古斯丁超越他的摩尼教徒阶段。

根据柏拉图的理念秩序，对事物的善的解读——我们将之归功于希腊教父，也归功于奥古斯丁——是有助于形成西方文明的最有影响和最重要的综合之一——，其作用类似于伊斯兰教和犹太教思想家们的融合，而且事实上在后来的阶段中，也受到了这一融合的影响。柏拉图《蒂迈欧篇》中的创世故事促进了这一融合的产生，并且这一融合在强劲而又广泛复兴了的万物是上帝的印迹、是他的理念的体现的思想中更为昌明。通过这一融合，几个世纪以来，一个实体逻各斯思想一直嵌于基督教神学的中心，以致对许多现代人来说，似乎不能把对这一观念的挑战与无神论区别开来。

自然地,这一综合却也一直是基督教文明中紧张、争论最后是痛苦的分裂之所在。唯名论者和后来的宗教改革家反对宇宙秩序的观念,和其他许多人所做的一样,他们最为关心的是捍卫作为造物主和保护者的上帝的统治权。斯多葛派的基本神正论否认痛苦和损失是善的秩序必要而有机的组成部分。这种神正论总是悄然回归(例如在莱布尼茨那里),并且也总遭到激烈的反对,就像在康德那里一样,而克尔凯郭尔的反对则更为尖刻。

保罗式的灵肉对立不断地被柏拉图哲学派生出来的精神与物体的对立与其主旨脱离开来而与后者相一致。在这方面,奥古斯丁是“首恶”之一,而许多其他的人,同样地心照不宣。最著名的是笛卡尔及受其影响的整个唯理论和经验论派别。并且这种心照不宣也经常遭到反对。过一会儿,我们将要读到一个清教传道士威廉·珀金斯的例子。

对灵/肉对立的柏拉图式的解读也证明了某种等级观念的合理性,它与前基督教的出世观念一起,有助于确信一种“更高级的”禁欲的天职。这是对修道士天职的歪曲看法,因为完满的基督徒生活与俗世状态相比只付出了一半的努力,宗教改革家们所反对的正是这一点。修道士生活被他们看作是加在世俗生活之上的污点,而根据基督教教义,其意义本应是对世俗生活价值的肯定。很明显,这种错误看法不只在甚至说基本上不在改革者一边。就像其他批评家——如爱拉斯谟,所证明的一样,禁欲主义本身是一种糟糕的方式。

221 新教改革在某些方面也涉及对这一综合的挑战。结果,基督教信仰的某些起初是潜在性的东西——在古代形而上学和道德学的混合物中,它往往被中立化——得到了发展。在这里,关键的潜能不是像以往那样把生活的神圣看作只发生在其限度内的事物,而应看作是能渗入世俗生活全部范围的一种变化。在现时代的开端,在法律完全渗透于日常生活方式的细节中的法利赛人的生活方式观念中,[16]或许对在更为广阔的传统中的这一潜能的第一次重要的实现是在拉比的犹太教里。但是,新教改革给基督教世界中史无前例的这样一种精神形式带来扩展。

这种潜能一旦实现了,它就显示出其生机。换句话说,它的影响会在新教的欧洲界限之外被感受到,而且并不必定会最强烈地局限于这些界限之内。在天主教国家中,后来也在世俗化的变种中,都可以感觉到它。它的影响较大,这在于它很好地与福音的反等级制立场相吻合。日常生活完整的神圣性不可能与等级制观念并存,这种对立首先表现在天职上,以后甚至表现在社会地位上。无论精神的还是世俗的世界秩序的福音观念在上帝的王国中被颠倒了,上帝的子孙的愚蠢比智者的智慧更强有力,它的影响力表现为怀疑以往的优异性概念和肯定日常生活的新精神地位。

对于包含精神目的的日常生活来说,它当然不得不受上帝的目的的引导,最终达到上帝的荣耀。当然这意味着,一个人实现上帝为生活所设的目的,避免犯罪、放荡,以及各种过分行为。而且它也意味着一个人为上帝活着。罪恶使人偏离这一最终目的。

上帝把人置于创造物之上,并使世上的万物为人所用。不过,人类应反过来服侍和赞美上帝,他们对创造物的使用应服务于这个最终目标。原罪的结果是人们逐渐地不是为了上帝的缘故而是为了他们自身的缘故来关心这些事物。他们开始企望把自己作为目的,而不再单纯作为上帝的目的的工具。这就颠倒了事物的整个秩序。人类被设定要把其余的创造物带回上帝。但是当他们转向创造物本身作为目的时,人类和创造物就都被抛离了他们与造物主的正确关系。
这种基本上是奥古斯丁的观念,对清教思想来说是至关重要的。

---

⑯ 见拉比·约瑟夫·B.索洛维切克:《哈拉卡人》(Halakbic Man),劳伦斯·卡普兰译[费城:美国犹太文出版协会(Jewish Publication Society of America),1983],第1编,第8节,在那儿,索洛维切克把“哈拉卡人”和“宗教人”做比较,强调前者关注使人们生活于神圣世界中。

> 人类最初有一个帝国，并且统治着下面这些动物……但原罪改变了这一法则，并给大地带来了混乱。人类被废黜，变成了本被创造来服务于他的那些东西的侍者和奴隶，他把那些东西放在心中，而把上帝置于脚下。[17]

222

这打乱了创造物："人类居于上帝和生物之间，以全部的永恒性传递着善，因此，当人断裂时，天国与大地化为碎片，通道崩溃并被取代，任何来自圣泉的传达都没有了。"[18]随神恩而来的再生恢复了正确的秩序。人类从面向物转向回到上帝。但是，特别要加以强调的是，这并不意味着过传统意义上的禁欲主义生活。人要享用上帝赋予他们的事物——仅仅是享受必须分有某种精神。我们应当在与事物保持距离的同时享用它们。我们应当在我们的"吃和喝，睡和消遣"[19]中寻求上帝的福音。

因此，为了在上帝的秩序中各就其位，人不得不避免两个相反的偏离，他们必须摒弃修道士弃绝这个世界的事物——财产和婚姻——的错误，因为这等于藐视上帝的赐予，相反，他们应该通过虔诚的享用把这一赐予带还给他。"上帝给我们世间的事物以享用……我们应当因此吸吮它们的甘甜，并因此缓解我们对它们的渴望，所以，我们不能贪得无厌地渴求更多。"[20]而且，禁欲主义不仅是对上帝计划的背离，而且是骄傲的结果，出于我们自以为能对我们的再生有贡献的傲慢，典型的罗

---

⑰ 引自尤连·奥克斯：《适宜的话语》(A Seasonable Discourse)，载E.S.摩尔根的《清教徒家庭》(The Puritan Family)(New York：Norton，1966)，第14页。

⑱ 引自托马斯·胡克：《赎罪的申请》(The Application of Redemption)，载摩尔根的《清教徒的家庭》(The Puritan Family)，第14页。

⑲ 引自摩尔根的《清教徒家庭》第16页中托马斯·里德毕特的训诫。

⑳ 引自培里·米勒的《新英格兰精神：十七世纪》(The New England Mind：The Seventeenth Century)(Cambridge，Mass：Harvard University Press，1967)，第41页。

马天主教的傲慢。[21]

另一个错误是陷入事物中，把它们当作我们的目的，当“我们全然不提及上帝的福音，我们自身的和其他永恒的善以及福祉时，这种错误就发生了”。[22]清教布道者不断地重复，不是对事物的享用带来罪恶，而是我们享用它们的偏悖的目的带来罪恶。“然而，我们应该知道，不是单纯的尘世，而是对尘世的爱使我们的心脱离上帝和善。”[23]或者以另一种方式来说明同一观点，我们应当爱此世之物，但是，我们的爱应当透过它们到达它们的创造者。“主不禁止给兽或造物以仁慈或爱，但他不会让你的爱终止在它们那儿。”[24]在尘世成为主宰的地方，一切都被歪曲了：“如果尘世攫取了心灵，它使我们对上帝、对人无义，使我们不忠诚于我们的职业，并且对信仰本身无信义。因此，努力让事物在其自己的位置上，在你的脚下……努力……认识到尘世是你应当厌恶的东西。”[25]我们必须在一种意义上爱世界，而在另一种意义上憎恨它，这就是被韦伯称为清教徒的“入世的禁欲主义”[26]的东西的实质。对作为原罪结果的陷于外物的回应，不是放弃，而是某种享用，即漠视事物并专注于上帝。

㉑ 这样，威廉·珀金斯把“天主教的誓约”攻击为“纯粹的意志崇拜”；引自约翰·邓恩的《约翰·洛克的政治思想》(The Political Thought of John Locke)(Cambridge:Cambridge University Press,1969)，第224页，注2。

㉒ 罗宾逊，引自查尔斯·H. 乔治和凯瑟琳·乔治《英国宗教改革的新教精神》(The Protestant Mind of the English Reformation)(Princeton:Princeton University Press,1961)，第124页。

㉓ 引自理查德·西布斯：《圣徒的至诚》(The Saints Cordials)(1637)，同上，第124—125页。

㉔ 因克雷斯·马瑟，引自米勒《新英格兰精神》(New England Mind)，第42页。

㉕ 理查德·西布斯，引自乔治和乔治：《新教精神》，第125页。

㉖ 马克斯·韦伯：《新教伦理和资本主义精神》(The Protestant Ethic and the Spirit of Capitalism)，泰克特·帕森斯译(New York:Scribner,1958)，第170—171页。

它是一种关爱，却又不是关爱——其自相矛盾的性质出自我们应当“断绝感情”地去使用万物的清教观念。利用万物，“但是不和它们结合，而
223 如此地与它们断绝，你就可以像你不曾享用过它们那样来享用它们。”[27]

这不是一种低于直接弃绝的二流的解决办法：圣保罗似乎暗示了这点，他说：“结婚比欲火焚心好”，并且“我对未婚者说，……‘如果他们甚至和我一样忍受，就是善的’”（《哥林多前书》7:8—9）。确切地说，断绝情感地享用万物是恢复正常秩序的惟一手法。禁欲主义必须处于日常生活实践的范围之内。

这样，日常生活就是神圣的。然而，这并不是以天主教传统的方式，将它与教会的神圣生活联系起来；毋宁说，它发生在生活本身之内，即必须以诚挚又超然的方式生活。结婚和职业不是任意挑选的额外品；它们是生活的实质，我们应当有目的地把我们自己投入其中。不过，我们的心却应当始终在别处。

> 另一种德性混合物奇怪地混杂在每一个活生生的圣洁的基督教信徒身上，即世俗事物中的勤奋，以及对事物的漠然；这种无人能觉察的神秘性，他们却认识到了。对要[抓住]一切机会做事的人来说，无论如何激励自己，为利益努力，迟早会失去机会。他在职业中极其勤奋地工作将是这样的：成为一个对尘世死心的人……尽管他在其职位上勤奋工作，然而，他的心并不在这些事物上。[28]

这样，我们能够弄明白十分严肃的清教职业观。除了做个有信的基督徒的一般职业外，每一个人都有一个特殊的职业，这是上帝号召他或她从事的特殊劳动形式。在天主教文化中，词语“天职”经常出现与教士

㉗ 因克雷斯·马瑟，引自米勒《新英格兰精神》，第42页。

㉘ 约翰·科顿，引自米勒《新英格兰精神》，第42—43页。

或修道士生活的联系中，对清教徒来说，如果它有益于人类并且是由上帝责成使用的，那么最卑微的工作也是一种职业。在这个意义上，所有的职业都是平等的，无论它们在社会等级中的位置怎样，或者在我们所认为的人类能力的等级制中的位置怎样。正如约翰·多德所说：

> 不管我们的职业是什么，我们都在其中为主基督服务……尽管你的工作是低微的，然而，在其中为这一主人服务不是一件低微的事情。他们是最有价值的侍者，无论他们的行当是什么，都要尽职尽责地为主服务，是主把他们置于他分配给他们的职业中的。㉙

约瑟夫·霍尔实质上表达了相同的看法：

> 我们在诚实的职业中所做的最朴实的服务，尽管只是犁耕或者挖掘，如果顺从地工作，并且意识到上帝的圣训，就会获得最大的奖赏；而最好的工作(布道祈祷提供福音教派的献祭)，如果没有对上帝的命令和福音的关心，就会受到诅咒。上帝喜爱副词；不关心多么善，而关心如何善。㉚ 224

霍尔抓住了隐含在对世俗的肯定中的价值转换的实质。最高级的生活不再受一种被抬升的活动的界定；它完全取决于人的精神，用这样的精

㉙ 约翰·多德，引自乔治和乔治：《新教精神》，第130页。

㉚ 约瑟夫·霍尔，引自乔治和乔治《新教精神》，第139页注。威廉·珀金斯也提出相同的观点：“每一职业的工作，如果它们是以神圣的方式进行的，在信仰和服从中完成，高贵地服务于上帝的福音，这样的职业永远不会是低级的……职业的卑微并不降低这项工作的善：上帝不查看工作的优异，而是查看工作者的心灵。如我所说，在上帝面前，牧羊人牧羊的行为和法官宣判、地方行政长官的治理或牧师的布道行为一样好”；乔治和乔治：《新教精神》，第138页。

神，一个人过他所过的生活——无论是什么样的生活，即使最庸俗的存在。

珀金斯用令人震惊的直率处理了他的听众的等级偏见：

> 假如我们拿工作与工作比较，洗盘子和宣讲圣言之间有区别：但是就触及取悦上帝这一点来说，二者根本没有区别……正如圣经所称，他有不能被精神更新和不能重生于基督肉体中的肉欲，他的所有工作也是如此……无论他做什么，无论它们看起来是多么精神性的并且从未如此多地遵循上帝的律令。这样恰恰相反，他有重生于基督内的精神性，并且他的所有的源于信仰的工作看起来绝没有那么世俗……是的，婚姻大事是纯洁而神圣的……在上帝的律令范围内，无论做什么，尽管由身体作业，就像擦皮鞋这样的事一样，无论表面看来他们多么粗俗，但是，它们仍是神圣的。[31]

珀金斯在这一段明显的是要给人以震动，这样做是为了让人接纳日常生活神圣化这一教义。

这样，一种职业中的劳动是一种精神上严肃的事，是我们不应只断断续续地，而应热切地、坚持不懈地献身的事情。清教徒劝诫他们的听众力戒游手好闲。部分原因在于游手好闲滋生诱惑。“没有在诚实劳动中受过训练的心灵往往自惹烦恼。”[32]“游手好闲者的大脑很快就会成为恶魔的工作室。”[33]不过，这不是惟一的理由。或者确切地说，这是一个积

---

[31] 引自威廉·珀金斯：《工作》(Works)，载乔治和乔治：《新教精神》，第139页。

[32] 理查德·西布斯，引自威廉·海勒《清教的兴起》(The Rise of Puritanism)(New York：Harper，1939)，第161页。

[33] 引自约翰·多德和罗伯特·克莱沃：《家庭管理》(Household Government)，载迈克尔·瓦尔策：《圣徒的革命》(The Revolution of the Saints)(Cambridge，Mass：Harvard University Press，1965)，第216页。

极原因的否定方面，在很大程度上，神圣是通过这样的工作产生的。

对罗伯特·桑德森来说，上帝给我们每个人的礼物就是他的精神在我们身上的显现。它们强加了使用它们的责任。

> 这种精神的显现……强加给每个人以一种职业的必要性……哦，起来，干活；你为什么整天站着无所事事?……在教堂里，他只能称自己为基督徒而不是别的什么人，他确实工作但也僭越了它。如果你说你是身体的附属品，那么我要问：身体的功能是什么?……假如你有得到一份职业的天赐。[34] 225

但是，如果动机是错的，所有这些事在精神上将毫无裨益。目的必须是为了服侍上帝。这具体意味着什么呢?从否定方面来说，人从事工作应当主要不是为了一些别的，只与自身相关的目的。“他们利用他们的生命和职业去获得荣誉、快乐、利益和世俗的日用品等，从而亵渎了生命和职业，因为这样，我们就为了另一个目的而生活，而不是为了上帝选定的目的，这样，结果是，我们为自己服务，而不是为了上帝，为了人类。”[35]正如霍尔所说，

> 基督徒履行其职业中的这些事务是出于一种自愿和自我满足的勤奋，不是因为受到人类律令的必然性的迫使，或者因为受必然规律的促使，出于……需要的恐惧；也不是相反地出于自己对丰富财产的强烈愿望，而是出于对上帝的发自内心的服从，上帝使得人劳动就像火焰向高处飞腾一样。[36]

㉞ 引自罗伯特·桑德森：《训诫》(Sermons)，载乔治和乔治《新教精神》，第130—131页。

㉟ 威廉·珀金斯：载乔治和乔治《新教精神》，第136页。

㊱ 约瑟夫·霍尔，引自同上书。

与此相伴的是我们只能有节制地享受我们的劳动果实，意识到我们需要这些果实是为了活着并继续做上帝的工作,不过,不允许它们因其自身而具有重要性,不允许它们超越上帝指定给它们的工具性意义。

从积极意义上说,它意味着我们把我们的生活目的看作是“在我们为人们服务的职业劳动中为上帝服务。”[37]这个复杂句式的中间的短语提醒我们,任何一个正当职业的特征是它要有益于人类。珀金斯的职业定义是“一种生活,由上帝规定并强加于人之上,目的是共同的善。”[38]这一学说的神学背景是,正如我们所见,造物主关注创造物的保存。人在万物之中采用规定的手段保护自己的存在,是为上帝的目的服务。这并不意味着号召我们以我们自己为代价保存他人;不存在弃世问题。更确切地说,我们被号召既服务于我们自己,也为其他东西服务,因为人和上帝的创造物是平等的。

除此之外,我们的工作必须是我们更完全地献身于上帝的机会。珀金斯坚持认为无论是普通职业还是特殊职业都“必定给人快乐,就像一个活生生的人的肉体和灵魂都愉悦一样。”[39]对罗伯特·博尔顿来说,基督徒应该“以神圣的思想去做他的职业事务,增加乐趣,并以习惯的祈祷使之神圣化……孕育神圣的事情和节制。”[40]

在此，我们理解了韦伯关于清教是资本主义培育基地这一主题思想的基础。韦伯认为清教的职业观有助于培养这样一种生活方式,它重视组织化、理性化和纪律化的工作,伴随着消费上的节约习惯,这一生
226 活方式大大促进了工业资本主义培育。对这一论点的后半部分可能会

---

[37] 约瑟夫·霍尔,引自乔治和乔治《新教精神》,第136页。

[38] 威廉·珀金斯,引自同上书,第128页;着重号为引者所加。

[39] 珀金斯,引自同上书,第136页。

[40] 罗伯特·博尔顿,引自同上书,第136页。

有许多争论，即关于这一新的工作文化在资本家和他们的工人间的传播程度,或它对资本主义的发展是不是必不可少的。不过,这一主张的前半部分看来构建得很好。这种强调持续、有组织的工作——这种工作是有益于人们并因此应当是有效率的，它鼓励在享受成果中要冷静和节制——的精神性观念确实应当被视为现代资本主义文化工作伦理的重要的、有影响力的因素之一,至少在盎格鲁—撒克逊世界中是如此。

使日常生活神圣化的清教思想,对他们理解婚姻有类似的结果。一方面，婚姻因其自身的缘故具有一种新的精神性意义和价值；另一方面,它也必须永远不把自身变成目的,而是服务于上帝的荣耀。

关于第一点,婚姻生活的恢复开始于最先的改革者,他们拒绝禁欲主义。我前面已提到路德与昔日的修女成婚。在他一五四九年的祈祷文中，大主教克兰麦为结婚的两条传统理由又加上了第三条，即避免私通,生育合法婚姻产生的孩子。这条新理由是“在互助的社会中,一个人应该在幸福和苦难中拥有另一个人的帮助和安抚。”[41]和清教主义一起，这发展成为关于婚姻关系及其所包含的爱和友谊的内在精神价值的一种强调。丈夫与妻子应彼此相爱,这是上帝的意愿。本杰明·瓦兹沃斯是一位美国牧师,他认为配偶“应该努力使他们对彼此的感情真切、热诚、亲密无间。”否则,上帝的律令就被破坏了。因为“无可反驳的权威,伟大的上帝的直接命令,要求丈夫和妻子彼此具有并表示真正伟大的情感、爱和热情。”[42]婚恋神圣的新意义甚至导致某些夸大的描述,例如,杰里米·泰勒宣布“婚姻的爱要纯洁如光,神圣如一个庙宇,长久如世界。”[43]

但是同时,这种爱不应仅仅集中在自身;它不能以我们对上帝的爱作代价。如果我们在任何造物中获得太多的快乐，约翰·科顿警告说：

---

[41] 劳伦斯·斯通:《英国的家庭、性和婚姻1500—1800》(The Family, Sex and Marriage in England)(London: Weidenfeld, 1977),第136页。

[42] 同上书,第136—137页;摩尔根《清教徒家庭》,第48页。

[43] 斯通:《家庭》,第137页。

“假如我们过分地喜欢丈夫、妻子和孩子”，它就会“使人麻木并模糊心灵之光。”丈夫和妻子忘记了他们的创造者，当他们“如此激动于情感”时，他们“便没有了比婚姻本身更高的目标。”所要求的是“诸如娶妻，照
227 看她们不是为了自己的目的，而是更好地适于为上帝服务，使他们更靠近上帝。”[44]因此，我们也必须克制我们的感情，我们应牢记，婚姻结束于死亡。

很明显，清教信仰的这一方面也已经对现代文化的发展有了重大的影响。它对这一文化的主要特征是有贡献的，我们在十七世纪晚期的英国和美国的一种新的同居观念的发展中看到这一点，反过来它又是我们对婚姻和性爱的整个当代理解的先声。我会在下面回到这一点。

第三节

我一直在讨论英国和美国的新教运动的清教部分。我这样做的理由是，这些教会发展了一种我一直称为日常生活的肯定这样东西的特别强烈而又激进的版本，而这反过来产生了现代文化的中心观念之一。最伟大的清教诗人对这一观念作了精炼的阐述：

> 对我们日常生活的了解是最大的智慧。[45]

但清教明显有其他的线索，如欧洲大陆各种加尔文教派，甚至远一点的路德教派，更不用说德国的再洗礼教派，它们要么没有发展出对职业和婚姻的相同教义，要么以不同的侧重和强度发展这种观念。

我决不是想暗示，加尔文教是人们基于改革的基本原则可能行得

[44] 约翰·科顿，引自摩尔根《清教徒家庭》，第48页。

[45] 密尔顿：《失乐园》第8卷第2章，第192—194行。

通的惟一方向:拯救行为只属于上帝,因信称义(justification by faith)要求一种全心全意的个人虔敬。我也不是想说,在加尔文主义范围内,盎格鲁—撒克逊清教是惟一的逻辑发展。相反,加尔文派教徒有特殊的地方,清教徒更特别;这值得提出来,因为它也对现代文化有强大的影响。

加尔文主义是根据一种军事行动主义区别出来的，它是重组教会和世俗的动力。这是它与路德主义的明显差别。它对因信称义的中心教义和承诺——这要求考虑更短时光的外在形式，并也重视关键问题——的反应同个人对灵魂和上帝关系的关注同样有效。拒绝天主教的神圣能导致支持内部承诺的外部仪式的相对论。有许多可以行进在这条路线上的支流,其中一些导致反律法主义、宗教宽容和自由主义 228
(宗教信仰上的)或者灵光教义。这些激进理论中的某些理论再次出现在英国清教传统内,造成了正统加尔文派的恐慌。但是这种精神以一种节制的方式使得地位确立的路德教派没有异议地接受了各种各样的教会秩序——不管是主教统治还是非主教统治，并保留了大量的传统天主教仪式。

加尔文主义所遵循的路线是非常不同的。它处处坚持沿着新神学指明的路线重组教会;而且这些路线(即使)越过国境线也非常一致,直到十七世纪英国清教内部的大战。它为生活在教会规范下的人普遍地追求更多的、更深远的行为规则。加尔文派运动渴望建立一种新型的、恰当的事物秩序。

评论家经常感到,这是个悖论:一个如此坚决地相信依靠信仰和命定而得救的教会产生了如此强劲的革命的行动主义，仿佛命定论信仰逻辑上只应产生宿命论的静寂主义。然而,加尔文的行动主义不是真正的自相矛盾,甚至也不难以理解。实际上,如果行动主义只为那些生活被重新安排的人**带来**得救,那么它就是自相矛盾了。但那会是一个荒谬而渎神的目标。

正如加尔文在其对《罗马书》的评注中所写的,一个基督教牧师的责任是“通过促使人们服从福音可以说使他们献身于上帝。”不是“像罗马天主教徒迄今一直骄傲地鼓吹的，通过奉献耶稣基督使人们顺从上帝。”[46]换句话说，虽然人们对修复秩序无能为力，但顺从的人们感到修复事物的混乱，按上帝的计划把它们位置放正的迫切需要。他在这一方向上的愿望和努力只是上帝驯服他的行为的结果；它们是他新生的结果。实际上，这就是完全源于这种新生的东西。对加尔文派教徒来说，很显然完全新生的人首先是在罪恶的、混乱的世界中对得罪上帝感到害怕；因此，他最重要的目标之一将是置正秩序、清除人类的混乱，或至少平息对上帝可怕的、不断的冒犯。

这就是为什么加尔文派的教会秩序不存在矛盾的原因，这种秩序力图控制行为，甚至是那些不能获得新生者的行为。如果这一目标会影响他们的得救，这当然就是毫无意义的。没有任何东西能够挽救那些注定被罚入地狱的人。但这不是目的，目的就是与上帝总是厌恶的混乱作斗争。

229 这是巨大的革命能量的源泉，它以在欧洲许多国家中激起的叛乱或民众暴动而告终，它在英国发动了一场内战，产生了对国王的死刑判决，产生一种新的教会和政治秩序计划，更不用说它在美国殖民地的后果。

迈克尔·瓦尔策的论证确实是正确的，尤其在加尔文派的新教派系中，改革的驱动动机之一是对失序的恐惧：一种是社会混乱，其中无纪律的人、失业的人、居无定所的穷人、底层的流氓、乞丐和懒汉不断对社会安定造成威胁；另一种是个人失范，放纵的欲望和放荡的行为使生活的所有原则和稳定成为不可能；以及两种混乱的结合和它们彼此依赖的方式。

所需要的首先是个人的纪律：个人能够控制他们自身并能对其生

---

[46] 引自瓦尔策：《革命》，第24—25页。

命负责;然后是以这些人们为基础的社会秩序。这就为在某一职业中必不可少的不停劳作给出了另一个理由。那些致力于此的人“安排好了道路”;他们相互依赖。他们能形成稳定的社会秩序的基础。[47]而且,这样的个体形成的社会秩序日益被视为是以契约为基础的。因为它是通过个人承诺采纳了一种原则并选定了相同方式的生活之路的那些人的秩序。自愿赞同的契约越来越被看作是人们之间的惟一正确的纽带。

这是清教在现代文化中扮演基本角色的另一个有很好的文献证明的地方。但其初衷根本不是趋向民主,而是趋向一种精英统治。神圣的、有纪律的人应该通过协议统治自身,统治那些不能获得新生的人——如果需要的话,则靠武力。教会的适当的秩序是“上帝留给教会的秩序,人们在那里通过相互的教导和劝告,通过纠正和惩罚所有任性的人和藐视上帝的人,学会了规范他们的意志并根据上帝的律法行事。”[48]圣徒们控制自身,他们彼此劝告,但他们强制地统治不敬神的人。

这有助于缓解关于加尔文主义,尤其是关于清教的另一件特别的事情:它与古犹太教之间强烈的密切关系(这产生了在这一派神学所支配的社会中大大削弱反犹太主义这样一个幸运后果)。在源于集中关注从《使徒书》到《罗马书》的信仰方面,连同它为着靠信仰得救而抛弃靠律令得救的革命性主题,这看起来是自相矛盾的。从犹太教的践行中,不管是在古代以色列还是在现代,进一步引申出什么来呢?

人们一旦看到,对清教徒来说,律令根本不是为了得救,矛盾就再 230
一次消失了。作为一个民族,他们感到由上帝的律令规定,恰恰像《旧约

---

[47] 引自瓦尔第:《革命》,第213页。在此,我们能看到加尔文派多么好地融合了新斯多葛派精神,在新斯多葛派那里,严格的个人原则与有目的的、建设性的社会重组相联系。在新的军事方法和纪律中,这一精神的首要后果发生在奥伦治的威廉领导的荷兰对西班牙的反叛中,这并非偶然。见前,第九章。

[48] 引自约翰·菲尔德和托马斯·威尔科克斯:《对议会的劝告》(An Admonition to Parliament),载瓦尔策的《革命》,第220页。

全书》描写的民族一样,都是因为他们强烈地感到要迫切地修复世间的混乱。他们的命定神学告诉他们,上帝的选民是一些从有罪的众生中营救出来的人。这样,他们可能感到像一个被围困和准备作战的民族——正如古犹太人曾是的那样,他们可能找到在《旧约全书》中最终实现的天启、希望和诺言。这一思想灰暗的一面也使他们能麻木、残酷地对待那些被规定为站在圈外的人。当这种社团依靠一个种族界限来生存时,这一缺陷就变成了灾难性的。但是认同为服从上帝律令的选民,是一种巨大力量的根源。

第四节

工作和日常生活的清教神学为科学革命提供了一个适宜的环境。实际上,培根的许多看法起源于清教背景。清教为培根的观点提供的支持经常被人说长道短。[49]培根的纲领于十七世纪四十年代开始得到广泛的支持。人们不难看出这种自发的结盟的充分理由。培根的科学和清教的神学倡导者们,在看待他们自己与经验和传统的关系的方式上有着深刻的相似性。两者都把自己看作是对只依赖其错误的传统权威的反叛,是对被忽略了的源头的回归:一方面是基督教《圣经》,另一方面是经验的现实。两者都求助于他们看作与死去的公认教条相对的活生生的经验的东西——个人的皈依和承诺的经验,或者直接观察自然活动的经验。人们甚至可以说,与这两个反叛者相对立的示范性的权威是同一个人。亚里士多德既被看作传统物理学和医学之父(和盖伦一起),又被看作经院神学家的哲学导师。

---

[49] 见克里斯托弗·希尔:《英国革命的理性起源》(Intellectual Origins of the English Revolution) (Oxford:Clarendon Press,1965);R.F.琼斯:《古代人和现代人》(Ancients and Moderns)(New York:Dover,1982)。

后来成为议会军队中的牧师的约翰·韦伯斯特接受了培根的科学必须用来为人类造福这一论点:“自然科学确实有一个比停留在沉思、抽象概念、心灵活动和口头争论中更为高尚的卓越的和最终的目的”;它应服务于“不仅认识因果关系中的自然之力,而且更进一步地利用它们——用作普遍的善和人类的利益,特别是用作保护和恢复人的健康,以及那些对人非常有用的物种的保护。”[50]在这一段落,我们看到了培根的双重论题:旧科学在认识力上是无用的(目标只在于思辨的、口头的、不可解决的争论),并且它已经开始无视它的促进仁慈事业的恰当的、道德的目的。

正如克里斯托弗·希尔所论证的,[51]对于为什么被新神学所吸引的 231
人们受到了新科学的感染这个问题,有着社会的原因。这些人一般是中产阶级。我们看到他们普遍觉得,他们寻求的秩序既受到有土地的阶级中无纪律的人的威胁,又受到飘忽不定的下层乞丐和流浪汉的威胁。这种新信仰在手工艺者、商人和小地主中更加强烈。这些阶层正发展一种新的自信和自立,它既鼓舞个人承诺的新宗教,又为这种宗教所巩固。这是为十七世纪四十年代国内战争打下基础的因素之一。

但是,这些社会发展为新科学创造了新听众。培根式的革命把科学的中心目的从沉思转变为生产性效益。但同时和不可避免的是,它是向社会评价的等级制的反抗所作的一个转变,它支持生产性的手工业阶层——这个阶层反对那些以悠闲而自傲的阶层。新科学赋予在手工艺中弄脏的双手以一个新的尊贵标志。在该世纪晚期,波义耳和洛克骄傲地(也许有点不真诚地)把自己形容为“下层建筑者”和“下层劳动者”。哲学和社会在价值方面的联合转变,对越来越意识到他们的新成就并渴

---

[50] 引自福斯特·R.琼斯:《古代人和现代人》(Ancients and Moderns)(Berkeley: University of California Press, 1965),第102页。

[51] 希尔:《理性起源》。

望新的尊严和社会影响的手工业者和商人来说,是颇有吸引力的。这种感染力更多地在于,他们的宗教信念也强调工作价值和所有职业的平等尊严。新科学、新信仰和十七世纪四十年代震动英国的新革命精神之间的某些结合,并不令人惊奇。但是,这种结合当然只是一个时代现象。科学革命顺利地经过复辟时期延续了下来。实际上,它在查理治下就已适当地发展了——借其对皇家学会的资助。这一学会在前圆颅党队伍之外找到了其支持者,而某些一直赞同共和政体的人,像波义耳,谨慎地保持着他们的距离。

清教和更有持久意义的现代科学之间的联系是发生在较深层次上的。它在充满培根著作的宗教观中获得成功。科学目的从沉思到生产性效益的转换,是基于人作为上帝创造中的侍者这样一种对圣经的理解之上的。他们在劳动中完成和保护创造的万物——首先是他们自己。我们可以说在新教神学已经慎重而有节制地使用事物的地方——这些事物为了我们之保存和上帝的荣耀的目的而围绕着我们——这是在世界上存在的一个精神上正确的方式,培根也发展了一种物质宇宙观,这个
232 物质宇宙观使它成了认识论上的正确方法的根本。科学和慎重的、生产性的利用是内在关联的,这既因为使用是对科学的适当的检验,又因为它要求科学负责任地变为现实。我们的目标必须是以上帝指定的方式利用万物,而这还不能在我们已堕落的状况中(重新)找到。科学探究是虔诚的人根据上帝的目的去利用万物的努力的组成部分。

换句话说,培根科学在清教精神框架内获得了一个虔诚的目标:不仅以这一明显方式——应指向人类的普遍利益(是)任何正当职业的条件——而且在于它是对上帝目的的探求。正如约翰·德利后来所说的,知识的目的是“为了让它们去上帝给予它们的合适位置而利用创造物。”[52]

---

[52] 琼斯:《古代人和现代人》,第42页。

培根科学就像一个通道——不仅相对于我们在利用上帝的创造物过程中对上帝的正确服务，而且相对于上帝的更大荣耀——因为我们开始理解上帝的目的，并对他设计的奇迹回报以可以知晓的和适当的赞扬。培根设计了一个世界范畴,它保证了这两种虔诚的义务的和谐一致。

这意味着对世界的工具性态度已被赋予一种崭新的和重要的精神意义。它不仅仅是允许我们做实验并因此获得有效的科学结果的态度。它不仅仅是赋予我们理性地控制自我和世界的态度。在这种宗教传统中,它是我们在创造中为上帝服务的方式。而这表现在两个方面:首先,它是我们为了保护自己和上帝的秩序必须在我们的职业中承担工作的态度；其次它也是阻止我们同化于万物的东西——同化于万物会让我们痛苦地离开上帝。我们必须恒久记住，把创造物仅仅当作工具来处理,而不能当作价值在于自身具有自身价值的目的来处理。理查德·西布斯嘱咐我们:“任何时候都应把[万物]当作奴仆,而不是当作主人”;而且他告诉我们:——正如前面已引用的——“因此，努力让尘世归于其位,置于你的脚下。”[53]对事物进行**工具化**是精神的重要步骤。

工具性态度在现代文化中的巨大的重要性是无法测量的。它代表了不止一种流派的结合。它不只受新科学的支持,不仅受与分解性理性控制相联系的尊严的支持；它也一直是以神学为源头的日常生活伦理的中心。日常生活的肯定意味着赋予有效地控制事物以价值——生活借以何以保持与提高,也意味着赋予摆脱纯粹的个人享受以价值,这种享受,也意味着会减弱我们为普遍繁荣而献身。

这就是为什么清教对建立在一种实体逻各斯之上的、富有意义的 233
古老秩序观的死亡尽了一分力量的原因。这不是立刻发生的。事实上，培里·米勒已说明了,从柏拉图那里得来的根据理念规定世界的上帝观

[53] 乔治和乔治:《新教精神》,第125页。

念，如何受到了拉米斯的部分影响而牢固树立在新英格兰人的头脑中的。但是提到这一观念本身已经历了使工具化变得至关重要的那种转变，是很有趣的。我们用"technologia"(技术)这个术语来指我们对这种秩序的把握，上帝秩序的整体不被看作要被思考的结构，而是看作形成一个和谐整体的事物密切联系的行动要求。各部分之间的和谐用词语"eupraxia"(协同)来领会；它与其说是符号秩序中事物的相互反映，不如说是行动时机的一致性问题。根据塞缪尔·马瑟的陈述：

> 所有的技艺不是别的，而是创造物中**第一存在**智慧的闪亮与光芒，闪耀并因此反射到人类理解的镜面之上……因此，诸艺术有着类似和亲属关系……这是根据……对它们的特殊目的的服从……一个利用另一个，一个服务于另一个，直到它们能达到并返回到**他**，如河流入海，从其所流。[54]

正如米勒所说[55]，人们在这种观念中不仅能看到先验论的源头，而且能看到实用主义的源头。它既是爱默生的根源，也是亨利·亚当斯的根源。

使工具态度成为中心只能把对宇宙的理解从一个符号或形式的秩序——其统一性在于它们与一个有意义的整体的联系——转变成一个其在上帝计划中的统一性必须是目的内在相关的、彼此产生互惠效果的事情的秩序。事实上，这就是我们看到的出现在十八世纪的东西。但我们首先必须弄明白这种日常生活的神学成为什么样子了。

---

[54] 塞缪尔·马瑟，引自米勒《新英格兰精神》，第180页。

[55] 见上书，第162—180页。

第十四章

234

理性化的基督教

第一节

在这一章和随后的章节中，我要追溯日常生活的肯定给现代认同定形的方式。这一历史中的关键阶段已是日常生活伦理与分解性自由和合理性的哲学的融合:把源于宗教改革运动领袖们(部分地通过培根)的观点和笛卡尔阐述的影响深远的观点聚合在一起。我们在前面的章节中已看到了这两者之间的密切关系：在较为古老的等级秩序观的捍卫者之中,他们有着共同的对手,并在赞成对自我和世界的工具态度中走到一起。

首先发生在英国的这一结合，以产生可能在现代西方技术社会中占统治地位的世界观而告终。这一点及对它的反应——最引人注目的是在不严格地被称为“浪漫主义的”思想和情感潮流中——已大体塑造了现代文化,并且成为我们自我形象和道德理想的主要组成部分。在其早期形式中，这一融合保留了围绕着日常生活的肯定的原始的神学观中的某些东西。随后,到了十九世纪末,发生了一种根本性变化,一种自然主义的变种兴起，它们有时是与激进的启蒙作家一起猛烈地反宗教的。我要在以后考察这一发展。在随后的几章中，我要谈论较早的阶段，以及被大致地称为“自然神论”的观点的散布。

洛克是这一阶段的关键人物——事实上，在整个发展过程中，都应承认他对启蒙运动的所有分支的巨大的实质性的影响。他的思想是这一综合的最早体现之一。作为对分解性自由的最重要的阐述者之一——实际上，就如我们前面所见到的，是他把它带向自我客体化的新深度——在某种意义上，他仍是一个有坚定宗教信仰的基督徒，一个深受清教的肯定日常生活影响的人。现在这一点常常远不充分地被理解，因为我们倾向于用对宗教信仰怀疑时代的事后眼光来看待洛克。如果
235 有人补充说，这种怀疑主义时常在理智上受到据称由洛克传下来的论证的滋养，那么把洛克的基督教徒身份大致看作对残留的过去的迷恋、甚至看作是在公开无信仰会招致报复的时代所需要的一种保护色的诱惑力是很大的。尽管在他的那个时代，洛克不是没有受到控告，[1]但这个解读是错误的，是一种重要意义上的时代错置。当然，洛克在神学上并不完全正统，不过，他的信仰对这一立场来说，也不是次要的。它是出自真心的。而且，无视这一点就会严重地误解他所拥护的道德立场的本质。因为作为我们现代观形成中的一个阶段，这具有极大的重要性，所以，这种错误解释不只是具有历史相关性；它会反弹到我们的自我理解上。

根据在基督教精神的清教分支中占主导地位的观点，洛克倾向于神学上的自愿原则。人类道德上的善、道德上的责任是按照上帝的命令建立的，而不是根据任何被理解成在本性上可独立于我们是上帝命令

① 例如，爱德华·斯蒂林弗利特，伍斯特主教，反对《人类理解论》，认为它削弱着基督教的原则。洛克也必须为他的《基督教的合理性》(Reasonableness of Christianity)辩护，以反对把它当作高度非正统的进攻。

的接受者的认识的倾向。洛克提到自然法，并且赞扬了“有见识的胡克”，[2]但这一法则的基础不是以胡克依靠的托马斯—亚里士多德的传统样式。在洛克看来，自然法是我们的规范，因为它是上帝的命令。在这一点上他拥护在那个时代并不普遍的一种观点。普芬多夫采纳了类似的理论。[3]

容易误导他的读者，尤其是《政府论》下册的读者用贯穿斯多葛派到托马斯主义者的传统观念划分洛克的——在他那个时代，剑桥柏拉图主义者为这种观念辩护，格劳秀斯则以他自己的样式辩护——是洛克坚持律令也能被理性认识。它不是像人们可能认为的那样，一个纯粹的唯意志论法则应该也只应通过启示被认识。洛克调和二者，因为他认为，从上帝创造的实际自然中，我们事实上能容易地明白上帝的目的。如我们将在下面看到的，这取决于他把自保当作法则的核心观点。

然而，洛克联结神的命令和人的理性的特殊方法激发了这样一个事实：人在成为一个神学意志论者的同时，也是一个享乐主义者。对人来说，善就是快乐，痛苦是罪恶(2.28.5)。[4]上帝的法则是要遵循的，恰因为它伴随着如此极致的奖赏和惩罚。根据享乐主义的逻辑，上帝的法则是我们的规范，不是因为他是我们的创造者或无限的善，而是因为他提供了一个完全可信的威胁，对不服从者进行不可抵抗的惩罚。洛克没有一贯地遵循这一逻辑。在《政府论》下册中，他似乎认为，我们必须服从上帝，因为他创造了我们，创造者的目的对制造品来说是规范的。事实

---

② 见《政府论》(Two Treatises of Government)，彼得·拉斯莱特编(Cambridge: Cambridge Uniuersity Press, 1967)，下册，第2章第5段。

③ 《自然法和国际公法》(Of the Law of Nature and Nations)，原拉丁版(Lund, 1672)，英译(London, 1710)下册，第3章第20段。

④ 除了其他地方已说明的，本章括号内参照的是洛克的《人类理解论》(An Essay Concerning Human Understanding)，P.H.尼迪茨编(Oxford: Oxford University Press, 1975)；数字分别指卷，章和节。“书信”代表导论性的“给读者的信”，随后是这个版本的页码。

上,对洛克来说,我提出的直截了当的问题——我们服从上帝是因为他
236 命令我们,还是因为他惩罚我们呢?——不可能产生。这是因为恰恰他的法则这一概念要求惩罚。[5]除非一个法则伴随惩罚,否则,它就不能约束理性创造物。在《基督教的合理性》中,他提到基督的命令,他说:"如果对他们中的犯法者没有惩罚,他的法则就不会是一个国王的法则,没有命令的权威,没有惩罚不服从行为的力量;而只是空谈,没有强制力,没有影响。"[6]这是个奇怪的教义,因为对弄明白这两种理性如何服从——比如说,一个人类的暴君就可能违背——这总是太容易了。在约瑟夫·斯大林晚期的环境中,人们经常揣摩他的愿望。在这一游戏中正确的动机可能是一种保命方式。这样,不是独裁者下令使之成为绝对命令,毋宁说是卢比扬卡探访者的期望,即使人不这样要求。

即使如此,唯意志论和享乐主义的这种混合物使洛克把自然法既看作神的命令,也看作理性的要求。讨论中的理性是工具性的。一旦我们明白我们是一个全能的立法者的创造物,要做的理性的事情就是服从。没有其他的苦乐能对他要管理的人作出补偿。[7]

事实上,洛克认为不仅服从上帝是(工具意义上的)要做的理性的事情,而且即便(理论上的)理性能够分辨出上帝意愿的满足也如此。尽管我们事实上通过启示知道上帝的法则,但我们原则上只通过理性也能得到类似的结论。洛克相信,理性清楚地向我们表明,我们的世界是由上帝创造的。他认为,上帝在创造中的基本目的可以由这个创造物来解

---

⑤ 普芬多夫有类似思想。见《自然法则》,第1卷第6章第5节。

⑥ 《基督教的合理性》(The Resonableness of Christianity)(London,1965),第215页。

⑦ 一旦我们不把理性看作一种真实的秩序,而是作为工具性的秩序,那么关于上帝的命令和理性之间的关系的全部争论就要改变。首先,如果根据本性的内在爱好,某物是善的,那么它只能是独立理性的命令。但这样上帝就不再能随意改变善。不过,如果上帝的命令通过使之成为要做的工具上合理的事情而使之正确,那么,冲突就消失了。

释。[8]他的创造物本能地努力保存自身，由此，我们能得出结论，自保是上帝的意旨。尽管在原则上可能通过理性了解上帝的法则，但实际上人只能依靠启示，通过它的整个倾向领会上帝的法则。人类的缺点：懒惰、激情、恐惧、迷信和由不道德的精英强加给他们的敏感性，所有这些使他们无法实现他们原则上能够全部发挥出来的能力，无法认识到上帝最终营救的宣言。[9]

于是，这种混合是从昔至今令许多人十分反感的。它伤害了遵循上帝法则和获得快乐这一最高报酬应该在动机方面一致的宗教情感。它攻击了美德应被看作某种唯利是图的东西的道德感。

> 实际上，哲学家显示了美德这个美女：他们让她出发，吸引男人的目光并得到赞扬；但是没有给她资助，很少有人愿意娶她……但是，现在在她一边的天平上，放上了“一个卓越的、不朽的荣誉砝码，”对她的兴趣发生了；现在，美德明显是最富裕的物品，通过大 237
> 量的最老练的讨价还价……它有另一个吸引力和效验去说服人们，如果他们在今生好好地生活，那么他们在来世就会幸福。睁眼看看另一种生活的无尽的不可言说的快乐；他们的内心会发现某种坚固而有力的东西推动他们……在这种基础上，而且只在这种基础上，美德才树立得牢固，才可以应付所有的竞争。[10]

美德的动机和快乐最大化的动机更经常地被看作是对手，后者是被选派扮演前者的主要障碍的角色。洛克的享乐主义与他对政府的描写、对

⑧ 见《政府论》，上册，86段。

⑨ 在《合理性》中，这一情形得到了某种细节上的解释，第256—282页。

⑩ 《合理性》，第287—289页。公正地说，我们应该考虑到洛克并不是他的时代惟一具有这种矛盾观点的人。波絮哀通过论证上帝的律令必须至少部分地靠我们自己的自身利益来约束我们，以此为他对费内隆“amour pur”(纯洁的爱)学说所受的严厉迫害进行辩护。

在惩罚威吓下艰难整合的人的环境的意见一起，使得某些人把他看作道德上的相对主义者。[11]这一印象由于他强烈地拒斥天赋观念而被加强,因为这似乎清除了人内在的对善的喜好,并因此削弱了道德的基础。[12]

用这种方式看待洛克就是透过对某种道德根源的理解这个棱镜来看他,这些根源似乎是他否认的。我要回到由此产生的反应。但现在,重要的是明白并不一定要用这种眼光来理解洛克。不管是受到他震惊的那个时代的人，还是彻底的有神论观点在自然主义面前已失去了其可信性的当代人,他们一致认为洛克是有神论观点的颠覆者。

第二节

不过,这不是他对自己的看法。我们必须根据他自己的道德根源感来理解他的立场,而不是在他所否认的背景中理解他。在他那里,有什么东西能够激发他把道德法则、上帝的法则感悟更为高级的东西,要求惧怕和尊敬,而不只是谨慎地服从?

我们应当从自然法的内容开始。洛克说,这是自我保存。在《政府

⑪ 见沙夫茨伯里一七〇九年七月三日致安斯沃斯的信,载《安东尼,沙夫茨伯里伯爵的生活、未公开的信件和哲学特征》(Life, Unpublished Letters, and Philosophical Regimen of Anthony, Earl of shaftsbury),本杰明·兰德编(London: S.Sonnenschein & Co., 1900),第403—404页:“正是洛克先生击中了要害,清洗了霍布斯先生哲学中占统治地位的毒素,即它的特征和基本奴性原则。是洛克先生攻击一切根本法则,把一切秩序和德性都抛出世界,使这些思想成为违背常理的……还有德性,根据洛克先生,除了时尚和习俗之外,没有任何其他尺度、律令或规则”。这是来自昔日学生的很苛刻的解释!约翰·约尔顿描述了这种反应是多么普遍;见《约翰·洛克和思想方法》(John Locke and the Way of Ideas)(Oxford: Oxford University Press, 1956),第2章第2节。

⑫ 见沙夫茨伯里:《生活》及约尔顿《约翰·洛克》第2章中的讨论。

论》下册常被引用的那一段话中，他陈述了这一点。理性是自然法，它"教导所有向它请教的人……任何人都不应该去损害另一个人的生命、自由或财产"。其原因是，人是由上帝创造的，因此"他们是他的财产，他的作品，创造出来是为了延续在他之内的快乐，而不是其他人的快乐"。洛克接着断言，"每一个和他一样的人，一定会保存自己，而不会任意放弃他的位置；因此，依照相似的原因，如果他自身的保存不面临竞争，他应该尽其所能保存人类中其他的人"。[13]

这儿的论证似乎是，既然上帝给了我们生命，我们结束生命就是反对他的意愿。当然，除非为了普遍的保存，这才是必需的，这就是为什么 238
我们可以杀死罪犯的原因。但在《政府论》上册中，在讨论我们为了我们自己的目的而使用世上的其他创造物的权利时，洛克提出了另一个基本原理。因为上帝设计的存在具有自我保存的强烈欲念，我们能推断，我们的自保就是他的意图。我们在这种设计中理解了这一目的。

> 上帝已经创造了人，并在他身上植下了和其他动物一样的强烈的自我保存意愿，给世界配备了适于作为食物的东西、光线和其他生活必需品，只要服从他的设计，人类就能在地球表面生存和居留相当的时间，而不要让如此令人惊异和完美的一件作品由于其自身疏忽或缺乏必需品，在生存不久即再度死亡：上帝创造了人和世界之后，这样对人说，(即)让人依其感性和理性来受他指引，就像上帝通过植于它们内部的感觉和本能来指引低等动物，达到同一的利用那些东西的一样，所有这些都服务于他的生存，是上帝给予他用来自我保存的手段……保存生命的愿望，这个强烈的意愿，是上帝自身行动的原则，作为人类内心中的上帝之声的理性，不能不教导

⑬ 《政府论》，下册，第6段；又见下册，第135段；以及《关于教育的某些思想》(Some Thoughts Concerning Education)，第116段。

> 人并使他相信,按照他所具有的自我保存的自然倾向行事,就是服从他的造物主的意旨。[14]

在把我们的自我保存变成上帝的意愿的中心点之后，洛克遵循了新教对日常生活的肯定;而且它表现在我前面已描述过的两个方面。首先，为获得生活手段而设计的活动能力被赋予中心的重要性和尊严。上帝要我们成为生产性的，而这意味着我们应该精力十足并明智地献身于某种有用的任务。洛克把类似清教职业观的东西并入他自己的思想,正如约翰·邓恩已表明的。[15]上帝召唤我们从事特殊的工作方式这一事实为我们赋予了这一点一个更高的意义，但这使我们竭心尽力而且尽可能有成效地去承担我们应负的责任。

洛克在《政府论》下册第五章中论证道,上帝把世界给了普通的人类,但他"也为了生命的最大利益和方便赋予他们理性以利用它。"[16]因为"他为了他们的利益而把它赋予他们,而他们能从它获取生活的最大便利",很明显,他"勤奋而合理地利用它"。[17]上帝想让我们表现的是这两个特征,第一,要求我们努力工作,第二,要有效,要带来"进步"。

239 清教教义的第二方面强调了为公共的善而工作的需要。这事实上被融入一个正当职业的定义,正当职业对社团或人类总体是有用的;人们应当勤奋和有理性这一要求不仅来自避免无所事事的需要，而且这也与上帝的目的有关:这后者也包括授予人类利益。对洛克来说,进步的指令目标不仅是进步者日益增长的"便利",而且是以普遍的善为目

---

[14] 《政府论》,上册,第86段。

[15] 我大量利用约翰·邓恩在其《约翰·洛克的政治思想》(The Political Thought of John Locke)(Cambridge:Cambridge University Press,1969)，第16—18章中关于这一观点的讨论。

[16] 《政府论》,下册,第26段。

[17] 同上书,下册,第34段。

标。这就是为什么进步能在洛克对土地方面的私有制的辩护中扮演重要角色的原因。“因为一英亩圈起来耕种的土地生产的用于维持人的生命的粮食,比一英亩同样肥沃而荒芜的公地生产的粮食(说得保守点)多十倍还多。他从十英亩圈地拥有的生活便利多于他能从留给自然的一百英亩地所产的东西,因此,他确实可以说,把九十英亩给了人类”。[18]

这就是上帝告诉我们的:尽力劳动,并且富有效率,满足我们的需要,但也要关注共同的善。[19]这就是洛克的合理地行动的含义;或者更确切地说,他在其著作中看起来使用这一词语时包含了不同的意义。约翰·邓恩[20]——尼尔·伍德[21]也追随他——区分了洛克把人作为理性上有差别的加以谈论的两种意义。就第一种且较广泛的意义来说,在理解自然法(等于理性法则)并且努力实践它的程度上,人是有理性的。在第二种意义中,这一词语包含为了提高他们的效能而运用他们的知识和反思能力的那些人。我们可能谈论到道德上和理智上的合理性。然后,我们可能说,实践上帝的全部要求就是要成为道德上合理的,而且,这些也包括我们应该尽量成为理智上合理的这一要求。

这就是我们应该如何生活:要勤奋而合理地满足我们自己的需要,并由此,通过它们产生的改进,帮助满足其他人的需要。洛克对有秩序的人类生活的描绘,给阿累维创造的高度启蒙的“利益和谐”观开辟了道路。有一种能够调和自我服务和善行的生活方式。它的关键特征是我们的自我服务应采取生产性形式,而反对以侵犯他人的权利和财产为

---

⑱ 《政府论》,下册,第37段。

⑲ “我认为,根据天命给每个人安排的道路,只要能做,他必定为公共的善劳动,否则,他就没有权利白吃饭”;洛克于一六九四年一月十九日给威廉·莫利纽克斯的信,引自邓恩《约翰·洛克》,第251页。

⑳ 邓恩:《约翰·洛克》,第254页。

㉑ 尼尔·伍德:《洛克哲学的政治见解》(The Politics of Locke's Philosophy)(Berkeley: University of California Press,1983),第115页。

代价来推进自我服务。如果这是“资产阶级的”理想，那么我们不得不把洛克看作对它的阐述和传播有所帮助的创新人物之一。

事实上，在日常生活伦理从其原初的神学阐述到现代的“资产阶级的”自然主义阐述的演化中，洛克是个关键的转折性人物——神学和自然主义两者都受到资本主义上升的促进并牢固树立起来。但是，把洛克当作资本主义的辩护士还为时过早。他明显赞成农业方面的新改进，比如，引入作物轮作、排干沼泽和湿地、施肥、饲养牲畜，这是他的时代的
240 标志。无论如何，他必须把谈论“改良”铭记于心。当然，只是因为土地的拥有者开始起企业家一样的作用时，这些想法才成为现实。不过，他似乎没有为大规模的商业和工业作过任何专门的阐述。

但是，他的伦理观明显只支持任何严肃的、生产性的、和平改良的阶级，反对通过自我展示和尚武德性对名誉和光荣进行贵族式的、特权意识的追求。洛克继承并进一步发展了日常生活必需的对旧等级价值的转换。他对科学的态度是对培根的态度的回应：那些其发现已对人类的福利做出贡献的人，比那些只是增加新的一般格言或空洞的传统亚里士多德科学假设的人，更值得赞扬：“因为，尽管有这些饱学的辩论家，无所不知的博士，世上的政府还是把他们的和平、防卫和自由归功于非经院派的政治家；他们从文盲和受蔑视的技工(不文雅的代名词)那里，接受了有用技艺的改进”。(3.10.9)就像在培根那里一样，理智价值判断紧密伴随着社会声望的倒转。

这只是理想的状态，但事实上，实际很少是这个样子。人们由于懒惰、贪婪、激情和野心偏离这条路。他们不仅没有实践这一理想；他们经常认识不到它，他们被他们的迷信、坏的教化、风俗、党派精神和他们自己的恶劣情感领入歧途。洛克必定抛弃了对他从其清教徒背景继承的类似

传统意义上的原罪的信仰。[22]但他用自然主义的变种替代了人对自我中心和个人权力的内在的爱好。这是天生的,我们在小孩身上就能看到它。

> 我们看到小孩一出生就哭(我肯定,不久他们就能说话),变得倔强、闷闷不乐、发脾气,不为别的,只是因为他们有意志。他们想让他人服从他们的愿望;他们为得到周围一切的随时服从而斗争……
>
> 另一个显示他们爱好支配的事是,他们想让事物成为他们的事物;他们想拥有规矩和财产,只要他们愿意,他们就运用被赋予的权力和拥有的权利取悦自己,处置它们。[23]

如果我们把这一点加到人的懒惰和骄傲的天性中——只要我们没在良好的习惯中受到较早训练,而且,如果我们考虑到多数社会中教育糟糕的后果,那么自然法很少被完整地服从就不足为怪了。 241

这一理想是更高级、更好,甚至最终是更有利的道路。然而,我们不知为何不能一起得到它。这是上帝进入的地方。通过他的启示,他以一种不会被误解的方式,让我们了解他的法则,并且给我们留下深刻印象。这一切特别通过耶稣基督发生,他通过他施为的奇迹证实他作为上帝使者的地位。这样,上帝蔚为奇观地克服了我们在认识法则中的困难。

但是,这不是全部。通过把他的意志宣布为伴有惩罚和奖赏的法

---

[22] 在《基督教的合理性》的第1—2页,洛克远离了两种极端的观点。第一种是"让亚当的所有后代命定遭受永远无限的惩罚,因为亚当的犯罪,尽管有亿万人甚至从未听说过他的名字,没有人有权为他谈判,或作为他的代理人;这在别人看来是与伟大万能的上帝的公正或善行如此不一致,他们认为没有赎罪的必要……;因此,耶稣基督不是别的,只是纯粹自然宗教的恢复者和传道者;由此,违背了《新约全书》的整体要旨"。洛克巧妙地与自然神论保持距离,但由于使之成为对传统加尔文主义的不可避免的反应,他也把自己与加文尔主义区分开来。

[23] 《教育思想》,第104、105段。

则,上帝给予我们势不可挡的**动力**来寻求这一思想。因此,启示不仅仅帮助我们认识什么是善的,而且可以说沿着正确的方向给我们以巨大的强有力的推动。上帝的立法行动及其公示有助于使我们超出普通人,否则,我们将在那里无助地滚爬。

如果有人想抱怨,以永远罚入地狱的威胁去报答上帝这方面的帮助是相当高的代价,答案部分在于这个事实:只有一个法则——它是一个伴随着对违反行为的惩罚的规则——才能达到预期的目的。去掉惩罚的威胁,上帝对我们说的话就会缺少强制力和影响。[24]但除此之外,上帝一直是仁慈的。通过基督启示建立的游戏规则是那些相信基督、忏悔并真挚地想改过自新的人将会得救。所以,完全的服从不是永远奖赏的必要条件,而只有伴有信仰,真诚努力才能获救。[25]

从这一观点看,立法的、自我显示的上帝是人类的大恩人。我认为洛克就是这样看他的,这是真正的、深深的虔诚的基础。在今天,这可能是难以相信的,因为当代视野一方面被不信教者统治,另一方面被认为这种信仰至多也似乎是无聊,甚至令人反感的信教者所主导(我承认属于后一类)。然而,由此得出洛克的信仰要么是不真诚的,要么对于他的生活来说是不重要的,则是一个时代误解。

相反,如果人们从以下的一个观点出发:人类有潜在的理性,但同时对非理性和罪恶有内在的喜好,注定由于他们自身的缘由使他们自己最好的潜能受挫,那么人们就能明白他们的状况呼求能把他们拯救出来的上帝。上帝自己给人的境况以意义和希望,否则,人的状况就是彻底地绝望和潜在地无休止的自我破坏的根源。上帝须为人类而存在,给他们的生活以秩序。这就是洛克被诱使把无神论者排除在其广泛的宽容准则之外的原因。这样的人摒弃了人类文明生活的基础。

在这样提升我们的过程中,上帝利用了我们的自爱。趋乐避苦是人

㉔ 《合理性》,第216页。

㉕ 邓恩:《约翰·洛克》,第193页以下。

类的一个基本事实。这不是缺陷，而是他们成长的不可改变的特征
(2.20.2—3,2.21.42,2.28.5)。然而,有非理性的、破坏性的、错误的自爱形 242
式和理性的、道德的自爱形式。上帝帮助我们从第一种提升到第二种。使这一过程成为可能的基本自爱、我们对无尽的痛苦的恐惧和对“不可言传的”快乐的向往不是罪恶。它是由上帝创造的,并因此是善的。洛克已为后来的启蒙运动的本性自爱是无罪的学说准备了基础；但他本人因太明白人身上堕落的先天根源,而未能提出类似的观点。

在这一连接中,对上帝的意志的遵循与最大限度地增加我们的快乐的结合——这种结合极大地震惊了主流基督教神学——完全符合事物的天意的设计。在理性选择的游戏中,上帝就像一个超级选手,通过给予我们与其普遍保护的目的协调起来的法则，使我们的工具理性工具化。当我们正确地运用它时,我们就是在最大限度地遵从上帝的目的。

在神学上,人的本质的内容,就其有限性而言,酷似改革运动神学的一个重要特征,培根也一直遵循这个特征。在破除修道士“让别人必须做到十全十美的要求”过程中,改革者强调了导致人们超越日常世俗的条件而不敬神的骄傲动机。[26]人应该谦卑地接受上帝赋予他们的本质。洛克接受了伽桑狄的享乐主义,即本性促使我们追求最大限度的快乐，这一事实能够用类似见解得到阐述。不渴求自我克制的利他主义——因为我们不是这样被创造的——我们应当接受我们的本性,并靠它完成上帝的目的。洛克的心理学可以被看作是通往其自然主义的继承者教义途中的日常生活神学的新转换。[27]

---

[26] 珀金斯攻击禁欲主义的“天主教誓约”,“只不过是意愿的崇拜”而已;引自邓恩:《约翰·洛克》,第224页,注2。

[27] 追随培根,洛克经常认为,他自己和对手之间的争论,是基于骄傲和人类可能性的现实感的对立。这尤其适用于他攻击的形而上学的提倡者。这篇论文的目标之一是“打碎虚荣和无知的避难所”(《致读者的信》,第10页)。与之相对照,他以一种看来谦卑的方式把他自己的工作描绘为“低级劳动者”的工作(同上,第14页)。

根据这种看法，我们通过理性达到上帝，即理性实践是我们参与上帝计划的途径。正如我们在前面章节所见，日常生活伦理在拒绝设想的"较高级的"活动时，使道德生活的关键依赖于我们过日常生活的方式。正如约瑟夫·霍尔所说，"上帝喜爱副词"。在洛克对伦理学的新改造中，关键性副词正在改变。在纯粹的宗教改革的变种那里，**虔诚地**为了上帝而生活的问题，现在则变成了有**理性地**生活的问题。但同洛克一起，我们正处在一个过渡阶段。同样是遵从上帝意志的问题，然而，现在是根据合理性来理解。由于激情、盲目的偏见和把理性置于脑后的习惯，造成了两个相关联的转变：它赋予我们自己的生产性生活以秩序和尊严，它把我们从利己主义和破坏中解救到造福他人上。分解式的程序理性把我们从破坏提升到造福他人，因为它打碎了错误的观念、盲目的习惯
243 和迷信的枷锁。这样，就把我们从野蛮的、无秩序的利己主义提高到也能给他人以好处的、为幸福而从事的生产性探索上来。理性释放了自爱的建设性的、行善的潜能。理性在道德上的改造能力这一重要观点，来自洛克理论的逻辑。他本人没有把它作为主题，但它将被发展成启蒙运动一个主要的组织性思想。

我们当然不仅需要道德的合理性，而且也需要理智上的合理性。事实上，从这一立场我们能理解把这两者联系起来的东西。它们是由工具性的、最优化的理性的首要性连在一起的。这是我们之内的亮点，上帝以此推动我们实现全部潜能。如果我们让自己这样被推动，我们在道德上就是有理性的。而这同一个最优化理性，要求我们在理智上应是合理的。那意味着理智合理性的正确目的对我们的生活目的是有帮助的。洛克说，《人类理解论》的目标是"真理和用途"。事实上，"他不像应有的那样尊重公众，他声明并因此期望人应该理解，他的意图是他们不应满足于利用自己或他人"(《致读者的信》，第9页)。如果我们懊悔我们对事物的理解力下降得那么远，以致达不到它们的"最大程度"，我们应当反思"我们生命的作者"已经安置在我们身上的"所有对生活的便利和美德

的求助是必要的东西(《彼得后书》1:3)”。“如果我们能而且把心灵用于对我们有用的地方,我们就不会有很多理由抱怨我们心灵的狭隘;因为它们是很有能力的”(1.1.5)。

遵循我们工具理性的两个命令——接受上帝的法则,为了运用而获取和反思知识——我们参与了上帝的计划。正确地运用工具理性是我们为上帝服务的实质。这样,在使理性成为至关重要的过程中,洛克显然已超出改革过的正统神学;这属于他拒绝原罪的一部分。他离开给予人的理性以高级地位的传统观点有多远,宗教改革的神学对他的攻击也就有多大。在这些早期神学中被谈论的理性是实体性的:它是使我们用我们的自然视线看见善的秩序的东西。从宣福礼的观点看,它是达到顶点的东西——因此神学产生于与希腊的柏拉图主义的联姻中,在柏拉图主义中理性最高的表现是沉思。洛克分享了宗教改革家对这些观点的拒斥,实际上是建基于这些拒斥之上。讨论中的合理性是程序性的:在实际事务中,是工具性的;在理论上,则包括根据数学演绎的原则和经验上的可能性,我们观念与它们的联结之仔细的分解性调查。这就是我们参与上帝目的的途径。我们在这一整体中——不是像动物一样通过盲目的本能,而是通过有意识的计算——取得我们的地位。当然,这意味着我们和动物不一样,而不得不认识这个整体和指引它的君王 244
的目的。这恰恰是我们学会遵从上帝的律令时要做的。

这样,从内部看,洛克的“合理的”宗教并不是以利己主义取消宗教义务——可是批评家很容易这样看,它也并非只是通往自然主义的一个步骤(不管它客观上已尽可能证明是如此)。它给旧词语以新意义,提出了对什么是为上帝服务的新的理解。上帝的仁慈和智慧被理解为适合宇宙设计者的东西,设法做到有助于对其有生命的和有理性的居民的长久保护。这并非与传统的截然断裂。它一直被认为是天意的组成部分,上帝的创造允许在它范围内的许多生物兴盛,赞美诗作者称赞他:“您根据适当的季节给他们以食物”(《诗篇》104:27)。亚伯拉罕的上帝把生存和生活看作善。

然而,以一种洛克为之做了准备的、与日常生活的新的中心地位也是相一致的新眼光看,对后者的保护现在占据首要的地位,上帝的仁慈和意志首先显示在他对世界的设计是为了保存其居民,尤其使各部分居民有助于互相保存。在尘世之外,不朽的生命是一种有幸添加福祉的东西;但它如此合适,以致它也有助于这一地球秩序的正常运转,因为它采用奖罚形式,迫使我们服从自我保存的法则——事实上,没有它,我们就没有充分的理由去这样做。洛克有助于规定成长中的自然神论的图景,并使之流行,这个图景将在十九世纪充分形成。宇宙是一个巨大的相互连结的存在物秩序,它相互促进彼此的繁荣,因此,自然的设计者值得我们赞扬、感谢和尊敬。在洛克时代,坎伯兰也发展了这种观点。[28]我将在下面回到这一相互连结的秩序。

在这一创造视域内,认识到上帝的可怕的和压倒一切的报复力量——这种力量没有给我们的理性选择留有任何余地——,使我们遵从他的律令,我们不是以反复无常的暴君的胆战心惊的奴仆的精神行动;奴仆关注的只是非道德范围背景下的最大利益。相反,我们是以钦佩、惊叹和感恩的精神这样做的。因为在这样演练理性的过程中,我们认为自己取得了上帝计划的正确位置。工具理性是我们参与上帝意志的通道。不是把上帝的意志贬低到我们游戏中的一个要素的地位,而是看作把我们的理性提高到上帝目的的合作者的水平。[29]这样,基督教信仰的这一形式就把现代的分解性理性和程序性理性在其自身内连接了
245 起来。并且,这样的连接也纳入了与它们有关的道德根源。如果我们寻找这一观点的构成性善,如果我们问,从我们的理解来看,那生动地呈

㉘ 理查德·坎伯兰:《自然法》(de Legibus Naturae)(London,1672)。

㉙ 约翰·约尔顿在《约翰·洛克》中(第64页)认为洛克正表达着"世纪末日益流行的新形式的自然宗教所信奉的立场。在自然神论和功利主义的这些支持者的思想中,合理性取代了作为道德和宗教基础的先天论。"

现在我们的理解中、使我们能够为了善而行动的是什么，那么有两个特征进入脑海：显示在内在连结的秩序中的上帝的仁慈和智慧，以及作为我们参与上帝目的的方式的分解式理性。但是，正如我们所见，这种分解理性的图景与人的尊严概念密切相关。尤其是，它把自我负责的自律感，与摆脱权威命令的自由结合到了一起。

因此，这也被并入宗教信仰中。它是自然神论的一个主要观点，因为它发展了上帝与作为理性存在的人的关系，上帝的目的完全尊重人自主的理性。所以，我们得到像托兰的《基督教并不神秘》和廷达尔的《基督教和宇宙一样古老》这样的自称为洛克的追随者的作者的著作。关于这一点，洛克仍有保留；他很清楚人的意志薄弱。但那是洛克的宗教信仰所隐含着的。[30]

然而，如果洛克所激发的自然神论不只是自然主义的外衣，那么这也不是说一大批正统的传统并没有被抛弃。首先，很明显在这种信仰中神话的地位缩减为正在消失的点。无论没被我们注意到的机械的细节多么多，天意变得越来越能被理解。许多作家仍指向我们不理解的更高目的，而这一立场的逻辑方向是理性的透明度。这正是自律理性这一整体显著的一面。托兰的题目——《基督教并不神秘》——是用一种令人吃惊的方式讲述的，这给他带来的是迫害，他的书被判决由刽子手当众焚烧。廷达尔甚至要进一步说明上帝目的在理性上是可理解的。事实

---

[30] 我一直努力阐述洛克立场的道德根源，并把它们从他同时代的对手的错误表述和今天思想的自然主义趋势下营救出来。但我们能说洛克已经开始遮蔽他的道德根源吗？这部分地解释了这种错觉吗？分解造成了自我和世界的客体化，这把它们呈现为易受控制的中性领域。但它们越是以这种样式出现，我们也就越堵塞着提供我们道德根源的构成性善。这一堵塞过程得到下一世纪自然主义启蒙思想家的进一步发展。发动这一运动的道德观，以并未真正在这一学说的主要部分中表达出来而告终。它含蓄地嵌于修辞学上的要求和对错误的驳斥中。

上，不是别的，只是他的“理性创造物的共同利益和相互的幸福”。[31]上帝的仁慈，足以使我们为了目前的幸福所采取的行动，成为获得未来的善的途径；[32]就是说，未来生活的奖罚担保从中产生最大相互幸福的道路。因为除了追求幸福的驱动，人类是不可能行动的，所以，这一奖赏系统事实上对他们是最合适的。就上帝对我们的意愿的细节方面来说，我只得查阅“自然之书”，去看我们所处的关系是什么，它们要求什么。只有暴君才会强加并非产生于这些关系的命令。[33]在廷达尔那里，我们找到了洛克神学的基本思想，推到了它们的逻辑结论，并摆脱了标志老一代人观点的关于人的缺陷和冷酷的所有焦虑和自相矛盾的感觉。在不流泪的情况下，我们有了合理的基督教。

更基本的是，神恩的地位正趋于消失。如果上帝号召的人类之善对
246 人的理性的考查变得越来越有用，那么它就变得越来越能以人的能力来完成。

这两种变化是相联系的。在基督教思想中关于神恩和本性有两大传统流派。我们能够通过把它们和人性善的观念联系起来而最好地描绘它们，即没有堕落的人能在他们自己身上察觉到并至少让自己去实现的善。经过基督教历史的第一个一千五百年，这种本性的善是由伟大的异教徒哲学家确立的术语来定义的。

认为人性善需要由神恩来补充的方式有两种：(1) 上帝感召人类的不仅仅是本性的善，而且是围绕参与上帝拯救行为的圣洁生活。这使我们超越了由本性的善定义的完善。用托马斯主义的语言来说，超越本性的美德之外的是“神学的”美德——就是信仰、希望和博爱。(2)人的意志

---

[31] 马修·廷达尔：《基督教和宇宙一样古老》(Christianity as Old as the Creation)(London，1730)，第14页。

[32] 约翰·托兰：《基督教并不神秘》(Christianity Not Mysterious)(London，1696)，第15页。

[33] 约翰·托兰：《基督教并不神秘》，第28—29页。

因堕落而如此腐蚀,以致即使作一个体面的尝试,甚至对本性之善有一个恰当的领会,也需要神恩遑论超越它。

直到现时代,基督教神学占主导地位的潮流包含了(1)和(2)的某些变种;根据哪一个占支配地位存在着巨大的差异。在(1)和(2)未被极端解释的地方,正如阿奎那所指出的,神恩被视为“完美的本性,不要破坏它。”[34]追求本性完美不是神圣化的障碍,因而人们用积极的眼光看待古代伟大的道德家(如在爱拉斯谟那里)。在(2)被激进解释的地方,存在对追寻本性的完美的怀疑和敌对,古代道德哲学家受到极度的指责(比如在路德那里)。

现时代的早期被大场面的战斗所支配,在其中(2)的激进解释——我称它们为“超奥古斯丁主义”观点——扮演了领导角色,这不仅表现在宗教改革运动本身中,而且表现在詹森主义者与他们的法国对手,在亚美尼亚人与荷兰以及后来美国的严格的加尔文主义者之间的诸如此类的斗争中。

启蒙运动自然神论的兴起,通常被看作是与超奥古斯丁主义观点的冲突,最终却获得胜利。两者之间确实存在着战线。法国高度的启蒙运动,包括卢梭在内,把它本身视为反对原罪教义的可怕的厌世后果的结盟。苏格兰的启蒙运动开展了反对苏格兰教会中纯粹激进的加尔文主义势力的持续斗争,教会势力尝试让启蒙运动某些主要人物——例如,哈奇森和休谟——沉默下来。启蒙运动的自然神论以压制给类型(2)神恩以任何地位而告终,在正统观点咬牙切齿的反对中,随后是自然主义的接手。

不仅这一斗争的积极参加者,而且后来的评论者都认为超奥古斯丁主义和启蒙的自然神论(被自然主义继承)这两种立场穷尽了可能性 247

[34] “Non tollit gratia maturarn sed perficit naturam”;《神学大全》(Summa Theologica),第1卷,第1章,第8节,第2段。

空间。这是一个很容易犯的错误,因为这一自然神论在宗教改革的神学中找到了它的某些根源,正如我们在洛克这一例子中所看到的。

这儿忽略的是,自然神论也压制类型(1)的神恩的任何作用的方式。尽管有这样的事实,在它们与超奥古斯丁主义的斗争中,自然神论者非常依靠爱拉斯谟传统的作者们。实际上,他们的许多论证反对这样的世界图景,即为了澄清他的权威而把无意义的要求强加在他的创造物身上,他们坚持认为,上帝要求我们的善是我们能理解善,这些主张都来自这一传统。廷达尔追随惠克考特。但在后者和前者之间,某种关键性东西失落了。上帝要求的善越来越只以本性的善为中心。甚至永恒的奖赏逐渐也被视为大量相同的东西——在此被分发以支持和推动本性的善的产生。洛克仍没有与这种自然神论完全一致。尤其,在他赞同人的弱点这方面,存在着超奥古斯丁主义的痕迹。但通过严密检验,很清楚,这儿没有为神恩留下太大的空间。有某些文献是关于上帝精神的合理性对我们有帮助。[35]但上帝在启示中所做的主要事情是澄清律令是什么,这样则更强烈地推动我们向善;另外,以基督教启示为例,他缓和了关于惩罚的准则,并允许信仰弥补我们并非故意的失败。[36]但第一种类型角色确实已从洛克的计划中不见了,在受他鼓舞的继承者的学说中,最后的痕迹也消失了。[37]

---

[35] 《合理性》,第289页。

[36] 同上书,第193页。

[37] 洛克没有被划为彻底的自然神论者是正确的,因为通常根据这一名称判断的最终立场——就像我们在莱辛和其他人那里看到的一样——又向前迈了一步。不仅神恩,甚至有历史意义的启示都被置于一旁。我们在廷达尔和沙夫茨伯里那里看到这一血气方刚的立场。基督只是自然宗教的一个特殊的有说服力的教师。在《合理性》的第2页,洛克特意否定了这一立场。

第十五章

道德情感 248

第一节

我已经描绘了可以被我们称为洛克自然神论的东西。不过,还有另外一个极为不同的变种,它部分地是在与其对立的立场上发展起来的。沙夫茨伯里是这一变种的创立人。它围绕着一个对立的道德观而具体化,这种道德观逐渐作为道德情感理论而著名,并在弗朗西斯·哈奇森一系列有影响的作品中得到详述。

这两个变种的差别可以根据某些种类的、分别由之出现的正统基督教得到解释,也许甚至在很大程度上追溯到它们。洛克的自然神论有清教根源,这意味着其背景在超奥古斯丁主义的神学中。它背叛这种神学,但又保留了它的重要部分。洛克对人类的虚幻、愚蠢和破坏行为的倾向的相当有偏见的看法,可以说是自然神论者对原罪教义的转换。更重要的是,他分有清教神学的自愿原则。上帝决定其律令是什么,上帝的律令决定善。上帝不能看作是被已经暗含在他创造的本性爱好中的善来限制。

根据这一神学观,上帝的律令对于我们堕落的创造物来说,是双重外在的。首先,我们不能利用我们自己的本性爱好来认同善;我们不得不去发现上帝的权力宣告与我们有什么关系(尽管洛克认为,我们天生的自保行动的倾向给予我们关于上帝目的的精确暗示,正如我们在前面章节所见的)。其次,这一律令不合我们堕落的意愿。要想它被完全遵从,就不得不强加一个不情愿的本性,直到神恩把我们的罪孽完全洗清。

人们经常留意到这种神学和经验主义的机械论之间的密切关系和历史联系。这一神学观本身倾向于采用机械论的世界图景——正如我在上面所写的。[1]即使没有自身目的的创造物,上帝的统治也得到了最好的保卫。然而,分解性主体在这方面类似于上帝。正如我们所见,分解,通过
249 使讨论中的领域对象化、中立化而起作用。经验主义的机械主义的分解性主体接受了奥卡姆主义神学中上帝赋予的某些特权。实际上,在某些方式上,这一新的世界观能够被看作这种神学的人类学转换。

在其他事物中,它继承了一种律法和道德的命令理论。在如今中立化的灵魂世界里,只有实际的愿望;在本性范围内,不再有更高级的善,这一强势评估目标的位置。正如霍布斯提出的,"无论任何人的嗜好或愿望的对象是什么,都是对他而言可称为善的东西的组成部分"。[2]一种伦理能够把这一实际愿望作为其基础而构建起来:较高级的善正是实际的目标的最大值。这将是功利主义。剩下的惟一选择是保留某种命令理论。当然,霍布斯在他的政治理论中就是这样做的。在把国家作为"道德上的神"[3]的描述中,与旧神学的这种关联是显而易见的。

---

① 见前,第九章。

② 霍布斯:《利维坦》(Leviathan),M.奥克肖特编(Oxford,Blackwell,n.d.),第6章,第32页。

③ 同上书,第2编,第17章,第112页。这一联系已由恩斯特·卡西尔谈到,见其《柏拉图学说在英国的复兴》(The Platonic Renaissance in England)(Edinburgh:Nelson,1953),第3章。

在这种机械化的、甚至无神论者的转变中,律令在以上两种意义上仍是外在于我们的。在我们看来,英国十七世纪哲学受经验主义的兴起所支配。但是,在最著名的大致被称为“剑桥柏拉图主义者”的思想家群体中,例如,亨利·莫尔、拉尔夫·卡德沃斯、本杰明·惠克考特、约翰·斯密,爱拉斯谟的传统仍旧有生命力和战斗力。[④]以一个把人类看作内在地与上帝协调的人的名义,他们强烈地反对外部律令信仰。人类在恐惧中靠近上帝,因为上帝是一个不可测知的律令制造者,他的判断完全超越人的理解,实际上,可能已经在责怪我们,不管我们目前渴望改革。

> 真正的宗教的精神是一个更自由的、高贵的、坦率的和慷慨的本性的精神……它[神圣的爱]融化所有那些奴性的恐惧冻冰和封闭的冰冷情感,使灵魂充满欢悦和自由,高贵地献身于追随上帝的所有意向里。[⑤]

斯密反对一种恐惧的宗教,一种关于“对上帝命令的强制的和强迫的服从”的宗教,他把它看作一种奴性的宗教,这种宗教把上帝作为严厉而反复无常的专权者看待,它“导致……被迫的和无味的奉献,缺少精神上的活力和爱”。

> 宗教不是闷闷不乐的斯多葛主义或压抑的忧郁,不是用来统治那些爱和快乐的高贵而有生机的情感的迷人暴政……相反,它充满了生机勃勃和男子气概的愉快和高兴,像提升和使灵魂崇高,不会削弱或挫伤其活力及力量。[⑥]

---

④ 见卡西尔:《柏拉图学说的复兴》中的讨论。

⑤ 约翰·斯密,引自卡西尔:《柏拉图学说的复兴》,第164页。

⑥ 同上,第163页。

斯密把关于恐惧的宗教和关于爱的宗教，一种奴性或强迫的奉献和自由的奉献作了对比。宗教是“真正高贵和神圣的自由”的“母亲和护士”。
250 但他也使用将在现代文化中有巨大发展的其他形象：

> 世上有一种机械的基督教，在它们范围内找不到活生生的行动，只是创造一种技艺满足自己……但真正的宗教不是技艺，而是一种包含所有在它之内的它的动机的律令和尺度的内在本性。⑦

有机的对人造的，活生生的对机械的：卡西尔在剑桥柏拉图主义者那儿正确地看到了后来浪漫主义的一个根源。它好像是已划出了斗争路线，斯密已看到机械主义和他在攻击的整个宗教观的重要而密切的关系。

当代文化的一个主要特征的另一种表达是“内在本性”。斯密又一次攻击了意志主义的关键点，它使上帝的意志成为某种外在于本性倾向的东西：

> 如果能够设想上帝会把宗教植根在与它没有密切关系或协助同盟的灵魂中，它会在那儿成长，但却作为一个奇怪的裂片。然而，在把他的律令给人类时，上帝不是以某种想象的武断方式，利用他的绝对统治权随意指令任何事物。⑧

自愿原则的主要辩词是“任意的”意志必须来自上帝，否则我们就认识不到他的绝对统治权。坚持本性的善的学说，本身就是对上帝权力的否定，是对上帝尊严的有意冒犯。对这一点，剑桥的思想家们回答道，意志

⑦ 约翰·斯密，引自卡西尔：《柏拉图学说的复兴》，第164页。

⑧ 同上书，第165页。

论者正把他们自己的“暴躁和自我意志”归咎于上帝，好像他是“易于被谄媚怂恿”的人类暴君。[9]正如惠克考特提出的，“在上帝那儿，有比权力、意志和统治权更美好的东西，即他的正直、他的善良意志、他的公正和智慧等”。[10]

剑桥的思想家以趋向善的本性的目的论学说反对意志论，这根源于柏拉图主义流派，因此，这一词语通常是为他们熟知的。正如卡西尔已指出的，它们的根源在于文艺复兴时期的柏拉图主义，它在十五世纪得到了菲奇诺与皮科的发展。这恰恰是受普罗提诺影响很大的柏拉图主义。它是一种爱在其中有重要地位的学说；不仅是低等对高等表示的上升的爱，柏拉图的erōs(爱情)，而且还有高等自身表现的对低等的关爱，这易于等同于基督教的agapē(圣爱)。这两者一起形成了贯穿宇宙的巨大的爱的循环。[11]除了它与新的机械论哲学不一致之外，无法想象别 251
的。根据他们的自然哲学，卡德沃斯和他的同盟为反对将来而与维护旧制度的努力作斗争。[12]他们的“柏拉图主义”的驱动力是宗教上的和道德上的，在这一领域某种崭新的东西正在蔓延。奥古斯丁精神的分支正把“柏拉图主义”转换成某种不同的东西。这就是斯密使用“内在本性”这一表达所反映的东西。为了更好地理解这指什么，我们不得不提出建立在爱拉斯谟传统上的各种自然神论。

---

⑨ 约翰·斯密，引自卡西尔：《柏拉图学的复兴》，第165页。

⑩ 本杰明·惠克考特：《训诫》，引自同上书，第82页。

⑪ 例如，卡德沃斯表明普罗提诺的流溢说的影响是通过菲奇诺传道的，在其《真正的理智系统》(True Intellectual System)中，他肯定了宇宙中的万物是“从高级降落，滑向低级的，所以万物的最初并不是有缺陷的，而是最完美的存在”，引自卡西尔的《柏拉图学说的复兴》，第137—138页。

⑫ 就所涉及的物质世界来说，尽管卡德沃斯接受了笛卡尔的机械论。见他的《永恒不变的道德》(Eternal and Immutable Morality)(London，1731)。但把这一点移植到柏拉图—普罗提诺形式理论上的企图，走向一种非常奇怪的物理学。

在效果上，通过使这种神学经历自然神论的两个关键原则限定的转换，我们可以达到这一点：(1) 给予人作为自律理性者的主体以重要位置。(2) 神恩的划分。在英国世纪转换的特殊环境里，表现出这个特征的是沙夫茨伯里。这位第三伯爵大概是从他的老师洛克那儿获得了他对自主理性的忠诚，但他的反洛克道德观的大量灵感，是来自剑桥的柏拉图主义者。他出版的第一部作品是惠克考特说教的翻版。

我说的是他的灵感，而不是他的学说。在所有传统哲学观点中，沙夫茨伯里与斯多葛派最接近。他的先师是爱比克泰德和马可。人类最高的善是爱和从世界的整个过程中获得快乐。获得这种爱的人就会达到一种完美的安宁和平静；他是抵挡所有敌对命运的保护伞；尤其是，他能持续平稳地爱他周围的人，不因他自己的痛苦和失望，或者他自己的部分利益而改变。他获得了“丰富的情感，不间断的友谊的履行，持久的善意和宽厚”。[13]而且，这种爱本身就带有最大的精神满足。因为我们本质上热爱秩序和美，最高、最完整的秩序和美是最大的快乐的目标。“因为这样一个神圣的秩序，没有被狂喜和入迷地沉思过，是不可能的”。[14]

既然我们有一个热爱整体的自然倾向，我们追寻的目标有可能被否定地表达——就像清除这种爱的障碍一样——这是由于我们认为世界在某种方式上是不完美和糟糕的。[15]和他的斯多葛派先师一样，沙夫茨伯里认为，致使我们与和平与安宁分离的是我们的错误意见，由此，我们把宇宙中的某些事物看成罪恶和不完美的。正确的意见使我们能

---

⑬ 《哲学的特征》，载《安东尼，沙夫茨伯里伯爵的通信和哲学特征》，本杰明·兰德编(London：S.Sonnenschein & Co.，1900)，第54页。

⑭ 《关于美德或荣誉的研究》(An Inquiry Concerning Virtue or Merit)，载沙夫茨伯里：《人、行为方式、意见和时代的特征》(Characteristics of Men，Manners，Opinion，and Times)(London，1711；New York：Bobbsmerill，1964)，第1卷第279页。

⑮ 《道德家》(The Moralists)，载沙夫茨伯里《特征》，第2卷第20—22页。

爱天命。[16]我必须热爱发生的一切，把它看作是适合我的情形，并与整体相一致的，纵然“城市的洗劫和人类的覆灭”。[17]

我们可能省略了沙夫茨伯里如何使他自己和我们相信所有这些灾难确实是符合事物秩序的细节。事实上，他没给我们很多细节。但某些原则——善需要不幸衬托，部分有污点的工作是为了整体，宇宙必须由普遍规律所展开——在十八世纪的天命论中成为伏尔泰在《老实人》中 252
猛烈讽刺的那种标准。然而，沙夫茨伯里真正的论证根本不是这种邦格罗斯式的层次上的。关键的观点是斯多葛派的，除了我们自己的心灵、意志或自身的状态，没有什么东西可以使我们苦恼，或者对我们来说是至关紧要的。“我自己关心的是真理、理性和我自身范围内的权利”。[18]在依赖我和不依赖我的事务之间，沙夫茨伯里作了他自己的爱比克泰德式的区别，接受只与自身相关的前一种的指令。[19]一旦这就是秩序，那么即使我立刻死，也不会使我痛苦，沙夫茨伯里接受了爱比克泰德的优美比喻，一部分要感谢宴会的主人[20]或者，更夸大地说：

> 万物消耗并正在死亡；一切加速其消解……天天都有死亡——朋友们一个个离开，事故和祸患即将来临，疾病、瘸腿、耳聋、失明、失去记忆、肢体残缺……一切都是痛苦、失望和遗憾。我们徒劳地竭

---

⑯ 沙夫茨伯里：《哲学的特征》，载《生活和信件》，兰德编，第23—24页。又见这一著作中关于痛苦不可忍受的论述是错误意见的进一步陈述。

⑰ 同上书，第30页。

⑱ 同上书，第232页；强调起源。

⑲ 沙夫茨伯里：《哲学的特征》，载《生活和信件》，兰德编，第7—8页；又见《多方面的反思》(Miscellaneous Reflections)，载沙夫茨伯里的《特征》，第2卷第280页。

⑳ 沙夫茨伯里：《哲学的特征》，载《生活和信件》，兰德编，第262页；又见《道德家》，载沙夫茨伯里：《特征》，第43页。最初的比喻是在爱比克泰德的《言谈录》(Discourses)中，第2卷第1章第39节。

> 力驱赶这些念头；我们枉然地力求摆脱这些想法；并枉然地力求通过幽默和娱乐使我们自我打发；那只会落入低层。他，只有他，在任何时候都是幸福的，他能面对这些事情；他平静地、目不转睛地看它们；他知道所有的要点和结论，等着完成他的职责，在这一过程中他只关心去做属于他的那部分，保护他的心灵完整、平安、不动摇和不受玷污；在与人类的友谊方面，在与有关原初心灵的同一方面，所做的或能发生的，无非是最可同意或践行的东西，及属于普遍的善的东西。[21]

上帝也在此担任角色，但正如在斯多葛派那里一样，上帝是这一秩序的缔造者。他非常不同于亚伯拉罕的上帝、启示的上帝。沙夫茨伯里更多地把他视为不仅仅设计，而且是推动和激励整体的精神。西奥克勒斯是对话体作品《道德家》中真正代表沙夫茨伯里讲话的人物，他这样对神说：

> 哦，伟大的守护神！独一无二的鼓舞和激励力量！这些思想的作者和主体！您的影响是普遍的，在所有事物中您是最深入的。依据您建立了它们神秘的行动动力。您以一种不可抗拒的不倦力量推动它们，通过神圣的、不可违背的律令，构造每一个特殊生物的善，就像最好的可以与完美、生活和整体的活力相称一样……您是最初的灵魂、传播者、生命的源泉、振奋人心的整体。[22]

253 爱和肯定世界秩序的目标也可能说成是使我们的个别精神与宇宙精神协调一致："个别精神应该依照普遍精神来追求其幸福，努力在其最单

---

[21] 沙夫茨伯里：《哲学的特征》，载《生活和信件》，兰德编，第256—257页。

[22] 沙夫茨伯里：《特征》，第110、112页。

纯和最优秀方面模仿它”。[23]这一概念使沙夫茨伯里在他的《研究》中，以令人吃惊和困惑的方式提出了有神论对无神论的问题。有神论者认为“为了最好，通过正在设计着的原则或精神及必然的善和永久性，一切都被控制、秩序化或规范化”。[24]典型的无神论者是伊壁鸠鲁的信徒。它真正攻击的是这种秩序或宇宙中缺少这种秩序。把宇宙作为一个单一整体，就像一棵树，其各部分是按最佳原则秩序化的综合，[25]这把我们置于通往上帝的路途中。

我们能够理解沙夫茨伯里为什么坚定不移地不仅反对超奥古斯丁的基督教，而且反对它在洛克自然神论中的分支。他把上帝的律令的概念作为外部的东西而完全加以拒斥。最高的善不蕴藏在任何武断的意志中，而是在宇宙自身中；我们对它的爱不是在惩罚威胁下被命令的，而是自发地来自我们的本性。有时，他紧密回应剑桥作者的说法——对一种将上帝描述为一个妒忌的存在，将人类描述成由于害怕惩罚而服从他的意志的宗教加以谴责。“那么它是如何产生的……根据神向我们传达的，与慷慨大方，男子气概和非凡相比，他应该更像我们本性中软弱、女人气和无能的部分？”[26]关于恐惧的宗教，其中人是被奖惩的期望推动的，这窒息了真正的虔敬，“因自身的缘故而爱上帝”。[27]这种宗教毁于“唯利是图和一种奴性精神”。[28]洛克的神学也应得到这一尖刻的称

㉓ 《道德家》，载沙夫茨伯里《特征》，第2卷第106页。

㉔ 沙夫茨伯里：《特征》，第1卷第240页。

㉕ 《道德家》，载沙夫茨伯里《特征》，第2卷第99—100页。

㉖ 《关于热情的一封信》(A letter concerning Enthusiasm)，载沙夫茨伯里《特征》，第1卷第28页。

㉗ 《研究》，载沙夫茨伯里《特征》，第1卷269页。

㉘ 《道德家》，载沙夫茨伯里《特征》，第2卷第55节；又见《常识》(Sensus Communis)，第2卷第3章，第3卷第3章，载《特征》，第1卷第65—69、77—81页。

号。但是洛克也因更糟糕的事情受到了指责:他继续了霍布斯的工作,而且否认我们对善的内在爱好。根据这一观点,没有什么东西是好的或坏的,可尊敬的或内在地可鄙的,而只有由处罚支撑的、与为堕落而制定的某些律令或规则相关的东西;“所有的行为在本质上都是无差别的;它们没有它们自身的善或恶的标记和特征;而只是靠时尚、律令或任意的宣告区别开来。”[29]没有比这更错误的东西了。说德性和罪恶、尊敬和不敬可能是任意宣告的事,与说“对和谐的量度或规则乃反复无常或任意的,乃幽默或时尚”,是同样的荒谬。[30]在反对霍布斯——洛克的本性无差别的论题中(我称之为道德的外在性理论),沙夫茨伯里反复提到音乐的这一点类似——也类似建筑和绘画。对与错恰如和谐与不和谐一样,被固定于自然的标准上。[31]类似和谐或数字比例的东西,会在所有这些领域中找到。在《忠告》中,真正的艺术家被说成是对“使精神和
254 谐的数字不感到困惑的人。因为无赖行为就是不协调和不成比例”。[32]他不得不注视或聆听“这些内在的数字”。[33]“真正正直的人……在心灵上产生效果的不是匀称的外部形式,而是内部特征、心的和谐和数字以及

㉙ 《给作者的忠告》(Advice to an Author),载沙夫茨伯里《特征》,第1卷第227页;又见第2卷第139—140页,第2卷第293—294页。在第2卷第78—84页,沙夫茨伯里使对话中的老人成为相当令人不快的,有敌意的人,简单地说,即为人本性上并非是社会的,而且离开自然状态必然患病观点辩护。他受到严厉压制。洛克和霍布斯的结盟出现在沙夫茨伯里一七〇九年七月三日给迈克尔·安斯沃斯的信中(第403页):“正是洛克先生击中了要害:清洗了霍布斯先生的哲学中占统治地位的毒素,即它的特征和基本奴性原则。是洛克攻击了一切根本法则,一切秩序和德性都抛出世界,使这些思想违背常理……还有德性,在我们心灵中没有基础”。

㉚ 《忠告》,载沙夫茨伯里《特征》,第2卷第227页。

㉛ 这一类此出现在沙夫茨伯里著作的其他地方:《特征》,第1卷第214、251—252、314页,第2卷第129、177页;《哲学的特征》,载《生活和信件》,兰德编,第54页。

㉜ 沙夫茨伯里:《特征》,第1卷第136页。

㉝ 同上书,第1卷第216页。

情感的美”。[34]沙夫茨伯里使用的这些道德描述词语的意思是什么?对我们来说,它并不完全清楚,或许对他来说也不是十分清楚。显然,它有一些柏拉图—毕达哥达斯的背景,这可能是通过菲奇诺和剑桥柏拉图主义者传给他的。但这就意味着他要把道德视界比喻成数学吗?这是一条被这一时期的许多思想家探究的思想路线,像塞缪尔·克拉克一样——例如,牛顿的合作者和威廉·沃拉斯顿[35]也在试图反对外在性理论。他们谈到某种“适当的”行为——例如,为了获得的利益而感恩戴德——这似乎是类似于逻辑真理的东西,其矛盾是无意义的。格劳秀斯在他的*de Jure Belli ac Pacis*(《战争与和平法》)[36]的导言中似乎援引了这种原则。它与这种形式的唯理论有些关联,因为它似乎是击败外在性理论的惟一途径。

“理性主义者”这一词语在某种意义上能够被用于沙夫茨伯里。他确实接受了上面提到的自然神论的一个主要原则:他不接纳任何形式的不相信自律理性的宗教权威。[37]他和他的导师一起,以这种方式参与了朝向启蒙的普遍运动。这是他与他的老师和祖父共有的辉格党政治

㉞ 《多方面的反思》,载沙夫茨伯里《特征》,第2卷第177页。

㉟ 塞缪尔·克拉克:《自然宗教学说》(Discourse of Natural Religion),载《英国的道德家,1650—1800》(British Moralists,1650—1800),D.D. 拉斐尔编 (Oxford:Oxford University Press,1969),第225—226、230—232页;威廉·沃拉斯顿:《自然宗教描述》(Religion of Nature Delineated),载《英国的道德家》,拉斐尔编,第274—290页。

㊱ “自然法则”[jue naturale]是正确理性的命令,显示着来自与理性一致或不一致的任何行动的道德必然性或道德堕落,因此,这样的行动要么被禁止,要么是“上帝”的命令,格劳秀斯:《战争与和平法》(de Jure Bellica pacis),第1卷第1章第10节;“与理性存在建立起来的社会性不相容的事物是不正当的”,同上书,第1卷第1章第3节。

㊲ 《关于热情的一封信》,载《特征》,第1卷第3页。沙夫茨伯里提出,在评价热情的主张时,“要判断这一精神是不是上帝的,我们必须先判断一下我们自己的精神是否是理性的和正确的;是否符合严肃、冷静和公正的判断,是否摆脱了各种偏激的情感,各种轻率的空想或令人忧伤的激动”。

的一部分。但我认为,他不是克拉克那种意义上的理性主义者。在他的数字和比例后面，关键的类比似乎不像秩序整体要求的那样具有这么多的数学必然性。善的生活、善的品格就是其中的一切不多不少地占据其正确的空间和比例。因此,关键的概念是某种类似于原初柏拉图或斯多葛派的事物整体、善的秩序化的东西。人们通过领会置身其中的秩序,找到了据以生活的标准,正确本性的确定准则。善良的人热爱事物的整体秩序。

在此,我们有了一个洛克的自然神论的对立面,它包括自律理性和使神恩退场,但其道德根源完全不同。不是在分解性主体的尊严中找到这些,不是把中性的本性客观化,而是在我们对作为善的整体之爱的本性的内在爱好中寻找它们。洛克的自我分解不只是一个错误,其方式显然是使这些根源被遗忘,从而失去它们以及与善的联系。这就是沙夫茨伯里不得不把外在性理论作为令人讨厌的东西加以批驳的原因。这确立于我们自己对整体之爱重新约定的方式。

255 至少如我们在沙夫茨伯里那儿看到的，这种反洛克自然神论听起来好像采取的是纯粹向古代模式、向柏拉图尤其是斯多葛派的复归的形式。我们可以把它看作部分是“异教”的复苏,有人把其视为启蒙运动中的主要线索。[38]但这太过性急了。事实上,因为它的斯多葛派抱负,沙夫茨伯里的哲学主要是由人们称为“后基督教”的现代思想模式定形的。这就是为了理解他的理论在他那个世纪及其后来的影响,我们不得不考察的东西。

在此,我想说明沙夫茨伯里的语言有两个方面是现代的。这并不是说在他的显示其时代的思想中不存在其他的方面，而是说这两个方面在取代洛克自然神论的可选择的理论形式中具有特殊的重要性。它

---

[38] 见彼得·盖伊:《启蒙运动:一种解释》(The Enlightment: An Interpretation),第1卷:《现代异教的兴起》(The Rise of Modern Paganism)(New York: knopf, 1966)。

们都反映在沙夫茨伯里使用的一个关键词语中。这就是他经常谈到的“自然情感”。我们在本性上热爱整体的论题被表达为,如果我们正确地理解我们的状况,我们的自然情感会超越我们直接的家庭和环境,达到对全人类的无私的爱。[39]自然情感是把社会团结在一起的东西,正确地理解它会凝聚整个人类。与对错感一样,它是每个人固有天赋的组成部分,这是被外在性理论的提倡者所忘记的。[40]

我发现,这一术语反映两个特征:(1) 本性的目的论伦理学的内在化,或者我们可以称为“主观化”;(2) 从关于秩序、和谐与均衡的伦理学到仁慈的伦理学的转变。在每种情况下,沙夫茨伯里的思想本身到底在多大程度上反映这些变化,这一点并不清楚。可以肯定的是,它们是他的语言向他同时代人所暗示的东西,这一点也是他能启发的道德感理论最明显之处。

1. 沙夫茨伯里所依靠的古代理论,即柏拉图和斯多葛派的理论,不是以内在性的语言表达的。正如我在上面论证的,这并不单单是语义上的偶然。[41]我们热爱善,我们所爱的善存在于事物的秩序中,也在于与本性相一致有智慧的人的灵魂中。但这些秩序的第二级(人)不是自给自足的:我们只能在理解和热爱事物的秩序中拥有灵魂中的秩序。对柏拉图来说,这意味着一种对至善的洞见;对斯多葛派来说,这意味着理解和肯定世界的过程。这一点把他们的伦理学与伊壁鸠鲁学派的伦理学区分开来,后者在这方面是古代道德家中的怪人。对在欧洲传统中扮演支配角色的伟大理论来说,灵魂的善包含热爱宇宙的善。

然而,假设我们问:我们为什么要热爱宇宙的善?答案是简单的:我们是有理性的存在物。理性得到了实质上的理解:合理性是把握事物秩

---

[39] 见沙夫茨伯里:《哲学的特征》,载《生活和信件》,兰德编,第1—10页。

[40] 见《研究》,载莎夫茨伯里:《特征》第1卷第225页,259—260页。

[41] 见第五章。

序的能力,它本身是理性的反映。没有其他的"动机假设"是必要的。当
256 人们理解理性时,热爱理性秩序就是理性存在物的本性。问题是他们没有能力理解它。由于他们只关注可觉察的事物,所以他们是盲目的;或者他们具有采用激情形式的错误意见(dogmata)。

正像我们要说的,关注的焦点并不是内在,在心灵"之内"的动机确切地说,宇宙的善就是被爱,因为本质上它是可爱的,这就是要说的一切。

基督教思想引进了一个变化,它在奥古斯丁那里得到了很好的表达。这种向善的自然爱好可能失败;我们因滥用意志而陷于堕落。我们身上潜在地有两种爱:高级的和低级的,博爱和俗人的欲念。因为我们是上帝创造的,所以我们热爱善;但因为我们变化了,所以又陷入罪恶。它不足以使善对我们是不言自明的;意志也许不得不通过神恩而转变。正如我们在前面所见到的,这种变化是与奥古斯丁和继承他的内在性语言文化的发展联系在一起的。

沿着我前面描述的伟大的文艺复兴时期的转换和内在性强化,等我们到了沙夫茨伯里的时代的时候,这一语言已经变得不可避免了。人们禁不住用这些术语来思考。沙夫茨伯里不断根据转向内在的,或者对关于内部事物的关注,来表达他的斯多葛派信念和情感。[42]他经常把精神说成自我,实际上是把心灵与自我这两个术语当作爱比克泰德"hēgemonikon"(灵魂)同义词。[43]

---

[42] 例如:"我自己关心的是我自身内的真理、理性和权利";沙夫茨伯里《哲学的特征》,载《生活和信件》,兰德编,第232页,强调起源。稍后,他警告我们,不要只关心创造我们自己的优美环境,而要"记住里面的庭院和墓地",在那里,一切都经常是"恐怖和荒诞的",第247页。在《忠告》中,他谈到"低级数字",《特征》,第1卷第214页;又见第2卷第143、177页。转向内在的号召,经常出现:见《特征》,第1卷第29、31页,第2卷第274—275页。

[43] 就"自我"的用法,见《道德家》,载沙夫茨伯里:《特征》,第2卷第105页,同上,《哲学的特征》,载《生活和信件》,兰德编,第129、136、150、255页。

但是,还有一个向现代的主体化进一步深入的步骤。这是我们对前面的问题——为什么我们要热爱宇宙的(或任何其他的)善?——作出全然不同的回答之所在。这个回答不是针对客体的内在可爱性的能力,而是针对某种被植入主体内的倾向。单词“爱慕”向一个现代社会提出的就是这种回答。这种解释转向了情人的动机特征。

这并不是说“现代的”解释必须把善视为只是“主观的”,视为主体投向中立宇宙的影子,这是我在第一编讨论的伦理学“投射”理论。我们可以说,这分明是现代论述的主要倾向,是它们的一个主要企图。然而,这并不是向内在性转向的惟一可能的理由。

正如我们经常所见,基督教思想的分支没有轻易地接受把有秩序的宇宙作为善的尺度。路德主要不是把人理解为**理性动物**,而是有宗教的**类存在**。人类渴望上帝。在这种看法中想象我们寻找最高的善的始发点内在于我们的渴望和我们的缺憾中是非常可能的。这毕竟正是奥古斯丁赞成的过渡路线,即通过意识到我的不完美而证明上帝的存在。帕斯卡尔是第一个探究这种至今仍具有相关性的整个现代不安的人。在下一章,我们会看到使我们的内部动机成为中心的自然神论理论,不过,它不是投射论的。

甚至在有神论的视线外,也很有可能作这样的理解:最佳的善的理论是实在论的理论,它对向我们的领悟开放的事物与生活之价值作了最好的论述——实际上,在不想对事物如何在宇宙“本身”内或没有人的宇宙中如何存在下断言的情况下,那是我想为之辩护的观点。实在论 257
的观点完全与这一论题相一致,即善的界限就像我们能够领悟的一样,是由世界为我们而存在,因我们而具有其全部意义的事实中开放的空间规定的——海德格尔称之为“澄明”。[44]

一旦这类主题中的一个被接受，那么就这点而言，即我们完全能说明善出现于其中的这个空间的存在，这种说明不可能只根据作为自我展示的实在的宇宙；它也不得不根据我们自己的构成。古代的观点是质朴的。我们企图说，其质朴性在于根据宇宙“an sich”（自身）来详细解说和分析善。然而，这是时代误置。古代的多数传统没有提出这样的问题，对此问题事物自身的善的理论是一种回答。这预先假设了，我们严格地把精神和自然分离开来。“eidos”（实质）或形式的观念反对这一分离。事物的本质是与精神（nous）和理性（logos）紧密相关的实体。[45]柏拉图的理念并不只是等着去被观察的客体；它们是自我展示的；按照他的主人比喻，理念的理念本身是光明的来源。逻各斯是实体性的。

但对我们现代人来说，问题迫切地出现了。即使在帕斯卡尔的动机没有展示出来的地方，宇宙的机械论图景和对主体的分解性态度协力促成了精神和物质之间的分离，甚至是鸿沟。无论答案是什么，对那些像某些浪漫主义者一样努力把精神置回到自然中的人来说——事实上，尤其是对浪漫主义者来说——关键问题是关于主体的性质。这采取了问题形式，使主体认识和热爱善的东西是什么？只用古代术语“有理性”来回答这一问题已不再可能，这个术语是意在了解事物内的比率，是一种草率地结束争论的反应。

只要这个问题是合适的，善的性质和条件的研究就使我们向内和

---

[44] 林中空地（Lichtung）；这个词出现在《存在和时间》中，但在海德格尔的后期著作中用得更经常，用来谈论使事物的出现成为可能的一切现象的背景。见查尔斯·吉农：《海德格尔和知识问题》（Heidegger and the Problem of Knowledge）（Indianapolis：Hachkett，1983）中的讨论，第70页。

[45] 这样，在柏拉图《斐多篇》中，苏格拉底把理念理论解释为对阿那克萨戈拉努斯（nous）是万物的基础这一名言的正确解读的表述。对亚里士多德来说，知识中对象的本质（eidos）等同于认识者的理性（nous）。

向外一样多;我们应当检验我们自己的愿望、渴求、倾向和感情,就像检验事物的构成一样。这是与主观化的充分的推动力所等量齐观的东西,在那儿愿望和渴求成了考查的关键所在。善与恶取决于我们的情感的本质,这变得可信了。甚至那些渴望在自然中重新发现精神的浪漫主义者,也通过内在性的转向领会了精神的本性。 258

一旦这种内在化发生了,那么很清楚,投射主义就成了主要的诱惑,投射主义者和实在论者之间的争论就成了占统治地位的问题。但在十八世纪之初,我们还没有真正达到那一点。这是道德理论内在化建立并成为更广泛的文化组成部分的时刻。这是作为道德范畴的情感在许多方面都变得重要的世纪,包括一种有影响的道德情感理论。

在我看来,沙夫茨伯里本人与古代斯多葛模式太接近,从而使他不能采取这一步骤,至少不能彻底且毫不含糊地采取。不过,他的术语"感情"强烈地提出了内在化。有时,他确实提到"道德感",[46]这逐渐成为后来的情感理论中的关键术语。无论是否情愿,他确实对这一理论有贡献。至少他的表达模式是对其源于古代的理论的现代扭曲的一种方式。

2. "感情"一词也表示了另一方面。沙夫茨伯里依赖的古代理论,是把灵魂的和谐与均衡作为其主要目标的。甚至在我们处理对待他人的方式上,平衡和秩序都是关键的。正义和节制应该是我们对待他人的主要美德。斯多葛派作家的戒令是众所周知的,[47]在同情另一个人的不幸时,我们的确应该慰问地谈论,但不应为怜悯而动。

这是基督教不同于异教思想的一个基本方面。最高的美德是一种爱,是慷慨地给予,其典型范例就是为他人献出生命。道德生活的重心改变了。这两种道德观在基督教文化中被连在一起,当然,这种联合并

㊻ 见《研究》,载沙夫茨伯里《特征》,第1卷262页。

㊼ 爱比克泰德:《手册》(Encheiridion),第16卷,建设我们应向受到某种损害的朋友表示同情,但我们不应真正悲伤。

不容易，最和谐的大概表现在著名的托马斯主义教义中，它给本性的美德添加了三个“目的论的”美德。

随着对日常生活的肯定，agāpe(圣爱)被以一种新方式整合到关于日常生活的伦理学中。我的职业工作，应该是为了普遍的善。这种实际帮助、与人为善的主张，在各种半世俗化继承者——例如，培根和洛克——的伦理学中得到贯彻。我们与他人相处的主要美德，现在不再是正义和均衡，而是仁慈。随着伦理思想的内在化——在那里倾向性成了至关重要的东西——仁慈的动机就成为善良的关键。

在这一转变中，沙夫茨伯里处在岔道口上。他和他的古代先师们一
259 样，仍然说善的生活产生“永恒的满足，永恒的安全、安宁和平静”；[48]西奥克勒斯在《道德家》中，描述了一个善良的人，“通过把持续和确定的秩序、和平与协调的基础置于自身内，而成为他自己生活和命运的真正设计师”。[49]不过，在这些位置之前，上面列举的三个术语应加上“慷慨的爱，不受干扰的友谊的践习、持久的善良和宽厚”。对沙夫茨伯里来说，行善也有关键的重要性。他太现代了，的确是洛克时代的产物，更不用说他作为导师的切身经历，因为那是另一方面。

然而，他仍然呼吸着斯多葛派平静而安宁的气息，或者渴望这样。我们不得不等待他的继承者领会被提升的主要美德的仁慈。

我们就此所看到的一切，都在道德感理论中得到了阐述，这种理论是由沙夫茨伯里帮助激发的，其主要代言人是弗兰西斯·哈奇森。

第二节

哈奇森是外在性理论的激烈反对者，在这一点上，他比沙夫茨伯里更激烈。他的《我们的美和德性观念的起源研究》的部分副标题是：《根

---

[48] 沙夫茨伯里：《哲学的特征》，载《生活和信件》，兰德编，第54页。

[49] 《道德家》，载沙夫茨伯里：《特征》，第2卷第144页

据沙夫茨伯里伯爵晚期原则的解释和辩护,反对〈蜜蜂寓言〉的作者》。曼德维尔是后面这部作品的作者,他是热烈争论的中心,因为他企图说明通常被认为邪恶的东西如何趋向社会的善,根据这一点,后来亚当·斯密把其并入主流思想,借此我们今天划分为"经济学"。这一工作似乎是对德性与罪恶的区别的合理性的攻击。

但事实上,哈奇森没在曼德维尔身上花太多时间。更厉害的对手是外在性理论派别的道德家,他们认为善确实不同于恶,不过,他们使善最终依赖自爱或自我利益,一旦我们考虑我们行为的全部后果,包括神的奖惩。这一流派包括古代伊壁鸠鲁学说的信徒和他们的现代追随者(哈奇森把霍布斯和拉罗什富柯列入这一流派),它还包括某些"该体系的基督教道德家",虽未提及名字,但其中不难知道有洛克。[50]

这对哈奇森来说是错误的,正如我们将要看到的,它是灾难性的错误。他甚至没有被吸引来采纳外在性观点,因为这一观点似乎悍然不顾最明显的人类经验。很显然,只要我们有道德地行动,就不是自我主义的,而是受某种慷慨的动机推动的。在道德上,我们通常钦佩一个忠诚于他的事业的勇敢的敌人,而鄙视叛变他的同伙,尽管这对我们是有利 260
的。关于我们的愿望和情感的外在性理论的论述不是真正可信的,因为它使"其论述的最慷慨、善良和无私的情感出自自爱,依赖某些微妙的理性训练,而这对于正直的心灵常常是完全陌生的"。[51]善良和慷慨对我

---

[50] 弗兰西斯·哈奇森:《论激情和感情的本性与行为,论及对道德感的阐释》(An Essay on the Nature and Conduct of the Passions and Affections, with Illustrations upon the Moral Sense),1742年第3版的重印本(Gainesville:Scholars Facsimile Reprints,1969),导言,第210—211页。此后称《阐释》。

[51] 弗兰西斯·哈奇森:《论激情和感情的本性与行为》,1742年版重印本(Gainesville:Scholars Facsimille Reprints,1969),前言,第6页[以后称《文论》]。又见《阐释》,第211页:"机智多谋的思辨的人,在他们支持一个假设的努力中,可以造出一千个微妙自私的动机,这是善良宽宏的心灵永远梦想不到的"。

们来说是自然的。在较早的时代,哈奇森或许倾向于说是“先天的”,然而,他内化的洛克心理学足以让他避免这样做。因此,他主张这些情感本质上是我们逐渐具有的,就和我们正常身材和外形的发展一样。[52]但如何根据我们的心理学来解释这些推动力呢?哈奇森依靠洛克的概念,并以道德感作为它们的基础。感觉就是把观念传递给我们的东西;它被动地起作用,它的传递不会被进一步斟酌或怀疑。正因为它们被动地产生,没有我们的任何解释,所以被当作没有理性的材料,当作知识的奠基材料。[53]洛克就是这样。哈奇森定义的感觉也是这种意义上传递观念的东西。[54]我们的道德判断和动机绝对不能派生于任何单纯审慎的道德判断和动机,这隐含在我们具有道德感这一论题中:“某些行动必须操纵直接的善”,这通过“一种优良的感觉,我称之为道德感”。[55]还原的外在性理论在其轨迹中已僵死了。根据其定义,道德反应不可能被进一步解释。

这可能是达到这一目的的一种危险方式。依靠没有理性的材料构建道德判断,哈奇森开创了这样一种可能性,即把道德判断当作像任何其他事实上的反应一样对待,把它们加以分解,把它们只是看作投射。这种论述对投射主义者的理论是有利的,在那里,道德性质同化为第二性的质,并非现实中固有的,而是我们的构成的经验中有规则的部分。

---

[52] 哈奇森:《文论》,第200—201页。

[53] 约翰·洛克:《人类理解论》,P.H.尼迪茨编 (Oxford:Oxford University Press,1975),2.2.2。

[54] 感性是“我们的头脑接受独立于我们意志的观念、感知快乐和痛苦的决定因素”;哈奇森:《文论》,第4页。

[55] 弗兰西斯·哈奇森:《我们关于美和德性观念的起源的研究》(An Inquiry into the Original of Our Ideas of Beauty and Virtue),1725年版的重印本 (Hildesheim:Grorge Olms,1971),第106页。

就像我在第一编所描述的，[56]这一同化一直是我们时代投射主义“错误的”理论基础。有时，哈奇森本人似乎也拥护这种类比。[57]分析一下第二性的质的标准特征，它们与第一性的质相关，并被认为是后来出现在我们经验中的主观“色彩”的组成部分。根据这一观点，它们成为“主观的”，在于它们依赖我们的构成，如果我们的感官构成不同，它们也就会很不相同。

哈奇森似乎遵循这一类比，他承认道德感可能同样偶然地被看作依附于世界。他容许上帝分别把我们救起的假设，他认为这不是为了仁慈地对待他人，[58]甚或以他们的痛苦为乐。[59]哈奇森介绍这些可能性是为了赞美上帝选择的现行分配——证明上帝仁慈的旨意是他的一个主要 261
目的。但他没有看到，这是为相对主义大开其门，也未看到这使他关于上帝的道德善良性质的判断颇有疑问。[60]

---

[56] 见约翰·迈凯：《伦理学》(Ethics)(Harmondsworth：Penguin Books，1977)，第1章。

[57] 例如，在哈奇森《阐释》第289页，他举了一个与颜色的类比。

[58] 哈奇森：《研究》，第274页。

[59] 哈奇森：《文论》，第182页。同样，类似的观点用来阐释关于美感的最终武断的基础，《研究》，第42页：“存在无数的美的品味或体验是可能的。”

[60] 哈奇森在《阐释》第237页直面这一问题。但接着他开始逃避它。事实上，根据他的主张，这一问题似乎是不可解决的。如果我们回答上帝是仁慈的，而且我们被规定为赞成仁慈；所以我们判断他是善的，那么人们可能问，如果他使我们赞成残酷，结果是我们都(如同哈奇森认为我们会)是可悲的，我们会判断上帝是残酷的，并由此仍发现他是善的。哈奇森干脆认为，他正在这两个方案之间作某种判断；但这要求“善”的含义要独立于偶然构成我们道德感的蛮横的判决。以我在前面第一章第一节所用的语言，哈奇森描绘了我们无理性反应心理中的道德判断，但他想继续把它们作为对正确的对象的反应。他没有感到我们认为他应该感到的困难，因为他的基本信念——关于仁慈的善良性质和上帝慷慨的神意——事实上对他来说，具有绝对的地位，不是依他的心理学而定(无论多么困难，这可能会与那种心理一致)。从这种绝对立场来看，这两种方案是容易区别的，现存的体制是成功地得到认可的。

无论这一心理学可能打开通向相对主义和自然主义大门的程度有多大——这大概是休谟开始探究的通道——很清楚，这并不是哈奇森想要遵循的道路。不管他对它是否有权利，他有一个十分清晰而且强烈的上帝的善良性质的观念，这个观念先于他对我们禀赋的感觉的选择。善的问题就是它为我们设计的方式。我们是追求幸福的存在，这是以标准的洛克方式或多或少地根据快乐定义的。[61]幸运的是(1)我们的道德感促使我们仁慈，(2)仁慈是对我们的幸福最起作用的东西。

(1)是哈奇森的中心学说。在这方面，他完全是现代的。“所有在任何地方都被视为亲切的行为……总是表现为仁慈，或者发自对他人的爱，并顾及他们的幸福。”而且“我们的道德观念力劝我们去选择的行动，就像最完美的德性一样”，“似乎具有对我们的影响所能及的所有理性主体的至大至广幸福的最普遍、无限的意向”。[62]哈奇森试图把传统的四种德性和现代的仁慈力量协调起来。这样，正义被重新定义为“通过践行一切善的职责，不断研究促使我们力所能及的最普遍的幸福，这时，我们干涉这一系统就不会有更多的好处”。[63]

关于(2)，哈奇森是一个虔诚的信徒，完全相信在相互连结的宇宙中，上帝已为其居民设计了相互的善和幸福。万物为最佳状态一

---

[61] “幸福表示任何种类的愉快感觉，或这种感觉的持续状态”，哈奇森《阐释》，第207页；“幸福在于或者我的一切愿望的最大和最持久的满足，或者即使并非所有的愿望都能被立即满足，其中有最大和最永恒的快乐，免除一切痛苦和厌恶的对象，至少免除那些最难忍受的”，同作者，《文论》，第114页。

[62] 哈奇森：《研究》，第150、165页。在《文论》第118—120页，哈奇森直接攻击斯多葛派的apatheia(不动心)的理想。

[63] 弗兰西斯·哈奇森：《道德哲学体系》(A System of Moral Philosophy)，作者死后一七七五年版的重印本(Hildesheim：George Olms，1969)，第222页。哈奇森在《研究》的第126—127页，尝试对四种基本德性进行类似的归纳：“以致这四种品质一般被称为基本德性，获得这种名义是因为它们一般是促进公共的善所必需的性情，表示理性主体的感情”；又见同上，第272页。

起活动。

> 人怎么能把世界看成是在一种邪恶的本性的引导下，或者甚至怀疑十分完美的天命呢？大自然的秩序向我们指出我们真正的幸福和完美，自然地引导我们就像土壤、阳光和空气这几种自然力让植物生长，并达到它们物种的完美一样，所有这一切清晰程度如何呢？我们可以理解，注意一切感性万物最普遍的利益，就是每一人类个体的完美……而且，我们在世界中实际领会这一点的程度有多少呢？什么是彼此慷慨的同情、怜悯和祝贺呢？[64]

因此，不存在利益的冲突。每个人通过服务整体而最好地服务自己："他不断地追求公共的善，是促进他自己幸福的最可能的道路"。[65]当 262
然，这是那些外在性理论家的主张，他们想把道德建立在自我利益基础上。在这一点上，哈奇森与他们并无不同。他赞成坎伯兰和普芬多夫的"对这个世界人类环境的反思会提示，普遍的仁慈和社会的趋势，或者这样的外部行为过程，将最有效地促进每个人的外在的善"。[66]他甚至赞

[64] 哈奇森:《文论》,第204—205页。哈奇森的某些论证是关于世界是最完美的,甚至对潘格劳斯来说,似乎是过分描述琐事。哈奇森安慰他的(中产阶级和上层阶级)读者,因为他们或许具有这样的印象,即大量的劳动阶级是"可怜的奴隶",并认为低等秩序是比较粗劣的,并不关心那么多(《体系》,第196—197页)。其他说明仁慈情感的普遍性的论证,几乎都是在它们的创造者显示的稚朴善良本性中进行的。"人性不能是恶毒的漠不关心的憎恨,或者在他人的痛苦中获得平静的愉悦",《研究》,第132页:这句话不可能在我们的世纪被说出。《体系》,第156—157页,《文论》的第141页提出类似的观点;哈奇森甚至援引"自然的善良本能,以理解同情的客体",以解释人们为什么成群去公共刑场,并去看格斗者;《研究》,第217—218页。即使马奎·德·萨德生活在十八世纪的另一端,有时哈奇森似乎是道德哲学的神圣傻瓜,对于这个可怕的世界来说,他过于善良。

[65] 哈奇森:《阐释》,第227—228页。

[66] 哈奇森:《研究》,第274页。

同他们的这种看法，即让人们明白存在着利益的和谐，是非常重要的。[67]他不赞同的是，领会这一和谐实际上是推动我们走向仁慈。他为什么如此强烈地力图得出这一观点呢?从二十世纪的角度来写，这个世纪伦理学的基本问题已变得如此复杂和有争议，我们可能认为，我们把外在性理论看作是对道德的否定，代之的则是由之而来的投射理论。例如，戴维·费特·诺顿就是这样研究哈奇森的。[68]在这种研究中有些真理;终究，《研究》是想回应曼德维尔，他无疑被看作是一位道德的颠覆者。

但是，他想要批评的多数外在性理论家，并不是简单地拒斥道德，而且，他承认他们不是。他甚至认为他们的利益和谐的经验论证是合理的，有必要让人知道。重大的争端是在别的地方，即道德根源问题。外在性理论家在道德行为的主要动机的辨识上是完全错误的。他们否认正是鲜明的承认赋予我们道德生活的权利。当然，这是用我的术语表述它，不过，哈奇森似乎承认某种极为相似的东西。

按照哈奇森的想法，采用外在性的观点，或者只要不能承认我们本性中的仁慈，就窒息并削弱着我们的道德情感。如果我们相信我们的利益和帮助他人是对立的，这种事情就可能发生。这种特殊制止因素必须被置之脑后，这就是为什么我们必须说服人们相信，自爱与惠及他人并不矛盾。我们必须获得“这种高贵的性情”——“我们仁慈的自然倾向”——“从无知、错误的利益观的束缚中解脱出来”。[69]这纯粹是外在的制止因素，如此说来，是与我称为道德根源的东西毫无关系的。但是，哈奇森也主张，不相信我们自己的道德倾向也就阻抑着它们，认识到它们，就给它们以力量。承认我们身上善的主要动机，我们就会享受

---

[67] “表述这些自私自利的动机，使人们从事对公众有益的行为，当然是道德上最必要的说明”;哈奇森《阐释》，第283页。又见同一作者，《研究》，第227—228页。

[68] 戴维·费特·诺顿:《大卫·休谟》(David Hume)(Princeton:Princeton University Press,1982)，第1、2章。

[69] 哈奇森:《研究》，第252—253页。又见同一作者，《文论》，第8—9页。

它们，这种快乐使它们更强烈的溢出。这就是为什么建立他的道德感学说是关键的，这就是为什么必须反对厌世者的外在性理论。

在哈奇森的《论激情和感情的性质和行为》的前言中，他证明了激情研究的合理性，有些人可能认为这“对于一般的理解力过于微妙，因此对人的道德训练是不必要的，这是人类的普通事务”。但事实上，关于 263
激情“极大地有损于许多自然倾向已流行(外在性理论)；因为许多自然倾向在它们自己内部培养善良慷慨的情感的企图受到抑制，这是由于一种以前的观念，即自然中不存在这样的情感，对这些情感的一切伪装只是掩饰、做作，最好也只是某种非自然的热情”。[70]

要成为善的，识别我们自己善良性质的根源是重要的。这不仅在自身内，而且在我们的同胞身上，当然，也在设计这一切的上帝那儿。我们必须相信人性的善良性质。否则，

> 当出现任何微小的伤害、突然的憎恨或者任何稍微迷信的建议时，我们的仁慈如此微弱，以致会使我们陷入人类的丑恶概念中……似乎他们都是罪恶的、恶毒的，或者似乎他们是比他们实际所是的还要坏的存在；这些思想必定把我们引向恶毒的情感，或至少会削弱我们善的情感，使我们真正成为堕落的。[71]

理解人的善良性质会使我们变得更好。这就是为什么领会以下意思是重要的，“任何适度的情感和爱是无害的，它们中的许多简直是可亲的，是道德上的善：我们具有感觉和情感，引导我们走向公共的善，也走向

---

[70] 哈奇森：《文论》，第4—5页。

[71] 哈奇森：《研究》，第161页。又见同一作者，《阐释》，第237页：“神和我们的同伴对德性的评价，增进着善的感情，改善着性情：相反的评价，因经常加强厌恶，从而削弱了善的感情，损害着性情”。

个人的善；走向德性，也走向其他种类的快乐”。[72]

但是，如果理解我们自身和他人身上的善，释放这种善，并且使它更强烈，那么结果是一切都会变得更好，假使我们放宽视野并明白整个宇宙是善的，是出自创造者包容一切的仁慈。在上面我引用的关于世界的和谐秩序那一段落中，哈奇森评论了“彼此慷慨的同情、怜悯和祝贺”，他继续说：“自然界中无生命部分的繁荣状况没有使我们充满快乐吗？一种整个地球都能听到的声音，听起来是世界目的词语，没有告诫、规劝，并命令我们的本性去培养普遍的善和爱吗？”[73]

但最重要的，

> 我们的所有行为和享受中对上帝的持续关注，通过使之成为对他的感激和热爱的行动，将给每一德性以新的美妙；在每种娱乐中增加我们的快乐，因为这是他善的证据；这会给预言者以纯洁和挚朴的心灵，相信我们所有的恶毒性情不是上帝植入我们心中的，而我们所有的仁慈祭礼是我们适当的工作，是我们处在这一宇宙中的位置的自然义务，是我们对这一伟大王国应尽的服务。[74]

264 这样，对哈奇森来说，我们的道德根源——道德上授权我们对善的反应——首先是我们自己的仁慈，然后根源依次是上帝普遍的善——“我们本质的创造者”，正如哈奇森对他的通常描绘一样。因为他全部接受了洛克心理学的术语，他的灵感明显来自沙夫茨伯里，通过后者，他的根源追溯到剑桥学派的爱拉斯谟传统。与他们一样，他也强烈反对外在律令的伦理学。但在哈奇森那儿这一传统已经历了沙夫茨伯里只在语

---

[72] 哈奇森：《文论》，第88页。

[73] 同上书，第205页。

[74] 哈奇森：《体系》，第216页。

言中暗示的两次转变:我们趋向善的性情(1)完全是**感情**的内化;(2)首先采取普遍**仁慈**的形式。

这两种变化使他比沙夫茨伯里更接近洛克的自然神论。情感的内化容许他把他的理论表达在洛克的心理学中。强调仁慈使他处于从清教徒通过培根和洛克走向功利主义者的一条路线中。

事实上,哈奇森似乎经常像个功利主义者,很清楚,他为这一学派做了许多奠基性工作。他宣称,“行动是最好的,它实现了最大多数人的最大幸福”。[75]上帝的目的被说成是“普遍的幸福”,[76]对此他作了公正的阐释。他甚至是理性选择理论的先驱之一,例如,提出行为的道德性的数学计算,一个人“产生的公共善的数量”,等等。[77]而且,在他对理性主义者的驳斥中,他提出的毫不妥协的理性定义同人们在任何地方发现的一样具有工具性:

> 他理性地行动,根据自己的力量考虑各种行为,形成关于它们的倾向的正确看法;然后,选择做那些事,即能最大程度地取悦于他的自然本能,最小程度地违背其本性的情感的事。[78]

哈奇森的自然神论在某方面接近洛克。哈奇森和洛克共有的最重要观念,是宏大的相互连结的宇宙,在这一宇宙中,各部分的设计有助于它们相互的保护和繁荣。

---

[75] 哈奇森:《研究》,第164页。又见同一作者,《文论》,第202页:“我们善良的完美”特别在于此:“形成关于我们自己的真实利益的最广泛的观念,以及所有其他理性和感性性质观念;避免一切伤害;尽我们所能,有规则地和无偏见地追求最普遍的绝对的善”。

[76] 哈奇森:《体系》,第206—208页。又见同一作者,《研究》,第272、276页。

[77] 哈奇森:《研究》,168以下。

[78] 哈奇森:《阐释》,第226页。在这一论证中,哈奇森攻击了休谟以令人难忘的论述在后来变得著名的陈述:“理性是且应该是激情的奴隶”。

> 前面已看到，多么令人赞叹，我们的爱是为了整体的善……它们都以善为目标，无论这善是个人的，还是公共的：依靠爱，每一个别主体最大程度地被促使服从整体的善。这样，人类被紧密连接在一起，通过一种看不见的联合，形成一个宏大的系统。自愿继续存在于这种联合中，乐于为他的类而运用他的力量，并使他自己幸福：不情愿继续这一联合的人，想打碎它，这会使自己不幸；而且，他依
> 265 旧不能打碎本性的纽带。[79]

这两种自然神论共有这种看法：它们共有这一看法提供的灵感。就此而言，他们相关的道德根源感是重叠的，它们的不同在于我们如何在这一秩序中占据我们的位置。对洛克的自然神论来说，我们这样做是通过践行分解性理性。对来自沙夫茨伯里的自然神论来说(就像我们将在十六章看到的，也来自莱布尼茨)，尽管分解性理性没有被废黜，但我们参与上帝的计划是通过重新约定：我们必须恢复我们内部的向善运动，使它采取其正确的形式。我们转向内心，以恢复我们的自然本性和我们仁慈的感情的真实形式，这样，我们就给予了它们充足的力量。

因此，在这方面，这两种道德根源基本是不同的。在一种情形下，我们在分解性的、自我负责的、有超人洞察力的、有理性的、有控制力的主体的尊严中找到它们。在另一种情形下，我们也在内部发现的情感中找到它们。在这一世纪的前半叶，自然神论处在其巅峰，这种区别并不总是重大的。但随着作为内在根源的本性观念的日益发展，后来，这一区别变得具有了关键的重要性。和卢梭、浪漫主义一起，它掀起了对我们文化的一次深刻批判。

但是，为了更好地理解这一点，我要先考察一下关于相互连结的秩

[79] 哈奇森：《文论》，第179—180页。

序这一新概念,也考察一下我们内在本性这一新概念,然后转向考察激进的、非信仰的启蒙运动。这将为卢梭的挑战安排舞台,这一挑战仍然在我们文化中回旋。

第十六章

266

天意秩序

第一节

我们通常倾向于把十八世纪的自然神论单纯地看作通向尘世主义,即非信仰的启蒙运动的一个发展阶段。作为一种观点,在某种意义上它并没有错。自然神论的确为激进的启蒙运动铺平了道路。它证明是对某些能够进一步导致非信仰的论据作了探究。但从另一种角度看,这种观点可能具有很大的误导性,原因在于它经常被认为暗含如下意思,即自然神论的观点仅仅是半心半意的不信仰,那些自然神论者提出他们几乎抛弃了的宗教观点,只是大致保留信仰的外观而已。这样,把他们与他们的无神论后继者们区别开来的地方,被认为仅仅是前者缺乏勇气。

当然,在十八世纪,在对待宗教信仰方面存在许多言语虚饰行为。宣称你自己是一个非信仰的人并不是容易的,而且很少人会那么做。这种行为的代价可能非常高。但是将我们能够归为自然神论者的所有人都看作是伪君子,或者对他们自己的观点并不太热心,那是非常错误的。如果我们想理解这个时代，那么这种错误是致命的；它也模糊了我们有关宗教与非宗教的图像。或许因此我想断言，正是因为这种错误观点，把这些作为宗教信仰的自然神论的观点的力量从我们面前隐藏了。但是，如果我们没有看到自然神论的观点从哪些方面支持宗教信仰，它们如何确保甚至激励那些持有这些观点的人，那么我们将在这些观点沉浮的大背景中迷失某些重要的东西。

矛盾的是，理解以上说法的最佳途径是严肃地对待这种老生常谈，即自然神论在通往激进的启蒙运动的道路上是不彻底的，因为到时我们将发现如何理解激励前者的因素，将赋予我们对于后者的洞察力。

因此，我们应该追问是什么力量促使人们形成宗教世界观，我们发现这种宗教世界观在哈奇森，或者也许更加激进的廷达尔那儿被表达出来。如果人们认为自己的工作是这些力量起作用的方式，那么是何种因素导致他去赞美并感谢上帝呢？答案无疑是由于他的美德，他的仁慈。而且，这美德与仁慈已经在他所创造的世界中表达出来，在这个世界中，各种不同存在物的目的，尤其是理性存在物的目的是那么完美地 267
连结在一起。这个世界是按这样一种目的来设计的，即每一个谋求私人福利的人也将为他人谋福利。按照哈奇森的观点，当我们把自己所拥有的全部权势转化为道德情操与仁慈情感时，我们便获得了至大的人类幸福。但正在那时，我们的大部分所作所为都对普遍的幸福作出了贡献。

因此，上帝的美德在于他带来了人类的善。他的仁慈依据人类的幸福而得到部分的解释。但是，就自然神论观点来说，令人惊异的是那种相反的关系——这对宗教传统很重要——似乎被自然神论丢弃了。毕竟，这种相反的关系是犹太基督教宗教传统的一个核心信条，即上帝爱他的孩子们，并为他们寻求幸福。但这种善反过来又总是被限定包含在我们对上帝的某种关系中：我们爱他，为他效劳，在他的现存中存在，以感恩的眼光沉思他，诸如此类的关系。

关于自然神论观点上令人惊奇的是,人类的善是自足的,而且上帝的仁慈是依据人类的善来规定的。这并不是说对上帝的参照是完全不在场的,而是说它似乎屈从于一个纯粹用生物学的术语来定义的幸福概念。幸福是获得我们天性欲求的事物,如趋乐避苦。来生的奖惩似乎被认为恰恰是更加强烈与持久的今生快乐与痛苦的翻版。此外,上帝在来世所建立好的补偿体系似乎被设计出来,至少是部分地支持今世相互连结的体系。

按照哈奇森的看法,人类的确仅仅由对上帝的爱和感激之意的推动,而走向最高的善:

> 因此,由于灵魂朝向普遍幸福的平静而又最广博的决心,除了原初独立的万能的善良性质,不可能有别的快乐中心;因此没有对善的知识,没有对它最热烈的爱,以及对它的服从,灵魂就不能够获得它自己最稳定、最高的完美与优异。①

因此,灵魂需要上帝以达到完全的善。这是一种完全传统的看法。但是,组成我们善的因素似乎是一种"朝向普遍的善……的决心";而且,构成上帝善良性质的东西似乎是他所培育的这同一种目的。一个纯粹自足的、不以神为中心的关于善和幸福的概念,在这种世界观中扮演了一个中心角色;而且,我们与上帝的正确关系——感激、爱、服从——的特征全都是依据这种观点来定义的。

按照哈奇森的看法,一种与善相似的极为重要的美德应该提出,这就是仁慈。它代替并继续发挥早期神学基督教徒兄弟之爱的德性的功
268 能。那种认为具有神的美德的人就是奉献出自己的人的概念,在新伦理

① 弗兰西斯·哈奇森:《道德哲学体系》,作者死后出版的一七五五年版的重印本(Hildesheim:George Olms,1969),第217页。

学中继续存在，正如我们在前边看到的，在新伦理学中，所有传统的美德都被重新定义，而且都与仁慈有关。②但是这种天命的内容是以人类的幸福来定义的。

这里，极为关键的东西是对人的关注。正是人类幸福在宇宙间真正具有重要性。正是人类幸福是神的神奇努力的目标(或至少是部分的目标：他[也]关心他的其他创造物)。从基督教思想的一个重要组成部分的观点来看，这种看法是完全放肆的；并且，这个世纪的许多人都很乐意指出这一点来。人类是为上帝而存在的，而不是相反。③在这方面，自然神论似乎与宗教传统完全决裂了。但是在其他方面，自然神论却深深地植根于宗教传统中。清理自然神论思想的这些组成部分，有助于我们理解它的动机。

那种认为神的目的与我们的目的不同的观念，完全深深地植根于所有认为存在着一个神或一些神的宗教传统中。古希腊宗教传统要求维持神与人类之间，不朽与死亡之间的界线。诸神是强有力的存在，它奇妙而又令人敬畏，但是神的友谊或神的善良性情不能被认为是理所当然的。他们通常要被人类讨好。为达此目的，偶像崇拜的狂热信徒保持他们传统的目的，以避免或调和神的愤怒。④但是，人们赢得其友谊的神，会“动手”保护他的信徒。⑤神—人关系具有某种像恩主与被庇护人之间关系的特征，只是不朽的阶层是不可比较地、威严地位于他那有死的仆人之上。

在希伯来圣经中，上帝的目的的那种超验与不可思议的本质，在下

② 见第十五章。

③ 根据几十年前的传统天主教的教义问答手册，人被创造出来是“为了服侍和热爱上帝”。

④ 罗宾·莱恩·福克斯：《导教徒和基督教徒》(Pagans and Christians)(New York: knopf, 1986)，第109—117、259页。

⑤ 同上书，第129页。

面这段话中显得非常突出:“我的思想不是你们的思想，我的道路不是你们的道路——耶和华说。是的,天堂高于人世,正如我的道路高于你们的道路,我的思想高于你们的思想”。(《以赛亚书》55:8—9;JB[钦定版])人们并没有从书中获得一个对以上话语的圆满的解释,而是被呼吁来遵守它。戴维·哈特曼已经说明,虽然犹太文化中拉比团体对此具有巨大的解释之自由,然而仍只是与上帝决定的至高无上的意义相联系。在圣经注释里,面对最伟大的学者之一拉比·阿基瓦所遭受到的令人毛骨耸然的殉道，摩西表示出他的惊慌，而上帝却严厉地回答:“保持沉默,因为这是我的旨意”。[6]

人类的目标和上帝的目标似乎相距甚远。同时,它们以两种相当不同的方式在两种传统中被结合在一起。伟大的哲学体系——主要受柏拉图之影响——将异教引向一个更崇高与更统一的神的观念。当神被以单数言说时,“ho theos”(神)，他已经远远地高于荷马那些奥林匹亚山上淫荡好色、争吵不休的众神。他是宇宙中产生或流溢出的神,并且与宇宙的秩序及和谐相一致。但是在这种哲学体系中,人类的目的也被美化地重新定义过了。人类作为理性存在物,在根本上也具有爱这种宇宙秩序的品质。在爱好这同一个宇宙秩序方面,人类就其最完美性而言,是同上帝一致的。对一些人而言,这种一致性首要地出现在他的冥想之中。对斯多葛派而言,这种一致性采取了对任何发生的事情都情愿接受的形式。沙夫茨伯里的态度似乎与斯多葛派的方式很接近。但从一般意
269 义上而言,自然神论与这种古代哲学的宗教有密切关系,因此,十八世纪许多思想家有一种强烈的同情感，而反对替代这种古代哲学宗教的基督教。

在希伯来人那里,神人统一采取了另一种十分不同的形式。这里,神从宇宙中分离的观念依然强大。上帝的神圣(kodesh)与宇宙间的纯粹

⑥ 戴维·哈特曼:《活的契约》(A Living Corenant)(New York:Macmillan,1985),第46页。

俗世相对照。[7]但是令人惊奇的是,神指引以色列人成为他的子民。开始,这种指引还包括某种类似恩主与被庇护者的关系的因素,这与所有拥有“他们”自己神的周围的民族一样。但是这种指引还包括更多的内容,即以色列成为一个“神圣的民族”(《出埃及记》19:6,《利未记》20:7),一个献身于上帝的民族,因此,以色列人把自己从别的民族中分离出来。

> 你们应该诅咒他们(别的民族)。你们不必对他们作出誓约,也不必对他们显示任何怜悯……因为你们是献身[kadosh]于神耶和华的民族;是你,我们的神耶和华,从人世间所有民族中挑选出来作为其子民的正是你们。(《申命记》7:2,6,JB;《利未记》20:26)

换句话说,它是指一个民族被号召来按神的方式生活;不是按照其他民族通常的方式生活,“把他们交付”给一个具有监护性的造物主,按照神给予的法则生活。在某种意义上,以色列成为一个神统治的国家。

因此,这种一致性采取了将人的目的归结为上帝之目的的形式。但也可说是出现了其他形式的运动。上帝决心扩展他的子民的利益。当然这与“一般”而言的,被广泛认知的恩主—被庇护人的关系模式相适合。但却有一个不同之处,献身于神超出了“支付”的范围,这反映在Akedah(试验)的故事里,亚伯拉罕准备按照上帝的命令牺牲以撒。神要求一个完整的给予,相应地,神也给予(《创世记》22:14)。

而且,这个观念以服务于上帝包括正义以及帮助受压迫者的预言的方式得到发展。“你们对我无止尽的献祭是什么呢?耶和华说。我恶心公羊的燔祭和小牛的肥膘……你们的双手覆盖着鲜血,用水清洗,让你

⑦ 神圣与与之相分离的东西的联系,似乎传播非常广泛。隔离似乎是“kadosh”(神圣)的根基意义,还有“hagios”(神徒)含义的组成部分;见A.J.弗斯图吉尔:《圣洁》(La Sainteré)(Paris:PUF,1949)第1章。罗马人所说的“神圣”(*sanctus*)因此也要分解。

们自己干净。不要让我看见你们的错误。停止作恶。学着为善,追寻正义,帮助受压迫者,公平对待孤儿,为寡妇祈祷”。(《以赛亚书》1:11,16—17;JB)

神人一致这一点似乎与异教哲学相似。在按上帝的意志行事时,人
270 被呼唤到崇高的伦理标准面前。许多虔诚的犹太人,以及以后的基督徒都看到了这种相似性,[⑧]正如某些异教徒也这样看。第七章里已提到,柏拉图后来赢得了“阿提卡的摩西”的称号。

确切而言,此处的相似性可以用来说明那么多希腊哲学被整合进犹太教与基督教中。但也有不同,我在第十三章里曾讨论过。犹太—基督教传统中的圣洁(作为一个“tsadik”,或作为一个“圣徒”)的确事实上包含信奉一个更高尚的道德。但是这并不仅仅按照某种确定的“更高尚”的行动或对事物秩序之爱而定义的。这些行动或爱并不要求耗尽全部忠诚以献身于上帝之事业。而且,上帝之事业包括对生活的肯定,其中也含有我谓之日常生活的东西。在这方面神人不同之处是完满性,肯定的力量——人类本身配不上的某些事物,却能够通过跟随上帝而参加进去。

这种参与,按照犹太教来说是被旧约全书定义的。而按基督教来说,关键在于agapē(圣爱)或仁爱的观念,即上帝对尘世的肯定的爱(《约翰福音》3:16),人类通过接受这种爱而能够相应地给予回报。这两种说法里都有超出道德的因素,可以说是参与到神的肯定的力量中。

自然神论正是从这种特别的向度退出来,这使它更接近于异教的哲学模式。但这种以人类为中心的看法,在基督教传统里也有它的根基。这可以从新约全书的激进主义对“法利赛派的”正统教义的挑战中

---

⑧ 这样,斐洛在他的《论亚伯拉罕》中,从寓言角度也描绘了早期主教的经历,例如,这位主教离家进入荒野,象征着知识的不同阶段,从唯物主义的泛神论到自我认识,再依次从这种认识到对上帝的理解。我把这一观点归功于葛蕾塔·泰勒。

引出，即“安息日是为人类制定的，并非人类为安息日而制造”(《马可福音》2:27)，或者“他们[法学家与法利赛派]制造出沉重的负担和痛苦，并把这些负担与痛苦放在人类的肩上”(《马太福音》23:4)。以人类为中心的看法能在上帝为营救人类而贬低自己的观点中找到基础，这是占支配地位的关于道成肉身的诸多解释中的一个。[9]正如人们所想象的那样，以人类为中心的世界观更加直接地依赖于反对某种超奥古斯丁主义者观点的论证法。例如，我们在剑桥柏拉图主义者那里发现的论证，如果认为上帝关心对待我们的活动，但却不给我们带来善——就好像他需要我们的服务或者实际上渴望获得荣誉以满足自己一样，这种看法是对上帝的贬损。[10]在《基督教和宇宙一样古老》一书中，廷达尔也提出了一个相类似的观点：我们不应该认为上帝会受到人类错误行为的伤害。那种认为上帝为了恢复自己的荣誉而惩罚我们的看法是错误的，而且贬损了上帝。他这样做完全是由于我们的缘故。[11]在这里，存在着连续性。但惠克考特与廷达尔之间的根本变化，是人们认为上帝为了人类的善而行动的内容。按惠克考特的理解，它包括“神格化”，即将人性提升到神性中。[12]对廷达尔来说，上帝竭力提高的人类的善，已经退缩为 271

⑨ 见《腓立比书》(Philippians)2:7，在那儿保罗谈到耶稣“把自己虚无化”，当作奴隶。

⑩ 见本杰明·惠克考特在《剑桥的柏拉图主义者》(The Cambridge Platonists)，C.A.帕特里德斯编(Cambridge:Cambridge University Press，1980)，第131页；约翰·斯密也谈到“不了解上帝及其善良性质的那些奴性精神，或许不能摆脱关于神的可怕想法，即用吓人的恐吓使他们尊敬和恭顺他。他们倾向于把他看作一个严厉的主人……他们不可能真正地爱他”。又见恩斯特·卡西尔《柏拉图学说在英国的复兴》(Edinburgh Nelson 1953)，第163页。

⑪ 马修·廷达尔:《基督教和宇宙一样古老》(London，1730)，第4章。

⑫ 惠克考特:《剑桥的柏拉图主义者》，帕特里德斯编，第70—71、167页。剑桥的柏拉图主义者十分依赖希腊的先辈，尤其信奉他们的“theiosis”概念，即人命定是通过化身被吸引参与神性的。

"共同利益,以及上帝的理性创造物的共同幸福"。[13]

这种变化并非不重要。依据第十四章的讨论,我们可以说,那里提到的神恩第一种角色,已经被全部破坏了,这种角色在于要求我们达到一种超越我们自然本性的善。只有在前面我所提到过的神的肯定力量这种特别向度上,这种角色才有意义。当然,第二种角色成形于强调我们堕落天性在道德上无能的超奥古斯丁主义神学,正在被直接否定。因此,神恩开始全部消失。就认为某些至关重要的东西已经失落而言,正统基督徒并没有错。

但是,我们也已经看到,关注人类幸福的自然神论如何能被简单地描绘为进一步发展了并为之加入更完满正义的爱拉斯谟学说的基督教的核心洞见,即上帝的伟大之处不在于他需要我们为他存在,因而神在他倾向于单独为我们的善着想时发现了他最纯粹的表达。廷达尔论证道,上帝能够以一种我们不能的方式给予无私的爱。因为他给我们好处,我们才爱他。[14]这种上帝除了要求我们适当地完成自己的天性外别无他求的信念可被描述为不妥协地带来这个基本洞见——上帝的善良性质在于他寻求我们的善。矛盾的是,这种上帝对于人类的肯定的毫不妥协性,能够用来证明免除人类参与这种活动的合理性;而且,这种肯定力量的超人力度,能够用来断言,它超越了人类权限。

在这里,我们也能发现另一种主要观念的推断。廷达尔关于人类命运的看法比惠克考特的看法更加谨慎适中。自然神论者关于本性与幸福的概念直接继承了宗教改革对日常生活的肯定——实际上,我们在前面的章节中已经看到这一点了。人类的善,即上帝为我们设计的幸福,无非是一件实现我们自然欲望及情绪的事情而已。就像它没有为希腊教父,或其他任何经典神学家的高级命定论留有地位一样,它也没有

---

[13] 廷达尔:《基督教和宇宙一样古老》,第14页。

[14] 同上书,第16页。

为古代道德理论的高级活动留有地位。

在这里，我想指出的是，对基督教信仰的自然神论的重写方式——围绕为了一个自足的人类的善而特别设计的自然命令的图景——出自两条神学发展线索：按上帝对人类的仁慈而规定的、关于上帝的善良性质的爱拉斯谟的定义；反等级制的对日常生活的肯定。两条线索都来自一个难以攻破的论证进程：第一条线索反对那种认为人类无能的神学和宿命论；第二条线索反对那种对更高尚道德力量或精神命运的(假设为)自大的宣称。这应该有助于我们理解自然神论的观点如何能够被看作是更完全更坚定的为基督教信仰所必需的表达，无论他们怎么颠覆或抛弃了许多至关重要的基督教信仰。联系到每次争论的对手，他们好 272
像可能作出更加血气方刚的回应。直到他们在这一方面被坦诚的不信教理论所战胜，我认为，他们的主张的重要组成部分恰好来自他们明显更为不妥协地对渴望的满足，这一渴望深嵌于他们正要否定的宗教信仰中。但是，我认为，只有当人们把自然神论所欲求的东西作为一种宗教观点来理解的时候，这一点才昭然若揭。下面我将回到这一点上来。

当然，就像我在前面章节中提到的，正是这些“基督教”特征使得自然神论不同于它的代言人时常羡慕的异教徒哲学模式。它也过于以人类为中心，过于只关注人类的善，而不适合古代的模式。但是，尽管这样，形成密切关系的是宇宙**秩序**再次处于精神生活中心的事实。

上帝为了人类的善而设计万物的观念，采用了对**本性**善的秩序的信仰形式。天意是根据一般术语来理解的；它反映在万物有规则的性情中。自然神论没有为“个体的命运”留下更多空间，上帝对个人和民族的经历的介入，处于多数大众虔敬的中心，而且对正统派——以及对，例如，像卫理公会这样的当代流行的运动来说，也是极其重要的。

自然神论认为，上帝并不经常为了使万物对我们有利而奇迹般地介入。相反，这类思想家接纳了宗教改革者的信仰，“奇迹时代”过去了，最终是进了一步，对《新约全书》中创世奇迹也持怀疑态度。这是一件重要的事,因为许多追随洛克的正统思想家论证,基督教的启示自身表明在基督施为的奇迹中是真实的。这些使得他的主张真实可信。由此,休谟和其他人对奇迹故事本身可靠性的挑战,触到了一个敏感的神经。

但是,以自然神论者的观点来看,《新约全书》的奇迹故事已失去了它们的意义。在那儿,它们代表神圣肯定力量的介入,这种力量把人们拯救出因堕入世界而产生的特定结果。在这一意义上,它们是基于道成肉身的上帝整个拯救行动的象征性的具体例子。医治通过对罪恶的原谅而发生。⑮但是,以自然神论者的观点看,上帝的善良性质在万物固有秩序的仁慈中显示自身。现在,不是世界的堕落,而是设计的完美成了关键的东西。人们不需要从盛行的混乱中被拯救出来,而是要学会恰当地遵循万物的设计。

实际上,根据这种观点,上帝不可能以介入来打断世界的有规则的
273 运行,至少不会太经常如此,因为这要忍受他自己目的落空的痛苦。秩序将是不再具有规律的秩序,而从这种秩序中产生的益处也将不复存在。这就是哈奇森与其他人一起应付神正论的主要挑战的方式。他相信,人们在世上遭受的各种不幸能够解释为善的有规则产物的必要的副作用。例如,我们遭受痛苦,因为它是被设计用来当作出现故障的有效信号系统。没有灼痛,我们就不会知道把我们的手从火中缩回,当我们的其他方面出现错乱时,也会出现同样的情况。我们实际上遭受的是不幸的副作用。难道上帝不能设计一套无痛的记号系统吗?哈奇森认为,明白地说,这不会起作用。你所需要的,不仅是警告人们,而且要刺激他们来采取补救行动。甚至即使像这样,我们仍看到热病和折磨人的疼痛并不总会阻止人们犯罪。⑯

那么,在没有不幸特征的情况下,上帝对这一系统的干预会怎样

⑮ 见《马太福音》9:2,《马可福音》2:5,《路加福音》5:20。

⑯ 哈奇森:《体系》,第184页。

呢？设想他使痛苦对那些不需要强制改过的更为正直的人来说不那么难以忍受。哈奇森认为，不应出现这种情况，因为这样的话，确切地说，就不再存在事物的秩序。秩序的好处之一是我们能依靠它；这允许我们通过实践我们的特有能力，即工具理性的能力，来达到我们的善。如果上帝不断调整律令以适应个别事例，那么这“会立即使人类放弃所有的努力、深谋远虑和所有审慎的行为”，[17]更不用说这样的事实，如果清除了他们幸福的所有障碍，将不会再为积极的德性留有空间。

为工具理性的生物的善所设计的秩序，可以说使上帝没有选择的余地，而是去建立在他不加干涉的情况下起作用的法则。他在制止奇迹中显示他的善。

因此，秩序的最高权威排除了超自然的干涉。但是，它也旁注着历史。犹太教、基督教和伊斯兰教的“历史的”性质——就是说，忠诚和虔敬集中在关键的历史事件上：西奈，道成肉身，《古兰经》的恩赐——实质上是与它们对其他维度的认识联系在一起的。这些事件是人类生活中上帝肯定性力量的迸发，它在我们生活中的持续力量，要求我们应该通过传统保持与这些时刻永不间断的连续性。秩序概念一旦成为至上的，在宗教生活中赋予这些事件以关键地位，更不再有任何意义。把信仰和宗教在特殊的事件中联系起来，而这些事件又把人类分裂为不同的集团并且无论如何也易受到挑剔，这使宗教感到窘迫。宗教信仰的伟大真理都是普遍的。理性从事物的一般过程抽取出这些真理。一条鸿沟把这些具有普遍意义的联系与历史的特殊事实分离开来。后者不能支 274
持前者。就像莱辛提出的，“偶然的历史真理永远不能当作必然的理性真理的证据”(Zufällige Geschichts wahrheiten können der Beweis von

[17] 哈奇森：《体系》，第*186*页。很自然，这种天意秩序概念使自然神论更直接地使传统神正论的困难易受攻击。里斯本地震在十八世纪产生了前所未有的巨大的理智上影响，恰恰因为它非常强烈地与仁慈秩序的乐观图景相冲突。

notwen digen Vernunftwahrheiten nie werden)。[18]

只要不完全丢弃这些信仰,人们仍能有正当理由,把它们作为人类教育的组成部分,在其最早的阶段上人类教育需要这样的故事,以便接受高级的精神观点,这种观点在一个更富有哲理性的时代是能够直接理解的。这就是莱辛的观点。[19]但是,最后出现的成熟宗教,被剥落得只剩下裸露的本质。按最一般的系统阐述,它可能被还原为三个主题:造物主上帝的存在,他的神意,来世的奖惩。[20]本质上与历史的宗教相关的启示,成为不必要的了,因为这些"真理"被认为是只适用于理性。真正的宗教最终是自然的宗教。我希望前面的讨论会澄清这种自然神论的主张。一方面——我在第九章讨论的——是自我负责的理性理想的力量。这完全是一种理性的宗教,不求助于历史上确立的权威。在今天对自然神的讨论中,这一点经常得到排他性的关注。我在此的论证是想说明,它的动力有另外一个方面,它也利用了其根源深扎在基督教传统本身中的某些理想。

第二节

在这种动力中,后一个因素解释了,对于连续性的所有因素来说,为什么这个世纪的自然神论者所崇拜的秩序非常不同于古代的传统。

亚历山大·蒲柏的《论人》对这种秩序的看法给出了雄辩的表达。在

---

⑱ 《莱辛著作集》(Lessings Werke),J.佩德森和W.冯·奥尔绍森编(Berlin Leipzig,1924),第23卷,第47页。

⑲ G.E.莱辛:《论人类的教育》(Die Erziehung des Menschengeschlechts)(Bern:Lang,1980)。

⑳ 摩西·门德尔松:《耶路撒冷》(Jerusalem),A.乔斯波译(New York:Schocken,1969),第65页。

具有很长传统的连续性里，他将其看作“存在的巨大链条”：

> 存在的宏大链条！始于上帝，
> 灵妙的万物、人、天使、男子。
> 兽、鸟、鱼、虫，以及肉眼看不见，
> 望远镜也达不到的东西；从无限到你，
> 再从你到虚无。

还有：

> 万物皆属于巨大的整体，
> 它的身体是自然，它的灵魂是上帝。[21]

这听起来像是熟悉的概念，很多世纪以来一直被人们所引用。而且在某 275
些意义上，确实如此。洛夫乔伊已经证明，“存在的巨大链条”这种观点，已经往回追溯了多么遥远。[22]他称为“最高原则”的东西，稍后被蒲柏在这同一封书信中引用了。[23]在这一点上，蒲柏并不是例外；传统观点的这一立场是非常有活力的。洛克也把上帝创造万物是为了满足所有可能层次的存在这样的观点当成一种给定。哈奇森在他的神正论中引用了同一想法，在前面我刚引用过的那一章中[24]宇宙必须包含某种不完善，因为上帝恰好要在善对恶的优越性正在消失之处创造存在。莱布尼茨

---

[21] 亚里山大·蒲柏：《人论》(An Essay on Man)，第1卷，第237—241、267—268行。

[22] A.O. 洛夫乔伊：《伟大的存在链》(The Great Chain of Being)(Cambridge, Mass: Harvard University Press, 1936)。

[23] 蒲柏：《人论》，第1卷，第244—246行。

[24] 见约翰·洛克：《人类理解论》，P.H. 尼迪茨编 (Oxford: Oxford University Press, 1975)，3.16.12；以及哈奇森《体系》，第183页。

对这一原则的拥护,是众所周知的。[25]

但存在重大区别。蒲柏的陈述“一切性质只是技艺,不为你所知”,[26]已经暗含了这一点。在此要求我们赞美的秩序,不是表达或体现意义的秩序。使组成世界的实体集合形成秩序的,主要不是它们认识到了相互关联的整体的可能性——正如我们所见,尽管这个整体的某些方面依据完全性原则而苟延残喘。[27]使世界上的实体形成秩序的主要事物,是它们的本性啮合。因而每一实体所追求的目的,每一实体与其他事物相联系所起的因果作用的目的,是为了联合成一个和谐的整体。每一实体在为自身服务中服务于整个秩序。

这一新观点利用另一传统比喻表达出来:

> 环顾我们的世界;看这爱的链条联结着所有低等和高等的存在。[28]

爱的链条突出表现在菲奇诺的柏拉图主义中,经由文艺复兴直到我们现在正考察的时期,经剑桥柏拉图主义者,然后到沙夫茨伯里,菲奇诺的柏拉图主义具有广泛的影响。在诗的下一行,蒲柏谈到“易变化的本性”这个剑桥学派的关键术语,事实上也是后来浪漫主义者的关键术语。但对菲奇诺来说,这一链条在新柏拉图主义的流溢说的语境中起作用:高等的爱低等的,因为低等的是从高等的东西流溢出的,低等的爱高等的,因为在某种意义上,低等的存在是高等存在的一种流溢或表

---

[25] G.W. 莱布尼茨:《神正论》(Essais de Théodicée)(Paris:Garnier-Flammarion,1969),第1编,第8段以下,108以下。

[26] 蒲柏:《人论》,第1卷,第289行。

[27] 蒲柏在其《温莎森林》(Windsor Forest)中,也使用关于宇宙秩序的所有传统概念的其他部分,例如,对立的统一(coincidentia oppositorum)。厄尔·R.瓦色曼讨论了这一点,在《更微妙的语言》(The Subtler Language)(Baltimore:Johns Hopkins University Press,1968)。

[28] 蒲柏:《人论》,第3卷,第7—8行。

达。柏拉图《会饮篇》中关于爱的学说，对这一理论来说，是至关重要的。

但是，对蒲柏来说，爱的链条毋宁说是世界上和谐地发挥功能的万物提供给彼此的互相服务的内在联结。当然，在对秩序的旧看法中，有一种传统的"有机论"：宇宙中的不同事物相互依赖、相互支持。但是，这种相互依赖来自每一事物在整体中占据其指定位置的事实，否则就会回到混乱(见莎士比亚《特洛伊罗斯》中俄底修斯的讲话："只要把纪律的琴弦拆去，/多少刺耳的噪音就会发出来"，1.3.109—110)，于是支持采取 276
直接有效的因果形式：例如，万物彼此养育。有关爱的链条的诗继续讲：

要理解可塑自然的功能是为了这一目的，
单个的原子相互接近，
吸引，被吸引，交换位置
被塑造、被推动，让其近邻拥抱
还要明白物质，为各种生活所需
不断被引向一个中心，普遍的善。
理解死去的植物却维持着生命
消解的生命再次复生：
一切消亡的形式由其他形式补充，
(我们轮流获得生命的呼吸和死亡)
像生于物质之海的气泡，
它们产生、破碎、重归大海。
无物是外来的；部分与整体相连；
一个照顾一切，保护一切的灵魂。

存在物都相互关联，无论伟大还是卑微；
让野兽获得人类的帮助，人获得野兽的帮助；

万物均受惠，万物均出力：无物独立；
这一链条伸展着，无人知晓它在哪儿结束。

他进一步赞扬上帝：

上帝根据每一存在物的本性
构造其适合的福祉，规定其恰当的界限：
就像他构建整体一样，整体祝福着，
相互的需要构造着相互的幸福：
因此，从一开始，永恒的秩序
就使生物与生物相连，人与人相连。[29]

这种关于相互连结的自然的新秩序，开始取代根据实体逻各斯断言的秩序的位置。随着早期观点的形而上学基础被侵蚀，尤其是随着机械科学的日益成功，这一新看法能够填补真空。它与事物的性质是由它内部起作用的力量构成的这一现代概念完全一致。每一事物被当作有其自己的目的或倾向。这一秩序的善在于这样的事实，事物不是彼此抵触，而是和谐一致。

对关于由这种成分构成的秩序的观念，莱布尼茨作了最有影响力系统阐述。这些成分被他说成是“单子”。它们被看作是在或高或低程度上具
277 有它们包含的目的的颗粒。这样，根据事物的本性以某种形式准备着它的展开的概念，莱布尼茨把亚里士多德目的论的某些东西与事物的本性存在于其内部的现代看法结合了起来。因为形式是内在的，在某一方式上，它们与亚里士多德并不一致，世界的和谐必须由上帝“前定”。[30]

[29] 蒲柏：《人论》，第3卷，第9—26行、109—114行。

[30] G.W.莱布尼茨：载《哲学文集》(Philosophische Schriften)，C.I. 格哈特编，共7卷(Berlin：Weidmann，1875—1890)，第4卷，第499页。

与其先驱一样，有意义的宇宙、啮合万物的新秩序，也能为道德和社会秩序提供基础。感谢天意，世界的道路是善的。对此我们可以满怀信心。

> 这就是世界的伟大和谐，来自
> 秩序、统一、万物充分一致：
> 微小的和巨大的，微弱的和强大的，
> 要去服务，而不是受苦，是加强，而不是侵犯；
> 各自更有力，为其余的事物所必需，
> 按照它祝福的比例，祈求；
> 把野兽、人或天使，仆人、主人或国王，
> 吸引到一个点上，带到一个中心。[31]

我们一切皆错的肤浅观点必须改正：

> 所有偶然的东西，都有方向，但你不能理解；
> 所有混乱，都是和谐，但却不被理解；
> 所有个别的恶，都是普遍的善；
> 尽管有恶意的傲慢，差谬的理性，
> 却有一条明明白白的真理，无论什么，都是对的。[32]

本性基本上是和谐的仁慈。成为善的方法就是根据本性行动。这可能构成一个极端保守的学说；蒲柏用于结束我引用的那一段诗的口号，听起来无疑是极端意义上的寂静主义。就蒲柏对斯多葛派的所有攻击来说，

㉛ 蒲柏：《人论》，第3卷，第295—302行。

㉜ 同上书，第1卷，第289—294行。

有时他似乎接近于他们(在这一点上,他也许表明了沙夫茨伯里的影响,与他是一位基督徒相比,沙夫茨伯里更是一位古代斯多葛派。)但是,根据本性生活的要求也可能是激进的;它可能被解释为,要求社会安排的影响深远的变化。从自然神论到非信仰的启蒙运动的变化,部分地涉及滑入一个更为激进的解释中。但在考查这一转变之前,我想更仔细地考察一下,根据本性生活这一概念中包含的东西。

这是一个骗人的熟知公式。我们似乎仍处在古代哲学的范围内。根据本性行动也能说成是根据理性行动这一事实,只能增强在此没有什
278 么崭新的东西这一看法。但是,正像根据充分原则和爱的链条所描述的自然秩序,看上去比它实际所是的更缺乏新意一样,这儿也是如此。根据本性生活把十八世纪与其古代源头分离开,这其中存在深刻的变化。我认为,如果我们要理解是什么使自然神论成为流行的观点,接着是什么产生了它的替代物,事实上,如果我们要理解现代道德观念的整个动力,就必须说明这种变化。

对古代人来说,根据本性生活就是根据理性生活。本性的=逻辑的(Kata Phys in=Kata logon),在本性上,我们是有理性的生命,因此,根据理性行动对我们来说是善的关键。但是,根据理性生活反过来由某种秩序概念详细解释,这种概念根据等级秩序排列不同的活动。这可能最终与宇宙中的等级秩序相连——如在柏拉图那里一样。或者它可能只是一种我们目的的秩序——如在柏拉图那里,也在亚里士多德和斯多葛派那里一样。但在每种情形下,理性使我们能排列我们的活动,追求某种东西而不是其他的东西只因为根据理性它们排列更高。涉及理性的活动在本质上高于只涉及欲望的活动。因此,对亚里士多德来说,当我们沉思永恒时,我们的生活最接近神圣;我们一起商议、实践和完善的审慎的公民生活高于生产和消费生活;依次,这也高于单纯的感性快乐;尽管所有这些都是善。

当然,这种概括范围有点太大而失去了真实性。众所周知,伊壁鸠

鲁站在理性与目的或行动的等级制的这种一般认同之外。人类目的可以被还原到一种:快乐。但是,甚至伊壁鸠鲁也十足是他的文化的产儿,他重新提出快乐之间的等级差别,区分哪些快乐由于持久且较少伴有痛苦和烦恼而更有价值。但是,伊壁鸠鲁派仍然有激进的目的均等化的潜质;这就是为什么他们在走向启蒙运动的世纪里经常被引用的原因。

但是,如果我们忽略伊壁鸠鲁学派,我们就能明白,现时代兴起的日常生活伦理学与古代思想的主流处于尖锐的对立状态。某些活动被挑选出来——在此是职业中的工作和家庭生活——不是根据人的理性对它们的等级排列,而是由于上帝的计划。这些活动被标明是意义重大的,因为它们规定上帝想让我们如何生活,在他创造我们时,他规定为什么设计我们。在弄明白我们应该做什么之后,我们需要洞察的不是自然的等级秩序,而是上帝的目的。更进一步的是,我们被号召去做的不是简单地根据某些自然安排而行动,而是彻底实现这些标志性的活动,并充分认可它们的明显特征。

这样,这一伦理学涉及两种对照。第一种是与一系列没有欣赏到日 279
常生活活动的显著特征的错误观点——例如,传统的伦理学观点本身,它们把其他事物列为更高级——的对照,第二种对照是与进行这些活动的错误方式——即以未意识到上帝计划的重大意义的方式而生活——的对照,因为这时我们是为了我们自己或者为了快乐和获取而生活,而不是为了尊敬上帝的缘故而生活。在此我们能看到来自早期的讨论中这种伦理学的两个特征的背景:它对活动的旧等级制的拒绝,规定关键的道德问题是人如何履行他的职业,如何过他的婚姻生活。它不是一个关于什么行为对于善良人是特别的事情,而是人如何彻底完成每个人所做的。上帝喜爱副词。

从关于日常生活的正统神学到自然神论的本性观,这一长期的渐变发生在这一基本的模式内。重要的活动并不被自然的等级观所认同,而是由人类被创造的目的来标志。然而,这越来越不是在启示中向我们说明上帝神秘的目的这件事，而越来越是我们理解本性的设计自身。从这一观点来看，自然神论好像只是阶段性基础；在后来的阶段，本性的设计自身对标志日常生活的活动就足够了。

然而，接着我们能看到，“根据本性生活”如何呈现了一种非常不同于古代的意义。它的意思完全不是根据(实体性)理性目的的等级制而生活。毋宁说，它的意思是根据事物的设计而生活。换句话说，使恰当的生活方式成为善的东西，不是反映了某些理性活动的内在排列，而是遵循本性的设计，根据被这一设计标示为重要的那些活动的适当意义。正如我们所见，这一设计的目标是通过相互连结的目的而达到和谐一致。它标识的东西，对每种事物来说，都是目的，这种目的使事物与其他所有事物相协调。这就是我们现在给依本性而生活所下的定义。我们拥有的伦理不是等级制的理性，而是重要的活动，它与产生它的神学伦理学具有完全的连续性。

像以前一样，这涉及两种对照。存在着观念间的对照，主要是没有看到哪些活动被标识的旧等级制观念间的对照。在这里，十八世纪的自然秩序哲学，在赞同我们本性趋乐避苦和我们正常的自爱冲动中，继续肯定日常生活。蒲柏看到了“人性王国”中两个占支配地位的原则，自爱和理性。但它们不应该是对立的：

280 出于心智的全部鲁莽技巧，
使敏感的神学家教这些教友争斗，
为分裂而不是团结，费尽心思；
把神恩和德性，感性和理性分裂；
……
自爱和理性致力一个目的，
恨其所厌，喜其所欲
但贪婪于此，其目标会吞食，

这甘甜的蜂蜜，而不伤及花朵：
快乐，错误还是正确的理解，
关系到我们最大的恶，还是最大的善。

为反对斯多葛派，他赞扬全力以赴的生活，因为它是被强烈地追求我们所欲求的东西的热情所推动的。

闲散的淡漠让斯多葛派吹嘘
他们不变的美德；僵死如冰；
……
骤起的骚动激励着灵魂。
部分的狂暴，却护卫着整体。
当我们航行在繁杂生活的浩瀚海洋上，
理性是王牌，激情是大风；
上帝自己不在平静中，我们发现，
他驾驭风暴，踏风而行。㉝

第二种是与出于我们显著目的的错误生活方式的对照。现在这个对照转向了理性。但这是工具理性，它与自然等级制观点无关。在蒲柏的描绘中，理性引导激情，而激情提供动力。工具理性以两种方式介入，然而，这两种方式并不明显地彼此相容。

首先，它向我们说明，对于我们自己获得最大值来说，最好的谋略是在相互连结的秩序中找到我们的恰当地位。一切事物的创造，都是为了让个别的善服务于全体的善；因此，我们最大的利益必须是为普遍的善而行动。其次，这个整体本身是工具理性的巨大创造物，是上帝的创造物，它包含全体的最大值。我们的理性能力能使我们看到这一点，能

㉝ 蒲柏：《人论》，第2卷，第53、82—92、101—110行。

使我们高屋建瓴地把握整体,而不仅仅使我们要求个别利益。

这两条路线把我们从对我们自身的直接满意的狭隘重视,带到对长期、普遍的善的深思熟虑的承诺上来。在前面的章节中,我们已看到与只承认第一种外部观点的道德家就这些问题进行的重要争论。自然神论的主流包括二者在内。认识到"真正的自爱和社会是同一的"[34]无疑
281 是重要的,但我们也被赋予同情力,对普遍的仁慈来说,这是被自然的整个秩序的理性领悟力唤醒的。

> 自爱,就这样被推向社会,推向神圣,
> 让邻居为你祝福
> 就你无限的爱心来说,这太渺小吗?
> 扩展它,惠及你的敌人:
> 领会理性、生活和感受的全部世界
> 在一个紧密的仁慈系统中:
> 在任何程度上,善良者都是幸福的,
> 达到福祉的顶峰,博爱的顶峰。[35]

这样,根据本性生活再一次等于根据理性生活。但这意味着在对内在相连的设计的充分感激中生活。最低程度上,这能意味着只从关于设计的知识中吸取充分的战略利益。更完全地,它一般意味着在促进这一设计中寻找最高满足。就这后一种而且更一般的看法来说,它与它由之而出的一神论非常相似:善良生活要求人们,在实现已被标示为重要的活动中,拥护这一精神——无论是什么精神这样标示了它们。在一神论的变种中,这后一短句指的是上帝;在自然神论中它逐渐指向自然的设计。但在两种情况下,人类都应该有更广阔的视野,应该包含整体。博爱的

㉞ 蒲柏:《人论》,第4卷,第396行。

㉟ 同上书,第4卷,第353—360行。

东西现在逐渐变成了仁慈。

因此,否定地说,根据本性的设计而生活,意味着避免三种不合常规的情况:(1) 首先是传统规定的邪恶:懒惰、淫荡、混乱和暴力。但是,证明否定这些恶是合理的,现在经常是根据工具理性,而不是等级秩序的优越以及稳定优于烦乱与激情——就像蒲柏在他的反斯多葛派段落中阐明的那样。(2) 我们必须避免这样的错误,即以假定的“高级”活动或更高的精神动机的名义,尤其是以与自爱对立的理性的等级观念的名义,贬低日常生活或本性自爱(“让敏感的神学家教这些教友争斗”)。(3) 我们必须避免这样的错误,即指责自爱为无可救药的罪恶。我们需要明白追求幸福本身是无罪的。它是设计的一部分,被标示为意义重大的。我们应当反对一切苦行的道德家。

戒除这三种不合常规的情形,使我们以理性方式追求我们的幸福。另外,如我们所见,根据理性和本性生活,要求我们应该提高整体观念,使我们自己关心普遍的幸福。如果我们要完全根据本性的设计而生活,仁慈就必须加到对幸福的理性追求中——尽管根据外在性的观点,这 282
不包括额外的要求,因为仁慈正是个人幸福的最好策略。

因此,尽管与古代人的语言相似,但我们拥有的伦理学不再奠基于与生俱来的等级制,而是奠基于重要的活动。理性仍是重要的,具有理性的那些存在物在存在链条中仍处于高位。但是,它不足以决定活动据以排序的作为水准基点的善。确切地说,这些事物是从设计获得它们的重要性的。(工具)理性的重要性来自它的存在方式,我们想在这种设计中发挥我们的作用。

在这一角色中,理性不是独一无二的,甚至不是未受挑战的。理性的理解力可能被认为是我们逐渐把握和感激这一设计的惟一方式。但这一设计不仅是关于我们与整体相联系的事实;它在我们自己的构成中也是可见的——例如,在我们自己本性的爱好和倾向中。我们通向这种本性,比通过理性理解我们的构成更直接。我们可以通过我们自己的愿望和感情通向我们的设计。

从排他性的理性进入的模式到也给感情一个地位的转变，是我们在从洛克经沙夫茨伯里到哈奇森的道德情感理论的发展中所看到的。这越来越成为占主流地位的自然神论思想。我们与本性的设计联系的途径也在于我们自身内的同情和仁慈的自然情感中。

这使人们能更好地解释，我在十五章描述的主体化或内在化的步骤。对古代人来说，通过指出我的生活是有理性的，就可以充分回答为什么恰当的生活方式是我的善这一问题。这样一套安排活动的等级，是根据这一适当生活被指定如此；理性存在不得不热爱和赞成这种存在方式。但现在问题是正确的生活方式，依据的是包括我在内的事物，是如何被设计的；这一设计包括配以某种爱好、愿望和情感的我的存在方式。认识善并不只是一件理解等级秩序的事。而且，它要求我逐渐了解自己的爱好。这不是因为我采纳了主观的道德或只基于投射的道德。事情不是因为我喜欢它们而是正确的。正确的事情适合于设计，而我的情感是整体设计的组成部分。

这就是哈奇森的理由。我们的道德情感是整个天意秩序的组成部分。没有它们，万物就会非常不完善。[36]不只是因为他们喜欢把某些事物作为正确的，这些事物就是正确的。而是因为他们把它们作为整个秩序
283 的组成部分。要把哈奇森看作投射主义者，就是犯时代错误地对待他，或至少是脱离了他的语境。一旦你清除天意主义，那么深刻而令人担忧的问题就会产生。这个问题与休谟有关。但是，它却改变了哈奇森的性质。

在此，我一直描述的从古至今根据本性生活的概念的转变是，我们对构成性善的理解中的重大转变。与理性等级秩序相对立，现在自然的

㊱ 见弗兰西斯·哈奇森：《论激情和感情的本性与行为，以及对道德感的阐释》，1742年第3版的重印本(Gainesville：Scholars Facsimile Reprints，1969)，第237—239页；同一作者，《我们的美和德性观念的起源的研究》，1725年版的重印本 (Hildesheim：Gorge Olms，1971)，第94页，第2卷第1章第8节。

天意设计取得了中心位置。道德根据的不同概念与此相关:道德起源是只在于理性,还是也在于我们的感情。我们选择什么,将依赖于我们认为是什么使我们接近这一设计。

无论我们选择什么,它表示了与古代模式相关的一种内在化。即使我们选择洛克的自然神论作为我们惟一的接近方式,这仍是工具理性,它产生于关于我们自己的倾向,关于什么使我们快乐和痛苦的事实。如果我们追随哈奇森,内在性的转向甚至更为明显。因为正是求助于我们的情感,我们才能真正赞同和享有事物的设计。

自然神论的这种形式,随着这个世纪的前进易理解地趋于成为主流。[37]

---

[37] 我所划定的区别,一方面是关于外在律令和算计的自然神论,另一方面是一种情感,这种区别明显是一种理想的类型区别。每一种都有其恰当的例示(洛克和哈奇森各自都有),但混合二者的因素并不是可能的。他们共有协调利益的天意上连结的宇宙这一基本观念。因此,道德情感的重要性能被认识到,而哈奇森提出的解释秩序的最终性质可能被丢弃:道德情感依靠亚当·斯密在《道德情感理论》(The Theory of Moral Sentiments)中更为基本的同情思想得到解释 (London,1759),D.D.拉斐尔和A.L.麦克斐编 (Oxfrod:Oxford University Press,1976),第7编,第3部分,第3章;或部分由同情和功利解释,就像休谟在《人性论》中对正义的陈述 (London,1739),第3卷,第2部分,第1、2章;及《道德原则研究》(An Enquiry Concerning the Principle of Morals)(London,1777),第3章。

事实上,斯密有意识地努力综合他所认为的他的先辈们的片面理论。与“温柔”和“亲切”的仁慈德性一起,他也考虑到“庄重和可敬的”自制德性(《理论》,第1编,第1部分,第5章,第23页),这对古代人是重要的,并在新斯多葛派气氛下,重新获得突出地位,如我们所见,这反映在笛卡尔和洛克的理论中。斯密除了强调算计的重要性外,也看到识别出对古代斯多葛哲学来说是至关重要的整体的重要地位,沙夫茨伯里和哈奇森各自以自己的方式,给这种整体以新的生命。斯密写道:“神圣存在的仁慈和智慧,永远设计和指导着宇宙这一巨大的机器,以致永恒地产生最大可能数量的幸福,这种神圣存在的观念的确是人类沉思最崇高的目标”;《理论》,第4编,第2部分,第3章,第236页。和沙夫茨伯里一样,斯密显然受斯多葛主义的激励。但他把这些激励更彻底地转化成现代自然神论的形式。不仅宇宙是“机器”,设计用来“产生最大可能数量的幸福”,而且我们对它的认同采取了内在化的“无偏见的观察者”的形式,这种观察者表现在关于良心的现代(还原的)理论中。

对感情越来越多的选择,造成了关于情感的哲学理解的革命。也许我们能在词汇的变化中找到它:“情感”一词本身,部分地取代着“激情”,预示着感情生活名誉的恢复已经完成。

奠定这种恢复的是道德心理学中的一个深刻变化。对古人来说,激情主要是通过它们与道德生活的关联被理解的。看到这一点,主要在于他们对某些目的或事物状态的善恶的隐含评价。斯多葛派单纯地把它们定义为“意见”。然而，甚至根本不分享这一还原观点的亚里士多德，在我们的激情驯服于关于善的理解的范围内，也设置了一个条件作为道德目标;只有在什么时候,何种程度上,善良的人才会被感动。激情要由phronēsis(审慎的智慧)引导。

我们看到,在笛卡尔那儿出现了最初的变化。激情的恰当并不在于所谓隐含的评价，而是在于它们在整个灵—肉统一体中的功能。在这里,我们第一次处于现代框架之中,在此相关的东西是设计。我们的目标必须是使激情服从它们恰当的功能。但是,纯粹是通过分解理性,我们才逐渐理解了这些功能。激情的生活体验什么也没教给我们;它只能误导。我们的激情只应在作为冷静的分解式理解的最后功能中,向我们说明它们应该说明的东西。

284 关于十八世纪的情感理论,我们有了另一个深刻变化。它仍是一个设计的事,但至少接近这种设计的一个典型路线是通过感情。于是情感成为规范。我们查明什么是正确的,至少部分地依靠逐渐体验我们正常的情感。这可能包括我们对邪恶或错误意见的歪曲后果的克服——哈奇森不断指出,外在性理论如何使我们不能正确评价我们的道德情感,这也阻抑了这些情感。正如哈奇森所说的,我们或许不得不利用理性纠正这些曲解。但是,这并不与这个事实相脱离,即我们安全进入善和恶的领域依赖于我们的道德感，正像考虑到我的不健全状况而修正我歪曲的颜色知觉，并不否定我只能通过我的视觉来领会颜色这一事实一样。[38]情感现在是重要的，因为以一种特定的方式，它是道德上善的试金石。不是因为某物是善的感觉使它如此——就像投射性解释认为的那样；而是因为未被歪曲的正常感觉是我们接近事物设计的通道，这种设计是真正构成性的善，决定着善和恶。当这种情感偏离时，能够用理性加以纠正，但它产生的洞察力不能由理性取代。它不再只是对事物的内隐的评价，这种评价必定与独立适用的理性等级别相一致。它也不只是得到很好理解并等待分解理性来标准化的功能的感情伴生物。它本身部分地就是善的尺度，理性不能忽视它。它在道德生活中享有史无前例的地位，无论是古代的理论，还是笛卡尔的理论，都不能与它相比。

情感的新地位完成了把本性作为规范的现代观点的革命，因此，它完全不同于古代的观点。对古代人来说，本性推动我们热爱本性和使其具体化的秩序，除非我们堕落了。但另一方面，现代观点赞同把本性作为正确冲动或情感的根源。所以，不是在秩序观中，而是在体验健全的内部冲动中，我们遇到了作为典范和核心的本性。本性作为规范是一种内部倾向；卢梭或许认为，它随时会成为来自内部的声音，浪漫主义思想则把它转换成更深刻和更丰富的内在性。

㊳ 哈奇森：《阐释》，第239—240页，286页以下。

第十七章

285 # 现代性的文化

第一节

我一直在追溯一场运动，实际上它是与本性有关的构成性善的观念中的重大变化:从理性等级观到天意设计观的变化,这标识某些活动为重要的。这些活动包括那些在以前的日常生活神学中一直被肯定的东西。但自然神论的变化——它给完善地内在相连的秩序以越来越重要的地位——为情感的崭新和史无前例的作用开辟了道路。

通过哲学家的著作,我追溯了这个转变的全过程:从古代道德家,经过笛卡尔和洛克,到沙夫茨伯里和哈奇森。但是,这一变化引人注目的地方在于,它延续了整整一个世纪。在这一方面,它类似于(并与之交织在一起)日益广泛扩散的自主性原则和自我考察的实践,我在第二编结束时讨论过这些原则和实践。在这种或那种情形中,哲学家推动了对这一变化的阐述;无疑,这些阐述给变化增加了力量和生机。他们没有创始它,但也不是对其没有帮助。为正确理解这一点,我想超出哲学之外的十七和十八世纪广阔的文化运动:对商业的新评价,小说的兴起,对婚姻和家庭的变化着的理解,情感的新的重要性。

我已提到附加在十八世纪商业活动和赚钱活动之上的新价值。“温存的贸易”(le doux commerce)观念的出现,商业活动被认为可用来形成更“优美”和更“文雅”的风俗。①

商业生活这种新价值的出现,也追溯到贵族荣誉伦理学的退隐,这种荣誉伦理学强调在军事活动中赢得光荣。当然,新价值不会在没有任何斗争的情况下出现;十八世纪重要的持续性的争论之一,至少在英格兰,是这两种伦理观之间的争斗。“资产阶级的”观点强调生产的产品,一个有秩序的生活及和平——简言之,重视日常生活活动;另一种观点 286
强调公民生活及追求名誉和声望的德性,赋予武士德性以中心的地位。②

这种新价值在经济学现代意义上的范畴中得到了反映。十八世纪,人们在亚当·斯密和重农主义者那儿看到了政治经济学的诞生。路易·迪蒙③已经显示,围绕社会生活的“经济”方面,可能存在一门独立的科学,在这点可以理解之前,需要什么样的观念的转变。根据从马克思那里吸收的一个范畴,经济学侧重人类和具有其自身规律的自然领域之间的交换,不同于(尽管潜在地受其干扰)发生在人通过政治和文化相互联系的领域中的事情。这种领域的分离,不能只被看作是人们偶然碰到的“科学上的”发现。它反映着把更高的价值给予了人类存在这个向度,反映着对日常生活的肯定。

另外,这一新学科基于这样的观念,即这一领域的事件形成了一个自我调节系统,这个观念在以往的时代是根本不存在的。这是重农主义者的伟大革新,由斯密接收过来,可以被看作是现代经济学的基础性步

① 阿尔伯特·希尔施曼:《激情和利益》(The Passions and the Interests)(Princeton:Princeton University Press,1977),第56—63页。

② 约翰·波考克:《马基雅维里时代》(The Machiavellian Moment)(Princeton:Princeton University Press,1975)。

③ 见路易·迪蒙:《平等的人类》(Homo Aequalis)(Paris:Gallimard,1977)。

骤。实际上,我们今天具有的"经济"或"(国民)经济"概念,就预先假设某种这样的系统。这一革新反映了我一直在考查的道德观的另一面。生产和交换的自我调节系统,是自然的内在连结的天意秩序的主要证明;它将生产者,即让遵循人类职业分工的人们,联合在一个相互支持的和谐之中。

第二节

这一世纪的另一个著名的发展,即现代小说的兴起,也以多种方式表现了这种新意识。

(i) 首先,笛福、理查森和菲尔丁写的新型小说,既反映了又进一步牢固树立了对日常生活的平等的肯定。这并不是因为其主题通常是中产阶级;或者这些作品提升了企业家的德性(笛福),或者道学家式地处理爱情和婚姻问题(理查森)。这一写作形式包含着平等化。埃里希·奥尔巴赫称为古典传统的风格区别(Stiltrennung)的东西包括悲剧和喜剧之间的风格差异,也标志着主题之间的不同。悲剧以适当的风格描绘被提升了的人物生活的英雄向度。喜剧则主要为普通人的日常现实而保留。这
287 种层次差别,在莎士比亚对带来喜剧娱乐的社会底层人物的不同处理中,仍是显而易见的。这种差别对法国伟大世纪(le grand siècle)的古典主义来说,是至关重要的,法国古典主义复活了所有的古代原则。

当然,基督教传统提供了一个有影响的替代性选择:福音以同等程度的严肃性对待地位低下的人和伟大人物的行为。实际上,人类获救的最重要的事件,开始于捕鱼人的行动。奥尔巴赫指出,这对中世纪和早期的现代文学具有重大影响。[④]在某些由清教激发的作品中,像班扬的

④ 埃里希·奥尔巴赫:《模拟》(Mimesis)(Princeton:Princeton University Press,1953),第7、8、11、12章。

《天路历程》中，这种影响确实是明显的。

就是这一替代性传统，在现代小说中取得了胜利，并且是决定性的胜利。这一叙述形式，叙述——有时记录——生活细节，把一切事件和生活放在相同文体上。现代小说越来越固定了我们的叙述文学的规范，这使得古老的文体区分，对我们来说，似乎是奇怪而又难以接受的。[5]

(ii) 新型现代小说，在其细节描写方面坚决抵抗所有以前文学作品。它违反传统情节和典型情节，并且摆脱古典式的对一般和普遍的偏爱。它叙述个别人的生活细节。如伊恩·瓦特指出的，[6]它的人物有平凡的适当名字——例如，不像班扬作品中的人物，是人格化的体现。

这不是说小说不再关注普遍，摒弃所有对原型的参照。如果是这样，在过去的两个半世纪，它不可能抓住读者。詹姆斯·乔伊斯已表明，在我们的时代，传统的伟大原型的神话如何能重新与小说结合。但普遍或原型现在产生于特殊的描写，人物被置于他们的独特性中，人们具有名和姓(尽管姓氏为非爱尔兰发音的代达罗斯)。

这一变化确实表达并加快了作为体现和原型的世界观，实体逻各斯的世界观的消失；我一直在追溯这些观点的哲学表达。我已论证过，事物的性质现在被认为是在一种新的意义上内在于事物之中的。我们必须仔细检查特殊性以达到普遍性。这不只是自然哲学家的原则，而且是人们理解他们生活方式的组成部分。对我们来说，任何其他叙述模式似乎都是奇怪的。

(iii) 不过，原型的死亡也带给它一种新的时间意识，而小说是观察

---

⑤ 伊恩·瓦特：《小说的兴起》(The Rise of the Novel)(London：Chatto & Windus，1957)，第87—88页。

⑥ 伊恩·瓦特：《小说的兴起》，第1章。

这种意识的好地方。好些作家已指出，[⑦]我们的先辈对时代错误缺乏感知力。在中世纪，神圣家族被描绘在图画和玻璃窗里，身着当时的服装。
288 圣女玛丽亚的穿着可能像托斯卡纳商人的女儿。这在今天的我们看来，是不合理的，然而当时必定是很自然的。对我们而言，完全理解这一精神是困难的，但它的组成部分之一必定是作为原型的重复现身场所的时间感，而不是具有时间定位的他们自身。

如果玛丽亚具有十三世纪托斯卡纳人的特征，而不是创世记的犹太人的特征，我们会感到不合理，因为，对我们来说，她是一位特殊的女子，她在历史中的定位，对于她本人是至关重要的。鉴于存在这样一种思想，圣母多半倾向于成为一个原型；这样，她与一切时代都是同距离的，因此，平等地属于一切时代。

我用"原型"的术语表示的是一种意识模式，它非常复杂丰富，采取许多形式，超出了反映在柏拉图的理念理论中的东西。我们在宗教传统中发现了另一模式，在那里，一个事件能够成为在它之后很久才发生的另一事件的"样板"或预示。[⑧]这样，以撒的牺牲被看作是基督牺牲的"样板"。根据这一观点，这两个事件的连接是通过历史之外的东西实现的，在那里，它们象征上的类似反映了与神旨的某些更为深刻的一致。[⑨]超出它们的因果联系的东西在时间上把它们联结起来了；尽管有巨大的时间鸿沟，但仍存在它们处于同时的感觉。历史体现了时间上的超越。

但是，这种存在即存在于时间中的感觉，被实体逻各斯的衰落和作为分解性理性的新的自我理解逐渐销蚀。使世界客体化的后果之一是

---

⑦ 例如，艾尔文·帕诺夫斯基《文艺复兴和西方艺术的复兴》(Renaissance and Renascences in Western Art)(Stockholm：Almquist & Wiksells，1965)；本尼迪克特·安德森《想象的社团》(Imagined Communities)(London：Verso，1983)，第28—29页。

⑧ A.C.查里蒂：《事件及其来世》(Events and Their Afterlife)(Cambridge：Cambridge University Press，1966)。

⑨ 奥尔巴赫：《模拟》，第73—74页。

“均一的、虚空时间”观念[10]，即物理学时间观念的发展，物理学的事件是由纯粹有效的因果联系历时地联系起来，并通过互为条件共时性地联系起来的。这已造成一个不可避免而有时又是明显难以回答的问题：我们如何把我们自己的生活与这个时间联结起来。过去的百年中最具创新精神的哲学，从柏格森到海德格尔，都忙于回答或重述这一问题的尝试。在过去两个多世纪中出现了各种各样的叙述，其中努力之一说明人性和人类文化的起源；自从十八世纪以来，这一任务一直被用来对抗均一的世界时间背景。

就如本尼迪克特·安德森所论证的，[11]时间的客观化对文学产生了影响。在面对处于同一叙述空间中同时发生的(暂时)无联系的事件时，它使我们感到这是正常的和容易理解的。读者被当成无所不知的观察者，能够掌握这些独立却同时展开的事件系列。

但是，这种新的时间观念也改变了我们的主体观念：分解性的、个别的自我，其认同是由记忆构成的。像任何时代的人一样，他也只能在 289
自我叙述中发现认同。如我在第一编所论证的，生活必须像故事一样被度过。不过，现在从典范模式和原型的角度接受现成的故事，变得更为困难了。故事必须被从特殊事件和生活环境中抽取出来；这具有两种紧密结合的意义。

首先，作为世界时间中发生事件的链条，生活任何时候都是较前发生的事情的后果。其次，因为被度过的生活也必须被讲述，所以其意义被看作是通过事件逐渐表露的东西。这两种视角不易联合，至少不能一下子被理智性地阐述并成为一个哲学问题。因为第一种视角似乎使生活形式只成为所发生的事件的积累结果；而第二种视角似乎把这一形式看作是已潜在的东西，它通过将要发生的事表现出来。

---

[10] 沃尔特·本杰明：《阐明》(Illuminations)(New York：Schocken，1969)，第261页。

[11] 安德森：《想象的社团》，第30—31页。

但是，很明显，它们都是不可逃避的。我们因事件形成我们自身；作为自我叙述者，我们通过事件最终显示或说明的意义度过这些事件。拿破仑是土伦战役"创造"的吗?或只是冲突所摧毁的欧洲，给了他证实自己军事上的洞察力、胆量和领袖魅力，简言之，他的"才华"的机会，所以"命"该如此呢?

这种生活叙述模式 (故事是从这种双重意义的事件中抽取出来的)与传统的模式、原型或预示相反，是典型的现代模式，适合分解性的、个别化的自我经验。它出现在现代自传中，开始于卢梭和歌德提供的伟大例证。它决定了现代小说的叙述形式。这就是为何环境和发生事件的特殊细节，以及它们在时间上的顺序，变成了故事的材料的原因。这就是瓦特称为小说的"形式现实主义"的东西，它体现着"小说是人类经验完全而可信报告的前提，或重要的惯例。"[12]从现代小说在十八世纪形成起直到近来，这一模式就与现代小说是同体的。它在*Bildungsroman*(教育小说)中达到一种有特征的表达，在那里，来自事件的生活形式的二重性浮现，变成作品的鲜明主题。

第三节

在十七世纪晚期的盎格鲁—撒克逊国家和法兰西的富有阶层中开始，我们看到基于爱的婚姻、夫妇间真正的伙伴关系，以及对孩子全身
290 心的关怀的日益理想化。我认为，这应理解为日常生活意义的新领悟的一个方面——实际上，是这一新领悟的一个主要关注点。

对婚姻的这种新理解，自然与进一步的个体化和内在化相关联。同居和在它之前的清教徒的婚姻一样，预先假设了比以前要求的更高的人格的和情感的义务。因此，它被看作是我们必须自愿进入的事情。从

⑫ 瓦特:《小说的兴起》，第34—35页。

这时开始,在婚姻伴侣的选择上,父母和更广的亲属群体行使的权力稳定下降,选择越来越被看作是夫妇双方的事。和过去一样,对个体化和个人承诺的强调,为契约性协议开辟了更大的空间。在某些社会,这甚至导致对离婚的更大宽容。

在家庭生活的这种革命中, 正在发展的道德意识的两个主要方面是交织在一起的。对家长制家庭的反抗,包含对人格自主的肯定,而自愿结合的主张,与隶属于权威的要求是对立的。但是,这种反抗因这种意识而点燃:至关重要的是要实现本性的核心要求。[13]当卢梭的《新爱洛漪丝》中朱莉的教师圣—普伦克斯赢得了他的学生的芳心时,他发现他们的结合遭到了她的父亲的坚决反对。他满怀激情地宣告了爱的权利。

> Quel que soit l'empire dont vous abusez, mes droits sont plus sacrés que les vôtres; la chaîne qui nous lie est la borne du pouvoir paternel, même devant les tribunaux humains; et quand voux osez réclamer la nature, c'est vous seul qui bravez ses lois.

> 无论您滥用的权力多么专横,我的权力要比你的更神圣。连结我们的纽带超过父亲支配的范围,即使在法定的判决中也是如此;你求

---

⑬ 研究家庭的历史学家, 如菲里普·阿里埃在他的《旧制度下的儿童和家庭生活》(L'Enfant et la vie familiale seus L'ancien régime)(Paris:Seuil,1973),第460页,使我们清楚地认识到,在通常关注个体权利和目标的意义上,既是由于"个人主义",也是因为对家庭亲情的渴望,导致了早期等级制的、有机社会的削弱和解体。只是到了二十世纪晚期,事实上,这两种力量是紧密合作地起作用的。直到二十世纪晚期它们才开始相互威胁,"自我实现"的意识形态妨碍着家庭生活。托克维尔很好地意识到了这一点。他谈到,个人主义"安排社团的每个成员为他本人服务,而不是为一大群他的同伴服务,并引导他疏远家庭和朋友,以致在他这样形成自己的小圈子之后, 他一般就不管社会而任其自行发展了";《美国的民主》(Democracy in America),共2卷(New York:knopf,1983),第2卷,第98页。

> 助于自然法，可你本人却又践踏自然的法则。[14]

这个整体的发展导致家庭逐渐脱离广泛的社会控制。例如，当得知前十八世纪的村庄擅自控制其成员的生活时，今天的人们一定会感到吃惊，甚至我们现在认为它们属于小家庭范围内的事，例如，怕老婆的丈夫必须承受“喧闹”，更不用说私通者了。喧闹是公众集体奚落的大声体现。例如，在法兰西，丈夫打妻子，或做女人的工作，或戴绿帽子，可能是这些活动的目标。这大概因为他容许颠倒正当的家长制秩序。这不能只看
291 作是他本人和妻子之间的事；它是所有人的事，因为秩序是生活于其中的所有人共有的。

随着较大秩序的观念和个体独立的主张的断裂，亲密的私人关系的新价值获得了基础。人们要求并赢得了家庭的隐私权。对隐私的新的需要，反映在家庭空间的结构上。前十七世纪家庭所容纳得很少。穷人中父母总是在他们的孩子面前；而富人的整个家庭都在仆人的视线之内；现在房子开始建造得备有私人空间；走廊让仆人在既看不到别人的隐私也不被别人监视的情况下走动，私人起居室得以建立，等等。

菲里普·阿里埃总结了较早社会全暴露的性质：

> 很久以前，历史学家就教导我们，国王从不独处。但事实上，直到十七世纪末，没有人独处。社会生活的密度使隔离事实上不可能，设法把自己关在一间屋子一段时间的人被看作是例外的人物：贵族间关系、同一阶级并且相互依赖的人之间关系、主仆关系——这些

---

⑭ 《朱莉；或新爱洛漪丝》(Julie；ou La Nouvelle Héloise)，第3卷，第11封信；《新爱洛漪丝》(New Eloise)(University Park：Pennsylvania State University Press，1962)，第2卷，第171—172页。

日常关系永远不让人独处。[15]

同居和隐私的需要,这两种变化是一起出现的。情感基础上的家庭必须靠亲密关系来形成。这不可能是王朝和财产安排的独特产物,这种安排对旧世系来说,曾是非常重要的。它只能因亲密而兴盛,这排除了传统社会开放的、金鱼缸式的世界。[16]

第四节

这一变化与第三个变化联系在一起。也是在十八世纪的盎格鲁—撒克逊国家和法兰西,它们似乎是这一方面的先驱,情感表现出较大的重要性。这样,对配偶的爱、关怀和钟情备受珍爱、体味、欣喜,并得到了明确的表达。类似的事情也发生在父母对孩子的钟爱之上。部分的结果是,童年时代连同它本身特殊的情感和需要,呈现的认同是作为生命循环的一个分离的阶段。进一步的结果是,养育孩子成为吸引文学公众兴趣的主题。我们处在通往斯波克博士的精神时代的途中。

这种变化的性质经常被人们所误解。某些批评家认为,研究家庭生 292
活的历史学家一直在发表荒谬的见解,即在现代以前,人们并不真正爱他们的孩子,也从不为了爱情而结婚。显示这些观点的荒谬性,是很容易的。很明显,所有时代和地方的人都喜欢他们孩子;当人们只把这种

⑮ 阿里埃:《儿童》(L'Enfant), 第450页;《童年的世纪》(Centuries of Childhood),R.巴尔迪克译(New York:knopf,1962),第398页。阿里埃(《儿童》,第xvi页)也提到十五世纪佛罗伦萨的早期发展,在那儿杰出公民的大宅第(Palazzl)根据一种新型设计建造,容许家庭有较大的隐私。但是,就十八世纪的北部国家来说,私人空间的隔离还没有实行。

⑯ 正如阿里埃指出的,"关于儿童和家庭的这种意识……要求过去从未有的身体和精神上接近的区域 (Cette conscience de l'enfance et de la famille...postulait des zones d'intimité physique et movale quin'existaient pas auparavant)"《儿童》,第450页。

可能设想为只是富人和有产者的事时，旧时婚姻给予家庭和财产考虑的地位与今天的显著区别，就不是太重要的了。多数农民大概至少要努力与他们钟爱的配偶结婚。

然而，这种看法忽略了这种变化的性质，这不是感情的实际地位问题，而是对它的重要性的意识问题。所发生变化的不是人们开始爱他们的孩子或感到钟情于他们的配偶，而是这些性情被看作是有价值和有意义的生活的关键组成部分。而在以往，除了太缺乏这些性情可能导致忧虑与谴责外，它们被看作是平庸的(今天，在没有正当理由表示敌意的情况下，对我的邻人的某些适度仁爱情感被认为是理所当然的；但它的明显缺乏——没有正当原因就恶意憎恨他们——会引起批评性评论)，现在它们被赋予决定性的意义。换句话说，情感方面的变化正是我一直追溯的哲学表达的变化：它关注的是什么方面生活内容被认为是意义重大的。这种差别与其说在于特定情感的在场或不在场，不如说在于在多大程度上由它们所构成的事实。当然，开始由它们构成的某些事情也改变了这些性情，这是真的。但这远不是说以前它们根本不存在。[17]

似乎已经发生的是，这个世纪的下半叶，在英国和法国社会的上层和中层阶级中，充满深情的家庭得到强化，被自觉地看作爱和关怀的亲密社团，与较远的亲族和外人的关系形成对照，后者被看作是较正式的或较有距离的。家庭处在变成“无情世界的避难所”[18]的途中，在过去两

---

⑰ 通过讲十五世纪和十六世纪作为精神生活地点的早期家庭的形成，阿里埃很好地说明了这点。讲到这个世纪家庭主题的“肖像学的兴盛”(floraison iconographique)，他说：“从此之后，家庭是我惟一真实不引人注目的地方，但通过全部情绪的力量公认有同样的传统和兴奋”(Désormais la famille est non seulement discrètement vécue, mais reconnue comme une valeur et exaltée par toutes les puissances de l'émotion)(《儿童》，第406页)。当然，家庭总是作为“真实现实”存在(réalité vécue)，“但它过去从未作为情感或重大的价值存在”(Mais elle n'existait pas comme sentiment ou comme valeur)；第460页。

⑱ 克里斯托弗·拉什一本书的书名(New York: Basic Books, 1977)。

个世纪中,许多家庭达到了这种地步。当然,过去的这一发展假设了工业化进程,较早的主导社团的破裂,工作与家庭生活的分离,资本主义的增长,易变的、大规模的、可佩有"无情"这一称号的官僚主义世界。但是在工业化之前确立的亲情和自我认同的范例,席卷了工业化时代列车中的人群,也席卷了没被野蛮地取代的阶层。

相反地,正是中产阶级家庭——它意识到把家庭团结在一起的爱的情感和关心的力量与正确性——首先对其成员提出了新的要求。弗 293
里格曼[19]注意到,这个世纪下半叶,基督教《圣经》关于孩子服从其父母的戒令如何以新的方式得到支持。这不只是上帝的命令和子女尽责的途径,而且也是爱的要求,因为不服从就有让父母心碎的危险。他指出,人们常提到雅各因为便雅悯离开而悲鸣,如果灾难降临,"你们将我满头白发、凄凄惨惨地送进坟墓"(《创世记》42:38),这反映在那个时期文学中。

根据阿里埃的观点[20],十八世纪的家庭本身是"围绕孩子组织的,并且在家庭与社会之间建立了一道私生活的屏障"。它因而就满足"隐私的愿望,也满足了对认同的渴望:家庭成员由感情、习惯和生活方式联结起来。他们从旧的社会交际强加的杂乱中脱身"。在某种意义上,孩子有了更多的限制。"家庭的关心……剥夺了孩子迄今为止与成人一起享有的自由……但这种控制与过去冷漠的情感表达是非常不同的:从十八世纪开始统治社会的一种摆脱不掉的爱"。

在对杰斐逊时代弗吉尼亚州的贵族进行的引人入胜的研究中,简·刘易斯识别出了一个多少是以后才发生的变化。革命前的上流社会,抱有一个家庭安宁的理想,一种温暖而充满深情的,同时又是单纯和受限制的家庭生活的理想。家庭被看作"与喧闹的世界形成对照的,而世界

---

⑲ J.弗里格曼:《浪子与流浪者》(Prodigals and Pilgrims)(Cambridge:Cambridge University Press,1982),第260页以下。

⑳ 阿里埃:《童年的世纪》,第413页。

上的活动曾被认为是重要且激动人心的”。在十九世纪早期,我们看到了非常不同的东西。男人和女人从他们的配偶和孩子那儿寻找情感支持;他们指望在冷淡的世界里建立一个避难所。

当然,在这儿有特殊因素在起作用。弗吉尼亚相对于其他区域正发生经济上的衰落,尤其是,它的上层阶级正痛苦而不适应地面对新民族经济的企业家的要求。我们大概能明白,为什么这些人特别需要一个避风港。但是虽然这种新的家庭文化可能满足这里的急切要求——正如它以不同的方式适应以后新兴的产业化工人一样——如果我们看不到这种文化的实际性质,我们就不会明白什么是这一文化的崭新和前所未有的东西:它未必是满足需要的东西,别的时代的其他人,也以不同的方式面对衰落和毁灭。对这一时期来说,特殊的东西是,向情感自我封闭的家庭的文化转变是适宜的,它已经出现在整个大西洋世界。这是形成于我们现在文明的转变。我们仍旧把爱、家庭——或至少是“关系”——看作是人类的中心性满足。

这是一种给情感以及它的充分表达以很高的价值的文化。在十八世纪的前辈们“因害怕不加约束的情感的破坏性后果而努力控制情感”
294 之处,在他们因而“正规地表现自己,用这种方式规定和控制情感”之处,十九世纪早期的弗吉尼亚人却寻求对他们的感受做出最充分和最真诚的表达。他们的书信表明,他们正努力超越常规,竭力分享他们的思想和他们自己的个人情感。这种分享是满足的实质部分,是他们在紧密的家庭纽带中寻找的“心灵的休息”。㉑

家庭的重要性,也出现在刘易斯的研究的另一方面。在十九世纪,作为抚慰死亡的那种对不朽的愿望,表现出不同的形式。经常强调的是,相爱的人超越死亡重新结合。“天国被定义为家庭重组的地方,在哪

㉑ 简·刘易斯:《追求幸福》(The Pursuit of Happiness) (Cambridge:Cambridge University Press,1983),第5、6章,第171、212页。

里由死亡造成分离的人会被重新聚合,不再分离”。[22]

这一时期,弗吉尼亚上流社会感受性的转变正是对所有西方社会以及所有阶层中发生的或很快就会发生的事情的缩影。情感具有了道德上的关联,对某些人来说,它成为人类善的关键。经历某些情感逐渐成为善的生活的重要部分,其中有婚恋的爱。但如我们所见,它不是惟一的。道德情感也变得意义重大了,就如仁慈曾经所是的那样。后来,感情的审美感成为感伤主义的Empfindsamkeit(崇拜)的核心。

第五节

在英国,接着在十八世纪后半叶的法国,这种道德上的情感奉献变得强烈而清楚明白。那个时代的文学既使之为人所知,又大大有助于它的深化和传播。理查森的小说《帕美勒》和《克拉丽莎》,连同它们对高贵情感的长篇推崇性描述,征服了热情的大众,他们在其中必定发现了他们自己推行的道德观既得到了肯定,也得到了加强和规定。

理查森的作品被译成法文,他的著作在法国也造成了巨大的轰动。但是,在小说中最有助于新观点的定义和传播的,无疑是卢梭的《新爱洛漪丝》。这本小说讲述了一位年轻的理想主义教师爱上了他的学生,但由于学生的父亲认为他们不相配,禁止他与其女儿结婚,这触及了与《克拉丽莎》类似的主题。但它没有使情节沿悲剧方向发展。相反,相爱的人认为,违背义务要求的性的满足会玷污他们的爱,他们英勇地将爱情神化为一种更高贵的伴侣关系。

卢梭小说的兴趣与其说是描述一系列事件,不如说是讲述和唤起 295

[22] 刘易斯:《追求幸福》,第81页。阿里埃也评论了十九世纪概念化的作为永恒家庭重聚的天堂;见《我们的死亡时刻》(The Hour of Our Death),H.韦弗译 (New York:knopf, 1981),第611页。

强烈而高尚的情感:爱、仁慈、献身德性。形成的不可抗拒的图景是,我们被强烈、真实而纯洁的感情崇高化,就像朱莉和普伦克斯因他们的爱而崇高,他们为责任的要求而牺牲直接的满足,从而使自己保持纯洁[23]。

在《新爱洛漪丝》发表的一七六一年这个令人发腻的年代,其影响是难以想象的。它很快被重印了,许多读者为每个词句所感动。卢梭收到了来自"狂喜"、"激动"而"入迷"的读者的大量来信。他们达到了"无法形容的快乐"("délices inexprimables"),激动得"热泪盈眶"("larmes délicieuses")。蒂埃博男爵读到这本书的末尾,"ne pleurant plus, mais criant, hurlant comme une bête"("不再哭泣,而是哭喊,像只野兽一样号叫")。骑兵弗朗索瓦阅读时如此感动,"que je crois que dans ce moment j'aurais vu la mort avec plaisir"("我认为那一刻我高兴死了")。读者不仅被制服,而且也得到了道德上的升华。罗兰夫人认为,任何阅读这本书而没有在道德上有所改善的妇女,必定有一个肮脏的灵魂。[24]

朱莉和圣—普伦克斯的故事令人鼓舞,因为尽管他们的爱遇到阻挠,他们却达到了情感的高尚和纯洁——或许正是因为这种爱靠正常方式是无法实现的。他们的爱是伟大而堪称典范的,部分是因为它呼唤

㉓ 卢梭能从人们在社会中获得高级生活的利益中得出结论,在社会中,人成为有道德的存在,结果,"其情感得以升华"(ses sentiments s'ennoblissent);《社会契约论》(Du Contrat Social),第1卷第8章。在《论语言的起源》(Essai sur l'origine des langues)(Paris:Bibliothèque du Graphe,1976),我们有了人们通过社会成为人类的另一个图景,而且也是再次根据感情上的变化:"他们围绕公用的火炉坐在一起,一起欢宴,一起跳舞……在这乡村的火炉中燃烧着神圣的火,开启了人类最初情感的心扉"(On se rassemble autour d'un foyer commun, on y fait des festins, on y danse ... et sur ce foyer rustique brûle le feu sacré qui porte au fond des coeurs le premier sentiment de l'humanité"(第132页)。

㉔ 丹尼尔·莫尔奈:《从让—雅克·卢梭到贝纳丁·德·圣皮埃尔的法国自然情感》(Le Sentiment de la nature en France de J-J.Rousseau à Bernardin de Saint-Pierre)(Paris:Hachette, 1907;重印New York:B.Franklin,1971),第202页。

实践它的某种英雄主义。这是自我克制的英雄主义,它为以这种方式实现崇高生活的观念所支持,与其他可能的方式相比,以这种方式生活会达到更崇高更圆满的境界。当然某种与此类似的东西,在任何时候都会引起英雄主义;区别在于推动情人的不是不朽的名声,而是某种高尚而纯洁的感情。因自我克制和忍受痛苦而改变的爱,似乎提供了通往生活巅峰的道路,达到一般幸福不能带来的情感的升华。“Rien n'est bon que d'aimer”,“rien n'est vrai que de souffrir”(除了爱,无物是善的;除了痛苦,无物是真的);这些对偶口号捕获了激动人心的情感崇拜的含义。[25]

这种崇拜很容易从英雄主义滑向自我放纵。在忧伤中体味的是克制、迷失,而不是自我超越。情感的时代也是忧郁的时代,这也由英国作者作了规定并给予宣传,这些作者们被翻译了并对欧洲大陆产生了很大影响。在这一方面,扬的诗《夜思》和格雷的《乡村墓地挽歌》对形成这种情感起了很大作用。但这个术语在意义方面已有了某种程度的改变。
它不再具有一种过分的幽默感。它确切地指一种情绪,一种感情。人们 296
有这样的经验:他能对生活中的悲伤与迷失保持一定的距离,并视之为一段结束了的故事。如此看来,它具有一种意义,能演示一种风格、一种美,甚至一种差别。给忧郁巨大安慰的是消遣性的快乐,它能使痛苦奇妙地有趣起来,是“les rêveries mélancoliques et les voluptueuses tristesses”(忧郁幻想曲和骄奢淫逸的悲哀)的根源。[26]

这种追索适用于一切时代。然而,只有在以情感为价值的时代忧郁才可能得到珍爱。如果人的情感的崇高是有差别的,如果最高尚的情感与自我克制和痛苦不可分离,那么以崇高的忧郁含辛茹苦就可被看作是令人尊敬的。并非所有的人都能感受到这样的不幸,这样的人必定是

㉕ 丹尼尔·莫尔奈:《十八世纪法国的浪漫主义》(Le Romantisme en France au XVⅢe siècle)(Paris:Hachette,1912),第128页。

㉖ 丹尼尔·莫尔奈:《十八世纪法国的浪漫主义》,第34页。

优秀的人。

这为歌德《少年维特的烦恼》的巨大成功创造了条件，这本书一七七四年一出版，立即被译成英文和法文。维特由于不能在这个世上获得日常幸福而自杀。他的悲剧性弱点恰恰是他的极端敏感性。他能从兴高采烈立即滑入绝望的深渊。他太强烈地感受所有的事物。维特迅速成为一个原型：经受世界痛苦或时代病症(*Weltschmerz, or le mal du siècle*)的年轻人，先被驱使进入忧郁，随后是死亡。这种副本不只在文学中能找到。一个年轻人在埃尔默农维尔卢梭的墓前，用手枪自戕。他没有留下他的名字，只留下他绝望的自白书："Ne refusez pas une sepulture, aux lieux que je vous demande, au malheureux rêveur mélancolique....Ah! qu'il est malheureux I'homme sensible... C'est I'amour malheureux, la mélancolie, le goût des rêveries, ma sensibilité qui m'ont perdu"(不要拒绝埋葬，在那个地方我已经问过你，对于不幸的、忧郁的梦想家。……噢！敏感的人多么不幸……不幸的爱、忧郁、做梦的滋味、我的敏感……都成为我的堕落)。[27]这个不幸的年轻人的道路，表达出了一种异常的、甚至可敬的命运观。这就是敏感性崇拜造成的可能结果。

第六节

如果我们看一下十八世纪对自然的感情的发展，情感的道德重要性从另一个角度也会变得清晰起来。这在各个方面都是明显的。在法兰西，这种重要性尤其明显地表现在相当于中世纪贵族和有钱阶层中。在日益增长的乡间生活时尚中，在乡间散步的快乐中，在田园抒情诗和
297 "bergerade"(田园牧歌)的日益流行中，我们能看到这一点，甚至在其更为荒谬的夸张行为中，我们也能看到，其中最著名的是小特里阿农，在

---

[27] 莫尔奈：《十八世纪法国的浪漫主义》，第145—146页。

那儿玛丽·安托万内特和她的侍女扮演成牧羊女和挤奶女工。[28]但是,也许就拘泥形式的法国花园在“jardin anglais”(英国式花园)面前的退缩中,我们最能理解这一点,英国式花园被认为是能让我们接触未经修饰的自然。[29]

在对自然的这种复归中,有某种很新的东西。田园生活短诗的流行可能隐藏了这一点,因为它利用的模式可追溯到维吉尔和贺拉斯:基础性的观念是,与城市居民污浊的现实相比,农村人纯朴的生活更接近健康的德性和持久的满足。这些陈规在十八世纪经过一系列改造,重新被激活并得到加强:各种形式的尚古主义,部分因国外“未开化的”人的故事而得到滋养;日常生活的提升;从英国传播开的对农学的认真关注。但是,农村生活的这种重估,仍有别于对自然的新看法,即使这些人的一部分可能已插手推进二者——卢梭(表面上)将尚古主义和他对日常生活的肯定亲密结合,就是一例。

对自然的这种新取向并不直接关心单纯或质朴的德性,而是关注本性在我们内部唤醒的情感。我们复归自然,是因为它显示了我们内部强烈而高尚的感情:敬畏创造的伟大,田园风景的安谧,风潮和荒漠僻静的庄严,某些孤零的林地的忧郁。自然吸引我们,是因为它在某种程度上调解我们的感受,或者唤醒休眠的情感。自然就像一个大键盘,我们的高级情感在上面演奏。我们求助它,就像求助音乐一样,去唤起和加强我们内部最好的情感。

吉拉尔丹在埋葬让—雅各·卢梭的埃尔默农维尔建造了花园,他在结束对树木、河流和田野的描述时说:“C’est dans de semblables

---

㉘ 莫尔奈:《情感》(Sentiment),第2部分,第1册,第1章。这些发展的一般叙述,又见同上书,第1部分,以及约翰·麦克曼冈斯《死亡和启蒙运动》(Death and the Enlightenment)(Oxford:Oxford University Press,1981),第10章。

㉙ 莫尔奈:《情感》,第2编,第2册,第2章。

situations que l'on éprouve toute la force de cette analogie entre les charmes physiques et les impressions morales... on voudrait y rester toujours, parce que le couer y sent toute la vérité et l'énergie de la nature"("在这种情境中，人们看到物质的美和道德印象之间十分生动的类似……人们希冀永远在此驻足，因为心灵在此感受到了自然的全部真实和能量")。[30]托马斯·莫尔奈引证的一位作家，热爱"大森林"(vastes forêts)，因为它们"使心灵得到休息和升华"(reposent et agrandissent l'âme)；而对米拉波侯爵来说，自然的美要求崇高的心灵"保持与其无声的庄严进行内部交换"(pour soutenir un commerce intime avec sa siliencieuse majesté)。[31]但朗格勒侯爵在参观图恩湖之后处于一种很不相同的状态："Le jour oú je vis pour la première fois ce beau lac faillit être
298 le dernier de mes jours ; mon existence m'échappait; je me mourais de sentir de jouir ; je tombais dans l'anéantissement"("那天，我第一眼看到这个美丽的湖时，我几乎到了临终状态：我的存在正从我身上滑走；我快乐死了：我陷入了虚无")。[32]建造"英国式"花园的新浪潮，考虑到了这一关系。目标是唤醒和培育某些情感。根据利涅王子的说法，建造花园的技艺有一个基本原则："Cherchons à parler à l'ame"("让我们努力和心灵对话")。对希尔施斐尔德来说，它："Remuons fortement l'imagination et le sentiment"("激起我们的想象和感情")。建造花园是要唤醒各种各样的感情：一些是愉快的，一些是带来甜蜜的忧郁，一些是浪漫的，还有一些是严肃的。花园技艺是一种"形而上学"，这使我们能"par la manière de diriger les terrains, de se donner, à sa volonté des sentiments et des pensées"("顺便为自己，为意志、感情和思想布置基础")。这样，花园能使

---

[30] 莫尔奈：《情感》，第2编第2册，第248页。

[31] 同上书，第210页。

[32] 同上书，第269页。

我们更善良："La théorie des jardins nous mène à l'humanité et à la bienfaisance"("这种花园理论把我们引向人道和仁慈")。[33]

事实上，十八世纪晚期，花园除了使人们更健康之外，它也被用于所有各种各样的目的。许多设计是为了唤起和保持孤独梦幻者的愉悦的忧郁。埃尔默农维尔的花园甚至有梦想祭坛。它们的手段不仅仅包括自然。他们也依靠建造坟冢、寺院、雕像、宝塔和新设的废墟来激起怀旧的忧郁，这些设施有时表示异国风情和久远的年代。它们演示全部的情绪，从最高尚的到最强烈的。有些想要唤起面对恐惧和神秘的战栗。但目的总在感情方面。

要弄清这新在何处，我们把它与古代的自然观相对照，或许是有用的，这种自然观也以某种方式依赖于自然现象与人类事务之间的某种协调或对应的观念。例如，我们在莎士比亚那儿会看到这种对应，在他那里巨大的自然混乱伴随和预示着人类社会中的罪恶。邓肯被杀的那个夜晚是反常的，"空中的悲鸣，奇怪的死亡尖叫"，尽管白昼本该来临，但天仍很黑。在前一个星期四，猎鹰被捕鼠的猫头鹰杀死；而邓肯的马在那天夜里变得狂野，"不服驯，就像它们要与人类发生战争"。[34]

在此，自然在某个方面与人类事务协调一致。但是，这种关系与我们从十八世纪继承下来的现代关系完全不同，而且它事实上与后者是不相容的。莎士比亚利用某种奠基于实体逻各斯的秩序概念，更准确地说是利用了与文艺复兴思想的一致性。同一种等级秩序在不同的领域——人、鸟、兽——中展示它自身；因此，这些是协调的：一个领域的 299
混乱反映在其他领域。邓肯被杀是对整个等级制的否定，就如猎鹰被低级的食鼠猫头鹰杀死，或动物背叛人类一样。

与十八世纪晚期的自然经验存在着一种平行关系，但是，基础性的概念正开始改变。旧的宇宙论仍苟延残喘，连结着物质领域和道德领

[33] 莫尔奈：《情感》，第2编第2册，第238、240页。

[34] 《麦克白》第2幕第3场第56行，第2幕第4场第17—18行。

域，而这种宇宙论的一种"驯服而有秩序的"变种，"缓和成新的古典标准"，仍充满某种地方和自然的诗意。[35]但是，正在发展的另一个可选择的认识，有取代这一宇宙论的危险。根据这一观点，自然现象具有的意义不再受自然秩序本身或它们所体现的理念的规定。它的规定是通过这些现象在我们身上产生的结果，是在它们唤起的反映中。自然和我们自身之间密切关系的媒介，不是靠客观的理性秩序，而是靠自然在我们内部的共鸣这一途径。我们与自然的协调不再在于对实体等级制的认识，而在于能释放我们自身内部的回应。

自然变成了T.S.艾略特所称的"客观地相关于"[36]人类情感和情绪的巨大蓄水池。现在它是一个巨大的多层次的键盘，能够从人类灵魂中弹奏出最富变化的音乐。理性秩序不再是必要的中介概念。

那就是为什么法国新古典主义必须如此坚决地抵制向自然的新的回复。作为"伟大世纪"(le grand siècle)占统治地位的审美，其规则是布瓦洛规定的，它也把自然当作一种标准运用，不过是在使之等同于运用理性的意义上。

> Aimez donc la raison; que toujours vos é
> Emcritspruntent d'elle seule et leur lustre et leur prix。

因此热爱理性；你的作品永远只从她那里获得它们的光辉和价值。[37]

---

[35] M.H.阿布拉姆斯：《伟大的浪漫主义抒情诗的结构和风格》，载《从感伤情调到浪漫主义：致F.A.波特尔》(From Sensibility to Romanticism: Essays Presented to F.A.Pottle)，F.W.希尔斯和H.布鲁姆(New York: Oxford University Press，1965)，第537页。

[36] T.S.艾略特：《圣林》(The Sacred Wood)(London: Methuen，1950)，第100页。

[37] 布瓦洛，引自L.福斯特：《浪漫主义透视》(Romanticism in Perspective)(New York: Macmillan，1969)，第252页。

当然,对布瓦洛和他的追随者来说,理性必须被部分地理解为笛卡尔所定义的程序性的、构成性的、带来秩序的能力。但它也吸收了某些旧的实质意义,在那里自然本身体现着理性。艺术必须服从理性,因为心灵必须依靠理性准则构造它的摹拟品,而且因为自然本身有其秩序和比例。

勒诺特尔为路易十四做了其最伟大的作品,勒诺特尔的花园是新古典主义的完美体现。它们包括给自然强加一个构成性的理性秩序——沿着中间狭长景色划直线,平衡而对称,就像我们在凡尔赛看到的一样。不过,它们也反映一种秩序,其中太阳王是保证自然和上帝认同的等级制的主要力量。 300

"英国式花园"是一种抗议,是对所有这类等级制的反叛。它是我们与自然相遇的地方。但这种相遇不再允许有旧的实体理性的意义。它要求我们拒绝程序理性抽象的、构成性的秩序。它的目标是让无修饰的自然唤起我们内部自然情感的反应。

以前被认为怪异、混乱的东西,现在可能引起惊讶、敬畏。那可能是现在称为"崇高"的东西。[38]内克尔夫人以旧秩序的名义抗议,她说

> Nous sommes bien loin encore de cet amour de la nature qui fait reconnaître la perfection dans les justes proportions, dans le rapport des effets avec nos goûts et non dans l'étonnement qu'elle nous

---

[38] 伯克及后来康德发展的对崇高的十八世纪的陈述,与这种关于主体反应的新美学有联系。伯克看到了崇高在我们对痛苦和危险的反应中的根源。康德的崇高概念把它表达为我们自己作为实践理性主体的"客观联系",崇高就是这样,因为它唤醒了我们自己无限的道德力量的感觉。当然,这儿反应不再只限于情感。见E.伯克:《关于崇高和美的观念起源的哲学研究》(A Philosophical Enquiry into the Origin of Our Ideas of the Sublime and the Beautiful)(London,1757;第2版,1759),重印J.T.博尔顿编(London:Routledge,1958),第1部分,第7节。康德:《判断力批判》(Critique of Judgement),第1部分,第1编,第2册。

cause.

我们仍旧远远没有热爱自然,在它对我们的趣味的影响的关系中,而不是在它引起我们的惊讶中,认识到它的比例的完美。[39]

但对自然新近出现的热爱,依赖的恰恰就是它在我们内部唤起的东西。

对今天的我们来说,这仍然可以被看作是与自然的意义相连续的。莎士比亚唤起的体验,勒诺特尔设计的前提,不再是我们可取的生活选择。莫尔奈很好地提出:

Du jardin architectural nous aboutissons au jardin état d'ame. Cela marque l'étape décisive. Après Rousseau, la nature devient décidément ce qu'elle est pour nos ámes modernes, la vie confuse et profonde où s'épuise et s'épanche tout l'inexprimable de nous-mêmes.

从建筑学上的花园,我们来到精神状态的花园。这标志着决定性的步骤。卢梭之后,对我们现代人来说,自然决定性地变成了深刻而混乱的生活,我们内部不可表达的东西都源自那儿。[40]

这是对与自然的这种关系是根据现代认同而被断言这个事实的另一种叙说方式。它允许我们测定,在何种程度上十八世纪晚期已跨过分界线,并和我们站在了同一边。

在这种关系中,自然或我们周围的世界,不能再被看作是那种秩序

---

[39] 莫尔奈:《浪漫主义》,第47页。内克尔夫人的女儿,斯塔尔夫人,是后来把德国浪漫主义介绍给法国的关键人物之一,这是历史的嘲弄。

[40] 莫尔奈:《情感》,第2编第2册,第255页。

的体现，关于这种秩序我们把它规定为使我们成为理性存在的东西。这就是柏拉图举例表达的那种关系。我们的理性是和我们与事物秩序的协调相一致的，是潜在地能够理解和热爱事物的秩序。这种基本的结构关系以许多形式在整个前现代时期有力地持续着。莎士比亚引起的背景就是这些形式中的一个。 301

但是，我们看到的形成于十八世纪的对自然的感情，自此基本上已断裂，接着被遗忘。一种非常不同的关于人类认同的意义在此起作用。能感动我们和唤起我们感情的自然，不再靠实体理性观念束缚我们。它不再被看作是规定着我们的理性的秩序。确切地说，我们是由我们在自身内部发现的目的和能力规定的。自然能做的是唤醒这些东西：它能唤醒我们反对对分析的、分解式的、宏伟的理性过分压抑的规范控制的感情，这种控制现在被理解为主观的、程序性的力量。

换句话说，起始于十八世纪的对自然的这种现代感情，预先设定了新的分解式理性的认同对嵌置于实体逻各斯中的前现代理性的胜利。笛卡尔和洛克已经赢得了在反对柏拉图和充满意义的秩序的理论方面的胜利。我们自己的本性不再受目的秩序的实体性的规定，而是受我们自己的内部冲动和我们于内在联系整体中的位置所规定。这就是为什么我们的情感可能具有古代哲学不可能允许有的价值。分解式理性的卓越性能够解释为什么强调这种价值看来是重要的：正是为了从洛克自然神论的外在理论中的伦理边缘营救我们的情感。这就是推动哈奇森的东西，后期的感受性崇拜已沿这同一道路走了很远。

正如我们在浪漫主义那儿看到的，共鸣这一新思想没有排除相关的和有意义的秩序的宇宙论的重构。对谢林来说，在某种意义上还有诺瓦利斯，当然还有反浪漫主义的黑格尔，自然的“意义”由客观秩序决定，黑格尔把它描绘成“理性的”。但这些理论基本上是确立在新的基础上。它们以自然和人类生活的表现主义理论为基础。它们把共鸣概念纳入一个主体。实际上，它们使这一概念得到了进一步发展，从而把大自然本身看作主体的表达。当自然现象在我们内部共鸣时,它们的"意义"反映着上帝或世界精神在它们内部真正表达的意义。自然神论很容易滑向泛神论。但这些理论者划分在现代一边,因为进入这一意义要求我们转向内部。那是因为单一的生活之流贯穿世界和自我。因此,柯尔律治可能说"我边思考边观察自然的一个对象……确切地说,我似乎在探索,可以说是要求,一种在我内部已经并且永远存在的东西的象征性语言,而不是观察任何新的东西。"华兹华斯说:"我通常不能把外部事物认作拥有外部存在,我与我看到的一切进行交谈,把它们看作不是脱离
302 而是内在于我自己的精神本质的东西"。或者如诺瓦利斯的简洁陈述:"Nach innen geht der geheimnisvolle Weg"("精神走的是神秘之路")。[41]因此,解释自然秩序所需的语言,不是我们读解公众可运用的全部一致范围的语言;它必须采用与我们的内部世界共鸣的形式。它是一种"更为微妙的语言",[42]就像我们在下面要看到的。

对自然的新热爱,连同对感受性的崇拜,是深刻的文化变化的显示器。它表明这种现代认同在受教育阶层造成的渗透,大大超越了专业哲学影响的范围。劳伦斯·斯特恩把感受性定义为,"我们永恒的感情源泉……内在激励的神力"。[43]这句话不是出自哲学家的笔下,而是出自那个时代受欢迎的作家,它在标识什么对我们是重要的内部本性上,捕捉到了感情的至关重要性,捕捉到了它与我们的道德根源内在于我们的感觉的联系。

㊶ 引自阿布拉姆斯:《结构和风格》(Structure and Style),第551—552页。

㊷ 见厄尔·瓦色曼:《更微妙的语言》(Baltimore:Johns Hopkins University Press,1968)。

㊸ 劳伦斯·斯特恩:《情感之旅》(Sentimental Journey),赫伯特·里德编(London:Scholastic Press,1929),第125页。

第七节

类似地，这一时期的宗教复兴运动——其中有虔诚派、卫理公会和虔敬派——给予情感以新的重要性。由斯彭内尔和弗兰克开创的德国十七世纪晚期的虔诚派运动，厌恶传统清教强调教义的正确性，宁愿寻求一种"新生"，其结果是深深的虔诚和至善的生活。这是对韦斯利的卫理公会的一个关键的塑造性影响。

尽管亲岑道夫伯爵和德国的虔诚派教徒以不同于韦斯利的方式倾向于反理性，但所有这些运动认为信仰和奉献比认识和神学更重要。这是它们关于全部个人承诺的宗教改革要求的转换，但在十八世纪的环境下，这种热情采用的是强烈的、情绪表现形式。在美国的大觉醒中，显然也有某种类似的东西，尽管在此神学背景是更为正统的加尔文派。

所有这些，是如何与我所描述的提升情感地位的更为世俗的方式相联的呢?这很难说，不过，也许影响是在两个方向上的。在人类的善良性质开始根据恰当的情感来规定的时代，虔诚采用这种情感形式是很自然的。相应地，宗教生活中深层的情绪表达的神圣化，可能在以后的阶段开辟这条路——尽管福音派新教会就抚养孩子有相当苛刻的观点[44]——通向家庭内部情绪更为奔放的生活。[45]

㊹ 见菲里普·格莱文:《新教徒的气质》(The Protestant Temperament)(New York: knopf, 1977),第2章。

㊺ 就像简·刘易斯论证的弗吉尼亚的个案一样;《追求幸福》,第222—223页。

第四编
本性的呼声

第十八章

断裂的视野 305

第一节

所有这些引出了令人焦虑的历史起因问题，而要对其作出回答，我感觉自己无法胜任。显而易见，我在前面所描述的哲学的变化，明确表达了一个在共同假设和感觉之上的大规模的变革。我们能够把它描述为一种从英、美以及(就某些部分而言)法国中上阶级向外和向下扩散的新道德文化。在致力于这种向新社会和新阶层的转变中，它经常被改变；因此我们结束于一组类似的道德文化或特定文明范围特性，这种特征在不同民族和社会阶级中具有重大变化。因此英法启蒙文化在德国产生了相当有创造性的回响；[1]而且现代自我封闭的家庭在不同的阶级中差异相当大。

但是，透过所有这些差异，某些共同的主题还是明显可见的。它是

① 路易·迪蒙在《论个人主义》(Essais sur l'individualisme)(Paris：Gallimard，1983)中，已经极富洞察力地讨论了德国的特殊情况，即吸收并改变着英法启蒙运动。在我的《黑格尔》(Cambridge：Cambridge University Press，1975)第1章中，我也谈到了这一点。

这样一种我在前面所援引过的三种意义上的个人主义文化：它鼓励独立自主；它给予自我探索尤其是感情方面的自我探索以重要地位；其善良生活的视野通常包括个人的承诺。结果，其政治话语表达了人的主体权利不可侵犯的观点。由于其平等主义倾向，它把这些权利看成是普遍的。

与此同时，这种文化既赋予生产性工作以意义，也赋予家庭以意义，家庭是理想的充满爱的亲密社团，在这个社团里，成员们发现了他们人性实现的一个重要方面。在今天特定的亚文化群中，作为这种实现的一种正当场所，家庭也许会被私通或"性关系"取代，但是爱的中心地位仍保持着。它使得情感在道德上至关重要，在他们个人的自我探索、自我表达中举足轻重。而且，普遍的仁慈，或者至少是平等相处，是它的最重要的社会美德。

这甚至算不上是个完整的速写。还有其他一些重要特征，例如：和自然的新关系——这一点我将在最后一编中讨论——以及鼓励消除痛
306 苦，自我表现的重要性，对此我比较忽略或很少提到，因为在介绍它们之前我想打下一些必要的基础。但是，在此只提出我将在这种意义上探讨这一主题就足够了。

真正大范围的问题涉及整个道德文化与它的经济和社会基础的关系。我希望自己能够在这个方面说出一些有见地的、有效认识来，但是这超出了我的能力，也超出了这一著作的范围。很明显，这种文化的产生同经济实践的变化、行政结构和方法以及我在前面曾提到的纪律有着复杂的关系——在第二编的末尾部分我只是概略地暗示过。在某种程度上，新神学和新斯多葛主义哲学在给欧洲社会的重要生活环境带来了一些稳定的秩序方面的成功，和更加有效的经济和行政实践的变化——例如，农业的改进，风纪良好的军队，更有效的社会调控——都有助于在管理良好的连锁秩序中接受一种生活意义，在那里人们通过他们的自然禀赋协调一致，而且，在那里工具理性在人们对日常生活目

标的追求中起中心作用。正是在这种对自然秩序的信任的意义上,在自然神论那里很自然地发现了宗教的表达,也就是说,在一种神学中,把这种内在联结的自然秩序作为理解上帝和上帝的善的关键,因此也就成为虔信的基础。

但是,所有这些决不能视为在经济、社会发展与道德文化之间,即“基础”与“上层建筑”之间存在着直线发展的因果关系。这种关系明显是循环的,然而,我们可以在更精确的措辞中来理解它。这就是,文化因素对这些发展是构成性的——例如,个体自主之于经济冒险精神和政治权威的新形式——而这些文化基础反过来通过推进这些发展的步伐,使自己得以巩固和传播。

一个相似的循环关系,看来是构成任何关于历史起因第二方面问题的满意答案所必需的,这一点我想在这儿稍加探讨。这涉及我曾经考察过的现代道德文化和哲学阐述的关系。简言之,这两者都没有明确的历史优先性。这种文化不是传自划时代哲学家的系统阐述。可能有时候难以抗拒这样认为,好像它就这样的;而哲学家可能尤其不能抗拒这样认为。但是这并不真正出于哲学的自负。没有人真正认为超然进入到文化之中是源自笛卡尔的笔端,或者个人主义源自洛克之笔。显而易见,这些都是有影响的思想家;但是当他们帮助限定这些文化的未来方向和形式的时候,他们只是清楚地表达了早已形成的东西而已。弄清楚他们所做的两方面事情,能使我们免犯仅将他视作为副现象的反向错误。洛克的确发明了个人主义,或者的确把人的心灵图景说成是一块白板, 307
很明显他的这两方面论述为十八世纪广泛的思想运动树立了范型。

但是,要给予哲学阐述以优先性的企图,来源于哲学的阐述也是一种阐述这个事实。贯穿文化的运动是扩散的,不清楚的,很难区分和界定的。它采取了编年史这种最机智熟练的策略,我们称之为histoire des mentalités(心态史),以在其中得到某种概念上的把握。笛卡尔和洛克提供给我们一种看上去浓缩的精辟的语句。因此,很容易忽略思想家和他的文化之间的连续流动。[②]

还有一个更大的损失，用我在前边介绍的术语来说（第四章第一节），这就是我们对生活的善的认同和对构成性的善的界定的关系失去了把握。在一场广泛的文化运动中，我们看到了涌现出善的生活的新观念和新意义：例如，亲密的充满爱的家庭，或情感的表达，或仁慈的理想。这些在哲学家的著作中也将得到描述及准确的解释，但是哲学家将格外努力地阐明构成它们基础的构成性善。

因此，伴随着对情感的崇拜，或者伴随情感是重要的这种未结构化的意义，我们得到道德感的哲学理论，连同这些理论的复杂的人类心理学——这种心理学与天意秩序要么要关，要么无关。这些循环关系类似于我上面提到的"基础"和"上层建筑"之间的关系。既不具有绝对的在先性，也不是完全相互独立。正如我在第一编所申明的那样，阐明一种构造性的善在于弄清楚一个人所信奉的生活的善中包含着什么。在文化中无反思的人们——为特定的生活的善所吸引——也许不能提供一种构成性的善的描述，但这并不意味着他们对于什么东西值得追求的意识并未受到某些未结构化的直觉的塑造，例如，这些直觉是有关他们的形而上困境的，有关他们的内外道德根源的。

在第三编关于自然的新定位的讨论中这种内在的关系已经初见端倪。我试图表明，这如何反映——在某种方式上预先假定——像现代内在化认同这样的东西，而这都需要我们对构成性善有待理解。这并不是说，那些为山间湖泊所狂喜、或在英国式花园里置身于忧郁幻想之中的

---

② 在结论性的一章中，我们将看到，忽略这个差别，或仅仅把给定的文化发展等同于特殊的哲学，都会削弱这种差别。例如，关于自我负责的理性和自由的理想的富有理性洞察力的讨论，当这些理想被看作与洛克的点状自我密不可分时，讨论变得几乎不可能了。这意味着或者那些拥护这些理想的人感到必须接受这一理论；或者那些不能遵奉这个理论的人感到应当拒绝这些理想。由于这些理想具有某种正确性，而这种理论(我认为)是非常错误的，这一鉴定必定把我们引入歧途，无论它采取哪种方式。

人们已经表述了任何一种关于他们自身的分解式主体观点，或者甚至是从一所重要的哲学流派中学来的。它只意味着形成了他们的观点和情感的文化运动为了形成意义并摧毁前现代观点所设定的意义，需要这样的理解。因此，无论它怎样兴起，都提供了现代认同的清晰阐述得 308
以产生，而且反过来又能够修正和指导这种运动的适宜气候。

这就是为什么我们不能把一种文化中生活的善看成是独立自主的，看成是与构造性的善的各种可能的表达之间没有内在联系的。这就是为什么我们可以把某种表达说成是适应并抓住了特定无反思实践的精神的东西。但是，与此同时，表达也能够改变实践。当一个人被说服有差异地看待构成性的善的时候，那么生活的善本身便变成为某种有差异的东西。

所有这些使得论述这种关系相当困难。为了使之与我一直在讨论的转变相关联，我自然依特定生活的善界定，例如，独立自主、家庭生活的意义、仁慈出现的道德文化。在十八世纪文化运动中作为道德文化的后援的重要的构成性善的表述之一，是我称之为自然秩序的自然神论观点。但是这场广泛的文化运动当然并不依赖这种观点。我们只能说这种哲学抓住了某些变化的实质，而且反过来又深刻影响了它们所采取的表达形式。

由于自然神论所信奉的秩序丧失了所有的声望，依据的缺乏变得明显起来，而广泛的运动还在继续。但是，这就是我们很容易因我们的语言而犯错误的地方。现在听起来好像文化运动毕竟是自足的，并不与特殊的表达有什么内在的联系。全部错误在于界定性描述之中。并不是“特定”的运动，而是某些主要的生活的善的特殊变异，游离出自然神论的终结之外。生活的善的运动超出了自然神论的阐述，但是，在这个演变进程中，它变成了某种不同的东西，也就是说，它进入了另一种阐述形式的轨道之中。

考察这种关系——而不是使哲学成为某种独立有效的东西，或者认为道德文化的变迁是独立于它的随附现象的陈述之外的对自己道路的追求——就是借以认真地处理我在这里正努力探索的我们的道德根源的历史之手段。例如，自然神论——正像我们一会儿将看到的那样，还有激进的十八世纪启蒙运动——曾经是历史的有效的论述。它已经具有一种"Wirkungsgeschichte"(历史作用)。[3]即使它已经被现代道德文化运动甩在后面，但是它曾经帮助确定这种新运动的方向和形式。它不能包含在它自身的限定之内，但也并不是与之毫不相关。它已经产生了自己的影响。[4]

但是，这就把我置于历史起因问题的另一个争端面前，对我来说回避它更加困难。自然神论是作为通往怀疑之路的第一步出现的，随后涌现出了怀疑的启蒙领袖人物，如爱尔维修、边沁、霍尔巴赫、孔多塞。随
309 后，随着对他们的超越，逐渐导向了现代的非宗教的世俗文化之路。这就是为什么，如我早就论证过的，对自然神论来说理解动机是如此重要。它允诺，或扬言为我们提供了我们以"世俗化"一词所表达的整个现代发展的关键。

这是描述现代社会经常使用的术语，有时它甚至提供了这个社会

---

③ 参见H.G.伽达默尔：《真理与方法》(Wahrheit und Methode)(Tübingen：Mohr，1975)。

④ 我一直在讨论哲学阐述与广泛的文化运动之间的关系，它们都在其他文学领域中得到反映。但是，某种相同的循环关系保持在这些文学本身的主流和重要阐述之间。丹尼尔·莫尔奈在他的《从卢梭到贝尔纳丹·德·圣皮埃尔的法国自然情感》(Le Sentiment de la nature en France de J.-J.Rousseau à Bernardin de Saint-Pierre)(Paris：Hachette，1907；reprinted New York：B.Franklin，1971)中，很有洞见地讨论了这一关系(参见："结论")。在另一方面，卢梭的《新爱洛漪丝》(La Nouvelle Hélose)使得这种新的情感哲学以及对自然的相关情感成为法国文化舞台上的一股强大的力量。但是，这并不是说这种情感的思潮以前从来没有在这个方向上发展过。另一方面，这种思潮的预先存在不应当使我们忽视卢梭所形成新观点的方式——例如，尤其是与自然的善相联系的卢梭关于情感的崇高感，以及自由的学说，还有卢梭使之成为范例的特殊的自然环境。《新爱洛漪丝》促使人们到瑞士的山谷去旅行。

特征的部分解释。但是它更多地是问题的焦点而不仅是解释的源泉。它描述了一种无法否认的进程：对上帝的信仰的减弱，还有宗教活动的衰退，宗教曾是整个西方社会公共的和私人的生活中心，现在成为亚文化的、为某些人沉溺其中的众多的私人嗜好的形式之一。

第二个变化——仪式的衰退——比第一个变化更广泛：许多人继续信仰上帝，或者某种更高实在，即使他们不参加正式的宗教仪式。但是，相对于较早的年代以及大部分人类历史来说，在信仰上的变化也许是更突出的。即使十七世纪和十八世纪早期的作家以为他们不得不同“无神论者”争辩（梅森以为在他那个时代巴黎有五万无神论者！——但是他使用这个词的意思自然与我们不同），[⑤]我们通过他们的争辩和语气可以断定，对他们来说，怀疑近似于难以置信。对他们来说，如果没有上帝，那么人类生活的精神方面是无法解释的。惠克考特说：“运用理性的人，借助理性和理解的力量，众所周知，知道有一个上帝统治着世界，就如同他知道，通过用他的眼睛，那儿有一个太阳。”他继续写道：“精神和理解倾向于上帝是自然而正确的，就如同重物落向它们的中心：因为上帝是不朽灵魂的中心。”[⑥]确实，很明显从惠克考特的语气和背景以及推理方式来看，这并不是引起争论的话题，而是一个关于事物看法的真实表述。即使在十八世纪后期，在启蒙运动的高潮，真正的无神论也非常稀少，霍尔巴赫著作中论述的休谟晚餐的著名轶事也说明了这一点。据说休谟曾对世界上是否有真正的无神论表示怀疑。“看看你的周围，”男爵回答说，“数数客人”。桌子周围有十八个人。“不错”，霍尔巴赫说，“我

---

⑤ 罗伯特·莱努伯：《梅森和机械论的兴起》(Mersenne et al naissance du mécanisme)(Paris：J.Vrin，1943)，第171页。

⑥ 本杰明·惠克考特，援引自《剑桥柏拉图主义者》(The Cambridge Platonists)，C.A.帕特里兹编(Cambridge：Cambridge Vniversity Press，1980)，第46—47页。

能立即给你指出十五位无神论者,其他三位还没有下定决心。”[7]恰恰是这个陈述的语气,和休谟的公开表述一样,告诉我们一个完全的怀疑论者是多么偏激。

很明显,我们生活在一个完全不同的环境中。到底发生了什么?求
310 助于世俗化只是重复问题而不是提供答案。这也许看起来像一个答案,由于我们宗教信仰不可避免衰退的未结构化的信念。通常认为两种因素使得这种衰退不可避免。有时候认为现代社会的大规模制度变化——工业化,日常生活中的技术变革,集约化和流动性——所有这些因素协同作用,逐渐损坏了从种族风俗到群体特性的忠诚和信仰的所有传统形式,包括宗教信仰在内。

但是,这种解释经不住仔细推敲。显然,工业化,技术变革,以及流动性已经损坏了早期生活形式的特征。不这样又能如何呢?毫无疑问,在我们的文明中它们有助于不信的传播。但是,还不能肯定地认为就是这些变化自身损坏了宗教信仰的基础(与它采取的形式所引起的变化相对照,如同任何主要社会变化将引起的那样)。非西方社会的证据也许没有完全介入,但这并不表明这些主要“现代化”制度变化的明确的因果影响。甚至似乎每一种文明将以自己独特的方式经受住这些变化。至少在西方某些地区,看起来不信被文化地理解为与“现代性”联系在一起,这就是为什么这些变化有助于在这儿传播。

另一种不可避免地导致不信的因素是科学和教育的传播。这里意识形态的偏见更清楚地表现在表面。持这种偏见的人通常想当然地认为宗教信仰是非理性的、愚昧的或非科学的。如果我们从这种偏见脱身,我们能够回忆起现代科学的发展从一开始在多大程度上与一种宗教观联系在一起——从唯名论的机械论开始;因此我们也能够理解今

---

⑦ 彼得·盖伊:《启蒙运动:一种解释》(The Enlightenment:An Interpretation),第1卷,《现代异教的兴起》(The Rise of Modern Paganism)(New York:Knopf,1966),第400—401页。

天的科学疑问能够激发一种虔诚正如同它能激发一种不信一样。

我感到没有能力按这些世俗化理论所要求的那样提供一种解释。但是我认为存在着比我们所命名的那种变化更多的东西。这可以看做是对任何一种充分世俗化理论进行清晰解释的一种努力。

像我在上面提到过的决定性的变化，就是人们不再像惠克考特那样,感到如果没有上帝就不能理解他们生命的精神方面。对我们的大多数祖先来说,否定上帝存在如果不说是邪恶的话,似乎也是奇异和古怪的。我们怎样才能理解这一点呢?

在本书使用的语言中，我们可以说上帝是以这种或那种方式与他们所能够面对的惟一的道德根源联系在一起的。“道德根源”是我关于构成性的善的一个技术用语,就此而言因为道德禀赋,无论我们以何种方式转向它们,都是恰当的——无论是通过宗教冥想,还是祈祷,还是祷告,还是其他什么方式。在一个“信仰的时代”里,一切可信的道德根 311
源都涉及上帝。

在这样一个时代,有大量的不同的道德根源,而上帝可以分别进入其中。我们看到这反映在基督教精神的可以认识的不同的形式中。对有些人来说,他们的生命本身有一个道德方面,他们并不只是被实际愿望所驱使,而且也被精神上的渴望所驱使,努力渴望一种更高的东西,这就不可抗拒地指向了上帝。看起来没有其他解释是可信的。惠克考特显然属于这一种情况。他借用了柏拉图的理论,我们的精神渴望提供给我们关于什么创造它们及指导它们的意义，就如同我们的眼睛告诉我们什么使我们能够看得见。因此,理性,我们的高级部分达到对上帝的认识,正如同我们的眼睛使我们看到太阳一样自然。另一种想象求助于我在这一节前面援引过的重力问题，它更能说明问题。我们的意念和知性,我们的欲望体系“倾向于上帝”,正如同重物趋向地面一样。

这种认识构成了奥古斯丁论证上帝存在的方法基础，也就是通过一种对自我精神本质的彻底反思。我对完善的渴望,伴随着我的明显的不完善,指向使这些渴望根植我心的更高的存在物。

但是,还有感知上帝不可怀疑的其他方式。这种联系可说是间接的,通过一种秩序的观念的。我作为一个道德主体的存在,好像依赖于一套事物秩序的存在,在人类社会是这样,在自然界也是如此,而且有两个方面:我意识到自己已经从社会或教会那儿知道什么是一个信仰的存在物;而且这种秩序本身的善性产生一种使我能够敬畏和感激的意识。对我来说这种秩序是一种道德根源。但是,这种秩序的善反过来与一种天意的观念不可分割;我只能视其根植上帝。因此通过这种方式,我发现上帝就如同我的精神方面的存在一样不可否认。

这种精神线路支持着通过世界秩序来论证上帝存在的尝试,从设计来看,论证非常明显。但是,正如同运用奥古斯丁的证据一样,我们必须支持这些论证,视其为我们承认的精确证据的运用——根据这种观点,它们对今天的我们来说,看起来是不足信的——以及努力理解他们所竭力阐述的精神观点。⑧

当然,没有什么能够阻止人们认为上帝在这两个方面不可怀疑。显然,许多人的确如此。但是,同样明显的是有些人倾向于一边或另一边。加尔文教派的清教教义的更严格、更革命的立场,他们对前基督教哲学宇宙论的怀疑,他们对当时社会秩序的控诉,他们对于内心斗争的敏感意识,显然有力地根植于内在的路线。上面所描述的,在其中天意秩序

⑧ 当然,某种类似的东西趋向永恒,这对我们的先辈来说似乎是显而易见和毫无疑问的。它交织着对上帝的信仰,而且它也由内在和外在的“线路”所支持。我们有一个高于肉体并且将使肉体生存的灵魂这一事实,与我们有更高的本性,具有理性、反思和道德目标的能力密不可分。由灵魂的非物质性和不可分性来证明不朽的各种后笛卡尔主义“证明”,代表了这种根深蒂固信仰的理性表述的路线。而在同时,不朽似乎很明显是任何天意计划的一部分,因为它将独自在我们的奖惩及精神成长的完成方面考虑到最终的正义。巴特勒主教和康德提供了表达这条路线的论证——虽然在这个时代的晚期,这一根深蒂固的信仰大厦已开始崩溃。

起非常重要作用的神学理论倾向于外部路线。 312

菲力普·格莱文的《新教徒的气质》,关于美国新教主义在前革命时期不同气质的研究,在这种方面很有启发性。[9]格莱文区分了"福音的"、"温和的"和"文雅的"宗教信仰形式。后一个,正像其名称所暗含的那样,在殖民地的上流社会团体中尤为盛行。使得文雅的虔诚与主要委身于内在路线的前二种区分开来的,是这样一种方式,它与建立起来的习俗制度的整体不可分割,而且参与它们的宗教仪式。格莱文谈到他们确信"宗教经验和宗教崇拜是和睦地聚集在一起的整个社团的共同表达,一起参加习俗、宗教仪式和典礼,这些仪式是此世和彼世必要统一的象征。在对上帝的崇拜上他们的虔诚是类似的,即总是通过共享两个世界的可见的标志指向外在的崇拜。"正像他指出的,"文雅的虔诚成为一种公共的行动,而不是一种内部的沉思。"[10]

我们也许不可避免地觉得这些人与他们的福音派的或稳健的批评家相比显得不深沉、不严肃、不真诚。这也许是不公正的。但是很清楚,他们以自己的方式能够像那些在内心深处同罪恶与神恩作斗争的人一样,完全信服有神论者(或自然神论者,在少数情形中)。

对于今天的我们来说,正是这种不可动摇的、根深蒂固的信仰看起来是奇怪的。即使在大多数人承认信仰上帝或一种神性原则的社会中,也没有人把上帝的存在看作**显而易见**的。这就是我们最终必须能够解释之处(我要强调的是,即使不在这项研究中)。

有些人假定,解释应该主要指向障碍的排除。他们认为我们目前的不确定性反映了真正的认识的困境,对上帝问题的解释方式是我们人类的真正问题。没有人能够肯定地回答,因此需要解释的是,早期处在

---

⑨ 菲力普·格莱文:《新教徒的气质》(The Protestant Temperament)(New York:Knopf, 1977)。

⑩ 格莱文:《新教徒的气质》第328、324页。

蒙昧时代的人们怎么可能不知道这一点。我们必须弄清那些阻碍他们视野的蒙蔽之物。世俗化是通过逐渐排除这些蒙蔽之物来解释的。这样一种观点必然促进不信不可避免地产生于科学和教育的理论，这是我在前面已批评过的。

在某种意义上我力图赞成这种观点，即我们目前的犹豫不决，我们根源性确定性的丧失，象征了一种认识的进展。然而，这是出于一种相当不同的原因。我认为，直截了当地说，不存在关于上帝的真正的认识上的困境这个问题。我们关于上帝的确定或不确定感与我们的道德根源感有关。我们的先辈在他们的信仰上通常是冷静的，因为他们能够面对的根源使不信成为难以置疑的。所发生的大事是其他可能根源的开
313 放性。在多种多样的、大量事物看上去与以前相比变得可疑的——不只是像上帝存在这样的问题，而且还有像理性应当支配情感这样的“不可怀疑”的伦理原则困境中，谁能知道可能的道德根源的进一步转变不会再使这类争端面目全非？我想申明的是我们目前的困境表明了一种知识进步，因为我认为在过去两个世纪里一直向我们开放的可选择的道德根源描述了真正的和重要的人性的潜力。或许可以说，就像许多人已经证明的，它们在很大程度上以幻想为基础。但是即使我是正确的，而且我们处在一种良好的知识处境之中，这仍然不能使我们有理由去谈论“真正”的认识困境。

这种看法对世俗化解释的意义在于，争论从排除蒙蔽之物转变为这些新的根源怎样变得可用，这就是我们必须弄清的文化转变。世俗化的产生并不只是因为人们获得了更多的教育以及科技进步。这可能产生一些影响，但不是决定性的。重要的是大量的人能够感知一种完全不同的道德根源，而不必假定一个上帝。

当我们努力探究是什么使新根源变得“可用”时，“启蒙运动”影响的局限就自动地显露出来。我承认这是一个相当困难的问题。但是很明显，这里的可用性并不意味着另一种完全不同的见解在逻辑上是可设

想的,也不意味着它已存在于传统之中。在这种意义上,那些古代哲学家们的一系列异教观点,在中世纪和早期现代阶段的大多数情况下都是“可用”的。只有极少数人实际上采用了它们中的一种或另一种观点——以它们的“异教”的形式,也就是说,包括对亚伯拉罕的上帝的否定;有影响的思想学派建立在基督教化的变种上。少数无神论者受伊壁鸠鲁主义的影响——谢瓦利埃·德·梅雷学派看来属于此类情况。沙夫茨伯里是作为一个非常接近于古代斯多葛主义者的形象出现的。斯宾诺莎则发明了起源于笛卡尔哲学的他自己的“异端”哲学的独创形式。

我们禁不住探究这些作为未来潮流的人们,去猜测他们的同时代人,他们受同样的古代根源所启发,同时宣称基督教遮蔽了他们的不信。但是,这是时代错误。斯宾诺莎和沙夫茨伯里——而不是谢瓦利埃·德·梅雷学派——在浪漫主义时期成为主要的文化参照点。斯宾诺莎不再是像霍布斯一样的令人不安的、使人震惊的局外人,霍布斯则是一个扰乱人心的错误的典范,一个反对直接的正确思考论点的焦点。对歌德和他同时代的其他人来说,斯宾诺莎是一个先知。

但是,如果斯宾诺莎本人听到那些他因此被崇拜的信条,他必定会 314
相当吃惊。他是作为一个伟大的准泛神论意义上的先驱出现的,认为一种有秩序的宇宙精神贯穿整个自然界,而在人类社会得以表达,他抓住了整整一代德国人的想象,无论是魏玛古典主义者还是浪漫主义者。在这里,我们接触到一种较强意义上的真正可用的发展着的道德根源概念。纯粹的斯宾诺莎主义不在此列。由于非常相似的原因,沙夫茨伯里变得影响巨大:他关于自然的统一性认识,他的可塑力的学说,他被当作道德感理论的创始者,所有这些使他成为德国浪漫主义时代的一种启发之源。爱比克泰德的苦行追随者们被人遗忘了。

第二节

我将超出我在浪漫主义讨论中的主要叙述；但是这些评论的要点曾试图接近于理解什么使得道德根源真正可用。显然在著名的乃至值得尊敬的著作中关于这一点的详细陈述是不够的。为什么呢?答案的某些要素唾手可得。一些重要原因在于“异教”作家们没有把握近代早期的道德经验:后来陷入仁慈的或利他主义的*agapē*(圣爱),完全未出现于前基督教作家中,对日常生活的肯定也如此。后奥古斯丁的内在性方面在其所有支派中所表现的自我控制和自我探索也不存在。古代哲学最具破坏性的伊壁鸠鲁主义,也拒斥任何神意信仰,这就意味着个人必须拒绝承认所有仁慈秩序。在另一方面,那些相信宇宙秩序的实际的古代学说,作为他们道德的和解释的实体性逻各斯理论的统一,面对机械论科学的发展不得不日益处于守势。

鉴明这些不足之处，有助于论述那些实际上在十八世纪开始才出现的替代性的道德根源,也有助于分析我们当代的境遇。我认为我们能够在不过分简单化的前提之下,按两种源头,或者也可以更恰当地说成是道德探究的两个“新领域”,来使之系统化。第一种在于主体自身的力量,最初的理性秩序和控制的力量,但是随后我们将发现,这也是表述和阐明力量问题。第二种在于本性的深度,不仅在事物秩序中,也反映在、出现于我自己的本性、愿望、情感和亲密。

我们所追溯的这两个领域，足以使我们弄清它们怎样能够作为替代性根源出现。意识到作为一个理性支配的分解式主体,也是一个点状自我,伴有一种作为理性主体的尊严感,甚至受这种尊严感所推动。我们在笛卡尔和洛克那里看到，这种尊严是怎样成为一种道德根源本身的,随后我们将看到这一点在康德那儿有新的强调。在所有这些作者那
315 里,这种尊严处于一种有神论的视野中。人的理性和意志的令人敬畏的

力量是上帝创造的,是上帝计划的一部分;而且它们在我们内心构成了关于上帝的形象。但是,既然现在道德根源在于我们自身内部,尤其是在于我们所拥有的某种力量中,因此就存在一种独立的,即非神学的道德基础。

同样地,我们已经考察了天意秩序观,向一种相互联结的存在的巨大网络的发展,而且这种天意秩序的运作使得它的每一部分都保持守恒,在这里,古老的原则被理解为有益于它所包含着的有知觉的生物的生命和幸福。这种秩序不仅仅标志着日常满足的重大意义。我们不仅通过我们的理性,而且也通过我们的情感接近这种事实。我们通过我们的内在本性,意识到这种重要性。在那里,本性所产生的善是纯粹自然的、自足的善,在那里,道德根源就是相互联结的事物的一种自在的秩序,对于那些我们在自身内接近的原则,在这个阶段需要建立另外一种独立的伦理学,在这儿,自然自身将成为首要的,没有其创造者的道德根源。

在每一种情形之下,存在于基督教文化自身的促进因素,产生了这些处于开端阶段的观点。奥古斯丁的内在性继而成为笛卡尔转变的后盾,而机械论宇宙原初是一种神学的要求。分解式主体处于因上帝被挖空的地方;他持有一种适合于上帝形象的世界观。对相互联结的自然的信仰,导致了对日常生活的肯定,犹太—基督教的一种中心观念,并且集中扩展为这样一种基督教的中心观点,即上帝的善在于上帝屈尊于追求人类利益的实现。

在每一种情形中产生的,是一种为根本性转变作准备的概念,这种转变将使之完全摆脱基督教信念。但是作好准备并不足以产生这一转变。看上去需要一种额外的刺激。对人们来说,看上去似乎这些道德根源只有能够以其非神学的形式被正确认识,并因此授权我们时,而且只有达到这种程度时,这种根本转变才成为必要的。只有从对上帝的服从中解放出来,自由的尊严、理性控制才能成为真正的、自然的善,以及/或者我们完全沉浸于其中，看起来需要它的独立，以及对任何天意天命的否定。包含在这些变化之中的，尤其是包含在第二种变化之中的东西，
316 是我在随后的章节中将进行考察的；事实上，这是我随后讨论的主题。

但是，我现在对此进行概述，是为回答什么使得一种选择“可用”这一问题做些铺垫，这里的“可用”是指行为意义上的。就此而言，为什么是分解的尊严、本性的动机，而不是伊壁鸠鲁的ataraxia(平静)，或斯多葛派的apatheid(不动心)?或斯宾诺莎的amor intellectualis Dei(对神的理智之爱)?显然，它与抓住了为人们所逐渐赞成的重要的生活之善的根源有关。就像我在前面所说的，古代的观点没有在现代意义上给仁慈以地位，这样一个事实严重地限制了它们的吸引力。但是，它还必须使他们的生活的善与人们一直在体验着的精神生活中所意识到的构成性的善相联系。能动的仁慈也可以通过对《薄伽梵歌》(Bhagavad Gita)的特殊阅读而受激发，正像甘地在后来所证明的那样，但这对我们十八世纪的先辈们并无多大意义，除了几个罕见的(具有)独创性精神(的人)。

当然，产生了这两个特征的东西，是一个有趣的解释问题。为什么，实际上不可否认，特定的生活的善在一个给定的时代里变得突出?也许我们永远不会比回答这个问题所产生的暗示性的线索做得更多。社会的、经济的和政治形式发展的基础显然起一定的作用；例如，第一个阶段在资本主义上升时期和近代官僚国家对我们接下来的叙述至关重要。但是，这些绝不能提供足够的原因。这种结果关键依赖于这些形式紧密交织的某种道德文化。解读这种道德文化将提供给我们一个范围，在此范围内道德根源的第二个特征必将出现。但是这些范围并不能理所当然地准确地探究清楚。

尽管我不能为之提供一种“历史解释”，但这种研究必定为这种解释作出必要的贡献。就像我在第十二章中所论证的，对世俗化的政治和社会原因的任何鉴定都必须补充进这样一些观点，即什么使得这些可选择的根源有效，以及什么使得它们看上去如此完美而且无法不选择

它们。我在前面几章中已经详细阐述了这个问题的部分答案:基督教的精神形式的产生使分解式理性和内在联结的秩序变得重要起来。我们另外需要做的,仅仅是理解驱使人们超越界限,趋向这些主要观念的非信仰形式的道德动力。这一点我将在随后的几章中进行探讨。

无论如何,上述讨论中得出的观点是,世俗化的解释不能简单地把排除障碍与启蒙相联系。需要说明的是文化的变迁,通过文化的变迁代替有神论的根源变得可用。这样一来,我们努力说明的就只是这种变迁
是什么,以及这些替代物是什么。不可缺少的是某种揭示善的性质和力 317
量的解释工作。这就是我从一开始就一直在谈的两个新领域。但是,在我彻底考察清楚这些领域以及发生在这些领域的进一步的变迁之前,我在这里想稍微谈谈已经出现在我们面前的一般困境。

现代道德文化是多样根源中的一种;它可以被描述成一种人们可以在其中朝三个方向移动的空间。它们是两个独立的新领域以及原初的有神论的基础。多重方向这一事实对我们的不确定感有所影响。这就是为什么今天几乎每一个人都彷徨不定,实际上没有人能像惠克考特那样对他们的观点有稳固的自信的原因一部分。

但是,这还不是全部。这两个现代方向本来就有问题。这就是我为什么宁愿把它们称之为尚待探讨的“新领域”。它们有问题,部分是因为它们从最初就被体验为有争议的。这一点也许可以从它们一开始就处在一种向盛行的有神论观念挑战的事实之中自然地得出。但是我也认为,它们本来就是有争议的,而有神论的观点却不是。有神论就其真实性而言当然是有争议的。论敌们可以认为它是粗陋的,而且认为如果人们信以为真,则必定堕落而不幸。但是,没有人怀疑那些接受它的人将在它那里发现一个完全充分的道德根源。

在这一点上,其他两个根源却经历着一场竞争。问题是,纵然我们充分认识到分解式理性的尊严或本性的善良性,是否事实上就足以证明我们赋予它的重要性、把它当作道德储备、在它之上树立理想为正

当。当然,某些有神论者从我们现代文化斗争(Kulturkampf)一开始时,就迫不及待地称之为有问题。他们宣称,没有上帝,人的尊严是可怜可笑的,同样,没有信仰本性的需要将转化为暴力和混乱,等等。然而,这些怀疑不仅产生在神学家那儿。这两个新领域的探索者从一开始就感觉到了这个令他们苦恼的问题。

我们或许可以说，由于它们存在于一个可选择的领域之内这一事实,一切立场都是有问题的。但是,如果信仰就其真实性而言是有问题的,那么尊严和自然虽然真实,但其恰当性同样值得怀疑。对有神论来说,烦人的问题只是:是否真有上帝?对现代极端非神学人道主义的威胁是:如果有上帝,那怎办?

这就是使得这些根源转向了探索的新领域的东西。对不充分性的挑战不断产生新的尝试，去界定我们自身所固有的作为理性或表现存在的尊严,或者包括在我们沉浸于本性之中的善究竟是什么。正是这一点,而不只是竞争和论战的境况,是使现代道德观如此不确定和探索性
318 的原因。因而许多有神论者加入了这一探究活动,他们试图把他们的信仰和现代的无信仰联系起来。

但是,这三个根源之间的关系甚至比我所指明的更为复杂。由于这两个独立的现代新领域产生自基督教精神形式上的变化，它们才与有神论的变种对立起来。仍然有可能存在并已经存在着理性主体的尊严或本性的善良性质的有神论的解释。这是三维空间的形象所要把握的。人们可以在另外两种根源中从任何层次推进一个维度；可以在任何深度上探究这个空间的长度,也可以沿着纵轴上的任何一点考察其广度。这三个方向可以看成是相互独立的,但也是互补的。

因此,有些人宣称对这个或那个方向毫无感觉。某些有神论者在现代关于人的尊严的讨论中,认为除了发现自以为是的幻想之外,什么也没发现。另一些人甚至接近于信仰上帝的可能性。他们接近于两个世纪以前传统有神论者的镜像——尽管在我们多元化的时代，没有人能够

完全达到坚信的程度。这些人的道德生活深深卷进了非有神论的其他根源的一种(或许两种)变体之中。

这种反人本主义的有神论者和自满的不可知论者之间精神上的毫不相容,表明了现代文化中的论战和斗争。但是,这三个领域是有联系的,这是由于它们之间的相互影响和相互交流。在某种程度上,这早已在否定性的交流中得到证明。今天的大多数福音派宗教的反人本主义,像红衣主教拉岑格尔这样的反人本主义人物,由对手所批评的观点而得到界定。但是,仍然有积极的影响和交流。基督教信仰曾经因吸收起初产生在基督教教会的边缘或完全外在于它的要求而转型。例如,强调减少痛苦,正是激进的启蒙运动及反教权主义领袖边沁和贝卡里亚所提倡的,成为十九世纪福音派英国国教改革的一个构成因素。更微妙的是,当代的信仰观被诸如表现的完整性、男女平等及世界经济正义的理想所改变。以一种更复杂和难以追溯的方式,“地狱的衰落”,对普遍拯救信仰的稳定增长,即我们在十八世纪和十九世纪所看到的,不仅在自然神论中,甚至在信仰复兴运动那里——韦斯利拒斥加尔文教派的宿命论就是恰好的一例——这既明显反映了正统宗教的敏感性,也反映了世俗理性主义的批评。[11]

看来所有的影响都在一个方面,即宗教团体被迫加上一些世俗人道主义文化的因素才可能生存下去。但是,世俗人本主义也同样扎根于 319
犹太—基督教信念之中;它产生于一种同那种信仰形式不一致的转变之中。这个问题可能被提出来,即是否这不仅是一个历史起因问题,是否它并不反映一种持续的依赖。这是我想在后面进行讨论的论题之一。

---

⑪ 参见D.P. 沃克:《地狱的陷落》(The Decline of Hell)(London:Routledge,1964);约翰·麦克曼纳斯:《死亡和启蒙运动》(Death and the Enlightenment)(Oxford:Oxford University Press,1981),第176—190页;伯纳德·塞缪尔:《卫理公会的革命》(The Methodist Revolution)(New York:Basic Books,1973),第2章。

我的信仰,直截了当地说,就是对上述问题的肯定回答。

在随后几章中，我力图以高度选择性的关注追寻这些领域的持续发展,发生在其中的转变,以及它们的关系。选择原则是我的目标阐明构成我们今天生活的现代认同,理解它所体现的道德根源的目标。我的主张是,即使这三个领域的最初形式一开始曾受到严峻挑战,它们的解释装置仍然是有效的。理性控制力量相伴随,我们现在认识到一种有力的阐述,它的正确运用有时被看作是与第一种力量正相反的。本性善的概念已受到这样一种看法的挑战,它认为本性是非道德的、甚至野蛮的和非理性的力量根源。我将论证,尽管这样,探索分别定位于我们自身力量和本性之中的道德根源的新领域的概念,仍然有启发性,仍然很有用。

在探究这一点时,我将牢记我在这一章的开头部分已讨论的观点:在生活的善和构成它们基础的构成性善的表达之间的循环关系。世俗化赖以产生的变化,是一个恰当的例证。由于认为特定的生活之善如果与一种非有神论的根源相联系,能够得到更完整的认识,这些变化得到加强;但是,在变化中,生活的善本身当然得到了重新解释。

在接下来的两章中，我将考察或直接或间接帮助产生无信仰形式的两个大观念群。每一个都以特有的方式使这两个领域相结合:一个把我们强烈的分解式理性力量感加到对本性的工具性理解上去；另外一个集中我们的创造性想象力，而且将它与作为内部道德根源的本性观相联结。这些形式相互对峙,它们之间的张力是现代文化的重要特征之一。

在十九章中,我将转向第一个观念群的起源,转向这样一种转变:激进的、不信神的启蒙思想从自然神论中涌现出来。在这里,我即将考察唯物主义和功利主义作者如边沁、霍尔巴赫、爱尔维修和孔多塞。

我关于世俗化的相当冗长的讨论,就是为这个转变做铺垫。或许这并非是不必要的。启蒙为理性扫清道路,这一解释在这种情形下特别令

人感兴趣,部分地由于这是激进哲学家自身所拥护的解释。使这些作者 320
同他们的自然神论先驱区别开来的,除了他们拒斥上帝和天意以外,就是他们对分解理性的坚定立场。他们大都是洛克的后继者,认为人性是中性的、可塑的材料,等待形成一种能够产生普遍幸福的人格。他们根据他们所理解的自然科学规则去研究人性。这样,带着他们的自我形象,如果我们认为这就是"科学"和"理性"所需要的,那么我们将看到这恰好是正在展开的启蒙运动的一个步骤,而对上帝的否定看来是不可避免的必然结果。

但是,如果他们的科学主义是某种低于合理性的精华的东西,那么它还需要解释,因而我们将注意他们工作的道德主题。我想简略地考察一下这些主题,我希望当我这样做了之后,将证明这些主题为激进的启蒙运动的动机提供了重要的洞察。

第十九章

321 # 激进的启蒙运动

第一节

激进的Aufklärer(启蒙主义者)[①]不需要天意的观念,或一种天意的秩序;至少他们自己认为不需要。他们的伦理学纯粹建立在功利基础上。他们从人们渴望幸福或愉悦以及渴望减少痛苦的事实出发。惟一的问题是怎样最大限度地增加幸福。功利原则是"这样一种原则,无论赞成还是否定任何行为,都是根据它表现出来的增大或减小该利益团体的幸福的倾向来判定的。"[②]

① "Aufklärer"("启蒙运动者"),意指"启蒙思想家(或鼓吹者)"。遗憾的是,英语中没有任何一个词能够表达这个意思。因此,抱歉的是,我仍然采用了这个德语词汇。我感到宽慰的是,在这方面有先例可循。彼得·盖伊在他的著名著作《启蒙运动:一种解释》两卷本(New York:knopf, 1966,1969)中遇到了同样的问题,采用了法文"Philosophe"(哲学家)。我原本要沿用他的用法,但是,我担忧这个词的通常含义,这比特定用法的意义既宽泛又狭义,也许会发生混淆。因此我求助于这个德语词汇。

② J.边沁:《关于道德和立法的原理》(On the Principle of Morals and Legislation),第1章,第2段。

根据这种观点,我们不能根据任何关于事物秩序的概念,做出正确和错误的判断,既不能根据古代理性等级制度秩序,也不能根据近代的天意设计秩序。任何行为的重要判断都与其后果相关;我们不能离开这种观点,转而认为它是怎样与任何先在秩序相符合的。因此,应当抛弃任何向自然法则,或“理性法则、正确理性、自然正义、自然平等、善的秩序”等等求助的企图。③

与把世界看成一种天意秩序相反,实际上我们能够把我们的本性看成一个中性的领域。为了控制它,我们必须理解它,而且为了创造最大幸福,我们必须利用它的因果关系。我们必须把洛克的分解式观点贯彻到底,不是按其被假定的好或坏的天生倾向,而是通过一种中性的、发展的考察,来理解人类的心理。爱尔维修说:“Nul individu ne naît bon, nul individu ne naît méchant. Les hommes sont l'un ou l'autre, selon qu'un intérêt conforme ou contraire les réunit ou les divise”(“没有人生来就好,也没有人生来就坏。人们成为这种或那种人,是看共同的利益把他们团结起来,还是对立的利益使他们分裂”)。这就把沙夫茨伯里的道德意识和卢梭的人性本善的信仰统统抛弃了。④我们的性格是由我们历史中建立起来的各种联系塑造的。这些联系或者使我们倾向于为普遍的幸福服务, 322
或者不这样,在这一基础上,我们被评判为好或坏。但是,我们并不是生来就分好坏;我们是被塑造成好人或坏人的。这是惟一相关的问题。

因此,激进的功利主义者拒绝自然神论的构成性的善,拒绝天意秩序;但是,与此同时,他们似乎对这种秩序所支持的生活之善甚至有某种更强烈的承诺。在他们的观点中,有三个突出的核心看法:

1. 自我负责的理性的理想。我们看到,这种理想需要摆脱所有权威的自由,它与尊严的概念联系在一起。

2. 我们生来就追求日常生活满足,以人所特有的方式通过生产和

③ 这一条选自边沁《原理》,第2章,第14段注释d。

④ 爱尔维修:《论人》(de l'Homme),第5篇,第3章,第12节。

家庭来追求幸福生活的观念具有中心意义;这就是说,这些满足不仅是我们所渴望的,而且是值得追求和推进的。

3. 普遍和公平的仁慈的理想。

这一观念群——拒绝构成性的善,却坚持生活的善——毫不奇怪。因为像我们看到的,这些生活的善在几个世纪广泛的近代文化运动中得以贯彻发扬。它们并不是因内在联系的设计的哲学而出现的;其可靠性也完全不依靠这些哲学。况且自然秩序的图景本身就在张力之中。实际上,它太完美了,如此透彻地展现了事物的存在方式,以致很难让人相信。

之所以如此,有两个方面。第一方面,把任何事物都描述成最佳设计,它滥用了所有被迫认真考虑灾难和痛苦的人的轻信。这个世界是可能世界中最好的,这个学说,以莱布尼茨的阐述最为著名,也因伏尔泰的《老实人》塑造的邦葛罗斯先生的形象而广为人知。伏尔泰塑造的这一讥讽的形象,比数卷哲学论证说得更多。对那些想要争辩的人来说,一七五七年里斯本地震使约七万人丧生,似乎使人无言以对。

滥用他人轻信是这样一种世界图景,在那儿美德和自私自利紧密地结合在一起。善与恶之间的斗争好像变成了一种误解。“快乐,不管错误还是正确地理解,或是我们最大的恶,或是我们最大的善。”如果第一种反驳可以称为反邦葛罗斯主义的话,那么我们可以称这种为反消除差别的反驳。

这种反消除差别的攻击,将由卢梭和康德继续下去。激进的功利主义忘却了它,而在消除一切道德差别上比他们的先驱们走得更远。但是,他们接受了反邦葛罗斯主义的反对理由。在某种意义上,他们意欲把自然神论的生活之善从自然神论自身的曲解和疑惑中拯救出来。

323 激进的启蒙运动不仅继续拥护上面提到的三种善。他们相信自己能够更完全更有效地捍卫它们,从而推翻那些曾被假定为它们基础的东西。激进分解的立场可以被描述为自我负责理性的更坚决的实现。对功利的关注,只允许对幸福更加一心一意的追求。而分解理性却意欲为促进普遍和公平的幸福扫清一切障碍。边沁写道,接受功利主义原则的关键,是使"功利主义成为整个体系的基础,成为运用理性和法则建立幸福结构的目标。"⑤

对自我负责理性观念的依恋,在启蒙运动的激进化中所起的重要作用是相当明显的。在法国,它甚至进入了怎样才算一个哲学家的界定之中——即他必须是一个自律的思想家。正如狄德罗在他的《百科全书》的《占星家》(Chaldeans) 那个条目中所写的,"l'homme est né pour penser de lui-même"("不能自己思考的人")。这句话的前导是:"如果感觉不到我们理性的最高权威,并不在于只凭盲目的冲动和无意识的直觉相信任何事物,那么这个人本身就根本谈不上是一个哲学家,如果那样就如同占星家一样,将理性置于束缚之中,使理性蒙受耻辱。"在论折衷主义的条目中,他深化了自己的理想:

> 折衷主义者是这样一种哲学家,他摧毁成见、传统、神圣、普遍认同、权威——总而言之,所有那些恐吓群众的东西——他敢于独立思考,去追求最清晰的普遍原则,去考察它们,讨论它们,除了自己的理性和经验之外不承认任何观点。⑥

---

⑤ 边沁:《原理》,第1章,第1段。

⑥ 援引自亚瑟·M.威尔逊:《狄德罗》(Oxford:Oxford University Press,1972),第210、237页。也可参见孔多塞的《人类精神进步的历史概观》(Esquisse d'un tableau historique des progrès de l'esprit humain)(Paris:Editions Souales,1970),第159页:"最终可以分开宣布这长久被忽视的权利,应让所有这些意见服从我们正确的理性,也就是说,为了把握真理,运用理性是我们获得知识的惟一工具。每个人都骄傲地意识到,我们天生不是绝对命定地要相信他人的意见"("Il fut enfin permis de proclamer hautement ce droit si longtemps méconnu,de soumettre toutes les opinions à notre propre raison,c'est-à-dire,d'employer,pour saisir la vérité,le seul in strument qui nous ait été donné pur la reconnaître. Chaque homme apprit,avec une sorte d'orgueil,que la nature ne l'avait pas absolument destiné à croire sur la parole d'autrui")。

但是，这种理想的显要之处往往认可激进启蒙运动的一种过分简单的观点，一种甚至诱使哲学家自我标榜的观点。我们可能认为，从自然神论向唯物主义的转变，从天命论向功利主义的转变，完全是由于认识论的原因——通过对论据更仔细、更负责任的考察，更完全地独立于自古以来的信仰和虔诚，这就不可避免地导致最勇敢最坚定的思想家放弃了那些对上帝、不朽、神意指导、灵魂的非物质性等古老的精神信仰的最后残余。从这种自我描述之中，产生了我在前一章中提到的过于简单的观点，即世俗化产生于科学和理性的进步。

但是，这是一个极其片面的不充分的观点。它对另外两种生活之善的吸引力，对幸福和仁慈的追求，以及构成它们基础的本性的形象，完全不予考虑。它依靠的是一种含糊的先验命题，即对论据的“无成见的”
324 理性研究，独立于个人的道德的或精神的直觉，支持一种关于生活和精神的无神论(或至少不可知论)和唯物主义观点。就这点而言，使作为自我负责理性的开创者的笛卡尔与其百科全书派继承者区分开来的，是笛卡尔在通往他们所到的终点的半途中停了下来。笛卡尔人为地限制他的怀疑的范围，这突出表现在他暂且接受现有的道德和宗教上；[7]他的后继者们干脆消除了这些界限。[8]

我在前面章节中已经论证过，这种理解具有严重的时代性错误；因为对许多前现代的人们来说，上帝的存在与他们生活的道德维度似乎是不可分割的。奥古斯丁的传统时常以关于上帝存在的“证明”的形式

⑦ 《方法谈之三》(Discours de la méthode)，载于《笛卡尔全集》(Oeuvres de Descartes)，夏尔·亚当和保罗·坦纳里编(Paris，Vrin 1973)，第6卷，第22页。

⑧ 参考保罗·哈泽德的《欧洲意识的危机》(La Crise de la conscience européenne)(Paris：Fayard，1961)，和P. 肖尼的《启蒙时代的欧洲文明》(La Civilisation de l'Europe des lumières)(Paris：Flammarion，1971)。一种在时代上更加错置的观点认为，笛卡尔已经是秘密怀疑论者，他出于谨慎而宣布了对理性的信仰。斯特劳斯主义者倾向于持这种观点。

表达这种联系的意义。笛卡尔正好适应了这一传统。人不应只是认为，对他来说，他自身的确定性和他的理性力量能够无可辩驳地使他脱离与上帝的联系，从而他能够像强调上帝存在的重要一样论证外部世界的存在。人甚至不应认为，作为宇宙的多种可能性解释中的一种，强调上帝存在的问题附属于世界的存在，就如同自然神论者和无神论者在十八世纪所做的那样。在《沉思集》中，论证的秩序是基于相反的假设。真实的上帝为我的理性力量提供了必要的保证。而且所提供的证据表明二者是不可分割的。我意识到自己的不完善，这是我在怀疑状态中认识到的，笛卡尔认为怀疑状态与我的完善物存在的观念是密不可分的，反过来，如果没有上帝我不可能有完善物存在的观念。[9]无论我们怎样认为这个“证明”无可反驳，它说出了奥古斯丁主义的基本直觉，即我们渴望真理的能力恰恰是根植于同上帝的精神联系中。

从这种直觉看，避免上帝受到与自然科学对象的同样对待，并不是一种武断的限制，或一种言不由衷的精神上的失败；相反，它属于使我意识到我依赖上帝的自我负责理性的本质。就像拉普拉斯在与拿破仑的谈话的著名轶事中所做的，当我们也能那样讲话之前，我们精神直觉中的某些大的方面必须改变一下。当他向皇帝解释完他的宿命论之后，皇帝怀疑地问：“Et Dieu? M.Laplace, Que faites-vous de Dieu? ”(“拉普拉斯先生，上帝呢?你把上帝放到哪儿了?”)科学家平静地回答：“Sire, je n'ai pas eu besoin de Dieu? ”(“陛下，我不需要这个假定。”)激进启蒙运动的后继者的先验态度就是拉普拉斯的立场比笛卡尔的态度更“理性”些；存在着向理性自行展露的东西，它远离任何关于其道德和精神基础的观点。这就是贯穿这几章的我的论点，即这种对非情境化的理性释放 325
的信仰是一个幻想，从笛卡尔到拉普拉斯的转变，涉及这样一种变迁：如何看待理性的本性与道德地位。

⑨ 见笛卡尔的《第三沉思》中关于上帝的证明。

但是，要弄清这一点，我们必须认识到，激进的启蒙思想家们采用唯物主义和无神论，并不只是作为自我负责理性的最终表述，而且也是对待本性需求的完全正确的方式。霍尔巴赫在他的《自然的体系》中提供了坚定的一元论唯物主义的最早的、伟大的论述之一。人如同宇宙中的其他事物一样，是一种完全物质的存在。考虑到人的道德方面“sous un certain point de vue，c'est-à-dire relativement à quelques-unes de ses façons d'agir”(“从特定的观点考虑，只是他的物质的存在，那与他的行动方式有关”)。[10]但是霍尔巴赫超越了简单明了的一元论观点。唯物主义意味着，通过向我们揭示事物在各个层面上的运作的深刻相似性，物理学能够向我们提供一种对人类生活的解读。正如运动着的物质除非被改变方向，否则它倾向于保持直线运动，并且对所有其他物体有一种吸引力一样，生物具有一种自我保护的内在倾向：

> La conservation est donc le but commun vers lequel toutes les énergies，les forces，les facultés des êtres semblent continuellement dirigés. Les physiciens ont nommé cette tendance ou direction gravitation Sur soi；Newton l'appelle force d'inertie；les moralistes l'ont appelée dans l'homme l'amour de soi，qui n'est que la tendance à se conserver，le désir de bonheur，l'amour du bien-être et du plaisir...Cette gravitation Sur soi est donc une disposition nécessaire dans l'homme et dans tous les etres，qui，par des moyens divers，tendent à persévérer dans l'existence qu'ils ont reçue，tant que rienne dérange l'ordre de leur machine ou sa tendance primitive.

---

⑩ 霍尔巴赫：《自然的体系》(Le Systéme de la mature)，重印版，两卷本(Hildesheim：Georg Olms，1966)，第1部，第3页。

因此，自我保护是所有能量、力量及人的机能不断趋向的共同目标。科学家把这种趋势或倾向称为向心力。牛顿称之为惯性，道德学家称之为人的自我爱怜，无非是保护自身的倾向，对幸福的渴望，对幸福和愉悦的热爱……因而这种引力是人和一切存在物的必然的倾向，只要没有什么东西扰乱它们的内在秩序或最初倾向，它们会通过各种各样的方式，倾向于坚持它们曾经拥有的存在方式。⑪

霍尔巴赫相信，一旦我们真正摆脱使我们的想象得以产生的虚假体系，这种一元论观点必定赢得我们的确信。它是批判理性的最终归宿。但是，斯宾诺莎主义认为，所有事物都力求保存自我，这也是他所拥护的 326
道德的基础。人们必定力图保持和扩大他的幸福的图景，并不只是超脱性反思的恰当结果；它也是道德生活的真正基础。这不但需要从虚假的唯灵论解释的理论中解放出来，而且还要从那些在宗教和形而上学那里所遭受的错误藐视中解放出来，这些宗教和形而上学以纯粹想象的善和满足的名义号召人们否定这些冲动。

Que l'homme cesse de chercher hors du monde qu'il habite, des êtres qui lui procurent un bonheur que la nature lui refuse: qu'il étudie cette nature, qu'il apprenne ses lois, qu'il contemple son énergie et la façon immuable dont elle egit; qu'il applique ses découvertes à sa propre félicité, et qu'il se soumette en silence à des lois auxquelles rien ne peut le soustraire.

让人们停止追寻他所居住的世界以外的东西吧，因为它们为他提

⑪ 霍尔巴赫：《自然的体系》，第1部，第58—59页。

供了本性所拒绝的幸福：让他研究自然吧，这样他才能懂得其法则，去熟思自然的能量及其永远不变的运行方式；让他把自己的发现运用到他自己的幸福中去，默默地服从那些任何力量也不能与之抗拒的法则。[12]

人类受必然性驱使而自我保护、自我满足的唯物主义图景，在霍尔巴赫那儿得到了坚定的捍卫，这个图景不仅是观察理性的正确结论，而且是彻底的、未受歪曲的道德洞见之表述。后者在这部著作的最后一章以自然呼声的形式提出了势不可挡的呼吁，自然号召我们人类：

O vous, dit-elle, qui, d'après l'impulsion que je vous donne, tendez vers le bonheur dans chaque instant de votre durée, ne résistez pas à ma loi souveraine. Travaillez à votre félicité; jouissez sans crainte, soyez heureux...

Vainement, ô superstitieux! cherches-tu ton bien-être au delà des bornes de l'univers où ma main t'a placé. Vainment le demandes-tu à ces fantiòmes inexorables que ton imagination veut établir sur mon trône éternel...vainement comptes-tu sur ces déités capricienses dont la bienfaisance t'extasie, tandis qu'elles ne remplissent ton séjour que de calamités, de frayeurs, de gemissemens, d'iusions. Ose donc t'affranchir du joug de cette religion, ma superbe rivale, qui méconnaît mes lois. C'est dans mon empire que règne la liberté...Reviens donc, enfant transfu-ge, reviens à la nature! Elle te consolera, elle chassera de ton coeur ces craintes qui t'accablent, ces inquiétudes qui te déchirent, ces

---

[12] 霍尔巴赫:《自然的体系》,第1部,第2页。

transports qui t'agitent, ces haines qui te sépare de l'homme que tu dois aimer.

自然说，按照我指给你们的方向，在你们生命的每一刻都朝向幸福，不要违背我的至高无上的法则。为了你们的幸福而工作；无所畏惧地去享受，快乐…… 327

迷信，是徒然无益的！不能寻求使你的幸福超出我为把你置于其中的宇宙的限制。你求助于你的想象，企望在我的永恒权力之上建立的不可抗拒的妄想，也是徒然无益的……信任这些使你惊喜癫狂的反复无常的神灵是徒然无益的；它们使你的旅程充满恐惧、悲号、幻想。因此，要敢于从这种宗教——我的傲慢的竞争者——的束缚中解放自己，宗教认识不到我的法则。在我支配的王国里，自由……重新返回来，浪子、叛逆者返回了自然！她将安慰你，为你驱除那萦绕不散的恐惧，那令人心碎的忧虑，那围绕着你的疯狂，那使你远离你本该热爱的人的憎恨。⑬

这种对自然权力的肯定，处于自然神论承认日常生活实现的一个持续的重要方面之中。二者都捍卫对幸福的追求，反对虚假的超自然的要求。区别在于，自然神论中这种承认的基础是一种自然的神意观，标明这些实现是为人类而指定的；而启蒙运动自然主义的基础是对任何一种这样的天意秩序的否定。自然主义者认为自己通过否定它们所谓的基础来提高这些善。但是，对所有这些急剧的断裂来说，他们据以肯定这些善的方式，与他们从前所肯定的方式是连续的。在第十六章中，我论述了自然神论本性设计的生活概念排除了三种异常：(1) 懒惰、纵欲、无序、暴力的生活；(2) 以所谓“更高”活动的名义贬低日常生活；(3) 把

⑬ 霍尔巴赫：《自然的体系》，第2部，第408—409页。

本性的自爱贬低成邪恶的。

激进的功利主义者认为自己至少向(2)和(3)发起了比他们的先驱更有效的挑战。如果自然神论已经为日常的人类欲望作了辩护,使其免受极端奥古斯丁主义十足滥用之罪的控告，那么通过彻底否定使这种罪恶概念成立的宗教,就能使所有这类辩护更有效。如果自然神论曾捍卫日常生活的价值,以反抗传统伦理学所谓更高的目标,那么自然主义能够通过强调物质享乐和满足的重要性，而使这种工作做得更坚决。确实,他们通过强调人类欲望的自然本性,避开了宗教扑灭罪恶时的禁欲主义要求,避开了所谓更“神圣”目标的声威。

328 爱尔维修断然宣称:“La douleur et le plaisir physique est le principe ignoré de toutes les actions des hommes”(“肉体的痛苦和快乐是所有人类行为的未被认识的原则”)。[14]边沁宣称,功利主义原则的首要敌人是“禁欲主义原则”。他告诉我们,这种禁欲主义原则为两类人所拥护。一类是“道学家,另一类是笃信宗教的人”。前一类为“哲学骄傲的滋养品——为希望所激励:希望得到众人的赞誉和尊重”。后一类为“迷信幻想的产物——为恐惧所驱使:害怕遭到喜怒无常和爱报复的上帝所施的未来的惩罚。”哲学家傲慢地企图超越并放弃肉体的快乐,“也就是说,诸如此类的感官快乐,或者其根源很容易追溯到感官的快乐。”为了以示区别,他们甚至不想使用“快乐”这个词来命名他们更高的目标。[15]

在对傲慢的声讨中，边沁如何与一种经仔细研究的论证的转变相配合，这是值得注意的。这种转变帮助日常生活的伦理学对抗从其最初神学形式以降的等级制的伦理学；通过唤起“喜怒无常和爱报复的上帝”，他进入了可以回溯到爱拉斯谟的基督教信仰的漫长

---

⑭ 爱尔维修:《论人》(De l'Homme),第2篇,第6章,第146—147页。

⑮ 边沁:《原理》,第2章,第5—6段。

道路上去。[16]但是，他想更进一步，通过肯定其自然本性，更完全地捍卫欲望的平等价值和善良性质。在对(2)和(3)这两种异常的极端否定中，功利主义进而放宽或至少改变了他们关于(1)的观点。纵欲被赋予了新的价值。日常生活的提高，已经由自然神论者转换成一种对幸福追求的肯定，现在开始转变为对肉欲的推崇。

这种转变深刻地影响了近代文化。约翰·斯密就这一点谈到“伊壁鸠鲁主义的野蛮人群，把他们所有清醒的理性都淹没在纵欲主义的忘河之中”，[17]这种观点在他那一代人那里得到了普遍的理解和赞同，而我们准备采取一种相当不同的观点。肉体满足本身已成为意义重大的标志。这可能是激进的启蒙运动带来的不可逆转的变化之一。

狄德罗在他的《布甘维尔游记补篇》(Supplément an voyage de Beugainville)中，描述了塔希提岛的主人奥鲁和他的客人—— 一个欧洲神父之间的对话。奥鲁把妻子和女儿的身子馈赠与神父享受。神父起初谢绝了，随之发生了一场两种完全不同的性风俗之间关于错误和美德的大讨论。狄德罗借奥鲁之口，毁灭性地批评了西方基督教的反肉欲道德，同时为性满足的自然性质作了雄辩有力的辩护。自然本身大声反对我们压抑人性的道德，这种道德对大自然赋予性生活的意义视而不见。

> Je ne sais que c'est que la chose que tu appelles religion; mais je ne 329
> puis qu'en penser mal, puisqu'elle t'empéche de gouter un plaisir

---

⑯ 惠克考特和斯密都谴责那些把自己的错误归于上帝的人，这些人把上帝描绘成“暴躁的、固执己见的存在，是因为他们自己正是这样的”；恩斯特·卡西尔，《柏拉图主义在英国的复兴》(The Platonic Renaissance in England)(Edinburgh: Nelson, 1953)，第165页。“那些心怀仇恨的人认为，上帝的善允许他残忍”，惠克考特把这一点放进《格言集》(Aphorisms)，第388条。

⑰ 约翰·斯密，引自《剑桥柏拉图主义者》(The Cambridge Platonists)，C.A.帕特里德斯编(Cambridge: Cambridge University Press, 1980)，第140页。

> innocent, auquel nature, la souveraine maitresse, nous invite tous; de donner l'existence ὰ un de tes semblables; ...de t'acquitter envers un hôte qui t'a fait un bon accueil, et d'enmichir une nation, en l'accroissant d'un sujet de plus.
>
> 我不知道你们称为宗教的东西是什么,但是我只能认为它很糟糕,因为它阻止你们去品尝无罪的快乐,这是大自然这位最高的女主人用以款待我们每一个人的;是她给予像你一样的每个人以生命;……你应对热情欢迎你的主人尽责,通过给它以更多的臣民使一个民族富强。[18]

纵欲主义是使启蒙运动的自然主义变得激进的东西。立足于自然状态的人类欲望之中,是控诉所有以往法律、政治,尤其是宗教制度体系的方式。他们需要压抑普遍而必需的自然需求吗?他们杜撰了一系列空想的罪名,凭什么把自身是中性的或善良的行为宣判为有罪?[19]很少有法律制度,也没有任何宗教制度能经得起这种审视。那些错误的东西应被清除,在比较乐观的人,如孔多塞的头脑中,这种情形预示着人性的未来。狄德罗也许缺乏自信,但他确实赞同《补篇》中对话者A的情感:"Que le code des nations serait court, si on le conformait rigoureusement a celui de la nature! Combien de vices et d'erreurs épargnés à l'homme!"("如果严格遵照自然行事,国家的法典该是多么简短!人们将免去多少

---

⑱ 狄德罗:《布甘维尔旅行记补篇》(Supplément au voyage de Bougainville),载于《哲学著作集》(Oeuvres philosophiques)(Paris: Garnier, 1964),第476页。

⑲ 又见孔多塞:《人类精神进步的历史概观》,第97页。

罪恶和错误啊！”)[20]

如果追求幸福的善能够通过运用已经建立的否定的方式(via negativa)而得到辩护和增进的话，那么激进的启蒙运动似乎相信，这就是普遍和公正的仁慈的善。但是，这一点通常比以前的论证更加清晰有力。我们在洛克那里看到了这一信仰的基础，洛克认为他已经掌握了合理性和对人类公正的关心之间的某种隐含的联系。这个联系暗示着这样的事实，理性把我们从中解放出来的如此多的错误本身，是限制我们努力求善甚至使我们蒙受苦难的——如那些为狂热和残害辩护的迷信——根据，习俗教导我们只为自己的国家或党派工作，而不良的教育使我们完全误解了善。

激进的启蒙运动似乎更加强烈地信任理性理解的有益成果。因为从错误道德原则带来的混乱中解放出来，从迷信和狭隘的风俗中解放出来，我们能够真正看到正确而公正地表述普遍的善的整个图景。而且由此假定我们力图实现它。与其说这被表述为一个命题，毋宁说它是一 330

---

⑳ 狄德罗：《哲学著作集》(Oeuvres)，第510页。在这部著作里，狄德罗似乎把自己置身于充分的尚古主义之中，把“自然”人与“人为”的人对立起来(第511页)。但是，这与他的明确立场相去甚远。后来在同一个对话中(第513页)，他出其不意地指出文明状态的人比野蛮人的生命更长。对爱尔维修的《论人》的反驳，激发了他反卢梭的精确论证：“文明人的平均寿命比野蛮人平均寿命长。这就是问题的关键”。(“La durée moyenne de la vie de l'homme policé excède la durée moyenne de la vie de l'homme sauvage.Tout est dit”(狄德罗，引自第513页，注2)。狄德罗知道他这一立场的矛盾，但他仍然宁愿如此来反对卢梭的观点，在他后来的论述中几乎以无礼的口吻写道：“与穿兽皮的凶猛粗人相比，我更喜欢穿丝衣的文雅罪犯。我更乐意享受宫殿金壁辉煌的屋顶和奢侈柔软的靠垫，而不是潮湿而不卫生的土屋的悲惨、黯淡、脏脏和丑陋”(“J'aime mieux la vice raffiné sous un habit de soie que la stupidité féroce sous une peau de bete. J'aime mieux la volupté entre les lambris dorés et sur la mollesse des coussins d'un palais，que la misère，pale，sale et hideuse，étendue sur la terre，humide et malsaine”)(引自艾拉·韦德：《法国启蒙运动的结构和形式》两卷本，Princeton：Princeton University Press，1977，第1卷，第276页)。

个不言而喻的假定,隐含在迄今为止的历史错行的诊断之中。为恐惧所驱使,为宗教迷信所蒙蔽,人类曾经残忍得可怕;作为关于善的错误信仰的受害者,他们无意中已经给自己和他人造成了巨大的伤害;因为深陷于一种狭隘习俗的忠诚之中,他们无情地对待局外人。让这些错误都克服掉吧,这样他们的行动将充满仁爱。正像霍尔巴赫在他的《自然政治论》(Politique naturelle) 中所写的,“Espérons tout du progrés des lumières”(“让我们把一切都寄希望于启蒙的进步吧”)。㉑

激进的启蒙思想家经常不清楚这种论点是多么激烈,因为他们将其与他们关于人类幸福学说核心组成部分的另一论点相混淆了。这种观点认为,人们之间存在着潜在的利益和谐。在一个组织良好的世界里,人们的幸福得到最大限度的满足,每个人的幸福之所在也有助于全体的幸福。在《自然的体系》(Système de la nature)的最后一章,霍尔巴赫的大自然向人们呼吁时明确地肯定了这一点。孔多塞巧妙地提问:“L'intéret mal entendu n'est-il pas la cause la plus fréquente des actions contraires au bien général? ”(“我们对利益的错误理解,难道不正是导致反对公众利益行为的最经常的原因吗?”)㉒

由此,在完善的条件下,每个人都能以对这种和谐的充分认识来理解和行动,因此每个人都将以促成公众幸福的方式追求幸福。正如孔多塞描述的灿烂未来:

> Cette conscience de sa dignité qui appartient à l'homme libre, une éducation fondée sur une connaissance approfondie de notre constitution morale, ne doivent-elles pas rendre commans à presque tous les hommes, ces principes d'une justice rigoureuse et pure, ces mouvements habituels d'une bienveillance active, éclairée, d'une

㉑ 霍尔巴赫:《自然政治论》(Politique naturelle)(Tours, 1796),第118页。

㉒ 孔多塞:《人类精神进步的历史概观》,第226页。

sensibilité délicate et généreuse, dont la nature a placé le germe dans nos coeurs, et qui n'attendent, pour se développper, que la douce influence des lumières et de la liberté?

尊严感属于自由的人们,教育建立在我们对道德制度的深刻理解上,以纯粹而严格的正义来解释这些原则,以积极的仁爱来解释这些惯常的行动,以美好而慷慨宽容的情感来教育人们,自然的种子已经扎根于我们心中,几乎所有的人都是一致的;这些原则的发展只需要启蒙和自由的和煦影响,难道所有这一切不应是这样吗?[23]

但是,以已实现的和谐条件描述人类的动机是一回事;视爱人类为 331
现今人们的品质——这种爱可能使他们不计代价地为人性之善努力——则完全是另外一回事。这里没有建立在聚合性利益认识之上的仁爱;毋宁是,现今的开明先锋冒着无知大众的嘲笑,僧侣和统治者的残害的危险,经常有意识地为将来后代而牺牲自身幸福。但是,这种无私的仁爱也被认为是启蒙的产物,虽然很少得到明确表述或者清楚地与和谐命题区别开来。

很自然,这种信念与其说来自对人类情感的考察,不如说更多地来自关于人类道德境况、道德根源所在的意识。因为信念中明显加进了一些暗含的自传性反思。启蒙思想家感受到他们自己动机的善良性质,而且感受到这种性质与他们的理性洞见相联系。这里是边沁对心灵的呼声(cri de coeur)的剖白:"在我这些书页中,人类之爱曾经有一刻被忘记吗?请指给我看,我将首先把它撕下来。"[24]

仁爱与科学理性之间的密切联系,对二十世纪后半期的我们来说并不特别明显。但是,我们不得不记住这种联系在十八世纪却多么容易

[23] 孔多塞:《人类精神进步的历史概观》,第226—227页。

[24] 引自罗斯·哈里森:《边沁》(London:Routledge,1983),第276页。

被相信。我们必须重新找到伏尔泰反复讲的责令的情感力量,“消灭败类”(“Ecrasez l'infame”);回想那些以宗教的名义进行的残害行为;不要忘却那些以秩序的名义通过法律施加的残酷的惩罚。通过赋予感官快乐和痛苦以重要意义,以及向所有不同的秩序概念宣战,功利主义第一次使把减轻人还有动物的痛苦置于社会议事日程的中心成为可能。这在现代社会产生了真正革命性的影响,不仅改变了我们的法律体系,而且使我们的实践和利害关系的整个领域都发生了变革。㉕

另一种见解似乎也赞同仁爱和科学理性之间的联系。分解的合理性似乎把我们从狭隘、利己主义的观点中分离出来,从而使我们能够掌握整个图景。这就是允许我们成为“不偏不倚的旁观者”的原因所在。科学理性的增长于是可以被体验为一种战胜利己主义的胜利。我们不再为自我所束缚;我们自由地追求普遍的善。㉖

㉕ 古代的秩序概念对古代可怕的惩罚进行合理化的方式,在福柯的《监视与惩罚》(Surveiller et punir)(Paris:Gallimard,1975)的开端部分得到很好的论证。在那里,他叙述了十八世纪中期,在启蒙运动自身的时代,试图以弑君的罪名处决达米安。我在《福柯论自由和真理》(“Foucault on Freedom and Truth”)一文中,已经讨论过这一点,载于《哲学和人文科学》(Philosophy and the Human Sciences)(Cambridge:Cambridge University Press,1985)。

㉖ “无偏见的观察者”这个表达是亚当·斯密的用法《道德情感的理论》(The Theory of Moral Sentiments)(London,1759),但无偏见的仁慈理想,在自然神论和自然主义的启蒙运动中得到普遍传播。我们在前面已经看到(第14章),就我们摆脱利己主义和破坏性,从情感上升到理性而言,洛克有相似的概念。而且在我们今天这个时代,也能看到同一种类道德反思的例子。因此,德里克·帕菲特(满意地)建立了他的人格同一性的还原理论,这种理论把我们作为同一个人的持续性存在问题相对化了,在此之后,他说:“真理令人沮丧吗?有些人可能发现的确如此。但是,我发现它是解放性的,令人安慰的。当我相信非还原的观点时,我好像为我自己所束缚。我的生命就好像一个玻璃管,我每年愈来愈快地穿过它,而在这管道的末端是黑暗。当我改变了我的观点,这个玻璃管道的墙壁消失了。我现在生活在一个开放的空间中……和其他人更接近了。我越来越少地关心我的余生,我也就越多地关心他人的生活”;《理性与人格》(Reasons and Persons)(Oxford:Oxford University Press,1984),第281页。

因此,激进的启蒙思想家的动机不能被只看作科学理性的推进。这是道德动机在其中起着重要甚至是支配作用的并列关系中的一个方面。他们肯定真正的本性的需求,并且把普遍的仁爱从其迷信和谬误之狱中解放出来,在这种意义上,他们推动了分解和科学理性。 332

一方面,这是明显的。他们的著作感染着你。另一方面,这是有疑问的,这种疑问是由于他们学说中的一个核心特征。就是这个明显的事实,他们的动机和欲望不能简单地在他们人性理论所允许的术语范围内加以说明。鉴于他们坚持道德生活的肉体本性或者将所有人类欲望还原为快乐,鉴于他们要根除所有关于“更高级”或“崇高的”欲望的宗教或形而上学的教条,这些绝对没有留给他们本体论的空间,好像也排除了我称之为“强势评估”的空间,即认识到要求我们承认的某些特定目标或目的,与我们其他的欲望与意图不可公度。

边沁或爱尔维修的功利主义清楚地说明了这一点。这些思想家只认识到一种善:快乐。而且,即使这种快乐也不能界定为一种强势评估的善。他们的全部观点是消除道德利益和非道德利益之间的区别,从而使所有的人类欲望都有同样的考虑价值。边沁告诉我们,只是依据禁欲主义原则,“而不是从功利主义原则出发,最卑劣的作恶者的最可鄙的快乐会因其罪恶而得到谴责,遭到天罚,如果这种快乐单独发挥作用的话。”(幸运的是,他又向我们保证说,“事实是它永远不会独立发生作用,因而它需要伴随着一定量的痛苦……快乐与之相比则算不了什么。”)[27]随着强势评估问题的被迫退出,关于我们的日常欲望的意义这一问题也不再能够获得表达;而且一种类似的命运也降临到作为道德理想的仁爱上。

这使功利主义成为一种非常奇特的理智立场。它加进了对宗教和早期哲学观点的控诉,加进了它关于操作理想的合理性意义,加进了关

㉗ 边沁:《原理》,第2章,第4段。

于普遍幸福的基本假定,而且关键的问题首先是减轻痛苦,这出现于理性为普遍和公正的仁爱而解放我们的意识，这种基本假定是对我在上面枚举过的三种善的强烈的有时是充满激情的承诺。但是,在它的原则的实际内容中,作为一种正式的界定,上述任何一点都不能被述说;而且大多毫无意义。

严格的分解式观点,甚至对人类心理持中立主场,(“nul individu ne nait bon, nul individu ne nait mechant”)(“没有人生来是善的，也没有人天生是恶的”),在一定程度上作为削弱超奥古斯丁主义人是有罪的图景之激进方式被采纳;这种方式之所以是激进的,是因为它删掉了原罪是其答案的问题。从这种否定中得出的道德论断是日常人类的——甚至感官的——幸福是惟一有意义的善,而且应当全心全意地、坚持不懈地
333 去追求。这就是激发功利主义者的生命和思想的目标;而且中性化在一定程度上也意味着通过真正的工具理性的运用，更有效更有洞察力地追求这个目标。但是,正是这种中性化删除了他们的道德动机能够得以阐述和认可的术语。

霍尔巴赫或狄德罗的唯物主义可以说有某些类似之处，当然这种唯物主义与功利主义的形式是分不开的。在霍尔巴赫那里,把精神还原为物质，把人类欲望比作一种重力，好像没有给强势评估留下任何空间:我们的自我保护,我们对满足的追求,由于不可改变的必要性跟随着我们,指挥着我们的行动;他们总括了所有人类的奋争并赋予它相似性。但是,同样清楚的是,霍尔巴赫想保留这个道德维度。在他的《自然的体系》最后一章的气势恢宏的言辞中,我已经引述过,从中可以清楚地看到这一点。自然向我们,她的子女承诺,甚至在社会的力量达不到的地方,她也会惩罚罪恶。但是,她的惩罚在一定程度上在于我们所感觉到的羞耻和自责,因此当我们违背正义,违背自制时,我们在自己眼

中变得“可鄙”。[28]这些反应假定了一种道德意识,或至少某种意义上的强势评估。很明显,霍尔巴赫并不认为支配着我们的理性要把这种评估一扫而光,但是作为自然努力的组成部分的单色的人性图景,好像并没有给它留下任何位置。

问题是霍尔巴赫就像需要道德一样需要还原论。他反对宗教和传统形而上学的整个策略,依赖于否定人类欲望和无生命的自然界盲目运动之间的所谓性质差别,这种差别超出了正确判断的界限。可是,他也需要某种道德理解的视野,如果这种痛苦和欲望的人类本性图景驱使我们采取仁爱行动——去减轻痛苦,克服非正义,建立幸福组织,那么,作为一项高尚的事业,它有权向我们人类提出要求。

唯物主义或享乐主义能形成相当不同的道德观,当我们一旦意识到这不是惟一的可能性时,道德视野的重要性就变得格外明显。例如,它们可能是一种令人绝望的非道德主义的基础。要不然,它们可能成为一种还原道德观的基础,在这种道德观里,对荣誉的渴望和利他主义都没有地盘。狄德罗意识到了爱尔维修著作中的这种还原精神,因而他运用自己广博的知识来驳斥后者死后出版的著作《论人》(De l'Homme)。

谈到那些冒险攻击教士和国王的哲学家自己,“我们的同时代人和我们的朋友”(nos contemporains et nos amis),他问道:

> Comment résoudrez-vous en dernière analyse à des plaisirs sensuels, sans un pitoyable abus des mots, ce généreux enthousiasme qui les expose à la perte de leur liberté, de leur fortune, de leur honneur même et de leur vie? 334

你们怎样才最后,你怎么能在没有同情地滥用词语的情况下,将这

[28] 霍尔巴赫:《自然的体系》,第2部,第12章。

种慷慨的热情与感官快乐相等同？这种慷慨的热情使他们丧失了自由、命运、荣誉本身及生命。[29]

一种纯粹利己主义满足感的道德更加危险，这在激进唯物主义那里能找到其基础。霍尔巴赫和狄德罗都在拉美特利的著作中看到了这一点，并对之进行了有力的批判。

On assure qu'il s'est trouvé des philosophes et des athées qui ont nié la distinction du vice et de la vertu, et qui ont preché la débauche et la licence dans les moeurs. L'auteur qui vient tout récemment de publier L'Homme Machine a raisonné sur les moeurs comme un vrai frénétique.

我们确信有这样一些哲学家和无神论者，他们否定美德和罪恶之间的区别，在他们的道德中鼓吹放荡淫逸和放纵不羁。最近出版了《人是机器》(L'Homme Machine)的作者，论证了像狂乱疯子一样的道德。[30]

即使我们认为霍尔巴赫和狄德罗对拉美特利是不公正的，事实仍然是，他们涉及了一个尚在讨论中的问题，而且有好多理由使得这种争论在

---

[29] 狄德罗：《对爱尔维修〈论人〉一书的系统反驳》(Réfutation suivie de l'ourage d'Helvétius intitulé l'Homme)，载于《哲学著作集》(Oeuvres philosophiques)，第573页。

[30] 霍尔巴赫：《自然的体系》，第2部，第10章，引自皮埃尔·内维尔：《霍尔巴赫和十八世纪的科学哲学》(D'Holbach et la philosophie scientifique au XVⅢ[e] siècle)(Paris: Gallimard, 1967)，第362页。狄德罗对其《Essai sur les règnes de Claude et Néron》(阿塞扎编，第3卷，第217页；引自内维尔《霍尔巴赫和十八世纪的科学哲学》)做了同样的批评。

法国比在英国更引人注目。一般在盎格鲁—撒克逊国家中，日常生活和仁爱的伦理力量，不仅在知识分子中间，而且在整个社会中几乎毫无间断地从有神论或自然神论发展为各种非信仰的形式。

但是，法国却经历了一场相当不同的演变。十七世纪在伦理观上表现出一种强烈的张力，其中一方拉出古代哲学——主要是斯多葛主义和伊壁鸠鲁主义，另一方则是超奥古斯丁主义的詹森主义。[31]在路易十四统治的后期，他偏爱一种渐趋增长的教权主义的、好大喜功的天主教信条以及一种严厉的道德主义的支配地位。路易十四去世之后，摄政时期的贵族社会转向了轻浮而且道德颓废的相反极端。在这些情形下，自然神论在法国发展了自身的形式，比较秘密而又满怀激情地向反教权主义和反天主教方向演变，这时常受到斯宾诺莎著作的激发。

为法国百科全书派提供背景的关键发展之一，是带有英国特征的法国自然神论的出现。我们可以说英国自然神论引入了法国，并在法国思想中引起相应转变。在某种意义上，这两种理智文化在十八世纪共同 335
成长，逐渐趋向融合，结果就是正如我们看到的启蒙运动，两个社会(或更准确地说是英国、苏格兰、法国和美国)的两种语言的产物。

在法国，伏尔泰是这一融合的主要设计师，他于一七三四年的《哲学通信》(Lettres philosophiques)发挥了主要作用，尽管其他人也起了一定作用：例如，孟德斯鸠对英国政治的赞扬。随着这种融合，英国自然神论的主题在法国也流行起来。阿贝·德·圣皮埃尔新创了“bienfaisance”(仁爱)[32]一词，为伏尔泰和其他思想家所采用，并且占据着哲学观点的中心地位。

但是，强调重点的重要差异自然地保守着。在法国，反对宗教的斗

---

[31] 保罗·本尼楚：《伟大时代的道德》(Morales du grand siècle)(Paris：Gallimard，1948)。

[32] 见丹尼尔·莫尔奈：《十八世纪的法国思想》(La pensée francaise au XVⅢ^{e} siècle)(Paris：Hachette，1912)，第152页。

争,尤其是反对天主教的基督教精神占绝对优势,有时候甚至威胁并且排斥其他重要企望。本意是要说明天主教的虚假性,它的厌世,它的破坏性。重要的是反复证明培尔第一个作出的道德断定,即一个无神论者可以是一个有德性的人,[33]但是这个观点融入了宗教必定使你变坏的论证尝试之中。

与此同时,早期反天主教的自然神论的某些东西仍然存在,例如"libertins"(不信教者)这类用语。这个词的演变意义重大。起初,它只表示一个自由思想者,一个坚决地独立于宗教权威前提之外的思考者;后来,大约在世纪之交,它转向了其近代意义,即道德上自由的人。在一定程度上,这个演变可以解释为自由思想者在这几个世纪里受其支配的反面宣传的结果。但是,它还必须面对这个事实,有些自由思想者,例如圣埃弗勒蒙,的确表现出一种追求快乐的新伊壁鸠鲁主义,而这一点与英国自然神论占据重要地位的关于人的幸福的社会责任的严肃意义相去甚远。

所有这些意味着,在当时法国的环境中易于展开一场纯粹的利己主义的唯物主义与基于普遍仁爱的观点之间的激烈争论。也许霍尔巴赫和狄德罗对拉美特利有点不公正。但是,萨德在世纪末表明,对一切社会限制的彻底拒绝,如何能被领会为从传统宗教和形而上学之中最一贯、最彻底地解放出来。道德、法律以及美德都将被抛弃。

> Les moeurs sont-elles donc plus importantes que les religions? ...Rien ne nous est defendu par la nature..., ces freins purement populaires n'ont rien de sacré, rien de légitime aux yeux de la philosophie, dont le flambeau dissipe toutes les erreurs, ne laisse exister dans l'homme sage que les seules aspirations de la nature. Or rien n'est plus

[33] 正如霍尔巴赫在他的《自然的体系》中所做的,见第2部,第10章。

immoral que la nature; jamais elle ne nous imposa de freins, elle ne nous dicta jamais des lois. 336

习俗比宗教更重要吗?……本性什么都不禁止我们……[法律],从哲学的角度来看,那些流行的限制,毫无神圣性,也无合法性,哲学的光芒驱散了所有谬误而且使明智人的思想中只剩下本性的欲求。但是,没有什么比本性更不道德;她从不把限制强加于我们,也不以任何法令支配我们。[34]

萨德的观点所揭示的内容,作为一种陪衬,在启蒙运动的人本主义背景中通常看不清楚,这种背景就是我在前面所称的他们思想的道德视界。仅仅采用某种形式的唯物主义,对产生完全的功利主义仁爱伦理学来说,并非是充分的。它需要对称得上强势评估的东西有某种背景理解:如果是这样,它涉及日常幸福的道德意义以及普遍仁爱的需求。因而人才有理由对启蒙运动的普济主义古典形式下的人类欲望和幸福的所谓事实作出反应。仅凭唯物主义自身,与接受萨德的利己主义相比,不可能向我们提供沿着这个方向进行探讨的更多理由,萨德的利己主义曾被错误地认为是反启蒙运动的。他只是一个没有坚决的道德立场的唯物主义者。

当然,这里产生了一个问题,刚才概述的启蒙运动的人本主义的特殊背景,是否与唯物主义完全一致?如果这样,是哪一种——如果我们要弄懂它的意义,这个背景是否并不需要某种更丰富多彩的人和自然的本体论?然而,这是个不同的问题。即使这种唯物论的人本主义被证明是前后矛盾的,那么也不能就说其他观点,也就是萨德的观点,是正

㉞ 德·萨德侯爵:《朱莉埃特》(Juliette),I,89,引自内维尔《霍尔巴赫和十八世纪的科学哲学》,第367—368页。

确的。

但是,随之而来的问题是,这种人本主义是否而且怎样才能弄清楚它所依赖的道德视界,它怎样才能赋予人类日常实现的普遍价值及仁爱需要以意义;更明确地说,不管这个道德视界的意义是什么,它能够与对宗教和形而上学的攻击而带来的还原冲动调和起来吗?由于我在上面提到的混乱,唯物主义者通常认为这些问题是易于回答的。他们认为,如果我们能够表明利益的某些最终和谐,那么在一个最好的社会中,每个人都是经由全体的实现而实现的;或者如果我们能够表明人们是由同情心所驱使,他们以彼此的幸福为快乐,那么这个问题就得到解决了。

然而,事实并非如此。也许在设计完美的社会里所有事物都极其融
337 洽和谐,但是,为什么今天的我却应当为遥远的实现而努力,甚至以我的生命和幸福为代价?也许人们一般地为同情心所推动,但是,现在万一我面对敌人,我的同情没有了,这该怎么办?这些论证混乱地建立其上的根本主张,是他们不管怎么样已经显示了他们所描述的东西具有道德优先性。和谐的社会不仅对那些有幸生活在其中的人们更好(如果真有这样的人的话);而且它还是一种理想,是某种博得我们所有人忠诚的更高的东西。它是一种强式评估的对象。类似地,同情心不仅被当作一种事实上的动机,而且被当作强势评估的动机:某种你应当感觉到的东西,一种在我们自身内的构成高级生存方式的无限制力量的冲动。道德论证依赖更强势主张。但是,形而上学的或"科学的"论证只建立了较弱主张,事实上是一种确实大肆宣扬理性根本无力建立任何更强势主张的主张。这里存在着混乱和矛盾。

因此,它经常被表述为功利主义心理学与其伦理学之间的某些不一致。按照前者,我们"处于两个至高无上的主人——痛苦和快乐——

的支配下。”[35]这可能意味着,我们决意为我自己的快乐而行动,为自己避开痛苦而行动。但是,在道德理论上,痛苦和快乐是正义行动的尺度,并不是由于它们影响我们,而是由于它们与每一个人都紧密相关。我们去追求最大多数人的最大幸福。当然,训练能使我们从普遍幸福中发现自己的幸福。边沁想在社会上鼓励一种“仁爱文化”,[36]据此这将成为一般的情形。或者它能够论证有一种构成“利益和谐”的基础。(尽管他们可能做出相反的证明,功利主义思想家假定了一种利益的大量聚合;最为著名的是接受了类似斯密观点的某种东西,认为只要生产性地定向,利己的行为也能增进普遍利益。)毫无疑问,在这些情形下,事情会对整体社会有益。但是,这并不能回答这样一个问题,我为什么应当去追求普遍的善?

启蒙运动唯物论的功利主义理论难以集中到这个焦点上来。他们有两个方面——还原的本体论和道德动机,这两方面难以融合。这有助于解释我在前面援引过的自相矛盾的情形:从一方面来看非常明显,这些理论根植于日常生活和仁爱的伦理学之中;而从另一方面来看,在表达这些理论或为它们辩护时,它又必然违背这些理论本身。这是还原本体论导致的困难。当还原本体论被置于突出地位之中时,惟一受分解理性所强化的启蒙的自然主义者的自我形象,就渐趋赢得了信任。

稍后,在十九世纪,这种形象也赢得了信任。这时,宗教信仰作为单一的支配性道德根源已被取代,多元的道德根源的新境况,以我在前一章所描绘的方式,得到了充分的发展。由于所有这些观点现在看来在某种方式上是尝试性的和不确定的,这种方式是早期宗教信仰从来没有 338
用过的,因此这就完全形成了这种可能,即某些人由于被科学理性的自然主义理解的声望所制服,丧失这种信仰。在这种情形下,这转变的传

㉟ 边沁:《原理》,第1章,第1段。

㊱ 哈里森:《边沁》,第10章。

记应符合其自我形象：首先，简单地说，他拒绝宗教是因为他“看到”它与(他所认为的)科学理性不相容；因此他采纳了剩下的最好选择，即功利主义或启蒙运动人本主义的某种其他形式。这种情形在十九世纪或二十世纪某些时期似乎经常发生。或许更谨慎地说，这种描述的理想类型接近于符合这个时期的现实。

但是，我们在这里讨论的十八世纪的原初语境，先于任何这种多元情况。在这里，似乎更应当说，最初的信仰转变既是由自我负责理性推动的，同样也是由某种善的生活的伦理学(就百科全书派来说，是日常满足和仁爱的伦理学)推动的。

从前文所描述的所有内容可以得出，道德动机的清晰意识在法国显然更早些，在讲英语的文化中则晚些。这也许有助于解释，为什么实际上在同时期的盎格鲁—撒克逊哲学中，对善的维度任何认同所遭受的总体压制是如此之多，正像我在第三章指出的。

理性主义者的自我形象以及道德动机的神秘，是启蒙运动自然主义的主导倾向。它产生于对我在前面所描述的不清晰焦点的最普遍反映：压制这个问题，借助于各种各样的和谐和同情理论敷衍了事。因而得出的理论都奇怪地表达不出内心思想。古典功利主义也许首次展现了使许多当代理论感到苦恼的一个特征，正像我们在第一编中看到的：由于他们所接受的本体论，他们不能系统表达和认识他们自己的道德根源。驱动他们的对利益的承诺偶然形成于直接的祈祷；这就是我在上
339 面所援引过的、关于人类之爱的边沁宣言，他宣称这一宣言激励着他。但是，在大多数情形中，这些构成基础的道德根源只是通过论证的雄辩出现的；而且首先是通过给人类带来了如此巨大痛苦的宗教与哲学错误的控诉出现的。这表明道德根源在这种哲学以及后来就这个问题与它类似的哲学中的地位，是很奇怪的。正如我在第一编论证过的，构成性的善，当它以特定的形式被调用时是富有力量的。我已经在把它们能被当作“道德根源”的范围内谈到这些善。从我到目前为止所讨论的道

德观点来看,已经认识到的根源是柏拉图主义的,或有神论的,或笛卡尔主义的,或自然神论的,或其他什么性质的。可以说,它们开诚布公地发挥作用。适当地看,所有人都关心为什么意识到并且敬畏、感激或尊敬它们是重要的,这是很清楚的。我们看到,在哈奇森那里,我们理解而且欣赏我们自己的道德情感,是多么重要;在那里我们也理解和感受到对上帝天意秩序的感激。这种欣赏是道德命令的组成部分,而不是某种外在于它的反思。

但是,现在上述问题根本无法得到广泛承认。功利主义者怎样才能接近他们的道德根源? 他们能够宣称的强有力的词语是什么? 显而易见,在他们的字里行间善未被认可就加以运用。这包括我上面引以为例的直接运用的那些段落。但是,它们主要由争论性的段落构成,其中充满了对错误、迷信、欺骗和宗教的斥责。它们受指责,是因为缺乏、压制或毁坏了我们珍爱和为之所感动的东西,因而我们抨击它们。

这成为从激进启蒙运动传承下来的整个现代立场的公认特征。因为它们的道德根源得不到承认,所以它们主要用于争辩。它们主要的强有力的言词都是指责性的。它们所依靠的大部分观点不得不从它们论敌所受到的攻击和驳斥的狂暴程度推出。在这一点上,马克思主义是一个极好的例子。

因此,这种自我隐蔽的哲学也是寄生性的,就激进启蒙运动来说,尤为如此。首先,它自身道德根源的表述、其自身强有力的言词,还有其持续的道德力量寄生于它的敌人身上。但是,其次,由于它削弱了所有以前关于构成性善的系统表述, 而这些表述能够成为它所承认的生活之善的基础,却没有提出任何代替它们的观点,因而在某种程度上它仍然依靠以前的系统表述而生存。我们看到功利主义是怎样继续依赖一种现有的论证次序的。例如,指责某些哲学傲慢地抬高特定的目标,并使之凌驾于我们共同的感官满足之上。这种傲慢的祷文,在原初基督教语境中相对于谦卑来说是有意义的, 对那些一律平等的上帝的子民来说,这种谦卑是合乎体统的。这种论述虽然是否定性的,但并没有提出任何新的内容。尼采的挑战显示出他对基督教的未公开的借用,这支持着这种自然论的人本主义,与此同时也表明这种借用使挑战变得多么脆弱。

古典功利主义依赖于文化中普遍存在的道德洞见,但它本身并没有而且也许根本不能给道德洞见一个正确的位置。这是其寄生现象的第二个方面。它不仅需要敌人来产生其强有力的言词;有时候,即使它不是直接从其敌人那里,至少也是从已经很好阐述过的道德文化之中,来获取道德理想。

340 在这方面,启蒙的功利主义充满了矛盾。我指的是语用学的矛盾。这并不是由于它必然地收集了一些矛盾的命题,而是因为它建立在自身不能承认的道德观点之上。这未必就是致命之处。功利主义赖以生存但又加以否定的善,在文化中已变得根深蒂固了。我们看到,自然神论并未首先创造这些善,也未传播它们。它的死亡,或者任何其他特殊系统阐述的死亡都不能取消这些善。这些善甚至能够滋养那些并不认可它们的观点。因此,十八世纪功利主义面前有一个广阔的未来,这是一个还没有消耗殆尽的前景资源。

但是,这种自我隐蔽,这种寄生性与古代观点的关系,而且首当其冲的事实是,它的强有力言词矛头主要指向另一种无能:这种观点只能引起相反的局面。它依靠那些它所攻击的那些理论的恐怖而生存。我们在前面已经看到,在十八世纪它是如何获得存在的理由的,当时仍可看到宗教迫害和野蛮的法律惩罚。它能够依靠它所意欲摧毁的恶行而生存。在这种攻击中,善只被想当然地对待,而没有成为主题,注意的焦点则放到了现存秩序中威胁着这些善的滥用上。

但是,一旦人们不再反对政府,不再抨击新秩序的建立,这种功利主义观点是多么贫乏与多么危险就会反复显示。说它贫乏,是因为建立观点需要对某种人们所赞同而不只是反对的善的领悟。说它危险,是因为它对人们追求幸福过程中正式的工具效能之外的任何善，都拒绝给予规定，这种描绘能够导致社会生活方式上的骇人破坏，毁坏并压制所有不符合它那短浅目光的一切事物，在这方面，现代官僚政治的合理性后果从一八三四年的济贫法到切尔诺贝利的悲剧，都提供了充分的证明。

当然，一种立场或许一开始就寄生于它自身所不能承认的道德根源之上，仅仅这个事实并不能证明这种立场不适合建立一个新世界。它可能拥有迟早要开花结果的资源。不过，功利主义看起来不具有这种发展能力。因为功利主义从哲学上阻断了自己承认其他善的道路。这是一种只能用于反对的哲学。现代哲学或许不只是一种有这种特征。黑格尔相信，他从激进的雅各宾派观点中看到的恰好是这一点：他们无力建立一个新世界，只能转而破坏旧世界。或许同样恐怖和/或精神枯竭的选择，是激进主义不可避免的命运，正像在柬埔寨屠杀的场所，或者当代布拉格的虚假的愤世嫉俗。在结语中我将返回这个问题。

第二节

但是，功利主义的这种情形决不表明，对一致性问题的压制和对自身表达的抑制是通向启蒙的自然主义的惟一道路。很明显，还有另一条 341
道路，它涉及接受使自己的道德视界有意义的挑战。这由我在上面列举过的三种生活的善来界定：自我负责的理性、对幸福的追求和仁爱。在自然神论看来，这三种据支撑地位的构成性的善，即神意的内在的联结秩序有关。但是，由于古代宇宙秩序概念日渐消亡，这就变得越来越不可信，这种立场肯定要遭到自然主义的断然拒绝。

面临的任务显然是阐明某种可选择的视野，在其中这些善能够有意义。这个任务两个世纪以来已经完成了一些，但在我们考察的时期内，尤其是在狄德罗和休谟的工作中，我们只是看到了它的初步线索。

但是,如果我们退回到理想类型的层次上,就能够说出这种观点的一些重要特征。人类日常满足具有特殊重要意义,这个观念的意义必须被更新,从而使那些有洞察力而又未被歪曲地为这些日常满足的人的生活,比方说,能高于那些以宗教理想的名义而承受禁欲的人的生活。需要说明的是,这种重大意义形成了普遍的要求,例如,我被召唤为未来世界而工作,在那儿这些实现将达到最大限度,即使我和这个世界没有任何直接关系。这种重大意义不能存在于作为整体自然的某种天意地赋予的宇宙论的意义秩序中。

这种重大意义只能被看作是为人类而产生的东西,一种在某种意义上由人类所赋予的意义。但是,不能认为它是由个人任意赋予的。如果以这种方式赋予意义,也就能同样任意地取消意义,这与人类生活具有这种重大意义的直觉是不相符的,不管我们是否认识到了这一点。因此,生活具有这种重大意义相当于:人们只能这样理解这个意义,据此他们对生活有一种未歪曲的和非错觉的领悟。这意味着我们能够正视传记式的发展,从我们看不到这个重大意义的阶段到这种重大意义接近我们的阶段,在这个阶段我们克服某些盲目性或错觉;但是,相反方向的发展却达不到一种领悟效果。换句话说,我们看到自己正在渐趋达到这样的界限,到了一定程度我们开始克服我们生活中的歪曲和错觉,这是以这种重大意义来理解生活。在我们达到这个界限之前,这也许意味着这个分析将永远保持一种或多或少的可能性假设;但是,在这个基础上会有什么其他更坚固的道德观点呢?

如果这个假设是正确的,那么这个分析将同第一编(第三章第二节)的讨论一起构成我们道德生活最有效论述的一部分;因而这在我们行为和情感的第三人称解释中也将是本质性的。但是,这将意味着我们这
342 里所认识的重大意义将像一种构成性的善那样真正发挥作用,意味着它将成为一种可资利用的道德根源,假使这样,这种未被歪曲的认识责令我们行善。

普遍认为没有一种构成性的善能有如此脆弱的本体论基础，一种仅仅存在于我们的最佳自我解释的位置。除非它基于超越人类领域的、宇宙自身的本性之中，或者基于上帝的命令，否则，它怎么能够约束我们?但是，这里没有先验的真理。我们对它的信念由这样一种见解来滋养，一方面是善的超人类的实体基础，另一方面是任意赋予意义的纯粹的主观主义，除此之外没有其他可能。但是，存在着第三种可能性，即我在上面刚刚略述过的，与我们最佳自我解释不可分割的善的可能性。具有讽刺意味的是，由于对自我解释的盲目性，主流自然主义自身倾向于相信绝对的选择，因此使其自身关于道德的混乱和矛盾永久存在。

这预示着，对主流的自然主义来说，阐明和表达它自身的根源并不是没有问题的。以我们最佳自我解释形式描绘的对这种构成性的善的认知，将整合在它关于人类生活和行动的理解之中，这种理解将结束其还原解释的强烈倾向。恰恰是这种对自我解释重要性的认知，将使它不再只关注分解式理性。

承认构成性的善存在——它不存在于宇宙自身(an sich)之中，而是产生于我们关于它的经验之中——也不能必然导出的确存在这样一种善。它仅仅显示，这个问题不能得到先验的解决。它是一个事实问题：(a) 我们最好的、最无虚幻的解释，是否涉及人类生活重大意义的确认，(b) 这个重大意义是否完全以非有神论的、非宇宙论的、纯粹的人所固有的方式，得到最好的说明。对(a)的回答，对我而言，毫无疑问是“是”，但我的预感对(b)的回答是“不”。它完全依赖于这些最无幻觉的道德根源究竟是什么，对我来说，它们似乎与上帝有关。但是，所有这些仍然需要论证。

这种对善的自然主义表达的逻辑空间的探讨，将有助于理解那些正在进行的表达。批评宗教和传统伦理学轻视或非难日常人类的欲望，在一种新的见解上，看起来与有关生活意义的直觉背景是相对立的。在这里，我们能够看到肯定的见解的全部力量。通过反驳对自然的“诽谤”,通过毫无保留地接受物质和欲望,我们最终给予它们最充分的尊严,而且这责成我们去认识这些欲望的完整的善良性质和重大意义。我们奋力得到于本性是无罪的见解。但是,事实上这种洞察并不听任事物顺乎自然。它具有潜在的改造力量,因为对日常愿望的善良性质的认
343 识,责成我们更完整地实践这种善良生活。可以说,这种认识释放着善良性质的力量,把其从宗教和伦理学轻视的重压之下解放了出来。

在描绘这幅图景时,我从较近的作家,尤其是从尼采,借用了许多东西。显然,尼采的“Ja-sagen”(同意)为我在这里一直描述的认识善良性质的改造力量提供了完美的典型。要能够像尼采那样表述它,就需要浪漫的表现主义的全部资源,这一点我将在下一章中进行探讨。在表述它的过程中,尼采对启蒙运动进行了致命反驳,宣称仁慈是自我肯定的根本障碍。

但是,我仍然认为尼采这个典型有助于我们理解发生在十八世纪自然主义启蒙运动中某些混乱而隐含的现象。伴随着宗教和传统伦理学的自然主义的否定,道德的能量和激励来自这样一种责成意识,它要求使本性和欲望从愚昧的奴役状态下解放出来,通过解放达到更充分的肯定。

这种否定或解放有两个方面:否定宗教和形而上学,肯定本性的善良性质和重大意义。对第一方面来说是必要的语言,没有为第二方面留有余地,这样第二方面几乎不能言说。它是作为一种令人兴奋的、鼓舞人心的和不言而喻的根源出现的。自然主义的主流看上去仍然梗塞在那里。问题被否定了,不能言说仍保持着半压抑状态,因而否定方面占有关键的重要性,这并不令人诧异。在这条道路的最后,启蒙运动的冲动转变成一种纯粹的愤世嫉俗的面目;革命的冲动首先被界定为摧毁现存秩序的渴望。

但是,某些自然主义分支采取了另一条路线。他们试图转向表达,因而转向被压抑的本性和欲望力量的一种更直接、更开放也更充分的

释放。这意味着改变只盯着分解的观点,因而最终意味着自然主义和表现主义的联姻,我在下面将进一步说明这一点。

在启蒙运动的高潮时期,走向这个方向的只是些初步的、非常犹豫的和准备性的步骤。就此而言,狄德罗是一个重要人物,他的思想深受自然主义构造性张力的影响,[37]而且包含着许多初期浪漫主义主题。而且以一种奇特的方式,休谟也是如此。

就这种关联而言,休谟也许值得我们作一些深入的研究。他否定关于世界的所有天意观点。但是,尽管事实上他全心全意地接受洛克的思 344
想方式,尽管事实上某些后来的功利主义作者公开声称受他的启发,[38]但他并没有采取彻底的分解式立场。以一种奇特的方式,休谟与哈奇森保持密切的联系,他从哈奇森那儿借用了道德情感语言,也借用了其他东西。

我们可以认为,休谟探求着对天意秩序观失落的某种可能的回应。如果我们不再认为我们的日常满足是作为神意安排的一部分才有意义,那么我们就能够压制所有关于意义的争论(尽管我们的生活继续依赖对它的回答),而且以一种最大功效的观点把本性的领域客观化。这是功利主义的回应。但是,我们也能够探求认为我们的日常满足甚至在非天意世界中,也是有重大意义的方式。这种重大意义将只存在于这个事实之中,即这些满足是属于我们的;根据人类的构造,他们无法给予这些满足以重大意义;而且智慧之路涉及与我们的正常构造相一致并接受它。

当然,这是对休谟的解释,在他的文本中自然未能发现其直接的根据。在我所描述的那些重大意义不被承认的问题上,休谟类似于激进的启蒙思想家。这样做可以利用的语言,恰恰是那些天意观或传统伦理学

㊲ 例如,可以参见狄德罗《对爱尔维修〈论人〉一书的系统反驳》,引文见注释㉙。

㊳ 边沁把他视其为自己的根源之一。

的语言,而休谟力图与它们保持距离。这样,我们就应尝试揭示休谟赖以探求人性的精神实践。在我看来,这种精神实质当然与激进启蒙思想家对功效的分解式探讨不同。

但是,说它不是什么比说它是什么更容易。就像对待启蒙思想家那样,我们也许最好能依据休谟所反对的模式估价它。像启蒙思想家一样,休谟反对宗教和大部分传统形而上学。但是,这种反对的基础是因为这些观念导致我们轻视因而也压制我们自身的本性。这接近于启蒙思想家,而且对我们感官本能有相似的认识。但是,由于他们公开宣称的目标是达到对作为中性领域却允许控制的我们本性的分解式把握,休谟看来一开始就已经牢记,他的探求将服务于自我接受这一目标。

这就是休谟与哈奇森结成联盟,而反对洛克的地方。自我探索的目的不是分解式的控制,而是约定,与我们的本性妥协。因此,正是在真正的哈奇森精神上,他运用道德情感语言。确实,整个神意框架被抛弃了;而这并不是一个小的差异。但是,道德情感分析并不是为了使我们自己
345 从道德中获得自由,或独立于道德之外,注意到道德情感的根本任意性是为了能够悬置或改变它们。我们是如此习惯于启蒙运动的分解立场,以致我们以这种精神几乎不能理解休谟对激情和道德情感的分析。但是,这种精神好像并不属于休谟。目的是要显示我们作为人类必须生活于其中的家园。根据它们全部根本的形而上学独断性——应当是别的样子——我们分析道德情感,正是为了接受它们,承认它们,认识我们安身立命的场所。甚至分解也服务于最终约定的目标。

休谟的根源是古典的,而且主要是伊壁鸠鲁和卢克莱修的。启蒙运动的功利主义者[39]对二人都有所引用,在某种程度上却都远离了他们的精神。人们可能把启蒙运动主要解释为"现代异教的兴起"[40]以强调其古

---

[39] 边沁:《原理》,第2章,第7段。

[40] 见彼得·盖伊:《启蒙运动:一种解释》,第1卷:《现代异教的兴起》(New York: knopf, 1966)。

代的尤其是伊壁鸠鲁主义的根源。而且，在这方面有大量事实依据。某些法国的“libertins”(不信教者)，例如圣—埃弗勒蒙，几乎只受到前基督教思想的启发。正如我们所看到的，沙夫茨伯里在很大程度上是一位古代斯多葛主义者；这一点在他的《哲学的特征》[41]中要比在他已出版的著作中表现得更清楚。但是，也有许多明确来自基督教，或明确来自现代的根源——如我在上面列举过的三种主要的善。鉴于功利主义首先强调积极的仁爱，强调使世界变成幸福的乐园，这是古代无法相比的，当然也不是伊壁鸠鲁主义的。

但是，伊壁鸠鲁—卢克莱修主义的深奥之处在于这种观点：将我们束缚于一个更大的道德秩序中的形而上学观点，破坏了我们内心的宁静，精神的平衡。这种破坏是以幻觉为名义的，幻觉把那些只能使我们远离幸福和平静之路的外部要求强加于我们。相信神会干涉我们，只会激起恐惧。我们必须避开这种道德秩序的成见，按我们所是的样子来理解我们自己，尽我们所能地发现我们的快乐，遵循符合我们本性的正确秩序。

换句话说，我们拒绝“众神”不是为了成为分解式自我的塑造者，而是为了能够按本来面目毫无恐惧地理解我们的生活。除了古代的伊壁鸠鲁和卢克莱修，近代的蒙田也是这种立场的捍卫者。这个立场认识到，通过人们巨大的精神渴望，通过我在前面称之为“超善”的东西，通过以它们的名义牺牲人们的日常实现，恐惧成为压在人们身上的重负(第四章第二节)。“A quoy faire ces pointes eslevées de la philosophie sur lesquelles aucun estre humain ne se peut rassoir? ”(“这些夸夸其谈的哲学

[41] 莎夫茨伯里：《哲学的特征》(Philosophical Regimen)，载于《安东尼，沙夫茨伯里伯爵的生活、未公开的信件和哲学特征》(Life, Unpublished Letters, and Philosophical Regimen of Anthony, Earl of Shaftebury)，本杰明·兰德编(London: S.Sonnenschein & Co., 1900)。

观点有什么意图?根据这些观点,人们不可能建立自身的基础。”)[42]

在拒绝这些要求时,就其对宗教和伦理学反本性的诽谤的驳斥来说,新卢克莱修主义非常类似于激进的启蒙运动。实际上,二者结盟,以反对那些共同的敌人。但是,也有些细微的差别。像霍尔巴赫或孔多塞
346 这样的思想家,力图宣告本性无罪,以及良好的教育将最终达到人的仁爱,他们因此向我们展示了一个重建人性的激动人心的前景,而新卢克莱修精神满足于卸掉无法实现的渴望的重负。解放与其说是奇迹般的再造,倒不如说是回到故园,是对有限空间的愉快接受,这个家园有其自身的零乱和缺陷,但在此却能够开花结果。道德激励不是产生于转变的展望,而是来自珍视这种有限空间的来之不易的能力。

> Fänden auch wir ein reines, verhaltenes, schmales
> Menschliches, einen unseren Streifen Fruchtlands
> zwischen Strom und Gestein.
>
> 倘若只有我们能发现纯粹、有限而丰腴的人间世界,
> 在河流与岩石之间
> 有我们自己的一块肥沃土壤。[43]

正像蒙田所指出的,这种立场也可能有基督教的根源。但是,那些持这种立场的人通常把他们自己视为“异教徒”。他们认为自己奋力摧毁的,恰好是犹太—基督教号召的“神圣性”,即按照上帝的旨意而生活。他们

---

[42] 蒙田:《随笔》,第3卷,第9篇,载于《米歇尔·德·蒙田随笔集》(Les Essais de Michel de Montaigne)(Paris:PUF,1978),2卷本, 第2卷, 第989页;《蒙田随笔集》(The Essayes of Montaigne),弗洛利奥译(New York:Modern Library,1933),第896页。

[43] 里尔克:《杜依诺挽歌》(Duino Elegies),第2卷;《雷纳·玛丽亚·里尔克诗选》,斯蒂芬·米切尔译(New York:Vintage,1984),第161页。

力图重建的是这种意义上的异教,即人是而且必须仍在众神之下。我刚刚从里尔克那里引述的段落,以下面这些文字为先导,思考着雅典坟墓旁的雕像:

Gedenkt euch der Hände,
wie sie drucklos beruhren, obwohl in den Torsen die Kraft steht.
Diese Beherrschten wussten damit:so weit sind wirs,
dieses ist unser, uns so zu beruhren; starker
stemmen die Götter uns an.Doch dies ist Sache der Götter.

想想那双手,
好像无力地伸展着,但在躯体内却蕴藏着力量。
这些自制的人物形象知道,我们可以走很远,
这些姿态都是我们的,彼此轻轻触摸;
众神能把更重的负担压在我们身上,然而
那只是众神的事情。

很明显,在这里我一直在建构一种“理想类型”——它与任何个体都不太相符。但是,我认为休谟接近了这种精神,他无论如何比激进的启蒙运动更接近它。在十八世纪的文化语境中,由于其完全不同的心理学、政治承诺及其仁慈的道德,休谟一直致力于重新阐述某种类似于这种新卢克莱修主义的观点。我们在人类生活的形式之中进行探究。我们发现,在这种形式中,人们不可避免地根据特定事物而被赋予重大意义。特定事物是道德情感的不变对象,道德情感就其本性来说,就与只 347
有单一重大意义的其他事物区分开来。通常认为,如果在这些事物组织之中没有某种本体论的保证,这种重大意义将是虚幻的;而现在看来,宇宙并不能提供这样的保证(至少,对休谟来说是这样)。不过,这无关紧

要,我们不需要它。重要的是去认识这种形式,并且接受它,珍视它,学会在其中生活。[44]

我认为,我们在休谟这里涉及这点。问题的根子更自然地形成于我们的世纪,尽管由于伪装受到启蒙运动的自然主义的持续影响,认识到这点仍很困难。但是,有人声称在维特根斯坦的著作中看到了见解的同样组合,一种生活方式既是任意的,也是我们必须接受的东西。我们接受我们生活形式的基本特征的能力的局限问题, 以及对这种接受的依赖问题,刚才一直在进行阐述和探索。[45]但是,它们在启蒙运动中也有根基,这表现在启蒙运动对天意秩序观的拒绝中,表现在它抵销对日常生活的重大意义的持续肯定,无论这种抵销多么隐晦,多么自我隐蔽。

第三节

在这里值得提及自然主义精神意义的另一个方面, 因为它在现代文化中曾经是一种持续的力量。有思想的存在物是一个巨大物理秩序的组成部分,这种信念能够唤醒一种敬畏、彷徨甚至天然的虔诚。驱使

㊹ 因此,我要论证,休谟通过他的怀疑论的论证贬低理性的主张,并不是要推出一种认识力的绝望,而是引导我们去发现和接受我们自身的局限。他坦率地承认,没有人能够真正成为一个中止信仰的怀疑论者:"自然,由于绝对而无法控制的必然性决定着我们的判断,就如同决定着呼吸和感觉一样";《人性论》(A Treatise of Human Nature),塞尔比—贝格版本(Oxford:Oxford University Press,1888),第183页。这个论点向我们表明,"信仰是比我们本性中认知的部分更适当的感觉行为"(同上)。这种见解应当把我们从不可能的以自我为根据的确定性的无望努力中解放出来。巴里·斯特劳德的《休谟》(London:Routledge,1977)对我的讨论颇有助益,尽管他也许很容易发现我这里的观点难以接受。

㊺ 例如, 见萨宾那·洛维邦德的《伦理学中的现实主义与想象》(Realism and Imagination in Ethics)(Oxford:Blackwell,1983),对维特根斯坦在这个关联上的思想作了有趣的发展。海德格尔也就这一问题开辟了探讨路线,这个问题可以被视为接受我们是什么的问题,即林中空地(Lichtung)的地方。

我们反思的是思想、情感及道德欲望，人类成功的所有理智和精神高度，来自浩瀚的物质宇宙的深处，这大大超越了宇宙不可度量的程度，宇宙自身是无生命的，对我们的目的毫无知觉，它经由不可抗拒的必然性追寻它的道路。部分由于这个使我们黯然失色的世界的巨大力量，引起我们的敬畏——用帕斯卡尔的话说，我们感觉到我们就像会思想的芦苇一样十分脆弱；但是，我们也感到面对这样一个非凡事实，出自这一浩瀚而盲目的沉默世界的思想、目光、语言能发展演化。

进行思考和观察的我们，瞥到了关于我们脆弱的意识的根基是多么深厚，而它的产生又是多么神秘和奇怪。这种精神态度与笛卡尔主义正相矛盾。在笛卡尔那里，支配性观念是思考主体的清晰性观念，它区别于盲目物质本性的彻底异质性观念，以及它的超验的高位观念。笛卡尔的二元论在十七、十八世纪被广泛接受。看来这与灵魂不死的信仰有不可分割的联系。关于灵魂是一种与物质不同的独特东西的证明，似乎不容怀疑地断定了我们是不朽的信念。在前一章，我谈到了这个年代许多人所具有的关于上帝存在和未来生活的直觉的确定性。在后者根据 348
心物二元论加以合理化的范围内，看上去这个哲学学说也是牢靠的。

在洛克的《人类理解论》中，思想可能终究是一种物质特性，这个旁白性的观点引发了一系列的形而上学战争。[46]当他的著作受到爱德华·斯蒂林弗利特、伍斯特主教的攻击时，这场作为打开怀疑之门的争论几乎立即爆发了。斯蒂林弗利特的态度为随后世纪里大部分其他思想家所共有。对思想可能有一种唯物主义论述，这种提议对他们来说，既是古怪的——这不正好明显证明思想完全不同于广延性的物质吗?——也是对宗教和道德的无缘无故的颠覆。

那些为唯物主义所吸引的思想家，经常加强后者的影响。他们确实关注于颠覆传统宗教和道德。很容易被忽视的是，这种新的或旧的哲学

㊻ 洛克:《人类理解论》,P.H.尼迪茨编(Oxford:Oxford University Press,1975),4.3.6。

不只是对人类生活所有精神方面的否定，而且涉及它自身的独特性。启蒙运动自然主义在道德根源上自我强加的非言说性质，使其容易被遗忘。

但是，这种观点以及围绕这种观点的冲突，引起了我们时代的一位作者的足够注意。道格拉斯·霍夫斯塔特认识到某些人

> 对关于灵魂的任何“辩护”具有本能的厌恶。我不知道，为什么某些人具有这种厌恶而其他人，像我一样，在还原论中发现了最终的宗教，也许我在物理学和科学方面的终身训练，总体上使我有一种深深的敬畏，怀着这种敬畏去看待大部分物质和熟悉的客体或经验的消失，就如一种东西接近于无限小，变成一种怪异的非物质的以太，一种无数短暂旋动着的涡流，一种几乎不可理解的数学活动。这在我内心引起对宇宙的敬畏。对我来说，还原论不是“辩护”，而是增加神秘感。[47]

在十八世纪作者那里，我们没有发现如此公开表达的陈述。但是，正如人类生活的重大意义一样，精神灵感即使不被表述也能够被感受到。

因此，霍尔巴赫的唯物主义把所有存在看作都同样倾向于“趋向自身的”(gravitation sur soi)的东西，[48]认为所有事物以这种方式努力保持自身的存在。这就与笛卡尔关于物质从根本上说是惰性的概念决裂了。这个概念是以对上帝存在的基本论证构想的：人们必须乞灵于他来解释运动是怎样开始的。霍尔巴赫代之以自然是力量之源的图景，一种有深度的图景，它唤醒我们的敬畏，而且能够被设想为思想由之产生的地方。对笛卡尔主义变种来说，这个图景是不可思议的。

---

[47] 道格拉斯·霍夫斯塔特：《还原论与宗教》(“Reductionism and Religion”)(答约翰·塞尔)，《关于行为的和脑力的科学》(Behavioural and Brain Science) 3 (1980)，第434页。

[48] 霍尔巴赫：《自然的体系》，第1部，第59页。

但是,通常认为狄德罗的散文最有力地记录了这种精神的影响。在 349
《达朗贝尔的梦》(Reve de d'Alembert)中,他幽默地描述了达朗贝尔从前胚胎期开始的起源经过,随后以其创造能力的增长和衰败的情景作为结束,

> des agents matériels dont les effets successifs seraient un être inertre, un être sentant, un être pensant, un être résolvant le problème de la précession des équinoxes, un être sublime, un être merveilleux, un être vieillissant, dépérissant, mourant, dissous et rendu à la terre végétale.

> 从物质中产生,随之而来的连续阶段依次是,首先是一个无活动能力的物体,随之是一个有感觉的存在,一个能思考的存在,然后是一个能解决分点岁差问题的存在,他成熟,变老,死亡,腐烂分解,随后返回土壤中去。[49]

这种精神态度并不新颖。它有伊壁鸠鲁主义根基。卢克莱修也描述了一幅我们产生于这个大宇宙的图景,他把宇宙描述为养育着我们而且无意识地行善的宇宙。因此我们能够把上苍看成我们的父亲,把大地看成我们的母亲。[50]他也表达了他在这个巨大整体面前的敬畏:看到这个巨大整体展现在面前,一种神圣的欢愉与震颤充溢着他。[51]

---

[49] 狄德罗:《达朗贝尔的梦》(Le Rêve d'Alembert),载于《哲学著作集》,第266页;以及载于《拉摩的侄儿和达朗贝尔的梦》(Rameau's Nephew and D'Alembert's Dream),L.W.坦考克译(Harmondsworth:Penguin Books,1966)。

[50] 卢克莱修:《物性论》(De Rerum Natura),第2卷,第991行以下。

[51] "快乐的女巫"("Divina voluptas")和"颤栗"("horror"),《物性论》(de Rerum Natura),第3卷,第28—29行。

但是，在二元论与最重要的宗教和形而上学信仰深深交错的语境中，唯物主义看上去是令人震惊和新奇的。十八世纪以及自此以来的一个重要变化是，唯物主义观点不再是稀奇古怪的、陌生的观点，在我们的世纪甚至在特定领域中已成为正统的观点。因此，即使霍夫斯塔特谈到还原论者与他们的对手之间的斗争时，也很少把笛卡尔的二元论与唯物主义观点对立起来；[52]相反，还原论与由不同层次的存在物所组成的自然图景相对立，这个图景经常伴随着某种“突现”的概念。[53]

这些理论有其浪漫主义的思想根源，这为我们提供了某种线索，去理解为什么这种“突现论”的精神立场在十八世纪晚期反对笛卡尔主义的进程中取得了如此地进展。这种立场，不仅仅是唯物主义者的，而且也属于反二元论思想的不同变种，受把自然看作伟大生命之流的家园的意识所推动，这种意识构成了浪漫主义，以及歌德和席勒的“魏玛古典主义”。关于我们的思想和情感产生于自然的意识，给予他们深沉的潜在的力量，实际上，下一章我们会看到，这个意识引出了关于“深度”的新见解。尽管浪漫的表现主义可以看成与唯物主义相对立，但二者也能富有成效地交织在一起。

350 这种对自然的新立场的推进，无论是由唯物主义激发的，还是由原始浪漫主义激发的，都有助于确立新的宇宙时间观。意义秩序的古典宇宙观曾经是永恒的，而且从基本上说是不变的。《圣经》的宇宙是历史

---

[52] 尽管有时候是这种情形：见K.波普和J.埃克尔斯《自我及其大脑》(The Self and Its Brain)(New York：Springer，1977)。

[53] 见玛乔里·格莱恩：《认识者及其对象》(The Knower and the Known)(Washington，D.C.：University Press of America，1984)，关于存在层次的反还原论理论的陈述，也是彻底反二元论的。梅洛—庞蒂也因发展了这一理论而闻名。见《行为的结构》(La Structure du comportement)(Paris：PUF，1953)，以及《知觉现象学》(La Phénoménologie de la perception)(Paris：Gallimard，1945)。

的，但只有几千年相对短暂的持续时间，它是某种当时感觉漫长，但却是想象力容易把握的东西。在任何一种情形中，在宇宙中就是在一个其范围和界限都可以领悟的有秩序的整体中。

十八世纪看到了一种真正意义的地质时间的曙光：那就是，不但有宇宙演化的漫长的时间尺度感，而且有填充这些极长时期的灾变感。这个变化部分地是一个科学发现的事实，导致了对达尔文理论的系统阐述和全面接受。从十八世纪中期起布丰和其他人在这个方面取得了一些进展。但是，它也反映了我们在自然中的地位，在我们的想象和感觉中的变化。狄德罗超越了这些可利用的证据，他写道：

> Qu'est-ce que notre durée en comparaison de l'éternité des temps? ... Suite indéfinie d'animalcules dans l'atome qui fermente, même suite indéfinie dans l'autre atome qu´on appelle la Terre. Qui sait les races d'animaux qui nous ont précédés? Qui sait les races d'animaux qui succéderont aux notres?

> 与永恒相比，我们持续的时间算得上什么？……正如在发酵的颗粒中有无数的微生物，在另一个被称为地球的颗粒中也有同样无数的微生物。谁知道那些先于我们的物种呢？谁知道我们之后将繁衍出什么物种呢？[54]

这种我在第十七章所描述过的对自然的新情感，超越了英式花园，超越了荒野与人们住所毗邻的瑞士山谷，卢梭使这种荒野山谷闻名于世，最终到达了荒凉的高峰，在那里遇到似乎与人类生活毫无关系的对

[54] 狄德罗：《达朗贝尔的梦》，载于《哲学著作集》，第299页；以及《达朗贝尔的梦》(D'Alembert's Dream)，第174页。

无限的敬畏。雷蒙德旅游过这些地区,他在书中描述了在巍峨的野性高峰面前的升华。它们把我们置于时间的不可探测的无限性面前。

> Tout concourt à rendre les méditations plus profondes, à leur donner cette teinte sombre, ce caractère sublime qu'elles acquièrent, quand l'âme, prenant cet essor qui la rend contemporaine de tous les siècles, et coexistante avec tous les êtres, plane sur l'abîme du temps.

> 当心灵跨越所有世纪,使之成为同时代的时候,所有存在同时共处,飞越时间的深渊,所有事物的共同作用使我们的沉思更深刻,而且给予它们所获得的东西以黯淡的颜色、崇高的品性。[55]

351 夏尔·罗泽纳援引了雷蒙德对阿尔卑斯山和比利牛斯山所作的描述,可以说,就关于不同岩层和冰层以及它们各不相同的起源年代的论述方面,这种描述带来了直接的可见性。[56]饱学之士的某些惊人发现与这里

---

[55] 引自丹尼尔·莫尔奈:《从卢梭到贝尔纳丹·德·圣皮埃尔的法国自然情感》(Paris: Hachette, 1907; New York重印本: B.Franklin, 1971),第283页。梅西耶为类似于源自朱拉的情感所感动:"这样,当想象深陷于岁月与时代的时间之流中,……当考虑到千百万人已死去或正在死去,大量的人死亡了,躯体被掩埋,但却仍保留惩罚的记忆,心灵经受某种恐惧的颤栗……短暂的反思伴随着时间消逝在永恒事物的深渊之中"("Ainsi quand l'imagination s'enfouce dans la succession rapide des années et des siècles,...lorsqu'elle considère ces milliers d'hommes qui sont tombés et qui tombent, cette multitude de faits écoulés, ces troncs ensevelis, dont il reste à peine la mémoire, l'âme éprouve un certain frémissement;...et la réflextion court se perdre avec les heures dans l'abime des choses éternelles");引自丹尼尔·莫尔奈:《十八世纪法国的浪漫主义》(Paris: Hachette, 1912),第175—176页。

[56] 夏尔·罗泽纳:《现在,旅行家》("Now, Voyager"),载于《纽约书评》(The New York Review of Books),1986年11月6日,第58页。

的浪漫主义气质相结合，产生了一种已经支配了我们世界的新的感受力。

第四节

在这里，我们偶然得到了许多方式中的一种；在这个方式中，我们的道德根源的概念与使我们的生活有意义的那种叙事结构联系在一起。它们之间的，以及它们与我们关于自我和社会概念之间的联系，已在第一编中被提到过。但在这里需要更多的提及。启蒙运动的自然主义不但对我们的宇宙时间概念产生了影响；而且它也形成了它自己的关于个人和历史的叙述方式。

要理解这些，我们必须把它的道德根源全部考虑在内，无论是公开承认的还是未表达出的。我曾试图围绕前边提到过的三个主要方面进行论证：自我负责的理性的尊严，日常本性冲动的重大意义，仁慈的必要性。

这些关于理性和本性的见解为人类界定了特定的完善性，而自我负责理性的充分运用产生了它们自身性质及其重大意义的最充分的明晰性。这反过来界定了与之形成鲜明对照的关于人类寻求自我的处境，在那里理性是无能为力的，或者说是盲目的，结果形成对本性的不充分的或被歪曲的认识。

启蒙运动的实际经验，是由盲目状况趋向完善的斗争。个体生活和历史叙述的一个重要特征，如果在其中这种斗争有意义，那么它必须在某种程度上对我们陷入蒙蔽和错误以及我们逐渐摆脱蒙蔽和错误的过程作出说明。由于同基督教故事的某种相似性，我们有一个人类的史前史，由于欺骗和迷信占据了我们的头脑，我们成为错误的牺牲品，随后便是长期的解放斗争。

这种斗争叙事的结点，是解放的理性的运用致使错误暴露出来的练习，这反过来承认因而也解放了本性的尊严。传记式地看，这是启蒙思想家怎样理解他或她自己的成长的方式，理解与早期宗教、自然神论或形而上学的基础相决裂的方式，以及理解他或她自己的本性力量的解放的方式。历史地看，这也是怎样理解我们在其中与之相适应的人类
352 故事的方式。就我们能够乐观地看待人类故事来说，这必定是进步的故事，讲述理性持续不断的解放，导致了真理的不断发现，因而还有对错误的克服。

这就是启蒙思想家是如何通过他或她在这个进步链条中的地位与作用，从而为自己的生活获取意义的。这就是他或她怎样能够成为复兴的和完美的人类共同体的一部分的，沿着有助于使之产生的途径这个共同体总会实现的。这种成员身份在识别中被认可，未来世代的人们感激今天的孤胆英雄。因此，与这种为完善的人性而工作的责任感相联系的(很难单纯根据利益的一致去理解)，是从后世子孙那儿获得希望和感激的期望。利益共同体并不在具体人类实现的层次上——这种层次处在我和我为之牺牲我当前幸福的未来共同体之间——而是在我们生活的意义层次上加以重建，靠的是他们承认我在使人类生活有重大意义方面有显著贡献。

因此，启蒙思想家反复提到后代子孙，这不足为怪。后世的承认是他们最大的安慰。他们身后的名声使他们不朽。[57]狄德罗不停地援引这一点。在他晚年，他所写的最具影响力的作品完全是为了将来的读者，在有生之年他甚至不想出版它们。在他的《对爱尔维修〈论人〉一书的系统反驳》中，正如我在上文中援引过的，他证明根据肉体快乐来解释当

---

[57] 这种向不朽名声的转向是法国启蒙运动和古代政治文化之间的共鸣点之一。在摄政时期的洛可可式插曲之后，百科全书派在十八世纪后半期法国文化向古典模式转变中，扮演了自己的角色。确立的背景与革命时期产生的思想和修辞相对照。古罗马领袖和现代哲学革命之间的联系在伟大的戴维舞台造型中得到了惟妙惟肖的刻画。在共和传统中依然具有象征性力量的伟大革命圣地是先贤祠，这并不是偶然的。

时哲学家们的英雄主义是多么荒谬。狄德罗系统阐述了他所认为的这些哲学家的真实动机：

> Ils se flattent qu'un jour on les nommera, et que leur mémoire sera éternellement honorée parmi les hommes...Ils jouissent d'avance de la douce mélodie de ce concert lointain de voix à venir et occupées à les çélébrer, et leur coeur en trésaille de joie.

> 他们自以为有一天我们将为他们喝彩，他们将在人们的赞誉中流芳百世……他们事先为遥远的将来向他们庆贺的音乐会的甜蜜旋律而欢呼,他们的心中充满了欢乐。[58]

霍尔巴赫在他的《论偏见》(Essai sur les préjuges)中,提出了对启蒙运动的未来充满信心的伟大宣言:

> Malgré tous les efforts de la tyrannie, malgré les violences et les ruses du sacerdoce, malgré les soins vigilants de tous les ennemis du genre humain, la race humaine s'éclairera; les nations connaîtront leurs véritables intérets; une multitude de rayons assemblés formera quelque jour une masse immense de lumière qui échauffera tous les coeurs, qui éclairera tous les esprits.

> 不管暴政的一切恶果,不管教士的暴力和欺骗,也不管人类所有的敌人伺机而动，人类终将达到启蒙；各民族将知道他们真正的利益；大量的光束汇聚到一起,终有一天将形成无限强大的光源,它 353

---

[58] 狄德罗:《反驳》,载《哲学著作集》,第574页。

将温暖所有的心灵，开启所有的头脑。

由此，他得出结论：

Ainsi, sages, ...vous n'êtes point les hommes de votre temps; vous êtes les hommes de l'avenir, les précurseurs de la raison future. Ce ne sont ni les richesses, ni les richesses, ni les honneurs, ni les applaudissements du vulgaire que vous devez ambitionner: c'est l'immortalité.

因此，智慧的人们……你们并不是你们时代的人；你们是未来时代的人，是未来理性的先锋。你渴望的不应是财富、荣誉、世俗的喝彩，而应是不朽。[59]

当然，对不信神的启蒙运动的历史哲学作了最重要、最充分陈述的要算是孔多塞的《人类精神进步的历史概观》(Esquisse)，它带领我们跨越了人类存在的十个阶段，第十个阶段是所期待的灿烂的人类未来。整个图景是：由于知识阶层的欺骗，专制和迷信的联姻，人们坠入奴役和迷信的深渊，而理性借助于科学与之进行对抗斗争，在技术尤其是印刷术的帮助下，现代理性取得了突破性进展。结果是知识和习俗的进步加速地超过了上一个世纪，而且随着近代认识论原则的牢固确立，这种加速度发展趋势变得不可逆转；[60]因此更温和的方式取代了早期法律的习俗的冷酷无情和野蛮。[61]

---

[59] 霍尔巴赫：《论偏见》(Essai sur les préjugés)，第14章，引自内维尔：《霍尔巴赫》(D'Holbach)，第359—360页。

[60] 孔多塞：《人类精神进步的历史概观》，第157页。

[61] 同上书，第161、164页。

在这本书的结尾部分，继续描述了等待着人类的未来：

Combien ce tableau de l'espèce humaine, affranchie de toutes ces chaînes, soustraite à l'empire du hasard, comme à celui des ennemis des ses progres, et marchant d'un pas ferme et sûr dans la route de la vérité, de la vertu et du bonheur, présent au philosophe un spectacle qui le console des erreurs, des crimes, des injustices dont la terre est encore souillée, et dont il est souvent la victime C'est dans la contemplation de ce tableau qu'il reçoit le prix de ses efforts pour le progrès de la raison, pour la défense de la liberté. Il ose alors les lier à la chaîne des destinées humaines: c'est là qu'il trouve la vraie récompense de la vertu, le plaisir d'avoir fait un bien durable, que la fatalité ne détruira plus par une compensation funeste, en ramenant les préjugés et l'esclavage. Cette contemplation est pour lui un asile, où le souvenir de ses persécutions ne peut le poursuivre; où, vivant par la pensée avec l'homme rétabli dans les droits comme dans la dignite de sa nature, il oublie celui que l'avidité, la crainte ou l'envie tourmentent et corrompent; c'est là qu'il existe véritablement avec ses semblables, dans un élysée que sa raison a su se créer, et que son amour pour l'humonité embellit des plus pures jouissances.

人类从所有这些枷锁中获得自由，不再受偶然性或进步的敌人的统治，在通向真理、美德和幸福的道路上迈着确定和坚信的步伐，对人类的这种描述向哲学家呈现的步伐，对人类的这种描述向哲学家呈现的图景，如何使他从仍然玷污着世界的谬误、罪恶和不公平中得到安慰，而他常常是这一切的牺牲品！在对这幅图景的期待中，哲学家因他为理性进步和捍卫自由付出的努力而获得回报。因

> 而他勇于把这些努力与人类的命运之链连结起来：在那里他发现了美德的真正报偿，即由于创造了永恒的善而带来的愉悦，这种善是不会被恶意报复的命运借助卷土重来的偏见和奴役所摧毁的。这个前景对他来说是一种慰藉，在那里他那被迫害的回忆将不再重视；在那里，过着一种由权利及其本性的尊严所建立的合乎人性的生活，忘掉被贪婪、恐惧和嫉妒所腐蚀和折磨的情景；正是在那里，他和那些与他一样的人生存于现实之中，生存在他的理性懂得怎样创造的理想乐土之中，这也使得他对人类的爱为最纯粹的愉悦所滋润。[62]

当我们反思这段写于一七九三年的文字时，我们得承认这段话显得格外辛辣。当时它的作者躲在巴黎，他正在危险之中，雅各宾派控制的公共安全委员会因怀疑他是吉伦特派分子而想逮捕他，而实际上他只有几个月的生命了。的确，那些“错误、罪恶和不公平”对他来说需要安慰。考虑到这些罪恶不再是旧制度的产物，而是来自那些宣称开创灿烂未来的人们所具有的力量时，在他那不可动摇的革命信念之前我们更倍感敬畏。

---

[62] 孔多塞：《人类精神进步的历史概观》，第238—239页。

第二十章

作为根源的本性 355

第一节

启蒙运动的自然主义显然对形成我们当代社会的文化有着巨大的重要性。但是,它显然也引起了争议并受到批评。反启蒙运动、生态学运动和极端反功利技术主义,在我们今天依然有着生命力。十八世纪后期看到的对理性主义的自然神论和自然主义的反动,为这些反对运动开辟了道路,而这些反对运动也深刻地改变着现代文化。

在这一章中,我想谈一下这些运动。它们是非常纷繁多样的:比如,我既要讨论康德,也要讨论浪漫主义。但是,存在着一个共同点,一条主导线索。在前一章的开头,我谈到对十八世纪标准的自然神论有两个广泛的抗议。一是反邦葛罗斯的,反对它对于世界的过于玫瑰色、乐观化的看法;二是反消除差别的抗议,反对它关于人类意志只是追求幸福的过分简单的观点。善与恶变成一件与训练、知识、教化相关的事,而不再是人类意志极其不同特性的产物。"快乐,因为错误或正确的理解,是我们最大的恶,或最大的善。"[1]

启蒙运动的自然主义继承了反邦葛罗斯的观点。它打破了对天意信条的依赖——虽然人们仍然抱怨它保留了对人类前景太乐观的看法。但是,如果说它做了什么的话,那就是它使反消除差别的观点更加中肯了。它推进了对意志中任何性质差别的否定;一切都是欲望;换一种更极端的说法,甚至都是肉体欲望。

我在这里想讨论的思想和情感潮流之间的共同线索,是它们对这种反消除差别的立场的拥护——它们抵制意志的一维图景,它们重新
356 恢复了善与恶互相冲突地共存于人类躯体之中的观点。十八世纪一位思想家因为表述了这一观点而著名,他就是卢梭。事实上,对于我将论及的作者和思潮来说,卢梭产生了关键的影响。

卢梭起初是作为百科全书派——特别是狄德罗——的朋友而出现的,最终却成了他们的敌人。部分由于个性的原因——卢梭很难相处——这使他在十八世纪评价不高。但是,真正的硬核是哲学观点上的不同。吸引卢梭的是堕落概念在其中占重要位置的道德观,指出这样一个事实,我们能够系统阐述这个观点。人类的恶不是那种能随知识或教化的增强而抵销的东西。事实上,认为恶能够被抵销的信念正是道德被歪曲的一部分,依赖于此只会使事情更恶化,我们所需要的是意志的改变。

卢梭回到了十八世纪自然神论的基本的奥古斯丁式观点:人有两种爱的能力,两种基本的意志定向能力。正如我在前面论证的,这种自然神论是爱拉斯谟学派基督精神的一个分支;而这两种爱的信条,虽然同基督教的思想是共同的,却是我称之为"超奥古斯丁主义"的重要主题。卢梭使哲学家们为难,因为他似乎很多时间里走到了敌对立场上去了。

---

① 亚历山大·蒲柏:《论人》(An Essay on Man),第2卷,第91—92行。

卢梭在哲学家们中有时唤醒了类似于帕斯卡尔对笛卡尔哲学那样的反响，以及一般意义上的詹森主义对笛卡尔哲学的反响。存在着亲密和疏远的类似混合。帕斯卡尔是新数学的主要思想家之一，是新科学的倡导者。笛卡尔二元论为许多詹森派教徒用来作为他们道德及神学观点的框架，比如安托万·阿诺德、皮埃尔·尼科尔。但是，难以同化的是笛卡尔对人达到善的自我能力的确信，认为具体思考的混乱和迷惑能够通过我们自己的理性努力而克服，而阿诺德和尼科尔却把这些混乱和迷惑看作是堕落的结果。②

伴随着这一点，自我解释发生了变迁。混乱和迷惑不再被简单地视为疏忽和坏习惯的结果，一点果断和适当的理解就可以使之澄清。实际上，笛卡尔的观点——我们原则上对自己是透明的，只是没有透过混乱认识自己——被抛弃了。以完全的奥古斯丁教义的风格，詹森教派的作者们坚持认为，我们无法认识我们自己心灵的深度。我们不断地给自己戴上我们并不配拥有的精神面具。没有人知道他对祈祷的嗜好是真正来自对神的皈依，还是来自某种图私利的目的。尼科尔说，“une inclination naturelle de l'amour propre... à croire que nous avons dans le coeur tout ce qui nage sur la surface de hostre esprit.”“il y a toujours en 357
nous un certain fond, et une certain racine qui nous demeure inconnu et impénétrable toute nostre vie”(“我们有骄傲的天性……相信我们心灵中的一切都飘浮在我们思想的表面……但是……在内部总有一定的深度，一定的根基，仍然是我们终其生命也无法知晓和无法穿透的”)。③

对帕斯卡尔来说，我是一个“不可理解的怪物”(“monstre

② 安东尼·阿诺德和皮埃尔·尼拜尔：《思考技艺的逻辑》(La Logigue ou l'Art de penser)，弗莱莫里翁《人的科学》(Science de l'homme)(Paris：Flammarion，1970)，第1编，第9、10章。

③ 皮埃尔·尼科尔，摘自保罗·本民楚《伟大时代的道德》(Morales du grand siècle)(Paris：Gallimard，1948)，第140—142页。

incompréhensible")。我们充满了矛盾。对我们来说,我们的自我远非是透明的,而是一个谜。他问道:"我究竟在何处?"("Où est donc ce moi?")[4]惟一能带给这疑问以秩序,并给予某些(相对的)自我理解的是神恩,神恩改变了我们内部冲突的关系。

对自我透明的这种否定将被再次提起,而且对卢梭表现主义的继承者来说,这将是至关重要的。但是,与我当下目的更为相关的是卢梭把这种思考方式转换并融入了自然神论的方法。在正统的理论中,崇高的爱的根源是神恩,它是亚伯拉罕、以撒、雅各的上帝。对卢梭来说(没有完全否定上帝,至少是哲学家的上帝),根源变成了自然的呼声。就其正统的理解而言,原罪的信条被抛弃了。[5]自然根本上是善的。使我们堕落的与自然的疏远,也使我们与善分离。意志的奥古斯丁式的图景转变成这样一种学说,它否定奥古斯丁理论的一个中心教义。

"Posons pour maxime incentextable que les premiers mouvements de la nature sont toujours droits; il n'y a point de perversité originelle dans le coeur humain"("让我们将此作为一条颠扑不灭的原理,即自然的第一冲动总是正确的,人的心中没有原罪")。[6]但是,堕落依然存在,邪恶降临在我们身边。人类对自己做下了这一切。卢梭在其《爱弥尔》第一卷的开首写道:"Tout est bien sortant des mains de l'Auteur des choses, tout dégénère entre les mains de l'homme"("上帝创造的一切事物都是善的,

---

④ 帕斯卡尔,引自本民楚:《伟大的道德》,第420、323页。

⑤ 见J.-J.卢梭:《致博蒙特阁下的信》(Lettre à Mgr.de Beaament)(Paris:Editions Garnier,1962),第445—448页。

⑥ 见J.-J.卢梭:《爱弥尔》(Paris:Editions Garnier,1964),第2卷,第81页;《爱弥尔》,巴巴拉·福克斯利译(London:Dent,1911),第56页。几乎是同一个词出现在《致博蒙特阁下的信》(Lettre à Mgr.de Beaumont),第444页,以及《卢梭,让—雅克的法官》(Rousseau, Juge de Jean-Jacques) 的开头部分,载于《全集》(Oeuvres Complètes),佩雷亚德编,两卷本(Paris: Gallimard,1959),第1卷,第668页。

人类插手其中使它们变为邪恶”)。[7]自然的原初冲动是正确的,但令人堕落的文化影响使我们失去了与它的联系。我们只能承受这种丧失,因为我们不再依赖我们自己和这种内在冲动,而是依赖他人,依赖他人怎样认为我们,依赖他人对我们的期望,依赖他人对我们的承认或蔑视,依赖他人对我们的奖赏或惩罚。我们在社会之中交织的严密的观念之网,把我们与自然分离开来,我们再也无法恢复和自然的联系了。

卢梭有时借助于听觉的想象(这些想象对他是重要的,无疑在某种程度上由于他是一个音乐家):自然被比作一个内在的声音。良心,我们 358
内在的向导,“用自然的语言对我们讲话”。她对每个人说,但很少有人聆听。篡夺了它的位置的偏见是它最坏的敌人。“Leur voix bruyante étouffe la sienne et l'empêche de se faire entendre; le fanatisme ose la contrefaire, et dicter le crime en son nom. Elle se rebute enfin à force d'être éconduite; elle ne nous parle plus”(“它们的噪声淹没了她的言词,因而人们听不到她的声音;狂热竟敢冒充她的声音,以她的名义煽动罪恶。这种不公正待遇挫伤了她,她不再向我们讲话”)。[8]

要重新获得与这种自然之声的联系,我们必须改变我们的动机,拥有完全不同性质的意志。卢梭不能接受启蒙运动的自然主义概念,这种概念认为,如果我们要成为更好的人,就必须更有理性、更有知识、更有智慧。在他关于艺术和科学的第一篇论文中,他反驳了认为这种知识或理性的进步能使我们更好的观点。相反,它总是伴随着道德的衰落。如果正确地理解,我们的利益并不是我们的仁慈的根源。这种“可鄙的哲

⑦ 《爱弥尔》,第5页;福克斯利译,第5页。

⑧ 《爱弥尔》,第355页;福克斯利译,第254页。又见《论科学与艺术》(the First Discourse)(Paris:Edition Garnier-Flammarion,1971),第59页:“噢,美德!……难道不满足于使你的法则回到自身,在激情沉默的情况下倾听良心的声音?”(“O vertu! ...ne suffit-il pas pour apprendre tes lois de rentrer en soimême et d'écouter la voix de sa conscience dans le silence des passions?”)

学”并没有为德行留有地位，但却必须为这些行为寻找一个基础性动机。这种哲学贬抑了苏格拉底，诽谤了雷古鲁斯。难以相信它的信徒会有善的信念。[9]

相反，这种计算理性的进步正是堕落的标志之一。它只在良心被窒息的地方滋长，正如同萨伏依教区牧师在他的充满激情的祷文中所表明的：

> Conscience! Conscience! instinct divin, immortelle et céleste voix; guide assuré d'un être ignorant et borné, mais intelligent et libre; juge infaillible du bien et du mal, qui rends l'homme semblable à Dieu, c'est toi qui fais l'excellence de sa nature et la moralité de ses actions; sans toi je ne sens rien en moi qui m'élève au-dessus des bêtes, que le triste privilège de m'égarer d'erreurs en erreurs à l'aide d'un entendement sans règle et d'une raison sans principe.

> 良心！良心！神圣的天性，不朽的天国之音；对于那些虽有理智和自由，实际上却盲目而又有限的创造物来说，你是真正的向导；你是善与恶的一贯正确的判定者，使人像神一样！在你那里，人性的光辉与行为的德性相伴而行；离开你，我就不能使自己超越于禽兽之上——而只有借助于不受约束的理智和不懂原则的理性，从一个错误徘徊到另一个错误的悲惨特权。[10]

这种道德和“进步”的对立，很容易被解释为原始主义的观点。在他那个时代以及我们的时代里，卢梭都是如此被理解的。但是，卢梭真正的观
359 点并不是原始主义的，而具有更大的挑战性，事实上曾经产生了更大的

⑨ 《爱弥尔》，第353页；福克斯利译，第253页。

⑩ 同上，第254页。

影响。尽管他通常的形象常常是“高贵的野蛮人”的赞赏者,这正是他的真正的影响力所在——在其他自身也有巨大影响力的思想者那里——但他并没有被误解。我们只要想一想康德,想一想狂飙运动中的作家,想一想浪漫主义时期即可。

卢梭深化的观点——或这些观点,因为这种观点很难使《爱弥儿》与《社会契约论》协调一致——并不提倡回到前文化或前社会的阶段。毋宁说,这种恢复与自然的联系的观点更应该被看作是,通过一种使理性与自然结盟或融合的方式,或换种说法,通过文化或社会为一方,与自然的真正生命力为另一方的结盟与融合,来逃脱精明的、依附他物的状态,逃脱舆论的压力和由它带来的野心。良心是显现在人身上的自然之声,尽管他已进入社会并被赋予语言和理性。[11]公意代表自然的要求,以公认的法律为手段,摆脱了由依赖他物或舆论所造成的扭曲。

卢梭常被误解为原始主义的一个原因在于他坚定地提倡简朴生活,反对需求与消费不断增长的文明。卢梭经常以古代斯多葛派的语言说话,并重申斯多葛派的原则。真正的力量在于需求很少,只满足于必需。“L'homme est très fort quand il se contente d'être ce qu'il est; il est très faible quand il veut s'élever au-dessus de l'humanité”(“当人满足于他自己时,他是真正强大的;当他竭力追求超出人的需要时,他实际上是虚弱的”)。正是我们对他人、对外观、对增大我们欲求的舆论的依赖,使我们变得更加有依赖性。“Otez la force, la santé, le bon témoignage de soi, tous les biens de cette vie sont dans l'opinion; ôtez les douleurs du

⑪ “或者,这种道德体系,是因与他自身和他生来就有良知冲动的同类的双重关系形成的。认识善,这并非是爱:人并没有先天的知识,而是他的理性使他有认识的能力。他的良知使他去爱:只有这种情感是天生的”(“Or c'est du système moral formé par ce double rapport à soi-même et à ses semblables que naît l'impulsion de la conscience. Connaître le bien,ce n'est pas l'aimer:l'homme n'en a pas la connaissance innée,mais sitôt que sa raison le lui fait connaître,sa conscience le porte à l'aimer:c'est ce sentiment qui est inné”);《爱弥尔》,第354页。

corps et les remords de la conscience, tous nos maux sont imaginaires"("除了健康、力量和良心之外,生活中所有好事,都只是意见的产物。除了肉体痛苦和良心自责之外,我们的一切苦恼,都只是想象的产物")。真正的自由只能从俭朴中寻求:

> O homme! resserre ton existence au dedans de toi, et tn ne seras pas misérable. Reste á la place que la nature t'assigne dans la chaîne des êtres, rien ne t'en pourra faire sortir...Ta liberté, ton pouvoir, ne s'étendent qu'aussi loin que tes forces naturelles, et pas au delà; tout le reste n'est qu'esclavage, illusion, prestige.
>
> 啊,人!过你自己的生活,这样你将不再被摧垮。保持你在自然秩序中指定的位置,就没有什么能够把你同自然撕裂……你的自由和力量无限扩展,但不会超越你的自然之力;其他的一切不过只是奴役、欺骗和诡计。[12]

360 这种放弃无节制欲求的苦行的自由,在似乎由卢梭提出的两种回归自然的方式中是共同的。最根本的是做立足于自身的完整而又自由的人,这主要是《爱弥尔》揭示的道路。正是在这里,使卢梭看起来与斯多葛派最接近。但是,通过共同确立的法律来形成自我遵守的政治公式也是极其重要的,卢梭在《社会契约论》中对此作了全面论述。在这里,卢梭采用了市民人道主义传统的共同主题中的一个:安于市民德性,警告财富的败坏效应。

这些非常熟悉的以俭朴作为真正德性的古代主题,被卢梭改变成现代的,对日常生活肯定的主题。为了教育爱弥尔能够走自己的人生之路,卢梭首先力争使他自己认同于鲁滨逊·克鲁索。他必须学会一种诚

⑫ 《爱弥尔》,第65、64、68页;福克斯利译,第45、47页。

实有用的手艺。他生活的重要实现是他与索菲的关系，索菲后来成为他的妻子。

当然，这个主题更易切合卢梭的复归自然的个体肖像，而不切合他的通过政体使人类复归自然的视野。市民人道主义与日常生活的伦理并不容易融合。但是，卢梭尽其所能将荣誉和光荣的善同它们与更高活动领域之间的传统联系区分开来，这个更高的领域与生命的养育和延续明显不同。一个良好的政治共同体以这样一种由欢乐扩展而来的情操来维系：即使是在最平常最隐秘的场合也能感受到与他人共处的快乐。对卢梭来说，在市民生活和生活资料的追求之间不存在亚里士多德或阿伦特所说裂隙。⑬这也就是为什么对他来说，同亚里士多德或阿伦特不一样，深思熟虑的实际活动并不是非常重要的；真正重要的是统一。在最好的纯朴条件下，“le bien commun se montre partout avec évidence”(“共同的善随处可见”)，而不需要精深的讨论和深思熟虑。法律很少，而当新法律成为必要时，

> cette nécessité se voit universellement. Le premier qui les propose ne fait que dire ce que tous ont déjà senti, et il n'est question ni de brigues ni d'éloquence. quence pour faire passer en loi ce que chacun a déjà resolu de faire, sitôt qu'il sera sûr que les autres le feront comme lui.

---

⑬ 见卢梭对自己还是男孩时所亲眼看到的情景的描述，那是圣—热尔韦军团的官兵演习之后与其妻子儿女共舞的情景。公众和家庭的欢庆互相融合，毫无罅隙。“结果是我无法描写的普遍感动。”(“Il résulta de tout cela un attendrissement général que je ne saurois peindre”.)卢梭被深深感动了。他的父亲也是如此。“我父亲……陷于颤栗。‘让—雅克……爱你的同胞吧’”(“Mon père ... fut saisi d'un trésaillement que je crois sentir et partager encore.‘Jean-Jacques,... aime ton pays’”)；见卢梭的《就戏剧问题致达朗贝尔的信》(Lettre à M. d'Alembert surles spectacles)(Paris:Edition Garnier,1962)，第232页注。

这种必要性已被普遍领会。提出这些法则的人，只是说出了所有人已经感知到的东西，使每个人都已经决意遵守的法则通过，既不需要宗派，也不需要雄辩，只要他确信别人也会遵守即可。

361 最幸福的人群是那些在橡树下安排他们事务的农夫。

> Quand on voit chez le peuple le plus heureux du monde des troupes de paysans régler les affaires de l'Etat sous un chêne et se conduire toujours sagement, peut-on s'empêcher de mépriser les raffinements des autres nations, qui se rendent illustres et misérables avec tant d'art et de mystère?

> 当我们看到在世界上最幸福的人们中，一群群农夫在橡树下安排大事，并且总是采取明智的行动时，我们怎么能够不蔑视那些以如此多的伎俩和玄虚使自己的名声远播而又非常可悲的国度呢？[14]

卢梭从十八世纪标准的自然神论那里，尤其是从道德感学派那里，明显借用了足够多的观点。萨伏依教区的牧师表述过一个见解，它的主要句子已经成为口头禅：我们从万物的秩序推知善良上帝的存在。必定存在一种使万物运行的意志，[15]使万物协调的理智。我们的自由表明了

---

⑭ J.-J.卢梭：《社会契约论》，卷4，第1章；《社会契约论》，查尔斯·弗兰克尔译(New York：Hafuer，1947)，第92页。

⑮ 《爱弥尔》，第329—330页。当然，这一点恰好是霍尔巴赫和狄德罗热烈驳斥自然神论的论证之处。卢梭宣称他们的理论无法理解。“我尽力想象有生命力的分子，最终还是一无所获。没有感官的物质能感知的观念，在我看来是无法理解的和自相矛盾的。”（“J'ai fait tous mes efforts pour concevoir une molécule vivante，sans pouvoir en venir à bout. L'idée de la matière sentant sans avoir de sens me paraît inintelligible et contradictoire”）；第329页注。

灵魂的神圣;这个世界赏罚的不公正,表明将来有一天这一切将会得到矫正。对其他自然神论思想家来说,上帝的善良性质等同于他的秩序,[16]没有理由要求或期望在人类力求达到善的过程中,这种秩序会被奇迹或任何对人类的特殊帮助所打破。[17]我们甚至发现了某些来自哈奇森反对外在理论的熟悉的论证,即人们热爱德性最终出于对自身利益的了解。那么我们为什么要钦慕像加图这样伟大的古人,而想象不出他能带给我们什么好处?[18]

但是,正因这种连续性,一个主要的转变就产生了。所有利益能够协调一致,而且首要的是我们要懂得善行是通往幸福的最好途径,自爱与社会是同一的,上述这些温和的确信被善恶之分的敏感意识所取代,被人类意志的堕落和必然的变革所取代。

看起来这似乎回到了早期那些为斯多葛派和基督教根源所培育的观点。但是,这些观点也已经完全转变为现代的观点。因为邪恶与德性、善与堕落意志的区分,已经与依赖自我与依赖他物的区分联结在一起。善良性质等同于自由,等同于在自身内发现个人行为的动机。虽然卢梭利用了古代根源,但他确实把现代道德理解的主观主义推向了更高的阶段。正是这一点使他产生了如此巨大的影响。

---

⑯ “人类的善是对同胞的爱,上帝的善是对秩序的爱”(“La bonté de l’homme est l’amour de ses semblables, et la bonté de Dieu est l’amour de l’ordre”);《爱弥尔》,第347页。

⑰ “我向上帝要求什么呢?要他为我改变事物的秩序,还是为我的欢心做奇迹?我应当热爱建立在他的智慧之上并靠他的天意而维持的秩序,难道我愿意这秩序为了我的缘故而陷于困境?不,这鲁莽的意愿宁可用惩罚加以矫正”。(“Que lui demanderais-je? qu’il changeât pour moi le cours des choses, qu’il fit des miracles en ma faveur? Moi qui dois aimer par-dessus tout l’ordre établi par sa sagesse et maintenu par sa providence, voudrais-je que cet ordre fût troublé pour moi? Non, Ce Voeu témèraire mériterait d’etre plutôt puni q’exaucé”);《爱弥尔》,第359页。

⑱ 《爱弥尔》,第350页。

我在第三编描述了十八世纪顺应自然的伦理与古代伦理相比，如何表现了它的内在化。自然的天意设计取代了作为构成性善的理性的等级秩序。[19]对我们来说，部分通过我们自己的动机和情感，这种设计才
362 变得显而易见。部分通过考虑我们情感和禀性的内在转向，善才被发现，而这引起了一场关于情感在道德心理学中的地位的哲学革命。

卢梭使这一革命更进一步。在某种意义上，就实现这一革命的现代形态而言，无论好坏，卢梭都是关键性人物。对于像哈奇森这样的道德理论家来说，我们的道德情感是理解善的重要根源，但只有当我们领会了我们在天意秩序中的位置时，它们才起作用。这使我们去考察，我们对善行的本能认同如何为我们带来我们自身与宇宙的善。卢梭的内在自然之声的观点，似乎说出了某些更有力的东西。确实，萨伏依教区牧师也信仰天意秩序观。但是，将良心定义为内在情感能够取得非常强的意义。感谢上帝，不只是我所拥有的符合通过其他方式所理解的东西的情感是普遍的善，而是我真实情感的内在声音**规定**了什么是善：因为内在于我的本性élan(冲动)就是善，正是借助于冲动才能发现善。

卢梭从未采取通往这种更主观主义立场的步骤。他把自己的内在之声与认识和理解普遍善的传统方式串联了起来。但是，他是重要的转折人物，因为他以无与伦比的雄辩，提供了表达这种激进观点的语言。对内在之声来说，需要做的完全在于摆脱其外在同伴，宣布自己拥有全部道德的资格。伴随浪漫的表现主义运动，产生了一种新的本性伦理学，这种伦理学迈出了这一步。

卢梭极大地扩展了内在之声的范围。现在我们能够从我们内心，从我们自我的冲动懂得什么样的本性标志着重大意义。我们最终的幸福就是与这种声音和谐相处，也就是说完全成为我们自己。萨伏依教区牧师说："J'aspire au moment"，"où, délivré des entraves du corps, je serai

---

⑲ 见第十六章。

moi sans contradiction, sans partage, et n'aurait besoin que de moi pour être heureux"("我渴望着摆脱肉体羁绊的那一刻,渴望着成为**我自己**,与自己同一,不再分裂成两半,成为我自己就是我的幸福之所在")。[20]这毋宁是宗教信仰宣言的惊世骇俗的陈述;作者意义非凡地站在了奥古斯丁主义传统的另一面,其自传从标题开始就包含了如此多的希波的主教之回声。[21]奥古斯丁主义只有在上帝那里才能找到的同一和完整性的根源,如今却发现存在于自我之中。

卢梭是大量当代文化和自我探索哲学的起点,也是使自律的自由成为德性的关键这一信条的起点。他是现代文化转向更深刻的内在深 363
度性和激进自律的出发点。所有的派别都由他引出,我现在想对它们作一些探讨。我将在后面论述内在性。首先,我要考察新的自律观,为此我们要转向康德。

第二节

康德在反取消差别的论述中也反对标准的自然神论。在他看来,启蒙运动的自然主义和功利主义使事情变得更糟。他们根本没有给道德向度留下位置。对康德来说,这也就意味着没有给自由留下位置,因为自由必须有一个道德向度。这并不是出于不那么激进,而有较多限制的自由观。毋宁说,康德追随卢梭,依据自由和道德的相互依赖来规定二者。

---

⑳ 《爱弥尔》,第358页,着重号为原文所有;福克斯利译,第257页。

㉑ 安·哈特勒在《卢梭〈忏悔录〉中的现代自我》(The Modern Self in Rousseau's Confessions)(Notre Dame, Ind.: University of Notre Dame Press, 1983)中,已经探讨过奥古斯丁和卢梭著作之间的心身平行论。这使得她能够说出二者之间的对比,以及自我在卢梭的自传式解释中所起的关键作用。

道德并不是依据任何特定后果来界定的。道德行为不是以行为的后果，而是以采取这一行为的动机为标记的。正因为它不是根据后果来界定，康德称此动机为“形式的”。有德之人最需要的就是使他的行为符合道德律令。那就是他的最终目的。他将认可任何一种发自内心命令的结果，使之得以产生。但他这样做并不是为了追求结果本身，而是因为那样做顺应了我们这里所说的那种律令。[22]

这就等同于自由，因为有道德的行为就是按我们的真实本质，即道德和理性的主体来行动。换句话说，道德律令不是从外界强加的。它是理性自身的命令。作为理性的主体就是为理性而行动。就它们的本性而言，理性就是普遍适用的。某种事情如果在类似境况中不是对所有主体都是合理的，现在也不能对我是合理的。因此，真正理性主体的行动，要依照被理解为普遍适用的原则和理性。而这就是康德所谓的按法则行事。正如我在前面所说的，道德律令不是由特定的后果界定的。它只是为遵守法则本身这个原则形式地加以规定。当我决定按律令行事，当我立志，例如，我立誓除非我的行为准则能被普遍接受否则我决不行动时，我只是配得上我作为理性主体的真正本性而已。

因此，假如按道德行事即遵照普遍律令的最终目标行事，那也就等同于遵照理性主体的真正本性行事。因而按照我真实本性的要求和我的理性的要求行事，就是自由。这就是为什么仅仅遵从事实上的(de
364 facto)欲望的支配，在康德看来是一种他律。他改变了启蒙运动的人本主义真正起源于我们的究竟为何的观点。仅仅是事实上的欲望，即使是生理需求，也不能成为源自我的目标。因此，真正这样的乃是理性的产物，而且理性的要求就是一个人按原则行事。

---

[22] 当然，对康德认为形式标准支配给定情景中的特殊结果的观点来说，这是至关重要的；否则他的道德将毫无内容。绝对命令的各种表述，尤其是根据普遍化的表述，被假定产生这种内容。不管一个人是否真正做，他都是可怀疑的，但就我这里所进行的讨论而言，我将忽略这些反对意见。

这是一个更激进的自由定义,它反对仅仅是被赋予物的本性,而要求我们在生活中寻找自由；这种生活的规范形态在某种程度上是由理性活动产生的。这种观点在现代文明中具有强大的力量,说它是革命性的也不为过。它似乎提供了一个纯粹自我活动的前景,在那里我的行为不是由仅仅被赋予的本性(包括内在本性)因素确定的,而最终是由作为理性法则阐释者的我的主体性确定的。这是现代思想的源头,它经费希特、黑格尔、马克思而得以发展,它拒绝接受仅仅“实证的”东西,即历史、传统或自然为价值或行为提供的向导,坚信我们的生活形态是自主产生的。最终的企望是达到完全的自由。

这样,在其对功利主义的谴责方面,康德追随着卢梭。只服务于我们欲望和需求的工具理性对世界的控制，只能堕落为组织化的利己主义,听命于我们的低级本能要求,“Le triste privilège de m'égarer d'erreurs en erreurs à l'aide d'un entendement sans règle et d'une raison sans principe”(借助无尺度的理智和无原则的理性，可悲的天赋使我陷入一连串的错误),这就是萨伏依主教所说的。

正如在卢梭那里一样,无论看起来多么像回归到早期的伦理观,实际上是极其新颖的。康德给卢梭所创始的道德根源的主观化和内在化提供了一个坚实而崭新的基础。道德律令来自内部,不再为外在命令所界定。但是,它也并不是由我的本性冲动来界定,而只是由理性的属性,或者人们可以说,是由实践理性的程序所界定,这就要求人们按照普遍原则行事。

康德明确主张，道德不可能在自然或任何外在于人类理性意志的地方发现。这是对所有古代道德观的彻底摒弃。宇宙秩序或人类“本性”中的目的秩序应当来确定我们的规范目的,对此我们不能接受。所有这样的观点都是他律的;它们包括放弃我们从自身产生法则的责任。除了与古代斯多葛主义的一些相似之外，康德理论的确是关于现代立场的最直接的和最不妥协的阐述。

365 像笛卡尔一样,康德道德观的核心是人类尊严的概念。理性存在物有独一无二的尊严。他们站出来对抗自然背景,因为只有这样他们才是自由的和自我决定的。"自然中的一切都按规律运行。只有理性存在物有能力按照对规律的把握,即按照原则行事"。[23]换句话说,自然中的其他一切事物,都盲目地服从规律。只有理性存在物服从他们自己阐发的规律。这是某种无与伦比的优异特性。

这就是为什么理性要把责任强加于我们原因。正因为我们拥有自然中任何其他事物都不可比拟的地位,我们就有责任配得上它。在某种意义上,我们可以把构成康德整个伦理学说的基本原则归纳如下:无愧于真正的你,即理性主体。理性要求我们的尊敬,因为它是某种更高的东西。因此,我们践行道德的要求高于自然的要求。道德律令要求我们的尊敬(Achtung)。

康德说:"理性本性作为它自身的目的而存在"。[24]它是惟一这样存在的东西。宇宙中的任何其他东西,不管它是什么,都只能作为我们目的的手段对待。因为这些东西不具有绝对的价值。它们仅仅是工具性的价值,而"人,或一般来说,每一个理性存在者的存在,都以他本身为目的, 不能仅仅作为手段由这种或那种意志任意利用。就他所有行为来说,不管是指向自我还是指向他人,他必须都同时被当作目的"。[25]或像他在后来表述的:其他事物有价格,只有理性主体有尊严(*Würde*)。[26]在某种意义上,我们遵守道德律令只是对这种尊严的尊敬。善的根源是内

---

[23] 康德:《道德形而上学基础》(Foundations of the Metaphysics of Morals)(Indianapolis:Bobbsmerrill,1969),第412页(我曾援引刘易斯·怀特·贝克的译本,但是,为了易于参考,页边注释可以参考柏林科学院版,通常放在此书译本的页边或括号里)。

[24] 康德:《道德形而上学基础》,第429页。

[25] 同上书,第428页。

[26] 同上书,第434页。

在的。[27]

像卢梭一样，康德也明显受惠于奥古斯丁。一切有赖于意志的变化。事实上，有道德的人也可能从事与不道德的人完全相同的外在活动。康德强调这样的事实，即每人都恰好追求同样的结果。两个店主可能都不会给顾客少找钱，但一个是出于保持其生意的考虑，而另一个是出于道德律令的要求。[28]有道德的人也许过着与不道德的人同样的外在生活，但不同的精神带来内在的改变。这是由不同的目的所驱使的。

因而理性控制下的工具理性的生活并没有什么错。实际上，康德明确认为，这也是理性的一个方面。在他的历史著作中，他表明工具理性是自然强加给要生存下去的人类的，它的发展会把人类引向更广泛意义的理性。[29]启蒙运动的自然主义的谬误，在于误解了生活所仰赖的精神，误解了引导一切的根本目的。这不是幸福，而是理性、道德、自由。在 366
还不具备真正道德的条件下，人也可能获得高级的文明。在这一点上，康德同意卢梭的看法。"Alles Gute aber, das nicht auf moralisch-gute Gesinnung gepropft ist, ist nichts als lauter Schein und Schimmerndes Elend"（"但是，如果不根植于高尚的道德思想之上，任何良好计划就只不过是幻觉和外表诱人的痛苦"）。[30]

因此，康德颇为倚重奥古斯丁的关于两种爱、人类动机的两个方向

---

[27] 见我在《康德的自由理论》("Kant's Theory of Freedom")中的讨论，载于《哲学和人文科学》(《Philosophy and the Human Sciences》) (Cambridge: Cambridge University Press, 1985)，第318—337页。

[28] 康德:《道德形而上学基础》，第397页。

[29] 康德:《世界公民观点下的普遍历史观念》(Idee zu einer allgemeinen Geschichte in weltbürgerlicher Absicht)，载于《康德著作集》(Kants Werke)，柏林科学院版(Berlin: Walter de Grugter, 1968)，第8卷，第19—22页。

[30] 康德:《世界公民观点下的普遍历史观念》，第26页；《康德政治论著集》(Kant's Political Writings)，汉斯·赖斯译(Cambridge: Cambridge University Press, 1970)，第49页。

的模式。实际上，经由新教和虔信派的详细阐述，奥古斯丁的思想对康德的影响与日俱增。康德对人的邪恶，人性的扭曲有着真切的辨识。[31]他谈到了人性中的"极度的恶"，[32]作为一位启蒙运动的卓越的捍卫者，这使他的同时代人感到吃惊和震撼。[33]

这一理论深深地根植于基督教神学，康德仍是一个信教的基督徒。但他的概念是极端以人为中心的。意志转变的直接根源不是上帝，而是内在于我的理性主体的自身要求。在康德看来，最终是上帝如此这般地安排万物这个事实，并未降低给予人的尊严的中心地位。

康德依然是一个启蒙运动中的人。但是，他赋予启蒙运动新的定义。在盎格鲁—法兰西—苏格兰概念中，启蒙运动的进步既意味着自我负责理性的提高，也意味着保证人类幸福的安排的推进。康德对启蒙的定义只集中于前者。他论及这个主题的著名文章，开宗明义地说："Aufklärung ist der Ausgang des Menschen aus seiner selbst verschuldeten Unmündigkeit"("启蒙就是人摆脱他自己为自己招致的不成熟状态")。他继续写道："Sapere aude. Habe Muth dich deines eigenen Verstandes zu bedienen! ist also der wahlspruch der Aufklärung! "("因而启蒙运动的口号就是：要敢于认识！敢于运用你自己的理解力！"[34])最关键的问题是道德自由和责任的增长。

然而，康德的这一新定义给启蒙运动思想的一个中心假定提供了

㉛ "从造就人类的那么曲折的材料里，是造不出什么完全笔直的东西的"("Aus so Krummen Holze, als Woraus der Mensch gemacht ist, kann nichts ganz Gerades gazimmert werden")；康德：《世界公民观点下的普遍历史观念》，第23页。

㉜ 《纯粹理性范围内的宗教》(Die Religion innerhalb der Grenzen der blossen Vernunft)，第1部分，载于《康德著作集》(Kant's werke)，柏林科学院版，第6卷，第17—44页。

㉝ 歌德读到这段文字时，谈到了康德如何"损坏了其哲学的围脖(bib)"。

㉞ 《什么是启蒙?》("Was ist Aufklarung?")，《康德著作集》，柏林科学院版，第8卷，第35页；《康德政治论著集》，第54页。

清晰明确的基础,这个假定是这样一个信念:理性的增长伴随着仁慈的加强,理性终将释放内在于我们的仁慈资源。我们看到洛克似乎已经提出过这种假定,在自然主义者的著作中虽然只是令人迷惑和半隐蔽地提到过,却也是十分有力的。对这些自然主义者来说,难以给这个设定一个清楚适当的位置。

在康德那里,取代普遍的仁慈的是某种更接近于普遍正义原则的东西,是一种按普遍准则行事以及把所有的理性存在物作为目的来看待的决定。因而为什么从增长着的理性中必然得出这一点,就非常清楚了。这是理性在实践运用中的核心要求。变得更理性意味着更接近这一决定。自然主义的启蒙运动所唤起的那些也许仅仅是隐晦的只意识到一半的东西,现在变为中心思想:人有达到仁慈和公正的普遍意志的能力,这是构成理性存在标志的组成部分,通过走向自我负责的理性而释 367
放他们全部的力量。agapē(圣爱)的一种世俗化变体隐含在理性之中,它除了随启蒙的推进而发展壮大以外别无他途。

某些这样的信仰,有时以基督教化变种的形态,有时以极端世俗的形式,在最近两个多世纪现代人的自觉意识中占有重要的地位,并且滋养了我们重建文明的信心,使我们能够达到比过去任何时代都高的道德目标。十九世纪和二十世纪人道主义的壮丽成就,战后重建政治的巨大成功,尤其是伍德罗·威尔逊关于世界新秩序的梦想,都得益于这一信仰的滋养和支撑。我们愈来愈没有能力坚持这点,导致了我们文明中诸如精神危机的出现。

这种信念是启蒙运动遗产的一部分,尽管它缺乏明确的词语来使之清晰。康德至少试图以本体的理性主体概念,给它一个清晰的基础,即使这个基础是虚弱的。

第二十一章

368 表现主义转向

第一节

康德为现代内在化提供了一种形式，即一条在内在动机中寻求善的道路。出自十八世纪后期的一批观念的另一观点，把本性表述为内在根源。我说的是产生于德国的狂飙运动(Sturm und Drang)及随后经过英国和德国的浪漫主义时期而延续的那些观点。卢梭自然地是这种观点的出发点，而它最初的重要表达或许出自赫德尔的著作，此后，它不仅为浪漫主义的作者们所采纳，而且从另一个方向为歌德和黑格尔所采纳，并且成为现代文化的一条连绵不断的渊流。

把本性看作根源的哲学，关注于我们称其为“浪漫主义”的思想和感受性中的巨大变动，这种变动有很大的诱惑让人们认同于它们。但是，正如歌德和黑格尔的论述所表明的，这也许太简单了。我的主张毋宁是，本性作为根源的图景是浪漫主义赖以兴起和征服欧洲文化和感受性的观念武器库。“浪漫主义”一词有一些令人困惑的定义；有人甚至怀疑是否存在这种统一的现象，从而反对简单地把概念的杂乱隐蔽在一个单一的术语之中。[①]

确实,存在着一种关于浪漫主义的流行图景,它似乎与任何有关本性的学说都没有联系。它把这个运动看作是在艺术尤其是文学领域中,对新古典规范结构的反叛。与古典主义强调理性主义、传统和形式上的和谐不同,浪漫主义更推崇个人、想象和情感的权利。这种描述有许多真理性,尤其对于十九世纪早期法国浪漫主义思潮很贴切。在法国,对新古典主义的坚持是很强劲的,浪漫主义采取革命的运动来取代它。

假如我们采取这样的方式定义浪漫主义,那就可以清楚地说明它同以本性为根源的哲学之间的关系。这种内在声音或冲动的概念,这种在我们的内部,尤其在我们的情感中发现真理的观念,正是各种形式的 369
浪漫主义反抗的关键的证明性概念。它们与浪漫主义反抗是不可分割的。这就是为什么卢梭总是他们的出发点的原因。有时候内在声音或冲动尤其被看作是对个人自身而言的,它是一个人的自我之声。这种看法在法国作者中间可能更普遍,例如拉马丁或缪塞,他们力求在诗中真实地表达他们的情感。有时这种内在之声也会被视为我们本性的冲动,视为我们置身其中的宏大秩序。这是某些英国作者的情形,例如布莱克,

---

① 见A.O. 洛夫乔伊:《论诸浪漫主义的区别》("On the Discrimination of Romanticisms"),载于他的《论观念史》(Essays in the History of Ideas)(Baltimore:Johns Hopkins University Press,1948)。试图定义浪漫主义的文献非常多。我认为莉莲·福斯特的《浪漫主义透视》(Romanticism in Perspective)(New York:Macmillan,1969)非常有用。又见她的《欧洲浪漫主义概貌》("The Contours of European Romanticism"),载于她的相同题目的论文集中 (London:Macmillan,1979);还有勒内·韦尔克的《文学史中的浪漫主义概念》("The Concept of Romanticism in Literary History"),载于《批评的概念》(Concepts of Criticism),小斯蒂芬·G.尼科尔斯编(New Haven:Yale University Press,1963)。

以及稍有不同的华兹华斯②。但是,这一观念在德国得到了更深远的阐发。赫德尔将自然描述为穿越万物的巨大的同情之流。"Siehe die ganze Natur, betrachte die grosse Analogie der Schöpfung. Alles fühlt sich und seines Gleichen, Leben Wallet ze Leben"("看那整个自然界,注视那创造物的巨大相似性。任何创造物都能够感觉到它自己以及它的同类,生命与生命交相辉映")。人是能够意识到并且表达这一切的创造物。人被称为"造物的精华和管家",也就是"dass er sensorium seines Gottes in allem Lebenden der Schöpfung, nach dem Masse es ihm verwandt ist, werde"("依据它们与上帝的关系远近,在所有有生命的创造物中,人成为

② 见华兹华斯:《丁登寺》("Tintern Abbeey"):

由于我已经学会
不以青年人心不在焉的方式
看待自然,而是时刻倾听
人性悲凉的心曲,
不嘈杂刺耳,却有
使之柔和悦耳的足够力量。
我感到,现存的欢欣思想
使我陷于纷扰;
深深地伴随着事物的壮丽感,
这种感受的住所就是落日的霞光。
浩瀚的海洋、流动的空气,
以及蓝天,还有人的思想;
运动和精灵推动着所有思考主体,
以及所有思想的对象,
并贯穿万事万物。

上帝的感官")。[3]这是十八世纪九十年代德国作家,比如荷尔德林、谢林、诺瓦利斯采纳的描述。[4]

以自然为根源的哲学,似乎对浪漫主义具有本质的必要性,但反之则不然。它继续激发着作家们的视野,即使在他们把浪漫主义——定义为对古典秩序的否弃——置于身后的时候。例如,在歌德[5]和黑格尔[6]那

③ 约翰·戈特弗里德·赫德尔:《关于人类灵魂的认识和感觉》(Vom Erkennen und Empfinden der menschlichen Seele),载于《赫德尔全集》(Herders Samtliche werke),伯纳德·素攀编,15卷本(Berlin:Weidmann,1877—1913),第8卷,第200页。深受德国思想影响的柯尔律治表达了类似的观点:"任何事物都拥有它自己的生命……而且我们都是一个生命"; 引自M.H.阿布拉姆斯:《镜与灯》(The Mirror and the Lamp)(Oxford:Oxford University Press,1953),第65页。雪莱也引出了与这个万物洪流类似的比喻,即风琴的隐喻,通过风吹才被听见的琴。这形成诗人的形象,如果他们"与自己的意志相和谐,……就能创作出天才的诗歌,这时存在的普遍气息席卷了他们的躯体";引自阿布拉姆斯《镜与灯》,第61页。

④ F.荷尔德林在《许泊里翁》(Hyperion),第1卷,第2封信中谈到了一种"独自进入存在, 就是生活忘我地转向自然万物之中"("Eines zu sein mit Allem,was lebt,in seliger selbstvergessenheit wiederzukehren ins All der Natur")的渴望。当然,这并不是我们最终的命运;我们将达到思想和自由的更高统一。但是,这个"All"("一切")是我们所在的现实。诺瓦利斯从他的立场问道:"那些属于动物、植物和岩石,属于星辰和天空,而不属于人的东西,难道不只是无穷多样、错综复杂的连续关系中的神经结?"("Gehoren Tiere,Pflanzen und Steine,Gestirne und Lüfte nicht auch zur Menschheit und ist sie nicht ein blosser Nervenknoten in dem unendlich verschieden laufende Faden sich kreuzen?")引自福斯特《浪漫主义透视》,第84页。

⑤ 迈克尔·贝都在《人性的虚构》(The Fiction of Humanity)(Cambridge:Cambridge University Press,1982),第2章中已经表明,歌德在他的古典时期如何吸取了他从早期赫德尔那里提取来的相同的表现主义概念。他同样拥有这一观点,认为诗人并不仅仅表达他自身,而是一个更广泛的现实。"诗人们也同样。只要他很少说出他自己的主观情感,那么他不配拥有这个名字;但是,当他知道怎样适应他自己以及怎样表达这个世界时,他才是一个诗人";引自阿布拉姆斯《镜与灯》,第344页,注释29。

⑥ 见我的《黑格尔》(Cambridge:Cambridge Universitg Press,1975),第1章和第2章中关于黑格尔与浪漫主义时代的关系。

里正是这种情形。

所有这些作者都认为人类置身于一个宏大的自然秩序之中，这个序列常常被设想为天意秩序，他们应当与之和谐一致。在这一点上，他们与早期自然神论是一致的。确实，对德国作者来说，就像卢梭一样，沙夫茨伯里常常是一个重要的根源。我在说作为内在根源的自然时力图得到的东西，与卢梭认为我们首要地是在内心深处接近这种秩序的早期观点之间，存在着细微但却很重要的差异。

自然神论的天意秩序表明，人类生活和它的日常满足意义重大，因此获得自己的满足和保证他人的满足都具有很大的重要性，也被强烈地评价为符合上帝的计划。通过观察事物的秩序以及推断它的神意起源，我们逐渐意识到这一点。假如这些道德情感出现在我们的理论中(让我们记住，根据洛克学说的变种，它们并没有出现)，那么这反过来使我们的道德情感有了意义，并证明了它们的正当性。

根据我现在想要考虑的观点，对这种重大意义的意识来自内部。它是一种内在的冲动或确信，告诉我们自身的自然满足以及与我们同胞
370 的自然满足相一致的重要性。这是我们内在的自然之声。

表面上看来，这些学说是相同的。例如，赫德尔关于自然秩序是和谐的，由神意创造的观点，同另一些人的，比方说哈奇森的观点，就没有多大的矛盾。看起来，仅仅是接近真理的方式改变了，转向了一种较少智性的观点，即不再信赖通过设计进行神圣创造的证明，反而代之以寻求能够在内在确信中为所有这一切奠定基础。[7]

---

⑦ 这是萨伏依牧师论辩时采取的措施，尽管他不能证明他良心首要性的论点，而他的对手仍不能证明其对立面；因此“只要我们肯定它的存在，我们也就有很好的理由说明，他们和我们都有大量的内在证据，即良心为自身发出的声音”(“quand nous affirmons qu'il existe，nous sommes tout aussi bien fordéux，et nous avons de plus le témoignage intérieur，et la voix de al conscience qui dépose pour elle-meme”)；《爱弥尔》(Paris：Editions Garnier，1964)，第354页。

但是,这种接近方式的改变,当然已经暗示了承认万物天意的重大意义是什么这种观念的某些改变。对自然秩序采取正确的道德立场,就是趋向于人的内在声音。我们不能把它看作一种同样的信息,既可用于设计的外部论证,也可用于内在直觉。在这里媒介和信息不可分割:那些没有内在地领会万物的重大意义的人,那些只把世界理解为冷酷的、外在的天意的人,根本没有抓住要害。我们可以根据这些术语思考这种变化:任何神学都包括某种我们如何接近上帝或他的意图的观念;在这后一种学说中的激烈变化,意味着我们对上帝及其创造物的理解的改变。

更清楚的是,对这些理论来说,关于万物的冷酷、外在的理解和内在领会之间的对立是论战性的。它们遵循着卢梭,提出两种爱的观点:内在声音是我们接近的方式,但我们可能与它丧失联系;它会在我们心中窒息。使它窒息的正是计算理性的分解式态度,把自然仅仅看作观察秩序的外部观点。它与早期神恩理论有着明显的渊源关系。自然作为善、纯朴欲望、仁慈及对善的热爱的贮水池。从分解的立场来看,我们与自然不协调,相分离;我们无法恢复与它的联系。

根据这种立场,连同启蒙运动的自然主义,我们或许相信,所有人由类似的动机所激发,所有欲望都是为了追求幸福,因而重要的问题是:我们如何启迪或误导对幸福的寻求。但事实上,我们的意志需要转变,而惟一能实现这一点的就是恢复与我们内在冲动的联系。我们自身必须向内在的本性冲动(élan)开放,正如按照正统派理论我们必须使自己向上帝的恩惠开放一样。在这里不仅有类似性,还有着渊源关系。并且实际上,以本性为根源的理论能够与基督教信仰的某些形式相结合,遵循自然神论的引导,即上帝与我们的关系主要是经过它的秩序建立的,正如我们能够在卢梭以及其后在德国浪漫主义所看到的那样。因此在席勒的《欢乐颂》("Ode to Joy")中,纵贯自然,使我们振作并恢复博爱 371
的生命洪流,最初以一种更具"异教"的形象提出来。"Freude,schöner

Götterfunken, Tocher aus Elysium”(“欢乐,神的美丽火花,天堂的女儿”)。但是,后来整个秩序似乎假定了仁爱的父亲:“Uber fernem Sternenzelt / Muss ein lieber Vater Wohnen”(“那遥远的星光闪烁的天穹,必定住着一位好父亲”);这与典型的自然神论乃至有神论非常一致。这种自然宗教从正统观点滑向世俗化变种,能够通过一系列几乎觉察不出间断的中继阶段来完成。

然而,现在看来这个滑变显然是可能的,甚至是自然而然的。某些理论家赞同世界是天意创造的基本正统或至少是自然神论的信条。我已经试图表明,即使在这些情形中,也已经出现了细微却重要的变化。但是,一旦人们承认,接近事物的重大意义是内在的,内在性理解是惟一适当的,那么他们就会悄然把他的支撑点系于正统的表述。最根本的是内在声音,或者根据其他变种,运行于自然中的冲动(élan)尤其显现于内在声音之中。对于那些相信它的人来说,正统观点是可信的,最终是对这种声音或冲动的最好解释。在任何情况下,这都是把自然作为内在根源的理论的最终逻辑,即使起初它不被完全认可。

于是,上帝将被解释为我们在本性中力求看见,在我们自身中努力寻找的声音。滑向泛神论是很容易的,我们在浪漫主义时代可以看到这一点,比如说,早期的谢林以及其后以另一种方式表现的黑格尔。这种滑变能够走得更远,使我们摆脱完全的基督教形态,直到我们获得一种类似于歌德的观点,或者在浪漫主义时期由斯宾诺莎发动并得到广泛回响的那些观点。我们能够走得再远些,从而最终加入我在前一章中给出的自然主义的探索:万物的重大意义来自物理本性和我们自身的物质存在。但是,在我正在讨论的那个时期,唯物主义和以本性为根源的观点的融合,还是一件将来的事,正如我们看到的那样,这需要放松唯物主义与分解立场之间的紧密联系。

以本性为根源的哲学,当它超越了沙夫茨伯里和哈奇森的自然神论之后,在批判洛克和外在理论中,显然又和他们站在了一起。它同他们一起，在道德生活中给予情感以核心和绝对的地位。正是通过情感，我们获得了最深刻的道德，以及实际上的宇宙真理。诺瓦利斯说："Das Herz ist der Schlüssel der Welt und des Lebens"("心灵是世界和生命的钥匙")。在赫德尔看来，所有的激情和感觉"能够而且必然在最高的知识中起作用，因为这种知识源于它们，而且只能在它们中生存"。华兹华斯 372
同意亚里士多德的观点："诗是一切作品中最富哲理的……它的对象是真理，不是个人和局部的，而是普遍有效的；不是立足于外部证明，而通过激情给心灵以活力；真理自己证明自己"。[8]事实上，这种哲学将情感的中心地位置于一个前所未闻的高度。从这种观点出发，善良生活的核心部分必然在于向自然冲动开放，与之协调一致而不是漠不相关。但是，这与我如何感觉，与我所具备的特定情感密不可分。就其本身而言，这并不新鲜。我们甚至可能争辩说，如同我在第一编所讨论的，正是启蒙运动的理论，例外地使道德责任排他性地存在于行为之中，而与动机完全无关。在亚里士多德看来，德性在于自愿行善的意向。对柏拉图，对基督教理论，热爱善或上帝是善良生活的核心。这种必须与自然冲动协调一致的新哲学的要求，恰好可能被看作另一种爱的要求：现在通过我而表现的本性，就是必须被珍爱的善。

但是，在本性就是根源的哲学中，也有某些与上述这些观点不同的东西。这种哲学可说是按照我们的情感自身来进行估价。与亚里士多德伦理学不同，它不依据推动我们的行为把特定的动机定义为有道德的，而是更直接地关注我们对世界和我们生活的一般感受，这与柏拉图对至善的热爱相似。但是，与之不同的是，它所要求的不再是对某种先验对象的爱，而是表达我们的生活、我们的日常欲望和满足以及我们置身

---

⑧ 诺瓦利斯：《全集》(Samtliche werke)(Heidelberg：Verlay Lambert Schneider，1953)，第6卷，第379页；赫德尔：《论认识》(Vom Erkennen)，载于《全集》(Samtliche Werke)，第8卷，第199页；华兹华斯：《抒情民谣序言》(Preface to the "Lyrical Ballads")，载于《诗集》(Poetical works)，第2卷，第394—395页。

其中的宏大自然秩序的一定方式。与自然协调一致就是充分、多样、有意义地表达这些欲望——呼应自然中的生命洪流。拥有某种情感,与向往或做某事实际是一回事。

与亚里士多德的不同之处在于:根据亚里士多德的观点,由亚里士多德式观点评价的"情感"是由其所激发的生活或行为方式规定的,而从本性就是根源的观点来看,我们也可以说生活或行为方式是由情感规定的。一定的情感,比如说人性的完整感,对原始自然壮观的快乐反应和崇敬,在规定善良生活时,所有这些即使不更甚,至少也与任何活动具有同样的重要性。善良生活最初部分地是通过一定的情感来定义的。这就是为什么十八世纪后期,当情感主义摆脱了卢梭早期有影响力的阐述之后,在本性即根源的哲学中找到了它们的归宿。

与柏拉图模式的不同在于:在柏拉图那里,"情感"是由爱的先验对象,即至善所定义的。我们可以相信,我们能够在不依赖于我们的情感
373 的情况下,获得对这一对象的描述,尽管对这个对象确切的理解必定要求我们的爱与敬畏。然而,我们在表达本性驱使我们做什么的过程中就能够定义作为根源的本性。假如我们把本性看作出现于我们自身内在的冲动中的一种力量,一种运行于世界之中的冲动,假如这些冲动是我们接近这一力量的不可或缺的一部分,那么,我们只有通过表达这些冲动驱使我们做什么,才能够了解本性。正如我们已经看到的,这种表述必定部分地依照情感。因此,我们再一次发现,对我们关于善的最原初的、非派生的定义来说,我们的情感是不可缺少的。

上述第一点差异,即与亚里士多德模式的不同,导致了另一种滑变,与从正统神学中分离的情形相类似。假如善良生活部分地是由一定的情感来定义,那么它一样能够转换它的支撑点,摆脱传统的伦理规范。首先,遵循道德感理论,适当的情感完全根据与日常生活和仁慈伦理一致性来定义。比如说,仁慈和同情被卢梭或赫德尔看作是自然的,是感官满足的传统界限。但是,重新定义的道路是开放的。与本性的深

层根源的更新了的联系,被看作是赋予生活一种升华的、更富朝气的性质。这能够用抛弃通常对感官满足的限制的方式进行解释。通过部分调和启蒙运动的唯物主义见解,纵欲能够自身赋予意义。善良生活使感官和精神完美结合,由此我们的感官满足就体验为更高的意义。⑨沿着这条道路走下去,我们就会走出现在讨论的这个时期,或许在这条路的尽头只会走进我们自己的时代,二十世纪六十年代的"繁荣时期"。

类似地,赋予我们的生命以旺盛活力的根源,能够与仁慈和一致相分离。但是,这也是后来发生的。它最终由伟大的反浪漫主义者尼采惊世骇俗地表达出来。

沿着这些道路中的任何一条, 这种滑变都趋向于取消伦理和审美之间的差别。美学范畴自身是十八世纪通过对自然的和人为的美的崭新理解而发展起来的。它不怎么关注客观本性,而是较多关注于被唤起的经验的特征。"审美的"这一术语向我们指出一种经验的模式。而且这渐趋成为该世纪各种理论的关注焦点,尤其是经过阿贝·杜博、鲍姆加

⑨ 这种肉欲和精神之间的直接统一,在荷尔德林早期诗作中,例如《和谐女神的颂歌》("Hymne an die Gottin der Harmonie"),得到了赞美,而浪漫主义一代在卢梭那里获得了灵感。后来,这种统一被重新解释为更高的综合,与理性相结合,而且这种直接统一被看作是一种鼓舞人心的然而也是自取灭亡的结合,这种结合在恩培多克勒的形象中得到把握:

生活寻找你,寻找光芒四射
洒向人间的神圣光辉,
而令人恐怖的渴望,把你抛入雅典娜的火焰中

Das Leben suchst du, suchst, und es quillt und glanzt Ein gottlich Feuer tief ans der Erde dir, Und du in Schauderndem Verlangen Wirfst dich hinab, in des Atna Flammen弗里德里希·荷尔德林:《诗与断想》(Poems and Fragments),迈克尔·汉堡编(London: Routledge, 1960),第30页。

登及康德的发展。[10]既然伦理部分地是由情感定义的,因而界线也就变得更易于勾勒了。我们通常认为,很容易区分伦理的和审美的对象或论点。但涉及情感,并且更进一步,当“伦理的”问题以一种抛弃传统节制、
374 公正、仁慈的美德重新定义时,这种界线似乎就难以划出了。是否存在更多的点来划出这些界线?假如我们置尼采对“道德”的攻击于不顾,只是试图将他的超人理想列为我们自己的理想,那么我们将称其为伦理的还是审美的?这里的这种对立难道不会被证明是错误的吗?

第二节

假如我们是通过内在的声音或冲动接近本性,那么我们只有通过表达我们在自身发现了什么才能充分了解这种本性。这涉及这种新自然哲学的另一重要特征,即这种观念它在我们每个人身上的实现也是一种表现形式。这就是我在别处称为“表现主义”的观点[11]。我对这一术语的使用特别集中于它的表现特征。表达某事就是用给定的媒介显示

⑩ 在《对诗歌和绘画的批评性反思》(Réflexions critiques sur la poesie et sur la peinture)(Paris,1719)中,阿贝·杜博把审美判断指向感觉,而不是理性。在这里,他的著作与一七二五年哈奇森的《研究》一起产生了一个新的思想高潮,即根据我们的反应来定义美。我们以特殊的愉悦形式做出反应的倾向,成为关于美的解释的基础。后来称之为“审美的”形式,在一定程度上是由于鲍姆加登的影响[《美学》(Aesthetica),两卷本,Frankfurt an der Oder,1750—1758]。在他的《关于我们崇高和美的观念起源的哲学探索》(A Philosophical Enquiry into the Origin of Our Ideas of the Sublime and the Beautiful)(London,1757;第2版,1759),J.T.博尔顿重编重印(London:Routledge,1958)中,伯克著名而又颇有影响的关于崇高的定义,也是以此为基础的,即根据我们对于痛苦、危险、恐怖的反应加以规定。康德(《判断力批判》(Kritik der Urteilskraft) (1790)利用这种观点,但他只是从道德意义理论上来理解,当然使他自己远离了美感的理论。然而,美和高尚都依据主体的反应以及他们同其功能的联系来定义。

⑪ 见泰勒:《黑格尔》,第1章。

它。我用我的面部表达我的情感；用我说出或写出的言词表达我的思想。我用某种艺术作品，比如小说或戏剧，表达我对事物的看法。在所有这些情形中，我有显示某事的概念，并且在每一情形中使用具有不同特性的媒介。

但是，谈到“显示”并不意味着如此显露的东西预先已经得到充分说明。有时候会有这种情形，如当我终于表明了我的长期积于心中的情感，但是，在小说和戏剧中，表现还涉及对我将要说的东西进行归纳阐发。我抓住了一些东西，一种见解，对事物的一种感受，这些感受是含混的、部分成形的，因而给予事物一种特殊形态。在这种情形中，明确地分辨媒介和“信息”就有困难。就艺术作品来说，我们的确感到，媒介的存在对它们来说是必不可少的。即使我们很清楚它们在说些什么，我们也感到无法用另一种形式充分地加以表达。理查德·斯特劳斯能够（用音符）写一首音律诗《查拉斯图特拉如是说》。但是，不管他尽多大的力量，也不能把尼采的作品以另一种媒介加以充分表达，这和把“不准抽烟”准确地翻译成法文“ne pas fumer”不是一回事。

因此对这一类表现对象，我们不仅把它的“创造”看作显示，而且还可看作制作某事物、使某事物存在。这种表现的观点本身是现代的。它与我一直努力阐明的对人类生活的理解同时生长。事实上，它正是这种理解的一个侧面。我运用它，只是因为在艺术领域更能为我们所普遍认识。

我认为，把本性作为内在根源的观念伴随着人类生活的表现主义观点。实现我的本性意味着赞成内在的生命力、声音或冲动。这使隐蔽的东西对我自己和其他人都成为显现的。而且这种显现也有助于定义所实现了的事物。生命冲动的这种方向不能也不可能在这种显现之前 375
就是清晰的。要实现我的本性，我必须通过对它的阐明去定义它；但是还有一种更强意义上的定义：我实现着这种阐述，因而赋予我的生命以确定的形态。人生被看作是显现潜能，这种潜能也是由这种显现来塑造的；这不仅仅是一个外在模式的复制问题或对一个已经确定的表述的运用问题。

这种概念反映了向成长的生物学模式的力量的复归，以反对人类心智发展的机械论模式，生物学模式由赫德尔在该时期作了详尽有力的表述。显然，这从亚里士多德实现其潜能的本性观念中学了很多东西。但是，也存在着极其不同的方面。在亚里士多德讲事物的本性趋向于它的完成形式的地方，赫德尔把这种成长视为内在力量（他讲到"*kräft*"[力量]）的显现，这种力量竭力外在地实现其自身。于是本性是内在的。事实上，亚里士多德的概念与现代表现观念交织在一起了；现代表现观念视表达为显示与规定。这与自我、主体观念紧密相连。它不再是某种达到现实性的非人格的"形式"或"本性"，而是一种自我表达的存在。莱布尼茨是表现主义的重要根源。他的单子概念已经对亚里士多德主义的本性观念和类似主体的特殊项之间的联系产生了影响。单子是一种原型的自我。

表现主义是新的更完整的个体性的基础。这种观点产生于十八世纪后期，认为每一个体都是不同的、独特的，这种独特性决定了他或她应该怎样生活。当然，个体差异的概念并不新颖。没有比这更明显、更简单的事了。新观点在于，它在号召我们怎样去生活方面确实产生了差异。差异并不只是共同的基本人类本性内的不重要的变项，或者在好与坏的个体之间的道德差别。相反，它们限定我们每一个人必须遵循一条独特的道路，并把践行独特性的责任加于我们每个人。

赫德尔用一个比喻阐释了这一观念："Jeder Mensch hat ein eignes Mass, gleichsam eine eigne stimmung aller seiner sinnlichen Gefühle zu einander"（"每个人都有他自己的尺度，可以说这使他所有的感受与其他人不同"）。[12]每个

⑫ 赫德尔：《关于人类历史哲学的思想》(Ideen)，第7卷第1章，载于《全集》，第13卷，第291页。

人都是用不同的标准来衡量的,这种标准只适合于他或她自己。

我们在为通往这一点开辟道路的传统中看到这些观念——例如,与天职多样性相关的基督教的天赋多样性的观念,在圣·保罗那里有过表述,其后又为清教徒所采纳。在这里,我们有了这样一种观念,对你而言的善良,对我而言未必同样是善良的;我们每个人响应我们自己的使命,而且它们是不可互换的。追随你的生活就是对我自己使命的背叛,尽管你忠实于你的使命。十八世纪后期所增加的是独创性的观点,它超 376
越了僵化的使命体系,认为每个人具有原初的、不可重复的"尺度",我们都被召唤去践行我们的独创性。

表现主义和把本性作为根源的观念显然助长了这种极端的个体性。自然之声对我们的召唤不可能外在于并先于我们对它的表述或定义而被充分认识。我们只能做了之后才能认识到我们深刻本性所实现的是什么。但是,如果这对普遍的人类是正确的,为什么对单独的个人就不能是正确的呢? 正像生活巨流在其他自然之中的显现不可能同它在人类生活中的实现相同, 它在你之中的实现与在我之中的实现也是不同的。假如本性是内在根源,那么我们每个人必须遵循内在的东西;这是没有前例可援的。我们不应当期望发现那些外在的模式。

这曾经是一个有巨大影响的思想。表现性个体遂成为现代文化的一个基石。它对我们是如此重要,以至我们发现难以接受它是人类历史中非常新近的、在早期难以理解的观念。此外,这种作为天命的独创性的观点并不仅仅在个体之间成立。赫德尔也曾利用它阐述民族文化的概念。不同的民族(Volker)有他们自己做人的方式,因而不应当背弃这种方式而模仿别人。(尤其是,德国人不应当模仿法国人。但是赫德尔也是一个早期热烈的反殖民主义者)。这是现代民族主义的初始观点之一。

关于人类生活的表现主义观点,自然伴有对艺术的新理解。假如表现从两种意义上来定义,即阐明与造型,那么最重要的人类活动也将带有这种性质。人类实现他们本性的这种活动也将在这两种意义上加以规定。

正是艺术充任了这一适当位置。在我们以表现主义概念塑造的文明中,艺术在我们的精神生活中占据了重要位置,在某些方面代替了宗教。我们在艺术的原创性和创造性面前所感到的敬畏使艺术达到了神圣的边缘,这反映着创造和表现在我们对人类生活的理解中具有的关键位置。

但是,在获得中心地位中,艺术也是被一再解释的。假如对自我的界定就是使尚未完全确定的东西达到充分的定义,假如实施这一点的
377 典型手段是艺术创造,那么艺术就再也不能在传统意义上来定义了。传统理解把艺术看作是模仿。艺术模拟现实。这就自然留下了大量严重的问题亟待解决:尤其是,要模仿哪一种及什么层次的现实。是我们周围的经验现实?还是更高形式的现实?它们之间是什么关系?但是,新的理解认为艺术不是模拟,而是在这里所讨论的这种意义上的表现。它在显现某物的同时实现它,完成它。

M.H.阿布拉姆斯在《镜与灯》[13]中很清楚地描述了这种转变。从模拟到表现的转变,在浪漫主义时期之前是暗自进行的,并且事实上贯穿了整个十八世纪。它哺育了许多事物:在某种程度上,对情感的新的评价赋予了情感的表达以更高的意义;同样地,在某种程度上,表现主义呼声中关于语言和文化起源的新概念使以下观点变得可信:最早的语言是诗意的;早期的人们用比喻说话,因为他们发自内心;对情感的自然表达就是诗。这很容易同原始主义情感融合起来,后者认为最早、最原始的诗也是最纯粹的。对早期粗犷的、未被损害的、表现强烈的诗歌的赞赏,兴起于十八世纪后半期,它使人们转向民间诗歌(对此,赫德尔起了尤其重要的作用),也转向休谟、希伯来语圣经,乃至完全虚构的作家"莪相"('Ossian')。在十八世纪七十年代,美学方面有影响的作者,比如

⑬ 《镜与灯》(New York:Oxford University Press,1953)。

说威廉·琼斯爵士及J.G.苏尔泽,已经宣称亚里士多德的模仿理论就诗歌来说是错误的。[14]但是,需要更进一步的东西来产生浪漫主义时代的艺术概念,那就是我称之为以本性为根源的观念。它超越了诗歌主要是情感的表现这一信条,导致了一场道德观的革命,并以此赋予表达以巨大的意义。现在正是使我们作为人而得到实现和完成的东西,使我们摆脱了分解式理性麻木不仁的控制。这场革命并不仅仅把表现主义的解释从诗歌(当然还有音乐,它在其中总是有一定位置)扩展到普遍的艺术,而且将艺术本身在人类生活中的地位提升到一个新的、崇高的位置。表现主义的艺术理论把人和自然纳入表现主义的概念中,以此来赋予人类乃至宇宙决定性的意义。

宇宙的范围扩展到了这样的程度,我们不仅把根源看作我们的内在本性,而且也把这种根源同生命或存在的巨大洪流联系起来,正如浪漫主义时代大多数伟大的作家所做的那样。自文艺复兴时期以来,作为创造者的艺术家发展起来的主题,以新的强度得到张扬。艺术家与其说是模仿自然不如说是模仿自然的创造者。艺术家的创作并不是对现象上先在的某种事物的模仿。类似地,艺术作品与其说是显现在它之上的某种可见的事物,不如说把自我构造为显现的场所。雪莱引用文艺复兴 378
时期新柏拉图主义者的语言,说诗歌是"依照人类本性不可更改的形式进行的创造活动……它使我们成为世界的居民,而这个为我们所熟知的世界却是一团糟……通过让因为重申而减弱了的印象重现,它重建了那个已经在我们的思想中彻底摧毁了的宇宙"。[15]在这里创造即是显现,或改观。华兹华斯也阐发了某种类似的思想,他说,

> 个体心灵多么精妙地

[14] 见阿布拉姆斯《镜与灯》第4章中关于这些发展的讨论。

[15] 引自阿布拉姆斯:《镜与灯》,第282页。

……切合于外部世界：——
外部世界也多么精妙地
……
切合于心灵
而创造力(不能用更低的名称能称谓它)
的混合可以成就这种
才华[16]

赫德尔说得更直率："艺术家已成为创造者上帝"。[17]或许那些更敏锐地捕捉到生成和显示的混合的浪漫主义艺术家的形象，是占卜者和预言家的形象。通过艺术，隐蔽于自然之中的、未曾揭示的东西显现出来。"Jeder Künstler ist Mittler für alle übrigen"("艺术家是万物的使者")。[18]在雪莱看来，诗"揭去了世界的那块熟视无睹的幕布，袒露出作为其形式之灵魂的赤裸沉睡的美"。[19]作为人类精神世界的使者，艺术家可被看作是一个神父，正如施莱尔马赫所看到的，

> ein wahrer Priester des Hochsten, indem er ihn denjenigen naher bringt, die nur das Endliche und Geringe zu fassen gewohnt sind, er stellet ihnen das Himmlische und Ewige dar als ein Gegenstand des

⑯ 《远行》("The Excursion")前言，第2章，第63—71行。

⑰ 引自T.托德洛夫：《象征论》(Théories dusgmbole) (Paris: Seuil, 1977)，第185 页。

⑱ F.施莱格尔：《思想》(Ideen)44，载于《批评集》(Kritische Schriften)，第91页；莉莲·R.福斯特译，引自福斯特《浪漫主义透视》，第321页，注18。

⑲ 雪莱：《为诗歌辩护》(Defense of Poetry)，载于《全集》(New York: Gordian Press, 1965)，第7卷，第137页。诺瓦利斯也把自己看成是提高精神世界高度的人，但他也强调诗人通过想象来评论、变革、美化这个世界。"我是中心，是神圣的泉源"("Ich bin der Mittelpunkt, der heilige Quell")；《亨利希·冯·奥夫特廷根》(Heinrich von Ofterdingen)，载于《全集》，第1卷，第31—322页。

Genusses und der Vereingung.

至高无上者的真正神父，他使上帝贴近于那些习惯于仅仅抓住有限和渺小事物的人；他把天国和永恒向他们展示为快乐与完整的目标。[20]

但是，正如我们在前面所讨论的，这种揭示并不仅仅是已经表述了的东西的复制，显现需要表达。这就是为什么这一时期的作者给创造性 379
的想象以如此重要地位的原因。正是在十八世纪出现了再现性想象和创造性想象之间的区分。前者仅仅是在内心回忆起我们经历过的情形，或许加入了新的方式；而后者则产生某种新的、未曾出现过的东西。这种区分在浪漫主义时代变得尤为重要 。在其对“想象”(仅仅再现的)和真正的想象的著名的区分中，柯尔律治明确论述了这一点。

我坚持认为，原初想象是生存的力量和所有人类感知能力的第一动因，因而是的本质的无限的永恒行动在有限的心灵中的复现[21]。

一旦我们认识到艺术是表现而不仅仅是模仿，创造性的想象就成为我们赋予自己的一种能力。对现实的显现还包括了对新形式的创造，这些形式表达着某种未成形的观点，而不是简单地再现已经存在的形式。这就是为什么浪漫主义时期形成了独特的象征概念。和寓言不同，象征提供了一种语言形式，在这种语言中，我们以其他方式不能触及的东西现

---

⑳ F.施莱尔马赫：《关于宗教》(über die Religion)(Berlin：Realschulbuchhandlung，1806)，第9页；福斯特：《浪漫主义透视》，第335页，注83。

㉑ 柯尔律治：《文学传记》(Biographia Literaria)(London：Oxford University Press，1954)，1202。

在变为可见的。寓言指出一种现实,这种现实我们也可以直接地谈及,而象征允许它所表达的东西进入我们的世界。它是显现以其他方式无法显示的事物的场所。正如A.W. 施莱格尔指出的:“Wie kann nun das Unendliche auf die Oberfläche zur Erscheinung gebracht werden? Nur symbolisch, in Bilden und Zeichen”(“无限的事物又是怎样显现出来的呢?只有以图画和符号,象征性地显现”)。[22]柯尔律治持有同样的思想。他这样定义象征:“通过个体中特殊的半透明状态来刻画其性格……首先是通过尘世的或在尘世中由外在的半透明状态来塑造形象”。[23]象征不能与它所揭示的事物相分离,而外在的符号是能够与它所指的事物相分离的。象征“总是分担着它使之易于了解的现实;而之所以能够清楚明白地表明整体,正在于它是它所表示的整体中的有机组成部分”。[24]或者说,完美的象征“存在于它所象征和比喻的事物之中,正如水晶存在于它所放射的光芒之中,像它的光芒一样透明”。[25]

这种象征概念奠定了艺术作品内容和形式完美统一的理想的基础。柯尔律治“半透明”的比喻使这一关系易于理解。在一件完美的艺术作品中,“内容”——一首诗的语言或一件雕塑的材料——应当被完全地融进显现之中;相对地,被显现的只能存在于符号中,而不能简单地指向一个其本性能够以其他媒介来规定的独立客体。这种完美象征概念的根源之一,是康德的第三批判以及他的美学对象是一种目的的显

㉒ A.W.施莱格尔:《戏剧艺术和文学教程》(Vorlesungen über dramatische Kunst und Literatur)(Heidelberg:Mohr & Winter,1817),第91页。

㉓ 《政治家手册:华兹华斯、柯尔律治和雪莱的政论》(Statesman's Manual:Political Tracts of Wordsworth, Coleridge and Sheller)(Cambridge:Cambridge University Press,1953),第25页。

㉔ 引自《政治家手册》,引自M.H.阿布拉姆斯《通信者的闲话》(The Correpondent Breeze)(New York:Norton,1984),第221页。

㉕ 引自夏尔·罗泽纳和亨利·泽尔纳:《浪漫主义和现实主义》(Romanticism and Realism)(New York:Norton,1984),第26页。

现的观点，而对这种目的还未找到令人满意的概念。这种观点深深地影响了席勒，并通过他影响了整整一代人的美学观。[26] 380

将这种对艺术新理解的兴起，视为要在人类生活的新表现主义概念中占有一席之地，这是很诱人的。但是，同时还有一些其他的转变。尤其是对宇宙秩序概念的信念的逐渐消退，这种秩序的本性能够独立于我们生活中的本性的实现或显现而被确定或理解。在实体逻各斯基础上建立的旧秩序不再被接受。即使是更近一些的，十八世纪关于内在连结的目的秩序也变得难以置信了。这可以部分地归结为前一章中所提到的因素：反邦葛罗斯主义的力量；唯物主义观点的兴起；以及新的科学发现，它把宇宙置于剧烈变动的时间坐标之中，从而使早期的、安逸的和谐图景相形见绌。

但是，对浪漫主义和表现主义观点来说，还有一些特别的原因。内在相连的宇宙与前道德的目的的和谐观念(the notion of premoral purposes)密切相关，这种和谐观念是启蒙运动的人本主义的万物图景的一部分；对那些感觉到这种人本主义欠缺的人来说，这是越来越不可接受的。取代这种内

---

[26] 见席勒《美育书简》(Letters on the Aesthetic Education of Man)，双语版，E.M.威尔金森和C.A.威洛比编译(Oxford：Oxford University Press，1967)。福斯特在她的《浪漫主义透视》中作了有趣的观察，同样是强调想象，但法国浪漫主义作者在细节上却与德国和英国的浪漫主义者不一样。毫无疑问，必定涉及他们关注于对本性毫不经意的描绘，以及对可靠情感的表达，这与对宏大自然现实的表述相对照。象征对他们并不起关键作用。但是，福斯特指出，在某种程度上，这个世纪后期的象征主义作家——奈瓦尔、波德莱尔、马拉美、兰波——首次把英国和德国的浪漫主义完全转换为法国文化，而且把它作为他们自己的新起点。波德莱尔不给想象以中心地位，这与他的早期浪漫主义同胞不一样，例如，诺瓦利斯；见同上书，第287—288页。又见H.G.伽达默尔《真理与方法》(Wahrhit und Methode)(Tübingen：Mohr，1975)第66—67页中关于这样象征概念发展的讨论。就对象征是后浪漫主义文学的中心这种观点的批评，见保罗·德·罗《短暂性的言语》(“The Rhetoric of Temporality”)，载于他的《盲目性与洞察力》(Blindlness and Insight)(Minneapolis：University of Minnesota Press，1983)。

在连结秩序的，是浪漫主义的贯穿自然的目的与生命进程的观念。

在某种意义上，浪漫主义观念脱胎于和谐化的自然神论的秩序。我们在第十六章看到蒲柏怎样把这种目的的和谐一致诗意地表达为爱。[27]以这种方式，蒲柏指出了这种观点的渊源，从沙夫茨伯里追溯到菲奇诺和佛罗伦萨柏拉图主义，这些也是浪漫主义自然观的根源。但是，对蒲柏来说，爱与秩序是联系在一起的，秩序的连贯性原则对不动情感的理性来说早已是显而易见的。这是自然的循环，其中每一事物都为另一事物所用（“植物枯黄死去，但生命仍在继续”）。[28]比较而言，浪漫主义的秩序不是根据分解式理性可以把握的那些原则组织起来的。它的秩序原则不是普遍有效的。毋宁说，它本身是一个谜，人们只有参与其中才能充分地领会它。爱也是这样，你只有投身其中才能懂得它。旧的合乎理性的而又不言而喻的自然和谐观点让位于一种爱或生命之流的新观点，它既与我们密切相关，却又难以理解。“Nah ist/Und schwer zu fassen der Gott”（“上帝，咫尺之遥/又难以领悟”）。[29]

但是，如果万物秩序的存在并不是外在地为艺术模仿，那么它必定能够通过发展一种新语言而得到探究和显现，这种新的语言能够使隐秘的、没有被充分认识的东西得到显现。

厄尔·瓦色曼已指明，旧的秩序连同它所建立的意义背景的衰落，
381 如何使浪漫主义发展新的诗意语言成为必需。例如，蒲柏在他们《温莎森林》中，把古老的自然秩序观点作为诗意形象通常有效的根源。在雪莱看来，这一根源不再是有效的了，诗人必须表达与他自身相关的那个世界，并使之可信：

㉗ 亚历山大·蒲柏：《论人》(An Essay on Man)，第3卷，第7—26行。

㉘ 蒲柏：《论人》，第3卷，第15行。

㉙ 荷尔德林的《柏拉图》开卷语；英译来自弗里德里希·荷尔德林：《诗与断想》，迈克尔·汉堡译(London：Routledge，1966)，第463页。

> 直到十八世纪末，仍然有一些具备足够同质的智力的人共享着特定的假设……在不同程度上……人们接受了……关于历史的基督教式解释，自然万物有灵论，存在的巨大链条，创造物的各种不同层次上的类似性，人作为小宇宙的概念……这些是公众领域的宇宙句法；诗人使人们认为他的艺术是对“自然”的模仿，因为他所谓的“自然”就是指这些模式。
>
> 到了十九世纪，这些世界图景被淘汰了……诗歌概念从模拟到创造的转变并不仅仅是一种批评或哲学现象；……现在，……要求诗人承担附加的阐释活动……在此行为中，现代诗歌必须既阐释它自己的宇宙句法，又必须形成该宇宙句法所允许的自主的诗意现实：“自然”，曾经是先于诗歌并为诗歌所模仿的，而现在在诗人的创作中与诗歌一同产生。[30]

浪漫主义诗人阐述了一种独创的宇宙观。在《序曲》、《莱茵河》或《回家》中，当华兹华斯和荷尔德林描述我们周围的自然世界时，他们的表现不再以现存全部的相关范围为基础，就像蒲柏在《温莎森林》中所做的那样。他们通过自然使我们意识到某种东西，对此还没有过恰当的词语表达它。[31]诗歌本身为我们找到了这些词语。在这种“精妙的语

㉚ 厄尔·瓦色曼：《更微妙的语言》(Subtler Language) (Baltimore: Johns Hopkins University, 1968)，第10—11页。

㉛ 因此，华兹华斯说他

> 站着，
> 即使在风暴将至的漆黑夜晚，
> 在岩石下面，聆听那
> 古老土地幽灵的语言，
> 或使其随风远去。
> [《序曲》("The Prelude")，第2卷，第307—311行]

这首诗通过使我们聆听那“幽灵般的语言”，自动地产生这些想象。

言”——借用雪莱的术语——中，某些东西就在显现的同时被定义、被创造。在文学史上自此划了一道分水岭。

十九世纪早期，绘画领域发生了相似的事情。例如，卡斯帕·戴维·弗里德里希摆脱了传统的圣像画。他放弃了广泛认可的惯例，转而在自然中寻求一种象征主义。他的志向是让“自然的形式直接说话，通过它们在艺术作品中的序列显示它们的力量”。[32]弗里德里希还追求更微妙的语言；他试图说出某些还没有恰当的术语能够表述的东西，它们的意义要靠他的工作去寻求，而不是在已有的字典中去查找。[33]他立足于十八世纪后期我们的情感与自然景物密切相连的认识之上，但试图阐明比主观反应更多的东西。“情感永远不会与自然相悖，总是与自然一致”。[34]

382

第三节

关于启蒙运动的自然主义的缺陷，我已经考察了两种反应：康德的自律理论和把本性看作根源的思想传播运动。在典型的自然神论和自然主义看来，这两种反应似乎都缺乏正确的道德维度。但是他们遵循着不同的、相反的道路。

康德要恢复道德的完整性，他在性质完全不同的动机之中看到了这一点。受这种动机推动就是自由的，但它也需要与自然的严重脱离，这种分解在某种意义上比自然主义的启蒙运动所设想的还要偏激。以

㉜ 罗泽纳和泽尔纳：《浪漫主义》(Romanticism)，第58页。这一章中包含了关于浪漫主义渴望成为自然的象征主义的极好讨论。

㉝ 同上书，第68页以下。

㉞ 引自上书，第67页。罗泽纳和泽尔纳通过康斯特布尔的话与这一观点联系起来：“对我来说，绘画只不过是表达情感的另一种语言”。

本性为根源的理解走了一条不同的道路。它也同样意味着要挽救道德的维度，但却发现它就在自然本身的冲动之中，我们切断了自己与它的联系。两者是相反的过程：康德把本性同理性分割开来，似乎很大程度上是对典型启蒙运动的本性是根源的观点的否定。在康德主义者看来，把自然擢升为根源必定与功利主义一样，是他律的。但是，二者之间也存在着深奥的联系，有必要把它们结合起来。人们可以在康德那里看出这种迹象。他的第三批判既是对正在成长的表现主义美学的回应，也是其发展过程中一部重要的颇具启发性的著作。这种抱负在十八世纪九十年代变成普遍的：自律必须与自然的统一和谐一致；康德必须和斯宾诺莎结合起来；这些就是口号。例如年轻的谢林在此间发现了自己的任务。我既想简明地考察对统一性的反对，也想考察对它的渴望。

两种观点都是因为感到典型启蒙运动的自然神论和自然主义有所欠缺而作出的反应。对自然神论和自然主义来说，正如我前面说过的，二者的共同点就是都缺乏正确的道德尺度。这种缺陷可以用现今已经很流行的方式加以描述，它们都是“单向度的”。[35]

但是，这并不意味着在实质的道德问题或政治选择上有差异。康德主义和功利主义都倾向于自由主义观点，信仰人道主义和自由主义政治。大多数拥护自然是根源观点的人也是如此。在浪漫主义者之中有一些反动派；主要的问题在于自由的性质——它应当被看作是“积极的”还是“消极的”——这使卢梭的追随者们同霍布斯、洛克、边沁的追随者们分隔开。这些政治的差异建立在形而上学之上，而在其理论中并不需要形而上学。我们在洪堡那里看到根据表现主义观点为个人自由所作的精神辩护。[36]而孔德的实证主义是十九世纪保守思想的重要根源。

---

[35] 赫伯特·马尔库塞：《单向度的人》(One Dimensional Man)(Boston：Beacon Press，1964)。

[36] 威廉·冯·洪堡：《关于政府行为的局限》(On the Limits of State Action)(London：Cambridge University Press，1969)。

弄清楚作为单向度的启蒙观点，就是要看到这种观点没有给使得生活有重大意义的问题留有位置。人类生活似乎仅仅是欲望的满足,而作为强烈地评价这些欲望或目标是否值得满足的基础看来却遗失了。自然主义特别容易受责难,因为它明确地企图颠覆传统的特征,这些特征构成了强势评估的较早形式的基础。正如我在前一章讨论过的,它极端地依赖于它自己对于人类生活意义的隐含认识，而要公开表达这种重大意义却有巨大阻力。

鉴于这种现代自然主义的觉醒，鉴于它对强势评估的传统基础的揭露,人们开始普遍怀疑是否存在这样一个基础。似乎有必要问一问,人类实现具有特殊重大意义的概念是不是一种宽慰人心的虚构，一种我们的情感在现实上的投影，是否它是作为无关宏旨的哲学臆测或作为令人苦恼的问题产生的。然而,整个启蒙运动的伦理学需要有某种重大意义的概念。

康德的观点在理性主体极端自律的观念中找到了它的第二个维度。仅仅作为欲望实现的生活不仅是肤浅的,也是他律的。这种批判是源自一组理论的观点,这些理论根据自由规定人类的尊严。有充分意义的生活是自我选择的生活。

表现主义理论在本性是根源的观点中看到了他们的第二维度。工具理性的生活缺乏与自然冲动相联系而产生的力量、深度、震撼和狂喜。但更糟的是,不仅缺乏这点,对自然的工具性立场还构成我们获得它的障碍。

工具性立场涉及我们客体化的自然,就像我在前面所描述过的,这意味着把客体化的自然看作是万物的中性秩序。这也就是说,万物为什么以这种秩序排列并不值得考虑，也不影响这样或那样善良生活的定义,只是与从别的什么地方得来的某些价值前提相关。在对某物的客体化或中性化过程中，我们宣布了与它的分离，宣布了我们道德上的独立。自然主义的中性化自然,既在我们之外,又在我们自身之中。

正是这种分离的立场阻碍着我们。它阻止我们向自然的冲动开放，无论是内在的还是外在的。对启蒙运动的分解进行的最猛烈的攻击之一是：它造成了人与自然之间的障碍和分裂；[37]甚至更严重地说，人类自身内部的障碍与分裂；还有更进一步的后果，即人与人之间的障碍与分裂。后一点似乎出于两种原因：首先是原子主义与自然主义的联姻；其次，对事物的纯工具性的态度不允许有比分享特定的共同工具更深层的社会联合。

因此，在浪漫主义时代遗留给我们的伟大追求之中，这些都趋于重 384
新统一：把我们带回与自然的紧密联系之中，弥合理性与感性之间的内在分裂，克服人与人之间的分离，并形成共同体。这些追求依然生机勃勃：尽管浪漫主义的自然宗教已经消亡，但我们从内在和外在向自然开放的信念依然具有强大的力量。今天，工具理性与对自然的这种理解之间的战争，在生态政策的论争中依然很激烈。在关于环境污染及资源耗竭的威胁的争论的背后，是这两种观点的对抗。有人在运用工具理性对客体化宇宙进行傲慢统治之中看到了人的尊严。假如存在污染或生态限制问题，将以技术手段加以解决，也就是工具理性更好更深入的运用。

另一些人在对自然的这种态度中看到了对我们在万物中地位的半盲的否定。我们应当认识到，我们是巨大的生物链条的一部分，我们的生命源于此也存在于此。对这点的认识涉及承认我们对这一巨大链条的一定的忠诚。这个概念就是与其他生物分享相互依存的生命系统创造了结合的力量：一种存在于生命过程中的休戚与共。与生命相协调即承认这种休戚与共。但是，这与在生态问题上采取纯工具性立场是不相

[37] “因此，一切真正哲学的基础是对差异的充分理解……当我们拥有自我时，对事物的直觉就产生了，当我们视为整体中的一员……正是它使之产生……我们把自己身视为分离的存在，把自然置于思维的对立面，就像主体之于对象，思考之于事物，生命之于死亡那样”；华兹华斯：《朋友》(The Friend)，3卷本(London，1818)，第3卷，261—262页。

容的。

从相反方向考虑，采取工具性态度是对这种协调要求的否定。它是一种分离，是关于我们的道德独立和我们自足的先验陈述。

这两种精神观之间的争论起始于十八世纪，至今仍在继续。尽管有浪漫主义关于生命之流或全体自然学说的存在，这种争论作为整体已完全消失了。正如启蒙运动的人本主义没有延续到它的自然神论形式中，而是存在于自然主义之中一样，作为根源的自然观念不再指上帝或世界中的宇宙精神，而是仍然很生动地要求我们从内在及外部向自然开放，与自然协调一致。这种自然精神的信念的丧失本身，自然而然地成为危机和困境的诱因。但是，对自然是根源的理解依然存在，尽管它赖以成立的基础已经非常不确定和成问题。

精神观之间的这种争论，已经深深地嵌入发达工业化资本主义社会的内在矛盾之中。工具理性在这种社会的制度和实践中扮演着如此重要的角色，以至无论什么动摇了我们对这一精神立场的信心，都会在
385 当代这个发达社会中造成深刻的危难。资本主义的其他危机和困难与这种精神危难之间存在着互为因果的循环关系。这一点我在别处已试图加以探索。[38]

在某种程度上，我发展了表现主义启蒙运动的自然主义的批判。但是，我们可以看出表现主义与康德主义也是矛盾的。它也会被指责为使我们与外在的自然及我们的内在本性相分裂。实际上，这两点指责似乎更为有力地与康德主义观点相关联，正是这一观点标志着自由和自然之间的尖锐对立和分离。而且事实上，康德在浪漫主义时期就艰难地承担了这项任务。

但是，值得注意的是以某种方式对这两种批判进行结合的尝试。有

㊳ 见我的《合法性危机?》(“Legitimation Crisis?”)载于《哲学与人类科学》(Philosophy and the Human Sciences)(Cambridge: Cambridge University Press, 1985)。

很好的理由说明这种结合恰好深入进二者的根基。不仅因为它们的出发点是共同的，即针对典型启蒙运动的肤浅性。它们还具有重要的密切联系，二者都是内在化的结果，二者都试图置根于内部。二者因此表明了它们对卢梭主义的继承关系，并使自由成为核心的善。正因如此，对来自对方的批判，二者都表现出它们的脆弱性。

正因为是一种自由的理论，康德主义的道德哲学发现难以忽视这种非难：理性主体并不是一个完整的人。这并没有使康德改变他的自主定义，但他也确实看到理性与自然之间的两极对抗多少是不令人满意的；道德和自由的要求指向理性和自然应当再次结盟的实现。这种情形被第二批判定义为至善，在此情形下美德和幸福是协调一致的。[39]《人类起源臆测》的几行文字，指向了另一种重新统一。在那里，讲到我们现在看到的文化与自然之间的冲突之后，康德谈到了未来，那时，"vollkommene Kunst wieder Nature wird：als welches das letzte Ziel der sittlichen Bestimmung der Menschengattung ist"（"完美的艺术再次成为自然；这是人类道德命运的最终目标"）。[40]

并且，也正是因为这样一种自由理论，自然是根源的观点不能忽视之一点：仅仅沉浸在与自然的统一之中，是对人的自主性的否定。这就是为什么这一时期从表现主义浪潮中涌现出来的伟大思想家都力求将极端的自律和表现的统一结合起来，例如，就像我们在席勒、荷尔德林、黑格尔那里看到的。

这种概念提出，理性是对自然的必要违反；人们这样做是为了发展他们理性和抽象能力。席勒在他的《美育书简》[41]中指出了这一点，荷尔

[39] 康德：《实践理性批判》(Kritik der praktischen Vernunft)，第2卷，第1节，载于《康德著作集》，柏林科学院版，第5卷，第107—110页。

[40] 康德：《人类历史起源臆测》("Muthmasslicher Anfang der Menschgeschichte")，《康德全集》，柏林科学院版，第8卷，注116。

[41] 席勒：《美育书简》，第6封，第6段。

386 德林在他的《许泊里翁断想》[42]中也指出了这一点。人类的命运是在更高层次上回归自然，这一信念产生了理性和欲望的综合。通过分离的途径,最初单一的统一在理性和自然分离之中开辟它的道路,并在和解中结出果实。荷尔德林在《许泊里翁》中呼唤这种统一的回归：

> Wie der Zwist der Liebenden,sind die Dissonanzen der Welt. Versohnung ist mitten im Streit und alles Getrennte findet sich wieder.Es scheiden und kehren im Herzen die Adern und einiges, ewiges,glühendes Leben ist Alles.

> 正像恋人之间的争吵是世界的不和谐音符一样，和解存在于冲突之中,所有分离的事物再次聚合起来。血流离开心脏又回归心脏,所有事物是一个和谐的、永远闪烁光辉的生命。[43]

关于自然是根源的表现主义哲学倾向于发展一种历史理论，认为历史是一种螺旋式上升过程，从最初的无差别的统一性，到理性与感性、人与人之间相互冲突的分裂，再到第三阶段更高层次上的重新统一。其中第二阶段中的成果,理性和自由充分地保留下来。这种结构很明显地植根于基督教所描绘的拯救历程之中,从最初的伊甸园,经过堕落,最终是赎罪。但是,它与形成于犹太—基督教思想的,而且正获得政治相关性的千年盛世思想有着更紧密的联系。

十八世纪末期是第三个发展阶段,这个阶段也部分地归功于卢梭,并且把善恶两极引入启蒙运动的思想之中。这就是所谓的现代政治救

㊷ 在《黑格尔》第1章中,我就这一问题作了详尽讨论。

㊸ 引自理查德·安杰尔:《荷尔德林诗集》(Holderlin's Major Poetry)(Bloomington: Indiana University Press,1975),第21页;安杰尔译。

世主义。[44]我认为这种精神，例如在法国大革命的激情的顶点得到明显反映——新的纪元正在降临，表现为对新历法的采用。千年盛世论，如果更正面地表达的话，在西方文明中有着悠久的历史。它可以追溯到中 387
世纪和菲奥雷的约阿基姆的作品中，他预言第三个时代，圣灵的时代将要到来接替前两个时代：圣父时代(旧约全书时代)和圣子时代。这将是一个灵性的时代，是人类生活的高级形态，是万物达到极致前的准备。千年盛世论的某些期待，即一组万物的最终命运的观念，建立于中世纪，经过时间的推进由异端派别所激活。这个景象通常包括光明与黑暗力量之间的斗争，基督与反基督之间的斗争，之后就是正义的千年统治，最后才是终极完美。[45]

千年盛世的景象描绘了一个危机时刻，尖锐的矛盾将来爆发，世界从未像现在这样分化为善与恶两极，这是痛苦与磨难激增的时刻。但与此同时，它又允诺着对邪恶的空前胜利，以及一个史无前例的幸福与神圣的新时代。

这个景象的根源，深深植根于犹太教和基督教的宗教传统中，以及一直隐匿着的救世期待之中。它们时不时地出现于中世纪的欧洲，规定着危机和反叛意识，以及对激进的新时代的期盼。它并没有随着中世纪的结束而结束。千年盛世的期待在基督教改革运动中也起了作用——例如一五三〇年时代的明斯特起义中。它们再次出现于英国内战的某些参加者之中。第五君主国派依据出自《但以理书》的另一圣经预言，把它们规定为：上帝的统治战胜了世俗国王的统治。

我们在法国大革命中看到了与千年盛世期待一样的框架，但第一次被世俗化了。又是一幅危机的图景，由善恶力量的空前的两极化所引

---

[44] 见J.L. 塔尔蒙：《极权主义民主的起源》(The Origins of Totalitarian Democracy)(London：Secker & Warburg，1952)，以及同一作者的《政治救世主义》(Political Messianism)(London：Secker & Warburg，1960)；尽管塔尔蒙涉猎的广度比我宽泛。

[45] 见瑙曼·科恩：《探求千年盛世》(London：Secker & Warburg，1957)。

发,导致激烈的矛盾冲突,并将开创一个史无前例的善的新纪元。简言之,作为一种危机和矛盾的不可避免的结果,我们的磨难将急剧增长。

这些期待的某些世俗内容来自启蒙运动的人本主义。这将是一个理性和仁慈、自由和人道主义、平等和公正的新时代。但是,它需要比启蒙运动的自然主义更丰富的某种东西作为基础。两极分化的图景要求更强有力的善与恶的观点，而不只是以启蒙了的和蒙昧的自我利益之间的差异为转移。因此我们发现,在这场革命的高潮时期,卢梭的语言走到了前列。这是一场以美德、爱国主义及自由为一方与以堕落、背叛及专制为另一方的战斗。这场革命带来了新纪元的希望,这不是因为它设想最终以理性形式构造社会,毋宁说希望在于,一旦腐败的专制官员被清除,就召唤出有德之士潜在的巨大仁爱之情。在革命的时代,对未受腐蚀的自然的善良性质有一种卢梭主义的信念，而对在一个现代大国恢复与自然的联系是如何不可能,却没有卢梭那敏感、甚至绝望的感觉。

388 千年盛世论的期待与其说是一种学说，不如说是产生于革命斗争最激烈时期的一种精神状态。而且不只是在法国,实际上,它们在英国和德国表达得更明确,在这两个国家有着更强劲、更新的千年盛世论传统。在其比较保守的晚期,骚塞描述了革命时刻他的感受:“旧事物好像都消亡了,除了人类的新生以外不再有其他梦想”。普里斯特莱,一个极端分子和惟一神教徒,在革命中看到了圣经预言的实现,预见到“太平盛世,世界未来的和平与幸福状态的到来”。[46]

在德国,真正的革命仅仅作为一种引进,伴随着法国军队的入侵而发生的,千年盛世的期望得到了哲学的阐发。在这个阐发过程中,千年盛世的期望被改变了,反映的与其说是启蒙运动的过激期望,不如说是表现主义关于本性是根源的理论。出现了我上面描述过的关于历史的

㊻ 引自阿布拉姆斯:《镜与灯》,第47、51页。

螺旋式发展观点，认为我们打破了自身原初的一体化而汇入巨大的生命之流之中，并进入一个分离与对抗的阶段，然后又在更高层次上归于统一。

我们发现这种观点在席勒那里得到阐发，又为包括谢林、荷尔德林、黑格尔这些人在内的其他人所采纳。起先，这引起了对剧烈变化的最直接的期望。这种哲学与一种危机感以及法国大革命所形成的新的可能性相结合，而这种哲学在一定程度上是由法国大革命所激发的。它定义了一种新的政治和文化观，而德国是它的发起者。在黑格尔一八〇七年的著作《精神现象学》的字里行间，我们可以看到这种焕发着光辉的期望，尽管这种变革看上去似乎与政治无关。在黑格尔的晚期，那种进行急迫的激进变革的意识消失了。但是，仍然保留了关于新的更高级时代的概念，而这个时代已渐露端倪，已经显现出一种新的更先进的政治形式，而且伴随着宗都和哲学文化的诞生。

黑格尔综合了整个西方千年盛世论的传统剧本，但是以一种变化了的、哲学的形式进行的。世界的历史有三个时期，不断加剧的矛盾造成的危机横在新时代的入口处(很幸运，它如今已经以革命及战争的形式被抛在了我们后面)，还有新的更高级的革命。在这种哲学变革中被丢弃的理所当然是善恶之间最后的战斗，以前者的完全胜利而告终的战斗。黑格尔主义的战斗从来不是在善和恶之间进行的，而是在善的两种要求之间进行的，它强调是综合而不是完全的胜利。

而马克思在他对螺旋形态的继承中又恢复了这种两极对立和完全的胜利；政治的千年盛世论变成现代文明和历史的主要力量。在别处[47]我已尽力表明，马克思的异化理论和他的解放观是如何既建立于启蒙运动的人本主义又建立在浪漫的表现主义之上的，因而最终是建立于 389
本性作为根源的观念之上的。

---

[47] 见我的《黑格尔》，第20章。

第四节

以本性为根源的表现主义理论，发展了它们自己的历史概念和人类生活的叙述方式，二者都存在于个体生命是如何向自我发现延伸的，以及个体生命是如何与整个人类的故事相符合的。这种方式之一是我曾描述过的螺旋形态。但是，关于支离破碎和精神枯竭的现代启蒙文明的批判，也许会产生一种悲观情绪，认为世界从古代较富足的时代不可逆转地衰落了。这种情绪可能引发一种对过去完美时代的怀旧之感——通常认为是中世纪。

两种方式都打破了启蒙运动的叙事方式。虽然“乐观的”螺旋式观点在某些方面与进步的信念类似，但在另一方面却与之完全对立。在类似的程度上，它指向了更高级、更美好的未来；但就其两极化而言，就分离与重整的戏剧性而言，却是非常不同的。孔多塞所提出的人类进步的直线型发展图景被彻底否定了。那些能够以直线方式取得进步的东西——科学知识、技术手段、财富——远没有被作为真正的善而接受。

而且关于生命成长的图景与它给予其中心地位的自我发现是完全不同的。在自我探索方面，表现主义的革命对现代后奥古斯丁主义的内在性进行了惊人的拓展。作为第四编的主题之一，我们已经尽力解释了我们对内在深度的现代理解，但只有现在我们才能够充分理解到底什么构成了它的基础。在笛卡尔和蒙田对奥古斯丁主义的改造中，在分解式自我重构的实践以及宗教和道德的自我探索之中——这些都产生于现代的早期阶段——我们能够发现内在性的强势定位的基础。但是，只有借助表达我们内在本性的表现主义观念，我们才能够理解把这种内在领域解释为具有深度的根据，也就是说，这一领域比我们曾经能够表达的还要深远，而且它仍然超出了我们所能够清楚表述的最远点。

这种对心灵的考察应当包括一个广大的探索领域，这当然并不是一个新观念。在柏拉图主义传统中就已经出现过,但这一领域不是一个“内在”的东西。要理解心灵,我们就要深入考虑那些心灵置于其中的秩序,事物的普遍秩序。后表现主义时代的新颖之处在于,它认为这一领域是内在的,也就是说,它只向涉及以第一人称的立场所进行的探索方式开放。这就是把声音或冲动定义为“内在”的意谓所在。

当然,奥古斯丁有类似超出我们想象力之外的某种“内在”东西的 390
概念:我们的“回忆”。但它的基础是上帝;要想进入我们回忆的深处,就必须超出我们自己之外。以上帝的眼光,从我们外部来看,这正是我们能够达到我们作为一个人的最终完整性之所在。正如我们已经说过的,奥古斯丁的内在性导向更高的存在。在本性是根源的哲学中,永不枯竭的领域完全是内在的。对我们作为存在的根源进行挖掘达到了这样一种程度,使我们超越自身,从而回归我们由之产生的更广阔的自然。但是,我们只能通过我们的内在之声接近于达到这一点。这个自然,不像奥古斯丁的上帝,不能超出我们的自我探索之外为我们提供一种关于我们自身的更高级的看法。现代的后表现主义的主体,不像任何古代文化的移植,是真正具有“内在深度”的。

这种无穷的内在领域的概念与表现主义的自我阐述能力相关联。内在空间的深度感与我们能够进入其中并使事物有意义这种感觉密切相关。这就是我们进行阐述时所做的。无可避免的深度感来自这样的认识:无论我们得出了什么观点,留下的总是更多。深度总是无可避免地超出我们的阐述能力而存在。内在深度的概念本质上与我们对自己作为表现的、作为阐述内在根源的我们的理解有关。

拥有深度的主体因此也就是拥有这种表述能力的主体。十八世纪末发生了某些根本性的变化。现代自我不再仅仅由分解式的理性控制能力来定义,而且也由这种新的表现的自我阐述能力来定义——这种能力从浪漫主义时期以来就被归结为创造性想象。这种工作在某些方面与早期力量持同一个方向:它强化了内在感,甚至导致了更激进的主观主义和道德根源的内在化。但是,在其他方面,这些力量处于一种张力之中。自始至终遵循第一种方式就是对一个人的自我本性和情感采取分解式的立场,这使得第二种方式的实践变得不可能了。意识到这两种力量的现代人,在构成上处于张力之中。

我在第十九章谈到现代文化使我们的道德根源多样化，而且在最初有神论根源之外增加了两个新的探索领域:自然和我们自身的力量。显然,这二者都经表现主义理论的改造而进入了我们的文化。自然现在也被认为是根源,而且我们自身的力量也加入进来。此外,表现主义对这两个领域的说明与启蒙运动的人本主义不同,在后者,自我探索和自然探索是可以走到一起的。二者都使现代道德境况变得更加复杂和丰富了。

第五编
更微妙的语言

第二十二章

维多利亚的“同时代人” 393

第一节

这两个巨大的和多方位的文化变迁——启蒙运动和浪漫主义运动以及与之相伴的关于人的表现的概念——造就了如今的我们。当然，我的意思并不是说这是一个因果关系的假设。正如我经常所说的那样，在这个领域中，我们是很难捕捉到因果律的蛛丝马迹的。如果我们要寻找原因，我们就可能被迫提及诸如工业革命和现代民族主义的兴起等一系列事情。我的意思其实是，紧随这些伟大的事件而来的文化生活、自我概念以及道德观念至今依然在起作用。我们显然依旧在弄懂它们的含义，或探索它的为我们打开的各种可能性。我们依然盼着另一次大规模的文化巨变，这样的文化巨变能把我们抛出它们的轨迹。我们认为，正是一次次大规模的文化巨变才使得我们脱离自然神论、洛克或哈奇森的轨迹，更不用说诸如王权神授论这样的十七世纪的概念了。如果说我们已经不再相信这些学说，那是不公正的：在启蒙运动的确定的学说和有关表现主义问题上，人们并不总是意见一致。但对我们来说，这些早期观点的确已经变得生疏了；人们很难在想象中重新体验这些观点过去究竟能有些什么东西使我们着迷。因为，某个分水岭已经被跨过去了。

我们目前可能正在跨越另一个分水岭，尽管我对此存有疑问。但是，即便这正是正在发生的情况，离我们很清楚地看清它还有很长的路要走。我们仍然本能地使用一些陈旧的词汇——我们把这些词汇归功于启蒙运动和浪漫主义。

这就是为什么维多利亚时代的人离我们近在咫尺。在某些方面，我们自然而然地认为自己是脱胎于他们、超越他们的。当我们考虑任何一种我们相信是最具有特征的现代性信念和实践，并且同时我们又心满意足地注意到，比起上一世纪的先驱者们，我们比他们理解得更为深刻时，这一点尤其真实。正像二十世纪的社会改革、反殖民主义和女权主义所显示的那样，普遍平等得到了激进的理解；民主得到了完整的实
394 行。所有这些都是真的。但是，值得注意的是，我们借以沾沾自喜的那些基本的道德和政治标准其本身在上个世纪曾经是很有威力的。甚至更令我们惊讶不已的是，所谓道德进步、所谓"超越"前人的历史图景——这是我们自身优越感的基础——这本身就是一个不折不扣的维多利亚时代的观念。

当然，也有一些抵触。而且，我所说的这些都是有倾向性的，因为，它牵涉到作为一个先前时代的继任者来解读所有这些。比如，人们可能争辩说，从十九世纪社会的内部来看，并不总是明显的是：保留的等级制的词汇是注定要灭亡的过去的残迹，对平等的让步是未来的浪潮。而且，在开始时，受到启蒙运动和浪漫主义影响的人毕竟是少数——他们主要来自欧美受教育者阶层，随着运动的东进，这些受影响的人甚至在这些阶层中也成了少数，在那些地方，他们在社会中反而也变得不那么重要了。一八〇〇年以来的历史就是新的思想模式向外和向下缓慢传播以及对新的民族和阶级进行感受的历史，而在这种变化的每一阶段

中，都牵涉到了观念自身的某种变化。

把这一进展看作势在必行，乃是一个错误、一个追溯既往的幻想的典型例子。但是，无论是什么样的原因，无论通过了什么可能会产生不同结果的战役，在我们和那些受到十八世纪末以来的新方法影响的民族和阶层之间有着显著的连续性。当然，这一点特别适用于盎格鲁—撒克逊国家。①

我想先看一下某些连续性，然后，再去考察过去两个世纪中用来规范和发展、采纳和拒斥启蒙运动和浪漫主义时期的观念的方法。

在这个重要的时期涌现出了某些道德观念，它们至今仍然构成我们道德观念的视界。启蒙运动馈赠给我们的一件礼品是，减轻人类痛苦

---

① 所有这些并不意味着，有倾向性的解读是完全错误的。明显的是，等级制的确被销蚀了；此外，更彻底的平等社会越来越被认为是文化上的标兵，尽管一般地说，它也与它们的最为发达的经济多少有些关系。所以，即便在沙皇俄国，自由主义也开始让抵抗土崩瓦解。魏玛德国在民族主义和庸俗的黑格尔国家观那样的货真价实的“现代”意识形态中为自己特殊的前自由的制度寻求辩护。奥地利民族逐渐地失去了自信。

我们到处可见的是一个前现代化的政治结构的死亡，这个政治结构起始于十七世纪的绝对主义的政体的浪潮并部分地受到了新斯多葛哲学的激励。见格哈德·俄斯特莱赫《新斯多葛主义和早期现代国家》(Neo-stoicism and the Early Modern State)(Cambridge: Cambridge University Press, 1982)；马尔克·雷夫《秩序良好的警察国家》(The Well-ordered Police State)(New Haven: Yale University Press, 1983)；佩里·安德森《绝对主义国家的世系》(Lineages of the Absolutist State)(London: NLB, 1974)。这个模式在德国和俄国特别有效，它在那儿延续得也最长久。为了提高效率和生产力，它呼唤来自上级和中央的控制和重组，但是，所有这些都依据一个有秩序和等级制的社会。这一点仅仅在事后的认识中显得不一致(尽管它最终可能会自拆台脚)。与此同时，这个等级制似乎与主权的原则牢不可破地联系在一起，这个主权原则把这些社会联合起来并替积极的政策进行辩护，这既是因为一个假设为有秩序的社会要求某种至高的权威，使它们协调和合作，也是因为效忠的力量被看作等级制的顶点。君主政治的力量的巴洛克式的显示是这些社会的政治方程的核心部分。参见雷夫《警察国家》，第147—149页。

的绝对道德命令。这不仅是对人类所遭受的痛苦的体验,不仅是对所受痛苦折磨或眼见别人所遭痛苦怨声载道。的确,这一切已经毫无疑问地发生了,我们从许多方面看到这一点特别是启蒙运动帮助我们实现的刑事法典中的宽容——部分地受到了贝卡里亚和边沁的影响。但是,在此之外,我们感到了另一种召唤,让我们去减缓人们所遭受的痛苦,让我们去终止人类所遭受的痛苦。因此,在我们的时代,有诸如救济饥民那样的运动所带来的巨大的冲击。我们时常抱怨公众的漠然的态度,而且,我们也出于无奈地留意到,经常需要对某个灾难进行专门的电视报道,来唤起世界的良心。但是,这个批评自身就设定了普遍关注的特定准则,而正是这些准则,植根于我们的道德文化中。②

在此,我们发现两个道德观念的合力,在整个现代时期,我们都在
395 追寻着它们的发展线索。这两个观念就是:日常生活的重要性和普遍仁慈的理想。前者形成了生活自身问题和避免痛苦的极端重要性;后者形成了对它们进行普遍保护的义务。

我们见到的另外一个一直处于发展中的主要观念是自由、自决的主体观念。这是一个由宇宙秩序的所有图景的衰落和腐蚀而消极地规定的自由,这个秩序声称把我们的范例目的实际上定义为理性的存在。它也是由反思的力量积极地定义的,这些力量是现代主体的中心——这些力量把不同种类的内在性授予他或她,它们是分解式理性的力量,是创造性的想象。自由的各种概念——“积极的”和“消极的”概念——是基于对这些力量的不同的态度和定义。一般地说,“积极的”理论基于对一个内在根源的某种见解,而“消极的”理论通常基于对这些见解的

② 当然,尼采把这一点看作对痛苦的过分敏感,是一个弱点。这是一个超人必须解脱的弱点。但是,尽管尼采哲学的感染力,我们仍然发现它是一种不可能把我们从这种忧虑中解脱出来的文化。即便有纳粹主义否认这种伦理的令人厌恶的企图,欧洲还是返回到这种文化。

夸张的批判。[③]但是,在这些分歧之外,在现代世界中具有普遍性的见解是,作为一种善,自由占据着中心的地位。

这些见解与普遍仁慈的理想一起深深地巩固了另一个道德命令,即普遍正义,我们在本世纪形形色色的全球人权宣言中都能找到它的踪影。主体权利的语言提供了一种方法,运用这种方法,人们可以系统表达某些豁免权和利益,这些豁免和利益也是植根于关于一个自由主体的尊严的某种观念,因为它把这些豁免和利益表达为主体的一种所有权,主体有理由行使这一权利。

当然,自由和尊严的观念——与日常生活的改善一起——已经稳步地消解了等级制,在各个方面都推进了社会阶层、种族、人种、文化集团和性别之间的平等。最值得注意的是,它帮助了作为一种政治规则的立法形式在民主中的冉冉兴起,甚至在本世纪的后期成了无法逃避的立法根源:每一个,甚至民主的臭名昭著的敌人——从恩维尔·霍查到奥古斯都·皮诺切克——都被迫宣称,要在"选举"或"公民表决"中实施某种民主保障。每一个人——无论他们真正的情感如何,都会同意杰斐逊临终之前发表的对《独立宣言》的最终评价:它"将是觉醒的人们挣脱枷锁的信号(在某些地方,它会早些实现;在某些地方,则晚些;但它最终一定会全部实现),在过去,僧侣般的愚昧和迷信说服人们自己戴上这样的枷锁。它是觉醒的人们获得自治政府的恩赐和保护的标志。"它基于"明显可知的真理:人类大众并非生来就背负着马鞍,也并非有一小撮优越的人靠着上帝的恩赐穿马靴、戴踢马刺,等待着合法地骑上 396

③ 关于对自由理论进行的现代争论的根源,参见以赛亚·伯林《自由的两种概念》(Two Concepts of Liberty),收入《自由四论》(Four Essays on Liberty)(Oxford: Oxford University Press, 1969)。关于这个论题的各种见解的关系,参见我的文章《否定性自由何错之有?》(What's Wrong with Negative Liberty),载入《哲学和人类科学》(Philosophy and the Human Sciences)(Cambridge: Cambridge University Press, 1985)。

去。”[④]无论人类在获得“自主政府的恩赐和保护”方面是多么举步维艰，人们至今也没有公开承认最终与它不相容的其他热望。

所有这些观念似乎都在二十世纪尽展其能，然而，很明显的是，从上一世纪开始，它们就在盎格鲁—撒克逊社会中起作用了。比如，在英国为限制奴隶贸易所进行的大讨伐，以及后来为了废除奴隶制自身所开展的大讨伐。第一个目标于一八〇七年得到实现，第二个目标于一八三三年得到实现。人们也得承认，实现这些举措的时间的选择也取决于经济的发展，即大英帝国从自封的国际道义的监护人的角色（它任凭其海军插手非洲和拉丁美洲）中受益非浅。在我们重视所有这些因素的同时，我们仍然应当留意一种当时相当新颖的、在当代世界已经成了陈词滥调现象的到来：围绕着一个道德问题，抱着影响政治变化的热情，动员一场大规模的公民运动。人们当时都明白，新鲜事物正在发生。一八二三年，刚刚创立的“废除奴隶制利物浦协会”在一项声明中，将其在“道德”改善方面所取得的史无前例的成功归于“为了达到某个特定的、有规定的和被认可的善的目的，协会自身与知识群众结合的实践，而这一善通常被看作整体的幸福的核心”。[⑤]

这是一个从美国废奴主义的讨伐运动、难以计数的自我克制运动到60年代的伟大的美国人权运动及之后的运动中被连续地重复的公式。这些运动反映并有助于传播和强化普遍仁慈、正义的必要性以及对它们的认知是我们的文明的组成部分的意识。

这种认知具有极大的重要性，因为它显示出，新的道德意识一直与我们在历史中地位的某种感觉具有无法分割的关系。善的概念再次与叙述的模式交织在一起。仁慈的必要性携带了一种感觉——这个时代

④ 引自房恩·布罗迪：《托马斯·杰斐逊私生活史》(Thomas Jefferson: An Intimate History)(New York: Norton, 1974)，第468页。

⑤ 引自戴维·布罗恩·戴维斯：《奴隶制和人类进步》(Slavery and Human Progress)(Oxford: Oxford University Press, 1984)，第115页。

已经带来了某些史无前例的事物，准确地说，人们史无前例地认知到这种必要性。我们感到，我们的文明已经实现了一次质的飞跃，而且，所有先前的时代对我们来说多少都有些令人震惊——即便野蛮时代也是如此——它们明显无动于衷地接受折磨或轻易可以回避的痛苦和死亡，甚至洋洋自得地接受残忍、拷打。这种历史革新感也存在于上一世纪之初。我以上引用的利物浦协会的声明认为，“现时代……显著地超越以前，因为它在改善人类道德特点和气质方面发生的快速的和令人惊异的变化”。⑥

397 时至今日，我们依然分享着与漫长的人类过去相关的、超越于我以上所描述的道德观念的整体范围之上的道德例外论的感觉。与一八二三年的利物浦人相比，在作出这一声明时，我们可能更感到羞愧和犹豫，这部分因为，我们对自己在本世纪的野蛮感到震惊。但是，这并没有打碎如下的观念：在相关方面，我们文明的伦理文化中已经建立了更高

---

⑥ 戴维斯：《奴隶制与人类进步》，第115页。在《没有上帝就没有信条》(Without God, Without Creed)(Baltimore: Johns Hopkins University Press, 1985) 的第204和206页中，詹姆士·特纳引用了两个十九世纪的人物，他们也认为所处的时代在对痛苦的敏感性方面规定了一个崭新的标准。W.E.B.杜鲍易斯略带夸张地宣布十九世纪“是人类同情心的第一个世纪”。小奥利佛·文德尔·霍尔姆斯在一八九五年说：“我们已经了解到，邪恶意味着痛苦，对于痛苦的各种形式的反抗已经变得越来越明显；从对残暴进行预防的社会到动物直至社会主义，我们以难以计数的方式表达了这样的观念：痛苦是一个可以而且必须加以制止的过错。而且，一种同情文学已经应运而生”。

人们会争辩说，维多利亚时代的人们所显示的被抬高的历史意识和关注——相对于他们的前人而言——是与道德例外主义的问题相关的。他们（和我们）的历史地位对于他们（我们）来说是至关重要的。不仅是因为他们（我们）可能感觉到我们身上的某些更高的道德标准，而且是因为令人心神不安的意识——在这个过程中，某些更有价值的事物已经被牺牲了。追溯往事，人们可能会描绘进步的航线，也可能表达无以弥补的损失，而且，常常二者兼而有之。无论因为何种原因，历史成了一个持久的纠缠之地。

的道德标准;[7]相反,它已经给我们留下了印象:这个文明可以被轻而易举地抛弃掉。北大西洋社会的公众仍然对媒体轮番轰炸给他们的残暴故事采取一种模糊的双重标准:一方面,某些社会中的鸡毛蒜皮的失误可能会让他们义愤填膺,另一方面,他们几乎对别处发生的滔天罪行无动于衷;叙利亚总统阿萨德在镇压穆斯林兄弟会起义时,在哈玛屠杀了几千人,而西方世界对此却无动于衷。在黎巴嫩战争期间,以色列因间接卷入在萨布拉和查迪拉难民营发生的屠杀而招致了道德的谴责,但人们对具体进行这一屠杀的黎巴嫩军队却几乎只字不提。以色列人常

---

⑦ 道德例外论仅仅是复杂的文明观念的一个侧面,它是过去两个世纪中我们文化之集体性的自我叙述的核心观念。当它在启蒙运动中发展出来时,"文明" 专指我们进化——主要通过艺术和科学的发展——的状况。它是新近发展出来的、以自然的匀质的时间为背景的文化发生叙事的一部分,这个叙事把文化与制度和过去世纪中社会的变化联系起来。在这个方面,福格森是一个重要的作者。"文化"和高度发达的技术本领之间的联系至今仍然是我们想要做到的,尽管这个联系在浪漫主义时代以来就遭到了挑战——或者说,二者在一个共同的否定中绞成一团,这一点就像本世纪初期的德国在"zivilisation"(文明)和"kultur"(文化) 问题上所极为流行的区分那样。参见诺伯特·爱拉斯《文明化进程》(The Civilizing Process, E.约非考特翻译)(New York: Urizen Books,1978),第1章,第1部分。

但是,从一开始时,这个概念并没有被局限于科学—技术—经济的领域。当时流行的观念是,艺术、科学和商业的进步带来了道德态度的软化。"le doux commerce"(温柔的贸易)使我们"文明"了。"douceur des moeurs"(道德的仁慈)和"politesse"(礼貌)最初是以举止和感觉的修养为中心的,它被术语"文明"("civilite")所表达。但是,在十八世纪"文明"逐渐包括了对于痛苦和普遍福利的焦虑的新的道德敏感性。这是我在本章中一直讨论的道德向度。同上书。

此外,存在着第三个层面:"文明"被认为是牵涉到了我在早先所描述的三重意义中的个人的意识。"文明化"的人们能够从他们的社会、文化和历史中获取一个客体化的距离,这个距离不长不短,正是这些现代发展理论所假定和要求的。的确,在一个意义上,我们可以发现,过去两个世纪中的作家与我们似曾相识并能够为我们所理解,之所以如此,原因就在于,我们与他们分享着同样的见解,而我们不能把这个方法扩展到其他时代和文化中的人们身上去。

常抱怨这种双重标准，而没有意识到，他们是一个种族中心论的赞同对象，或更深一步说，是我们文明中所持的历史上的例外论见解的受益者。

当然，在稳步提高由这些道德命令引出的要求方面，我们也有别于利物浦前辈们。对今天的大多数受过教育的人而言，死刑是一种应当归于未开化的过去的做法。现代性的要求已经逐步提高，而作为性质上的例外感依然保持不变。

人们可以以一个理智的手势把这个方面作为一种自负的幻想加以抛弃。毋庸置疑的是，在我们的自我形象中，有一些自负和幻想。但是，依然确实的是，从当代西欧生长出来的文明（它的许多方面远远地超出了欧洲的范围）已经给平等、权利、自由和减轻痛苦赋予了额外的价值。我们已经以某种方式让自己背上了普遍正义和仁慈的重负。公众舆论——集中关注某些普遍的或流行的“原因”，忽略其他同样迫切的需要和非正义的事情——可能会让人很有选择地运用这些标准。那些为肆无忌惮的行为辩护的人们也总是指出这一点，似乎其他恶棍的存在多少能给那些行为进行开脱。南非的辩护士们向人们敲响了共产主义的警钟，而共产主义的辩护者们则质问它们的批评者，为什么他们不攻击军事独裁。所有这些特别的辩护都有一个前提，即人们真正地信奉**普遍**正义和福利。这就产生了指责我们进行了不公正选择的有扰乱性的策略，即便我们是在攻击明显是罪恶昭彰的非正义。

承认这种义务也不会牵涉到沙文主义——在历史例外论学说中， 398
我们经常看到这一点。一般地说，令人难以忍受的人类中心论表现在两个方面：首先，由于它们给被我们的文明作为中心的标准打了高分，它们对我们是如何地民主、自由、平等或普遍仁慈表现了一种安详的自我满足。其次，由于它们不能认识到，存在着其他的文明已经更充分地认识到和更深地寻找到的另外的善。然而，人们能够纠正这两点错误，并依然承认，从西欧生长出来的文明已经给善下了定义，而其他文明却没能做到这一点,人们也承认,认真起来,其他文明也会提出非常极端的要求。

对于这些要求,我们可以采取一种带偏见的或愤世嫉俗的观点,把它们看作一种建立在我们生活方式中的伪虚,一种我们并不需非常认真对待的自我满足的心境。或者,我们可以用一种尼采的方式来看待它们,在思想上给予它们足够的重视,就是把它们视为由嫉妒和自我憎恨所激发出的东西。或者,在我们赞同它们的同时把它们中立化为一种遥远的理想——一种永远不可能在这个世界真正实现的理性的观念。在某种程度上说,后一说法对于保持我们的平衡是必要的。采纳了这种更温和的形式的要求,我们可以有某种安全感,因为仁慈的实践是建立在现代社会的官僚制度中的:比如,以各种利益的普遍条款的形式实现,也以呼吁的机制,权利的恢复诸如此类的形式实现的。的确,我们经常宽泛地称谓的社会民主的努力的大部分,已经转入对我们社会的组织和程序的建设的普遍关注中。

但是,这种安全感不大可能让一种认知存在下来——近年来,这种认知对我们的影响越来越大——这种认知就是,官僚制度创造了自己的非正义和排他性,随着许多苦难变得不那么醒目,它们减轻程度也就受到了影响。没有可以用来满足普遍关注的需要的固定程序。如果我们严肃地对待它,就是说,作为一种继续前进以满足需要的召唤,那么,就有一个不可避免的问题:什么东西可以支撑这个持续的驱动?什么能使我们用这种方法超越我们通常所遵守的人类道德行为的限度?这些限度是显而易见的。它们包括我们受到限制的同情心,我们的可以理解的自我偏见,以及共同的人类倾向——反对某些对手或外人,捍卫自己的认同。

我认为,这就是一个在今天我们必须自问的重要问题,而且,我将会在结论部分再涉及这个问题。但是,对我这儿的目的来说,重要的是一个认知,即,历史上的任何例外论学说,任何一种信念——与过去所流行的做法相比，我们能够而且应当给我们自己提出更强烈的要求——都必须包含对这个问题的至少是模糊的回答。在某些场合，这个回答会相当地含混不清，因为，怀疑的启蒙运动很勉强地面对道德根源 399
的问题。但是，如果我们打算严肃地看待要求问题，我们必须至少设定有某种回答。

事实上，存在着几个回答，而且，它们反映了关于道德根源问题的不同的观点，在过去的两百年中，这些观点部分地相互影响，部分地势不两立。为了弄清它们的见解和关系，我们只好返回到十九世纪。这个发展设定了不同的形式；最值得注意的是，在盎格鲁—撒克逊社会和法国社会之间存在着一个根本的差异。在后者看来，进步意识是富有战斗性的“驱逐”，这一观点遭到了与教会站在一起的人们的反对。但是，在英国和美国，例外论是基督教观念和启蒙思想的混合物。进步和强调合理性、有计划地改进的观念来自启蒙运动，而热望和驱动力在很大程度上仍然来自基督教信仰和附着在基督教（或经常是新教）文明上的例外论意识。[8]

的确，反奴隶制的讨伐部分地起始于一场复兴运动，它由威廉·威尔伯福斯和克拉珀姆教派发起，它是在面临受教育阶层不断增加的无宗教信仰情况下所采取的一种尝试，以复兴合乎福音的基督教精神。威廉·威尔伯福斯认为，他觉察到了这种衰退在当代法国所导致的后果：“行为腐败，道德败坏，胡作非为，特别是宗教信誉扫地”。但是，基督精神只能从其核心——“实践的仁慈”加以复兴。[9]事实上，这种复兴取得了成功。一般而言，与十八世纪相比，维多利亚时期更加虔诚，更关注宗教的状况。但是，除了其他方面之外，在其实际关注方面，从这个更新中

⑧ 在《没有上帝》（Without God）的第86至88页，特纳指出了某些美国福音派教徒在接受进步的观念和美国的例外主义的秉性方面走得多么远。基督再临的黄金时代的“后千年”的信仰在十九世纪前叶变得非常流行。

⑨ 同上书，第140页。

产生的信仰意义深长地有别于启蒙运动之前所存在的一切。

这些道德的讨伐——起始于反奴隶制讨伐——使有神论的道德根源和世俗的道德根源的复杂关系呈现了一些光明，至少在盎格鲁—撒克逊文化中是如此。我们已经看到,基督教的信仰的要求是如何被重新规定,以容纳大量的社会改革,它经常被根据功利的计算来加以构想。这一改变依赖于英国新教中已经存在的传统,它可以追溯在虔诚、道德再生和一个有秩序的社会生活之间的强烈的加尔文主义的联结。它总是体现一种实际宽容的强烈成分,它只需要加以扩展,就可以跟上据说是启蒙时代的新发现和容量。清教主义的根基解释了那些由激进主义、社会改革和讲英语社会中的运动的典型的道德的严格作风组成的独特的混合物。废奴运动在美国的成功为后来的酒禁运动培养了起同样作用的人。新基督时代的例外主义的意识把诸如残酷、严刑、猥亵、酗酒和
400 一般的生理紊乱等事情连接一起,形成新时代必须超越的特征。[10]

但是,除此之外,这一运动还将基督教和世俗化的道德根源之间的复杂的和的双向的关系呈现在我们的面前。一方面,英国反奴隶制运动和美国废奴主义的驱动力是宗教的力量。我们的确难以想象,在当时讲英语的社会中,这个运动能在这种宗教模式之外获得同样程度的信奉、同样一往无前的目标或同样的牺牲精神。尽管哲学家们一般是反对奴隶制的,但他们中的许多人并不认真对待种族主义理论。比如,休谟就持黑人低等的观点。允许这样的种族的差异似乎是另一种废黜圣经以给实验科学提供空间的方法。在当时,它并没有重要的实际成果,似乎只是作为一种反基督教的证明而被提出来的。只是到了十九世纪后期和二十世纪早期,这一科学主义才产生了许多真正的恶魔,自此,它们一直引起了可怕的后果。[11]

⑩ 特纳:《没有上帝》,第212页。

⑪ 参见斯蒂芬·杰易·格尔德:《人类错误的尺度》(The Mismeasure of Man)(New York: Norton,1981)。

但是,回顾十八世纪,正是信奉者们感到了热情地捍卫人类统一的召唤;也正是基督徒们才成了大西洋两岸的废奴主义历程中的驱动力量。

然而,运动本身可能是异端的场合——如果不成了世俗化的场合的话。这部分地是因为,那些参加了运动的人们(他们经常是当权者)与他们更加谨慎和稳健的教友们一起,常常更深地卷入进去了。对那些深深地卷入了讨伐的人们,反奴隶制是基督教精神的核心,任何妥协都是背叛行为。权力机构的沉默或谴责都会因此经常驱动献身的废奴主义者走向反抗。

事实上,正像它们最初有助于推进不信神的启蒙运动一样,某些具有同样辩证特征的事物也在教会中起作用了。按一种加尔文主义的见解,过于认同于事业,会导致罗马天主教徒犯尽最大气力寻求拯救的错误。按一个信奉的废奴主义者的见解,任何不是完全信奉的事物都是倒退。这两种见解难以共存。但是,一旦超奥古斯丁的见解被作为基督教信仰的定义加以接受,人们一般也就会承认,全盘献身于世俗改革对于这种信仰来说是不自在的,那些献身于事业的人可能会感到来自正统基督教精神之外的力量——信奉的力量。这个悖论是,一个宗教的冲动和观念有时可能驱使人们置身于宗教信仰之外。

在美国废奴主义牧师亨利·克拉克·赖特的生涯中,我们可以看到这些压力的端倪。“耶稣基督是道德的改革家们的王子……也是和平的 401
王子,”赖特承认。但是,他被当局与奴隶制的共谋和对威廉·劳埃德·加里森的迫害所激怒,他开始向异教徒的观点靠拢。他写了一份题为《圣经,如果它不反对不证自明的真理,它就是不证自明的虚妄》的传单。他宣称,“在精神上和实践中,与美国的坚持奴隶制的牧师们相比,伏尔泰离天国更近”。[12]

---

⑫ 引自戴维斯:《奴隶制》,第142页。

在此，我们能够看见向一个相互支持的对立的滑动，在其中，超奥古斯丁的基督教加强了不信者的道德信誉，而这反过来又加深了超奥古斯丁的信仰者们对世俗改革的怀疑。类似这样的两极分化在法国启蒙运动中非常明显。这样的滑动在社会上信奉基督教的人们中显而易见——比如，我们已经目睹了一个逐渐告别共产主义的中国。

在十九世纪，一些很重要的事情发生了，当时这些改革者们和其他的人踏出了信仰的界限，但是，如果我们认为这是向"世俗化"所作的一个顺利的、连续的、无方向的移动，那就错了。[13]给改革奠定基础的最初冲动是内在的宗教冲动，而且，这种冲动的成分至今依然存在。这并不是说它在一定意义上把世俗的原因神圣化了。在后来的改革浪潮中——在某种意义上是早期的反奴隶制讨伐的后继者——宗教的动力也是显而易见的。我们在诸如威廉·詹宁斯·布赖恩这样的上一世纪后期的领袖那儿能看到这一点，在二十世纪六十年代的民权运动中，这一点体现得更为明显，在这次运动中，牧师们扮演了领导者的角色，关键的人物便是马丁·路德·金。即便在更加世俗化的英国，核裁军运动的领袖直到最近还是一名神职人员。当然，同样的世俗化的滑动发生在民权运动中原先信教的某些年轻人当中。但是，应当注意的是宗教的领导地位在那些呼唤道德义务的事业中的回归。

第二节

然而，随着非信仰在盎格鲁—撒克逊国家中的兴起，某种重要的和不可逆转的事物于十九世纪后半期发生了。正是在当时，它们从一个视界中升起，在这个视界中，对上帝的某种形式的信仰实际上成了我们目前的困境的无可非议的选择，有神论成了其中的一种抉择，道德根源从

⑬ 引自戴维斯:《奴隶制》,第142页注释。

本体论上被说成是多元的。拉美社会可能已经中断了选择，在法国，启蒙运动和大革命呈现了决定性的转变。在英国和美国，这种情形出现在十九世纪的后半期。十九世纪的早期，那儿的潮流强有力地趋向正统观 402
念——克拉珀姆教派的逐渐消失正是那个趋向的一部分——时间，自然神论变得不那么时兴了，当正统观念的潮流于十九世纪的后半期再次衰落时，它比自然神论走得更远，无神论或"不可知论"现在成了一种选择。

对发生在英国和美国的变化所作的考察有助于澄清我们目前的困境，正像我在第十九章中所描述的那样，我们在此能看见，支撑不信教的启蒙运动的反应再次起了作用。而且，正如我当时所说的，我们对这些反应的道德根源的理解被一种广为传播的论点搞得模糊不清，这种论点认为，宗教信仰的流失乃是"科学"的兴起或现代经济的发展的不可避免的结果。与这一故事相似的事情是，许多非信仰者所认为的——而且，正像我们将要看到的那样——的确反映了他们的视野，但是，这个论点并没有阐明这一点。

我们如今经常能得到对这两类观点的解释。信仰或者给科学的理性让路，或者它感到自己是工业化和变动的、技术社会发展的牺牲品。或者，这两种解释被合为一体。维多利亚时代的不信者的伟大先驱之一莱斯利·斯蒂芬就持这样的观点。他认为，科学的理性最终一定会胜出。"如果人类逐渐地使自己适应了环境，接下来的是，他的信仰向一种形式接近，在这种形式中，心灵变成了外在宇宙的精确的反映"。宗教最终一定会萎缩。然而，他也认识到，其他的因素也在起作用："但是，更大的力量可能在慢慢地起作用；而且，只有经过许多动荡和长期连续的摇摆，这个世界才会从一个平衡位置走向另一个位置"。[14]

---

⑭ 莱斯利·斯蒂芬：《十八世纪的英国思想》(English Thought in the Eighteenth Century)(London: J.Murry, 1902)，第2卷，第1部分，第17页。

事实上，这两个解释——让我们称之为科学的解释和惯例的解释——很容易联合在一起,因为,它们分享着特定的前提。当我们对它们作进一步探讨时,这一点就更清楚了。

显然,惯例的解释是不充分的,这并不是说,社会中发生的巨大变化对于我们所信仰的东西没有产生重要的影响。它们怎么能没有影响呢？工业化、城市化、集约化、技术社会的兴起、人们所称的狭义的“世俗化”(即,不是我们要试图解释的视野的整个变化,而是过去世纪中把社会生活的许多方面驱出教会视界的那种转变):所有这些都改变了我们的生活。它们不能不改变我们看待事情的方法。但是,有疑问的是这个论题:它们是宗教信仰丧失的充分条件。是否会导致这样的结果,必须取决于文化中所发生的其他事情:宗教信仰的意义,可能的替代物的本性,它要服从的限制。随着这些社会变化扩展到西方之外并在其他地方
403 产生出不同的后果，惯例的解释背后的简单的连接关系可能已经遭到了反驳。

什么能使得简单的连接关系成为真实？如果宗教信仰像某些幻觉的信仰一样——其错误的本性仅仅被一个特定系列的仪式所遮盖,那么,随着这些仪式的结束和它被其他的仪式所替代,它也会坍塌下去,某些关于奇迹的连接关系的特定信仰可能会有这样的结果。这是一项常常加强惯例的解释的假定,但是,这正是科学的解释中不折不扣地所包含的,这也是它们之所以能够走到一起的原因。我们也可以这么说:对观点的变化的任何惯例的解释需要以文化背景的某种解释作为补充。宗教要在科学的理性面前萎缩这一简单的科学命题是对惯例解释之背景的尊重。如果这是难以置信的,我们便需要某种东西来填充它的位置。

但是,尽管科学的论题很不成熟,但它从维多利亚时代所逐渐展示的富有戏剧化的实际过程中得到了某些可信的色彩，神学和科学之间的确爆发了一场战争，前者成了战败者。许多维多利亚时代的人们感

到,他们是违背内心的热望,被迫放弃信仰的。我们对英语国家中信仰和不信关系的见解仍然是以这一构造出来的战争为标志的,而且,我们对这一关系的误解使它在许多方面仍然模糊不清。

围绕着科学所进行的战争是真真切切的。在上一世纪中,人们在以下方面取得了跨越性的进步:对地质学的理解,特别是对地球悠久的年代的理解,更为重要的是对生物学的理解。就后者而言,它为深入地(即便是机械地)解释生命现象开辟了可能性。从我们栖居的自然的深处产生了一种新的感觉,它可以分为以下几个向度:不仅有空间向度,而且有时间向度,进一步说,还有微观构造的向度。新的时间观和新的生物学方向在达尔文于一八五九年发表的理论的爆炸性的影响中结合起来。这种情况延续到本世纪,半个世纪以后产生了多少有些类似影响的弗洛伊德理论。

由于其理论的智力结构——在这一理论中,信仰主要在(但不仅是)新教国家中被抛弃了,达尔文对信仰有着毁灭性的后果。在过去的两个世纪中,人们花了很大的气力争论作为上帝存在之证明的设计。我们看到,设计在自然神论中处于中心的地位,但是,这个争论实际上逐渐影响到教会中的所有趋向。即便像科顿·马瑟那样的超正统人物也在十八世纪早期说过,“作为**优越**于**物质**,甚至是所有**物质**的**创造者**和**统** 404
治者的**存在物**到处都是显而易见的”,因而,“**无神论**现在被永远驱赶和轰出这个世界了”,[15]通过显示没有设计者的设计是如何可能的,达尔文沉重地打击了整个论证方法。

雪上加霜的是,新教教会对《圣经》的拘泥于字面解释做法的态度和对赋予作为上帝的存在的证明的上帝奇迹的关键意义的态度,洛克和其他人强调的也是这一点。这些和其他的因素以比现在明显得多的方式,使得十九世纪的某些科学发现看上去与基督教的信仰完全相反。

⑮ 引自特纳:《没有上帝》,第57页。

这些是恶化的情形，但是，它们并不能对科学和宗教之间的碰撞的确定性提供充分的解释，这一碰撞在不信者中间甚至更为强烈。什么使得它们如此确实？从理智上说，是我用“科学主义”这个词所指示的那类论题，人们可能把这类论题系统地阐述为足以确立所有我们需要相信的真理的自然科学的方法和程序的信仰，虽然当时自然科学仍处于整理编纂的阶段。什么使得他们信仰这一点？没有确定性的理由，因为根本就没有这样的理由。没有什么东西使我们确信，在这种情况下，我们用来系统阐述某种信条的所有问题都是可公断的。科学主义自身要求信仰的跳跃。

给这种信仰注入动力的是它自己的道德视野，在此，我们更接近伟大的维多利亚时代的不信戏剧的未被歪曲的图景。它不是科学对非科学的简单代替，而是一个从旧的道德中生长出来并代替了它作为战斗手段的道德视野，它是富有战斗性的、崭新的。

这种视野是当代文化的一个主要的成分。其中心是一个“信仰伦理学”（维多利亚时代后期一本有影响的著作的标题）。[16]人们不应当信仰没有充分证据的事物。两个理想流动到一起，共同使这个原则起作用。第一个理想是在这本书中经常讨论的自我负责的理性自由。我们有责任根据证据而不是权威去做决定。第二个理想是一种不信的英雄主义，即一种深层次的精神上的满足：满足于了解到，人们要勇敢地面对事物的真理，无论这种真理是如何苍白和没把握。

这个论题在那个时期的著作中成了永恒的话题。萨缪尔·普特南，一位前牧师，打算考察“无底的深渊”，在其中，人类最终将会“没有一丝希望”地消失。宗教讨厌他：“哦，根据这个可怕的命运，宗教是多么的软弱，多么的虚伪！”[17]他将不会与“黑夜中孩子的哭啼”和“胆小鬼的伤感”

---

⑯ W.K.克里弗德：《信仰伦理学和其他论文》(The Ethics of Belief and Other Essays)，莱斯利·斯蒂芬和弗里德里克·波罗克编(London, Watts, 1947)。

⑰ 引自特纳：《没有上帝》，第216页。

打交道。“人类意识到它的命运不幸的那一刻，也就是他变得崇高的那一刻。因为他可以爱；可以忍受；可以毫不畏惧地消失”。维多利亚时代的人们屡次三番地谈论面对赤裸裸的真理所要求的“大丈夫气概”。[18]

如果一个人不信仰，那么，诚实要求他说出来。在这儿，无神论显示了他们与福音派基督教的“亲缘关系”——他们中的许多人都是来自福音派基督教。[19]查尔斯·艾略特·诺顿谴责信仰者们犯下了“伪善的行当”中的“滔天的罪行”。托马斯·赫胥黎把他对未来的信心建立在下面的思想上：“无论我们的后代可能变得多么坏，只要他们遵循朴素的原则——不要因为假装信仰能带来好处而假装信仰他们没有理由信仰的事物，他们就不会落入不道德的深渊”。[20] 405

这种伦理学呼唤诸如科学主义那样的东西，即在人们有充分理由相信的事物和超越该限度之外的事物之间划一道明确的界限。其中的一个重要问题是被神秘所包围的宇宙将会从根部削弱这个明确的道德呼唤。从理想的角度说，人需要明确的原则，它就像那些科学的方法的原则，它可以在那些试图安卧于我们的大脑的信仰中分出良莠。对这种可允许的和不允许的信仰的界限的完全清楚的意识是人们的福音遗赠物的另一个有力的标志。认识论和道德热情是相互支持的。

通过科学，信仰的伦理学与第三个主要力量——仁慈的要求连接在一起。就像在不信的启蒙运动中发生的那样，在维多利亚时代，科学与技术的进步连在一起，并因而与人类的改善连在一起，这一传统可以追溯到培根。因此，从宗教到科学的转变不仅预示精神的更加净化和更

---

⑱ 引自特纳：《没有上帝》，第235页。

⑲ 参见N.安娜的《莱斯利·斯蒂芬》(Leslie Steph)(London：Weidenfeld，1984)第5章有关福音主义的影响部分。安娜指出，许许多多的英国早期的不可知论者都有福音派的背景，斯蒂芬本人就是如此。在《没有上帝》中，特纳指出了美国发生的相似的情况。大多数不信者的早期先驱自己就是牧师或有某些牧师的背景。

⑳ 引自特纳：《没有上帝》，第216、217页。

豪迈的大丈夫气概，而且使得它们与人的进步和福利密切相连。的确，面对被亵渎的宇宙的勇气，可被认为是无神论者为了人的改善而作出的一个心甘情愿的牺牲。用美国不信者的话来说，他们的“崇高的哲学”教导他们“忽略自己和人类挺进中的负担”。的确，正像我们在边沁和不信的启蒙运动那里看到的，许多人喜爱这样的见解：面对没有上帝的宇宙，我们卸去了仁慈的含蓄。用另一位美国不信者的话说：“在一个人对上帝或者宇宙不朽失去信心的时刻”，他就变得“更自力更生，更无畏，并且，在只可能有人类的帮助的地方，更渴望提供帮助”。[21]

托马斯·赫胥黎的一封信对这些论题中的一些发表了一个激动人心的声明。他谈及了他的非道德的青年时代以及后来的改革，并询问这是怎么实现的：“不朽的希望或未来的奖赏的希望？”这没有起作用：

> 不，我准确地告诉你们什么起了作用。卡莱尔的《旧衣新裁》使我懂得了，深厚的宗教感与神学的完全缺席是相容的；其次，科学及其方法给我提供了一块独立于权威和传统的休息场所；第三，爱在我

---

[21] 引自特纳：《没有上帝》，第238页。在这一章中，我把重点放在盎格鲁—撒克逊世界的发展上，但是，无神论和人道主义的仁慈的这个联系，在某些大陆思想家那里达到更为明确的表达。费尔巴哈就鼓吹这一点。人类把它所有的财富都浪费在上帝身上，通过成为无神论者，他又把这些财富取回来了。不信为人类的自我肯定释放了这些财富（我宁愿称之为“道德根源”），费尔巴哈的著作的实际意义在他于一八四八年发表的声明中达到了鲜明的表达：“与我的演讲一样，我的著作的目的是将人从神学家变为人类学家，从一个理论家成为一个慈善家，从一个来世的候选人成为此时此地的学生，从仙界和人间的统治者的宗教和政治走狗成为世界的自由的、自信的公民”；L.费尔巴哈《论宗教的本质》《Vorlesung über das Wesen der Religion》，《全集》(Gesammelte Werke)(Berlin: Dietz，1967)第6卷，第30—31页。这个观点对马克思的影响是众所周知的。参见F.恩格斯《路德维希·费尔巴哈和德国古典哲学的终结》(Ludwig Feuerbach und der Ausgang der klassischen deutschen Philosophie)，《马克思恩格斯全集》(Marx-Engels-Werke)(Berlin: Dietz，1962)，第21卷，第272页。

> 眼前展示了人类本性的圣洁，它用深深的责任感打动了我。[22]

这是有力的替代性道德，它在维多利亚时代的宗教中敲开了一个豁口，406
这不是所假定的科学和信仰之间的某种逻辑上的不相容性，而是这个迫切的道德要求不信仰；这个道德导致许多维多利亚时代的人感到不得不放弃——无论他们是多么地伤感——他们的先人信仰的东西。

科学主义的幻觉之所以强烈，不只是因为这个非信仰的戏剧在上个世纪上演的独特的场所，而且正像我试图显示的那样，信仰的伦理学自身也推动了它。这把我们推向某种科学主义或科学主义的变种，并因此往往模糊了它自己的深层的动机。它们还多少停留在科学主义的奠基者的著作的表面，这也是我们回归到它们还能有所收获的原因。但是，对于二十世纪的许多追随者而言，道德向度的认知遭到了抑制。

社会生物学家爱德华·O.威尔逊是另一个引人注目的例子。在他的《论人类本性》中，科学主义已经吞灭了道德。的确，作者也对后者进行了粗糙的、还原论的解释。自然选择以特定的反应倾向“在很大程度上潜意识地和非理性地”操纵着特定的“内在感觉”。

> 像其他人一样，哲学家们像咨询一个深藏不露的神谕一样来度量他们对各种替代者所做出的个人情感的反应。
>
> 那位神谕居于大脑的情感中心的深处，最大的可能是在边缘结构系统中。……通过几千代人的自然选择，人的以此为基础的情感反应和更广泛的伦理实践已经被程序化到了一个相当的程度。[23]

---

[22] 引自斯蒂芬：《英国思想》，第240页。

[23] 威尔逊：《论人的本性》（On Human Nature）（Cambridge：Harvard University Press，1978），第38、6页。

或者，

> 人的行为——像驱动和指导人的行为的深厚情感反应能力——是迂回的技巧，借助于这种技巧，人类的基因物质已经被而且会继续被保持得完整无损。道德性没有其他可证明的最终功能。[24]

当然，在一个很深层的意义上，这种还原的立场是站不住脚的；就是说，人们实际上不可能靠它来生活，因而，对我们实际依靠着来生活的立场的最好的可行的解释，一定是各不相同的。这一点在书的结尾处显露出来了——在书的结尾处，以对于不连贯性所具有的一种令人钦佩的冷淡，威尔逊公开了他的伦理观。他坦承，自己被"进化的史诗"深深地打动了，尤其是被人通过独创性和目光锐利的工具性的推理而立起的离奇故事所打动，激发他对人的敬意的不是人获得了成功，而是他通过扩
407 展知识、开阔视野而奔向成功。"真正的科学的普罗米修斯精神意味着给人类以知识和某种统治物理环境的手段，从而解放人类"。

扩展的知识和视野转而改变了人类的激情，他构造了一个把过去的轨迹与他所热望的未来连接起来的总体观点。已经抛弃了人类传统的神话，科学的时代

> 构造科学唯物主义的神话，以科学方法的正确手段为指导，精确地讲话，处心积虑地、有效地诉求人类本性的深层需求，它被盲目的希望所强化，比起我们刚刚完成的那个旅行，我们现在开始的旅行会走得更远，也会更美好。

为了成功地实现这一点，我们只得离开特定的、狭隘的忠诚和依属，我

[24] 威尔逊：《论人的本性》，第167页。

们不得不把我们自己看作巨大图景的一部分。

> 人的本性使得我们对自私和部落文化的绝对命令低头，但是，一个更加超然的长期的进化过程的观点使得我们的目光超越了自然选择的盲目决策的过程，而以整个人类为背景，洞察我们产生的历史和未来。一个已经投入使用的词直觉地定义了这个观点：崇高(nobility)。如果恐龙掌握了这个概念，它们可能已经存活下来了，它们会与我们一起分享这个星球。㉕

威尔逊的“崇高”融合了我以上所描述的一些理想，它涉及我们要有勇气使我们超然有限的视点、奉承的或安慰的神话，看到长期的总体上的生存斗争，然后，被推动超越狭隘的自我主义，把它带到一个新的高度。这是一种自我负责任的自由，一种对个体性的超越，它是我们的功效的基础，是我们应当培养的。道德观在认识论的心脏中燃烧。

威尔逊的“崇高”还把其他的事物置于显著的位置，维多利亚时代的人们的使得我们面对真理的所谓“大丈夫气概”也有另一面，我们不仅超越了我们求舒适和安定的怯懦愿望，而且还超过我们狭隘的视界并基本上做到这一点。我们对它是如此地敬畏，以至于我们能够踏出我们有限的关注之外。在科学的理性的现代伦理学中，有一些东西是较早的斯多葛主义的继续，是笛卡尔已经唤起的论题的回响。㉖伯特兰·罗素在二十世纪明确地表述了这一点。在《宗教的本质》中，罗素区分了两种人类本性：一种是“个别的、有限的、自我中心的；另一种是一般的、无限的、公正无私的”。无限的部分“公正无私地闪耀着”：

㉕ 威尔逊：《论人的本性》，第201、209、197页。

㉖ 参见笛卡尔一六四五年九月十五日给伊莉莎白的信《笛卡尔著作和书信集》(Descartes: Oeuvres et lettres) （安德烈·布里杜克斯编）(Paris: Gallimard Bibliotheque de la Pleiade, 1953)。

408 无论是遥远的过去和偏僻的地区,还是当前和附近,对它来说,都是真实的。在思想中,它立于感觉的生命之上,总是寻找普遍的东西并对所有的人开放。在欲望和意志中,它单纯地瞄准善,而不在意是你的善还是我的善。在情感中,它给所有的人以爱,而不仅是那些把自我目的看得太重的人。与有限的自我不同,它是无私的;它的公正无私导致了思想中的真理、行动中的正义、情感中的普遍的爱。[27]

在更具个人色彩的水平上,他在一封信中说:

> 思想中没完没了的战斗使我喜欢没有内部战斗的行动:这就是我一般喜欢必然性、移动法则和死的物质的运行的原因。我无法想象上帝不是充满冲突的。……所以,我宁愿没有上帝。生活对我来说,主要的是同情、冲突和愤怒;宁静的时刻是短暂的,而且,它们是自我毁灭,上帝必须是镇静自若的,它应当像斯宾诺莎的上帝,仅仅是自然的过程。我所说的这些都是自传,而非哲学。[28]

维多利亚时代的信仰危机给盎格鲁—撒克逊文化带来的是,上帝信仰的可替代的道德视界第一次成了可能。因此,信仰和非信仰以相互对立和紧张的状态存在着,正像我早些时候说过的那样(第十八章),由于信仰和非信仰存在于一个可替代的领域,因此,二者都有了麻烦。任何一方都不能从不受挑战的安全中获益,而较早时候的宗教信仰却享

㉗ 引自罗兰德·克拉克:《伯特兰·罗素》(Bertrand Russell)(London,Cape,1975),第190页。

㉘ 同上书,第174页

有那样的特权。道德根源不仅可在上帝那儿寻找，而且也可以在两个新的“边疆”中找到：依附于我们自己的力量的尊严（最初仅仅是分解式的理性，但现在包含了创造性的想象）；内在和外在本性的深度。

但是，（非）信仰的科学伦理仅仅是这些可替代的根源赖以存在的方法，还有从浪漫主义传下来的见解的总汇。这提供了通向非信仰的道路，但是，与之同行的那些人对科学主义持批评态度，发源于有神论的运动是循序渐进的，要经过一些中介位置，而且，在某种场合中，它并非尽善尽美。拉尔夫·瓦尔多·爱默生在有神论、泛神论和无神论的结合部徘徊。

不过，当人们真的沿着这些道路前进的时候，主要驱使他们的不是与科学的关系的难题——尽管在这一时期这些难题也扮演了一定的角色——而是某种内在于作为根源的自然观中的东西，这个观念是浪漫主义馈赠给人们（在爱默生和阿诺德那里，常常受柯尔律治的影响），歌德用最有影响力的语言清楚地表达了这个思想。正是在这个意义上，表现的完整性的理想更适合古代人的“异教”视野，而不是基督教的超越 409
的激情。希腊人与和谐整体的同一是德国浪漫主义的一个主要论题。而且，阿诺德在反对“希伯莱人的思想和道德体系”和“古希腊人文主义”时也采纳了某些同样的观点。前者推动我们走向完美，后者已经把完美的观念作为“实现美和人类本性的所有力量的协调的扩张”赋予我们。[29]我们需要二者以体现充分的存在。

莱斯利·斯蒂芬是那些经过科学之路走向非信仰的范例。然而，马修·阿诺德至少是沿着歌德的路走了一段。他不是毫不犹豫的往前走。随着“信仰的海洋”落潮，它仅仅留下

---

[29] 马修·阿诺德：《文化和无政府》(Culture and Anarchy)(多佛·威尔逊编)(Cambridge: Cambridge University Press, 1932)，第48页；引自莱昂内尔·特里林《马修·阿诺德》(Matthew Arnold)(New York: Norton, 1939)，第268页。

它的忧郁的、漫长的、衰退的咆哮，
伴着夜里的微风的呼吸声，
退向无垠的忧郁，
露出裸露的卵石。[30]

当然，他是否一直走下去是一个问题。他仍然把上帝作为“倾向正义的、不是我们自身的力量”加以谈论，把它作为“激情的能量”加以祷告。[31]但是，他走得尽可能的远，而驱使他往前走的与其是“信仰的伦理学”，倒不如说是他感到有必要为一个民主的时代寻找一个更好的、能提供更好服务的宗教。换言之，他也是为需要寻找道德的根源，既是为狭义的道德，也是为了较宽泛的完美，这二者都是现代性赋予我们的。而且，他在文化中声名狼藉地发现了这些根源。

对阿诺德来说，文化把理性与“行善的道德和社会同情”联合起来。正像莱昂内尔·特里林在他系统论述自己的学说时所说，[32]它是“涉及整个人格的理性”。文化是可以替代宗教的东西，而且，如果信仰的衰落并没有产生不良后果，就必须这么做。

在这里，阿诺德正在探索第三条道路，它既不是一种通常认可的宗教信仰，也不是科学主义的无神论。它是走向整体的热望，走向无边欢乐的热望，在无边的欢乐中，欲望与最深的意义感融化在一起，它的根源是浪漫主义的通过艺术实现自我完善的理想。在今天，一个描绘可能的道德根源的地图的方法是，务必使它分在这三个领域内。存在着可选择的方法，它们通常处于紧张状态，互相影响，互相给对方制造麻烦。但是，伟大的力量在哲学中增长，它花言巧语地声称可以把这三个中的两个统一起来；这也是上个世纪马克思主义成为巨大的描绘力量的原因。

[30] 引自马修·阿诺德：《多佛海滩》(Dover Beach)，第2部分，第25—28行。

[31] 引自特里林：《马修·阿诺德》，第321页。

[32] 阿诺德：《文化和无政府》，第45页，引自特里林《马修·阿诺德》，第266、265页。

按一种解释，马克思主义至少似乎把科学的唯物主义与对表现性的整体的渴望连接起来了。[33]这个混合物显示了巨大的诱惑力。 410

第三节

现在，我要回到让我对十九世纪和信仰的危机进行冗长的补论的问题:我们的历史例外论的基础是什么,我们能够承认和满足普遍的善和仁慈的极为严格的要求吗? 不必奇怪,这一问题的可能的答案至少在宽泛的意义上符合道德根源的三个方面的“地图”,这个地图是我们从十九世纪继承下来的。

我们寻求普遍正义和福利的要求的最初根基当然是我们的犹太—基督教宗教传统。用宽泛的术语说,这是明显的,而且在以前的篇幅中,我也一直在追踪某些具体的关系。正统基督教对这种普遍关怀的理解是agapē或“博爱”,而对于如何使之可能的回答是神恩。这可能不会连接到任何例外论的社会观,因为,没有什么可以保证,整个社会会被神恩所改变。基督教总是与它存在的社会有一个爱恨交加的关系,而且,基督教世界的概念充满了神学的紧张气氛。[34]

但是,当对普遍关怀的承诺采取了非神学的定义时,另外的事物不得不扮演神恩的角色。由于反信仰的启蒙运动不情愿地提出了关于道德根源的全部问题 ,这个问题常常被阻断。它经常被模棱两可地提到,例外论的自画像都不得不给它一个含糊的回答,显得与其他人相比,他们所考虑的事情在事实上能使我们更加“文明化”(平等、民主、关心等等)。这些回答是什么?

我已经讨论了一个与启蒙运动相关的回答,即,我们相信,随着我

---

[33] 我已经在《黑格尔》中讨论了对马克思的这种解释（Cambridge: Cambridge University Press, 1975),第20章。

[34] 见伊曼努尔·默内尔:《基督教的灭亡》(Feu la Chrétienneté)(Paris: Seuil,1950)。

们获得彻底的分解式的理性，自己摆脱迷信和狭隘的附属，我们理所当然地给人类带来好处。在我先前引用的边沁的大声疾呼中，他自己似乎已把这一点当作天经地义的事了。[35]在我们的科学文化中，我们看到了一个普遍的信念：科学的诚实和超然本身就会使人在与人相处时倾向于公平和仁慈。弗洛伊德似乎以他自己的方式显示出，他对于自己的良好动机有充分的信心。[36] 在十九世纪不可知论的先驱者们中间，某种更
411 强烈的东西好像已经出现了：踏出舒服的幻像世界，把一切置之度外的、大丈夫般的面对宇宙的观念，使得我们脱离渺小的个人主义，献身于普遍的福利。通过浏览二十世纪文学著作——比如，在阿尔伯特·加缪的《鼠疫》(La Peste)中，里厄博士这位主人翁体现了所有宗教信仰的幻想的彻底破灭与固执的、不可动摇的减轻人类痛苦的承诺之间的联系——我们可能最亲切地感受到这一点。

在《少年》的一个精彩的段落中，陀思妥耶夫斯基也给我们提供了类似这样的感觉。维尔赛洛夫表达了一个这样的见解：人类某一天醒来，发现他自己在宇宙中成了孤家寡人，没有上帝或永生，他们只拥有他们自己。结果，人类进入相互体贴和关照的境地，世界被改变成一个天堂。[37]

---

[35] 见伊曼努尔·默内尔：《基督教的灭亡》，第19章第1节。引自罗斯·哈里森的《边沁》(Bentham)(London：Routledge，1983)，第276页。

[36] “道德是不言而喻的事”(“Das Moralische ist selbstverstandich”)，弗洛伊德在给詹姆士·普特南的信的背面写下了这个句子。参见恩斯特·琼斯：《西格蒙德·弗洛伊德的生活和著作》(The Life and Work of Sigmund Freud)，第2卷《成人年华》(Years of Mateurity) (New York：Basic Books，1955)，第417页。

[37] F.陀思妥耶夫斯基：《少年》(A Raw Youth)(康斯坦茨·加内特翻译)(London：Heinemann，1916)，第3部分，第7章，第2、第3节，第462、466—467页；在《群魔》(The Possessed)的附录中有一个极为相似的段落，在那个段落中，斯塔夫罗金复述了他梦中的一个世界，在这个世界中，对不可调和的自然主义的最终认可导致了一个天堂的状况。与伏尔斯洛夫一样，斯塔夫罗金受到了克劳德·劳瑞尼的绘画《阿西斯和加拉提亚》(Acis and Galatea)的激励，形成了黄金时代的观念。见《群魔》(The Devil)(戴维·马嘎拉谢克翻译)(Harmondsworth：Penguin，1971)，第695—696页。

在此，我们已经进入了另一组回答领域，它们源于卢梭。卢梭依据十八世纪另一个思想命题，即同情的命题。自然人具有动物类的同情，看见别人受苦，他们会感到难受并上前帮助。在社会中，这种同情很容易遭到抑制。[38]但是，当人类在某种程度上以歪曲的方式成为社会的和理性的人时，怜悯和自爱都变成了良心，它远远不同于与情感相对的职责的刺耳的声音，它以理想的方式针对它们的心声讲话，并把它们移向仁慈。[39]

卢梭提出了一幅以丰富的仁慈为特征的人类本性的图景，与我们其他的正常的欲望一样，它在我们身上的根源是自然的和自发的。它只是因为我们动物本性中某种本能的东西而造成的正常的、未被歪曲的变形。虽然它会被堕落的理性所窒息，但是，它在那儿是一个等待开发的深泉。代替神恩的是本性的内在冲动。

---

[38] “C'est la raison qui engendre l'amour-propre, et c'est la reflexion qui le fortifie; c'est par elle qui replie l'homme sur lui-même; ... c'est la philosophie qui l'isole; c'est par elle qu'il dit en secret à l'aspect de l'homme souffrant: péris si tu veux, je suis en sûreté. il n'y a plus que les dangers de la société entière qui troublent le sommeil du philosophe, et qui l'arrachent de son lit. On peut impunément égorger son semblable sous sa fenêtre; il n'a qu'à mettre ses mains sur ses oreilles et s'argumenter un peu pour empêcher la nature qui se revolte en lui de l'identifier avec celui qu'on assassine. L'homme sauvage n'a point cet admirable talent; et faute de sagesse et de raison, on le voit toujours se livrer etourdiment au premier sentiment de l'humanité”; (“理性产生自尊心，思考则予以加强。依靠理性，人们明哲保身，……哲学使人与世隔绝；正是由于哲学，人才会在受难者面前说出一个秘诀：你要死就死吧，反正我很安全。只有整个社会的危险，才能扰乱哲学家的幽梦，把他从床上拖起。人们可以肆无忌惮地在他窗前屠杀他的同类，他只捂着耳朵替自己稍微辩解一下，就可以阻止因天性而在其内心激起的对被害者的同情。野蛮人绝没有这种惊人的本领，由于缺少智慧和理性，野蛮人总是不假思索地听从人类的原始情感”)(《论人类不平等的起源》)(Discours sur l'origine de l'inéqalité parmi les hommes)(Paris: Garnier-Flammarion, 1971)，第198页。

[39] 卢梭：《爱弥尔》(Emile)(Paris: Classiques Garnier, 1964)，第354—355页。

人们以多种形式接纳了这个观念。浪漫主义的自然理论把它作为一个根源,从而使之延续,在一个被恢复的存在的图景中,它的自发的情感,甚至感官欲望都与仁慈融为一体,就像席勒早期的诗中进入欢乐的避难所的那些"醉鬼",或荷尔德林的早期作品中的恩培多克勒一样。[40]而且,这个观念一直延续到今天,它最近的、也是最壮观的体现出现在一九六八年的学生造反运动中,用一个更为流行的方式说,它体现在整个六十年代的"嬉皮士新生代"中。

但是,康德也为我们之内的善良愿望寻找到了一个基础,它完全离开自然的欲望,转向我们的作为理性的代言人的身份,转向在理性加于我们身上的要求面前只能体验的畏惧。在此,我们返回到了启蒙运动的观点——正是理性的发展才使得这个愿望有效用。然而,它现在不再是改变我们的工具性的理性,而是普遍性的要求。

412 因此,作为对科学理性的自然主义信仰的替代,人们在十八世纪晚期形成了一个观念的家族,它在我们之内发现了仁慈的富源,这个根源或发源于我们的自然欲望,或发源于我们的本体存在——或者还发源于一种无法归于上述两个替代的方式。我们在这儿不妨考虑一下莫扎特的《魔笛》中的萨拉斯特罗圣殿。那是一个善的根源,一个仁慈的愿望的根源,它从未被歪曲的人类本性中放射出来。"在这神圣的殿堂内"(in disen heiligen hallen),倾轧和憎恨让位于宽容和爱,音乐把我们带入了言词永远无法达到的境界。

神恩的这些所有可能的代替物——科学的理性的明晰的视界;卢梭或浪漫主义的本性的内在的冲动;康德的善良愿望;萨拉斯特罗人的善——已经帮助人们确立了我们可以满足普遍仁慈的需要的信心。在

---

[40] 席勒:《欢乐颂》(Ode to Joy);在其中,欢乐的翅膀逗留着。荷尔德林的"恩培多克勒"颂和他的早期作品《恩培多克勒的死亡》("Der Tod des Empedokles")反映了同样的精神。见理查·杨格《荷尔德林的主要诗作》(Holderin's Major Poetry)(Bloomington: Indiana University Press,1975),第4章。

现代文化的实际生活中,它们不是作为宗教信仰的替代被对待,也不是被作为与宗教信仰格格不入的东西被看待。实际上,十九世纪讲英语世界中的例外论观点把所有这些都联合在一起:也许卢梭—浪漫主义的东西不多,但是,经常性的是基督教信仰与启蒙的和理性控制的现代社会的进步意识相混合。这反过来又与康德或萨拉斯特罗人的启蒙教育释放仁慈的内在根源的意识相一致。由此导致的联合——在不同的时期发生在不同的部分——赋予人们某种心境,它包围着过去两个世纪里讲英语社会中的人类改善的巨大努力:从通过教育的改革这样的温和的斗争到两次世界大战之后的世界重建的巨大能力。截然相反的是,“世俗的”混合物在法国是明显的,虽然它们更侧重于康德和萨拉斯特罗人,甚至在某些情形中,更依靠关于浪漫的神圣主义的独特的法国科学主义的调换,从传统上说,它发自圣西门,经孔德到迪尔凯姆,直至现在。

正像善的概念那种情形一样,我们关于道德的动力的观念显示了融合、相互影响和不同的根源之间的敌对的、令人困惑的混合物。信仰和不信有着相互复杂的关系。从历史上说,世俗的替代不是来自基督教的神恩观,它们反过来对之施加了影响。近代的圣爱观受到了来自分解式的理性的朴素的和公正的仁慈的理想的影响,这一点在哈奇森那里已经很明显,它在基督教功利主义那里变得更加突出。但是,它们也被浪漫主义的自发的情感概念,即由内在本性所涌出的善的概念所改变,与此同时,这个影响并不是无异议的,基督教精神中的不同的潮流的支持者们已经与他们所认为的外来闯入者们苦苦相搏。超奥古斯丁的思 413
想特性至今仍然对无法实现的本性持怀疑态度,对不加限制地信奉积极的改革持怀疑态度。然后,各种影响——浪漫主义的和启蒙运动的影响——在文化的其他领域以及基督教教会内都产生了冲突。

在这一点之上,神恩的不同的图景及其替代物都互为敌手,为了拒绝一个阵营,我们可以站到另一个阵营中去。正像我们稍后所看到的那样,由于每一方都是脆弱的,由于每一方都会卷入危机,因而,这就会产生一个复杂的相互影响,在这一影响中,每一方在一定时刻都会因对方所暴露的弱点而得到加强。信仰一个所谓的"世俗化"的过程就是相信危机仅仅影响宗教信仰,永恒的受益者是世俗的人们。但是,这不是关于我们的处境的一个充分的观点。

第四节

我一直在描绘自十九世纪就出现的道德风景,而且,我一直以典型的近代道德需要和用来滋养这个需要的根源为我的线索。但是,存在着另一个始终困扰我们的主要问题，这就是继续发展的启蒙运动和浪漫主义之间的搏斗,随着当今的技术倾向和生态倾向的明朗化,这一搏斗贯穿于我们的文化之中。两个线索从一开始就争执不休;表现的理论部分地出现在对工具性理性的单向性的批判中,但是,它们也以奇怪的方式共存于我们的文化中,为了更好地理解这一点,我们应当更仔细地观察浪漫的表现主义的影响,然后,再考察它的相继的变化。

浪漫主义的表现主义诞生于对分解式工具理性以及从这个理性流出的道德和社会生活形式的抗议中，这些道德和社会生活形式是单向度的享乐主义和原子主义。这个抗议以不同的形式持续了整个十九世纪,而且,随着社会被资本主义的工业主义按照越来越原子主义和工具主义的方向加以改变,这个抗议也变得更加贴切。对于这种存在方式的指控是,它使得人类生活支离破碎:它把人类生活分成诸如理性和情感那样的互不关联的范围,把我们与自然隔离开,让我们彼此格格不入。席勒在《美育书简》之六中提出了这样的责难;我们发现,阿诺德又采纳了这一责难。[41]它还被指责为还原或禁锢了意义:由于生活只追求纯粹

---

[41] 参见特里林:《马修·阿诺德》,第32页。

的快感,它被视为单向度的;没有作为更高意义的存在目标突出出来。

但是,存在着第三个更具政治意义的批判的思路:原子主义——即 414
一种每个人都以个人手段规定他或她的目的并仅仅以工具性的理由去附着于社会的状况——削弱了维持一个自由的、参与性的社会所需要的粘合根基。同样,这一观点也在席勒的《美育书简》之六中得到了具有影响力的表述。但是,托克维尔在一个更成熟的层次上接受了这一点,他将此与共和政体中的整个思想传统联系起来。托克维尔追寻一个古老的见解:对自我富裕的过分投入会给公共自由带来危险,这个见解要求我们适应公共生活,而不是全神贯注于个体的福利,我们仅仅是通过工具性的理性获得后者。

对于公民来说,热爱自由是至关重要的,他写道:

> Seule elle est capable de les arracher au culte de l'argent et aux petits tracas journaliers de leurs affaires particulières pour leur faire apercevoir et sentir à tout moment la patrie au-dessus et à côté d'eux; seule elle substitue de temps à autre a l'amour du bien-être des passions plus énergiques et plus hautes, fournit à l'ambition des objets plus grands que l'acquisition des richesses.

> 只有自由能让人类思想凌驾于单纯的财富崇拜,超脱于日常生活道路上产生的微不足道的个人担忧,只有自由能够使人们时时刻刻意识到,他们互相属于,而且,大家都属于一个更加宽广的实体,归根到底,属于这片朴素的土地。只有自由能在特定的关键时刻以一个更崇高的、更雄壮的理想代替人们对物质财富的自然的喜爱;

自由给人们提供了致富以外的其他目标。[42]

从席勒、托克维尔、洪堡以及马克思[他以自己的方式]那里可以看到，浪漫主义是替代政治见解的重要领域的部分根源，是对在西方成长的工具主义的、官僚主义的和工业社会的批判的一部分。通过托克维尔，这些线索中的一条与市民的人文主义的传统嫁接到一起，并且帮助它在争斗中一直延伸到二十世纪。

但是，浪漫主义在现代政治学中的另外一个成果是民族主义，在此，我或许有必要重申，我这么说并不是要提供一个因果关系的解释，如果我们要力图解释民族主义，我们可能不得不考虑到新社会的职能性的要求，新社会已经摆脱了陈旧的等级制秩序观念，见到了传统的本地社区的被侵蚀，需要为假定是自由和平等的个人之间的粘合找到一个新的基础。或者，我们不得不从另一个角度来看同样的因素，即资产阶级精英或知识分子的建设一个新的反等级制的政治实体的热望。这类因素能够有助于解释，为什么民族主义流传并在十九世纪的欧洲文明中成为一个威力无比的力量，但是，它们无法解释作为一种道德和政
415 治见解的民族主义的独特特征。它们最初扎根于卢梭的观点：主权的核心必须是人民，即，一个由共同的目的或身份的人所构成的实体，它不仅仅是一个“聚合物”。[43]这个根的观念在赫德尔的“*volk*(民族)”的概念中得到了进一步的发挥，他认为，每一个民族都有自己的确实的存在方式、思维方式和情感方式，每一个民族都有实现自己的方式的权利和义

---

[42] 亚历克西·德·托克维尔：《旧制度与大革命》(L'ancien régime et la revolution)(Paris:Edittions Gallimard,1967)，第52页；《旧制度与大革命》(The Old Regime and the Revolution)(Garden City:Doubleday,1955)，第xiv页。之后，在同样的著作中，托克维尔谈到了“这种安逸的情绪就是奴役的起源”(“cette espece de passion du bein-etre qui est comme la mere de al servitude”)，第203页。

[43] 见卢梭：《社会契约论》(Du Contrat social)，第1卷，第5章。

务,都有权利和义务使自己的方式不受其他民族的影响。[44]

在现代国家的第一个浪潮中——比如,在美国、法国以及有自己的方式的英国,它们先于赫德尔的民族主义而建立——粘合的基础是政治的国家和一个特定的公民理想,但是,在紧随其后的反应性的国家建设的浪潮中,主要的原则成了语言——至少在欧洲社会中是如此。语言是一个民族主义的理论的明显的基础,这个理论建立在每一个人具有独特的特征的表现主义的观点上面,用赫德尔的方式说,语言是用一个"表现性的理论"构成的。[45]它是一个扎根于事物本性的状态多样性的概念,但是,它并不是扎根于古老的等级制模式构成的自然秩序。它声称要去寻找民族的认同的原则——什么东西使得它不仅是一个聚合物——它是某种给予的东西,它不是任意确定的,而是扎根于民族的存在和它的过去之中的;与此同时,这个原则不是外在的忠诚,而是民族的自主性的人性的构成成分,对于人类来说,它是某种具有实质性的事物。很显然,语言是这个构成性的、规定本性的角色的主要候选者,按照赫德尔的看法,更是如此。这是它能够给现代社会带来粘合力的原因。但是,为了理解它是如何带来这种粘合力的,我们不得不以表现主义的方式来看待它。

这已经给我们带来了一种方法,有了这种方法,启蒙运动和现代文化中的表现主义的思路能够实现共存。现代民族主义的比较丑恶的方面经常把对国家的人格或意志的沙文主义的祈求与对权力的追求联合

---

[44] 赫德尔,引自B. 安德逊《假想的社区》(Imagined Communities)(London:Verso,1983),第66页。

[45] 关于对语言的"表现主义"理论的讨论,参见我的《人类主体性和语言》(Human Agency and Language)中的《语言和人类本性》一文(Cambridge: Cambridge University Press,1985)。在《为何民族要变成国家》(Why Do Nations Have to Become States)(《同盟》,斯坦利·弗兰奇编)(Montreal:Canadian Philosophical Association ,1980) 中我已经讨论了现代语言的民族主义的某些基础。

起来，它为寻求最有效的工业和军事手段提供正当理由。这个令人厌恶的现象的极端的例子是纳粹德国。在这儿，政权部分地通过祈求于与工具理性相对立的表现性的完整性而掌握权力。它在某种程度上产生于徒步旅行奖励协会（Wandervogel）青年团体，它使得刚毅不屈的农民感到光荣，它的做法就是无情地使用工具性的理性，这种做法甚至打破了迄今为止所定义的工具理性可以想象的界限。不幸地，这种联合起作用了。处于沙文主义风气中的民族主义会摧毁赫德尔的表现主义的最初的合理性。

就像浪漫主义的表现主义的其他分支一样，民族主义也不可分割地包含某些叙事，它们经常是轻率地虚构或时代误读，有的时候，当非常任意的政治构造行为被笼罩在一个伪造的古代风情中时，这些叙事
416 会接近神秘化的地步。但是，一个民族为了获得认同，它会以这样或那样的方式获得和发展一种特定的历史、起源和发展的图景——它的遭遇和成就的图景。这些故事包围着我们，使我们形成了关于我们自己和我们的历史的图景，这些画面超过了我们通常所意识到的内容。这是表现主义用来影响世界的一个极端重要的方法。[46]

但是，思想和感受性的浪漫主义的表现主义特色，无论是以政治、艺术、文化理论的形式，还是作为反对工具性社会的粗野抗议，在十九世纪经历了一个重要的变化。为了最好地追踪这一点，我们可以追寻以下两个相关联的变化：

第一个变化是自然图景的变化。浪漫主义发展了一个表现的自然观，有时候，自然被视为生命的急流，它流过一切事物，它也出现在我们内在感觉的冲动中，就像我们所看到的那样，席勒将其讴歌为欢乐，谢

㊻ 我已经从B.安德逊深刻的著作《假想的社区》和他的《叙事民族》(Narrating the Nation)、《泰晤士文学副刊》(Times Literary Supplememt，1986年6月13日，第659页）中学到了许多东西。

林将之理论化为精神，这个图景在很大程度上归功于一个天意秩序的传统观点。的确，它力图复兴关于有意义的秩序的较古老观点中的部分东西。谢林和他同时代的人吸收了新柏拉图主义的根源，吸收了菲奇诺的观点，吸收了文艺复兴中的相应理论，谢林承认，他与乔尔丹诺·布鲁诺有姻缘关系。但是，这个图景被表现主义和创造性的想象的新观念所改变。

因此，在《自然哲学》(Naturphilosophie)中，谢林认为，不同的自然现象都是相对应的不同层次的精神在自然中的实现，自然是“可见的精神”，[47]这个见解无疑类似于文艺复兴时期的古老的新柏拉图主义理论，该理论认为，我们周围的物理实体也是理念的体现，发生变化的是体现的观念自身，它不再是非人格的形式波动的具体化；人们要在一个主体的自我实现的模式中来理解它，它要在自我具体化的过程中完成和规定自己。自然的秩序已经经过了一个主观主义的曲解，之后，我们最终要借助于我们表达的自我规定的力量来把握它，这就像早期谢林构想的艺术的想象，或黑格尔给“理性”这个术语所赋予的特殊意义。

但是，就像它的先辈一样，这种宇宙秩序的观点在十九世纪开始腐蚀，毫无疑问，这部分地是因为自然科学的发展。与早期所设想的和合理化的宇宙秩序相比，自然科学在时间、空间和进化方面都呈现了一个更宽广、也更使人迷惑不解的宇宙。而且，我们必须加上生物学在十九世纪后半叶的发展，生物学的发展把自然科学引入内在本性的遥远的深处，浪漫主义最初部分地形成了欧洲人的自我意识。对我们来说，结果是一个分裂的自然观。一方面是科学发现继续展现的浩瀚的宇宙，它是巨大的，在某个方面是令人困惑的，它在宏观和微观方面超出了我们

---

[47] “自然是看得见的精神，精神则是看不见的自然存在”(“Die Natur soll der sichtbare Geist, der Geist die unsichtbare Natur sein”)，谢林：《自然哲学的观念》(Ideen zu einer Philosophie der Natur)，载《著作集》(Werke)(Leipzig: F.Eckhart, 1907)，第2卷，第55页。

的想象力,虽然它充满了出乎意料的美丽和鼓舞人心的敬畏,但它对于我们和陌生的他人都是无所谓的;另一方面是我们内在地感觉到其冲动的本性,有了这个本性,我们可以感觉到我们自己是不结盟的,有了这个本性,我们就有协调的热望。至于这二者是如何联系起来的,则是
417 非常成问题的,这是我们的文化困境全然不同于十八世纪之前所存在的文化困境的一个方面。在十八世纪之前的文化困境中,自然秩序的科学解释是与它的道德意义紧密连在一起的,关于这一点,我们在柏拉图和自然神论的秩序概念中都能看到,对我们来说,这二者已经疏远了,而且,我们也不清楚我们怎么能希望它们是联系的。

处理这个问题的一个方法是,简单地把这些术语中的一个作为无关的或幻像。这是分解的自然主义的反应,它只承认科学解释的秩序,但是,如果我们不采纳这个处理问题的快捷方法,我们就会意识到现代文化中的一个困惑和不确定的领域,解决这个困惑的不同方法都是花气力应付我们对创造性的想象及它在我们的道德社会中的作用的不断变化的理解。

但是,对于那些保存着自然的内在冲动的意识的人们,它的意义开始变化了。这种情况部分地来自科学的发展,也部分地是我在以上所称的对所有的天意秩序观念的反应的拒绝的持续力量,它使得所有事物的结构对于我们的经验来说过于整齐和和谐。还有其他的因素,我将在下一章中讨论。

在叔本华的哲学中,变化得到了表达,对于那些经过了这个变化的人们来说,我们所属的自然的伟大的涌动不再被看作某种包容性的、熟悉的、与自我密切相关的、良性的事物,而是越来越多地被看作浩大的、无法测量的、外在的和非道德性的事物,直到我们获得了像在《黑暗的心》中康拉德的讲述者马洛那样的反思,当他看见在河滩上跳舞的土著时:

> 地球看上去是超自然的……人类——不,他们不是野蛮的。唉,你知道,这是最糟糕的——怀疑他们不是野蛮的。它会逐渐地变成一个。他们嚎叫、跳跃、头晕、做出可怕的鬼脸;但是,使你不寒而栗的正是他们的人性的思想——就像你们的思想一样——你们与这个野蛮的和遥远的热情的喧嚣的血缘关系的思想。丑陋,是的,丑到家了;但是,如果你是真正的人,你自己就会承认,在你身上有对那个噪声的可怕的坦诚的反应的最微弱的轨迹,对这个噪音中的意义有一丝怀疑,你——离混沌初开之夜是如此遥远的你——能够理解的。为什么不呢?……终究存在着什么呢?兴奋、恐惧、哀伤、奉献、勇猛和愤怒——谁能说得清?——除非真理——被剥去了其时间外衣的真理。[48]

第二个变化明显与此有关。在市民人文主义思想和民族主义的反 418
射中,在阿诺德的文化理论中,浪漫主义的表现主义被视为与我以上所讨论的道德热望混杂一起:作为它们主要的支持的根源或作为它们的正常的补充。但是,正如我们所见到的那样,通过艺术完成的观念自身就包含了可能的突破的种子。这个突破在十九世纪文化的颇有影响的潮流中得到实现,而且,我们仍然与这一后果共存。为了看清这一点,我们只有追寻那个时期的创造性想象中的真理的顿悟的轨迹。

㊽ 约瑟夫·康拉德:《黑暗的心》(Hearts of Darkness)(New York:Dell,1960),第70页。

第二十三章

419 # 后浪漫时代的视野

第一节

虽然创造性想象的观念涌现于浪漫主义时代，但它仍然是现代文化的中心。这个概念依然活在我们的文学艺术中间，它首先活在诗的艺术中——作为它所揭示的一种创造性，或作为在同时规定和实现着它所明了化的表现而活着。

从浪漫主义时期开始，经过象征主义和许多在宽泛意义所谓的“现代主义”的流派，直至现在，存在着强烈的连续性。保持中心地位的东西是艺术品产生于或实现“显现(epiphany)”的观念，在此，我在略微宽泛的意义上使用了乔伊斯的一个术语。我用这个术语想表达的正是作为显现场所的艺术作品观念，显现把我们带入除此而外无法接近的某物的表现之中，并且具有最高的道德或精神的意义；此外，这种显现甚至在显示某物时也规定或完成着它。

这类作品不能被简单地理解为摹仿，即便它可能牵涉到一个描述性的成分。事实上，一个作品能够用两种不同的方法去实现我所谓的显现，二者在整个上一世纪中的平衡一直摇摆不定。就前者而言——它在浪漫主义运动中占据了统治地位——作品的确描绘了某种事物——完美无缺的自然、人类情感——但是，这一方法的目的是表明某个更伟大的精神现实以及贯穿于其中的意义。华兹华斯的诗歌、康斯特布尔和弗里德里希的绘画都是这个形式的范例。就后者而言——它在二十世纪占有统治地位——它不再清楚作品所要描述的东西或作品究竟是否描述任何事物；显现之所已经转移到作品内在本身。大部分现代主义的诗歌和非表现派的视觉艺术都是这类作品。

但是，即便是第一种形式——我将称之为存在的显现——对作品的纯粹的临摹也不再是充分的。因为，目的不是为了描绘而去描绘，而是通过表现去让对象美化，使得对象“透明”。也只有在这里，显现仅仅通过作品才能实现，它在那个术语的浪漫主义的意义上作为“象征”保留下来。这就是说，仅指出某个被独立地描绘或指称的对象，我们无法 420
理解显示的到底是什么。只有在作品的内部才能理解它所揭示的意义，人们不能凭借作者的意图来充分地解释作品，因为即便我们肯定作者的意图是其作品的意义，它们自己也只有在作品中才能得到适当的展示。既然如此，人们必须独立于作者在作品中系统阐述的任何意图去理解作品。就像奥斯卡·王尔德所说的那样，“可以说，当作品完成时，它就有了一个独立的、自己的生命，而且它可能传递着一个远非上下嘴唇一碰就说出来的信息”。[①]没有任何解释或释义能够逼真地表达这个信息，它的意义只能在其自身去寻找，我们可以说，它存在于自身，也只为自身而存在。用叶芝的一个短语说，它是“自我生产”。[②]

---

① 引自弗兰克·科摩德：《浪漫主义形象》(The Romantic Image)(London：Routledge，1961)，第46页。我发现，这一研究非常有助于对从浪漫主义时期直至今日的连续性进行表达。

② 同上书，第56页。

这儿经常使用的另外一个短语是“本身具有目的”。但是,这个术语只能恰当地被用于我所描述的第二种方式,而且,它可能只能被用于第二种方式的极端的变种。一个来自象征主义的有影响的思想派别认为,作品不是存在的显现,不是自然或超越自然的精神实在的显现,它力图拆开显现与超越于它之外的一切东西之间的联系,然而,它试图自相矛盾保持显现的品质。作品仍旧是展现的场所,展现某种具有最终意义的事物的场所,但是,它也是完全自我包含和自足的。马拉美是这种思路的范例性的人物,他喜欢谈论“无”(他认为是在追寻黑格尔):“在我发现无以后,就发现了美”。③

毫无疑问,这是一种可能性,是一种极端的而且在某个方面可以说是令人迷惑的可能性,现代显现艺术已经展现了这种可能性,它继续成为现代文化的重要部分,而且,它反应了对于世界和我以下将要讨论的存在的拒斥。但是,如果我们把种和属混淆了,那就是一个错误。有一大群其他的作家——从华兹华斯到叶芝以及其他人——都创造了一些在严格的马拉美意义上不属“本身具有目的”的作品,但是,他们继续向显现努力。④

---

③ 引自迈克·汉堡:《诗歌的真理》(The Truth of Poetry)(London: Weidenfield, 1969),第29页。出自亨利·卡扎利斯写于一八六六年七月的一封信;见马拉美《诗歌漫谈》(Propos sur la poesie)(亨利·摩道编)(Monaco,1953),第77页。

④ 本身具有目的的著作也被以一个复杂的方式与“为艺术而艺术(l'art pour l'art)”的整个倾向相关联。很显然,这也是作为最高的人类实现轨迹的艺术的整个后浪漫主义概念的可能的发展。但在这里,我们一定不要把种与属混为一谈。我将在下面讨论这一点。

在艺术批评中,存在着将文本作为自足或仅仅与其他文本相联系来处理的现代倾向,这种倾向似乎是一种把所有的作品都作为本身具有目的来对待的奇怪的努力,它们完全忽视了两个区分,即显现和非显现的区分,被意旨为本身具有目的的作品和不被意旨为本身具有目的的作品之间的区别。与往常一样,以异己的规则来看待一幅作品证明是有趣的洞见,但是,野蛮声称这种办法是全能的,只会让场景更加阴暗。

浪漫主义时代铸造的术语仍然使用在二十世纪的显现艺术中。那个时代发展了一个丰富的有机语言，来谈论艺术作品的有机统一，谈论艺术创造的过程——柯尔律治把它比拟为自然中的生长过程，他也的确把它看作与这个过程相关——而且通过延伸，他把艺术创造的过程比拟为谈论未被歪曲的、充分的人类生活，反对机械主义的狭隘的和支离破碎的范畴。早期表现主义的生物形象是直接针对心灵和身体、理性和感性的二元论的，关于这一点，我们在赫德尔那里可以一览无余。对于席勒来说，美把形式和内容带入一个“完美的”统一。“戏剧”——通过它，我们瞄准了美——把形式和我们之内的生活统一起来；真正的美的客体展现了内容和形式的完美的融合，与形式无关的内容是空空荡荡 421
的；相应地，形式不能与它的体现分开，它不是在别处可以得到完整的表达的东西。

这里，有某种似是而非的东西。在席勒那里，“形式”是与普遍相联的，这个术语被部分地用来指明我们内心的道德驱动力，它力图给我们的生活赋予普遍有效的形式；它部分地源于一个思想观念，它是一个与特殊的具体例子相对的普遍的术语。在席勒那里，道德性和一般概念是密切相关的，因为他受到了康德的极大影响。然而在艺术作品中，普遍的术语是不能与它的具体的例子分开的，普遍的术语与它的具体的例子是同一的。一个美的客体是承担了普遍意义的特殊。⑤

这类范畴继续被用于显现艺术。一件作品展示了某种东西，它有意义，但它无论如何是离不开它的体现的——或者至少不可分性是艺术

⑤ 见J.C.F.席勒：《人类美育书简》(Letters on the Aesthetic Education of Man)，双语版(E.M.威尔金斯和C.A.威尔欧格比编译)(Oxford：Oxford University Press，1967)。席勒在此还吸取了康德的观点，参见《判断力批判》，第1部分第1节，第1卷第9段，康德在那些地方说，品味的判断总是特殊的判断，因为，美的对象不能与一个一般的范畴相关联。有意义的是，康德在这部著作中对美学的对象和有机存在的处理，因而以他自己的方式反映了那个时代所认为的二者之间的密切关系。

所渴望的条件。人们评价佩特说，“他的理想是一种思想和它的可感的体现都完全融合的艺术”。正如王尔德所说的，“像亚里士多德一样，像理解了康德的歌德一样，我们渴望具体性，而且，除了具体性，什么东西也不能使我们心满意足”。在艺术中，“躯体就是灵魂”。[⑥]这种不可分性，这种具有普遍意义的特殊性，也在叶芝的树木和舞蹈者的形象中得到了表达。这些诗文依然栩栩如生地表达了席勒对超越了形式和内容的强迫性要求的条件的渴望以及二者在美中的融合：

> 劳动正处花季，它跃跃欲试，
> 不要折磨肉体以取悦灵魂，
> 美不是生于它的望尘莫及的事物，
> 目光短浅的智慧不是起于午夜的油烟。
> 栗子树啊，根深蒂固的茂盛的树木，
> 你是绿叶、鲜花还是树干？
> 躯干啊，随着音乐摇曳，啊，明亮的一闪，
> 我们如何从舞蹈知晓舞蹈者？[⑦]

融合的理想为浪漫主义的在世间透视永恒的象征观念奠定了基础（柯尔律治语）。象征仍然是显现艺术的中心，而且，它不仅是所谓的“象征主义”学派的中心，卡莱尔把象征作为“无限的体现和展现”加以谈论，叶芝把象征与寓言作了浪漫主义的对照：“象征的确是某个可见的本体的惟一可能的表达，它是有关一个精神的火焰的精神的根源；而寓言是一个被体现的事物或一个熟悉的原则的许多可能的表现中的一

⑥ 引自科摩德：《浪漫主义的形象》，第109、113页。

⑦ W.B.叶芝：《在学童中间》（Among Schoolchildren），第2部分，第57—64行。

个……:一个是一种体现,另一个是一种娱乐”。[8]庞德和他的同代人所寻找的“形象”具有同样的性质。形象是具体的显示,它不能被理解为论述某个事物。音乐——肯定是非散漫的、非表现的艺术——就是典范。 422
像佩特一样,象征主义者和意象主义者认为,所有的艺术都应当渴求音乐的状况。[9]

完全可以理解的是,浪漫主义的作为先知的诗人形象,在波德莱尔那里得到了明确的延续。但是,时至今日,关于围绕着显现的崇拜和畏惧的质量的形象依然是模糊不清。至今还存在着一类虔诚,它仍然包围着我们这个时代的艺术和艺术家,它来自如下的意识:它们所展现的东西具有巨大的道德和精神的意义,即是说,在它之内存在着生命的特定深度、充分性、严肃性或深刻性的关键,或者说,它是一个特定整体性的关键。在这儿,我只好使用一系列替代词,因为,人们给予了这个意义截然不同的构想,而且,对这个意义的构想经常——由于要处理显现的艺术的本性的原因,我在下面将会讨论这个问题——根本就是模糊不清的。但是,对于许多我们同时代人来说,艺术已经占据了类似于宗教那样的地位。

与显现的充分性形成对照的是我们周围的世界的意识,这正像我们日常所经历的世界,是共有的、死亡的和被摒弃的世界。这个世界是一个“拆得七零八落的无精气的世界”,[10]或者,以布莱克的有生长力的眼光看来,这个世界与艾略特的《荒原》有某种密切关系。在这儿,存在着一条延续的线索,它是机械的和工具的批判,作为一种看问题的方

⑧ 引自科摩德:《浪漫主义的形象》,第109、113页。

⑨ 同上书,第65页,第134页。回归到作为模式的寓言的某些二十世纪的作家和批评家——比如,沃尔特·本杰明——仅仅是浪漫主义象征的延续力量的明显的例外。就像我们将在下面看到的那样,它具有一个关键的持续性。但是,所发生的变化要处理远离二十世纪的存在的显现。马拉美预言了这一显现。

⑩ 科摩德:《浪漫主义的形象》,第5页。

法,作为一种生存的方式,然后,作为我们的存在的原则,它贯穿于形形色色的解释、呼吁和提出的补救措施中。几乎千篇一律的是,对顿悟的忠诚要伴随着对发展中的商业—工业—资本主义社会的强烈的敌意,从席勒到马克思到马尔库塞到阿多尔诺,从布莱克到波德莱尔到庞德到艾略特,无不如此。

但是,只谈论显现艺术的道德意义会留下一个未加考察的重要的模棱两可性。它所允诺的整体性或深刻性的德行的关系是很成问题的。席勒在其著名的《人类美育书简》似乎已经就美与德性的关系提出了两个不相融的观点。根据其中的一个观点,戏剧及它所创造的美给道德意志提供了帮助。这个意志规定了人类完美性的内容,而美是实现这个完美性的辅助物,甚至是一个责无旁贷的辅助物。[11]但是,席勒在这部著作中反复提出了另外一个观点,而且,还偶尔对之加以系统表述:游戏和美学比单纯的道德提供了更高的充分性,因为道德仅仅实现了我们的一个方面——形式而不是内容,而美却使我们成为一个整体,它赋予我们和谐和自由。[12]

我们在此是根据十八世纪的观点来理解德性的:在十八世纪,正义、仁慈和以理性控制愿望构成了德性的本质。席勒的文本中出现的新思想是,美可能给我们提供一个更高的目标。按照席勒的见解,美至少应当体现德性并与之完全相融。和谐的、自由的存在者在游戏时自然而
423 然地想在被接受的意义上成为善的;除了作为义务的坚定的追求者之外,他还有其他的事情。但是,令人烦恼的可能性现在展现在我们的面前:这个更高的实现可能会把我们带到被接受的德性之外的领域;它可

---

⑪ 席勒:《人类美育书简》,第23和第24封信。

⑫ 同上书,第27封信;同时参见第16和第15封信,它包含了令人难忘的句子:“只有当人是完全意义上的人,他才游戏;只有当人游戏时,他才完全是人。”(“der Mensch spielt nur, wo er in voller Bedeutung des Worts Mensch ist, und er ist nur da ganz Mensch, wo er spielt”.)

能使我们回避它——就像佩特所担心的那样,[13]这个实现甚至要求我们拒绝它——就像尼采肯定仁慈的伦理学一样。

十八世纪发展起来的新美学埋下了种子。这种新美学根据一个特定种类的情感或主体反应来规定美。在其第三批判中,康德给了一个崭新的和有力的明确表达:美被依据快感加以规定。追循沙夫茨伯里,康德认为,美的本质"与利益无关",美的客体所给予我们的,是某种既远离功利的满足,又远离道德要求的实现的事物,[14]康德为宣布美与善的独立的关系奠定了基础。

但是,康德并没有走这一步。美变成了另外一种与我们内部超感觉的东西相联系的方式,它是"道德上善的象征"。[15]它因此与我们的道德命运相关联并紧紧地从属于它。对于我在上面所分辨出来的两种理论,康德认为第一种理论来源于席勒的著作。它采取了浪漫主义时代的表现论,赋予美学一个更高的规范性意义,为向德性的首要性展开的全方位的挑战开拓一条道路。王尔德的一段话显示了康德的学说是如何被转化成现代的反德性的:"除了感官的低级形式,或试图激起善恶的行为说教的艺术形式,所有的艺术都是非道德的。"[16]

因此,一个浪漫主义的观点流传下来了,它把艺术家描绘成为提供显现的人,在显现之中,具有伟大的道德或精神意义的事物得以显现——而且,这一最后的分离所传达的就是这样的可能性:所展现的东西置于我们通常理解的德性的东西之外或者与之相对立。艺术家是一个特殊的存在者,他向罕有的视野开放,诗人是具有特殊感受性的人。在浪漫主义者之中,这是一个不争的事实。

但是,这也使得艺术家易遭受特殊的磨难。这部分地被认为存在于

---

⑬ 科摩德:《浪漫主义的形象》,第20—21页。

⑭ 康德:《判断力批判》,第1卷,第1部分,第1节,第2—5段。

⑮ 同上书,第1部分,第1节,第59段。

⑯ 引自科摩德:《浪漫主义的形象》,第44页。

罕见的感受性这一事实本身之中，这个事实一定使得人们既得到巨大的磨难，也得到巨大的享受。这部分地来自这样的观念：艺术家的职业迫使他或她摒弃世界上日常生活的满足，摒弃成功的行为和实现的关系，这是一种困境。D. H. 劳伦斯在评论贝多芬的书信时把这种困境称为"像钉上十字架那样，遭受孤独的个体性的磨难"。[17]

被从日常的满足中隔离出来，也意味着与他人隔离开来，处于社
424 会的边缘，遭到误会和鄙视。这是过去两个世纪中的艺术家的命运的写照，他们作为韦尔热悲世情绪的继承者，以感情脆弱的自我怜悯的形式呈现出来，或者被稳定地和没有戏剧化地看作一个无法逃脱的困境。

空想的艺术家和盲目的或"市侩的"、"市民的"社会的对立将这个特殊命运的观点和对商业资本主义文明的敌意带到一起。与进展中的发现的具有历史意义的叙述协调一致，它能够产生先锋派的观念或神秘。一些人注定要成为浩浩荡荡的推进纵队的尖兵，他们独立地奋进，这些人的工作在当时未被也不可能被理解，但是，很晚之后，其他人将会赶上他们，那些起初属于少数的人们在离开人世之后被人们所承认和歌颂。

这个形象表现了艺术家和社会——艺术家的排斥者——之间的对立。但是，这个形象也允许联系，人们也可以谈论两者间的串通一气。因为，人们也可以谈论艺术家和社会之间的共谋。因为，它包含了其他人所追赶的观念，即早期的开路先锋的观念；一个新的浪潮会由此产生，超出一般的理解并转而遭到误解。另外，一旦这个形象得到普遍的接受，一旦它成了不只是遭到误会的艺术家的自我形象，而是社会地认可的陈规，市民和艺术家之间的共谋会找到一个语言。

十九世纪巴黎"放荡不羁的艺术"(Bohemia)的研究者们已经觉察到

[17] 《浪漫主义的形象》，第6页。

了市民社会和艺术家的放荡之间的爱恨交加的关系。[18]这不仅是说稍后羽翼渐丰的市民在“放荡不羁的艺术”中度过的一段青年时期，还是说，作为证明，它作为艺术的成就（包括米尔热的小说和普契尼的歌剧）培育了市民社会的想象力。[19]即便是那些在商业文明中得到充分实现的、以分解式的和工具性的理性安排他们的生活的人们，也想要在创造性的想象的显现中占有一席之地。这些想象力必须受到控制，它们不能被允许出格和充分地实现，实质上，它们经常是反道德的并通常是反工具的。但是，它们必须存在。

人们也不必吃惊，只有极为例外的和严肃的灵魂才能完全依靠分解式的理性的道德根源而生活，十九世纪中产阶级中的服服贴贴的大多数人的确没有做任何尝试。他们主要依靠自己的宗教生活。而且，当这一点失败时，或者，当他自己开始被浪漫主义或感情的偶像所改变时，他们也转向精神营养的新根源。因此，对于一个世界和作品的爱恨交加，是它们的价值的一个否定，有时是一个威胁，但是，它们之中的许多也被看作一种保存——它们保护和深化了给生活赋予意义的事物。

对立是必要的，因为生命的实现的表现形式和工具理性的戒律部分地被规定为彼此对立的，许多人不能使自己局限于一方，正如J.西格 425
尔所显示的那样，[20]在放荡不羁的艺术家中也找到了爱恨交加，在其中，许多作家和艺术家梦想得到市民社会的永恒承认，而其他人（或同样那些人中的一些人）则凭他们的艺术服从于最具强迫性的戒律。

矛盾和具有讽刺意味的是，“La Boheme”（放荡不羁者）的流行形象是沿着这个严肃的方面扮演下去的。不是献身于作品的创造者们，而是

---

⑱ 见J.西格尔：《豪放不羁的艺术家的巴黎》（Bohemian Paris）（New York：Penguin Books，1986）。

⑲ 米尔热：《豪放不羁的艺术家的生活场景》（Scenes de la vie de Boheme）；普契尼：《豪放不羁：艺术家》。

⑳ 西格尔：《豪放不羁的艺术家的巴黎》，第1部分。

“那些艺术仅仅意味着以此为生的人们”[21]，才进入了在“坦诚的”社会中流行的陈规中：像鲁道夫那样的业余爱好者，随着咪咪的去世而结束自己年轻的流浪生涯，从而注定要返回到市民世界中。艺术与感情和伤感的同一成了流行的市民观点，[22]与之相反的是，浪漫主义时期以及它之后的主要的创造性的人物。毫不惊讶的是，流行的形象显现出放荡不羁的艺术家的潮流是同情对现存秩序的政治挑战，而在一八四八年和一八七一年的革命浪潮中，这股潮流都起到了一定的作用。

爱恨交加的关系一直延续至今，而且，在当代大众媒体和艺术市场的范围内，这种关系已经变成了假定为革命的艺术家或表演者与大众之间的几乎是公开的共谋。市民和放荡不羁的艺术家在十九世纪的血缘的距离使得他们相互依赖，这也保存了他们的一致性；它要求，市民世界遵守其价值，真正的先锋派远离米尔热—普契尼与市民世界所玩的游戏。但是，既然自由的自我表达和多形体的堕落提供了广告的口号，因此有助于使商业的轮子转向，而媒体——就像后来的安迪·沃霍尔所说的——能够使得任何人成为一刻钟的名人，很难保持距离。当共谋变得太近了，某种腐败也就滋生了。

第二节

我一直争辩说，自浪漫时期以来，对艺术的一种特定的理解一直贯穿于现代世界。这就是我一直所称的显现概念，它不仅包含了艺术作品的美学方面，也包含了有关它的精神意义、有关艺术家的本质和地位的见解。它是一个不仅有关艺术，而且有关艺术在生活中的位置以及它与德性的关系的见解。它事实上是艺术的升华，因为它已经成了我所谓的

㉑ 西格尔：《豪放不羁的艺术家的巴黎》，第58页。

㉒ 同上书，第120页。

道德根源的至关重要的场域，而意识到一种显现就是一种我所谓的恢复与道德根源的接触的范式。显现就是我们得到了与某些事物的接触，在那儿,接触或者培育了并且(或者)自己就构成了一个精神上的意义的实现或整体性。

这种艺术观不仅仅是少数人或一个排外的小圈子的财产，在每 426
一个场合中，持这种观点的单个的例子的确都是一些少数人，有时候是一些小有名气的人。但是，对艺术位置的一般理解是非常广泛的并且深深地扎根于我们的文化之中，而且，这符合一个广为接受的意识：创造性的想象是道德根源的一个不可缺少的场域，正像我在上面所描述的少数人的艺术和大众群体之间的矛盾的和爱恨交加的关系那样。

这个普遍概念已经经过了许多变化并采取了许许多多的形式,它已经在诗学领域中带来了成功的革命，产生了与浪漫主义时期的诗歌风格截然不同的风格。但是,经常激励这些改变的就是显现的观念。华兹华斯向我们显示了,在日常的事物和人中间,什么东西具有精神上的重要性。与此同时,他的诗歌包含了对这些人和事物的现实主义的描写和对情感的直接的表达。不过,发源于波德莱尔的现代诗歌已经把自己与直接的摹拟和表现分离出来，使得这种分离得以可能的是下面的意识:符号的展示力要依靠与日常言谈脱钩。马拉美把诗人作为“将创造性割让给词语”来加以讨论,他允许诗人以他们固有的、相互影响的力量来建构诗歌,“被他们的不平等的冲击所动员”。[23]至于形象主义者，“适当的和完美的象征是自然对象”,[24]诗的形象是晦涩的、非指称的,在这儿，象征的和指称的浪漫主义的对比已经被加剧成通过打乱指称而

㉓ 引自M.H. 阿布拉姆斯:《微风阵阵》(The Correspondent Breeze)(New York: Norton, 1984), 第119页。

㉔ 庞德,引自同上书,第118页。

获得显现的企图——通过让语言置身于谈论之外，给象征赋予意义。在浪漫主义运动中统一的东西，在此都遭到了严厉的反对，因此，庞德的《篇章》中的统一原则截然不同于华兹华斯的《序曲》中的统一原则，它不再是叙述性的，而是连锁性的统一的形象。

我将考察在过去的两个世纪中对创造性想象的一些不断变化的理解，这不是指诗的风格，而是指与这些风格有着复杂联系的方面。我要考察在这些变化中出现的道德（包括不朽的、非道德性的和不道德的）根源的观点。在显现的艺术的联系性中，这是一个决裂和对立的历史，事实上，一些重要的争论——较早时期在传统的伦理学学说和基督教神学之间爆发——是在新环境中的再生。

但是，在我讲述这个故事之前，我必须面临质疑。这个质疑事实上是反对我在讲述的延续性的整个脉络的——作为浪漫主义时期的延续的现代显现艺术的观点努力在某些方面加强了浪漫主义艺术的某些规定的特征。如何看待那些其作品在我的意义上确定无疑是显现艺术，而其本人却宣称是反浪漫主义的人们？比如，T.E.休姆在某种意义上就是
427 形象主义的奠基人，他就认为自己是一个"古典主义者"而非浪漫主义者。之所以如此，确确切切是因为，他想否定以主体为中心的做法，即他将之与浪漫主义同一的自我表现的努力。对于休姆来说，最高的艺术是对某种非人格的、"生活相异的"东西的顿悟。[25]当艾略特以他自己的表达方式声明自己是一个"古典主义者"时，他似乎已经受到了休姆的影响。然后，我们考虑一下更严肃的象征主义者，比如，马拉美和兰波，他们的显现是实实在在地与"生活相异的"，而且，他们力图完全越出自我表现，那么，我们能不能把他们看作浪漫主义的延续呢？

在重要的方面，不能。这些重要的方面精确地考虑显现中所体现的东西，而且，这一点与讨论中的道德根源具有重要的关联，这也是我要

㉕ 参见科摩德：《浪漫主义的形象》，第7章。

讲述的故事,但是,如果我们认为,决定性的决裂产生于自我表现与非人格的对立之上,那就是糊涂的观点,大多数伟大的浪漫主义诗人都自认为表达了某种比他们自己更重要的东西:世界、自然、存在和上帝的教诲,他们首要考虑的不是表现他们自身的情感,我在第二十一章中也的确显示了这一点。[26]

就像我所说的,主观主义是从把自然作为根源的观点切入的,因为,这牵涉到如下的观念:接近我们想要清楚表达的世界、自然或存在的一条必由之路是自然的冲动或自然之内的精神暗示。诺瓦利斯说,"Nach innen geht der geheimnisvollo weg"("内在性走了一条充满神秘之路")。[27]这是能在像谢林、诺瓦利斯、波德莱尔那样的作家(作为一方面)和文艺复兴、新柏拉图主义和神秘思想那样的大思想家(如布鲁诺,作为另外一方面)之间作明确区分的东西,尽管前者得到了后者的恩惠。当谢林援引布鲁诺,当波德莱尔使用"相符"的语言和炼丹术的形象时,这个恩惠其实是相当可观和得到承认的。

比如,布鲁诺和帕拉切尔苏斯可能就认为他们的知识是密传的,他们认为自己把握了事物的非中介化的精神秩序,人们可能要采取秘密的而非广泛接受的经验知识去发现它,但是,人们不必通过清楚表达我们使用的事物去揭示它,正是在这个意义上,它是一个可以为创造性的表现力所直接地接近的公共秩序。

正是这种公共的秩序,即事物的精神的意义的生动画面,对我们来说才不再是可能的,使得它们无法把握的不仅是科学和分解式的理性的兴起,而且也是我们对创造性的想象的作用的理解;现代

㉖ 这是我的术语"表现主义"的一个缺陷,它经常被认为是一个给自我表现赋予特权的观点。不必说,这不是我的本意,但是,我承认,在想出来一个更好的术语之前,这种误解可能要继续下去。

㉗ 诺瓦利斯:《个人证件》(Schriften),P. 克鲁克豪恩和R. 萨缪尔编(Stuttgart:Klett Cotta,1960—1975),第2卷,第419页。

人的确可以构想一个相符的精神秩序：波德莱尔是这么做的，叶芝也是这么做的，成千上万的人读了他们的作品并被他们所打动，但是，我们所不能构想的是一个由我们无法通过创造性的想象加工出
428 来的显现去达到的秩序；人们可以通过艺术创造的中介非折射地接近这个秩序。

但是，惟一可以获得的而且是折射的秩序是一个基本不同的东西。非中介化的秩序，或者用后康德时代误置的语言，ansich(物自身)，是存在的。它使诸如此类的问题成为有意义的：什么样的植物或动物真正承担了冥王星符号的意义。如果布鲁诺和帕拉切尔苏斯有疑义，他们两人中至少有一个人肯定是错误的，但是，具有了折射在想象中的秩序，这些问题就无立锥之地了。拜占庭"真地"具有叶芝的诗所体现的意义？另外一个诗人用截然不同的语言对此所作的完全不同的引用一定错误吗？这听上去是荒谬的。

无论科学的理论是如何真实的，我们必须以后康德的方式来理解诗人的见解。诗人们以一个不能与他们分开的媒介把现实赋予我们，这是显现的本性。这并不是说，我们不会有歧视。很显然，我们在考虑某些比其他东西更深刻、更具有展现性和更真实的性质。至于这些判断所依据的东西，则很难说。但是很显然，它不是由所说的形式直接赋予的那个现实的相似物。

事物的道德或精神秩序必须通过个人视野中的指标(index)呈现给我们。我在上面提及的两个重要的因素与把我们卡入这个困境的东西相吻合，与再现任何我们无法把握的非中介化的秩序相吻合：把精神的秩序与自然科学中所探讨的自然秩序分离出来——它必须提出先前的问题——是我们的后浪漫主义的创造性的想象的观点所补偿的和补充的。二者一起招致非中介化的秩序的终结。

然而，这意味着，某种主观主义是不能与现代显现分开的。我们能够力图与浪漫主义的观念保持距离，这个观念包含在诺瓦利斯的引文

中,即我们应当在内部寻找事物之秩序。而这并不是一个无关紧要的变化,它对于关注的焦点的改变是至关重要的;它似乎有点像里尔克在其“Neue Gredichte”(新诗)中所做的那样——当时他力图从事物自身出发去表现它们。但是,我们无法逃避的是通过想象的中介;我们总是表现一个个人的观点。而因为这个原因,表达与内在深度间的连接依然是割不断的和无法打破的,正是因为我们不得不把我们的任务理解成表达个人的折射,我们就不能放弃基本的反省,对我们自己的经验或我们自身的事物的共鸣视而不见。

因此,在他的一部最成功的诗集《豹子》中,里尔克非常优美地唤起了一只在笼子中踱步的动物的内心自白:“Ihm ist, als ob es tausend Stabe gäbe/und hinter tausend Stäbe keine Welt”(“在它看来,这儿有上千根栏杆,在栏杆的后面,一无所有”)。那些能够使他从他的外在的环境进入他的形象,穿越了“因紧张而僵化的四肢”,但是,当这些意象到达心脏时,就“停止了”。里尔克的确已经把我们带入豹子的内心世界,但是,这又不可避免地使得豹子成了我们自己的被异化的内在深度性的符号。[28] 429

“反浪漫主义”运动移入了“古典主义”,像休姆或艾略特那样的人因此不能移回非中介的秩序的祈求。它仍然是显现性的并以此方式与浪漫主义的整个运动保持连续性。如果只把浪漫主义说成为仅仅关注自我表现,那就是一个拙劣的模仿;而且,如果认为人们能够越过想象并因而越过个人观点的内在化,那就是一种幻想。但正是因为如此,人们在一定意义上努力回避单纯的主体性。的确,在某些方面,这是显现艺术的中心问题。

---

[28] 这种见解出现于迈克·汉堡的《诗的真理》(The Truth of Poetry)(London: Weidenfeld, 1969),第30页。斯蒂芬·米切尔的《豹子》的英译本(选自《雷纳·玛丽亚·里尔克诗选》)(The Selected Poetry of Rainer Maria Rilke)(New York: Vintage, 1984)。

这是一个确凿的事实:仅仅存在着折射的见解,而这一事实则意味着,我们不能将展现的东西与我们为了展现它所创造的手段分隔开来。但是,这意味着虽以主体为中心,但又不直接谈论自我的形式的存在。有古老的和熟悉的编织了一种自我专注的语言形式,运用这种语言,现实的观点永远为我们自己的反应弄得朦胧不清。而且,存在着特别的现代诱惑:显现将首先变成对我们自己的创造性的表现力量的赞颂。这个自我肯定的冲击能够或多或少变得坦诚——就像未来主义所认为的那样,或者它能够模棱两可地翱翔——就像超现实主义所做的那样,或者被自我掩藏。显现艺术的本性自身使得人们很难说清究竟要赞颂什么:是退缩到主体之后或之外,还是主体的神秘的力量。据说,[29]同样的艺术家中的一些人在第一次世界大战之前的一段时间内,既为原始主义所激励,也为未来主义所打动。

与对自我表现的主旋律的嗜好相比,主体的中心化是一个更阴险的事情。而且由于一系列的原因——我将在下面对它们展开讨论——我们现代文化中的许多东西把我们推向了主体的中心化,而克服它就成了我们时代的伦理的和美学的主要任务,但是,如果我们没有看到我们与浪漫主义时代之间在热望和危险方面的深刻的连续性,那么对我们来说这样容易的任务是似是而非的。

第三节

在浪漫主义作家中间,道德观是广泛的,我想以此为出发点,分辨
430 起源和发展。他们都赞颂了本性的善。在这方面,他们与自然神论和自然主义的启蒙运动是一样的,他们把被创造的秩序看作善的伟大的根

㉙ 见罗杰·沙塔克:《追赶先锋派》(Catching Up with the Avant-Garde)(《纽约书评》1986年12月,第18期,第72页)。

源。他们脱离了早期的思想家的单面性，他们不把人类动机看作一致的，而把它们看作能够进行质的变迁的。他们追寻卢梭，承认未被歪曲的意志与腐败之间的对立，它们像我们所看到的那样，转而回归到奥古斯丁的两种爱的教义。但是，他们把“神恩”的根源看作来自本性之内。我们必须返回到与这个思想大潮的全面的接触，这个思想潮流贯穿于人类的整个历史并也在我们之内引起共鸣。

当然，在一个有影响的变种中，他们承认，与自然的决裂是我们获得自由和理性所必需的。但是，目标是恢复一个更高的统一体，在这个统一体中，理性和自由都与自然和解，比如，席勒在我们美的游戏中见到了这样的统一体，它成了十八世纪九十年代的整个浪漫主义时代的范例性观念。在这个螺旋上升的视界中，人类的堕落——无论这样的堕落是如何必要——是与自然的脱落。柯尔律治深受这个德国思想的影响，他把“赎罪”定义为“对自然的敌意的和解”，[30]“和解”(versöhnung)是黑格尔的关键词汇。

与此同时，围绕着我们的伟大的世界是安慰和力量的根源。一种显现的形式存在于对精神的善的展现之中，即自然世界中的治疗的根源，因为我们与之疏远，这种显现的形式已经导致平庸或死亡。诺瓦利斯就是以这类美化为目标的，当“雪莱的诗歌在宇宙湮灭于我们的心灵中之后通过印象的再生(它们被重申弄得模糊不清)再创造宇宙时”，[31]它也是以这样的美化为目标的。当华兹华斯显示平常的事物和平常的人的意义，当他显示平常事物的崇高时，当他恢复“某种事

---

[30] 引自M.H.阿布拉姆斯:《微风阵阵》，第125页。

[31] M.H.阿布拉姆斯:《镜与灯》(The Mirror and the Lamp)(Oxford: Oxford University Press, 1953)，第282页。

物的远远超过深深地融合的庄严感时”，[32]他也是以这样的美化为目标的。康斯特布尔追随着华兹华斯，他选择普通的事物，力图“从无中生出有。”他甚至宣称“我一生中从未见过丑陋的东西”，[33]即会有任何他的艺术不能美化的事物。的确，美化普通的事物是浪漫主义艺术的一个重要的主题，而且，炼丹术的形象经常返回。[34]所有这些都是以本性的善的深厚意义为基础的。

---

[32] 《廷特思教堂》(Tintern Abby)，第2卷，第95—96行。相似地，华兹华斯在《序曲》(第13章，第2卷，第367—372行)中写道：

我记得清清楚楚
在日常生活的表面
我此次似乎可以获得一个新世界的清晰的看法
——一个适于被传达的世界，
其他的眼睛可见的世界。

在《抒情诗前言》中，华兹华斯说，“我一般选择了谦卑的和乡村的生活，因为，在那种状况中，心灵的根本的激情找到了走向成熟的土壤……可以讲一种更淳朴、更具顿悟性的语言；……而且……因为，在那种状态中，人类的激情被本性的美丽和永恒的形式表现出来”(《诗作》，第2卷，第386—387页)。柯尔律治因此对华兹华斯的目的进行了描述：“华兹华斯给自己提出的目标就是，给日常事物赋予新鲜的魅力，而且，通过把心灵从习惯性的懒散中唤醒，通过把心灵引向我们面前世界的可爱和妙不可言之处，激起一种超自然的情感那样的东西”(《文学家传略》，第14章)，引自莉莲·福斯特《浪漫主义透视》(Romanticism in Perspectives)(London：Macmillan，1969)，第245—246页。

[33] 引自休·奥纳：《浪漫主义》(Romanticism)(London：Allen Lane，1979)，第68页、第92页。

[34] 雪莱在《为诗歌辩护》中谈到这一点时说：“它改变了它所触击的所有东西，在它存在的光辉之内移动的每一个形式都被它所呼吸的精神的具体化的美妙无比的赞同所改变；它的神秘的炼丹术把生命的死亡中流淌出来的毒液变成了金丹。”《全集》(Complete Works)，第7卷，第137页，引自福斯特《浪漫主义透视》，第160—161页。在同一处，见对提赫的类似引用。帕尔墨把他的画作说成是本性的一个观点，这个本性“流经”灵魂寓言般炼丹术的强化的、纯化的、分离的、变形的热量(引自休·奥纳《浪漫主义》，第86页)。

这个浪漫主义的观点在十九世纪有了三个重要的变形。这些变形牵涉到了它的否定性的关键特征，但是，在另一方面，它们也使得这个观点向前进。

(A) 第一个变形叫做“现实主义”，有时候它被称作“自然主义”，它是许多被以此来命名的思想的子集合。我首先要考虑世纪中叶在法国出现的所有变形：比如，左拉的作品，福楼拜的不同的侧面，库尔贝和马奈的画作。这些作家和画家似乎接受了启蒙运动的自然主义的观点，他们全然拒绝了事物之外和之后的精神的实体的观点，特别是拒绝了关于自然的伟大的洪流的所有观点，而这正是那么多的浪漫主义的著作和画作的关键点，比如，在康斯特布尔或弗里德里希那里就是如此。这可能看上去是一个同样出色的反显现艺术，它决意在事物的粗糙的、低等的现实的意义上显示事物，消释关于栖居于事物之上的一个更深的意义的任何幻想——美化的反面。 431

但是，与浪漫主义的连续性并没有被决然打断。现实主义的前提当时和现在都是说，我们没能在事物的正常轨迹中正确地看到它们，我们只能通过一层幻想的面纱来把握它们，这层由我们的恐惧和自我放纵所编织的面纱把我们引向一个虚假的陶醉或意义。真实地看待它们需要勇气和洞察力，比之更为重要的是艺术的根源。我们生活的四周环绕着这个现实，但是我们并没有真正地看到这个现实，因为我们的观点是由我们的虚假的安慰的表现模式所形成的，也是被这个模式弄得模糊不清的。为了穿破这层面纱，我们需要采取一个崭新的、彻头彻尾真实的描绘。

这种艺术可能牵涉不到半透明的显现——像我们可能称呼它的那样，在其中，某种更深刻的事物透过真实的事物闪耀光芒，但是，它的确牵涉到一个揭示，即揭示事物的真实面目，而这就要求一种美化。我们在此以福楼拜的《包法利夫人》为例。在这部作品中，没有给人物赋予任何种类的尊严的欲望或显示人物的行动的深刻意义的欲望。的确，紧缩的效果来自对艾玛身上的浪漫主义渴望的深层意义的幻想的无情描绘。无论梦想是多么地崇高,它总是以某种无法表达的平庸和平凡的事物作为结束。目标似乎是不懈地描绘平庸者的懈怠。作为艺术的作品的力量在于捕获这种平庸的超凡的能力,在这种能力中,天生具有的表现模式几乎是无法抗拒地倾向理想化或美化。但是,为什么它能够激励作家或读者?这不是作为一个壮举(a tour de force),而是在发自这个平庸的力量和自由的意义上,它是与把它作为一个沉思的对象的捕获无法分开的。

在这儿,存在着一种美化,它不是那种展现意义的美化,而是给无意义和平庸的不幸赋予命运的结束和形成的美化。夏尔·罗泽纳和亨利·泽纳尔在他们的有关现实主义和浪漫主义的有趣的著作中,谈论了波德莱尔的"决定论",认为这种决定论"允许事实为自己讲话,而不必品头论足:不可避免的是一个美的品质,它不仅仅是美的一个替代物,而是要被考虑为绝对的美的自身。"[35]

所以,展现事物的无意义涉及了其自身的美化。我们在这个美化中所得到的享受与我们自己的面对真理并承认他的力量多少有些关系。而且,这个力量决定性地依靠完结,这个完结使得身陷平庸和空洞成为
432 一种我们可以深思的命运。能够对它们进行深思使得我们脱离陷阱,而这种自由正是力量感和享受的条件。现实主义的艺术依靠其自身剥夺意义的事物中的美化形式。

一种美化往往高扬艺术家的创造力,但是,现实主义所包含的内容

㉟ 夏尔·罗泽纳和亨利·泽纳尔:《浪漫主义和现实主义》(Romanticism and Realism)(New York: Norton, 1984),第157页。我从这本书的富有穿透性的讨论中获益非浅。从这个观点看,夏尔·包法利(Charles Bovary)在小说的最后一句话——"这是命运的错误!"("c'est la faute de la fatalité!")在一个层次上为他的生活的不能言表的、无所不包的平庸找到了一个更得意的表现,并且获得了他的对话者鲁道夫的轻蔑;然而在另一个层次上,通过一个具有讽刺意味的转向,它捕获了关于艾玛的生与死的深刻的真理。

远远不止这些。并非所有的现实主义都是任意地反显现。存在着另外一个思潮,在这个思潮中,某种事物最终透过对象,闪闪发光。库尔贝提供了一个典范。

自然主义在法国拒斥传统的画别区分和主题的定义的画作中表现了自身,这种表现深深地依靠画作的对象的等级制,这个等级制自身为秩序和精神意义的观点所证实：传统的观点赋予神圣的事物以较高的地位,把历史放到景色之前,而且把“世态画”的画作放在日常生活的主题上。库尔贝把画作转向普通百姓、工人、农民和乡村小资产阶级。但是,这些对象有时候被赋予了纪念的范围,这个范围应当被保留为历史的画作。现实主义意味着“主体的消失”,在一个已经为历史或宗教或古典文化弄得典范化的场景或事件的意义上的消失，画作试图表达的就是这些场景和事件。但是,缺乏这个既定的意义的普通的事件被赋予了对待的尊严,在此之前,这种尊严被限于那些体现了这种意义的事物。在自我意识中，这是对等级制的拒斥，在一个特定意义上也是一种替代。这些新的“主体”代替了旧的主体的位置;人们对于主体的尊严进行了证实。

但是,库尔贝并没有试图把它们打扮成古典的论题。对于等级制的逆转来说,这是一个可能的策略:从日常生活中截取一段场景,通过使用在新古典艺术中进化出来的整个手势言语、姿态言语和作曲言语使之理想化。作为与库尔贝同时代的人,罗泽纳和泽纳尔[36]显示出了一个范例。但是,库尔贝以及更严格的现实主义者背弃了这个言语,而且,背弃了任何使他们描绘的东西美化的企图。

在这个铁石心肠的唯物主义中,现实主义似乎是浪漫主义的否定。但是,在美化意旨中,连续性依然存在,在某些绘画中,这个意旨是确定

---

[36] 见罗泽纳和泽纳尔《浪漫主义和现实主义》中对让—皮埃尔·亚力山大的《火》(The Fire)的讨论(罗泽纳和亨利·泽纳尔《浪漫主义和现实主义》),第166页。

无疑的。美化部分地受到了水平运动的影响,这一运动将普通人置于历史人物或神圣人物的地位上。正像库尔贝自己所说的那样:“Le fond du réalisme c'est la négation de l'idéal”(“现实主义的基石就是否定理想”)。通过这个否定,他声称,“J'arrive en plein à l'émancipation de l'individu, et finalement, à la démocratie”(“我径直来到了个人的解放,并且,最终来到了民主”)。[37]就像和泽纳尔在讨论《奥兰斯的葬礼》时所说的那样,
433 “通过攻击性和借助人物的生命尺寸(life size),一个可以无限重复世态场景被抬高到了一幅历史画卷的尊严的地位。一个乡村葬礼的场景被给予了一个重要的历史事件的特异性。”[38]人们已经就普通百姓和所有人的尊严发表了一个声明。

但是,存在着某种更深的事物。如果人们不以一个关于绘画的当下的历史环境的意识而去看待这些绘画——正像我们现在所做的那样——某种有关美化的事物仍然出现了。这是因为,这些画作承担着原始本性的有力的和巨大的力量,这个力量宣称所有依据这个本性的无关联的判断,从精致的和精神的观点看是粗糙的或不完美的。在讨论《葬礼》时,罗泽纳和泽纳尔指出了“人格的攻击性的出现”。[39]一种力量寄存在这些人当中,甚至于对于那些对较早的类型的等级制陌生的人们也是如此。相似地,库尔贝的《敲碎石的人》不仅描绘了剥夺,而且还捕获了艰苦的体力劳动的张力,即集中地、尽可能地使用它们,在这儿,存在的是力量,而非不幸。

原始的本性的肯定——事实上是宣布独立于“较高的”立足点的贬抑性的判断——成了自然主义的启蒙运动的一个基本的主题,在那儿,

㊲ 《古斯塔夫·库尔贝》(Gustave Courbet),一九七七年九月三十日在巴黎Grand Palais所举办的展览的目录,第36页。

㊳ 罗泽纳和泽纳尔:《浪漫主义和现实主义》,第165页。

㊴ 同上。

它对本性的纯朴进行肯定。在这儿,它已经成了更为模糊不清的、在自然的意义上已经为十九世纪的换位所影响的事物,我在以下将会讨论这一点。但是,就其道德的驱动力而言,它们是相似的。在库尔贝的这些作品和其他作品中——也包括在马奈的杰作《野餐》(Le Déjeuner sur L'Herbe)、《奥林匹亚》(Olympia)中——这种感觉来自那个未加提炼的自然;根本的欲求不仅不被看作一个阻止我们得到精神上的升华的僵死的负担,而是被全心全意的拥抱,甚至要为之感到欣喜。曾经是唯物主义哲学家的基本议题的东西如今跃于画布上,这是一个自然主义的美化。

在此,我们甚至可以谈论一个自然主义的显现。好像存在着两种现实主义,一种以艺术家的能力为焦点,另一种以主体的尊严和力量为焦点。但是,事实上它们看上去是密切相连的,似乎有可能将它们混合在一起,甚至显现也以自己的方式证明了艺术家的力量。世界的彻头彻尾的自然主义的去魅化把想象在美化世界中的创造性工作抛入拯救之中。爱米尔·左拉在欣赏卡米勒·毕沙罗的作品《蓬图瓦兹的僻静住处》时,说了一段话:

> 这是现代乡村,人们感受到了人类的脉搏,它在土地上挖掘,把它弄得支离破碎,使得地平线模糊不清,这个峡谷,这个山坡展示了一种俭朴和一种英雄般的坦诚,没有什么东西更平庸,也没有什么更伟大,画家的气质已经从日常的现实中吸取了一种罕见的生活之诗意和力量。[40]

在这儿,垂头丧气的自然主义的总牧师谈论了诗歌中的平庸的美化。 434

与这两种自然主义思潮的相互渗透的自相矛盾相对称的是,现实

---

[40] 引自画作下面的说明,画作挂在纽约大都会艺术博物馆里。

主义和印象主义之间的密切关系，在下一章中，我将对此展开讨论。罗泽纳和泽纳尔指出了现实主义和之后艺术家自己对现实的美化的探索或者对事物出现的方式的探索之间的多重联系，这些联系似乎招致了这样的自相矛盾：比如，与印象主义之间的联系。[41]它最终显得是一个更激进的和更彻底的现实主义的一个部分，这也使得作品作为一个代表来展现自身，而不是力图使得作品在一个对象面前默默无闻地退却，这个对象被假定为在其客观存在中无能为力。

第四节

（B）我们在波德莱尔那里寻找到了一种截然不同的否定，尽管这种否定具有某些奇怪的接触点。在这里，不存在对精神的否定。相反，波德莱尔始终认可精神。他所拒绝的是自然，就是说，拒绝了浪漫主义的信念：最高的精神的现实经历了自然的进程。波德莱尔彻底拒绝了卢梭的信念：人之初，性本善。除了他与天主教正统思想之间的奇怪的和相当暧昧的关系外，波德莱尔满腔热情地承认原罪的教义；他强烈地赞同德·迈斯特尔，他仰慕爱伦·坡，因为他宣扬“人之初，性本恶”。[42]

> La plupart des erreurs relatives au beau naissent de la fausse conception du dix-huitième siècle relative à la morale. La nature fut prise dans ce temps-là comme base, source et type de tout bien et de tout beau possibles. La negation du péché originel ne fut pas pour

---

[41] 罗泽纳和泽纳尔：《浪漫主义和现实主义》，第6章；作者指出，在库尔贝的成熟著作中，被涂上颜料的表面变得突出了。他拒绝了学术上的“好”的标准，而使得画作作为一个表现突出出来；第151—152、121页。

[42] 引自M.H.阿布拉姆斯：《微风阵阵》，第121页。

peu de chose dans l'aveuglement général de cette époque...La nature ne peu: conseiller que le crime... (Dans)toutes les actions et les désires du pur homme naturel, vous ne trouverez rien que d'affreux.

与美相关的大多数错误都产生于十八世纪对德行的误解。在那个时代,自然被看作所有可能的美和善的基础、根源和模型,在这个时期的盲目之中,对原罪的否定并非毫无意义……自然只会抚慰犯罪行为……在所有纯粹自然的人类行为和愿望中,你找不到完全清白的东西。㊸

如果像自然神论那样的浪漫主义是从一种爱拉斯谟基督精神中成长起来的,那么这儿就有了对最极端的奥古斯丁悲观主义的一个真实的陈述,这个陈述即便在其片面性上也不再是基督教的:事实上,它更 435
接近摩尼教。因此,波德莱尔被性欲望所吸引,但是,与此同时,他也把它作为某种基础的事物去体验,它把我们往下拽,它是消沉和后悔的根源:

Il y a dans tout homme, a toute heure, deux postulations simultanées, l'une vers Dieu, l'autre vers Satan. L'invocation à Dieu, ou spiritualité, est un désir de monter en grade; celle de Satan, ou animalité, est une joie de descendre. C'est à cette dernière que doivent être rapportées les amours pour les femmes et les conversations intimes avec les animaux, chiens, chats, etc.

无论何时,在所有的人身上都有两种自发的假设:一种是贴近上

㊸ 引自阿布拉姆斯:《微风阵阵》第127页,关于波德莱尔的部分。

帝，另一种是走向撒旦，对上帝或精神性的祈求是一种使自己崇高的欲望；而走向撒旦或动物性的假设就是享受堕落，后者属于沉湎女色，混同于野兽、猫狗等等。[44]

波德莱尔也没有时间对超人的本性表示浪漫主义的敬意：

Je suis incapable de m'attendrir sur les végétaux...mon âme est rebelle à cette singulière religion nouvelle, qui aura toujours, ce me semble, pour tout être *spirituel* je ne sais quoi de shocking. Je ne croirai jamais que *l'âme des Dieux habite dans les plantes*, et quand même quelle y habiterait, je m'en soucierais médiocrement, et considérerais la mienne comme d'un bien plus haut prix que celle des légumes sanctifiés. J'ai même toujours pense qu'il y avait dans *La Nature*, florissante et rajeunie, quelque chose d'impudent et d'affligeant.

我不能对植物表示同情……我的灵魂使我反抗这个奇异的新宗教，在我看来，这个宗教总是坚持任何精神性的存在，坚持某种令人吃惊的事物，我从不相信上帝的灵魂会栖居于植物上面，而且，即使它果然如此，我对它也是漠不关心，与那些有神性的蔬菜相比，我认为我自己的灵魂的价值要高得多。另外，我总是在自然中找到某种风华正茂、不断更新，但又猥亵的、令人烦恼的事物。[45]

就像卢梭的观点与自由主义和民主联系在一起一样，波德莱尔——尽

---

[44] 引自帕斯卡尔·皮埃：《波德莱尔》(Baudelaire)(Paris：Seuil，1952)，第61页。

[45] 同上书，第98页。

管他在根本上说是远离政治的——是具有反动的热情的，虽然有一些短暂的摇摆，比如，我们可以看到他卷入了一八四八年革命的第一阶段。但是，这并不意味着，他同情资产阶级的商业文明，相反，他认为这个时代是一个颓废的时代，向左摇摆的原因准确无误地位于对现状的这种敌意。

波德莱尔用来与他的世界抗衡的东西是一个贵族理想，即一个精 436
神和感受性的理想。颓废派就是它所采取的一种形式。颓废是由贵族延续来的；颓废的某些风格经常在贵族等级制中迸发出来，给贵族作规定的是那些打动他和那些未能打动他的东西，武士一点也不关心他的生命，而是极度关心他的荣誉；所以，通过烦琐的礼节，甚至加强的安全或财富的牺牲的荒谬强度——就像他们为微不足道的小事而冒生命危险进行决斗——武士—贵族将信奉和展现这种类型的关注。的确，造成这种情况的正是这种荒谬性。

这种英雄主义的某些方面在颓废中得到了反映，正是这样的荒谬性给某人的外表和衣着赋予了一个优先性，它使得他区别出来。克服重重障碍而坚定不移地依恋看上去微不足道的东西，是他的独特的本性的标志，他可能病入膏肓，但他依然保持他的风格，在这种情况下，“il souffrira comme le Lacédémonien sous la morsure du renard”（“他像拉栖第孟人一样忍受暗探的盯视”）。恪守这个不动摇的要求将会“加固意志和为灵魂规定戒律”。波德莱尔把他比作禁欲主义者。[46]

在拒绝自然中，波德莱尔是反浪漫主义者，在他的贵族主义中，他与浪漫主义时代最著名的诗人针锋相对，但是，在憎恨商业和工具文明这个方面，他与浪漫主义又站在同一战壕中，而且，他确定无疑地与他们一起在艺术中寻找灵丹妙药。

这是与宗教紧密相连的艺术，或者可能是要自己取代宗教的艺术，

㊻ 引自帕斯卡尔·皮埃：《波德莱尔》，第68—69页。

波德莱尔说的某些事情使得这一点听上去极为熟悉。在堕落的自然世界的后面矗立着一个精神的世界,而艺术就可以将之予以显现。自然是丑陋的,但是艺术家的想象“de sasire les parcelles du beau égarées sur la terre, de suivre le beau à la piste partout où il a pu glisser à travers les trivialités de la nature dechue”(“使得他捕捉零星地散布在地球上的美,追寻在这个堕落的自然的细微之处无孔不入的美的踪迹)。”[47]波德莱尔经常提及这个精神的世界,艺术家们因此凭借浪漫主义、新柏拉图主义和“复合”来聚集这个世界的碎片,似乎事物都有以一系列相等事物连接起来的精神的意义。

La Nature est un temple où de vivants piliers
Laissent parfois sorrir de confuses paroles;
L'homme y passe a travers des forêts de symboles
Qui l'observent avec des regards familiers.

自然—— 一座庙宇,
有生气的廊柱以阵阵的叹息
发散出一段神秘的言语,
人在廊柱间的标志中徘徊。
所有的事物都以似曾相识的眼光观察着他。[48]

但是,波德莱尔所说的其他事情和他的诗作中的大部分内容并不
437 是非常符合诗人收集的超自然的美的碎片和暗示的图景。肯定存在着

㊼ 引自阿布拉姆斯:《微风阵阵》,第122页。

㊽ 出自波德莱尔的《恶之花》(Flowers of Evil)(马席尔·马修斯和杰克逊·马修斯编,里查德·威尔布翻译)(Norfolk, Conn.: New Directions, 1962),第12页。

其他种类的显现,在这种显现中,我们茫然地被抛入邪恶、丑陋和堕落。这部分地反映了波德莱尔对于他理解摩尼教的宇宙的矛盾立场:恶魔崇拜,即沉迷于邪恶,沉迷于释放一种"颤栗感",看上去与askesis一样是有效的反应——甚至可能是通向同样目标的另一可行的途径。必须不惜代价加以避免的东西是平庸、死亡以及日常丑陋的懒惰的时刻。

> Il faut toujours être ivre. Tout est là: c'est l'unique question. Pour ne pas sentir l'horrible fardeau du Temps qui brise vos épaules et vous penche vers la terre, il faut vous enivrer sans trêve. Mais de quoi? De vin, de poésie ou de vertu, à votre guise. Mais enivrez-vous.

> 人们应当总是醉醺醺的,那是美妙的事情;这是惟一的问题。要想感受不到时间压在您肩上的令人恐惧的重担,要毫不迟疑地酩酊大醉。怎样才能醉生梦死?用葡萄酒,用诗歌,用美德——您随意吧。但是只要长醉不醒。[49]

而且,波德莱尔可以得出结论:"精力充沛的美的最完美的模式是撒旦——以米尔顿的方式。"[50]

但是,在投入邪恶和丑恶中经常出现的既不是震颤也不是精神上的美的碎片,而是一种无法加以定义的强烈的欣喜,它要立足于这些遭遗弃的地区去应付人类精神力量本身,用其自身所能和所有把它甚至美化成这个情况的一个标志。[51]波德莱尔的最可怕的诗歌经常以力量的

㊾ 引自帕斯卡尔·皮埃:《波德莱尔》,第77页。

㊿ 皮埃:《波德莱尔》,第88页。

51 在这个方面,波德莱尔似乎和福楼拜在以上讨论中所阐述的现实主义之间有着血缘关系。

浪潮作为结束，以此来确认诗人完全掌握了恐惧无法动摇的意义,《腐尸》(“Une Charogne”)是这样结束的：

Alors, ô ma beauté! dites à la vermine
Qui vous mangera de baisers,
Que j'ai garde la forme et l'essence divine
de mes smours decomposes!

那么,我的美人,对着这个可怕的腐物讲话吧,
对着亲吻着您的寄生虫讲话吧,
我已经保持着我不可侵犯的遭受痛苦的爱的
神圣的形式和本质。

在《基希勒之旅》(“Un Voyage à Cithère”)的最后一节,波德莱尔写到：

438 Dans ton île, O Vénus! je n'ai trouvé debout
Qu'un gibet symbolique où pendait mon image...
—Ah! Seigneur! donnez-moi la force et le courge
De contempler mon coeur et mon corps sans dégout!

在您的岛屿上,维纳斯,我只能看见一个东西,
那就是腐烂的绞架,
上面挂着我的魂灵,
神啊,赋予我力量和意志,
让我沉思灵与肉——无怨无悔。[52]

---

[52] 波德莱尔:《恶之花》(爱伦·塔梯和弗里德里克分别翻译),第38页、第161页。

相似地，波德莱尔对巴黎的描述——作为一种烟雾缭绕的和充满痛苦的魔鬼般的城市的描述——有时候达到了一种恐怖的美，但它更接近康德所理解的崇高的东西，因为美无法与我们自己承受和沉思这个遭遗弃的世界的意义的力量感分开。

这是一个可以用我们的力量从有机的世界——仅仅为自然的世界——分解出来的世界，对于波德莱尔来说，这是邪恶、丑陋和混乱的领域。通过技巧，我们可以超越这个领域。艺术的任务就是修正自然。想象击碎了创造性；它“分解了”自然，“分离了”自然，又用它自己的规律将它归拢在一起，这样，自然“corrigee，embellie，refondue”(“得到修正、润色和改变”)。[53]他的梦想不是古老的伊甸园之梦，而恰恰相反，是一座完全人造的城市，它全然放逐了有机体，正如在诗作《巴黎之梦》(Reve Parisien)中，

J'avais banni de ces spectacles
Le végétal irrégulier,

Et, peintre fier de mon génie
Je savourais dans mon tableau
L'enivrante monotonie
Du métal, du marbre et de l'eau

驱逐这片土地上，
所有参差不齐的植物

---

[53] 雨果·弗里德里希：《现代抒情诗的结构》(Die Struktur der modernen Lyrik)(Hamburg: Rowohlt, 1967)，第55—56页；阿布拉姆斯：《微风阵阵》，第128页。

且,为我的艺术而自豪,
我细察我的画作,了解了
大理石、水面、钢材和石板的,
伟大的令人陶醉的单色调。[54]

439 再造事物的梦想能够"像一块水晶那样完美"。在波德莱尔看来,无机物高于有机物,后者是混乱的领域。[55]

因此,这位诗人——他在某些方面与自然主义完全相反,他拒绝唯物主义并要求艺术再造现实——露出他自己的美化,这个美化甚至不仅是日常事物的美化,而是对骇人听闻的和恐惧的事物的美化。他还是一位炼丹术士,就像这些诗句所证明的那样,他是这样领会的:

Car j'ai de chaque chose extrait la quintessence,
Tu m'as donné ta boue et j'en ai fait de l'or.

因为我可以从每一个事物中榨取精髓,
你给我污泥,我可以把它化为金块。[56]

由于波德莱尔这些唯灵论的断言,这些美化常常会产生一个堕落的世界。与我以上提及的现实主义的差异是,没有对存在的善的肯定。光明来自诗人自己的想象力。其他的就是黑暗了。但是,这也变成了一个人道主义的自我肯定的基础,而且,尽管有这样的差异,波德莱尔的

---

[54] 波德莱尔:《恶之花》(爱德纳·圣·文森特·米赖译),第129页。

[55] 弗里德里希:《现代抒情诗的结构》,第54页。

[56] 引自汉堡:《诗的真理》,第267页。

影响不能局限于厌世的权利之内。

但是,对我这儿的目的而言,重要的是作为一种反对自然的显现艺术的创始人的波德莱尔。波德莱尔把与此原初相反的精神性带入了浪漫主义的表达之流中,这不是那种扎根于爱拉斯谟的基督教精神性,而是那种扎根于詹森主义和人类堕落的尖锐意识之中的精神性。人们难以将它仅仅理解为一种神学的抉择,波德莱尔离基督教信仰的轨迹太远了,受到了极端非基督教观念的过分的驱使,只有如此,才能有一个令人满意的解释。实际上,他对艺术宗教自身之内的一个抉择进行了表现。

如果我们把艺术作为某种更高的事物加以考虑,即作为人类恢复其完整性,至少是作为逃避堕落和支离破碎的一个方法,那么,我们可以想象一种感受性,对于这个感受性来说,任何属于自然的东西都过于懒惰、无序、晦涩、迂腐,以致不能成为艺术的根源。对自然的浪漫主义的解释似乎是一种亵渎,一种向仅仅是既定的东西、普通的东西和平庸的群众的屈服。艺术只有与之决裂,建立一个与之毫无关联的领域,才能够完成自己的使命。

这个精神性的态度的根基延伸得更远,直至这样一种有关道德根源的争论,从这个争论出发,基督教信仰分裂为不同的支系。它是一个似乎把亚里士多德与柏拉图区分开来的争论。它考虑对食物、饮料和性的“生理”欲望——我们与动物分享这些欲望——和需求在道德生活中的总体地位。一种观点认为,道德上善的生活为这些需求保留了一个位置,尽管它们必须依然从属于诸如沉思和公民生活那样的其他的善,而且它们绝对不能超越被划定的界限。其他的观点则更加激进。它承认, 440
有必要给“必要的”需求留些位置,[57]但是,它把它们看作灵魂污染的潜在的根源。最完美的生活倾向于禁欲主义;它承认,这些需求只能占有

[57] 见《理想国》,第558—559页。

尽可能小的空间。

第一种见解，即亚里士多德的见解，其吸引力在于，它克服了内在的划分，而且存在的所有方面都在道德生活中找到了位置。但是，"柏拉图主义"的力量来自对纯洁性超验的热望，它通过对单纯的需求的拒绝得以实现。它的力量位于善是远远超越生活的单纯需求的事物的意识，人们只能通过逃脱肉体的劫难来达到这个东西。

这个争论在逻辑上有别于爱拉斯谟和超奥古斯丁之间的争论。爱拉斯谟自己是一个柏拉图主义者。而我早些时候引用的加尔文主义的神学家将生命的日常满足看作精神上潜在地追寻亚里士多德的道路。但是，自然主义的启蒙运动和浪漫主义二者都是在基督教精神的极端的爱拉斯谟的派别中生长出来的，而与此同时，他们在把生理的满足融入道德生活这一点上比前人走得更远。

在某种意义上，这种集结创造了两个争论间的融合。因此，"柏拉图主义者"倾向的人往往接受一个有关人类的堕落本性的负面见解。

变换成艺术宗教，这给了我们波德莱尔的作为反自然的艺术观点，它与一种人类邪恶的生动的意识相连接。这明显与它的贵族的反平民的立场极为相称。这是一个在随后的世纪中发生的立场。比如，我们将在T.E. 休姆——早期现代主义中一个有影响的思想家——那儿看到这一点。在反驳浪漫主义时，休姆精确地将它定义为一种由卢梭引入的人性本善的观点。[58]与之相反，休姆的奥古斯丁主义发现了一个"其中没有任何生命力"的艺术，它产生于"对生命形式微不足道的和偶然的性质的厌恶"，寻求"一个有生命的事物决不具备的完美和坚硬"。它以生命外在的、"几何学的"形式来寻求它。[59]

---

[58] T.E. 休姆：《推测》(Speculations)(霍伯特·里德编)(London: K.Paul, 1924)，第116—118页；第255—256页。

[59] 同上，第9页，第53页。参见阿布拉姆斯：《微风阵阵》，第129—130 页。

M.H.阿布拉姆斯已经注意到,一个群集在现代文学中广泛存在,它把教条主义的神学的正统(或被以为如此)、政治和社会保守主义以及反浪漫主义的诗人联合起来。它可以被称作"古典的",但是,事实上,称为先锋派更合适。[60]这是波德莱尔的遗产。

对自然的拒绝赋予了如下的口号一个意义:"为艺术而艺术"("l'art pour l'art"),这个口号不是波德莱尔的发明,而且,他并不真正信奉它,但是,这个口号的含义的确包含在他的视界中。在一个方面,无论是谁,只要他遵循了艺术的宗教,他就采纳席勒提出的第二个观点,把艺术看作提供了一个比德性更高的人的实现,即是说,使得艺术成了自身的目标。但是,在席勒的表述中,实现人类生活中的美有助于实现所有其他的可以被认可的道德目标。它不仅给每个个人带来了整体性,而且,也 441
给社会带来了统一。[61]同样真实的是,我们可以说,艺术是为人类的,或是为生活的。

但是,当波德莱尔说"la poésie...n'a pas d'autre but qu'Ellemême"("诗歌……除了它自身之外,没有任何其他的目的")[62]时,某个重要的事物已经改变了。他赶忙又补充说,他并不想说诗歌并没有改善我们;它的确改善了我们。但是,我们必须完全为了它自身的原因而去追求它。

---

[60] 见阿布拉姆斯:《微风阵阵》,第123—124页。当然,可以把神学成分忽略不计。这个立场的根源包括一位富有激情的反基督教思想家——尼采。休姆也受到了尼采的影响——比如,在休姆拥护"英雄"的价值时。见休姆:《进一步的推测》(Further Speculation)(萨姆·哈因斯编)(Minneapolis: University of Minnesota Press, 1955),第199—200页。(但是,参见他对尼采的批判——尼采在反对浪漫主义时没有走得足够远;《推测》,第62页)。休姆也赞赏索尔的《关于暴力的反思》(Reflexions sur la violences)并把它翻译成英文。阿布拉姆斯勾勒出,余下的具有侵略性的右翼群集使基督精神的驱除在庞德和温德姆·刘易斯那样的诗人身上得以存活下来。

[61] 席勒:《美育书简》(letters),第27封信。

[62] 引自皮埃:《波德莱尔》,第118页。

当然,这个观点能够为所有浪漫诗人所同意,如果它意味着排除以说教目的而设计作品,它的确也为我们时代的所有艺术家所赞同。但是,当人们在波德莱尔的见解中看到了在艺术和人类本性实现的寻求之间所开挖的鸿沟,明显的是,艺术的自足现在已经成了一个排他的而不是容他的学说。

波德莱尔激励英雄般的、几乎是自我毁灭的、创造完全自足的艺术的尝试,即马拉美和象征主义者的"纯"艺术。马拉美的诗歌绝非要模仿自然,而是努力把他自己从中解脱出来。日常事物被挥发了,被归结为不在场或不真实("废除"是马拉美屡次提起的术语)。另外,诗歌应当把其创造者的思想和情感都净化。这是"auto-telic"(目的自明)的作品的理想。马拉美把这个理想的实现推到了(字面上)不可思议的长度和的确不胜寒的高度。在探寻净化的过程中,他不得不使这个理想与虚无同一:

> Je te dirai que depuis un mois dans les plus purs glaciers de l'Esthétique—qu'après avoir trouvé le Néant, j'ai trouvé le Beau,—et que tu ne peux t'imaginer dans quelles altitudes lucides je m'aventure.

> 在纯而又纯的美的莽莽冰原待了一个月之后——即在找到了虚无之后,我对你说,我找到了美,——你简直无法想象我所探索的清澈的高度。[63]

这个虚无是逻格斯的老家,而且马拉美对它的竭力追求也是一个使诗

[63] 引自阿布拉姆斯:《微风阵阵》第139页,一八六六年七月给亨利·卡泽里斯的信;见马拉美:《诗歌漫谈》(芒德编),第27页。

歌服从它的企图,是一个使它暴露并赞赏语词的力量的企图。这也使得他成了二十世纪诗歌和哲学中一个伟大的开路先锋。

第五节

(C)但是,与现实主义中的非精神的自然的艺术和反自然的显现艺术一起,在十九世纪还存在着否定浪漫主义的第三种重要形式,那就是与非道德的本性的野性力量相关的艺术。

这个转向起始于叔本华哲学,尽管它并非完全以他所尝试的方式 442
开始。波德莱尔在这里找到了他的厌世的对手。叔本华是十九世纪最伟大的、最有影响的厌世者——最伟大的"悲观主义者"。在一个意义上,叔本华所提供的是价值符号倒置的表现主义。因为,他接纳了作为根源的本性的观念,作为根源的本性是一种逐渐达到事物中的表现的力量。这个力量在我们周围所见的不同现实中将自己"客体化",而且,这些"客体化的事物"构成了一个等级制,从最低级的、最无生气的层次直到顶端的有意识的存在。

这个无处不在的力量是叔本华的意志。但是,它不是善的一个精神的根源。恰恰相反,它只是粗野的、盲目的、难以控制的冲动,它永不满足,也不能满足,它不顾一切原则、规律、道德和所有的尊严的准则,驱使我们对不可能完成的任务进行永不满足的追求。意志仅仅努力使自己和它的外化永恒化;我们所思考的是我们的欲望,在一个意义上,这些欲望仅仅是它的实现这一目的的无意识的战略。我们爱,我们力图获得幸福,但是,性欲就其本性而言是不能带来幸福的。它只不过是意志通过我们使自己永恒化的另一个伎俩。

叔本华的颠倒的、与浪漫主义的表现主义相关的符号,是对基督教人道主义的超奥古斯丁的反应的奇怪的怀旧。的确,一个把本性联合起来的精神力量的观念,很简单地从文艺复兴的新柏拉图主义及其爱的教义中流传下来。就像我们所见到的那样,菲奇诺是表现主义的一个祖先。顺着这个平行线接着往下看,我们可以说,詹森主义对于圣·弗兰西斯·德·塞拉斯意味着什么,叔本华对于谢林和黑格尔就意味着什么。在他们的表现主义的形而上学之内,他引入了激进的堕落。所有的作为实在表达的流露的根源都被毒害了。它不是善的根源,而是永不满足的欲望的根源,是束缚在邪恶中的根源,它使得我们卑鄙,使得我们筋疲力尽,使得我们堕落。

与波德莱尔的平行是显而易见的。在浪漫主义的表现主义的范畴中,精神的和道德的视界让人记起,这些范畴最初意味着排斥。它以一种方式证明了自我和世界的表现主义理解的力量,即,它可能从我们文明的惟一精神困境反应蜕变成二者相互面对的共同的背景。现在,道德的感受力——它坚持认为,善全然不是本性的存在,它是超验的——找到了一个后浪漫主义的表达。

这个视界的吸引力何在?就像我在讨论波德莱尔时所说的那样,这些吸引力部分地在于,经验的现实的堕落是突出善的超验纯洁性的一个方法。人们在柏拉图强烈地谴责和贬低欲望的生活的那些章节中感觉到,这个吸引力与以善为焦点的生活提高的纯洁性的意识具有内在的联系,即所驱使他贬抑前者的东西部分是使后者突出出来的尖锐对
443 立,通过这个吸引力,它仍在华丽的纯洁中烁烁生辉。在我们的罪孽深重的和软弱无力的尖锐的意识之后,是在提高上帝的相关的超验权力和他的单方面的怜悯中出现的加尔文主义和詹森主义。

另一个驱动力也可能在叔本华的悲观主义中起了作用,自由与本性之间的和谐的观点、欲望和理性的自发结盟的观点、席勒以其美的观念来描述的那类事物,是让人心旷神怡和让人欢欣鼓舞的。根据我们自己的生活经验,我们容易想象我们发现这个联合是不现实的,甚至是难以置信的。然后,人们有如下的选择:或者在某些方面把自己看作特别堕落或不协调,或者对整个理论产生怀疑,而且,把这个不协调归罪于

事物的本性。不仅仅是为自己考虑,而且,也是为了使得它显得更为合理,人们更容易仅仅采纳后一种历程。

这可能是解放。就像路德的超奥古斯丁的感受性一样,作为我们的普遍困境的原罪感和我们力量之外的赎罪感,把他从个人碾碎的堕落感中解放出来;同样,叔本华的见解允许我们抛弃席勒乐观主义的不可能的负担,这个负担使我们在我们自己无能为力的意识中被摧毁。

这当然是路德式解放的另一个方面,我不仅使我自己卸下了包袱,不仅认可了堕落的普遍困境,我还对有解放从别处而来的自信感到欣喜。这两个步骤——认识到我的孤立无援和卑贱以及我的拯救——紧密地连接在一起。在叔本华那里有与之相似的类比吗?

是的,有这样的类比,但是,这个类比使得我们离路德太远了。叔本华肯定要与任何形式的基督教和后基督教思想决裂。他明确地信奉一种佛教的见解,而且,他不是以一种日常生活的美化来看待我们的解放——远非如此——而是以逃避自我和意志来看待我们的解放。

而且,叔本华还提供了其他的东西,而这正是成为有广泛影响的东西。他具有一个美化(通过艺术来美化)的观点。尽管我们不可能获得完全的涅槃的解放,但是,当我们把握理念时,我们可以想办法使我们内心的意志平静下来,理念是永恒的形式,这个形式支承着我们在意志的不同层次的外化世界中碰到的特殊例子。我们主要在艺术中与这些形式邂逅。我们在音乐中最直接地实现了这个风平浪静的冥想,因为,这不简单地是意志的外化的图景,而且,在某些方面,它就是意志自身的直接图景。[64]

叔本华从康德那里接受了关键性的学说:美的沉思是与利益无关 444
的,而且,他把这演绎成了脱离意志的压力。它

---

[64] A.叔本华:《作为意志和表象的世界》(The World as Will and Representation),第3部分,第52节(E.F.派尼译本,2卷本)(New York: Dover,1969)。

猛然把我们托出无穷无尽的意志之流，把知识从意志的束缚中解脱出来……然后，平静——我们总在寻找，但又总是从我们身边溜掉——转眼之间自愿地呈现在我们的面前，而且，它与我们相处得天衣无缝。它是我痛觉的状态，是伊壁鸠鲁夸奖为至善和神的状态。在我们逃脱了意志的可怕压力的那个时刻，我们庆祝意志的惩罚性奴役状态的安息日：伊克西翁的轮子静止了。[65]

所以叔本华也提出了真正通过艺术美化——一个自身是无价值的和堕落的实现——的观点。叔本华的哲学——不是他所意旨的哲学，而是对十九世纪晚期的欧洲文化产生影响的哲学——是一个通过创造性表现来美化的理论家族的基础，叔本华哲学自身是对整个基督教感悟的要求——我们肯定什么是善——的反动。他想要一劳永逸地把基督教文明强加给我们的负担抛弃掉，一劳永逸地宣称现实是邪恶的，而且已经打倒了这个邪恶。但是，他开辟了一条路径，通过这一条路径，受到他激励的人们中的大多数回归到原初的框架。这是他在我们文明中的力量的箴言。

叔本华对于十九世纪晚期的欧洲具有深远的影响：他在德国、奥地利、法国，甚至在俄罗斯都有巨大的影响。大多数伟大的作家、作曲家和思想家都被他的思想深深地影响着，打上了他的烙印：瓦格纳、尼采、马勒、托马斯·曼——人们可以使劲扩充这个名单。但是，这些人物共享的并不是叔本华的从自我中解放出来的观点，而是他的通过艺术来美化的观念。

因此，尼采——他以一个叔本华主义者开始他的生涯，他的《悲剧

[65] A.叔本华：《作为意志和表象的世界》，第3部分，第38节；派尼译本，第1卷，第196页。

的诞生》在创造叔本华式的思维模式中有很大的影响——把艺术视为现实“辩护”:“只有作为美学的产品,世界才能被证明为具有永恒性”。[66]通过艺术美化不再仅仅是以自己的充分解脱方式对被虐待的存在的反应;它是事物的结果和目的。在《教育家——叔本华》中,尼采谈到了通过人展示自我知识的本性,谈论了在一个人最终意识到“在知识和生活、在觉察和能力方面是有限的,他与他的所有的存在都是自然的部分”之时,就是自然实现其消耗之日。[67]

经过叔本华的变形——它远远超过了叔本华所指望的——,许多原初的表现主义的群集存活下来了。确确实实,作为善的根源的、作为
精神的根源的自然的意识肯定地被拒绝了。意志的驱动力只能意味着 445
痛苦。但是,那个伟大的东西,那个使之有价值的东西,那个因而几乎能够被看作意志的证明的东西——作为它的存在的目标——是美化。当然,尼采后来全然抛弃了这些,但是,他当时所信奉的东西至少表现了他向叔本华的原初哲学的回归。

年轻的尼采热情地追随着瓦格纳——瓦格纳希望创造一个崭新的和更有活力的德国文化。瓦格纳的Gesamtkunstwerk(总体艺术作品)就是这个希望的一个主要工具。瓦格纳大量吸收了叔本华的艺术理论,特别是音乐理论——在一些乐章中,人们可以实实在在地感受到音乐是意志的直接图景的理念力量。但是,所有这些并不是帮助我们逃避意志,而是要逃避德国文化和政治的新改革,世界要被重新构造,生命要变得更有意义。世界将会通过悲剧而得到美化。

在马勒的《第三交响乐》中,我们发现了叔本华意志理论在音乐中

---

[66] F. 尼采:《悲剧的诞生》(The Birth of Tragedy)(弗兰西斯·高夫林译)(New York: Dover,1969)。

[67] 引自威廉·J. 麦克格拉斯:《酒神艺术和奥地利的公民政治》(Dionysian Art and Populist Politics in Austria)(New Heaven:Yale University Press,1974),第66页。

最伟大的表现。特别是在第一乐章中,我们感受到了散发在自然之中的意志力量。但是,随着我们达到更高的层次和从意志那儿赎身,这点逐渐用基督教的术语得到了描述。永不知足和无法加以遏止的意志的意识是原罪的意识,而能够使我们超脱的奇迹就是爱的恢复。再一次地,就像瓦格纳和年轻的尼采一样,但甚至更为显著,马勒似乎想说,意志通过其琐碎的步骤的发展,就是为了这个至高无上的成就;在这个成就中,我们继承了所有事物完整如一的观念。

再一次地,尽管这种否定,我们发现一些人仍停留在原初浪漫主义的表现主义星云中。一件事情是,作为力量根源的自然意识,我们需要与之再次接触。它不再被视为精神的领域,善的领域,而是截然相反。但是,把我们自己与自然割开就是使我们自己堕入枯燥无味的、空洞的、迟钝的、狭窄的、萎缩的生活,自我主义和胆小怕事。这是尼采在《叔本华—教育家》中的断言,我们发现它经常在叔本华那一派人中重复。[68]我们无法使我们自己与这个炽热的力量根源分开,与酒神分开,就像我们在我们的基于"理性"的文明中太容易做得那样;因为我们发现我们的生命萎缩、干枯,直至微不足道。但与此同时,我们不敢贸然更深地、更急躁地、更毫无防范地投入这种力量中,因为这种力量自身是粗野的、无形的和非理性的。

作为非道德力量的巨大根源的自然观念——我们不能与之失去联系是后叔本华时期对于二十世纪艺术和敏感性的一个重要的馈赠。在许多场合中,我们都可以看到它的回响——在野兽派、超现实主义、D.H.劳伦斯那里。[69]但是,它也是一种道德观,它也有自己的影响,某些影响

---

[68] 引自威廉·J.麦克格拉斯:《酒神艺术和奥地利的公民政治》,特别见第4章,在那一章中,他描述了维也纳的年少时期的一些演出。

[69] 它也来自反对邪恶、堕落和不驯服的本能能量的全神贯注的回响。这些东西是对放荡不羁的艺术家有吸引力的一个浪潮。见西格尔:《豪放不羁的艺术家的巴黎》,第10章。

产生了世界范围的大灾难。

另一个重要的馈赠物，也是与浪漫主义的其他否定/连续的另一个聚合点，是我们自己表现力的增强感。正是通过创造性想象的表达，意 446 志被发掘出来并被变形为美。人类折射和美化现实的想象力，在叔本华的转向中得到了发挥。在叔本华的观点中，它与反本性的艺术方向、甚至最终与现实主义的美化方向一起向前推进。它们以不同的但平行的方式强调，艺术的显现牵涉到了对现存事物——世俗化的现实、堕落的本性、非道德的意志的**变形**；而不是对在实体意义上独立于我们的善的展现——即便它需要我们去显现。波德莱尔说"相符"是不真实的；叔本华视艺术家为理念的沉思者是不真实的。但是，对于那些由于(新)柏拉图主义遗迹的消失而仿效他们的人们来说，这却有真实性；他们部分地受到了波德莱尔自己某些诗作实践的激励。

这种诱惑因此成长为一种显现艺术，它首先对我们自己的力量表示敬意，这是我在上面所谈论的以自我为中心的、主观主义的艺术。我在下面会再回到这个问题。

叔本华的第三个馈赠是，人类内在深度意识的进一步丰富，它是我们与本性的整体的连接意识的更新。但是，这一次它是作为不可驾驭的力量的巨大的发源地，它是我们精神生活的基础。一大批作家和艺术家已经发挥了这一点——更不用提及我在上一章的结尾处从康拉德的《黑暗的心》中引用的段落——康拉德已经加入了这股力量，创造性地接近了这幅有关我们自己的图景。

不仅是文学家，也包括科学家：弗洛伊德是其中一位深受叔本华的思想氛围影响的作家。关于叔本华如何预见到关于我们思想和情感的无意识的决定力量的弗洛伊德学说，这已经是老生常谈。甚至更为重要的是，叔本华的意志是弗洛伊德的本我的先祖。弗洛伊德对这个内在世界采取了一个笛卡儿式的立场，而不是尝试采取介入的立场。目的在于，通过将这个内在的世界客观化，获得一个分解式的理解，并且因而把我们从它的纠缠、恐惧和强制性中解放出来。

弗洛伊德的宏大的志向是让我们在面向内在深度时，再次获得自由和冷静，再次获得被分解的主体的尊严。这并不是说，弗洛伊德的工作与后叔本华的艺术家毫不重叠。弗洛伊德的科学术语和他的分析语言要求对这个深度进行表述。弗洛伊德的确意识到人类象征能力的巨大威力，甚至经常将它禁锢在本能的巨大冲突中，而且通过压缩和替代将之歪曲。它可能证明弗洛伊德的工作——一种心灵的自然科学——是不可能用他所构想的术语完成的。这个探究比弗洛伊德所情愿承认的更接近艺术和文学。

447

但是，毋庸置疑的是，作为自我的解释，弗洛伊德的理论与其他人提出的、未给科学带来恩惠的理论一起都有自己的力量；而且，如果不是因为它的科学的外衣，也就没有这种理论。对于那些认可这个理论的人来说，他们的生命有时就受到了影响，这个影响允许他们在面临内在纠缠、恐惧和叔本华世界的挣扎时，在事实上能获得某种距离、某种冷静。

第六节

我一直在考察显现艺术的浪漫主义理解在十九世纪的形成和延续——然而是否定的延续——的三条途径。我所寻求的是以此为基础的道德视界的变化。与这些变化相关的是艺术理论和实践的变化，首当其冲的是增加了创造性想象力的意识。

但是，这些变化也有其他的影响：特别是对我们的道德困境的理解的影响；而且，随着这些道德视界已经在我们的文明中获得了一个更深厚的和更广泛的认可——这在很大程度上是通过揭示它们的艺术——这些影响已经变得更加显而易见了。

在此，我想谈论一个非常重要的影响。我们如今面临一个在较早时代没有先例可援的问题。这就是我所谓的自我肯定。

我们发现,自我的肯定紧随着以上描述的发展而来。我把波德莱尔和叔本华的观点描述为一个较古老的精神传统在新的思想和感受性的环境中的再生。它们发现了一个方法,以在一个由浪漫主义的表现主义和在某种程度上因作为难以抗拒的道德思维的框架的基督教一神论的衰落所形成的环境中表达堕落的本性意识,即便表现主义和不信最初是出自一个截然相反的精神方向。但它们的见解有其自身的影响,并有助于创立一个崭新的思想氛围,在这个思想氛围中,原初的精神化本性的浪漫主义的观念不会被人们轻而易举地相信。自然的自然科学对自然的见解和由工业文明所带来的"去魅"无疑也为这些变化起到了推波助澜的作用。

在一个意义上,这有点张冠李戴。对于那些立足于肯定本性的善的传统的人们,现在必须找到新的语言,来表达他们在过去想要表达的东西。因堕落本性的新表达——部分地或全部地位于基督教神学的框架之外——更完全和更全面,这一点就变得更为必要了。在基督教神学之内,人们永远不可能彻底逃脱创造最终是善的见解。波德莱尔的准摩尼 448
教的见解在这个方面受到的约束较少,而叔本华的理论则是无拘无束的。

但是,肯定本性的善的立场并不是一个边缘性的立场。这个立场扎根于我们的将基督教和柏拉图主义混为一体的文明中。它是最广为流传的世俗伦理学和政治见解的基础,这些伦理学和政治见解既发源于启蒙运动,也发源于那些从原初的浪漫主义那里延续下来的观点。这是生命之善的家族(a family of life goods)的必要基础,在我们的文明中,这组善得到了广泛的认可,它们与仁慈有联系。悲观主义似乎削弱了一些基础,正是根据这些基础,人们把普遍仁慈看作善,看作人类生活和幸福的价值。

所有这三个发展都以不同的方式源自浪漫主义,在赞美艺术和我们的美化力量的时候,提出了关于存在的善的问题。这一点,对于波德莱尔和叔本华都是很明显的;但是,它也会产生自然主义的现实主义,之所以如此,并不是因为它们的丑化自然和人类的动机,而是因为对任何精神向度的彻底拒绝可能会轻易地产生这样的意识:肯定并没有充分的根据,而且,最终也没有多少东西可以被肯定。对于那些信奉存在和仁慈的善的人来说——而且,显而易见的是,我们文明中的大多数人依然如此——这一点能够导致一个危机,一个肯定的危机。

人们可能通过皈依较古老的信条——或者一种基督教的信念,或者某种启蒙运动的理性和自由的学说,或者一种受到浪漫主义激励的作为根源的本性的观点,——来对付这个危机。但是,另一个向度也进入了我们的视界。我在上面所描述的三个发展所追寻的浪漫主义,已经使我们意识到了创造性的想象在美化日常现实、甚至是基础的和可憎的现实中的力量——波德莱尔就是一例。这只能提议想象力在回复肯定善的能力中所起的一个类似的作用。

换句话说,我们变得能够看出一个肯定的危机,我们可能不得不通过对我们自己的视界的美化,而不是简单地通过认知善的某个客观的秩序来应付这个危机。这个回复可能不得不采取我们对世界和自我的立场的美化形式,而不是简单地表达外在实现的形式。用其他的术语说,世界的善现在可能被看作不完全独立于我们把它所看作为和显示为善的那样,至少就人类世界而言是如此。从危机中恢复过来的关键可能存在于我们能够"把它看作善的"。

这个见解的超基督教的根源在我刚刚使用的措辞中已经初见端
449 倪。事实上,对犹太教、基督教和穆斯林文明对存在的善的深层信奉来说,存在着两个不同的基础。其中一个基础位于它们所吸收的古希腊哲学,主要是柏拉图哲学。在古希腊哲学中,现实的善是它自己的秩序的特征,借助于沉思,我们把握了某些特征。但是,另一个基础来自创世的学说,而且,这一点在《创世记》的第一章中就有记载。世界的善不是完全独立于上帝所见的善。他所见的善,他所爱的东西,不能被简单地构想为对现实的回应,而是对什么将其变得如此的东西的回应。当然,在有关上帝所见和所造的、他的才智和意志的关系的三个传统中,存在着一个古老的争论。对于神学家中的大多数而言,基本的是,二者不能被分离开,也不能以它们在人身上的联系方式那样在上帝身上进行相互关联。

在对事物的善进行肯定的新问题中,我们所获得的是一个人类类比——将人类比作上帝,把事物看作善——的发展:这种看法也有助于使它所看到的事物起效果。当然,这会意味着,这种力量的自我归属是一个坚定的无神论学说,是人类对以前仅属于上帝的力量的僭取。尼采就是如此——我们马上就会去考察尼采的看法。但不是现在。对这个力量进行探索的一个最有见识的思想家是陀思妥耶夫斯基,他从基督教的视角切入这个问题。

事实上,我们对于世界的立场的美化观点——靠这个观点,我们的世界观也发生了变化——与神恩的观点有着传统的联系。奥古斯丁坚持认为,在与上帝的关系中,爱必须先于知识。有了爱的正确方向,事物会变得很鲜明,否则,它就会藏而不露。现在的新意在于对创造性想象的地位和力量的现代的领悟。这种领悟如今已是事物的善的有机部分,因此,我们的立场和我们的视界的变化有助于实现这个领悟所带来的真理。

现在,这个观念可能不必被赋予一个有神论的表达形式。是否要被赋予这样的表现形式,取决于我们是否继续把我们自己看作依靠上帝来实现这个变化。但是,那些肯定这个依靠性的人们——诸如陀思妥耶夫斯基——就像那些否定这个依靠的人们一样——诸如尼采——都对这个变化所要牵涉的东西具有一个完全现代的概念。这个概念扎根于创造性想象的后浪漫主义的见解,它有助于完成它所展现的一切。我们要暂时转向十九世纪三个颇有影响的作家,他们阐明了这个自我肯定的问题。这三个作家是:克尔凯郭尔、陀思妥耶夫斯基和尼采。

在《非此即彼》中,克尔凯郭尔奠定了一个生命的美学的美化观念,他仅仅鼓吹它的较高的形式——伦理形式。人们把我们自己作为无限来选择,以实现伦理的形式。作为反对美学的人类——他们从一个有限的事物转到另外一个有限的事物,整个一生都为此忙忙碌碌,他们在一个意义上是无所谓选择,或者仅仅在有限的环境中就有限的事物进行
450 选择,而伦理学的人却真正地选择了他自己。他选择了无限的自我;就是说,选择不是为任何有限事物而进行的选择,恰恰相反,所有有限的事物通过这个选择获得它们的价值和意义。

这种立场的变化——克尔凯郭尔称之为选择我们自己——可以说带来了美化的一种逆转。生活中所有的成分可能都是一模一样的,但是,它们现在都被美化了,因为,它们被当作无限加以选择。在一定意义上,当我们放弃美学的立场而走向伦理学时,我们就放弃了一切有限的事物。但是,我们再次接纳了它们,只不过我们不再把它们作为绝对的东西,不再把它们作为我们最后目的的决定因素而加以接受,而是作为与我们的生活计划相关的东西加以接受。生活的细节不会因此而改变。我们现今为了无限而生活,但是,这样的改变在一定的意义上是纯粹内在的。在一定意义上,这个改变确实改变了我们的外在生活,并且赋予它内在性。[70]但是,那些已经经历了这个变化的特殊的人,在外在方面是完全普通的。

通过我们自己的选择,把我们自己置于这个无限之中,这个变化使我们从绝望中升起,允许我们肯定自我。有审美感的人生活在恐惧中,因为他任凭外在的、有限的事物及其变化的摆布。但是,他也生活在绝

---

[70] S. 克尔凯郭尔:《非此即彼》(Either/Or)(W. 劳里和D. 约翰逊译,2卷本)(Garden City: Doubleday,1959),第2卷,第255页。同时参见《向死之疾》(The Sickness unto Death)(W.劳里译)(Garden City: Doubleday,1954)。

望之中——为他自己而感到绝望,因为他必然意识到,他是向着某个更高事物的存在;他并不想成为有限的玩偶。在自我选择的过程中,我成了实在的我,即一个具有无限向度的自我。我们选择了真正的自我,我们第一次成了真正的自我。而这一点使我们从绝望中提升出来,或者说,我们现在所绝望的只是对有限的绝望。随着这个无限的选择和对有限的绝望,我们克服了恐惧。通过这一点,我们第一次感到自己值得被爱和被选择。通过选择,我们实现了自爱和自我肯定。

在此,康德有了清晰的回声。自我选择的、无限的自我是真正的我们之所在,是一个我们应当为之而生活的尊严,而且,不能做到这一点会在我们身上导致一种堕落感。但是,与康德相比,我们这个更高的存在确实具有一个不同的形式。它不是理性的代言人,这个代言人从他自己那里形成了一个他必须服从的法律。他没有通过把本性递交给律令来实现他的尊严。相反,他通过从一个新的向度——无限选择的向度来看待它或为它而生活,来改变他的生活。因为就像向无限选择的转变一样,向道德律的转变把我生活中的特殊目标联系在一起,存在着一个平行线。这些特殊的目的只有隶属于一个更高的目的并以此为条件才能是合法的。但是,对于克尔凯郭尔来说,这个更高的目的并不隶属一个理性的律令而是生活在无限选择的向度中。我赞同这一点,并不是要把我的本性交给理性,而是要在我的生活立场上发生一个根本的变化。

克尔凯郭尔在他的后期作品中超越了他的伦理向度的定义,这个变化渐渐地被看作是伦理被宗教胜出的阶段。但是,后期克尔凯郭尔依然保留了《非此即彼》中的B观点中的某些特征。尤其是,这个观念保留 451
了一个变化,这个变化依靠一个有关自己的崭新立场,依靠对绝望和恐惧的克服。只有到了这个时候,我们才能更清楚地看到,这个观念是如何地依赖于我们与上帝的联系。[71]

陀思妥耶夫斯基的早期生活深受德国浪漫主义，特别是席勒的影响。他后期作品中的人物仍然表达着这样的观念。比如,我现在就在考虑,与《一个不成熟的青年》中被恢复的人性的图景相匹配的是斯塔夫罗金在《群魔》的附录中的梦想。在那篇小说中,对年老的维克文斯基的同情也显示了这个观念。此外,在佐西马于《卡拉马佐夫兄弟》中发表的伟大的声明中，我们看到了一幅似急流般地由本性流淌出来的神恩的图景,它与基督教思想和浪漫主义的视界的某些传统主题不谋而合。

但是，陀思妥耶夫斯基的中心的洞察力之一在使我们封闭或使我们在向神恩开放的途中转向了，最终的罪恶把我们自己封闭起来,但是,人们进行封闭的理由可能是最高的。在一个意义上,被封闭的人处于一个他难以摆脱的怪圈中。

我们被封闭在神恩中，因为我们把我们自己封闭在神恩徘徊其中的世界;我们通过对自己和对这个世界的憎恨来实现这个封闭。但是,矛盾的是,一个人越是高尚、越是敏感、越是有道德上的洞察力,他就越易于感受到这种憎恨。正是陀思妥耶夫斯基的一个高尚的和有深厚道德感的人物——伊万·卡拉马佐夫最强烈地表达了这种拒绝。他想把上帝的通向这个不可接受的痛苦的世界“门票”还给上帝。而且,他坚决地想这么做,因为他有着道德的敏感性,这个敏感性使他感受到,整个人类的最终幸福并不值得由无辜的孩子为之流泪。

但这样就会把一个人自己封闭在一个不良怪圈中。对这个世界的

---

[71] 在讨论克尔凯郭尔时,我从J.罗宾那里吸取了很多东西。在这里,我没能充分地反映他的著作《太虚无：克尔凯郭尔思想中的现代文化和自我》(Too Much of Nothing: Modern Culture and the Self in Kierkegaard's Thought)。克尔凯郭尔在《非此即彼》中发展的观点为海德格尔在生命面临死亡时的毅力的观点提供了核心(尽管他的后期著作放弃了这一点),它规定了海德格尔的“本真性”的观点。见《存在与时间》(Sein und Zeit),第2卷,第1—2章。

拒绝，把人们的憎恨感和人们自我憎恨的感觉封闭起来了——在他们是这个世界的一部分的范围之内。而对这个世界的拒绝只能产生怨恨和破坏的行为。而且,这些都发自一个链条,它是一种否定的、使徒般的继承,因为,一个人通过这个憎恨而鼓励其他人转而憎恨这个世界。伊万的高尚态度最终导致了他的同父异母兄弟斯麦德雅科夫走向犯罪。在《群魔》中,陀思妥耶夫斯基探讨了这个逆向的使徒般的继承是如何带来暴力和恐怖的。从斯塔夫罗金身上散发出的是世界拒绝的各种思路。陀思妥耶夫斯基——尽管这部小说的漫画成分——敏锐地理解了憎恨和自我憎恨——它们受到了世界的真实邪恶的激励——是如何刺激外在的邪恶嬗变,即自我与世界的两极化,人们如今认为,所有的邪恶都栖身于此。这个观点为恐惧、暴力和对这个世界的破坏进行辩护;的确,这些邪恶都是应憎恨之约而来的。我相信,没有任何人比陀思妥耶夫斯基更深刻地透视了现代恐怖主义的"精神"根源,或更明确地显示恐怖主义怎样成为自我仇恨的威胁的反应。

陀思妥耶夫斯基的拒绝者是"教会分立论者"(raskolniki),他们被从世界并因而从神圣中分离出来。他们只会施加破坏。最高尚者仅仅对 452
自己施加破坏,最糟糕者则摧毁他人。陀思妥耶夫斯基认为,尽管这个教会分离论受到了事物的非正义的最高尚意识的激励，但它最终也是傲慢的结果。我们分离开,因为我们不想看见自己成为邪恶的一部分;我们想使我们自己超越这个邪恶,避免因之而遭到责难。恐怖主义者的外在的嬗变是这个常见动机的最激烈的显示。

将使我们发生变化的是爱世界和爱我们自己的能力，是尽管有过错但仍然能把世界和我们自己视为善的能力。但是,只有我们承认,我们是这个世界的一部分,这个愿望才能实现,而承认我们是世界的一部分,就意味着我们要承担责任。就像"不要责怪任何人"是唯物主义革命家的口号一样,"我们都难辞其咎" 是陀思妥耶夫斯基的调和性人物的口号。[72]在一个意义上,爱世界和爱我们自己是世界和我们在面临邪恶和堕落时所包含的一种奇迹。[73]但是,如果我们承认是世界的一部分,奇迹就会降临到我们身上。这个奇迹所牵涉的是我们能够接受他人的爱。通过被爱,我们变得能够爱;对刚愎的使徒的后继者的反抗是一个施与恩典的行为:从马尔克到佐西马到阿尔约萨到格鲁申卡;与之相匹配的是从伊万到斯麦德雅科夫,或从斯塔夫罗金到波约楚·约克文斯基,并经过他到他的恐怖主义的追随者。

陀思妥耶夫斯基在此带来了一个基督教传统的中心观念,这一点在《约翰福音》中尤为明显。在其中,人们通过上帝之爱而得到转变。在一方面,这种爱使人们息事宁人,在另一方面,人们通过他对自己和对世界所采取的态度,以一种主体的现代观念帮助人们实现转变。从这个观点出发,人们并不在乎陀思妥耶夫斯基是不是把自己看作非常传统的人——他曾经把笛卡尔的我思看作现代邪恶的根基。陀思妥耶夫斯基所反对的是人类肯定自己与世隔绝的尊严的信念。在这个方面,陀思妥耶夫斯基是忠于他的浪漫主义传统的。在这儿重要的是,现代认同——及其转变的力量——被吸收进陀思妥耶夫斯基的视域中,——即使在他反对这种现代认同时,这种吸收也发生了。陀思妥耶夫斯基的正面人物必须经过现代性的经验,这一点也并非偶然。"绝对的无神论站在梯子的最后一级,但它与绝对的信仰只有一级之隔。"[74]陀思妥耶夫斯基的治疗性的神恩置身于现代认同之外,而不是先于它。

在尼采那里,我们发现了一个截然不同的观点,然而,这种观点仍

---

[72] 见F. 陀思妥耶夫斯基:《群魔》(The Devils)(戴维·玛嘎沙克译)(Harmondsworth: Penguin Books,1971),第3部分,第5章,第3节,第580页和第7章,第2节,第638页。

[73] 见伊万在《卡拉马佐夫兄弟》(The Brothers Karamazov)中的言论(戴维·玛嘎沙克译)(Harmondsworth: Penguin Books,1958),第277页。

[74] 迪克诺夫神父在《斯塔夫罗金的忏悔》中所说的("Stavrogin's Confession"),《群魔》附录,第679页。

然具有某些奇怪的接触点——《群魔》中的人物基里洛夫在某些方面听上去就像尼采虚构的预知。在尼采身上矛盾地保留的浑厚的基督教的反响——尽管他刻毒地反对基督精神——就存在于他肯定整个现实的热望之中，存在于他把现实视为善之中，存在于向所有的现实说“是”的热望之中。这是一个在犹太—基督教文化之外无法理解的热望。

但是，人们以为，尼采的这种热望的取得是以反对基督精神、反对由基督精神发源的德性而获得的。尼采与叔本华的悲观主义的决裂并 453
没有激发他产生一个更高的宇宙观，并没有产生在宇宙中起作用的力量。相反，一切都是权力意志，人类也只是这种意志的更剧烈的客体化。通过一种对自己的胜利，通过一种“自我克服”，这种热望得以实现。在这种自我克服中，人们能够肯定世界，即使这个世界仍然处在盲目的、非精神的、混沌的力量控制之下。对于由基督精神产生的道德意识而言，这种自我克服是不可能的。如果道德意识只把宇宙看作理性的载体，或只把宇宙看作进行着某种伦理和文明的进步，或把宇宙看作注定会成为最终的拯救，那么，它只能承担着宇宙。尼采反抗所有这一切，他反对恒久的回归的神秘：没有决心，没有升华，没有苦难的补偿，没有最终的和解，没有退路。这就是把太人性的人与超人分开来的见解。只有后者能够承担自我克服，只有他才能无所畏惧地正视世界，并且仍然能够对一切说“是”。

尼采在谈论一种改变，世界的一种美化：这种见解没有改变世界的内容而是改变了这个世界的意义。但是，与克尔凯郭尔和陀思妥耶夫斯基相反，实现这种改变的力量来自我们自身，来自一种自我克服。

德性要求一种自我克服。而且，人们可能会说（或者，人们会把黑格尔的阶段论引入尼采？）自我克服是一个必要的步骤。[75]德性把我们带入某个更加纯洁、伟大和值得无限肯定和爱的东西的见解——它仅仅不

---

[75] 见F.尼采：《善恶之彼岸》，第188段。

像现在我们的所作所为，而作为对我们的基本存在的肯定，是对权力意志的拒绝。我们必须做的是——在紧握宏大的意识、可以无条件地肯定的意识、值得无限的爱的意识的同时——克服德性的力量，寻求达到超越性的要求的力量[76]，道德的要求让人们精疲力竭，使人们充满了自我憎恨的毒汁。人们在这种搏斗中产生的不是无条件的肯定的丧失，而是它的颠倒。肯定的力量的确静卧在我们身上。我们在搏斗中发现，让这种力量转而反对我们的做法并没有意义。实际上，真正控制肯定的就是力量自身以及力量在其中生成的整个策源地，对于前者而言，后者是核心。控制肯定的东西是包含和产生这样的肯定的力量意志的宇宙。对于所有这些，我们可以说“是”。存在着某种更高的事物的意识，与我们是无价值的和对我们自己和他人的谴责的意识轻而易举地走到一起，并往往再次产生我们是无价值的和我们自己与他人都是有罪的意识——更不用提柔弱的、仁慈的、怜悯的、怯弱的情感那样的虚妄的理想——人的自我肯定是件非常艰难的事。存在着构成太人性的人的力量；在通向超人之路上，人们必须克服这些力量。

454 尼采想要摆脱他从叔本华那里吸取的美学的美化学说，这些学说是他早期著作的标志。他想要超越通过世界在艺术中的显现来使之“合理化”，并真正地肯定这个世界。但是美学的美化在某些方面依然保留

---

[76] 认为尼采思想对这一点置之不理，那就错了。失去了它，就是尼采所谓的“虚无主义”。［见《快乐的科学》(Die frohliche Wissenschaft)］第346段；《道德谱系学》(Zur Genealogie der Moral)，第1卷，第12节：“Hier eben liegt das Verhängnis Europas—mit der Furcht vor dem Menschen haben wir auch die Liebe zu ihm, die Ehrfurcht vor ihm, die Hofnung auf ihn, ja den Willen zu ihm eingebüsst. Der Anblick des Menschen macht müde—was ist heute Nihilismus, wenn er nicht das ist...?”(这里存在着欧洲的灾祸——还有我们怀有的人的恐惧及对这种恐惧的爱好、敬畏、希望及走向它的意志。这种人类力量困倦的外貌——假若不是虚无主义，那是什么呢……？)现代德性的最大危险准确地是，对自信的自我削弱，可能使我们以虚无主义而告结束。

下来了。在宇宙中控制我们的肯定的东西——当我们克服了太人性化的一切——不能被恰如其分地称作宇宙的善,而是更接近宇宙的美。宇宙可能无法还原到美学的范畴,但它决不能与这些范畴割裂开来。使得尼采的见解有某种煽动力的部分原因是他的语言之美,《查拉图斯特拉如是说》更是如此。但是,美仅仅是一种辅助,而不是表现的一部分或纯粹是可以被别的词汇详细说明的善的一个美的回应。尼采的超人的英雄主义的一部分在于,他超越了道德,超越了对善的关注,而且,尽管苦难、无序和缺乏正义,他力图对这些东西的美那样的事物有所反应。因此,肯定不能完全与一个美的美化分开。查拉图斯特拉是一个不可分隔的幻想家和诗人。

就像波德莱尔关于恐惧和丑陋的诗一样,美与毫不畏惧地接受的立场有着内在的连接。《查拉图斯特拉如是说》的某些段落的美学光线,是无法与查拉图斯特拉自己崇高的精神分开的,通过克服,这种精神深入人类道德奋斗的风景之中,就像西下的斜阳一样。但是,这个连接沿着两条道路进行:只有在美的视界中才有可能克服。

我已经试图从这三个作家身上吸取某些我认为在他们身上是共通的东西,就是说,吸取了对待自我和世界的变化了的立场的观念,它不是简单地意识到了一个迄今为止仍然被人们作为偶像崇拜的善,而是帮助人们实现它。新的立场使得我克服恐惧和绝望,或者说,新的立场使得我或置身于爱的浪潮之中,或承认超人的完全自我肯定的彻底统一。对陀思妥耶夫斯基来说,承认我们是世界的一部分也就是为治疗这个世界添一分力量;对尼采来说,肯定权力意志就是让意志发挥更大的潜能。就像在《创世记》中一样,看见善就是创造善。

人们可以说,看见善在起作用,因而,善在起所谓的道德根源的作用。在此,出现了所谓的道德根源的内在化过程中的另一个步骤。与作为分解式的、自由的、理性的主体的尊严意识一起,与作为顿悟和美化力量的创造性想象一起,我们也具有了一个肯定性的观念,这个观念有助于人们通过意识到善而实现善。

当然,我们不必把这些力量看作为内在的孤傲。特别是,人们经常
455 把第二种力量和第三种力量理解为与作为根源的本性或与上帝相关的力量。但是,与先前的本性和善的道德根源不同,这些现代观点给我们自己的建造或美化或解释世界的内在力量赋予了一种至关重要的地位。如果这些根源想在我们身上起作用,我们的力量必须得到配置。在这个意义上,道德的根源至少被部分地内在化了。

在某种意义上,这种内在化在无神论或自然主义理论中更加完美些。与陀思妥耶夫斯基相比,尼采理论的内在化更加完全。但是,尼采的理论呈现出一个悖论(甚至不止一个悖论!),一个使得我们的肯定力量如此必需的东西,正是我们信奉一个仁慈伦理,这也就是为什么一个不能肯定人类存在的善会是一个威胁。但是,尼采完全是通过对仁慈伦理的冷嘲热讽而赢得普遍赞扬的,这又使得他的观点与自我否定的德性不可解脱地连接在一起。他给我们呈现出了一个残酷的两难境地。这是一个我们不得不面对的境地吗?

第二十四章

现代主义的显现 456

第一节

所有这些发展都已经有助于在二十世纪创造一种显现艺术，在某些方面，它截然不同于浪漫主义的原型。统治本世纪的形式常常松散地聚集在“现代主义”这个标题下。两个与伟大的浪漫主义相关的差异变得引人注目，尽管它们的特征看上去势不两立，但它们荒谬地融为一体。二十世纪已经变得更加内向，已经趋向于探索甚至赞美主观性；它已经探索情感的新的深处，它以意识流为中心，产生了可以恰如其分地称作“表现主义”的艺术流派。但是，与此同时，在中心化达到顶点的时候，也牵涉到了主体的非中心化：一种不能被强势地理解为自我表现的艺术，一种把兴趣的中心置换到语言上或者诗的自身美化的艺术，或者甚至把自我通常理解为因赞同某种新的群集而分解了。

在同一个时间内，似乎既存在着向主观主义的倾斜，又存在着一种反主观主义的冲动。二者应当相互对立，而且，它们确定无疑地处于紧张关系中。但是，在它们的起源中，它们难舍难分，而且，对此加以解释并非难事一桩。

现代主义者发现,由于他们延续了浪漫主义,他们自己就与他们的世界相对立了。仅仅被看作机械主义的、工具理性的领域的世界在浪漫主义看来是肤浅和堕落的。到了二十世纪,工具理性的侵占变得无与伦比的明显,而且,我们发现,现代主义的作家和艺术家在反抗一个被技术统治的世界,反抗标准化,反抗社区的退化,反抗大众社会,反抗粗俗化。的确也有像未来主义那样的少数派,它们对技术采取了一种肯定的立场,想要赞颂技术的创造性的能量;但它们也在大规模的工业社会的实际后果中显示出来的被动性和丑陋面前惊骇不已。

在浪漫主义看来,能够与被机械主义和功利主义的立场所毁坏的世界相抗衡的是自然的和未被扭曲的人类情感的现实世界。华兹华斯
457 力图在乡村和淳朴的村民中找到这个世界。对德意志浪漫主义来说——它为柯尔律治所追寻——世界是精神的发散。通过展示世界背后的事物,通过使得它透过自然闪闪发光,诗歌能够使我们回复到这个世界。按照布莱克的观点,我们把自己从"无生机的眼光"中解放出来,看到真正的精神现实。雪莱在谈论诗歌时认为,"当被反复出现弄得模糊的印象的重复使得宇宙湮灭在我们的心灵中之后,它创造了更新的宇宙。"①

使得我们从堕落的、机械的世界中解放出来的显现把自然和腐败的人类情感之后的精神现实显露出来。就像华兹华斯、荷尔德林、康斯特布尔和弗里德里希各自以自己的方式所做的那样,显现艺术能够采取描述的形式,让这种现实暴露于天下。但是,在二十世纪早期,由于一些相互叠盖的原因,求助描述不再成为可能了,至少不能再以直接的方式实现这一点。

---

① 引自阿布拉姆斯:《镜与灯》(The Mirror and the Lamp)(Oxford: Oxford University Press, 1953),第282页。

这种变化部分地是由于工业社会的巨大发展。在一个都市化的技术社会中,自然成了边缘地带,不再有大量的农民与之共生。康斯特布尔所画的景色正在被湮灭。机器和被设计来应付芸芸众生的人的环境统治我们的世界。在此以外的便是荒芜;但是,我们要使用与浪漫主义截然不同的术语来逐渐理解这种荒芜。我们对它的理解受到了另一个变化的影响,这一变化在十九世纪的后半叶尤为重要,这就是科学的、机械的世界观,它不再简单地依靠力学,而是声称也囊括了生命科学。

这两个变化推进了作为一种力量的本性意义上的变化并且也为这个变化所促进,渐渐地,浪漫主义的精神现实观点越来越少地把握这个自然,它越来越与叔本华那样的观点相匹配:本性是非道德力量的巨大的水库。社会、科学理论和清晰表达感受性的形象中的变化聚集一起,使得古老的浪漫主义的视界实际上溃不成军了。

古老的浪漫主义视界在两个层次上溃败了:首先,它不再是全然可信的;但是,其次,它也被抛弃了。许多现代主义者把自己定义为反浪漫主义者。由于其在"资产阶级"世界中的相互选择——正像在我们的时代"现代主义"可以出现某些"后现代主义者"一样,浪漫主义观点似乎也妥协了。我们可以轻而易举地看清楚为什么如此。在上一章中,我描述了在资产阶级和先锋派之间发展起来的串通一气的关系。它所开辟的创造性的想象和情感实现的地平线成了精神雨露的必不可少的部分——即便对于那些在权力和商品世界中遨游的人们也是如此。我们不仅在关于"la vie de Bohéme"(放荡不羁者的生活)的"直接的"工作世界中能够看到这个大众性,而且能够在一个更严肃的哲学的层面上、以 458
一个类似于由J.S.穆勒所精心构造的综合的层次上看到。穆勒在自己的生活中深受最严肃的分解式理性的要求与一个更丰富的意义观的需求之间的冲突的折磨,最终他在浪漫主义的诗人身上找到了这个冲突。他身不由己地使边沁和柯尔律治连接一起,而且,他构成了一个综合,人们在《功利主义》和《论自由》那样的著作中可以看到这样的综合。穆勒把一个分解式的、科学的功利主义与人类成长和实现的表现性的概念结合起来,它经过柯尔律治和洪堡,受益于德国浪漫主义。当然,至于这种综合是否连贯,那属于另外一个问题;在这儿,重要的是,这个综合代表了一种广泛的尝试形式:使得浪漫主义的个人实现的见解综合入一个文明的常客的私生活之中,这个形式受到工具性理性的驱使,走得越来越远。

在这个综合成为可信的程度上,浪漫主义的实现模式能够为这个文明的自我证明作出贡献。我们可以在如今晚期资本主义广泛的证明观中看见这一点:为了给个人得到富裕的和令人满意的私人生活方式,工业的轮子要不停旋转。晚期维多利亚的自我恭喜也更多地偏向家庭生活实现的意义。在这儿,浪漫主义的观点已经有助于在冰冷的世界中给作为温暖情感避风港的家庭的理想赋予进一步的内容。比如,华兹华斯天真无邪的儿童的图景,能够被狄更斯以一个至关重要的反社会的批判精神所采纳,正是社会使得他们沦落成了剥削和堕落的牺牲品;但是,既然更高的生活标准给越来越多的家庭提供安全、体面的住所,它也能够被用作自我尊敬的基础。

维多利亚时代的虔诚和多愁善感似乎已经捕获了浪漫主义精神。对于那些把整个世界看作精神上空洞的和贫乏的人们而言,浪漫主义能够显现出与被它们当作工具主义拒绝的东西相融合。它仅仅提供了琐碎的、人为的或不真实的意义,来为一个无意义的世界提供补偿。对于那些渴望某种不能由分解式的理性提供的更纯洁的、更深刻的或更强烈的道德根源的人们来说,单纯个人情感的表达或例行公事的实现仪式是东施效颦。而且,作为浪漫主义的后嗣的现代主义者转而反对他们认为是浪漫主义的东西。他们与他们的世界的决裂不得不更加彻底。为了寻求安慰,他们不能转向单纯的主体情感或世界发源于精神的信心。[2]

这就是为什么与波德莱尔的立场相比，现代主义的具有开创性的作家们与伟大的浪漫主义具有更少的共同性。波德莱尔的立场不再在堕落的本性中而是在它的旁边或它之外寻求显现。而且，这也就是为什 459
么他们屡次发现，他们自己同情尼采对于英雄式的美德的祈求，反对他们所认为是他们时代舒适的、优柔寡断的人道主义的东西。[3]休姆吸取了这两个根源，他攻击浪漫主义，因为浪漫主义拒绝原罪；他正确地看到了这种拒绝是源于卢梭和作为根源的自然的学说的。他想用其中的一个去否决另一个。浪漫主义正是"堕落的宗教"；[4]它的错误在于取消宗教和自然，它们应当被严格地分离开来，它未能"意识到，在人道主义(我们认为它是生命的最高表现)和宗教精神之间具有绝对的而不是相对的差异。**天赐**不是最强烈意义上的生命，它以一个方式包含了一个几乎**反生命**的成分"。[5]采取这个立场，就是拒绝我在早些时候所谓的存在的显现。这能够产生一个剥夺事物的光辉的诗性，早期的艾略特是其中

② 里查多·奎纽斯在《规划文学的现代主义》(Mapping Literary Modernism)(Princeton: Princeton University Press, 1985)，第4章中讨论了现代主义的"反浪漫主义"。

③ "在哥白尼之前，人类不是世界的中心；但在他之后，人类成了世界的中心。人们获得了一个转变——从一个特定的深刻的和强烈的思想转变到单调的、枯燥乏味的乐观主义，在这个转变的过程中，它经过了卢梭的最初阶段的侵蚀，最终在无聊的状态中达到极点，由于这个状态，人们生活于不幸之中"；T.E. 休姆：《推测》(Speculations)(H. 米德编)(London: K.Paul, 1912)，第80页。福特·麦道克斯·福特在一九一四年不无夸张地表达了同样的伤感："在今天的文学中最想要的是，宗教、偏执、迫害，而不是文化的故作多情的胡扯、费边主义、和平和善良愿望。真正好的宗教是一个充满了仇恨和排外的暴力的东西"；引自迈克尔·利文森：《现代主义谱系》(A Genealogy of Modernism)(Cambridge: Cambridge University Press, 1984)，第59页。二十世纪已经非常慷慨地纵容了这个要求，而惟独忘记了对文学的后果的限制。

④ T.E.休姆：《推测》，第118页。

⑤ 同上书，第8页；着重于起源。

一个显著的例子，他确确实实受到了波德莱尔和T.E.休姆的影响。

但是，在托马斯·曼的截然不同的词语中，我们看到了一个平行的发展，这种发展受到了叔本华的影响。汉斯·卡斯托普在《魔山》中的《雪》那一节中的顿悟显示了古典的阳光灿烂的和谐世界是如何建立在古代的恐怖、腐败和人类牺牲之上的。在《维纳斯之死》中，他把古斯塔夫·冯·爱森巴赫——受到高度控制和受纪律约束的匠人和弗里德里克大帝的崇拜者——不可抗拒地拖向了塔兹奥的不费吹灰之力而体现的美的东西，也不可避免地把他拖向疾病和死亡。对于曼来说，存在的显现已经具备了深厚的模棱两可的品格。至于普鲁斯特，被恢复的时间启示是以爱的幻觉的毫不怜悯的破坏为代价的。[6]

所有这些都有助于解释现代主义向内在性的转向的特殊形式。二十世纪初期的思想家们被一个如今依然提出的问题所烦恼：在一个完全机械决定的世界中，上帝、真或美的地位如何？比如，休姆就认为唯物主义是一个严重的挑战，通过明斯特尔贝格的阐述，我们可以看到：

> 对我来说，科学不是一群断开的信息，而是这样的确定性：宇宙中没有变化、原子中没有运动、没有遵守自然规律的绝不变化无常的意识感觉；没有什么事物能够存在于巨大的因果机制之外的确定性；必然性进入我的情绪中。[7]

为了抵御为不断挺进的技术所强加的无所不包的机械主义的帝王般的
460 地位，人们不能简单地祈求自然的显现的**描述**。因为，不仅这个货真价

---

⑥ 叶芝当然不能完全符合这个类型。尽管比起在二十世纪前二十年显出创造性的那一代伟大的现代主义者，他要老得多，但他也可以被认为是一个过渡性的人物。

⑦ 引自休姆的《柏格森评注》，出自《进一步的推测》(Further Speculations)，(萨姆·哈因斯编)(Minneapolis: University of Minnesota Press, 1955)，第47页。

实的机械主义使得这个反应成问题——且叔本华的见解动摇了这种反应,而且,存在的显现的反弹把它打上了错误的烙印。它并没有为工具性的世界提供真正的选择,这个选择产生了机械主义的视界,工具性的世界自告奋勇地甚至把我们的感觉和情感都还原到没有任何例外的规律上。反对这个无所不在的毁坏的明显的祈求是内在性:生活过的世界、经验过的世界、在感觉性和意识中知晓和美化的世界不能够被同化到假定为包含一切的机器中。柏格森——主张经验不能还原为外在解释,不能还原为物理解释的空间化的时间——是休姆解放的伟大根源。

这种举动——它把哲学家和艺术家及批评家带到一起,企图恢复在经验状况中被忘却和被抑制的东西——在二十世纪得到了多次的重复。就像休姆曾经接纳了柏格森一样,休姆后来也接纳了胡塞尔。胡塞尔所扬起的“现象学”的旗帜为海德格尔和梅洛·庞蒂的性质不同的但却平行的事业所利用。而且,尽管维特根斯坦使用了完全不同的术语,但他的后期著作激励了在思想和感受性中发生的相似的革命,或者说,迈克尔·波兰尼已经做了尝试。

对于那些参与了这些运动的人们来说,这样的行动中的每一个都伴随着休姆所感受到的欢乐感。[8]这种欢乐感来自对过去的经验或创造性活动的回归,它们削弱着我们的世界意识。这个回归已经被机械主义建构弄得神秘化或丧失本性。这个回归被感觉为一个解放,因为,经验能够变得更加生动,活动畅通无阻地被人们认出来,而且,在我们对于世界的立场方面开辟了新的途径,在此以前,这个途径是藏而不露的。

在休姆的早期理论中,诗歌恢复了与现实的活生生的接触。在一个

⑧ 在休姆看来,阅读柏格森“终结了一个无法容忍的状态”;“我从一个长久以来一直折磨着我的噩梦中解脱出来了”;它是“兴奋不已的生理感觉,一个突然的扩张,一种理智的爆发”;同上,第29—30页;参见利文森《现代主义谱系》,第40页。

机械的、功利的世界中,我们渐渐地以一个机械的、常规的方法来处理事物。我们的注意力从事物转向了通过它们才能操作的东西。普通的散文反映了这一点,它就好像经营呆板的计数器那样让我们参照事物而不用真正看清它们。在散文中,"我们得到了与任何真实的见解离异的词"。[⑨]诗歌则意味着脱离这个抽象化,"它总是努力捕获你,使你继续看见一个物理的对象,防止你滑进抽象过程中"。[⑩]诗的形象摆脱了一种计算的语言,它给我们一种新鲜的直觉语言,这种直觉语言恢复着我们关于事物的视野。

人们能够立刻看到与海德格尔的密切的平行性,我们的日常兴趣使我们注视那些"上手"(vorhanden)的物体;我们全然忘记了客体最初以
461 要到手的(zubanden)存在方式。有一个稳定的"存在的遗忘"的倾向,它必须通过一个存在的分析——即一种把事物被遗忘的存在展现于我们的面前,为我们打开存在的意义——来逆转这个倾向,存在的意义已经被弄得模糊不清并被笼罩在我们的现代世界观中。[⑪]

通过重要的差异(无论这样的差异是什么),一条肯定的线条把所有这些哲学的转变与浪漫主义的基本的忧虑连接起来。他们都反对以机械主义的功利主义的范畴来限制我们的生活;他们多多少少都要感谢生命哲学和表现主义:维特根斯坦到叔本华,海德格尔到狄尔泰。[⑫]而且,在拒绝分解式理性和机械主义的霸权时,他们都贴近了现代主义意识的某些侧面。

因此,在起初的浪漫主义转向本性和朴素的情感之处,我们发现了

---

⑨ 休姆:《进一步的推测》,第78页。

⑩ 同上书,第10页。

⑪ 见海德格尔:《存在与时间》(Sein und Zeit)(Tubingen: Niemeyer, 1927),导言,第2章,第5、6节。

⑫ 查尔斯·桂格龙在《海德格尔和知识问题》(Heidegger and the Problem of Knowledge)(Indianapolis: Hackett, 1983)的第2章中对这后一个联系进行了充分的争辩。

许多现代人转向了经验的拯救或内在性。这是我已经描述的内在性的转向。但是,怎么看待我们在庞德、艾略特、里尔克和海德格尔那里屡次三番可以找到的反主观主义呢?这是一个人们在反对浪漫主义(如休姆)或反对古典主义(如艾略特)甚至是反对人道主义(如温德姆·刘易斯和后期海德格尔)时经常提及的特征。

这个矛盾的现象有某些共同的根基。对自然原初的浪漫主义的信仰也被认为是我们内在的本性。在我们周围世界中散发的精神的现实也在我们之内。对于谢林和黑格尔来说,自然中的神灵在人身上显示了意识。柯尔律治根据生活来看待本性;所有事物都在生长,都从内部形成自己。艺术家的想象力以同样的原则在起作用。艺术家并不把本性仅仅作为natura naturata来加以模仿,而是把本性作为natura naturans来形成。但那正是因为自然的精神和人类灵魂之间的连接。精神也在我们之内起作用。

早期浪漫主义是从我所称的作为根源的本性的观点中发展起来的,它的早期范例性的陈述来自卢梭。我们能够发现,如何与自然合二为一,如何揭开它的奥秘,就像诺瓦利斯所言,"内在化走上了充满神秘之路"。[13]歌德肯定地说,"人类本性知道,自己与世界是合二而一的。人类能够确定,外在世界是内在世界的情感的合声"。在《抒情诗前言》中,华兹华斯陈述说,诗人的核心信仰在于,"他认为人类和自然在本质上是相互适应的,人类的心灵自然而然地是自然的最公正的和最有趣的性质的镜子。"[14]因而,自我表现会与事物之内的精神协调,并进一步展现这个精神。

当然,这是产生了单纯地考虑自我表现的诋毁浪漫主义图景的东

---

⑬ 诺瓦利斯:《个人证件》(Schriften)(P. 克鲁克豪恩和R. 萨缪尔编)(Stuttgart:Klett Cotta,1960—1975),第2卷,第419页。

⑭ 引自里查多·奎纽纳斯:《规划文学的现代主义》,第129页。

西,出于休姆或艾略特之口,这种东西太容易遭到谴责。就像我在上面
462 指出的那样,这是一个诽谤;尽管这种指控在世纪之交的准佩特的后象征主义那里得到了恰当的对待,但对于伟大的浪漫主义而言,这样的指控并不真实。[15]但是,在先前建立的自我和世界表现之间的和谐中存在着遭诬陷的托词。

然而,这样的和谐不再与已经吸取了科学的生物学和叔本华的影响的内在和外在本性的图景相融了。甚至对于波德莱尔那个阵营中的人们——像休姆等,他们坚决反对人类和自然固有的善的"浪漫主义"的信仰——它也一定不那么让人容易接受了。和谐是浪漫主义的存在的显现的基础,对于现代主义者来说,当他们心安理得于内在冲动的假定的善时——就像当他们依靠据称是自然中的精神的表现时——这个和谐就变得让人难以接受了。

保留下来的是作为一个巨大的非道德力量的本性的尼采式的见解,根据这个见解,我们应当恢复与这个力量的接触,这一点在野兽派,或在早期斯特拉文斯基、D.H. 劳伦斯那里都以不同的形式表现得很明显。但是,这一点——除了可能在超现实主义那样极端的例子中——不能等同于整个自我,以及本能和创造性的想象。的确,所发生的是两者之间的结盟,是内在本性和理性之间的结盟。浪漫主义已经把这一结盟视作为一个被恢复的人性所特有的。

向经验或主体性所作的内在转向,并不意味着向一个被表现的"自我"的转向。在自我中,这一转向被理解为本性和理性、本能和创造性力量的结盟。相反,内在的转向可能使我们超越通常所理解的自我,直到一个经验的碎片,这个碎片把我们通常的统一观点带入疑难境地——比如,在穆西尔那里就是如此;或者直到一种新的统一,一种留驻时间的新方法——比如,在普鲁斯特那里,我们就能看到这一点。

---

⑮ 见H.肯纳:《庞德时代》(The Pound Era)(London:Faber,1972),第173—191页。

的确，我们可以看到如下的见解是如何产生的：单一自我的传统观念的逃避，是过去经验真正的恢复的一个条件。分解式理性和浪漫主义实现的理想都以不同的方式依靠单一自我的见解。分解式理性要求一个紧紧控制经验的控制中心，它可能建构我们用来指导思想和生活的理性秩序；浪漫主义的实现把原本是分裂的自我看作在感觉和理性的结盟中实现了统一。现在，在两者都被逐渐视为世界的层面和是一个声称拥有我们想逃避的一切东西的视界的范围内，在我们接纳一个后叔本华的内在本性的见解的程度上，经验的解放似乎要求我们踏出单一的、不可分的特性的怪圈，把我们投入大潮流，这个大潮流使我们向控制和一体化的领域飞奔。

尼采已经探索了这个使人茫然的思想，他认为，自我可能不会欣赏 463
一个得到保证的、先验的统一。[16]这是使得尼采成为二十世纪现代主义的一个主要先驱和煽风点火者的重要原因之一。当D.H.劳伦斯说"我们陈旧的个体性、我们的认同只不过是时间之流中的一个偶然的内聚力"时[17]，他就是在为生命的"酒神"概念欢呼。但是，存在着一个截然相反的"古典主义的"回响，即休姆在拒绝"灵魂的真实统一"的信仰中的现代主义一极，它是我们错误的人本主义遗产的另一部分。[18]相似的回响来自其他现代主义作家。穆西尔，就像刚刚提及的；普鲁斯特也说，我们是"plusieurs personnes superposées"(几个人格的重叠)。[19]在《芬尼根的守灵》中，乔伊斯探索了一种经验层次，在这个经验之中，人格的界限变得

⑯ 见亚力克山大·尼哈马思对这个问题进行的有趣的讨论（《尼采：文学家生活》）(Nietzsche: Life as Literature)(Cambridge, Mass.: Harvard University Press, 1985)，尤其是第5章、第6章。

⑰ 引自奎纽纳斯：《规划文学的现代主义》，第93页。

⑱ 同上，第146页。

⑲ 见《反圣伯夫》(Contre Sainte-Beuve)，引自奎纽纳斯《规划文学的现代主义》，第146页。

流动不定了。

逃避单一自我限制的必要，真的成了本世纪一个重新浮现的重要议题。而且，这一点在有时被作为“后现代主义”的事物中尤为如此：一方面，这就像我们在福柯对惩戒性或忏悔的自我攻击中所看到的那样；在另一方面，这一点体现在利奥塔的著作中。[20]

与分解式的工具理性和浪漫主义联系在一起的是，一个对时间意识和叙事模式所做的平行的攻击。人们对时间意识的批判尤为明显。分解式理性所产生的世界客体化的见解牵涉到了时间的空间化。时间被视为一系列不连续的瞬间，一种转瞬即逝的宇宙状态，人们可以追踪两者之间某些因果关系的链条——即本杰明的“同质的、空洞的时间”。就像十九世纪晚期的科学主义所构想的那样[21]，这个时间—空间世界的理想的理解是无法与任何时间透视分开的。比如，人们会对混沌初开之前的拉普拉斯式的全知的预言者有一个更加完美的理解，就像人们会对就万事之后的所有记录进行研究的科学思维有了反省的理解一样。在这样一个包容性的、有序的观点中，瞬间被聚集在一起；它们共存；它们因此产生了经常蒙受不白之冤的形象：时间“被空间化了”。

对于机械论中许多最有影响的反应来说，这是一个攻击点。它们以经过的时间的名义进行抗议。柏格森是最早的一位。但是，海德格尔使时间成了他早期著作中的关键问题：现在是占统治地位的向度，换言之，现在是一种空间化的时间观。柏格森赞同一种以“三维”为基础的时间观，他认为，如果时间能给未来带来什么东西，它也给人以私人性。海

---

[20] 见米歇尔·福柯：《监视与惩罚》(Surveiller et punir)(Paris: Gallimard, 1975)；《La Volonte de savoir》(Paris: Gallimard, 1976)；让—弗朗索瓦·利奥塔：《后现代状况》(La Condition Post-moderne)(Pairs: Seuil, 1979)。

[21] 当然，情况随着相对论和量子力学发生了变化，一些现代主义作家认为，在批判占统治地位的晚期维多利亚式的时间意识时，他们可以到二十世纪物理学的新概念中寻找支持。

德格尔的时间是经过的时间，它被一个作为一个给定的情境的根源意识所组织,未来是我的行为必须共同决定的东西。这种组织无法与代理者的居住瞬间、他的时代分开;一旦人们接受了拉普拉斯的外部透视,这个时间也就消失了。海德格尔在他的著作中以不同的方式反复提到如下的中心论题:把拉普拉斯的时间单独地看作真实的,把“事件”(*Ereignis*) 464
时间仅仅看作附带现象,就是犯了一个基本的错误。在这个前提下建构一个有序的世界观,就总是导致支离破碎和拒绝部分的现实。[22]

我们还发现了卢卡奇代表马克思对现代机械主义和工具主义所采取的这个批判。在资本主义所精心制作的普遍的“具体化”中,时间也成了一种同质的计算项目。它“使得质量的、多种的、流淌的本性开始流动了;它凝固成一个精确界定的、定量的、连续的统一体,它装满了定量的‘东西’……简言之,时间变成了空间。”[23]

现代主义的作家采纳了这种时间空间化的批判。但是,他们的挑战也走得更深:它触及了分解式理性和浪漫主义的基本叙述模式。前者酿成了一种进步的历史观,在其中,理性和科学的发展导致了前所未有的工具控制以及因此而来的福利。后者经常呈现了一种退步的历史观,但它仍然有一个乐观主义的变形：历史经过一个螺旋式运动最后达到理性和情感的协调。现代主义意识往往与两个“乐观主义”的解释相疏远。有些人被我们认为是现代主义的作家，但他们把我们带到远离叙述模式之外的地方，这种叙述模式赞同在每一个事物发展的过程中或跨代中都有一种连续的生活或生长。[24]

㉒ 见海德格尔:《存在与时间》(Sein und Zeit),第2卷,第3、4章。但是,同样基本的观念也在海德格尔的其他众多著作中以其他方式得到了讨论。

㉓ 乔治·卢卡奇:《历史和阶级意识》(History and Class Consciousness)(R. 利文斯通译)(Cambridge, Mass.: MIT Press,1971),第90页。

㉔ 奎纽纳斯在《规划文学的现代主义》提供了现代主义文学的“地图”,主要依据它的时间概念的变化。我从他的讨论受益很多。

在《魔山》中，汉斯·卡斯托普发现，有序管理的时间、积累控制的时间甚至有机体生长的时间都从他的身边流走了。在疗养院中，人们滑入一种无时间状态，在那种状态中，所有的度量都失去了，时间失去了它的形状。就像这种从我们正常的、被度量的时间意识的逝去是在单一自我之内发生的那样，它是一个更深的经验的根本条件，这一更深的经验开辟了生活的另一向度。

普鲁斯特在《追忆逝水年华》(A la recherche du temps perdu)的最后一卷中的显现也牵涉到了一种通常的叙述模式的短路。在这个显现之外并在它之前，他的生活不能被带入通常关于成就的故事中。在那个故事之中，一个人创造了著作的一个续本，并因此成了“作家”。在参与无法恢复的过去的被浪费的时间的双重意义上，它是如此的“temps perdu”(失去的时间)，只有通过粘合——在一个方面，这个粘合切割了时间并通过记忆把四分五裂的顿悟瞬间聚在一起——它才能被赋予一个意义，这个意义然后又成了那类被认可的作品的基础。对过去的恢复停止了时间的浪费。

或者，考虑一下历史在艾略特和庞德的诗歌中的用途。他们的诗歌有时候会被误以为是具有相似的浪漫主义立场。他们从一个空洞的或
465 肤浅的现在的立场出发，向往一个更加丰富的过去，一个更加充分的意义。这里隐含的叙述是对作为倒退的历史的叙述。而且，对早期现实的把握的渴望，从一开始时就注定要失败，逝去的东西只能在怀旧中得到满足。

但是，根据考察，这似乎绝不意味着，庞德的诗歌或艾略特的相应著作中活动的东西“包括历史”。目前的时代的确是精神上贫乏的时代。在我们的时代，我们需要恢复过去，以获得充实。但是，事实并非如此，因为，历史已经意味着倒退，就像因为意义的充实性在一个单一时代的根源中难以实现一样。而且，庞德和艾略特似乎认为，我们能够再现过去，或者，能够使其他时代的伟大的瞬间和收获在我们的时代再生，以

使得早已逝去的过去在言语中栩栩如生。这儿的目标似乎是一种跨个人、跨时间的统一,就像在《荒原》中的受智慧女神雅典娜神示且懂鸟语的底比斯盲人卜卦者一样,或庞德的《篇章》中的并置一样,他们逆着叙述的连续性的平常时间而动。㉕

经验的现代主义的恢复因此牵涉到了在被接受的认同和时间意义中的一个深不可测的缺口和一系列奇怪的和不成熟的改组的秩序。生活的这些形象已经改变了我们在这个世纪的关于人是什么的观念。

因此,显现的重心开始从自我转向经验流,转向同一的新形式,转向以不同方法构想出的语言——最终甚至是"结构"。一个"非中心化的"主体的时代开始了,它在某些近来颇为流行的、产生于巴黎的学说中登峰造极或者沦为它的拙劣的模仿。对于我们在这个模式中所作出的所有真正的发现来说,进入这个模式的原动力在很大程度上与那些把我们向内转向的原动力是同样的东西。非中心化不是内在化的代替,而是它的补充。

作为这两个变化所导致的一个后果,诗的语言和视觉艺术的语言都发生了进一步的变化,与浪漫主义的语言相比,诗的语言在一个奇怪的意义上变得"更加微妙"了。在较早评论瓦色曼对雪莱的术语"更微妙的语言"的革新时(第二十一章第二节),我指出了把华兹华斯与蒲柏隔离开来的沟壑——比如,在他们描述本性时。在蒲柏呼吁支持庞大的存

㉕ 见艾略特《荒原》的注释:"尽管提瑞西阿斯是一名旁观者,而不是真正的'人物',但他却是诗中最重要的人员。他把所有其他的人物都统一在一起。比如,独眼商人、葡萄干小商贩都消散于腓尼基水手之中,而后者又完全有别于那不勒斯王子菲迪南,所以,所有的妇女都是一个女性,男女两性在提瑞西阿斯中融合了";《T.S. 艾略特诗歌和戏剧全集,1909—1950 年》(The Complete Poems and Plays of T.S. Eliot 1909 –1950)(New York: Harcourt Brace, 1962),第52页。同时参见詹姆士·龙根巴赫的《现代主义诗学史:庞德、艾略特和过去意识》(Modernist Poetics of History: Pound, Eliot, and the Sense of the Past)(Princeton: Princeton University Press, 1962)第10章和其他各处。

在链条的既定参照区域处——华兹华斯和荷尔德林都找到了新的词汇，借助这样的词汇，一些东西通过本性变得非常明显。关于弗里德里希与绘画中的传统肖像画法的关系，人们可以说出某些相似的东西。但显现仍然是通过对一个景色的描写或表达而得以发生。

在这个意义上，大多数现代诗歌不再是描绘性的。不存在用来指称或描写的可以毫不含糊地加以界定的物体。人们引入形象，但仅仅作为比喻或模仿引入的，以使得一个中心的被谈及的事物、故事或对象有性格。从象征主义起，就一直存在着一种通过并置的形象来使得某些东西出现的诗歌，或者——更难以解释的是，通过并置的词语来使得某些东西得到呈现。显现来自于词语和形象之间，似乎可以说，来自于两者之
466 间建立的力场，而不是来自它们在变形的同时所描述的中心性的被谈及的事物。

有时候，我们仍然构造出一个中心的现实，一首诗所“关于”的中心的实在。《J.阿尔弗雷德的情歌》就假定是“关于”现代人苍白的、优柔寡断的生活的，或是关于一个这样的现代人的生活的。但是，大多数诗歌既不描述也没有明确地表现这样一个人。在诗的开头几句中，谁在讲话，对谁在讲？

> 那么，走吧，你和我，
> 当夜色笼罩着天空，
> 它就像一个弱不禁风的病人
> 伏在桌上。

我们通过形象把意义变成三角形。

很显然，人们对于二十世纪非表现的视觉艺术会形成一个相似的，甚至是更古怪的观念。罗杰·沙塔克谈论了所有艺术批评家对术语“并置”所做的澄清方法：“传达一个现代艺术作品各部分是如何组合成的

观念……二十世纪已经把自己称作并置的艺术，以便将它与较早时候转变的艺术相对立”。[26]

第二节

对于现代主义的显现意识来说，这意味着什么呢？在某些场合中，通过对存在的显现的拒绝，他们似乎与反显现的自然主义站在同一立场上了。我们考虑一下刚才提及的艾略特的几行诗。在艾略特那里，向直喻的突然转移——引起了疾病和药物的消毒的技术——残酷地阻断了对显现自然的期望，而关于夜晚的意象似乎正允诺着这种显现。D.H.劳伦斯转而反对“深度”(depth)，即有意义的事物的重负，而且，在一个出自《阿伦的旗杆》的段落中，他把从这个具有强制性意义的经验重负的解放比作逃离“一个恐怖的、为魔法迷惑的城堡，这个城堡的墙壁由潮湿的情感和沉重的感情链条砌成，中间充满了鬼神之气”。[27]另一个解放的时刻出现于《大袋鼠》中：

> 没有房间，没有茶水。漫不经心的粗心大意。永恒的漠然。这可能只是关注之间的间歇。但是，正是在这个间歇中，人们发现了意义的无意义——就像表现尘土的泥土斑斑的果壳一样。只有在这个间歇之中，人们才能发现意义的无意义和意义的其他向度。无时间性的现实和一无所得……没有什么东西像意义那样没有意义。[28]

同样类似的深度的恢复似乎奠定了庞德的意象主义理解的基础， 467

㉖ 见罗杰·沙塔克：《叶芝盛宴》(The Banquet Yeats)(New York: Vintage, 1968)，第332页；在《进一步的推测》的第73页中，休姆谈论了“不同诗句中不同形象的堆积和并置”。

㉗ 奎纽纳斯：《规划文学的现代主义》，第141页。

㉘ 奎纽纳斯：《规划文学的现代主义》，第143—144页。

它的目的在于使特殊的事情在我们面前栩栩如生。庞德的三"原则"中的两个规定:"直接处理'事物'"和"绝对不使用对描述有所贡献的词。"[29]《意象主义宣言》声明它的目标是:"描述一个形象。我们不是一个画派,但我们相信,诗人应当准确地反映特殊而不处理模糊的一般。写出明晰和严格的诗作,永不含糊不清和不明确。"[30]

重点在于对事物的硬边界(hard-edged)——它的明确的向度的描绘,不允许像它们分享同一意义那样去互相渗透,被描绘的事物受到了明确的约束。它们明显地突出出来。"专门的和完善的象征是自然的对象。"[31]首要的是,我们必须避免那些使得边界流动、允许事物互相渗入的思想和视觉之感情脆弱的模式。对于庞德来说,如果文学对于社会有任何作用,它就要为清晰化做出贡献。"当这个作品毁坏了……当媒介作品的本质、词对事物的运用被毁坏了,即变得无价值和不准确、过分和膨胀时,社会、个人的思想和秩序的方法就走向破产了。"[32]

在一定意义上,对明晰和特征强调的实质是反显现。它是拒绝铺天盖地的非本真的意义的一部分,是拒绝工具性社会的聚积物和它所产生的、非本真的情感的一部分。为了使这些清楚得以实现并允许现实充分发挥它的力量,为了返回真实的经验,有必要返回事物的表面。作为现代主义的一个经常性的论题,它已经为尼采所预言,这一点在尼采的关于希腊人的言语中就可见到:希腊人非常深刻,因为他们停留在事物的表面。[33]

㉙ 引自H.肯纳:《庞德时代》,第178页。

㉚ 引自迈克·汉堡:《诗的真理》(The Truth of Poetry)(London: Weidenfeld,1969),第189页。

㉛ 引自阿布拉姆斯:《微风阵阵》(The Correspondent Breeze)(New York: Norton,1984),第118页。

㉜ 引自汉堡:《诗的真理》,第39页。

㉝ 《快乐的科学》(The Gay Science),第4节。汉堡在《诗的真理》的第39页也指出了与卡尔·克劳斯的平行关系,后者也想把太轻易就混淆的东西分割开来,以此来清洗自欺欺人的和虚假情感的语言。

某些现代主义作家的反显现的方面似乎已经把他们与自然主义联在一起。而事实上，这是一种错综复杂的关系。因为，自然主义自身往往滑向经验的回复——人们能在印象主义绘画的发展中把这一点看得尤为清楚。这个滑动极为正常地来自以上所讨论的矛盾事实（第二十三章第三节），即为了显示事物的无意义性，它们必须在艺术中经过某种美化。一个坚定的现实主义者似乎要求把这个变形的过程自身表露出来。这就意味着，要揭露可以在描绘中把握现实的方法，这个方法又允许我们看清现实的真相。而这就使我们牵涉到一个反思的转向——探索事物外表可以与我们同在的方法。

由于绘画能使我们从不同的角度看待事物这一关键的事实，现实主义绘画能够履行自己的职责。绘画可以把构图、线条、事物的整个方面带到显著位置，这些东西肯定存在于我们的视觉场中，但它们被我们普遍的注意和理解事物的方法夸大了并弄得模糊不清。就对事物的了解而言，存在着庞大的内容，它不言而喻地存在于模糊不清的复杂性的 468
构图中，就像梅洛—庞蒂所说的那样，在我们的“前客观世界”中存在着无主题的关系：或者像波兰尼所描述的那样，我们为了接近对我们来说是焦点的东西而关注连接。[34]

为了探究绘画影响我们视觉的途径，我们就不能不探究前客观世界。这意味着我们要把仅仅是不言而喻的构图和关系表露出来。在构造我们标准世界时，我们常常是不引人注意地依靠这些构图和关系。这种探究在我们面前展现了事物“看上去”的方式，“看上去”意味着，我们看清事物的某些层面，我们通常要依靠这些层面，但是，只有我们不再在它们面前匆匆而过，以它们给我们通常的日常显现去固定事物，我们才

[34] 见莫里斯·梅洛—庞蒂：《La Phenomenologie de la perception》（Paris: Gallimard, 1945）；迈克尔·波兰尼：《缄默的向度》（The Tacit Dimension）（Garden City: Doubleday, 1966）。

能真正看清它们。印象主义绘画使得事物的这种遭压抑的心照不宣"看上去"成为显而易见,而且它们开始探究绘画的力量,这种力量自身就是这个力量的符号性运用。

但是,在这个探究中所发生的是,经验的一种精确的回复,它把事物的通常被隐藏的外表,我们日常处理事物时一晃而过的层面,都展现在我们的面前。它完成了休姆所说的诗应当做的东西,它使我们用一个新鲜的和当下的眼光看事物,而我们平常处理世界的常规方法,并不能使我们通畅地看清事物。

因此,塞尚——最伟大的早期后印象主义者,对此,人们可能有所争议——开始表现有意义的形式和关系,当这些形式和关系从事物的本体中形成时,它们就支撑着我们的日常知觉。为此,他不得不打造一种新的语言,不得不放弃直线和特技,从颜色的调节中进行空间处理。他"把握事物并把它们转换成可见的对象,如果没有他,这些东西仍然禁闭在每一意识的分隔的生活中:作为事物的发源地的外表的震动中。"㉟

因此,现实主义的冲动经历过一条可以理解的途径导致了对经过的经验的恢复,而对经历过的经验的恢复则是现代主义艺术和二十世纪哲学的一个重新提起的目标。通过这个恢复,这个最初的反显现的冲击为显现艺术开辟了崭新的领域。除此之外,还有其他的途径吗?印象主义的主题性的东西是艺术具有的美化日常现实的力量。它涉及对这个力量进行了前所未有的探索。但是,自然主义对世俗和平庸的描写仅仅是众多美化用途中的一个。它还可以被用来表现遮盖事物或给事物赋予更深层的意义的情感,或者用来探索经验自身的神秘本性。

㉟ 莫里斯·梅洛—庞蒂:《塞尚的怀疑》(Cezanne's Doubt),收入《有意义和无意义》(Sense and Nonsense)(胡贝特和帕特里希尔·杜里弗由斯译)(Chicago: Northwestern University Press, 1964),第17—18页。

因而，人们不必惊讶，印象主义给塞尚、高庚、凡高那样的“后印象主义者”和表现主义的画家奠定了基础，它们再次赋予我们半透明的显现。不过，这种显现已经发生了某些重要的改变。我们并没有退缩到浪漫主义，退回到对熟悉的存在的显现。就这些画家的作品而言，在描绘的对象和通过描绘显示的、本质上是新的东西之间有一个鸿沟。比如， 469
对表现主义来说，毋庸置疑，无论艺术如何改变了知觉，作品中的人物看上去仍然像生活中的有血有肉人物。存在着对自我意识的一个了解：这里所出现的东西不能被发现反射过了日常事物的表面。显现只是某种间接实现的东西，是某种可见对象无法说明自己但仍把我们向前推动的东西。随着向非表现艺术的移动，二十世纪绘画的这一特征成了中心，变得突出了。

显现是间接的。简而言之，这个词可能捕获了许多现代主义艺术的内核。返回到文学，我们能够看到，我所引用的那些作家的反显现的冲动并不说明，这个冲动使显现终结了。相反，它发现了一种全新的可能性。通过把一个框架投射到现实上，实现了这种可能性。但是，为了更仔细地看清楚这一点，我们不得不引入那个时代的理智背景的另一个层面。

我已经提到了，有一种从垂死的、惯例的、工具化的文明的常规形式中使经验回复的广泛的热望。但是，在获得一个更为丰富的经验中，肯定要牵涉到什么呢？它意味着单纯地抛弃陈旧的形式，在生活的全部中获得一种非媒介的接触吗？

对于某些人来说，这种热望果真这么做了。这种热望采取了两种似乎相反但相关联的形式。一种形式存在于对新的工业文明的拥护——通过使得它成为无拘无束地改变意志的工具。这是马里内蒂和意大利未来主义所走的道路。通过让世界完全服从于创造力，我们再次获得统一。技术就是使得统一成为可能的手段。未来主义为技术大唱赞歌：

我们为那些被工作、欢欣和放荡所激动的芸芸众生大唱赞歌；……

> 我们歌唱兵工厂和船坞的炽热的夜晚，在那里电焊光上下跳跃；我们歌唱火车站，在那里蒸汽机吞云吐雾；我们歌唱火热的工厂，在那里，烟囱林立、高入云霄；我们歌唱飞跨江面的大桥，它们像四肢修长的体操健将……我们歌唱火轮，它们无畏无惧、乘风破浪。[36]

马里内蒂和他的追随者们自己投身到对人类创造力的大张旗鼓的赞美之中。他们为速度、冒险和暴力而感到自豪。他们欣赏、甚至培养人们对力量的陶醉。用术语来说就是，“我现在宣布，抒情诗是人们自己陶醉于生活的精妙的手段，是一个让生活充实的如醉如痴的手段”。[37]或者说，“我们的艺术可能被谴责为对理智的折磨和颓废的触击。但是，我们回
470 答说，恰恰相反，我们是具有崭新的敏感性的、百倍复杂化的原始派艺术家，我们的艺术陶醉于自发性和力量”。[38]

似乎与第一种形式相反，另外一种形式呼吁放弃控制。它鼓励人们充

---

[36] “Noi cantaremo le grandi folle agitate dal lavoro, del piacere o dalla sommosa: cantremo le maree multicolori e polifoniche delle rivoluzioni nelli capitali moderne; cantaremo il vibrante fervore notturno degli arsenali e dei cantieri incendiati da violente lune eletriche; le stazioni ingorde, divoratrici de serpi che fumano; le officine appese all nuvole pei conorti fili dei loro fumi; i ponti simili a ginnasti giganti que scalvano i fiumi...”；摘自《未来主义宣言》；它的法文译本登在一九〇九年二月的《费加罗报》第2版，；在《意大利未来主义》上重印（易沙贝尔·噶拉多奇编）（Rome：Riunite，1976），第28页。 英文版本引自查理·罗素的《诗人、先知和革命家》（Poets, Prophets and Revolutionaries）（Oxford: Oxford University Press, 1986），第91页。

[37] 正如罗素的《诗人、先知和革命家》中第91—92页中所引用的那样，马里内蒂的《未来主义宣言》的第四点中说道：“Noi affermiamo che la magnificenza del mondosi è arrichita di una belleza nuova: la belleza della velocita…un automobile ruggente, …è piú bello della Vittoria di Samotracia”；出自《意大利未来主义》（伊沙贝尔·噶拉多奇编），第27页。

[38] 出自《未来主义宣言》（1910），引自《意大利未来主义》（易沙贝尔·噶拉多奇编），第93页。

分地展示内在的深厚的意识力。这是第一次世界大战以后由达达派发展出来的超现实主义的道路。当安德烈·布勒东仍然与较早时期的运动保持一体时,他就陈述了超现实主义的道路的目标:"达达派仅仅承认本能,它谴责所有先验于意义的东西。根据达达派,我们必须放弃对我们自己的一切控制。在达达派中,不再有任何道德教条和道德品味的问题。"[39]

旧的浪漫主义的热望——克服分裂、打破无意识和意识之间、非理性和理性之间、想象和理性之间的障碍的热望——再次出现了。但是,与伟大的浪漫主义不同,旧的浪漫主义的热望的目标不是把分歧进行综合,使被分隔理性自我汇入更深的融合之中。它们呼吁向自我做"la descente, vertigneuse en nous"("一个令人头晕目眩的下滑"),[40]一种内在梦想力量的解放,它否定所有理性的控制。布勒东的目的是从自己获得"un monologue de débit aussi rapide que possible, sur lequel l'esprit critique du sujet ne fasse porter aucun jugement,qui ne s'embarasse, par conséquent, d'aucune, réticence,et qui soit aussi exactement que possible la pensée parlée"("一个独白式作品,它滔滔不绝、巧舌如簧,对批评家的关键才能的任何干涉都无动于衷;它是丝毫不受最细微的约束所阻碍的独白式的作品")。[41]

---

[39] 出自布勒东的《达达派的第二宣言》(Deux manifestes Dada),引自同上书,第126页。

[40] 安德烈·布勒东:《超现实主义第二宣言》(Second Manifesto du Surrealisme)(1930),引自《超现实主义宣言》(Manifesto du Surrealisme)(Paris: Gallimard,1973),第292页;译文引自罗素的《诗人、先知和革命家》,第133页。

[41] 出自《超现实主义宣言》(1924),第34页;译文引自罗素的《诗人、先知和革命家》第42页。在《第二宣言》中,布勒东讨论了"ces produits de l'activite psychique aussi distraits que possible de la volonté de signfier, aussi allégés que possible des idées de responsabilité toujours prêtes a agir comme freins, aussi indépendants que possible de tout ce qui n'est pas la vie passive de l'intelligence","这是心理活动的产物,也可能是漫不经心地申明意志,还可能是减轻总是力图像刹车装置那样的责任观念,也可能是独立于所有并非消极的理智生活的东西";《超现实主义宣言》,第121页。

其他的作家不必完成整个过程就可以更接近这一点：

Mais nous, qui ne nous sommes livrés à aucun travail de filtration, qui nous sommes faits dans nos oeuvres les sourds réceptacles de tant d'échos, les modestes applareils enregistreurs qui ne s'hypnotisent pas sur le dessein qu'ils tracent, nous servons peut-être encore une plus noble cause.

我们这些对任何过滤都无动于衷的人，我们这些在作品中把自己构成如此众多回响的简单容器的人，我们这些魅力未被我们所创造的作品显出来的、成了谦虚的"记录工具"的人，可能会以一个更加高尚的因果关系而起作用。[42]

在后叔本华时代的作家们身上，对本能的深度的完全放弃看上去可能有些怪模怪样的。这些作家声称受到了弗洛伊德的影响，而且，对于他们来说，作为精神解放本性的原初浪漫主义见解因而不再可能了。但他们对这些深度的信赖完全不亚于那些最纯朴的浪漫主义者。他们努力"éclairer la partie non révelée et pourtant révélable de notre être où toute beauté, tout amour, toute vertu que nous ne connaissons à peine luit d'une manière intense"（"表现我们存在的未被展现但可以被展现的部分，因此，我们自己身上几乎不能被认识的一切美、一切爱和一切美德都可以以巨大的强度闪耀出来"）。[43]

---

[42] 出自布勒东的《超现实主义宣言》，《宣言》第121页注释；译文引自罗素的《诗人、先知和革命家》，第142—143页。

[43] 安德烈·布勒东：《超现实主义第二宣言》，《宣言》第121页注释；译文引自罗素的《诗人、先知和革命家》，第133页。

如果我们以激进的启蒙运动的传统来看待这个信赖的立场——我 471
已经在先前的章节中描述了这一点——我们就可以理解这个立场了。它反对宗教和德性以它们假定的“更高的”精神要求往本性身上倾倒虚假的诽谤，以宣布本性是无辜的。在抛弃“德性和品味的教条”的同时，我们拥有了处于自然状态的、未经精神化的本性，并因此肯定它的善。当然，这种观点自身会导向诸如宗教态度和宗教经验那样的东西。物极必反。

在采取这种立场时，超现实主义者自然而然地把自己看作极左派。他们认为自己是共产党的盟友，尽管他们对于这个团体的经验是半戏剧的、半残忍的误解。对理性和本能的深度之间的障碍的克服，也打破了艺术和生活之间的区分。它允诺一种新的、被恢复的经验，而不只是艺术表现的新模式。艺术拯救了生活，席勒的希望被人们以一个更加激进的形式得到恢复，它可能扎根于兰波，而在一九六八年五月的日子里，有了它进一步的成果。

超出美学意义之外，这是一个先锋派的艺术传统。超现实主义者以这个观点看待自己。这儿的术语是再恰当不过了：超现实主义在假定意义上是一种新生活形式的先遣队，他们希望领导人民在斗争中获得这种生活形式。他们因此感到与布尔什维克有血缘关系。他们依据对历史和革命的相似叙述来看待他们自己和他们的世界。在斗争和革命中，由勇士们组成的先遣队使自己走在大部队的前面。在把革命潮流引向胜利的过程中，他们遭受了巨大的牺牲。

从政治上说，超现实主义似乎与未来主义恰恰相反。后者以在第一次世界大战之后参加了墨索里尼的法西斯主义而告终。[44]但是,超现实主义和未来主义两者之间仍有亲缘关系。两者都追求一个非媒介的统一:在一种场合中,世界被归类于意志;在另一种场合中,自我以内在深度的形式与本性相融合。这两种表现中的任何一个都贴近与对方的融合。意志的巨大用途——否定了所有的传统、宗教和德性——能够逐渐把自己作为本能的一个冲动而加以肯定。因而,正如我们在纳粹主义那里所看到的那样,意志的宗教把对动物和人类的歌颂矛盾地融合在一起了。在另一方面,本性的非媒介地融合使它成为意志中的冲动,而这

---

[44] 事实上,未来主义的政治观从一开始就是非常令人反感的。这里从奠基性《宣言》引了一些文字:

9. Noi vogliamo glorificare la guerra—sola igiene del mondo—il militarismo, il patriotismo, il gesto distruttore dei libertari, le belle idee per cui si muore e il disprezzo della donna.

10. Noi vogliamo distruggere i musei, le bibilotecche, le accademie d'ogni specie, e combattere contro il moralismo, il femminismo e contro ogni viltà opportunistica o utilitaria.

9. 我们以战争为荣——战争是惟一的清洁剂——军国主义、爱国主义、自由的实现者的破坏性的姿势,它们都是值得为之而献身的美丽的观念,对女性要不屑一顾。

10. 我们要摧毁博物馆、图书馆、各种研究院,我们将向道德的说教、女性主义开战,向各种机会主义的或功利主义的怯弱开战。

《意大利未来主义》(Il Futurismo italiano)噶拉多奇编,第28页;译文引自罗素的《诗人、先知和革命家》,第89页。令人安慰的是引文的环境,所有这些都发生在第一次世界大战之前的清白的年代之中,当时,人们仍然半开玩笑地看待它。

一冲动必须得到畅通无阻的表现。不是冤家不聚头。[45]

两个运动中的共同特征都反映了这一点。二者都以辩论的精神采纳了并置的诗学。它们认为,这种诗学是击破形式,因而也是打破抑制传统的束缚的方法。像往常一样,马里内蒂用一个更激烈的语言陈述了破坏性的目的,为了让词汇获得自由,他"开始无情地摧毁语法";[46]但是,对二者而言,一个解放性突破的观念是共同的,同样,下面的意识也是二者共同的:这个解放能够允许通过一种内在的力量来实现人们追求的统一。对于超现实主义来说,并置就意味着把我们带到离深层的潜意识——梦幻的作品——更近的地方。梦幻的作品在看上去不相干的 472

㊺ 在超现实主义中,暴力离表面并不遥远。就像布勒东一九三〇年在《第二宣言》中所说的那样;"L'acte surréaliste le plus simple consiste, erevolver aux poings, à descendre dans la rue et à tirer au hasard, tant qu'on peut, dans la foule. Qui n'a pas eu, au moins une fois, envie d'en finir de la sorte avec le petit système davilissement et de crétinisation en vigueur a sa place toute marquée dans cette foule, evntre à hauteur de canon";"最简单的超现实主义行动就在于,举着手枪,走向街头。尽量地向人群开火。谁要是不曾至少一次想起过这种念头,用这种方式扫清现行的卑微的、令人屈尊而又愚昧的制度,那么谁就在那人群里不胜荣幸地占有一席之地,而使自己的胸膛正面对着枪口",《宣言》,第78页。

谈到另一种亲缘关系,罗杰·沙塔克注意到了,战前时期的原始派艺术的接纳和表面上与技术对立的吸引力之间的密切关系。"毕加索、马蒂斯、德兰、阿波里耐、斯特拉文斯基和许多其他人对原始派艺术的拥护,与科学家和作家对科学和技术广泛的肯定的反响一致了。意大利和俄罗斯的未来主义给这样肯定的反响赋予了一个名称和学说。这些对非洲雕塑的陌生形式和魔术般的内容表示欢迎的艺术家,同样也迷恋于汽车时代;他们出没于影院,思索飞机的奔放和第四维……然而,原始派和未来主义通常被分开对待。"引自《追赶前卫派》,《纽约书评》,一九八六年十二月十八日,第72页。

㊻ 马里内蒂:《句法的破坏性——没有带子的词汇——自由的词汇》("Destruction of syntax—Imagination without Strings—Words-Freedom"),引自罗素的《诗人、先知和革命家》,第92页。

成分之间没有逻辑变换地跳来跳去。[47]但是,未来主义者——他们强调未加反思的当下性，强调未加思考的力量的涌动——其实离超现实主义并不遥远:“到目前为止,文学家一直在赞扬一种忧郁的静止、狂喜和睡眠。我们往往倾向于赞扬有闯劲的行为,一种狂热的失眠健忘,竞争者的搏击,你死我活的跃动,拳打脚踢”。[48]对二者而言,统一自身被理解为某种转瞬即逝的事情，它只能在一种高度兴奋的状态之中才能被体验到。与马里内蒂对“陶醉”和“无言的激动”(“insonnia febbrile”)讨论相并列的是布勒东的口号:“La beauté sera convulsive ou ne sera pas”(美是痉挛,否则就不是美)。[49]

第三节

对当下统一的这种追求——无论是对我们自己的力量的赞颂,还是融合在深度之中——可以被称作主观主义者。与这种追求相对立,极端现代主义的主要人物仍然对难以逃避的双重性,主体与世界之间的、思想家和本能深度之间的无法消弭的差距存有意识。尽管柏格森已经被理解为在呼吁一个非媒介的统一，但建造现代主义的艺术家都意识到,在被这样描述的目标中,有一些矛盾的东西。印象主义所探索的东西中的不明晰之处是，我们仅仅通过我们为了把握世界而构造的形式来看世界。这就是它为什么要用一幅画作来改变我们看世界的方法的

㊼ 见沙塔克:《叶芝的盛宴》,第341页。

㊽ “La letteratura esalto fino ad oggi l'immobilita pensosa, l'estasi e il sonno. Noi vogliamo esaltare il movimento aggressivo, l'insonnia febrile, il passo di corsa, il salto mortale, lo schiaffo ed il pungo”。《未来主义宣言》的第3点,《意大利未来主义》(易沙贝尔·噶拉多奇编),第27页;引自罗素的《诗人、先知和革命家》,第88页。

㊾ 布勒东:《娜佳》(Nadja),第215页;引自罗素的《诗人、先知和革命家》,第147页。

原因。非媒介的经验是一种不可能性。

事实上,这种不可能性与一种扎根在这个时期哲学中的理解相关。康德的思想在当时的德国和法国复苏,经验主义时代再次让位。但是,这种新康德主义意识到了——它的开山鼻祖本人并没有意识到这一点——我们用来构造经验的形式中已经发生了历史的和文化的变化。而且,这种意识在后叔本华的思想气候中被弄得更加尖锐,尤其为尼采弄得更加具体化。尼采强调,原始的、粗糙的经验中完全缺乏秩序,它是一个"无形的、无法表达的情感混乱的世界"。[50]为了在这个世界中生存下去,我们不得不给它强加上一些秩序。

对形式所扮演的必不可少的媒介角色所作的一般理解,为这个时期颇有影响的科学哲学奠定了基础。但是,它给那些寻找经验的回复的人们提出了特别的问题,因为,这种理解通常被构想为返回到具体的、当下的和经历过的现实的充分实现,而反对抽象的、以媒介为手段的和仅仅是概念化的现实。如果本身就没有不经媒介的经验,人类的这一抱负是个幻觉?

需要在那种死气沉沉的和苍白的经验带给我们的形式和重新使这 473
些经验充满生气的形式之间作出区分。正如我们所见到的那样,休姆在对散文和诗歌进行比较时,提出了这样的一个区分。所有的语言都开始于形象,但是在形象的运用中,这些语言变得规范化了并作为单纯的计算者而告结束,这也就使得我们往往处理事物而不是真正地注意到它们。通过运用视觉形象,诗歌试图捕获我们并使我们实际地注视到物理的东西,而反对滑入"一个抽象的过程":

为了得到一个物理的形象,一位诗人说一艘船"随波逐流",而不是用了相反的词——"航行"。视觉的意义只能由一个新的隐喻之盆

[50] F.尼采:《权力意志》(The Will to Power)(瓦尔特·考夫曼和R.J.赫林德尔译)(New York:Random House,1968),第307页。

> 来加以输送;散文是一只旧坛子,它让意义慢慢渗漏出来。散文事实上是一家博物馆,在其中,保存着逝去的诗句的形象。[51]

就形式与经验的关系,庞德发展了一种较深刻的观点。这个观点对我们遇到的具体的特殊与我们使用的抽象的一般的词汇之间的张力做出了一个清楚的解释。在庞德的象形文字理论中——他从芬诺洛那里继承了这个理论——我们可以很好地看出这一点。中国的象形文字要优于西方的拼写文字,因为,前者自身之内就体现了从个别到一般的过渡中的一个阶段。为了构造"红"这个汉字,中国人已经把玫瑰、铁锈、樱桃和火烈鸟的浓缩的图景放在一起。一般性词汇的符号中纳入的东西因而是对特殊的继续提及(一般性词汇就是从这些特殊中抽象出来的)。[52]忘记原初形象的过程——这个过程使语言死去并把它平庸化为计算——被捕获了。庞德认为,通过将语源变成可视的,象形文字可以恢复语言的当下性。另外,象形文字可以把过去保存在现在之中,而对他来说,过去具有某种关键的意义。[53]

当然,作为一种有关中文读者的意识质量的观点,这种见解纯属无稽之谈。但是,庞德诗学的一个关键特征就是从这个错误的观念之中突出出来的。就像玫瑰、铁锈、樱桃和火烈鸟把自己的过去指向红色一样,组装在《篇章》中的不同文化的碎片和历史的"光彩夺目的细节",会以
474 它们的并置勾勒出一个顿悟的框架。但是,碎片这一次所呈现的是我们

---

[51] 休姆:《进一步的推测》,第10页,参见该书的第134—135页;桑福德·斯克瓦兹:《现代主义的模板》(The Matrix of Modernism)(Princeton: Princeton University Press, 1985),我发现,该书对现代主义哲学背景的讨论给了我极大的帮助,它还指出了柏格森、威廉·詹姆士和F.H.布拉德雷等人的相似经验的流动理论,这些人的理论在那个时候也很有影响。

[52] 见斯克瓦兹在《现代主义的模板》第87—88页中进行的讨论。

[53] 斯克瓦兹:《现代主义的模板》,第91页。

无言以对的东西，是某种我们在让碎片飘落的过程中不能简单地把握的东西。

这是给经验赋予形式的方法，它没有涉及一般的术语，连续使用这种方式又使它们忘却了特殊的经验——它们是由这些特殊的经验延伸出来的。就像我刚才所表明的，作为一种关于语言是如何从总体上发挥作用的理论，它有明显的缺陷。但是，仅仅作为如何能够说出一些不可说的东西的观点，这种理论却极其丰富并有巨大的影响力。在并置的思想、碎片和形象中，我们力图深入两者之间并因此超越它们。

并置也控制了庞德对形象和隐喻的使用。庞德描述了自己在写作中的思想斗争：

在地铁车站

这些面孔隐约地出现在人群中；
像一个湿漉漉的、黑色花瓶中的花瓣。

当他从协和地铁站走出来时，原初的经验油然而生。当时，他“突然看见了一张俏丽的面孔，然后是另一张，然后又一张，然后是一张美丽的儿童的面孔，然后是另一张妇女的面孔，那一整天，我都在力图寻找词汇，去表现这些面孔对于我所具有的意义，而且，我找不到任何在我看来是胜任的或者与那突然而来的情感同样可爱的词汇。”一年多之后并经历了一些虚假的惊奇之后，庞德写出了上面的那首诗。就像肯纳所说，每一个字，甚至是标题中的每一个字都是根本性的。标题和诗的第一行描写了那一令人难忘的经验的地点。但是，只有诗的最后一行中的并置才能够恢复“那种突然的情感”。[54]

---

[54] 我已经从肯纳的《庞德时代》的讨论中吸取了一些东西，第184—185页。

庞德的隐喻观共享了同样的观念。真正的隐喻是"解释的"而不只是"装饰的"。它具有"精确性",这种精确性来自"准确地复制那些历历在目的东西"的企图。但是,隐喻本身是一个视觉的构图,它把通常出现的世界进行了变形。通过给这个场景添加一个形象或构图,隐喻再次体验了它。日本的俳句(haiku)具有同样的特征,它让一个对象去反对另一个对象;对于旋涡画派的几何形式,人们持相似的见解:几何形式成了我们经验的结构。在所有这些场合中——就像那首关于地铁的诗中——人们的观点要来自与场景和形象的接触,来自一个人影响他人的方法。这些观点是它们的共同的产品。[55]

但是,我们应当在此谈论显现吗?庞德有时候似乎认为,这些并置的要点就是去观察未被歪曲的现实。"[艺术]意味着事实的基本设想。它体现事实。它并不发表评论"。或者,"艺术、文学、诗歌都是一种科学,就像化学是一种科学一样……不合格的艺术是不精确的艺术。正是艺术造成了虚假的报道"。在其他的时候,他似乎把艺术作为一种把握情感的东西来谈论——就像在写地铁的诗中所做的那样,他或者把艺术描写为"情感价值的表现"。[56]除了这两种解释似乎互不相融这一事实之外,两者中的任何一方似乎都没有把显现——即对某种更高的事物的展现,它不是通过作品或作品所描绘的东西,简单地还原到一个主观的反应——作为中心点。一些"新批评家",如I.A.理查兹——他们的理论深受庞德和艾略特的诗歌实践的影响——有时候好像认为,诗歌的要点是它所把握的情感。但是,对于庞德来说,这样的一个还原性的观点并不正确,而且,对于艾略特来说,这样的一个观点也不准确。

475 就庞德的情形而言,一旦我们解决了他以上的解释中的矛盾,这也变得显而易见了。我们打算精确地报告的现实不是光秃秃的场景,而是

[55] 引文出自斯克瓦兹的《现代主义的模板》,第92—93页。

[56] 斯克瓦兹:《现代主义的模板》,第66页。

由情感美化了的场景。这样的情感不单单是个人的或主观的;它是事物中的格调的反应,这个格调正确地把握了这种情感。正是由于这个格调,“我们才能清楚地看清楚事物”,而“精确的解释性的隐喻”所把握的正是这个格调。这样,那些努力达到“精确化”的诗歌也不单纯是模仿,它把我们从受限制的、常规的观看事物的方法中解放出来,因而,我们可以把握被美化的世界的格调。[57]庞德的形象、他后来与温德姆·刘易斯一起接纳的“漩涡”、他在《篇章》中所展现的“象形文字方法”都展现了一个使得某些东西出现、把事物带入我们的存在的诗歌。但是,它并不像陈旧的存在的显现那样起作用,在存在的显现中,被描绘的对象表现了一个更深的现实。它并不是在对象或形象或表现的词语“之中”显现给我们,而是最好说,它发生于“两者之间”。在它们之间建立的词语或形象似乎是一个可以捕获一个具有更强烈的能量的力量场。

这是休·肯纳用来描述庞德的诗学的形象。[58]他在庞德的身上找到了这类形象。比如,肯纳引用了一九一三年如下的文字:

> 我们可能逐渐相信,在艺术中起作用的事物是一种能量,它多少有点像电或放射线,是一种灌输、焊接和统一的力量。一种与从亮晶晶的沙子中喷涌而出并进入一个湍湍急流时的水极为相像的力量。[59]

---

[57] 斯克瓦兹:《现代主义的模板》,第105—108页中的讨论。后来,艾略特在他的关键性的著作中提出了一个平行的观点。他严厉批判了现实主义,认为“现实主义在对由最常识性的心灵构想出的现实的绝妙模仿中枯竭了,并终结了自己的道路。”因而,艺术家必须“用情感加强世界”。但是,这个情感不是个人的。通过“人格的不断灭绝”,艺术家产生了一件表现“新的艺术情感”的作品(引文出自斯克瓦兹的《现代主义的模板》,第174、171页)。

[58] 肯纳:《庞德时代》。

[59] 同上书,第154—155页。

艺术捕获的东西能被比作能量吗？然而，这个能量是什么？它是如何被捕获的？庞德在一九一二年提出了一个词的形象：它像“充满了像电那样的力量的巨大锥体”：

> 因此，在准确的并置中，三四个词汇就可能以一个极大的潜能把这个能量放射出去；……填充锥体的特殊能量是传统的力量，人类几个世纪意识的力量，联想的力量；而对它的控制是“内容的技巧”，人们对这种技巧并不缺少真正的理解。[60]

锥体的形象后来被漩涡的形象所代替：“形象是一个放射性的波节或集束，它是我能够而且必然不得已被称作漩涡的东西，观念源源不断地由它涌出、超越它、加入它。”[61]

像漩涡那样的艺术作品是一个集束；它是一个词或形象的群集，这个群集建造了一个把观念和能量吸收进去的空间。或者，我们能够说，艺术品把分散的能量聚集起来，使它们在一个场合（时刻）中成为一种可能：“一个‘形象’是一瞬间体现一个理智和情感的复合体的东西”。[62]
476 这是庞德的显现的本性，它不是发生在作品中，而是经常发生在作品创立的一个空间中；它不经常发生在作品所祈求的词汇、形象或对象之中，而是产生在它们之间。代之以一个存在的显现，我们有一个类似空间之间的显现的东西。因此，庞德在那些年中不得不求助于来自电和放射性那样的隐喻。在许多年以后的一九三四年，他仍然把艺术家作为“人类的天线”加以讨论。[63]但是，无论隐喻是什么，对显现所做的这个理

[60] 肯纳：《庞德时代》，第160页。

[61] 同上书，第185页。

[62] 同上。

[63] 同上书，第156页。

解已在庞德成熟的作品——《篇章》中起作用了。形象的连接吸取显现自身,并使得它们为我们而出现,它是一个能够被更密切地认同为某种“传统的力量、几世纪人类意识的力量”那样的东西。因此,一首诗可以再创造艺术的激情和理解的最高时刻,并使它们出现在当代。诗歌可以再现过去的伟大创造性中所包含的能量——无论是古代中国或荷马的希腊——它们把这些能量变换到我们的语言中,所以,《篇章》的前两行再次把我们与《奥德赛》的第十一卷——奥德赛及其伙伴离开客耳刻,向死亡之地驶去——连在一起:

之后,走下船舱,
船乘风破浪,驶向有神性的海洋。

在这里,与庞德一样,奥德赛造成了过去表现中的巨大的幽灵。

“空间之间”的显现模式代替了浪漫主义存在的显现。人们不能再以表现主义的术语去理解它。就像我在几章以前第一次引入“表现主义”时所说的那样,“表现主义”指的是关于人类本性的特定的观点。它依托于亚里士多德的见解,但是,由于新的扭曲,它从潜能向现实的移动,必须也被理解为一种自我表现并因而牵涉了某些自我定义的成分。这种观点往往给艺术在人类生活中赋予了一个新的中心位置。如果艺术没有变成表现媒介的全部,它也成了其中的一员。因此,它规定、实现了我们自己。

这有助于在表现模式之上设定一种范式。我们通过展示并规定我们的表现而完成自己。这样,如果我们把自然考虑为某种精神实体的发散,那么,这就使用的是同样的模式。作为“可见精神”的自然——用谢林的话说——我们也必须以“表现主义”的术语来理解它。我们逐渐地把自然神论解读为观念或神圣目的的体现;但是,在自然神论中,目的——仅仅是工具性的目的——可以被认为独立于实现它们的东西。

目的或观念仅仅在其具体性中逐渐得到完全的定义。我们以表现的方式在后者之中解读到了前者。充分的显现存在于对现实中表现或体现的东西的展现。我们有一个存在的显现。

我在庞德作品中力图分辨出的空间之间的显现模式是截然不同的。
477 的。就像《篇章Ⅰ》开头诗句把正要起航的水手带到我们面前那样,形象可能会把某些对象带到我们面前。的确,意象主义诗作的要点在于,它使得对象栩栩如生地站在我们的面前。显现通过表现得以实现。但是,这并不是说对象表现事物。庞德的隐喻指出了一个完全不同的关系:即无线信号的接收装置的关系(艺术家是“人类的天线”)或者是电能量的电磁场。显现的对象把这些力量带入我们的存在之中,而且使这些力量在我们之中活跃起来,但这不是一个表现的关系;的确,能量(它不同于目的或观念)不是那类可以被表现的事物。当我说,对象建立了一种框架、空间或场地——我们可以在这些框架、空间或场地中得到显现——我所竭力把握的正是这种非表现的关系。

从这种显现的模式之内,我们能够看到一个要点,它坚持一个对象的硬边界的、清楚的、高度个体化的描写。当我们处理一个表现的对象时,我们努力看穿它。因为,对象与深层的意义融为一体,但是,当对象试图为一个显现的空间建造框架时,它必须把它的晦涩充分地突出出来:框架越是受到规定,它的要旨就越突出。我们能够理解现代主义对深度的摈弃:所拒绝的是被表现意义的深度。就像我将指明的那样,当然也保留有另一类深度。

诚然,具备了这种显现,就完全不需要一个决定性的对象了。词汇能够担任构造框架的工作,或把形象展现给我们的半连贯(half-coherent)的东西连接在一起。大多数现代诗歌都是以这种方式起作用的。没有一系列被清晰地界定的形象,但是,形象所祈求的分裂和张力构造了一个显现域。这种诗歌与现代非表现主义的视觉艺术有着强烈的类似性。[64]

第四节

我一直在考察庞德诗学的独特情形;显而易见的是,关于艾略特,我们也能说一些类似的事情。[65]但是,关于空间之间的或框架性显现的

[64] 在"现代文学中的空间形式"("Spatial Form in Modern Literature")[出自《扩张着的凶神恶煞》(The Widening Gyre)(New Brunswick, N.J.: Rutgers University Press, 1963)]中,约瑟夫·弗兰克已经显示了我所谓的框架性的显现——它通过并置而展现,经常由时间中广泛分隔的成分所组成——与我早些时候讨论的时间意识的兴起——这个意识拒绝直线性,它或者以一个无时间性的现在(present)或者通过神话的原形把广泛分隔的瞬间统一起来——连接在一起。二者都反映了一种远离日常叙事而走向时间的"空间性"的举动。弗兰克以一种有趣的方法把这一点与当代文化的精神状况联系起来。不必说,这截然不同于我在上面讨论的与拉普拉斯的世界观相关的"空间化"。与这一点不同,现代主义文学中的时间的空间化得到了定位。它产生于我们在时间中的位置,但它不会取消时间。

[65] 艾略特认为,诗人的思想是"对无联系的经验的永久混合;……在诗人的脑海中,这些经验总是在形成新的整体";引自斯克瓦兹的《现代主义的模板》,第96页。当然,在艾略特和庞德之间存在着巨大的差异,至少在他们实质性的宗教和形而上学方面是如此。但是,我认为,他们是相似的,这种相似不仅在于他们对我所谓的"框架性显现"的祈求,而且在于他们对历史的使用。他们也是典型的现代主义做法,他们两人都立足于浪漫主义,又从它出发。像浪漫主义者一样,艾略特和庞德都对现时代所丢失的东西进行了批评:艾略特讨论了现代性已经经历的"敏感性的分散"。但与此同时,他们断然与浪漫主义的叙事模式决裂,这样也就把我们放到一个失去的黄金时代和一个可能的和谐未来的综合之间的某个地方。显现的目的不是把我带到与一个一去不回头的历史接近的地方,或者加速实现一个更加一体化的未来,而是要让我们意识到一个跨历史的统一,把我们与不同时代的最高精神的表现连接在一起(当然,在庞德和艾略特那里,他们并不完全一致,尽管两人有许多重叠之处)。显现给我们打开了某种循环往复的东西,它允许这种东西在我们的时代中再次放射光线。对于艾略特来说,循环往复的东西逐渐与无时间性同一,以宗教观点看,这通告了《四重奏》:"我的开始中有了终结"。从这个观点看,唐纳德·戴维斯的把庞德与艾略特区分出来的尝试——其理由是庞德专注于以自己的权利存在的事物的个性,而艾略特(像叶芝一样)则过于轻易地把它们作为象征和符号加以欣赏——在我看来有些过分了。这使得艾略特成了他所不愿成为的主观主义者,而且使庞德的显现成了不足道的。

一般观点，在整个二十世纪的文化中有着广泛的共鸣。它不仅仅是与科学发展所作的连接——庞德从中选择了一些连接作为他的隐喻，而且它在索绪尔的意义理论中也有一个平行的发展——据说它并不是生来就存在于词汇中，而是存在于词汇间的对应之中。[66]

但是，在二十世纪的其他作家的艺术和美学实践中，也有更接近的平行。在这个方面，狄奥多·阿多尔诺是一个有趣的例子。尽管阿多尔诺有马克思、黑格尔和席勒的背景，但他仍然以某种方式坚持原初的浪漫主义理想，即理性和感觉之间的充分调和的理想，一种幸福的中柱
478 原——感官欲望和对意义的追求在其中都得到了完美的统一。但阿多尔诺也属于后叔本华时代，他分享了现代主义的感受性，他们都在旧的美学形式的打破中看到了具体经验的解放。阿多尔诺看到了人类活动在资本主义社会的具体化过程——卢卡奇将之谴责为自我在工具性的自我之中的统治和强迫的统一——和后浪漫主义艺术贡献给事物的教规性的"意义"间的联结。现代主义艺术具有一种解放的潜能，因为，它牵涉到"对象化的、必需的意义的否定"。对一件艺术作品的教规性、统一的反抗是与对自我的统一的占统治地位的观念的反抗相连接的。它为个人经验中的任何事物都提供了空间，而这些压抑性的意义总体性不能允许这样的空间。现代艺术是"对作为意义的总体性的艺术作品的起诉"("Prozess gegen das Kunstwerk als Sinnzusammenhang")，并因此作为个体化的有力的原则起作用，而且，它推动了特殊性的发展。[67]

阿多尔诺的完全实现的模式，经由马克思和卢卡奇，可追溯到古老的表现主义根源。但是，阿多尔诺足以称得上是一名后叔本华主义者，

---

[66] 菲迪南·德·索绪尔：《普通语言学教程》(Cours de linguistique generale)(Paris: Payot, 1978)，第155—156页。

[67] 见阿尔布莱希·韦尔默在《真理、光、和解》("Wahrheit, Shein, Versonhnung")中的讨论，该文收在他的《论现代和后现代的辩证法》(Zur Dialektik von Moderne und Postmoderne)(Frankfurt: Suhrkamp, 1985)，第27页。

由于他生活在马克思主义的低潮时期，因此，他不再认为完全的调和是一种现实的可能性。除了对当前现实的尖锐的批判眼光，阿多尔诺所期盼的和最好的艺术能够给予我们的只是完全“拯救的”线索和暗示。

因此，我们可以用表现主义的术语来理解实现和调和：它意味着遍地开花的特殊性和对特殊性的整体认知。这是某种只有通过概念、普遍(词项)的表达才能发生的事情。调和回避着我们，因为一般概念总是阻止我们对特殊的现实中的某物的洞见。完美的、非歪曲的、非还原的称号应当是“名称”，它是一个由阿多尔诺从神秘教义的传统中吸收来的术语。我们真正失去了命名事物的力量。

但是，我们可以更接近“命名”，我们可以为把握事物而奋斗；阿多尔诺在此从沃尔特·本杰明那里借用了一个关键的概念。我们不能“命名”事物，但我们可以在“群集”、术语和形象的集束中给事物建造框架，这些术语、形象的相互姻缘关系创造了一个使特殊可以浮现于其中的空间。但它还没有实现完全的调和，但是，它指向这种调和，赋予它于我们的生命中的存在，用本杰明的宗教语言来说，它构成了一种救世主般的预兆。

本杰明—阿多尔诺的群集是另一种形式的空间之间的或框架的显现。显现的成分没有表现它们所指示的东西；它们构造框架，而且，它们把某种事物拉得更近，否则，这些事物肯定既遥远又偏僻。

这就使我们认识到，在寓言和象征之间，本杰明偏好前者，而且他与巴洛克悲剧有亲缘关系。本杰明的这种观点是逆浪漫主义的中心化秩序而动的。与寓言相比，象征是一个更高的艺术的载体，因为，它表现了其他方式难以接近的事物；而且，它因而是不可接近的，因为象征与象征所表现的事物是无法分开的。柯尔律治说，象征“总是分享着现实——象征把现实变得可以理解；与此同时，它阐明整体，坚持自己是统一体的有活力的部分——它是表现统一体的。”[68]这时，柯尔律治表现了第二点。正是象征和意义的一体性，使得本杰明转而把寓言作为模式加以接受。因为，像许多现代主义作家一样，本杰明意识到了语言和语言所表现的东西之间的鸿沟。寓言保存了作为符号的语言的特征，它承认符号和符号所表现的东西之间的距离和变异性。他以自己的方式接受了现代主义的反表现的立场。

但是，这一范例也把它与浪漫主义的连续性关系带到了一个显著的地位。作为一体化的象征则遭到了拒绝。但是，其他的基本观念，即表现某种不这样就难以达到的事物的观念矗立起来了。这就是如同本杰明的群集、总体上的框架性显现和较早时的表现主义观念那样的东西。在这个基本的意义上，现代主义仍然站在反对寓言的象征一边。不存在向浪漫主义的简单逆转；存在着对由浪漫主义连接到一起的东西的分解。艺术仍然是显现的难以替代的焦点，即便这种显现不再被构想为表现性的。

在普鲁斯特那里，也存在着某些与这个构造框架的工作类似的东西，尽管人们在此可能最好称之为：“时间间的”显现。普鲁斯特的显现与一个像长圆形小甜糕或不平坦的人行道那样的经验连接在一起，但是，显现并不简单地产生于这样经验场合中。当一个再生或某个极为接近的事物触发了记忆时，显现就产生了。普鲁斯特自己说，当原初的经验发生时，它也就暗示着显现；当显现再发生时，它控制着我们的注意力，阻碍注意力之后的视界。只有当我们在记忆中回忆起它来时，我们才能在它的后面看到，通过它所展示的是什么。在这里再次显示，人们不能在一个对象“之中”看到显现，而是不得不通过记忆，在一个事件和它的再发生“之间”构造框架。

---

68 摘自《政治家手册》(The Statesman’s Manual)，引自阿布拉姆斯的《微风阵阵》，第221页。

人们可以走得更远。[69]但是，我并不想声称，所有我们认为是现代主义者的作家都努力趋向框架性的显现。现代主义的方式是多种多样的，更加广泛的东西似乎是要避开存在的显现。关于存在的显现，我现在可以更明白地把它们归结为三个特征：它(1)显示了某种实在，这种实在是(2)对某事物的表现，(3)某事物是明确的善的道德根源。框架性的显现否定(2)；框架性的显现不表现任何东西。但是，也有回避存在显现的其他方法，比如，托马斯·曼所探索的后叔本华的道路——在这个道路中，否定的特征是(3)。在威尼斯流行并最终征服了古斯塔夫·冯·爱森巴赫的不健全状态，是对某个更深层的东西的确实的表现。与所有真正 480
的象征一样，它蔑视特征化；但是，它必须处理无效的、具体的美的感性吸引力，具体的美把强加给形式的意志逐渐消耗掉了。然而，这种美离明确的善仍然很远，在曼的承担着那个描述的宇宙中，其实是一无所有。

同样，在我以上提及的表现主义画家的情形中，这些画家好像不仅否认了(3)，而且否认了(1)；精确再现的主张也脱落了。

无论采取了何种方式，现代主义者的这个共同的否定特质产生了另一个具备了正反两个方面的特质。这个特质意识到，人们生活在一个双重或多重层次上，虽然这些层次并不是完全相融的，但它们不能被还原到同一体。在此，我们再次回想起了我较早时候对自我的不同模式所进行的讨论。分解式理性的自我是而且应当是战略上的深思远虑的一

---

[69] 并置的诗学也能够用来建立一个新的时间观。形象的并置反对一种作为瞬间分隔的延续的时间意识——在这种状况中，我们先前的经验和甚至是特性都被毫不保留地带走了——它把过去和将来都收拢在一个单一的瞬间之中。现在的向度得到了延伸。瞬间被强化为一种连续的现在，一种朝生暮死的实体。这似乎是阿波里耐的“同时主义”的部分目的所在。见沙塔克的《叶芝盛宴》，第345—350页；罗素的《诗人、先知和革命家》，第65—86页。生活有意义叙事的衰竭——有意义的叙事通常反对这种分离——使得这种新的立场更为紧迫。这是弗兰克所讲的那种时间的空间化中的一个范例。

个单独的中心。浪漫主义表现的见解指向一个完美的一体化的理想,在这个理想中,理性和感觉、内在的冲动和外在的自然都协调一致了。但是,在托马斯·曼的后叔本华的世界中,没有任何单一的经验阐释,人们可以在不招致灾难或枯竭的情况下固守于它。《魔山》展现了两个极端不相融的时间意识的模式。一个模式接近了无时间性,另一个由世界中真实的事件、成就和失败所构成。汉斯·卡斯托普在山上身不由己地牵入第一种模式中,但是,随着战争于一九一四年爆发,他也不可避免地把这两种模式联合起来或使之综合起来。人类生活是多层次的,而这个多层次是不可还原的。显现的世界和日常的、但不可少的真实世界决不能被完全同化在一起,我们被谴责,因为我们在一种以上的层次上生活——或者遭受压抑的枯竭之苦。

这就把我们带到开头提到的内在性的转向。认识到我们是生活在许多层次上这一点,使我们不得不摆脱统一的、控制的或表现的自我的假定。而这就意味着一个反省性的转向,这种转向加强了我们的内在意识和深度意识。我们发现,在整个现代时期,我们都在建造这样的意识。这种做法会遭到误解,因为一个在现代主义中被屡次提出的议题,就是摒弃主观主义,抛弃主观的表现主义,转向自我之外的结构:它或者是叔本华的无时间性和非个性化的意志的多种变形,或者是更深层次的、非人格的神秘意识,或者是为一个显现构造框架的对象自身或词汇的群集。

那些以这些群集为焦点的人们,尤其把自己看作在逐渐离开主观,到达某种“外边”的东西,即语言的公共的、非人格的力量。但是,这一点绝没有消除现代主义事业中极端的反思性本性。反思性的运动首先来
481 自以下的事实:我们离开了通常的、未加思考的事物的焦点转向语言,这样就揭开了语言的力量的面纱。我们必须不再把语言单纯地看作一个我们可以更有效地处理事物的惰性工具。它涉及,我们要意识到,我们用语言可以做什么事情。

但是，除此之外，我们陷入了在此已经多次提及的结构性的事实：在后启蒙运动的世界中，词的显现力量不能作为一个关于事物的秩序的事实而加以处理，通过创造性想象的工作，人们不必经过媒介就把握了这些秩序。《诗篇I》所捕获的从荷马时代就起作用的能量不是如下的真理：农神被与忧郁连在一起（我们曾经相信这一点），或者DNA控制着遗传（我们现在相信这一点）。像庞德做出的那样发现，是以个人见解的标志而来到我们身边的。庞德、艾略特和其他诗人的形象中的参照物，的确都来自他们自己的个人经验。在《荒原》中，艾略特的"废墟中的支撑物"的碎片是一个特质的集合。人们被诗所打动，也就是被吸引进个人的感受性之中，诗歌把个人感受性聚集在一起。更深层的、更一般的真理仅仅通过这种感受性才会出现。⑳

由于这个原因，内在化既是浪漫主义感受性的一部分，同样也是现代主义感受性的一部分。而内在的东西更深刻：曼、乔伊斯——或者荣格，他的作品完全是现代主义感受性的作品——所带来的无时间性的、神秘的东西可能是超越个人的。但是，我们对内在东西的接近只能是个人的。在这个意义上，深度性保留在我们的内部，就像它保留在浪漫主义的先辈们的内部一样。它们可能使我们超越主体性，但通向它们的道路要无法逃避地穿越被增大的个人经验的意识。㉑

现代主义多层次的意识因此屡次被"非中心化"了：人们意识到，他们生活在一个超个人的节奏之中，这个节奏和个人感受不能相互还原。但是，尽管如此，它保留在内在化之中，而只有通过成为第二种特征才可能成为第一种特征。两个特征是彼此无法分开的。

---

⑳ 肯纳在《庞德时代》的第171—172页讲述了这首产生了庞德的那句诗的故事："桉树，我的记忆"。

㉑ 因此，艾略特说，诗歌"可能使得我们无时无刻不意识到更深的、难以言表的、构成了我们的存在的基础的情感，我们极少穿透这层情感"；引自斯克瓦兹的《现代主义的模板》，第155页。

这与第三种特征连接在一起。浪漫主义使得诗人或艺术家成为人类的范式。现代主义者已经着重指出了这一点。人们不能拒绝显现的载体在人类生活中所具有的中心地位。但是,拒绝存在的显现已经使得实现显现的过程成问题和具有神秘性了。存在着一个反思的新转向,诗歌或文学往往把重点放在诗人、作家或放在通过作品所美化的东西上面。令人惊讶的是,二十世纪有多少艺术因其主题而成为其自身,或者至少在一个层次上明显厌恶有关艺术家和他的著作的寓言。

这并不必然是猖獗的主观主义。显现是真正神秘的,而且,它可能包含着人类之所以成为人类的一个关键。我们甚至可以争辩——像海
482 德格尔所做的那样——克服主观主义的方法就是精确地理解主观主义的真正本性。海德格尔通过他的"澄清"概念接近了这个方法。里尔克—海德格尔所引用的一位诗人——就尽可能好地和最不自我放纵地展现了这个第三个特征。在《杜依诺挽歌》第九首的形象中,非中心化和内在化两者都得到了充分的实现。美化是世界赋予我们的一项任务。

Und diese, von Hingang
lebenden Dinge verstehn, dass du sie rümst; vergänglich,
traun sie ein Rettendes uns, den Vergänglichesten,zu.
Wollen,wir sollen sie ganz im unsichtbarn Herzen verwandeln
in–o unendlich in uns! Wer wir am Ende auch seien.
Erde, ist es nicht dies, was du willst: unsichtbar
in uns erstehn? lst es dein Traum nicht,
einmal unsichtbar zu sein?

这些事物,
枯萎地活着,知道你们在赞扬它们;
无常的事物指望我们解放:我们,所有事物中最无常的东西。

它们想要我们改变它们,彻底地,在我们看不见的心中,

它在我们之内——唉,无限地——在我们之内!无论我们最后是谁。

大地啊,这不就是你想要的吗:在我们之内升起,

"看不见"? 你不是梦想在某一天

完全隐而不见吗? [72]

里尔克已经使我们超越了表现主义,超越了后叔本华的神话,超越了对显现的力量的单纯赞美的诱惑,来到显现本性的中心问题——不只是作为我们的行为,而是作为我们自己和世界之间的一个交易。

第五节

我们仍然生活在现代主义的祸水之中;的确,我们依然生活在我这些章节所讨论的一切事物——启蒙运动的、浪漫主义的、日常生活的肯定等等——之中。尤其是,现代主义形成了我们的文化世界。我们如今生活的大部分内容都由对现代主义的反应所构成,而且,更进一步说,由它的名下的那些线索的解体与延伸所构成。

我们考察一下某些线索。比如,就像利文森所显示的那样,[73]休姆自己走过了几个阶段,有几样东西在他身上聚到一起了:对主观主义的反动,纯自我表现的诗歌,对卢梭式人本主义的反抗,对原罪的拒绝,拒绝有机的形式而赞同几何图形,与存在的显现的调和。所有这些都与他自己作为经验的恢复的显现联合在一起,在这个显现之外,有某种宗教的

[72] 斯蒂芬·米切尔译自《雷纳·玛丽亚·里尔克诗选》(The Selected Poetry of Rainer Maria Rilke)(New York: Vintage, 1984),第201—202页。

[73] 利文森:《现代主义谱系》,第3、6章。

483 根源。对休姆来说，许多这样的思潮是不可能的：否定主观主义就是否定人本主义，而且，这种否定又与远离有机形式持久地连接在一起。

但是，人们有可能看到，一个不同的感受性是如何把这些分离开，并把它们与不同的感受性统一起来。一方面，存在着一个著名的和得到丰富讨论的联系，这就是现代主义——它被理解为对工具性文明和被同化(co-opted)的浪漫主义的反抗——与多层次的意识和框架性的显现之间的联系；在另一方面，存在着政治上的反应。庞德和艾略特的支配地位——以及来自叶芝和斯蒂文斯的部分支持——已经使得这个反应非常显眼。我们在休姆那儿看到的就是这种混合物。这种混合物把人们对现代主义所做的某些反应弄得模糊不清。人们并没有以事物自身的逻辑把这种综合表现出来。各种思潮解体了。人们可能争辩说，几乎每一位用英语写作的诗人和可能用大多数欧洲其他语种写作的诗人都受到了这一伟大组合的影响。许多人参与了对工业文明的反抗，但他们一点也没有使用在政治上通用的手段。阿尔多诺和霍克海默早些时候显示了，一些现代主义的关键特征如何能与左翼的立场一体化。

反应和延伸有很大的差别，这取决于它们联合和分解的是什么。有一种反应把本身具有目的的"纯粹"诗的显现与反应和反人本主义联系起来。这种反应力图恢复一种公众的诗歌，公众诗歌是诗人和一个国家或阶级的广泛大众进行的对话。这种诗歌不理会显现，它的目的在于展现或解释大众经验的某个向度，或使得经验的某个向度更深刻或生动。某种冲动使得奥登写道：

> 我所具有的是一个嗓门
> 它使得被包裹的谎言
> ——芸芸众生的脑海之中的浪漫的谎言
> ——大厦高耸入云的当局的谎言
> 大白于天下；

没有国家那样的东西，
没有单独存在的东西；
饥饿不允许任何选择
——无论你是平民还是警察；
我们必须互相爱护，
否则只有死亡。[74]

在另一方面，布莱希特被这种观点以另一方式所推动，走向对"纯粹的诗歌"的更具侵犯性的摒弃。这些作家从现代主义所采纳的是它的否定运动的一面，即对浪漫主义幻想的无情的揭穿，和使我们直面边界的现 484
实。像现代主义者一样，这些作家恢复和释放了一种特定的经验。但是，这种经验不是意义的内在向度，这个意义被作为共同的现实、希望、痛苦和实现那些栩栩如生的东西得到恢复。

一九三五年，帕布洛·内鲁达以同样的情绪呼唤一种"不纯粹的诗歌"，即一种被"我们双手的劳作所蹂躏（就像被酸腐蚀一样）、充满汗水和烟雾的诗歌，这种诗歌有一种小便和纯白的味道，在这种诗歌中，无论是被允许的还是被禁止的人类行为，都打上了诗人自己的烙印。"之后，当他加入共产党时，作为对他的上述观点的补充，他对以下的现象进行了响亮的攻击："纪德式的知识分子、里尔克式的生活中的糊涂虫、似是而非的存在主义的把戏、超现实主义的罂粟花，这些东西只有在你的墓碑上才能有些光彩，它们是欧洲风味的时髦的躯体，它们是资本主义奶酪中苍白的蛆。"[75]

但是，现代主义的反浪漫的、反美学的冲击可能因相当不同的原因

[74] 出自《一九三九年九月一日》的最早版本，在《三十年代诗歌》(Poetry of the Thirties)中，得到了再版（罗宾·斯克尔屯编）(London: Penguin, 1964)，第283页。

[75] 引自汉堡:《诗的真理》，第221、223页。

与马克思主义左派或无产阶级毫无关联。寻求僵硬和严厉的有关现实的诗歌(这个现实遭到精神的遗弃)可能来自如下的需要:为一个遭到蹂躏的世界寻找自我表现的词汇。人们可以在某些德国和波兰诗人在战后和在斯大林主义的高压下的所作所为中看到这一点。塔丢兹·鲁热维奇拒绝了在乔伊斯、庞德、艾略特和曼的现代主义显现的语言中占中心地位的神秘性和原始模型。在谈到自己的诗时,塔丢兹·鲁热维奇说:“我的诗出自词汇——被拯救的词汇的残余,出自无意义的词汇——出自词汇的庞大的垃圾堆,出自巨大公墓的词汇。”塔丢兹·鲁热维奇似乎力图在战后把自己从文化传统的形式和转折中解放出来,以获得一种赤裸裸,在这种赤裸裸中,简朴的词汇的意义可以被恢复:

在世界终结之后
在我死亡之后
我能找到生活之中的我
我创造了自我
建造了生活
人群、动物的景色

这是我所说的桌子
这是桌子
桌子上躺着面包和刀子
刀子用来切割面包
人们以面包填饱肚子。[76]

---

[76] 引自切斯瓦夫·米沃什:《波兰文学史》(The History of Polish Literature)(New York: Macmillan, 1969),第462—463页。这首诗以及赫伯特在下面引用的那首诗,是经过阿尔布·泰勒而引起我的注意的。

从一个多少有些不同的立场出发，兹比纽·赫伯特也拒绝了占主导性的美学：

> 诗人的浪漫概念——他袒露伤口，吟咏自己的不幸——如今仍有许多信徒，尽管它在风格和文学品位上有所改变。他们相信，以自我为中心和展示他的伤痕累累的自我正是艺术家的神圣的权利……一个不同的、模糊的、真实的世界延伸出诗人的自我之外。人们应当继续相信，我们可以应用语言去把握这个世界并公平地对待它。[77] 485

在这个严峻的战后诗歌之中，突出之点是一种奋斗，这一点在早期自然主义之中就或隐或现了。这种奋斗产生于这样的洞察力：用诗来捕获最堕落的或遭到蚕食的现实，就牵涉到了一种美化。这样，人类精神就可以面对现实并毫不畏惧地承受这个现实。在有关十九世纪现实主义问题的第二十三章中，我已经就此进行了争辩。但是，随着近几十年来被剥夺的反诗歌(anti-poetry)，这一点变得更加明显。为恐惧和破坏寻找一个语言，成为为精神存在而奋斗的一部分。

但是，人们也可以以全然不同的方式去面对这种蹂躏——通过返回到古典的根源，或者像赫伯特那样，祈求超出无序的现时代，甚至祈求于冲突的和扭曲的人类之外的无生命的完美：

> 石头——
> 一个完美的生灵
> 它等于自己

---

[77] 引自汉堡：《诗的真理》，第247、251—252页。

它服从于它的界限
它准确无误地
填满了一个石头的意义[78]

这种否定再次接近于其他的东西，即在禁欲主义观点的透彻性之外的目的。像在神学中的“否定之路”(via negativa)一样，人们可以拥护反显现，这样做的目的不是为了彻底摒弃显现，不只是为了给人类精神找到一个位置，以使得人类精神在最完美的虚无面前有一个立足之地，而是为了把我们逼到显现的边缘。这是一种解读萨缪尔·贝克特的著作的方法，它可能也是理解保尔·策兰的某些著作的一个方法。

Weggebeizt vom
Strahlenwind deiner Sprache
das bunte Cerede des An-
erlebten-das hundert-
züngige Mein-
gedicht, das Genich

从你的语言的放射性之风中
486 表达
磨去的经验的华而不实的言语
表达虚假的诗歌，心智。[79]

---

[78] 引自切斯瓦夫·米沃什:《波兰文学史》，第471—472页。

[79] 保尔·策兰:《铭刻》(Weggebeizt)，引自诗集《生命的转折》(Atemwende)《全集》(Gesammelte Werke)(Frankfort:Suhrkamp, 1983)，第2卷，第31页；迈克尔·汉堡在《保尔·策兰的诗歌》(Poems of Paul Celan)(New York:Persea Books, 1988)，进行了翻译，见第230页。

避开经过的经验和避开关于自我的诗歌的决心，表现了一种极端的侵蚀和语言的贫乏，这种决心伴随着刚刚引用的诗句中的冰川的形象。这些看上去与赫伯特的“石头”有平行关系的冬天的形象，在策兰的著作中得到了再现：

Kein Halbholz mehr, hier
in den Gipfelhängen,
kein mit-
sprechender
Thymian.

Grenzchnee und sein
die Pfähle und deren
Wegweiser-Schattern
aushorchender, tot-
sagender
Duft

在山坡上，
寸草不生。
沉默无语的百里香。

边境上的雪和雪的气味
给岗哨和路标的阴影会诊，
宣布它们

死去。[80]

但是,这种不调和的严峻似乎以达到显现的更远的边缘为目的,它超越了所有的肯定,像某些诗歌——诸如《教堂的窗户》(Hutenfenster)或一首选自《气息的转折》(Atemwende)的诗——都暗示了某种东西:

Fadensonnen
über der grauschwarzen ödnis
Ein baum-
hoher Gedanke
greift sich den Lichtton: es sind
noch Lieder zu singen jenseits
der Menschen

487 缕缕的阳光
照在灰黑的旷野上
半空中的思想
开启、照亮了一片土地:
关于人类的另一面,仍有许多可以
咏唱的歌曲。[81]

---

[80] 保尔·策兰:《无半截树林》(Kein Halbholz),引自诗集《光的力量》(Lichtzwang)《全集》(Frankfort:Suhrkamp,1983),第2卷,第296页;迈克尔·汉堡在《保尔·策兰的诗歌》中进行了翻译,见第300页。

[81] 保尔·策兰:《光线》,引自诗集《生命的转折》《全集》,第2卷,第26页;迈克尔·汉堡在《保尔·策兰诗歌》中进行了翻译,见第226页。

另一条道路沿着一个截然相反的方向，通向不纯的诗歌的质朴的相关物。框架性的显现把注意力集中在著作上。与表现主义不同，那些指向自己之外的著作坚持其独特的存在，从表现的角度看，它与它所展现的东西并非一体——在柯尔律治的象征方式中就是如此。框架性的显现会引诱我们独自地接纳它，如“本身具有目的”的著作，它似乎是，如果我们孤立地审视它——不用把它与人类生活或世界——这些著作产生于它们——联系起来，它就会让自己的神秘大白于天下。我们可以集中注意力于承担框架成分的丰富的内在关系，以提取某种形式的特性。俄罗斯的形式主义开辟了这种有影响的研究思路。罗曼·雅克布森甚至就散文和诗歌之间的区分写了一篇论文：散文是透明的，它把我们带到它所描述的领域之内；诗歌把我们的注意力集中到媒介上。在诗歌之中，词自身使人接受。[82]

这些研究已经展现了某些有意思的东西，但是，作为对伟大的现代主义著作的具有全球性的理解，任何形式主义的途径都有严重的缺陷。它完全遗漏了显现的向度。它看上去最可能赞同非表现的、非摹拟的艺术——诸如非表现的绘画。即便在非表现的艺术中，这种途径也不能欣赏到用来改变我们对世界的看法的非摹拟的方法；而且，对存在的显现的否定常常只是通向新的显现种类的一个阶段。

对孤立的文本的关注后来被另一方面所加强。现代主义的反显现的和非中心化的潮流最近也被结合进一种思想潮流中，尽管这种思想潮流在文学自身中相对贫乏，但它在哲学和文学批评中颇为时髦。[83]这种时髦源自巴黎，它与“解构”的批评相联系。在哲学界，与之相关的作家既受到了对尼采的某个解读的影响，也受到了现代主义的非中心化潮流的影响。在作家之间，彼此也有很大的差异。举两个最著名的作家：

[82] 罗曼·雅克布森：《诗学问题》(Questions de poetique)(Paris: Seuil, 1973)。

[83] 除非人们想以从属于同一运动的方式去考虑诸如威廉·巴勒斯、托马斯·平钦那样有力量的、有关当代分散性和束缚性的作家。

德里达和福柯。德里达受到了海德格尔、各种形式的结构主义思想和莱
488 维纳斯的影响;他展示了一个主体的图景,这个主体被包裹在语言中,既不能忽视也不能逃避这个语言。而后期福柯更直接地吸收了尼采由力量和惩戒模式的关系所构成的自我的图景。福柯与现代主义的反浪漫主义的潮流的亲缘关系,在他对自我具有"深度"的观点的批评中,尤为明显。他认为,这是个做作的观点,它属于自我的一个可能的结构,通过有帮助性的职业和精神分析的示范性的治疗,这个观点与现代控制形式连接在一起。通过忏悔,这种力量的形式建筑在长期控制的传统之上,因此,它依靠在我们身上体现的理解:我们身上具有需要展现的深度,我们对这样的深度的理解并不完美,我们需要去破译和公正地对待这样的理解。[84]

虽然这两位哲学家彼此有所区别,但他们都吸取了对尼采的一个特定的解读(尼采的这个解读近几十年来在法国很流行)。这是一个强调了尼采解释的武断性意义的解读,它强调了对作为力量的承担者的解释,但是,这种解释彻底忽视了这位令人困惑的思想家的其他侧面,即"永恒回归"的酒神观点——这种观点使得全方位的"积极态度"的肯定成为可能。因此,两位哲学家都采取了现代主义的否定性冲击——它的反浪漫主义态度,它对设定的统一和分解式自我的透明度的怀疑,它对所声称的表现性的自我的内在根源的怀疑——而同时忽略了它向显现的开放。

两位哲学家都想否认关于善的任何观点。他们最终歌颂的——并非完全蓄意如此——就是自我的潜在自由和力量。德里达对"在场"的哲学幻想的洞察,向一个无休止的自由的游戏敞开了通道,这个游戏不

---

[84] 见米歇尔·福柯:《求知意志》(La Volonté de savoir)(Paris:Gallimard,1976),全书各处;也参见胡伯特·I.杜瑞夫斯和保尔·拉比诺:《米歇尔·福柯:超越结构主义和解释学》(Michel Foucault:Beyond Structuralism and Hermeneutics)(Chicago: University of Chicago Press, 1983),第8章。

受这个自由之外的任何事物的忠诚感的约束。德里达的解构断言，它破坏了某些等级制的区分——诸如抽象和具体经验、误解和正确理解、混乱和明晰等等之间的区分。一般的方法显示出，传统上特权性的术语依靠“较低级”的术语，或者是它的一个特例，比如，所有的解读都是误读。[85]

这中间有一个尼采的背景，但是，也有一个当代政教分离主义的企图牵涉于其中。等级制的相互削弱在相互认可中看到了迈向一个平等世界的一个步骤。通过讨论“阴茎中心主义”——两个华而不实的同谋关系所形成的顽固的立场——德里达自己把他的著作放在与妇女解放相关的位置上。[86]理查·伯恩斯坦已经对他在德里达那里读到的解放的意旨表示了热烈的欢迎。[87]

但是，这种意旨似乎为德里达设定的超出善的任何肯定立场所削弱。这不只是因为，德里达的平等主义与他的尼采的血脉格格不入；尼采的自身肯定，即他的amor fati(宿命之爱)可能并不总是与他的原初的道德的“破坏”相悖，至少在它的某种表述中是如此。德里达确实没有尼 489
采的拯救的不一致。对尼采来说，这种不一致出现于对某种流动物的坚决的承认，对某种值得无条件肯定，即持积极态度的事物的坚决肯定。对于德里达来说，存在的只不过是解构，这一解构湮灭了哲学与文学、男人与女人之间的古老的等级制的差别，就像它能轻而易举的吞没平等与不平等、共享与争吵、非逼迫的对话和逼迫的对话等差别一样。从他的流动性中出现的东西，没有什么值得肯定的，所以，事实上被赞颂的是解构的力量自身，即破坏所有潜在忠诚——这个忠诚把主体的力

---

[85] 见乔纳桑·库勒:《论解构》(On Deconstruction)(Ithaca: Cornell University Press, 1982)，第175—179页。

[86] 见同上书，第172页。

[87] 见理查·伯恩斯坦:《严肃的戏剧：雅克·德里达的伦理政治视野》(Serious Play: The Ethical-Political Horizon of Jacques Derrida)，《思辨哲学杂志》(Journal of Speculative Philosophy)(即将发表)。

量捆在一起——的庞大的主体性力量，这也就是未加限制的纯粹的自由。但是，与莱维纳斯的宗教哲学相比——德里达从中导出了一些关键的术语——德里达观点的贫乏可能达到了无以复加的地步。

至于福柯，他在生命的尽头似乎放弃了中立的立场。在生前的最后一次谈话中，他赞成作为一种艺术作品的自我的美学建构的理想。[88]由于人们在把美学的观念与现代思想中的其他潮流（福柯仍然想拒绝这个潮流）分离出来时遇到了困难，因而，存在着一个难题。但是，再次引人注目的是一种由这种理想导出的非限定的、完全与自我相关的自由。

存在着一种不能被善的观点所定位的主张。在我看来，这种主张是不可信的，其原因我已经在这本书的第一编中进行了勾画。但是，它也反映出，正在遭到削弱的理想就是那种最不可见天日的善的某种变种，因为，在所有的现代善中，它是最琢磨不定、最不受限制的自由。

在人们把这种自由作为“后现代性”的本质而加以把握的意义上——就像让—弗朗索瓦·利奥塔所做的那样，[89]它显示出，这是现代主义的最不引人注目的方面的延续。有三种精神的轮廓似乎从这种整体的运动中出现了：（一）一种可能是，现代主义甚至导致一个比浪漫主义所具有的不受限制的想象力更高的判断，因此，它导致了对这些想象力的赞美。未来主义者很显然踏上了这一条道路，而且，就像我们已经看到的那样，这种做法与把我们融入生活之流的企图有着密切的关系，我们也会在超现实主义那里看到这一点。（二）第二个结局可能是，人们经过批判新的显现形式而前行，早期现代主义的伟人——普鲁斯特、庞德、乔伊斯、艾略特和曼——都是这么做的。（三）第三个方式是，走向想象的严峻的戒律。在我们的时代为恐惧的、堕落的或遭到蹂躏的东西寻找一种语言的企图中，在“用语言把握这个世界并公正地对待它”（像赫

[88] 见杜瑞夫斯和保尔·拉比诺：《米歇尔·福柯：超越结构主义和解释学》，后记。

[89] 让—弗朗索瓦·利奥塔：《后现代的状况》(La Condition post-moderne)(Paris: Minuit, 1979)。

伯特所说的那样)的企图中,这个戒律放弃了舒适的和美化的形象。

第二条和第三条道路可能值得尊重并赢得我们长时间的忠诚。我们至今仍然在解读和羡慕早期伟大的现代人。但是,第一种道路的主观主义的自我赞美是浅薄的,因而,它难免要寿终正寝。一浪推一浪,一波压一波,在史学意义之外,它们没有留下更多的东西。我们可以说,自我 490
赞美的主观主义张扬自由,它是把自由的价值放到创造性想象之上的文化中的一个持久的诱惑。即便是轮廓二和轮廓三也因此面临着滑入这个深渊的危险,而且它们有时候以它们的颓废的形式实现了这一点。我们可以具有设定的显现艺术,但这不过是自命不凡的、夸夸其谈的、爱吹捧的作家的把戏。我们已经使第三种轮廓成为琐碎无聊的变形——比如,流行艺术就证明自己是一个把艺术语言加以延伸的严肃的尝试,但它常常只是哗众取宠的鬼把戏。

利奥塔的"后现代主义"造成了现代主义以不受限制的自由的名义对第一个精神轮廓的过分推敲的夸耀。尽管德里达和福柯的著作要浑厚得多——就福柯的情况而言,甚至不能做这样的比较——但它们也落入了第一个轮廓的窠臼。后现代主义豁免了主观主义,它们对我们自己的创造力进行了赞美,但这个赞美是以对当代整个文化运动中遭到精神上的抑制的东西的神秘化为代价的。[90]

---

[90] 用自己极为特殊的方式,德里达的哲学阐明了我在有关未来主义和超现实主义部分所力图搞清楚的联系。一种哲学——这种哲学被假定为否定了主体性、自尊和充分的存在,它在一个无限的领域中把思想看作永久"分散"和"延迟"的东西——也张扬游戏无限的自由并把自己看作一种解放的学说呈现出来。在此,主体的吞没和极端的主观主义都在自由戏剧的观点中走到一起了。在反人本主义的意义上,它恰恰是席勒观点的反面。它提出了一种思维模式,这种思维模式"肯定了自由戏剧并试图超越人类和人本主义,它提出了人类的名字就是存在的名字——人类在整个形而上学或本体论的历史中——换言之,在他所有历史的历史中,已经梦想充分的展现,确保基础,确保游戏的初始和结束";《人类科学论述中的结构、符号和戏剧》,出自《结构主义的争论》(The Structuralist Controversy)(理查德·马克塞和尤奇里奥·多纳托编)(Baltimore: John Hopkins University Press,1972),第264—265页。

然而，我们这里就要进入对如今文化中的精神的可能性加以讨论了——我将在"结论"部分对此进行简短的讨论。但是,在我着手进行这个讨论之前，我还要就现代主义艺术在对这些可能性进行的限定中所扮演的角色这个问题再说上几句。

第六节

我一直从一个特定的角度在考察现代主义、现代主义的显现和它的反显现的冲击。我把它们看作一种变化。这种变化起始于浪漫主义时代,它的驱动力是一种与道德和精神根源保持接触的、被创造性的想象所恢复的热望。这些根源可能是神圣的,也可能是来自尘世的,或者来自自我的力量。人们可以把它们视为崭新的、迄今为止未被人们所触及的东西。以在庞德、艾略特那里的情形来说,这些根源的目的在于恢复已被丢弃的旧的创造力。这种热望——无论如何理解——通常都因下面的意识而变得更加急迫:破碎的、工具主义的现代社会已经使我们的生活变得狭窄和贫瘠了。[91]尽管现代主义给这种热望带来了所有的逆转,但这种热望是浪漫主义的显而易见的延续。

这就是现代主义的伟大作品并不情愿让我们把它们理解成主观主义风格，仅仅把它们看作情感的表现，或给感情规定秩序的方法的原因。对道德根源的恢复使我们向某种可以给它们赋予力量的东西开放。

---

[91] 像斯蒂芬·斯本德所说的那样,"通过现代批评,有了人类的另一次衰落。这个衰落似乎产生于如下的事实：科学功利主义的价值和思维模式引入了善恶之个人选择的世界。这种衰落的后果是,价值不再是个人的了,它被认同为社会制度和物质的东西的有用性或破坏性";在《现代斗争》(The Struggle of the Modern)(London:Hamish Hamiliton,1963)的第26页中,斯本德谈论了一个"从卡莱尔、罗斯金、莫里斯和阿诺德到休姆、庞德、叶芝、艾略特、劳伦斯和里夫斯"那样一个轮廓。但是,他也可能已经回到原初的浪漫主义了。

它不仅仅是重新安置心灵的内容。新批评主义的奠基者之一I.A.理查兹对现代诗歌提出了一个基本的心理学的解释。按斯蒂芬·斯本德所概括的,对理查兹来说,诗歌“是安排我们内在生活秩序的手段,这个安排是通过极端复杂的态度的和谐的样式实现的,这个样式曾经被认为是指 491
称一个形而上学的外部秩序,但它现在被视为我们内在自我的象征性的秩序。”[92]但是,这样一个自我封闭的理解明显地于事无补:它不适用于艾略特或庞德,不适用于托马斯·曼、D.H.劳伦斯、乔伊斯、普鲁斯特或里尔克——如果我被允许对“诗歌”作一个更广泛的理解的话。

然而,当理查兹指出,信仰或教条在现代人中扮演了一个截然不同的角色时,他还是意识到了某种东西。这是我在讨论“更微妙的语言”时一直试图揭示的观点。这个观点不是说,人们可以简单地概括叶芝、曼、劳伦斯或艾略特的神学、形而上学和神话,把它们看作给他们的心灵重新规定秩序的精妙的工具。但是,自存在的伟大链条和公正建立的参照秩序时代以来,某些东西已经确定无疑地改变了。形而上学或神学在个人的视野中得到体现,或通过特殊的感受性得以折射。

什么是拥有公共建立的参照秩序?这不是与其他任何人分享信仰,而是某种更基本的东西。这就是维特根斯坦在《论确定性》中所探讨的东西。[93]在《论确定性》中,他讨论了对一个“信仰”或“假定”——即信仰或假定世界开始于五分钟之前或我们脚踏的大地仍然是坚固的——进行的谈论中的错误。而这些东西是我们通常无法形成一个信仰的。这并不是因为我们对它们存有疑虑,而是因为我们过于匆忙地依靠它们,倾向它们,就像我们在处理对其他事物的信仰或怀疑时一样。它们依靠对象的不言而喻的背景,用海德格尔的语言说,这是“现成的”东西的

---

[92] 斯本德:《现代斗争》,第17页。

[93] 路德维希·维特根斯坦:《论确定性》(On Certainty),G.E.M.安斯孔比和G.H.冯·赖特编(Oxford: Blackwell, 1977),第84段注释。

背景。[94]

当然，这个类比并不完美。在一个“信仰时代”，我们对上帝的信仰或对伟大链条中存在等级的信仰，不可能永远停留在它们的完全不能言喻性地步——就像我们依靠对地球的坚固性的信仰那样。这些信仰要得到系统的表达，而对它们的表达也成了我们的职责。但是，在较早时期，这些信仰湮灭在背景之中。在我们的公共生活和私生活中——在祷告、苦修、虔诚和宗教戒律中——我们依赖于上帝的存在，我们把上帝用作我们行为的支点，即便在我们不能对信仰进行系统表达时，情形也是如此。这种情形与我的焦点行为一样——比如，下楼去厨房做饭时，就需要使用楼梯或扶手。或者说，在我写作和绘画中，对我来说，存在链条的参照、历史上的神圣和世俗的事件也是某种我不得不依靠的东西，它是我不得不迁就的现实，尽管与此同时，我可能正全神贯注于作品的韵律或颜色对比上面。

事实上，在神话、形而上学或神学领域中，以公众可以接近的风格而突出出来的背景已经没有了。但是，这并不意味着，诗人不想涉及上
492 述领域中的任何东西，以叙说他们想说的东西，也不意味着，他们不想寻找道德的根源，并为我们打开这个根源。它所意味的是，在缺少对一个坚固的背景的反对时，诗人们对这些领域的开辟，是个人观点的表达。我们可能分享的东西，正是诗人的个人观点；但是，它永远也不能再成为公众参照的援引物，因为它缺少向一个新的信仰时代的、几乎是难以想象的回归——人们也可能说它是一种“倒退”。

作为对伟大的现实主义者的反响，人们在二十世纪感到了对“大众

---

[94] 关于对这个“背景”所进行的讨论，见胡伯特·杜瑞夫斯的《电脑不能做什么》(What Computers Can't Do)(New York: Harper, 1979)，第3部分；约翰·塞尔:《内在性》(Intentionality)(Cambridge: Cambridge University Press,1983)，第5章；迈克尔·波兰尼:《缄默的向度》(The Tacit Dimension)(Garden City: Doubleday, 1966)。

诗歌"的渴望。[95]这就必然要求从形而上学转向日常事物,转向生活、政治和战争的共同经验,转向布莱希特之类的左派作家或早期奥登的所作所为。

如果我们也考虑,如何为了规划一个公众的参照领域而呼唤个人直觉,那么,这一反差可能会被我们明显地看到。语言学可能使用我们的符合语法规则的语言学的直觉。为了使这些可行,通常要求一个反思性转向。我自问:"你能说'she don't got a cent'"吗(意思是"她没得到一分钱",但这句话违反了英语语法,正确的形式应当是,"she does not get a cent"——译注)?我会作否定的回答。但是,我这里的回答并不是一个"个人观点"。准确地说,我这儿所勾画的是公众可以得到的背景,是我们在相互沟通时要依靠和要指望的东西。与之相比,艾略特、庞德、普鲁斯特所做的就是邀请我们具有一个根深蒂固的个人向度。

理查兹认为信仰已无关紧要,这是一个错误。但是,与以往相比,我们具有不同的信仰。这并不是仅仅因为,现在的信仰比过去的公众信条更加具有尝试性,而是因为,它们的个人标识使它们成了另一种东西。我们知道,诗人——如果他是严肃的——就指向了某种东西——上帝、传统,他相信这些东西是为我们所有人而存在的。但是,我们也知道,诗人能够仅仅凭借他自己的感受性而把那件东西折射给我们。我们不能只从作品中分离出超验真理的金块。超验真理的金块被无法分离地镶嵌在作品之中了——这是浪漫主义的象征学说的恰当之处。

我如何系统地表达《荒原》中开辟的显现呢?通过批判性的手段,它可能会促进显现,但它并没有产生对显现的系统表达。是的,我可以自己另外写一首诗,用来表明"我的"个人见解。否则,我只能通过引导你进入诗自身,而指明显现是什么。当我们理解了构成庞德和艾略特的个人的隐喻碎片时,如果我们要反思,这些作品是如何获得清晰性和力量

---

[95] 见汉堡的《诗的真理》中的讨论,见第8章。

的,信仰就镶嵌或编织在一个人的见解和感受性,甚至在他的记忆和经验之中。

这就是为什么如此众多的现代诗作把重心误置在词汇上的原因。诗歌的根基深深地扎根在语言的祈使性的用途中；通过我们所说的东
493 西,这些语言实现了某些事物或表现了某些事物。从最早时期直到《古兰经》的背诵或弥撒的语言,这些语言已经在宗教生活中扮演了一个很重要的角色。但它们以履行性或最平庸的形式存在于世俗生活中——比如,当我们开始日常交谈时。

在语言的通常的祈使性用途中,我们依靠词汇,我们把注意力从词汇转向被祈使的东西。但是,关于诗——比如,庞德的诗——就产生了一种奇怪的变动。某种"能量"被这些词汇所捕获,但是,惟一界定这些能量的方法就是确切地关注这些词汇。这可以比作一个宗教。在宗教中,关键的定义附着在礼仪上,而不是神学上。某些作家争辩说,这是许多"原始"宗教的情形,但它开辟了一条许多现代主义已有同感的比较的思路。

所有这一切都给理查兹有关信仰的局外人的看法或罗曼·雅克布森的诗歌理论——诗诞生于词的突显处——增光添彩。但是,这些观点都没有公正地对待大多数现代艺术的显现本性。华莱士·斯蒂文斯的台词可能最好的表现了主观性和超验性的交织：

> 除了我们的内心世界之外,我们周围的世界是孤寂的。
>
> 世界上主要的诗学的观念是而且总是上帝的观念。
>
> 在放弃了对上帝的信仰之后,作为生活的补偿,诗成了顶替这个信仰的本质。[96]

[96] 出自他的《遗作》,斯本德在《现代斗争》第39页中引用了它。

第二十五章

结论:现代性的冲突 495

第一节

到了把前边对现代主义的讨论连接成我一直在组合的关于现代认同的生动描绘的时候了。我已经考查了在我们文化的冲突语境中的现代主义,这种冲突围绕着分解的和工具性的思维和行为的方式,这些方式已稳固地加强了它们对现代生活的控制。现代主义在两方面继承浪漫的表现主义:既反抗分解的与工具性的思考与行为方式,又寻求可以恢复生活的深度、丰富性和意义的根源。但是,在这个过程中,相对于当代文化中的其他紧张,这种冲突的地位已经发生了变化。为了说明这点,我想回到在第二十二章开始描绘的图景上,以描述我们现行的道德观是怎样从维多利亚时代发展而来的。

我在那里以这样的企图开始:浓缩现代文化中那些被特殊的力量感受到的道德命令。它们出自一系列持久存在的道德观念,如自由、仁慈和对日常生活的肯定等等,我详细地追溯了它们的发展,从现代早期阶段直到它们的自然神论和启蒙形式。作为这种发展的继承人,我们特别强烈地感受到对普遍正义和善良的要求,对平等权利的特殊敏感性,感受到当成自明的公理的自由和自治的要求,并把避免死亡和痛苦放到极其重要的位置上。

然而,在这种普遍同意背后,当面对“构成性的善”,因而还有支持这些标准的道德根源时,就出现了深刻的断裂。冲突的线索是多种多样和错综复杂的,但在这些论述中我一直在勾勒一个简图,以减少某些混乱。这个简图把道德根源划分为三大领域:这些标准的原初性的、有神论的基础;第二个领域的核心是自然主义的分解式理性,它在我们的时代采取的是科学的形式;而第三组观点在浪漫的表现主义或它的现代主
496 义后继之一的视野中寻找其根源。有神论视界的原初完整性已经破碎,现在可以多方位寻找根源,其中包括我们自己的力量和本性在内。

现代观念的不同家族以不同的方式接近这些边缘,并以特殊的方式对从我们的力量和本性中抽取的东西进行组合。分解式的观念显然非常依赖于我们的分解式理性的力量。这是那种赋予严峻的自我负责的自由伦理学和勇敢的信念伦理学以力量的根源。但是,只要我们对人类的“进化史诗”以最低限度的方式表示热情——就像我们在E.O.威尔逊那儿看到的——一个本性的概念也进入它的仁慈伦理学之中——尽管这是难以公开坦率地承认的。浪漫主义的或现代主义的观点更强化了我们创造性的想象力,它们一般说来接近于更加丰富多彩的本性概念,这种概念有一个内在的尺度。

在根源的深刻分裂之上,对标准却有非常一致的理解,这个事实是当代盛行的一种道德理论的动力之一。正如我在第三章第三节所讨论的,这种理论试图重构一种与善毫不相干的伦理学。事实上,这时常可能开始于有关什么是正确的一致的直觉,甚至跨越分割这三个领域的裂隙。但是,现代程序主义伦理学也受其他考虑的推动。在某些情况下,它们起源于分解式观念的家族,面对道德根源的公开宣布,它们分享着这类观念的勉为其难的或形而上学的困境,或者它们甚至相信自由需

要它们的否定。程序主义能对这点持乐观态度。随之,正如我在第三章第三节试图证明的,程序主义伦理学有时也为对现代生活的关键利益、普遍仁慈和正义的强烈承诺所推动,它们错误地认为通过把它们与有关善的任何考虑分离开来,就能得到特殊的地位。在这方面,它们符合启蒙运动的自然主义传统中的直率:对精神之善的严肃性使我们非常专心致志地献身于普遍的仁慈。它们继续处于边沁有关人类之爱的大声疾呼,对进步的不可知论的严肃承诺,加缪的里厄博士在去魅化世界中解除痛苦的斗争的路线上。

当然,我的图示太简要了。首先,三个领域未保持原样;它们持续地相互吸取和相互影响。再者,有跨边界而合而为一的企图。我提到作为启蒙的自然主义与表现主义的一种联姻的马克思主义。但是,第三,我们需要以时间的向度来看这个图示。并不是每人都依据近来演进的观念而生活,许多人依据前现代主义的浪漫的表现主义而生活。在某些方 497
面,激励一九六八年五月巴黎学生造反的实际目标,都是从情境决定行为论、达达派、超现实主义、先锋派电影等等[①]中吸取现代主义的形式的,这些目标与其说接近于任何二十世纪的作者,不如说更接近于席勒。在个人内部和人与人之间重建和谐的图景,作为“消除隔膜”(decloisonnement),破除艺术和生活、工作和爱、阶级和阶级之间的障碍的结果,以及作为更充分自由的这种和谐的形象:这全都符合于原来浪漫主义希冀的范围。基本的概念可以从席勒《美育书简》的第六封信中引出。这个图景在时代上接近于前叔本华的视野。

再说,美国“人类潜能”运动的许多观念,部分地经由土生土长的美国继承路线,包括爱默生和惠特曼在内,也可追溯到原初的表现主义。这些运动经常吸纳后弗洛伊德的心理学,但却时常(正如欧洲人经常评

---

① 见A.维莱纳:《社会的形象行为》(L'Image-Action de la Societé)(Paris:Seuil,1970),第4编。

论的)没有对弗洛伊德来说是关键的冲突的悲剧感。它们的表现性实现的概念是极其“前叔本华的”。看看这种个人信条:

> 你自己要温文尔雅。你是宇宙的子孙,这一点不亚于树木和星辰。你有权利在这里存在。无论你是否清楚,宇宙都要按其本来面目展开。所以,无论你怎么样想象上帝,你都要与他和谐相处。在喧嚣混乱的生活中,无论你怎样操劳和渴求,都要保持心灵的平静。尽管有其全部伪装、单调和破碎的梦,这仍旧是个美丽的世界。[2]

或者,还有美国福音派新教的某些派别,它在某些方面延续着伟大的醒悟者的精神。这并不是说没有重大的变化:命定论被忘掉了,为信仰复兴而全面调动了现代技术——这种宗教在所有方面都受到现代世界的玷污。但是,还没有接受浪漫的表现主义或现代主义的任何意愿和表示。仍然强调是神恩的救赎力量和惟独能给人们生活添加上去的秩序。

在这里,我完全不是要贬低这些观点,仿佛后来的观点就一定更好;我只是要表明,理解我们的社会需要我们透过时间——就如一个人揭开岩石发现某种更老的地层。早期的观点与后来作为对它们反应而出现的那些观点一同存在。当然,这过于简单了,因为这些竞争的观点继续相互影响和相互塑造。美国再生派基督徒不得不受表现论个人主
498 义的几分影响。实际上,他们中的某些人经由后者,例如,在二十世纪的六十年代,最终加入了严格的福音派教会。某些东西不得不擦拭掉。[3]但是,观点是以两极对立的方式加以规定的。

---

② 引自罗伯特·贝拉等人:《情感的习惯》(Habits of the Heart)(Berkeley: University of California Press,1985),第63页。

③ 见斯蒂芬·M.蒂普顿:《得救于六十年代》(Getting Saved from the Sixties)(Berkeley: University of California Press,1982)。

这就是我为什么必须通过历史来组合现代认同的肖像的一个理由。瞬间的快照会遗漏很多东西。另一个理由是,只有增加对历史的深度的透视,才能发掘出隐含的但却仍在当代生活中起作用的东西:仍旧活在现代主义中的浪漫主义主题,有时被现代主义者的反浪漫主义的态度遮蔽了;或者对日常生活肯定的极端重要性,在某些方面说太普遍了,很难引人注目;或者自然主义的精神根基,现代主义通常觉得有必要压制。

只有以这种方式才能一方面显示现代道德观与其多种多样的根源之间的关联,另一方面显示自我与其特殊力量之间的不同的演化着的概念。只有这样也才能显示,关于自我的这些概念是怎样与特定的内在性概念相关联的;内在性概念因此是特别现代的,它们本身是与道德观交织在一起的。我也希望能澄清这些概念和传记与历史叙述的特定模式之间的关系,澄清我们怎么样在社会中结合在一起的特定概念。我要称为现代认同的,正是这全部的复杂性。

如果这种描绘是正确的,那么除了在自我理解方面的更大的满足以外,我们还能希望从这幅肖像中得到什么呢?这种自我理解的确已经是我的动机之一。但是,我也认为,弄清这点,能使人在我们时代热烈争论的那些问题上具有洞察力。尤其是,人们能更好地理解现代道德文化中持续紧张或有崩溃危险的领域。

我相信,有三个这样的领域。首先是我在本章开始时提到的那个:道德标准一致的背后,存在着关于构成性善的不确定性和分裂。第二种大的紧张区域,包含分解的工具主义和浪漫主义或现代主义对它的抗议之间的冲突。现代主义的兴起在这种冲突中制造了差异。说明这点的简捷方法,就是说现代主义使竞争中的一种力量发生转变。我们对创造性想象力、显现以及我们可以进入的实在的理解,在上个世纪发生了转变,而这改变了我们替代分解式理性的观点。但是,除了变化之外,他们还在这第二个紧张区域中起作用,导致现代主义的贯穿上个世纪的发展也开辟了第一和第二区域之间的缺口。

499 最初的浪漫论表现主义,就其抬高艺术的整个倾向来说,是把表达的实现看作可与按现代标准规定的道德和谐共存的。对席勒来说,游戏动机的充分发展,会使自发的道德成为可能;我们将不必把规则强加在我们不情愿的欲望之上。但是,随后的发展,经过叔本华,经过波德莱尔对本性的否定,使这种前定的和谐变得有疑问了,并且通过这点,提出了审美实现的生活会不会是,以及能否是道德的问题。尼采提出了最直接的挑战:通往积极和谐之路要经过对仁慈伦理学的否定。但是,以不那么极端的方式,后叔本华趋势中的任何人至少要提这样的问题,艺术的显现是否把我们引向道德所要求的同样事物。像庞德和劳伦斯这样的作者肯定地回答这个问题,但它现在显然仍然是有疑问的;当我们考虑到他们所说的某些事情,尤其是庞德的政治学时,人们会奇怪他们自己怎么没看到隐含在他们自己观点中的矛盾。

所以,潜在冲突中的第三个区域展现出来了:超出我们的道德标准的根源问题之外,超出分解的工具主义与丰富多彩的实现对立的问题之外,还存在着这些道德标准与那种丰富实现是否相容的问题;道德是否不需要我们付出较高的完整性的代价的问题。这是一个因某些当代"后现代"作者而变得显著的问题,如雅克·德里达和米歇尔·福柯,他们受到尼采的影响。我们可分别地称这些冲突为(一)有关根源的争端,(二)有关工具主义的争端,以及(三)有关道德的争端。

第二节

我想根据我描绘现代认同图景的立场,简明扼要考查一下这些争端。当然,要适当处理这种讨论,的确需要另外一本书(至少)。但是,我在这里的目标不是要进行争论,而是使我的现代认同的肖像更清晰,我将冒简化得使人感到武断的风险,在没有完全充分的证据的情况下提供一些信念。我希望通过有关现代性的争论,找到一条与我们时代某些大行其道的路线不同的路。或许有一天,我能回到这个问题上,以证明为什么必须走这条路。

让我们从第二个问题——有关分解工具主义的生活方式的争论——开始,因为它是上两个世纪自始至终最有影响的现代性理论的核心。

从浪漫主义时期开始,现代社会中逐渐趋于这种生活方式的倾向就 500
遭到攻击。正如我在第二十一章提到的,攻击处在两个层次上:一是分解的、工具化的模式把意义生活空虚化了,一是它威胁着公共自由,即自治的制度和实践。换言之,工具主义的否定性后果据称是双重的、经验性的和公共的。

以一大批不同的方式,一次又一次地做出这样的主张,工具化的社会,其中有一种,比方说,功利主义的价值观牢固树立在商业的、资本主义的、最后还有官僚制的存在模式之中,它倾向于把丰富多彩的、有深度的和有意义的生活空虚化。经验性的指责采取了各式各样的形式:没有为英雄主义、贵族的德性、生活的高级目的或值得为它们而死的事情留有足够的空间——托克维尔有时像这样谈问题,他在某种程度上影响了穆勒,使之也有同样的担忧。另一种主张说,没留下任何能够给生活以深刻而又强有力的目的感的东西;激情失落了。克尔凯郭尔就以这些词称"现在的时代";④而尼采的"最后的人"是这种衰退的极端例子,生活中除了"可怜而又可鄙的舒适",没有留下任何渴望。⑤

④ S. 克尔凯郭尔:《两个时代:革命时代和现时代,文学评论》(Two Ages: The Revolution and the Present Age, A Literary Review),H.V.和E.H.洪译(Princeton:Princeton University Press,1978)。

⑤ "Erbarmliches Behagen";还有《查拉图斯特拉如是说》(Sprach Zarathustra),前言,第3节。阿伯特·伯格曼:《技术和当代生活的特点》(Technology and the Character of Contemporary Life)(Chicago: University of Chicago Press,1984),似乎通过表明原先技术解放的承诺如何蜕化为"获得轻浮的舒适",而对此做出回应(第39页)。

工具化的社会或许经由它提供和歌颂的生活形象,只是把深刻的意义加以幽闭并使它们难以识别,而造成这种结果。这是经常对大众传媒进行的批评。或者说,这种结果的出现,起因于诱导和促进单纯的工具性态度,甚或是因对"可怜而又可鄙的舒适"的压倒性的关注。这种批评经常对准消费社会。

但是,社会行为也能被看作是更直接和更强有力的。这种指责在于,靠消解传统的社团或驱逐较早的、非工具性的自然生活方式,工具化的生活模式摧毁了意义原来能在其中欣欣向荣的母体。或者,行为可能是半强制性的,例如,就如我们在马克斯·韦伯作为"铁笼"[6]的现代社会概念或马克思关于资本主义的理论(韦伯从中吸取了内容)中看到的。在这里,在资本主义(或技术)社会中,生存的关键被认为是服从纯粹工具性的行为模式,这种模式具有把内在价值目的摧毁或边缘化的不可避免的效果。

意义的丧失能够以其他方式加以阐述。韦伯从席勒那儿捡起一个主题,谈论世界的*Entzauberung*(去魔化)。世界,从具有"魔力"的、神圣的或理念的场域,结果被单纯地看作对我们目的来说是潜在的工具的中性领域。

或者,也能根据分裂和碎片化概念对它加以阐述。对自然持工具性的态度,就是把我们与其中的意义根源分割开来。对我们的情感持工具
501 化态度是从内部分割着我们,把理性与感觉加以割裂。对我们个体目的的原子主义的关注,消解着社会,并把我们相互分开。这是我们以前见到过的主题,是由席勒表达的。但是,马克思(至少在他的早期著作中)也接过了这个主题,后来还有卢卡奇、阿多尔诺、霍克海默和马尔库塞,以及一九六八年五月的学生运动。

⑥ 马克斯·韦伯:《新教伦理和资本主义精神》(The Protestant Ethic and the Spirit of Capitalism),塔尔考特·帕森斯译(New York:Scribner,1958),第181页。

或者,人们讲到我们人类环境中共鸣、深度或丰富性的丧失;环境既指我们使用的事物,又指把我们与其他人连结在一起的纽带。马克思说,“一切固定的东西都烟消云散了”;马歇尔·伯曼模仿《共产党宣言》中的这句话,并用来作他的有影响的著作的书名。[7]

一方面,过去服务于我们的坚固的、持久的、常常是富有意味的对象,因现在包围着我们的急速流动的、质量差的、可替代的商品而被置于一旁。阿伯特·伯格曼讲到“装置范例”,我们借此从与围绕着我们的事物的“多种多样的接触”中吸取得愈来愈多,而不是要求和得到单纯设计的产品,以分发某种有限制的利益。他对照了用当代中心供热炉为我们的住宅取暖中涉及的东西,这同一种功能在先驱者时代,全家要砍柴劈木,为火炉或壁炉添柴,如此等等。[8]汉娜·阿伦特曾关注所使用的现代物体的愈来愈短暂的性质。她论证说,“人类世界的现实和持久性首先基于这样的事实,即我们是被比制造它们的活动更恒久的东西围绕着。”这使人处于现代商品世界的威胁之下。[9]

里尔克在《杜伊诺挽歌》第七首中,把世界变成内在性的需要同我们当代人造世界的实体的丧失联系起来。

> Eirgends, Geliebte, wird Welt sein, als innen.Unser
> Leben geht hin mit Verwandlung.Und immer geringer
> schwindet das Aussen. Wo einmal ein dauerndes Haus war,
> schlägt sich erdachtes Gebild vor, quer, zu Erdenklichem
> völlig gehörig, als ständ es noch ganz im Gehirne.

---

⑦ 马歇尔·伯曼:《一切固定的东西都烟消云散了》(All That Is Solid Melts into Air)(New York: Verso,1982)。

⑧ 伯格曼:《技术和当代生活的特点》,第41—42页。

⑨ 汉娜·阿伦特:《人类状况》(The Human Condition)(Garden City:Double-day,Anchor Edition,1959),第83页。

...
...Ja, wo noch eins übersteht,
ein einst gebetetes Ding, ein gedientes, geknietes—,
halt es sich, so wei es ist, schon ins Unsichtbare hin.

除了我们内心,可爱的意志世界不在任何地方。
我们的生命在变动中度过。
外部世界蜷缩得愈来愈小。在以往持久的住处,
现在大脑的结构穿越我们的道路,
502 完全属于概念的王国,仿佛它仍站立在头脑中
……
……其中一个仍旧幸存的地方,
先前在其面前祈祷、敬慕、跪拜的事物——
既然如此,它就进入了不可见的世界。[10]

另一方面,被置于丰富多彩的社会生活之外的个体,现在转而进入一系列易动的、变化的、可取消的联系中,这些联系常常只为高度特殊的目的而设计。我们通过一系列不完全的角色结束了相互间的联系。

这些都是经验性后果。但是,公共的后果也常用来反对工具主义社会。我已经讨论过的,一种长期存在的后果在于,它倾向于摧毁公共自由。托克维尔已提供了这种后果的变种,根据他的见解,原子式的、工具化的社会都耗竭着维持这种自由的意志, 与此同时都暗中破坏着自由所关键性地依赖的地方自治的凝聚点。还有马克思提出的另一个变种,这次特别指向资本主义社会,根据他的指责,这种社会导致不平等的权力关系, 这种权力的不平等使得真实的自治所假定的政治平等成为笑

⑩ 第7首,斯蒂芬·米切尔译,载《雷纳·玛丽亚·里尔克诗歌选》(The Selected Poetry of Rainer Maria Rilke)(New York: Vintage,1984),第189页。

谈。最近几年,另一种公共后果已经进入争论。工具化社会被控对生态不负责任,这把人类物种的长期的生存和福利置于危险之中。这是现在围绕着工具主义进行的道德和精神斗争首先关注的一系列政治争端。

第三节

我勾勒这些指责的略图,是想通过我所提供的对它们的透视,有助于阐明我的现代认同概念。我将屈服于这样一种诱惑,即通过这种勾勒,颇有争辩性地完成这项工作。但是,我在开始时可以提出一个一般的观点。从伴随着时间而发展的现代认同的图景中形成的东西,不只是构成性的善在道德生活中的中心地位,从而说明着我在第一编中的论证,而且还有因此可提出有效主张的善的多样性。善或许处于冲突中,但尽管如此它们并不相互驳斥。虽然表现性的满足和生态责任被以分解式的理性的名义粗暴对待,但是与分解式理性相联系的尊严却并非是无效的。我相信,支持着我们时代中不同的精神类型的关于善的接近而耐心的表达,倾向于更明显提出它们的主张。我认为是不充分的,以及我在这里想对照着规定我自己观点的大多数观点的困惑,在于它们的同感太狭窄。它们依靠使竞争中的某些关键的善成为无效的,寻找走出现代 503
性困境的道路。

由于我在第一编讨论坏的元伦理学,这个问题更加恶化了。元伦理学试图在根本没有善的情况下进行论证,因而使否定这种选择更容易了。更糟的是,靠提出权利的程序概念,根据这种概念,我们凭借某种规则程序就能产生我们应该做的事情,它认可这样的观念:产生错误回答的东西必定是虚假的原则。它很快跳到这样的结论,只要导致了坏的行为的东西,就必然是邪恶的(因而由于希特勒,民族主义必然是坏的,社群伦理学由于波尔布特而必然是坏的,因为庞德和艾略特的政治学,排斥工具化社会必然是坏的,等等)。这里真正的二难困境也许并非发现,即遵循一种善最终达到灾难性的结果，这并不是由于这个结果不是善的,而是由于存在着其他没有恶就不能牺牲的东西。

此外,现在我允许自己放肆地发表毫无掩饰的陈述,我想提出甚至更强势的主张。不仅这些单方面的观点是无效的,而且它们中的许多并非是、也不可能是由宣传它们的那些人全面、严肃和无矛盾地坚持着的。我不能声称已证实了这点,但是我希望从关于现代认同成长的冗长论述中出现的东西是：这种强势的主张是多么广泛地渗透于方方面面,是如何层层地包围着我们的，并且我们又是如何深深地纠缠于其中的：它存在于分解理性和创造性想象的力量规定的自我感中，它存在于有特点的关于自由、尊严和权利的现代理解中,它存在于根据自我实现和表达的理想,以及根据普遍仁慈和正义的要求中。

这或许应该说是平庸的陈词滥调,但实际不是。这不是陈词滥调,因为存在着强烈和多种诱因,要抛弃我刚刚勾勒的那“整套内容”的这个或那个方面。这些包括存在于现代认同自身内部的张力,如我马上要讨论的其“分解的”和“表现的”侧面之间的张力;包含尼采极其有力地宣布的对仁慈的严格要求的反叛,对此我随后还要进行考查。含糊不清的另一个重要根源,是启蒙的自然主义与所有善的概念(包括它自己的在内)的不融洽。这在很大程度上已归因于对我刚刚提到的程序主义伦理学的信任。

所有这些,在对历史无知的语境中,全都有助于相信过分简单的和近乎滑稽的这种或那种对现代性的解读。这些解读使现代性的各个方面看起来易于否定。狭隘的分解式理性倡导者,指骂浪漫主义的非理性
504 和反科学的方面,对之不屑一顾,而根本意识不到他们在寻求其情感和文化生活的“实现”和“表现”时,多么依靠于后浪漫主义对生命的阐释。另一方面,那些谴责技术社会或政治原子主义中分解式理性成果的人,当他们把他们的对手看作是受“支配自然”动机推动或完全否认对他人的依赖的时候，这就事实上堵塞了现代自我理解中在分解性质和自我负责的自由与个体权利之间复杂的关联，或工具理性和对日常生活的

肯定之间的关联,因而他们使得世界简单化了。那些炫耀对现代认同的选择方面进行最激进的否定和抛弃的人,一般说来继续依赖于他们所否定的东西的变种而生活。他们的观念中有大量的幻觉。如此,就别的例子来看,最冷静的程序伦理学的辩护人,也潜在地受善的见解的激励,而新尼采主义者也反对专制提出半秘密的普遍自由的要求。

这些指责的证据也许必须一一考查。[11]但是,像我在这里尝试的对现代认同的探讨,应当通过让我们超越讽刺画般的、片面的解读,通过给予有关我们这种认同如何普遍,以及我们是如何纠缠于它的所有方面中的意识,为我们明了它们的有效性做准备。

我认为,这样做是重要的,因为这些多种多样的排斥和否定并非只是理智的错误。如果承认善能授权,那么它们也是自我显谬的方式。如果我们继续以现代认同,大半是以它的经审查的变体而生活,那么被压制的善的复兴就并非只在苏格拉底的根据上有价值。它也是我们据以更充分地享有这种认同的方式。当然,这是否是一种未掺杂的善,所依赖的认同是否是一种自我解构的认同,这本身在有关现代性的争论中是论争的主要问题之一。在最后一节,我还要回到这个问题上来。但是,现在,在这些初步的评论之后,我打算考察有关工具主义论争的各种解读,这个题目是我在上一节提出来的。

分解理性的提倡者常常要完全拒绝这些抱怨。叫嚷的经验后果其实是幻觉。那些抱怨的人缺乏勇气来面对世界本来面目,而渴望不久以

⑪ 在我的《福柯论自由和真理》("Foucault on Freedom and Truth")中,载《哲学和人类科学》(Cambridge:Cambridge University Press,1985), 我已试图证明福柯作的某些否定的不可能性;在《人道主义和现代认同 》("Humanismus und moderne Identitat")中,载《现代科学中的人》(Der Mensch in den modernen Wissenschaften), 克雷兹茨托夫·米沙尔斯基编 (Stuttgart: Klett-Cotta,1985),我也试图形成更普遍的观点。在《严肃的游戏:雅克·德里达的伦理—政治视野》("Serious Play: The Ethical-Political Horizon of Jacque Derrida") 中,《思辨哲学杂志》(Journal of Speculative Philosophy)(即将出版),里查德·伯恩斯坦证明,德里达的工作如何更多地要求转向对非主流伦理的明显承诺。

前的舒适的幻觉。所谓的意义丧失只反映着把某些混乱的情绪投射到现实之上。对公共后果来说,这些可能确实是存在的,但它们只能把民主和生态问题当作技术问题来对付,通过对相关的社会科学和自然科学的应用来寻求最好的解决。

505 从我的观点看,这种立场包含对构成我刚刚简述的否定性指责的基础那些善的根本的无视,例如,承认生活中有超功利的内在价值目的;表现的统一性;人的表现潜力的实现;承认有比自然环境的工具化意义更高的某种意义;人造环境中特定的意义深度。在此,这并不构成我对这点的简要论证,因为我的目的是阐明我的立场,而不是建立这种立场。但是,论证的路线显然是足够的。

正如我在第一编中所说的,不能向确实不接受善的影响的人来证明善。只能令人信服地论证善以某种方式已对人们造成冲击,他们早已在某种层次上对善做出了反应,只是拒绝承认罢了。论证的序列在某种意义上仅仅是从个人偏爱出发的,包括证明存在着恩斯特·图根哈特所说的"经验方法"⑫,这种方法经由某种去错的步骤,比如清除混乱、解决矛盾或坦率地承认确实造成冲击的东西,从对话者的见解引到人们自己的见解。⑬

我不认为,在分解式理性的极端倡导者的情形中,难以发现这类情况。如果他们是正统的功利主义者,如果我第一编中的论证是有效的,他们所由出发之元伦理学将是站不住脚的。另外,正如我刚刚指出的,有大量迹象表明,他们在自己的生活中并非不受作为表现的统一性和完整性的善的影响。浪漫主义塑造了差不多每个人的关于我们文明中人格实现的观点。工具主义的辩护者,当必须拥护他们外显的意识形态

⑫ 恩斯特·图根哈特:《自我意识与自主》(Selbstbewusstsein und selbstbestimmung)(Frankfurt: Suhrkamp,1979),第275页。

⑬ 在《说明和实践理性》("Explanation and Practical Reason",即将出版)中,我将较深入地讨论了这个问题。

时,就压抑了他们关于这点的意识。由于深思熟虑地把他们的同情感狭隘化,他们简化了自己的道德世界。或者,我愿意这样论证。

进而,对公共后果的工具主义的解读严重地偏离了要害。保持自治社会的健康有一系列重要条件,托克维尔曾对此做过很好的探讨。这些条件包括公民对他们的公共制度和政治生活方式强烈的认同感,中央机构距离太远或太官僚化以致无法维持他们自身的参与感时,也许还包含着某种对权力的非中心化。在我们高度集中和变动的社会中,这些条件处于危险之下,这种社会在经济和国防政策两方面都受到工具主义考虑的严密支配。更糟的是,工具主义所培育的原子主义观点让人们意识不到这些条件,以至于他们乐于支持实际上有损于他们的政策——比如最近在英国和美国的新保守主义措施的冲击,削减福利项目,减少收入的再分配,就腐蚀着社会认同的基础。原子主义把我们关于行为和社会后果之间关联的意识弄得如此模糊,以致同一批人,由于 506
他们变动和发展导向的生活方式,在大量增加公共部门的任务的时候,却最强烈地抗议为完成任务要付的费用。我们政治学中的这种观点的霸权,因不负责任的官僚主义而得到进一步的加强,也表现了对我们的生态利益的持续的威胁。这就是我的主张。⑭

⑭ 在各种地方,我已在某种程度上论证过这些托克维尔的主题,例如,《作为实践的社会理论》("Social Theory as Practice")和《合法性危机》("Legitimation Crisis"),载《哲学和人类科学》(Philosophy and the Human Sciences)(Cambridge: Cambridge University Press,1985);以及《可选择的未来》("Alternative Futures"),载《加拿大的立宪主义、公民和社会》(Constitutionalism,Citizenship and Society in Canada),阿兰·凯恩斯和辛西娅·威廉斯编(Toronto: University of Toronto Press,1985);《稳定国家的政治学》("The Politics of the Steady State"),载《超越工业增长》(Beyond Industrial Growth),亚伯拉罕·罗特斯坦编(Toronto: University of Toronto Press,1976),以及"Algunas condiciones para una democracia viable", Democracia y Participacion,R.阿尔维叶和C.鲁伊斯编(Santiago: CERC,1988)。贝拉等人的《情感的习惯》,提供了当代美国道德语言的托克维尔式的解读。也见迈克尔·桑德尔:《程序共和制和无负担的自我》("The Procedural Republic and the Unencumbered Self"),《政治理论》(Political Theory)12(February, 1984),第81—96页。

当人们拒绝了工具主义解读时,另一类观点却走到显著的位置。这些观点与工具主义分有着共同的启蒙自然主义的根基。它们是彻底以人为中心的,但它们拥护某种表达实现的概念。根据一种解读,马克思主义就是这样一种观点;而且,早期法兰克福学派的各种理论,即阿多尔诺和霍克海默的理论以一种方式,马尔库塞以另一种方式,也的确符合这种描述。他们对人类的前景可能是乐观的,比如马克思主义;或许是悲观的,比如法兰克福学派的思想家所倾向的。实际上,看起来仿佛阿多尔诺几乎把人类问题看成在历史上无法解决的。但是,他紧紧把握的不过是完整的表达实现的概念, 据此感性特殊性的要求将与概念理性的要求实现充分的和谐化,据此后者对前者的支配和压制将被克服。这仍旧是批判的标准,甚至在它不能完整地实现的地方也是。

显然,对这种见解,特别是它的"悲观主义的"变种,我持有很大的同情,在此已经接近了对善之间冲突的未被歪曲的认识。但是,从我所理解的现代认同的观点看,上述观点仍旧是太狭窄的。它仍然是完全人类中心论的,并把不依赖人类力量或实现的善视为以前时代的幻想。就这点来说,它表明了它与激进启蒙运动的关系。这不仅意味着它接近于一切有神论的观点, 而且意味着它甚至不能为关于根源的某种非人类中心论的探讨留有空间,这种探讨在现代主义艺术中有重要的作用,比如在里尔克、普鲁斯特、曼、艾略特或卡夫卡那儿。它最终不得不对这些探讨作更加还原的解释,把它们与对主体的表达实现的探索联系起来。在这种意义上,它与主观主义联系了起来。

即便把有神论问题撇在一旁,令人震惊的是这样的事实,最具深刻说服力的和最动人的,以及那些仍然有影响的现代主义著作和实验,严格说来是超越主观主义的——例如,包括我提到的那五个人的著作。这些作者中有许多人坚决反对主观主义艺术——这常常构成与他们反浪漫主义有关的部分。全部否定这种先验性,似乎是一种任意的行为,一种对自然主义启蒙运动的意识形态忠诚的过分依赖。

而且,某种主观主义的表现主义也赢得了其进入当代文化的道路,其局限性是明显的。在当代美国人类潜能运动中,在其他类似进程的作 507
品中,存在着一套来自浪漫的表现主义的理想,很大程度上出自土生土长的美国根基:爱默生和先验论,还有沃尔特·惠特曼。目标是自我表现、自我实现、自我完成、发现本真性。但是,现在的气氛与其十九世纪的根源相比充满了更多的自然主义。

从启蒙运动的自然主义气氛中出现的,是保卫本性和日常欲望以反对似是而非的精神要求的立场,这种要求把传统的外部标准强加在自我上,以窒息其本真性的成长和实现。它继承的另一点是对科学和技术的信仰,而这在美国有着特别强劲的根基。它表现于特别重视治疗方法以及假定支撑着它们的科学——精神分析学、心理学、社会学。某些传统的道德要求屈服于个人实现的需要,并希望治疗能对此形成推进,一起造成了被称为“治疗学成功”的文化转向。[15]

正如批评家指出的,这种观点所鼓励的生活方式倾向于某种肤浅性。因为没有任何非人类中心的善,实际上便没有任何超出主观的善可被允许胜过自我实现;这样一种道德和政治语言倾向于降低到相对无色彩的主观主义“价值”言谈中。[16]为我们发现“我们的工作、社会阶级、家庭和社会角色”的意义,需要我们提这样的问题:“我们现存的生活体系,是以怎样的方式促进或妨碍我们的价值观、目的和欲望的?我们人格中有多少部分能够得到展现,哪些部分被我们压抑着?对世界上任何

---

[15] 见菲利普·里夫的原创性著作:《治疗学的成功》(The Triumph of the Therapeutic)(New York: Norton,1966)。这个概念现在被广泛使用。克里斯托弗·拉什在他的《自恋的文化》(Culture of Narcissism)(New York:Norton, 1979)和《最小的自我》(The Minimal Self)(New York: Norton,1984)中,使用了它。阿拉斯岱尔·麦金太尔利用这个概念勾勒了他的情绪主义时代的“特征”,《追寻德性》(After Virtue) (Notre Dame: University of Notre Dame Press,1984),第3章;贝拉等人在《情感的习惯》的第5章,也运用了它。

[16] 例如,见贝拉等人的《情感的习惯》,第80、131—133页。

特定时代的生活方式，我们是怎么样感受的呢?”[17]

但是，我们对自我实现的正常理解，假定了某些事情比自我更重要，假定存在有某些善或目的，它们的推动对我们有重大意义，因而能提供实现生活所需要的重大意义。彻头彻尾的主观主义将走向虚无:世界上没有什么算是实现的东西，照字义就是说，除自我实现之外，没有什么重要的东西。

更进一步的是，自我实现的首要性产生和强化着某些与工具主义相同的否定性后果。社团的隶属、出身、婚姻、家庭、城邦的纽带，所有这些都是次要的。下边是有关如何应付中年危机的建议，它出自本世纪七十年代中期出版的我刚刚引用过的同一本有影响的书。

> 当开始中年旅程时，你不能随身携带所有的东西。你要离开。抛开
> 508 制度的要求和其他人的日程。抛开外在的评价和鉴定，去寻找内在的合法性。你要走出角色，进入自我。假如我要为欢送这次旅行给每人一个礼物，那就会是帐篷。一种临时性的帐篷。移动根基的礼物……
>
> ……自我发现的快乐是永远有效的。尽管所爱的人进入或退出我们的生活，但爱的能力仍然存在着。[18]

我们或许能经这条路获得表达的实现(服从于前一段主观主义的约束)，但是在隶属于关系变化的世界中，意义的丧失、我们所用事物日益淡薄的联系和浅薄，都飞快地增长着。公共的后果甚至更直截了当。自我实现者的社会，其隶属关系愈来愈被看成是可随便取消的，无法维持与政治社团的强劲的认同感，而这是公共自由所需要的。

---

⑰ 盖尔·希:《过渡: 成年人生活的可预见的危机》(Passages: Predictable Crises of Adult Life)(New York: Bantam Books,1976),第30页。

⑱ 同上书,第364、513页。

罗伯特·贝拉和他的合作者,在他们的《情感的习惯》一书中,证实了这种政治侵蚀。自我实现的首要性,尤其是在它的治疗学变种中,产生了这样的概念,即人们惟独能够认同的联合是那些自愿形成的联合,这种联合促进着自我实现。比如,“生活风格的飞地”,有类似兴趣或处境的人们群集于其中——例如,南方郊区的退休者,或可随意取消的浪漫关系。[19]在这些联合之上的是策略关系的领域,在那儿工具性考虑是至上的。治疗学的观点似乎根据像单亲家庭这样的联系模式设想社团,这种团体在他们的成员处于特定困境中时对他们是很有用的,但是它并不要求人们在不再需要时也保持对它的忠诚。[20]产生的超越自我实现的伦理,严格说来是程序公正的伦理,它在工具主义观点中起着很大的作用。政治上,这点“反主流文化”恰好适合于它设想要挑战的工具化的、官僚主义的世界。它强化着这个世界。

也可能有这种文化的更可怕的或更危险的分支。“治疗学的成功”可能也意味着放弃自主性,在那儿传统标准伴随着对技术的信任而跌落,这使人们不再相信他们自己对幸福、实现和如何养育他们的孩子的直觉。随之,“帮忙的职业”接管了他们的生活,[21]福柯描述了这个过程,但或许他并未给予充分的解释。关系的极端流动性和暂时性,能导向时间感的收缩,即伴随着未知的过去和按透视法缩短的未来,感到栖居于狭窄的时间带中。[22]但是,在这点上所说的,已足以可勾勒反对这种主观主义的表现主义的情形了。

---

⑲ 盖尔·希:《过渡:成年人生活的可预见的危机》,第3章。

⑳ 同上书,第5章。斯蒂芬·蒂普顿:《情感的习惯》的作者之一,在他《得救于六十年代》的第5章中,证明人类潜在运动的某些社会环境,以及特定的部分,如何使人们把表现的私人生活与工具性的工作及公共生活相结合,尽管依据他们本世纪六十年代原先的态度,前一种生活逐渐削弱第二种的基础。

㉑ 克里斯托弗·拉什,第7章处处可见,第387页;同一作者,第1章。

㉒ 拉什:《自恋的文化》,第1章;同一作者,《最小的自我》,第2章。

逻辑地位将转向这种冲突的反主观主义的说明，一种为并非单纯
509 集中在个体或人类实现之上的善留有空间的说明，这个观点同时批判了工具主义和主观表现主义。但是，困难在于，这类观点它们本身经常是片面的；它们有自己的狭隘形式，自己的盲点。这样，我从中吸取了很多东西的《情感的习惯》一书，似乎本身就提供了关于我们的困境的过于简单化的观点。贝拉和他的合作者仿佛常写的主要问题，是我称为公共后果的问题。他们看到首先是功利主义的危险，现在也有表现的个人主义确定我们公共生活的危险。他们寻找方法，以恢复对更大整体承诺的语言。但是不言而喻，他们这样写，仿佛在我们的文化中的确没有独立的意义丧失问题，仿佛托克维尔式承诺的恢复也将以某种方式完全解决我们的意义、表现的统一、我们人造环境中实体和共鸣的丧失、去魅化的宇宙等等问题。现代研究和关注的关键领域被省略了。

以一种非常不同的方式，在于尔根·哈贝马斯的著作中有类似省略。在他的《交往行动理论》中，[23]他责备阿多尔诺对现代性的悲观主义判断。哈贝马斯认为，工具理性和表达实现之间不可能冲突的认知，来自关于主体的错误概念。阿多尔诺仍在使用传统哲学的古老“意识理论”，这种理论根据主体对客体的关系解释我们的困境；而事实上，主体是由语言，因而由主体之间的交流构成的，他们的关系就这样逃避了主/客体模式。有重大意义的他人(哈贝马斯从乔治·赫伯特·米德那儿吸取了许多东西)并不是单纯外在于我；他们有助于构成我自己的自我性。

哈贝马斯推理道，被认为根据主/客体关系思考的阿多尔诺，只能解释启蒙理性涉及增进主体对客体的工具性支配的进展。但是，一旦我们把主体看作由交流构成的，我们就能理解理性也在另一个维度上推进，那就是通过论证达到一致的理性探索的维度。

㉓ 于尔根·哈贝马斯：《交往行动理论》(Theorie des kommunikativen Handelns)，2卷本(Frankfurt: Suhrkamp,1981)，第1卷，第4章。

哈贝马斯的话语模式,就民主和自治问题,确实给我们以比阿多尔诺更少悲观主义的理由,因为我们能看到对自然的工具性控制的进展并不必定意味着对人的工具性控制的平行增长。哈贝马斯就这样修正了阿多尔诺对工具主义公共后果的估计。但是,为什么这就应当改变我们的经验后果的观点?自我由语言交流构成的事实(而且,正如我在第一编指出的,我在这点上明确同意哈贝马斯),并不以任何方式保证我们反 510
对意义的丧失、碎片化、我们的人类环境和我们的隶属关系中实体的丧失。很像贝拉和他的合作者,哈贝马斯取消了公共问题背后的经验问题,仿佛二者能因一方的代价而得到解决。

这里没看到的并不是表达性实现的要求,因为除道德—实践和认识—工具之外,哈贝马斯对这些要求进行了论述——它们在现代的合理性中有自己分化了的领域。毋宁说,不符合他的概念网格的是最后两章所主要讨论的东西,即通过共鸣于他或她**内部**的语言所探索的**外在于**主体的道德根源,以及对不可避免地在个人的视野中表现出来的秩序的把握。

哈贝马斯的现代性概念部分地受到了韦伯的激发,它在这方面与流行观点是一致的。它承认人是更大秩序的部分这种前现代含义,但它看到现代合理性的发展明显地显示出这种观点的不连贯性。它区分了理性的各种组成部分,而秩序的古老含义就落入这些组成部分之间。于是可能有(一) 把世界认识为客观的科学尝试,即不再根据其对我们的意义来看待它;(二) 决定正当性的实践理性的尝试;(三) 对主体表达的完整性和本真性的探讨。[24]但是,没有为秩序的探讨留下连贯的空间,我们是作为道德根源的位置被设立在这种秩序中的,这是里尔克、庞德、劳伦斯和曼以极其不同的方式极力表达的。这并不是(一) 因为他们并不试图客观化这种秩序;恰恰相反。这并不(二) 因为哈贝马斯有程序性的实

㉔ 于尔根·哈贝马斯:《交往行动理论》,第1章。

践理性概念。这并不是(三) 因为那纯粹与主体的表达有关。它被概念网格漏掉了。

我们能很容易明白为什么。它不是对古典意义上的、可以公众进入的实在的"客观"秩序的探讨。只有通过个人的,因而也是"主观的"共鸣,这种秩序才是可理解的。正如我在前边论证的,退回到主观主义的危险总是存在于这个事业中。它很容易沉湎于对我们的创造力的赞美之中,或者把根源挪用、解释为我们内心中的事情以及表达为"解放"的基础。但是,在其最好的状态下,在充分完整的情况下,这个事业是克服主观主义的一个尝试。只是这仍旧是一个持续的任务,它不能一劳永逸地被我们甩在脑后,就像对待以前时代的公共秩序那样。

这种经由个人共鸣的对秩序的探讨,在另一类观点中也没有得到更好的推进,这类观点甚至比刚刚考察的那类更强烈地反对主观主义。像莱奥·斯特劳斯的追随者的观点一样,这些观点是对整个现代转向的
511 批评,既批评它的分解工具形式,也批评它的浪漫主义表达形式。这种形态的观点的同情更加趋于狭窄,它们对现代认同的各个侧面的解读难以引起同感。在对分解理性或表达实现的渴望中所要求的深层道德看法,真正的道德根源倾向于被忽略,而较少给人深刻印象的动机——骄傲、自满、从要求的标准中解放出来——被强调。现代性经常经由其最不动人的、最浅薄无聊的支流而得到解读。

但是,这是歪曲。今日美国人类潜能运动的最轻浮和自我放纵的形式,不能给我们衡量表达性满足的渴望尺度,例如,就像衡量我们在歌德或阿诺德那儿发现的表达性满足那样。甚至最轻浮的表现反映得比我们一眼所能看到的更多。首先,我们必须避免因为对它们的排他性追求导致卑鄙的或灾难性的后果宣布那些善无效的错误。正如我在前边论证的,寻求纯主观的表达实现可能使生活变得琐细和缺乏实体性,可能最终削弱它本身的基础。但是,单凭这件事情本身并不能证明主观实现不是善。它只表明,这种善需要成为一"揽子"善的组成部分,需要在

生命内部来追寻;而这种生命也以其他善为目标。当然,这可能是令人痛苦的二难境地的基础,在这种境地中实现的要求与其他那些善相对立——其中之一,例如,成千上万的离婚或接近离婚的夫妇经历着我们的时代。但是,二难困境并不能使竞争性的善无效。相反地,它预先地设定着它们。

我一直在考查有关工具主义争论的不同解读:从分解理性和主观表现主义的观点看;然后经由那些靠在道德和政治之下设定经验问题而包含主观主义的某些作者的眼睛;最后,经由对整个现代转向的批评的眼光,连同它对公众的意义宇宙秩序的排斥。我的主张是,它们都太狭隘了。它们都过快地消解在对某些善的否定中,我想论证,如果人们仔细研究现代认同的发展,这些善的有效性就会浮现出来。进而,我们现代人,甚至那些认为自己否定这些善的人,都依赖它们而生活:如分解式理性主义者,仍受有像实现这样的概念帮助的他们个人的二难困境的困扰;反现代主义者本身,在他们的政治和道德生活中,就像求助实现一样求助于权利、平等和自我负责任的自由。

但是,从这种简单的考查得出的东西是,尽管它们以不同的方式是狭窄的,而且它们消解着各种各样的善,但有一类似乎是所有它们的特别不幸的目标,那就是我所称的经由个人共鸣的对秩序的探讨。它未进入所有的概念网格。这种排斥甚至比我指出的还大。我没有提到韦伯,主要因为我很少对他的理论进行批评。就我的看法,他的理论是最深刻 512
和最具洞察力的,就是因为它有关于善之间冲突的鲜明含义。但是,即便韦伯,在尼采主观主义阐释的影响下,也没有为这种探讨留有空间。

这是主要的裂隙。并非只是最近两个世纪的显现的艺术才因这种消解而达不到预期目标。我们现在处于这样一个时代,在其中明显可理解的宇宙意义秩序已经成为不可能。我们可以探讨秩序——我们据此设立目的以界定道德根源——的惟一方式,是经由这种个人的共鸣。不仅对事物显现的艺术,还有哲学、文学批评中尝试同一种探索的其他努力，都是如此。这种工作，尽管明显没有任何显现的性质，却落入同样的范畴。为阐明问题，我已彻底地探索了语言，而且在意味深长的像“显现”、“道德根源”、“分解”、“授权”等等这样的个人共鸣的比喻中发现了这点。这些比喻能使我看得比以前更清楚。我相信，如果它们是显现工作的富有生命力的观念，那将需要另外一种能力。伟大的显现的工作，实际上能使我们与它选择的根源联系起来。它能够实现这种联系。哲学家或文学批评家的修补工环绕并塑造着比喻，通过这些比喻他或别人可能有一天来这样做。艺术家就像赛车手，而我们是修理站中的机械师；只要在这种情况下，那么机械师通常有四个拇指，他们就只是模模糊糊地领悟装配的金属线，远不如赛车手。这种比拟的含义是，如果我们认为这些问题的哲学的或批评的语言，与诗人或小说家的语言相比，由于某种原因更加远离个人的指标，那我们就是自欺。主体并不容许逃脱个人共鸣的语言。

我们或者以这类语言探讨这个领域，或者什么也没有。那就是为什么对这种探讨的拒绝具有重大的道德后果。分解理性或主观实现的倡导者，乐于接受这些后果。没有什么道德根源要探讨。彻头彻尾的现代性批判者渴望更古老的公共秩序，他们把反映在个人视界上的观点仅仅视作主观主义。严厉的道德主义者，也想包含这种个人的隐晦领域，而且也倾向于把这个领域的所有现象结合在一起，不管是主观主义的还是探讨的。道德被认为区别于所有个人领域的东西，独立于这个领域，而且有专横的约束力。这种主张(似乎)所坚持的一种构成方式，是采取程序主义的道德概念。例如，哈贝马斯和黑尔，就有这种类型的理论。某些神学观点可能也带来类似的抑制。我们的要求来自上帝，我们可以忽视和贬低个人感受性的领域。

513 但是，对现代认同进行的一个研究不应满足于所有这些见解。并不是现代性的基本道德标准，有关的权利、正义、仁慈，依赖这种探讨；毋宁说它们依赖于善，我们靠个人感受不能接近这些善。但是，有其他一些重要的生活问题,我们只能靠这种洞察力解决它们;例如,为什么拥有更深层的共鸣的人类环境,进而拥有与某种时间深度和承诺的隶属关系异常重要,且这究竟意味着什么。这些是我们只能靠探讨人类困境,探讨作为道德根源的地点的、我们置身于自然和他人之间的方式才能阐明的问题。当我们的家庭、生态、甚至城邦的公共传统被暗中破坏或摧毁的时候,我们需要新的个人共鸣的语言,以便让至关重要的人类的善再次为我们充满生机。

而且,这种探讨不只因它的经验性关联而显得重要。假若我们能发现我们的自然环境和荒野对我们要求的意义,它将大大有助于延缓生态灾难。工具主义和个人实现的种种意识形态无法逃避,这种主观主义的偏见,使说明这里的状况几乎成为不可能。阿伯特·伯格曼指出,[25]有多少关于生态约束和责任的论证表达在以人类为宇宙中心的语言中。约束被证明是为了人类福祉的需要。这的确是足够重要的,但还不是问题的全部。它并未完全把握我们在这里的直觉。我们的意识形态背景构成一个力场,在其中甚至极为不同的意图都屈从于一致性。

例如,读里尔克是为了得到对我们更进一步的、更强劲的直觉的表达,得到对这样一种方式的表达,即世界并非单纯是为我们所用的客体的总和,它反而要进一步向我们提要求。里尔克以“赞许”和“使内在化”的比喻表示了这种要求,这些比喻似乎提出了注意、仔细研究、尊重存在的东西的需求。而这种需求,尽管与我们作为语言存在所是的东西相关联,却并非单纯是自我实现的需求。它发源于世界。在这个范围内难以澄清,只是因为我们深陷于个人共鸣的语言中。但是,对我们极其重要的某种东西,是在这里通过不管怎样摸索和破碎的片面性的东西所表达的存在。宣布这整个类型的没有客体的思维,就是招致巨大的自我伤害。

㉕ 伯格曼:《技术和当代生活的特点》,第11章。

第四节

在某种程度上我已讨论了关于工具主义的冲突，因为几个世纪以来它处于关于现代性讨论的前沿。我的意图是靠提供在其中给予语境
514 的对冲突的说明来阐明现代认同，而且我期待着某种借此而获得的东西。所出现的东西是对大多数占主导地位的阐释观点的批判，这些阐释太狭窄，不能对大量的善，因而还有它们所引起的冲突和矛盾给予全面的认识。

从这个讨论和前几章的讨论，也引出了各式各样的选择盲目性赖以由哲学的考虑所巩固和恶化的方式。正如我们与笛卡尔和洛克所看到的，分解的、自我负责的理性的发展力量，倾向于增加非情境化主体，甚至点状自我的观点的可信度。这来自一种非常好理解的角度:它包含解释分解的态度，靠此我们把我们自身存在的诸方面客观化，使之成为主体的本体论，仿佛我们本性上就是与仅仅给予我们的万物有区别的主体——脱离肉体的灵魂(笛卡尔)，或自我重构的点状力量(洛克)，或纯粹的理性存在(康德)。可以说，这个态度因此被赋予了最强劲的本体论的根据。

但是，无论多么可理解，这一着是错误的。我没有篇幅在这里纠缠这个问题，但有大量最具洞察力的二十世纪哲学已经驳倒了这种分解式主体的图景。[26]在这里要注意的重要东西是，这个图景并非只是关于主体性的错误观点；对支持自我负责的理性和自由来说，它完全是不必

㉖ 例如，见莫里斯·梅洛—庞蒂:《知觉现象学》(La Phenomenologie de la perception)(Paris:Gallimard,1945)；马丁·海德格尔:《存在与时间》(Sein und Zeit)(Tubingen:Niemayer,1927)；我认为，维特根斯坦的后期著作，也能从这个角度看；还有迈克尔·波兰尼的《个人的知识》(Personal Knowledge)(New York: Harper,1964)；以及《缄默的向度》(The Tacit Dimension)(Garden City: Doubleday,1966)。

要的。这些理想能够而且有它们的有效性(无论怎样受其他东西限制);甚至当我们抛弃这种站不住脚的人类学时,我们仍能认可作为现代性重大成功这种力量(在适当的范围内)的发展。

无论如何,这是有关当前论证责任的区分,有关我在第九章讲过的那些事实之一,即与分解式主体性相对的情况总要被更新;理解也是类似的,这种情况并不使自我负责的理性和自由失去效力(尽管它限制了它们的范围)。争论的方式正常起作用,全都太容易分化为两个阵营。一方是自我负责的理性和自由的理想的持有者,他们感到因此必须要采纳分解的人类学。很经常,这种人类学产生于他们与经验主义认识论的接触,这种认识论的权限假定了某种像洛克的主体观这样的东西。[27]另一方是这种有点脱水的观点的抗议者,他们因此感到必须完全排斥这些理性和自由的理想。

以一种类似的——可理解但却是无效的——方式,激进的启蒙运动信奉一种否定强势评估的哲学;而且以其自身的样式,发展创造性想象力已倾向于给予主体自我实现的哲学以色彩。这些也引起两极化的争论,因此失去了重要的洞见。

这个问题全部指向上边我提到的至关重要的哲学派别,它们一直试图使我们脱离这样的偏见,即我们很容易滑入或形成情景化自由的 515
人类学。

我提到的其他两个矛盾区域,最初不像我正在讨论的这个区域那样得到广泛的认识。毋宁说,只有通过我正在勾勒的现代认同的图景,它们的轮廓才会显现出来。

我首先列举的第一种区域包含着有关根源的问题。在此似乎不是

---

[27] 在《超越认识论》(“Overcoming Epistemology”)中,载《后哲学:终结还是变化?》(After Philosophy: End or Transformation?) 中,肯内斯·贝恩斯、詹姆斯·博曼和托马斯·麦卡锡编(Cambridge,Mass.:MIT Press,1987),我已经非常深入地讨论过这点。

一个重要的冲突。跨越意识形态和形而上学信念的巨大差异，我们对正义和仁慈的要求，以及它们的重要性，有着令人惊奇的一致性。存在着差异，包括有关堕胎的刺耳争论。但是，这些例子的极其稀有，对普遍同意来说是有说服力的证据，可稀有使它们更显眼。为了理解我们的一致包容多广，我们只需要把我们文化中的任何派别与以前以及在它之外所持的基本信念相比较：例如，我们可能想到司法酷刑，或因偷盗罪而被砍去手足，甚或想到公开宣布的(与隐蔽的和未公开声称的相对照)种族主义。

所以，只要我们围绕规范而结合在一起，为什么要担心我们在理性上不一致呢？不一致并不是问题。毋宁说，问题是什么样的根源能支持我们对仁慈和正义的广泛的道德承诺。

在我们的公共争论中，就这些规范而提出的空前严厉的标准，并未受到公开的挑战。要我们关心地球上全人类的生活和幸福；号召我们在全球推进人们之间的正义；我们赞成关于权利的普遍宣言。当然，人们经常回避这些标准。当然，我们赞成它们时，伴有大量的虚伪和内心的保留。然而，它们仍旧是可以公共接受的标准。它们不时激励着人们的行动——就如电视激发的许多减少饥饿的运动，或临时凑成的(Band-Aid)活动。

就我们严肃对待这些标准的程度(而这因人而异)来说，如何体验它们呢？它们可能只被感受为专横的要求、标准，我们感到它们是不适当的、坏的，或因不能满足而有罪恶感。毫无疑义，许多人，或许几乎我们全部有时以这种方式体验它们。或许，从我们自身价值的意义看，或者更恰当地说，从暂时减缓我们通常难以满足它们的边缘的但却压制性的含义的意义看，当我们有时满足了那些标准时，我们就能“升华”。但是，由人明显值得帮助或得到公正对待的强势含义，即它们的尊严或价值的含义所推动，是极为不同的事情。在这里，我们得以接触到了道德根源，是它们本来支撑着这些标准。

正如我们看到的,这些根源是多元的。但是,就它们都提供这种积 516
极的支持来说,它们有共同之处。最初的基督教圣爱(agapē)概念,是上帝对人的爱,这与人们作为创造物的善良性质相联系(尽管我们不必决定,他们是因善而被爱,还是因被爱而是善的)。人通过神恩而分享这种爱。存在着对创造物的神圣肯定,这种肯定在《创世记》第一章有关每一创造阶段的重复句子得到注意,“上帝看到这是好的”。圣爱与这种“看着好”(seeing-good)密不可分。

各种各样的、或多或少地世俗化了的后继概念,都体现着某种类似的东西。这样,正如我在前边所论证的,启蒙的自然主义部分地是由这样的意识所激励的,即为了首次公正地对待纯朴的自然欲望而排斥宗教,这反击着隐含在禁欲主义准则中的诽谤。

高级标准需要强势根源。这是因为,在支撑单纯建立在未履行责任的情感之上,建立在内疚,或其对应面,自满之上的要求方面,存在着某种道德上的堕落、甚至危险。伪善并不是惟一的消极后果。作为要求仁慈的道德,导致达不到要求的那些人的自我谴责和对自我实现的冲动的贬低,人们认为利己主义为满足这个标准设置了很多障碍。尼采探讨了这个问题,并以充分的力量使一切装饰成为多余的。实际上,尼采的挑战是以深刻的洞见为基础的。如果道德只起否定作用,那就没有因作为价值存在的领受者的肯定而得到加强的仁慈,而怜悯对给予者来说是破坏性的,对接受者来说是贬低。仁慈伦理学或许实际上是站不住脚的。尼采的挑战达到了最深层次,因为严格说来他在寻求能释放这种存在的肯定性的东西。他那使人不安的结论是,正是仁慈伦理学妨碍着肯定之路。只有存在着圣爱这样的东西,或对其后继者来说所提的一种世俗要求,尼采才是错误的。

要求仁慈还有其他的后果,对此尼采并未探讨。无价值的危机意识也可能导致罪恶的向外喷射;恶、失败现在被等同于某些别的人或群体。我问心无愧,因为我与他们相对立,但我能做什么呢?他们妨碍着普遍利益；必须清除他们。在政治风景线的极端，这变得尤其刻毒，陀思妥耶夫斯基以无与伦比的深度探讨了这种方式。

就像他那个时代一样，在我们的时代，许多年轻人被推向政治极端主义，有时是出于真正可怕的状况，但也出于赋予他们的生活以意义的需要。由于无意义经常伴随着罪恶感，有时他们就呼应强势的极端化意识形态，根据这种意识形态，靠跻身于与黑暗势力进行毫不妥协的斗争
517 的行列，人们发现着纯洁感和方向感。对对立面越是不妥协，甚至暴力地对待之，两极化就表现得越绝对，远离罪恶的纯洁感就越大。陀思妥耶夫斯基的《群魔》就是有关现时代的伟大文件之一，因为它揭露了普遍的爱和自由的意识形态赖以点燃仇恨之火的方式，这种方式向外指向无法再生的世界，产生着毁灭和专制主义。

由全部这点引起的问题是，就继续忠诚于我们的正义和仁慈标准而言，我们的生活是否超越于我们的道德手段？我们有没有对我们来说仍是可信的看着好的方法，它们有足够力量支撑这些标准？如果没有，限制它们既是更诚实的，也是更谨慎的。在这种关联中，我在第十九章简要地提出的问题就再次出现了。自然主义的看着好——它转而排斥宗教对自然的中伤——从根本上说是寄生性的吗？这或许有两种意义：不仅它通过排斥所谓的否定来获得其肯定，而且对其普遍仁慈来说，原初的模式就是圣爱。在它竭力废除的宗教死亡时，它怎么样才能幸免于难呢？当"诽谤"过去后，肯定能否继续存在呢？

依照第二十三章第六节的讨论，问题可能以另一种形式出现：或许原初的启蒙运动的肯定，其确定的自信是建立在高度理想化的、直接为后天意的自然观之上的。但是，面对我们关于更暗的深层人类动机的当代后叔本华式的理解，这种肯定能够挺得住吗？在不必付出尼采的代价的情况下，在某个地方是否有把这些看作善的理想化的力量。

或者说，仁慈最终必定被设想为我们对自己应负的责任，它因某种方式是出于我们作为理性的、解放了的现代人的尊严所需要的，而不管

领受者的(无)价值?而到如此这般地步,我们将多么接近陀思妥耶夫斯基所描绘的世界?在其中表面上的善行事实上是竞争、甚至是仇恨的表达。

或许也可在这里提出另一个问题。自然主义的肯定是根据在人类本性的健康和力量的完整性的意义上人类本性的看法而定的吗? 它推动我们扩大对无可挽回的受伤害者——比如,智残者、那些在毫无尊严的情况下等死的人、带有遗传疾病的胎儿——的帮助吗?或许人们可能判定,这并不推动我们扩大帮助,而这是有利于自然主义的一点;或许不应把精力浪费于这些没有希望的事情上。但是,特丽萨嬷嬷或让·瓦尼埃的经历,似乎指向了一个不同的、来自于基督教精神的类型。

在提这些问题时,我显然不是中性的。纵然在回答它们的方面我受到限制(部分上是由于棘手,而大多是出于缺乏论据),可读者猜想我的 518
预感是朝向肯定的, 我认为自然主义的人道主义在这些方面是有缺陷的——或者,也许更好地说,与自然主义根源能有的伟大力量相比,某些有神论观点的潜能是更加无与伦比的。陀思妥耶夫斯基构造的这种视角,比我在这里能构造的要好得多。

但是,我认识到,指出的问题也能在另外的方向上提出,而指向有神论。我的目的还不是要赢分,而是识别这一系列围绕着道德根源的问题,它们或许支撑着我们对仁慈和正义的大量公开表示的承诺。这整个系列被程序主义元伦理学的支配地位所堵塞了, 这使我们要经由道德责任的棱镜来看这些承诺, 因此使它们的否定性更加占主导地位和更突出起来[28],并把道德根源更进一步地置于视野之外。但是,我一直勾勒的现代认同的图景,把这个系列带回到突出位置上。

---

[28] 在其《伦理学与哲学的界限》(Ethics and the Limits of Philosophy)(London: Fontana,1985)第10章中,伯纳德·威廉斯表明了责任概念对主导性元伦理学的核心地位。威廉斯的这一章题为"道德,特殊的制度",并就其倾向提供了某种暗示。

第五节

现在,我想简捷地考查一下第三个区域。从工具主义批判的讨论中突现的东西,是需要认识到善的多样性,因而它们常常是冲突的,对此其他观点倾向于以使竞争中的一种善变得不合法来加以掩饰。工具主义者能够忽视表达实现和割裂与自然的联系的代价,因为他们没有认识到这些问题。现代性的批评家正是经常消解这些善,对他们说来他们是把这些善当作主观主义的幻觉来消解的。主体实现的主张者不允许任何事情妨碍"解放"。

我们刚刚完成的有关仁慈的根源的讨论,也把我们带到至关重要的冲突上,尼采和陀思妥耶夫斯基以极其不同的方式对其进行过富有启发性的探讨:仁慈的要求可能需要自爱和自我实现的代价,这种代价最终要以自我毁灭甚或以暴力来支付。

实际上,几个世纪以来在我们的文化中就有这种代价意识。对宗教禁欲要求的自然主义反叛,以及早期谨慎的个体以异教的名义对基督教的平静的拒绝,至少部分反映着这样的认识,即高得可怕的代价一直被要求着。

在我们的时代,依靠尼采的作者们进一步阐述了这种冲突。在后期米歇尔·福柯著作中可发现的重要主题之一,就是对这样一种方式的理解,根据这种方式优秀的伦理和精神理想经常与政治控制的排斥与关
519 联相交织。威廉·康诺利非常恰如其分地阐述了福柯思想的这个方面。[29]
通过证明某些精神生活的概念如何把妇女排除在外,给予她们较低的地位,或假定她们是从属性的,当代女权主义批评也对这种理解做出很

[29] 见威廉·康诺利:《泰勒、福柯和非我性》("Taylor, Foucault and Otherness,"《政治理论》(Political Theory)第13卷,第3期(1985年8月),第365— 376页。

大贡献。[30]正如我在第一编(第三章第二、三节)中论证的,超善以这种或那种方式能够使我们窒息或压制我们的意识,已经是自然主义反抗传统宗教和道德的动力之一。

就我的观点看,从这些例子浮现出一个普遍真理,即最高的精神理想和渴望也有给人类加上最沉重负担的危险。人类历史的伟大精神视野也是有毒的圣杯,是无数悲惨甚至暴行的原因。从人类历史的开端,我们与最高者相联的宗教就经常与牺牲甚至肢体残害联系在一块,仿佛只要我们想讨神的欢心,就必须撕掉我们的某种东西,甚至要杀戮。

这是一个古老的主题,启蒙思想家,尤其是那些持有"新卢克莱修主义"观点的人,对此做过很好的探讨(第十九章第三节)。但是,这悲哀的故事并未随着宗教而结束。无神论者所导致的哈尔科夫大饥荒和杀戮场,是为了试图实现最崇高的人类完美理想。

于是,随后,人们可能说,危险伴随着宗教,或其他以某种方式在把道德激情置于艰难迹象之前方面类似于宗教的至福千年式的意识形态。我们所需要的是清醒的、科学的、世俗的人道主义。

但是,尽管有丰富的,可仍旧未得到充分探讨的新卢克莱修主义的态度,但这对我来说似乎仍过于简单。而理性在于我在此一直在探讨的观点与各种自然主义和尼采对自我牺牲的批判之间的重大差异上。在特征上,作为对精神追求的驳斥,这些观点给这种追求带来自我摧毁的后果。它们再次提出,我所相信的是这样一个主要的信念错误,即如果善导向痛苦或毁灭,那它必然是无效的。

这样,启蒙的自然主义思想是通过证明禁欲主义的代价来驳斥基督教;尼采经常提供一个"道德"图景,它表明道德只是弱者或间接表示

---

[30] 见吉恩·贝思科·埃尔施坦:《公共的男人,私下的女人》(Public Man, Private Woman)(Princeton:Princeton University Press,1981)中关于政治理论传统的讨论。

的妒忌或诡计,这就剥夺了关于我们的忠诚的所有要求。[31]福柯在其作品中似乎主张(我相信)很难对付的中立性,它清楚地认识到根本没有必须履行的要求。

但是,我已经论证了,这种推理方式是极其错误的。不仅某些潜在地摧毁性理想能引向真正的善;它们中的某些无疑就是真正的善。柏拉图和斯多葛派的伦理学,不能仅仅当作虚幻而被一笔勾销。甚至非信仰
520 者,假若他们并不排斥伦理,也将感受到福音书中强有力的呼吁,对此他们将以世俗的形式加以解释;正像基督徒,除非幽闭于盲目的自信之中,他们将认识到历史上以信仰的名义带来的骇人听闻的毁灭。

那就是为什么采取赤裸裸的世俗观点——在历史上没有任何宗教向度或极度的希望——并不是避免二难困境的方法的原因, 尽管它或许是生活于其中的良好方法。它并不能避免困境,因为这种困境包含着它的"支离破碎"。它包含着我们对人们所设想的某些最深刻和最强劲的精神追求的令人窒息的回应。这也是要付的沉重代价。

尽管如此,这并不是说,如果我们必须要付出某些代价,这或许并不是最安全的。持续的谨慎教导我们,要降低我们的希望,限制我们的眼界。但是,如果我们假装因此并没否认任何人性,那我们是在欺骗自己。

这就是定论吗?必须要否定某些东西?难道我们必须在各种精神切片术和自我造成的伤口之间做出选择?或许是。当然,向我们保证我们将省略掉这些选择的某些观点,是建立在选择的盲目性基础上的。这或许是在这本书中详尽阐述的主要见解。

但是,我并不以这种悲观的精神同意这点。我在这里所从事的这种研究,可以说是解放的工作。激发这个工作的,而且我重新提起的,完全是对我们的文化中倾向于窒息的精神的直觉。我们抑制精神,部分是出于我刚才所运用的谨慎, 尤其是在本世纪可怕的千年至福论的毁灭经

---

[31] 但是,尼采的思想与这点相比,就如所有情形一样,要更具多面性和复杂性。见《善恶的彼岸》(Jenseits von Gut und Bose)的"禁欲的理想意味着什么?"一节。

验之后;部分是出于现代自然主义的癖好,自然主义是我们占主导地位的一种信条;部分是出于周围的党派的狭隘性。我们从正式的叙述中辨识出如此之多的善,我们把它们的力量埋藏于很深的哲学原理的层面之下,因而它们处于窒息的危险之中。或者毋宁说,由于它们是我们的善,人类的善,我们就要抑制。

这部著作的意图是一种恢复,即尝试通过重新表达来发现被掩藏的善,靠重新表达使这些根源再次具有授权的力量,使新鲜空气再次进入半坍陷的精神肺腑中。

某些读者可能发现这有些过分渲染(尽管这些人将早早地停止阅读)。也许我对那些于外部世界并无多大影响的学院派的狭隘性做了过分的反应——虽然我认为并非如此。另外的人可能指责我,判断带有明显的内在矛盾——甚或是不负责任。如果最高的理想潜在地是最具破坏性的,那么或许谨慎的道路是最安全的,而且我们不应无条件地为授权性的善的不加区别的复兴而欣喜。稍许明智的抑制也许构成部分的智慧。

在二难困境不可逃避,最高的精神追求必然引向破碎或毁灭的假 521
设基础上,谨慎的策略才讲得通。但是,如果我提出最后一个未经证实的断言,那么我想说,我不承认这是我们不可避免的命运。破碎的二难境地在某种意义上是我们最大的精神挑战,而不是严酷的宿命。

怎样才能证明这点?在这里,我无法做到这点(或者,说老实话,在任何场合也无法做到)。存在着很大的希望因素。那就是我所看到的隐含在犹太—基督教有神论中的(不管其历史上的追随者的记录多么可怕),以及隐含在对人类的神圣肯定的核心承诺中的希望,它比人在无助的情况下能够达到的要更完整。

但是,适当地说明这个问题,将需要另一本书。我在这个结论中的目标,只是要证明我的现代认同的图景怎样能塑造我们关于现时代道德困境的观点。

索　引

(条目后的数字为原书页码,见本书边码)

译后记

查尔斯·泰勒的这部著作在西方有极大的影响，我在美国斯坦福大学访问时,美国教授曾向我推荐此书。回国后,我也曾撰文介绍泰勒的思想。因此,当刘东先生和刘北成先生让我翻译此书时,我很高兴地接受下来。粗略地阅读时,我只为泰勒对“现代性”的深刻分析所吸引,但在翻译过程中,才意识到自己承担了一个几乎是无法胜任的重担。泰勒的著作涉及的知识领域非常广泛,文字也非常晦涩难懂,并且在行文中夹杂大量法、德、拉丁、希腊等语词,这增添了很多的困难。好在有许多朋友帮忙——如杨共乐先生和郭小凌先生，替我译了全部希腊语词——才勉强完成了这个任务。

北京大学韩水法教授两次阅读了译稿并就译稿的修改提出了许多宝贵的意见,清华大学的彭刚先生为此书的翻译、出版作了多方面的努力,在此,一并表示衷心的感谢。

本书的前言、第一编、第二编、结论和索引部分,由我本人翻译,第三编由乔春霞、彭立群翻译,第四编由李伟、彭立群翻译,第五编由王成兵翻译,三、四、五编的法、德语部分也由我来翻译,全书由我来统稿并校译,有些地方作了较大修改。因此,此书出现的错误,首先应由我来承担。欢迎读者批评指正。

韩 震

1999年12月28日

人文与社会译丛

第一批书目

1.《政治自由主义》(增订版),[美]J. 罗尔斯著,万俊人译 118.00 元
2.《文化的解释》,[美]C. 格尔茨著,韩莉译 89.00 元
3.《技术与时间:1. 爱比米修斯的过失》,[法]B. 斯蒂格勒著,裴程译 62.00 元
4.《依附性积累与不发达》,[德]A. G. 弗兰克著,高铦等译 13.60 元
5.《身处欧美的波兰农民》,[美]F. 兹纳涅茨基、W. I. 托马斯著,张友云译 9.20 元
6.《现代性的后果》,[英]A. 吉登斯著,田禾译 45.00 元
7.《消费文化与后现代主义》,[英]M. 费瑟斯通著,刘精明译 14.20 元
8.《英国工人阶级的形成》(上、下册),[英]E. P. 汤普森著,钱乘旦等译 168.00 元
9.《知识人的社会角色》,[美]F. 兹纳涅茨基著,郏斌祥译 49.00 元

第二批书目

10.《文化生产:媒体与都市艺术》,[美]D. 克兰著,赵国新译 49.00 元
11.《现代社会中的法律》,[美]R. M. 昂格尔著,吴玉章等译 39.00 元
12.《后形而上学思想》,[德]J. 哈贝马斯著,曹卫东等译 58.00 元
13.《自由主义与正义的局限》,[美]M. 桑德尔著,万俊人等译 30.00 元

14.《临床医学的诞生》,[法]M. 福柯著,刘北成译　55.00 元
15.《农民的道义经济学》,[美]J. C. 斯科特著,程立显等译　42.00 元
16.《俄国思想家》,[英]I. 伯林著,彭淮栋译　35.00 元
17.《自我的根源:现代认同的形成》,[加]C. 泰勒著,韩震等译　128.00 元
18.《霍布斯的政治哲学》,[美]L. 施特劳斯著,申彤译　49.00 元
19.《现代性与大屠杀》,[英]Z. 鲍曼著,杨渝东等译　59.00 元

第三批书目

20.《新功能主义及其后》,[美]J. C. 亚历山大著,彭牧等译　15.80 元
21.《自由史论》,[英]J. 阿克顿著,胡传胜等译　89.00 元
22.《伯林谈话录》,[伊朗]R. 贾汉贝格鲁等著,杨祯钦译　48.00 元
23.《阶级斗争》,[法]R. 阿隆著,周以光译　13.50 元
24.《正义诸领域:为多元主义与平等一辩》,[美]M. 沃尔泽著,褚松燕等译　24.80 元
25.《大萧条的孩子们》,[美]G. H. 埃尔德著,田禾等译　27.30 元
26.《黑格尔》,[加]C. 泰勒著,张国清等译　135.00 元
27.《反潮流》,[英]I. 伯林著,冯克利译　48.00 元
28.《统治阶级》,[意]G. 莫斯卡著,贾鹤鹏译　98.00 元
29.《现代性的哲学话语》,[德]J. 哈贝马斯著,曹卫东等译　78.00 元

第四批书目

30.《自由论》(修订版),[英]I. 伯林著,胡传胜译　69.00 元
31.《保守主义》,[德]K. 曼海姆著,李朝晖、牟建君译　58.00 元
32.《科学的反革命》(修订版),[英]F. 哈耶克著,冯克利译　58.00 元

33.《实践感》,[法]P. 布迪厄著,蒋梓骅译 75.00 元
34.《风险社会:新的现代性之路》,[德]U. 贝克著,张文杰等译 58.00 元
35.《社会行动的结构》,[美]T. 帕森斯著,彭刚等译 80.00 元
36.《个体的社会》,[德]N. 埃利亚斯著,翟三江、陆兴华译 15.30 元
37.《传统的发明》,[英]E. 霍布斯鲍姆等著,顾杭、庞冠群译 68.00 元
38.《关于马基雅维里的思考》,[美]L. 施特劳斯著,申彤译 78.00 元
39.《追寻美德》,[美]A. 麦金太尔著,宋继杰译 68.00 元

第五批书目

40.《现实感》,[英]I. 伯林著,潘荣荣、林茂译 30.00 元
41.《启蒙的时代》,[英]I. 伯林著,孙尚扬、杨深译 35.00 元
42.《元史学》,[美]H. 怀特著,陈新译 89.00 元
43.《意识形态与现代文化》,[英]J. B. 汤普森著,高铦等译 68.00 元
44.《美国大城市的死与生》,[加]J. 雅各布斯著,金衡山译 78.00 元
45.《社会理论和社会结构》,[美]R. K. 默顿著,唐少杰等译 128.00 元
46.《黑皮肤,白面具》,[法]F. 法农著,万冰译 58.00 元
47.《德国的历史观》,[美]G. 伊格尔斯著,彭刚、顾杭译 58.00 元
48.《全世界受苦的人》,[法]F. 法农著,万冰译 17.80 元
49.《知识分子的鸦片》,[法]R. 阿隆著,吕一民、顾杭译 45.00 元

第六批书目

50.《驯化君主》,[美]H. C. 曼斯菲尔德著,冯克利译 68.00 元
51.《黑格尔导读》,[法]A. 科耶夫著,姜志辉译 98.00 元
52.《象征交换与死亡》,[法]J. 波德里亚著,车槿山译 68.00 元
53.《自由及其背叛》,[英]I. 伯林著,赵国新译 48.00 元

54.《启蒙的三个批评者》,［英］I. 伯林著,马寅卯、郑想译　48.00 元
55.《运动中的力量》,［美］S. 塔罗著,吴庆宏译　23.50 元
56.《斗争的动力》,［美］D. 麦克亚当、S. 塔罗、C. 蒂利著,李义中等译　31.50 元
57.《善的脆弱性》,［美］M. 纳斯鲍姆著,徐向东、陆萌译　55.00 元
58.《弱者的武器》,［美］J. C. 斯科特著,郑广怀等译　82.00 元
59.《图绘》,［美］S. 弗里德曼著,陈丽译　49.00 元

第七批书目

60.《现代悲剧》,［英］R. 威廉斯著,丁尔苏译　45.00 元
61.《论革命》,［美］H. 阿伦特著,陈周旺译　59.00 元
62.《美国精神的封闭》,［美］A. 布卢姆著,战旭英译,冯克利校　68.00 元
63.《浪漫主义的根源》,［英］I. 伯林著,吕梁等译　49.00 元
64.《扭曲的人性之材》,［英］I. 伯林著,岳秀坤译　22.00 元
65.《民族主义思想与殖民地世界》,［美］P. 查特吉著,范慕尤、杨曦译　18.00 元
66.《现代性社会学》,［法］D. 马尔图切利著,姜志辉译　32.00 元
67.《社会政治理论的重构》,［美］R. J. 伯恩斯坦著,黄瑞祺译　72.00 元
68.《以色列与启示》,［美］E. 沃格林著,霍伟岸、叶颖译　128.00 元
69.《城邦的世界》,［美］E. 沃格林著,陈周旺译　85.00 元
70.《历史主义的兴起》,［德］F. 梅尼克著,陆月宏译　48.00 元

第八批书目

71.《环境与历史》,［英］W. 贝纳特、P. 科茨著,包茂红译　25.00 元
72.《人类与自然世界》,［英］K. 托马斯著,宋丽丽译　35.00 元

73.《卢梭问题》,[德]E. 卡西勒著,王春华译 39.00 元
74.《男性气概》,[美]H. C. 曼斯菲尔德著,刘玮译 28.00 元
75.《战争与和平的权利》,[美]R. 塔克著,罗炯等译 25.00 元
76.《谁统治美国》,[美]W. 多姆霍夫著,吕鹏、闻翔译 35.00 元
77.《健康与社会》,[法]M. 德吕勒著,王鲲译 35.00 元
78.《读柏拉图》,[德]T. A. 斯勒扎克著,程炜译 68.00 元
79.《苏联的心灵》,[英]I. 伯林著,潘永强、刘北成译 59.00 元
80.《个人印象》,[英]I. 伯林著,林振义、王洁译 35.00 元

第九批书目

81.《技术与时间:2. 迷失方向》,[法]B. 斯蒂格勒著,赵和平、印螺译 59.00 元
82.《抗争政治》,[美]C. 蒂利、S. 塔罗著,李义中译 28.00 元
83.《亚当·斯密的政治学》,[英]D. 温奇著,褚平译 21.00 元
84.《怀旧的未来》,[美]S. 博伊姆著,杨德友译 85.00 元
85.《妇女在经济发展中的角色》,[丹]E. 博斯拉普著,陈慧平译 30.00 元
86.《风景与认同》,[美]W. J. 达比著,张箭飞、赵红英译 68.00 元
87.《过去与未来之间》,[美]H. 阿伦特著,王寅丽、张立立译 58.00 元
88.《大西洋的跨越》,[美]D. T. 罗杰斯著,吴万伟译 108.00 元
89.《资本主义的新精神》,[法]L. 博尔坦斯基、E. 希亚佩洛著,高铦译 58.00 元
90.《比较的幽灵》,[美]B. 安德森著,甘会斌译 79.00 元

第十批书目

91.《灾异手记》,[美]E. 科尔伯特著,何恬译 25.00 元

92.《技术与时间:3. 电影的时间与存在之痛的问题》,
[法]B. 斯蒂格勒著,方尔平译 65.00 元
93.《马克思主义与历史学》,[英]S. H. 里格比著,吴英译 78.00 元
94.《学做工》,[英]P. 威利斯著,秘舒、凌旻华译 68.00 元
95.《哲学与治术:1572—1651》,[美]R. 塔克著,韩潮译 45.00 元
96.《认同伦理学》,[美]K. A. 阿皮亚著,张容南译 45.00 元
97.《风景与记忆》,[英]S. 沙玛著,胡淑陈、冯樨译 78.00 元
98.《马基雅维里时刻》,[英]J. G. A. 波考克著,冯克利、傅乾译 108.00 元
99.《未完的对话》,[英]I. 伯林、[波]B. P. -塞古尔斯卡著,
杨德友译 65.00 元
100.《后殖民理性批判》,[印]G. C. 斯皮瓦克著,严蓓雯译 79.00 元

第十一批书目

101.《现代社会想象》,[加]C. 泰勒著,林曼红译 45.00 元
102.《柏拉图与亚里士多德》,[美]E. 沃格林著,刘曙辉译 78.00 元
103.《论个体主义》,[法]L. 迪蒙著,桂裕芳译 30.00 元
104.《根本恶》,[美]R. J. 伯恩斯坦著,王钦、朱康译 78.00 元
105.《这受难的国度》,[美]D. G. 福斯特著,孙宏哲、张聚国译 39.00 元
106.《公民的激情》,[美]S. 克劳斯著,谭安奎译 49.00 元
107.《美国生活中的同化》,[美]M. M. 戈登著,马戎译 58.00 元
108.《风景与权力》,[美]W. J. T. 米切尔著,杨丽、万信琼译 78.00 元
109.《第二人称观点》,[美]S. 达沃尔著,章晟译 69.00 元
110.《性的起源》,[英] F. 达伯霍瓦拉著,杨朗译 85.00 元

第十二批书目

111.《希腊民主的问题》,[法]J. 罗米伊著,高煜译　48.00 元
112.《论人权》,[英]J. 格里芬著,徐向东、刘明译　75.00 元
113.《柏拉图的伦理学》,[英]T. 埃尔文著,陈玮、刘玮译　118.00 元
114.《自由主义与荣誉》,[美]S. 克劳斯著,林垚译　62.00 元
115.《法国大革命的文化起源》,[法]R. 夏蒂埃著,洪庆明译　38.00 元
116.《对知识的恐惧》,[美]P. 博格西昂著,刘鹏博译　38.00 元
117.《修辞术的诞生》,[英]R. 沃迪著,何博超译　48.00 元
118.《历史表现中的真理、意义和指称》,[荷]F. 安克斯密特著,周建漳译　58.00 元
119.《天下时代》,[美]E. 沃格林著,叶颖译　78.00 元
120.《求索秩序》,[美]E. 沃格林著,徐志跃译　48.00 元

第十三批书目

121.《美德伦理学》,[新西兰]R. 赫斯特豪斯著,李义天译　68.00 元
122.《同情的启蒙》,[美]M. 弗雷泽著,胡靖译　48.00 元
123.《图绘暹罗》,[美]T. 威尼差恭著,袁剑译　58.00 元
124.《道德的演化》,[新西兰]R. 乔伊斯著,刘鹏博、黄素珍译　65.00 元
125.《大屠杀与集体记忆》,[美]P. 诺维克著,王志华译　78.00 元
126.《帝国之眼》,[美]M. L. 普拉特著,方杰、方宸译　68.00 元
127.《帝国之河》,[美]D. 沃斯特著,侯深译　76.00 元
128.《从道德到美德》,[美]M. 斯洛特著,周亮译　58.00 元
129.《源自动机的道德》,[美]M. 斯洛特著,韩辰锴译　58.00 元
130.《理解海德格尔:范式的转变》,[美]T. 希恩著,邓定译　89.00 元

第十四批书目

131.《城邦与灵魂:费拉里〈理想国〉论集》,[美]G. R. F. 费拉里著,刘玮编译 58.00元

132.《人民主权与德国宪法危机》,[美]P. C. 考威尔著,曹晗蓉、虞维华译 58.00元

133.《16和17世纪英格兰大众信仰研究》,[英]K. 托马斯著,芮传明、梅剑华译 168.00元

134.《民族认同》,[英]A. D. 史密斯著,王娟译 55.00元

135.《世俗主义之乐:我们当下如何生活》,[英]G. 莱文编,赵元译 58.00元

136.《国王或人民》,[美]R. 本迪克斯著,褚平译(即出)

137.《自由意志、能动性与生命的意义》,[美]D. 佩里布姆著,张可译 68.00元

138.《自由与多元论:以赛亚·伯林思想研究》,[英]G. 克劳德著,应奇等译 58.00元

139.《暴力:思无所限》,[美]R. J. 伯恩斯坦著,李元来译 59.00元

140.《中心与边缘:宏观社会学论集》,[美]E. 希尔斯著,甘会斌、余昕译 88.00元

第十五批书目

141.《自足的世俗社会》,[美]P. 朱克曼著,杨靖译 58.00元

142.《历史与记忆》,[英]G. 丘比特著,王晨凤译 59.00元

143.《媒体、国家与民族》,[英]P. 施莱辛格著,林玮译 68.00元

144.《道德错误论:历史、批判、辩护》,

[瑞典]J. 奥尔松著,周奕李译　58.00 元

145.《废墟上的未来:联合国教科文组织、世界遗产与和平之梦》,[澳]L. 梅斯克尔著,王丹阳、胡牧译　88.00 元

146.《为历史而战》,[法]L. 费弗尔著,高煜译(即出)

147.《语言动物:人类语言能力概览》,[加]C. 泰勒著,赵清丽译(即出)

148.《我们中的我:承认理论研究》,[德]A. 霍耐特著,张曦、孙逸凡译　62.00 元

149.《人文学科与公共生活》,[美]P. 布鲁克斯编,余婉卉译(即出)

150.《美国生活中的反智主义》,[美]R. 霍夫施塔特著,何博超译　68.00 元

第十六批书目

151.《关怀伦理与移情》,[美]M. 斯洛特著,韩玉胜译　48.00 元

152.《形象与象征》,[罗]M. 伊利亚德著,沈珂译(即出)

153.《艾希曼审判》,[美]D. 利普斯塔特著,刘颖洁译(即出)

154.《现代主义观念论:黑格尔式变奏》,[美]R. B. 皮平著,郭东辉译(即出)

155.《文化绝望的政治:日耳曼意识形态崛起研究》,[美]F. R. 斯特恩著,杨靖译(即出)

156.《作为文化现实的未来:全球现状论集》,[印]A. 阿帕杜拉伊著,周云水、马建福译(即出)

157.《一种思想及其时代:以赛亚·伯林政治思想的发展》,[美]J. L. 彻尼斯著,寿天艺、宋文佳译(即出)

158.《人类的领土性:理论与历史》,[美]R. B. 萨克著,袁剑译(即出)

159.《理想的暴政：多元社会中的正义》，[美]G. 高斯著，范震亚译（即出）

160.《荒原：一部历史》，[美]V. D. 帕尔马著，梅雪芹译（即出）

有关“人文与社会译丛”及本社其他资讯，欢迎点击 www. yilin. com 浏览，对本丛书的意见和建议请反馈至新浪微博@译林人文社科。